1 MONTH OF
FREE
READING

at

www.ForgottenBooks.com

By purchasing this book you are eligible for one month membership to ForgottenBooks.com, giving you unlimited access to our entire collection of over 700,000 titles via our web site and mobile apps.

To claim your free month visit:
www.forgottenbooks.com/free773312

ISBN 978-0-483-18723-8
PIBN 10773312

This book is a reproduction of an important historical work. Forgotten Books uses
state-of-the-art technology to digitally reconstruct the work, preserving the original format
whilst repairing imperfections present in the aged copy. In rare cases, an imperfection in
the original, such as a blemish or missing page, may be replicated in our edition. We do,
however, repair the vast majority of imperfections successfully; any imperfections that
remain are intentionally left to preserve the state of such historical works.

T. T.

Trieb, als Fortsetzung und Beschluß des im 187sten
Theile abgebrochenen Artikels. Die Erkenntniß=
triebe, die daselbst, S. 734, erwähnt worden, sind
nur der Trieb zur Thätigkeit auf die Erkenntniß=
kräfte angewendet. Die Vernunft treibt uns durch die
von ihr empfangenen Ideen, welche das Merkmal der
Unendlichkeit an sich tragen, an, den Umfang unserer
Erkenntnisse bis ins Unendliche zu erweitern, in der
Reihe der Gründe und Ursachen bis zur letzten aufzu=
steigen, und das All der Erkenntnisse zu einem Gan=
zen zu vereinigen, wodurch die Thätigkeit der Erkennt=
nißkräfte bis ins Unendliche gereizt wird. Der Trieb,
seine Vorstellungen Andern mitzutheilen, wenn diese
Mittheilung bloß Erkenntniß zum Zwecke hat, beru=
het auf der Idee der Wahrheit, weil diese Mittheilung
dazu dient, das Subjektive vom Objektiven in unsern
Erkenntnissen zu unterscheiden. Der Trieb zur Thä=
tigkeit der Erkenntnißkräfte wird durch den Hang zur
Ruhe gemildert. — Die Natur würde den Zweck der
Vervollkommnung des Menschengeschlechts nicht er=
reichen können, wenn sie dem Menschen nicht einen

Trieb zur Geselligkeit gegeben hätte, der zu den Willenstrieben gehört, aber auch zur Vervollkommnung des Menschen als erkennendes Wesen sehr viel beiträgt; denn nur durch ihn werden die von den einzelnen Individuen aufgefaßten Ideen zur Ausführung gebracht und Gemeingut; daher steht auch mit dem Geselligkeitstriebe der Trieb zur Nachahmung in genauer Verbindung, welcher Trieb sich nicht bloß bei den Menschen, sondern auch bei einigen Thierarten findet. — Der Mensch wird nicht, wie das Thier, blind durch Instinkt geleitet, sondern er muß sich zur Erreichung seiner Zwecke Mittel zu verschaffen suchen, und zu diesem Behufe hat ihm die Natur einen eigenen Trieb gegeben, sich und seinen Zustand mit Andern und deren Zuständen zu vergleichen. Einige Philosophen wollen diesen Trieb den Trieb der vergleichenden Selbstliebe nennen. Die Anlage zu diesem Triebe ist angeboren, der Trieb selbst wird aber erst in der Gesellschaft entwickelt; aus ihm entspringen Neid, Eifersucht, Nebenbuhlerey ꝛc.; auch durch diesen Trieb wird die Vervollkommnung des Menschen befördert. — Durch den Widerstand, den der Mensch in Rücksicht der Ausführung seines Willens in der Gesellschaft erfährt, äußert sich der Freiheitstrieb, ein zwar angeborner Trieb, der sich aber erst in der Gesellschaft weiter entwickelt, weil er hier eine Opposition oder ein Widerstreben findet. Im rohen Naturzustande ist er am stärksten, wie man solches auch bei allen Nomadenvölkern findet, die am schwersten zu unterjochen sind, weil der Freiheitstrieb in ihnen auch durch Naturkräfte und List oder Verschlagenheit gestärkt wird; denn sie gewöhnen sich schwer an die Civilisation, empfinden den Verlust ihrer Freiheit am stärksten und längsten, und machen, bei einer Unterdrückung derselben, immerwährende Versuche wieder zu derselben zu gelangen, wovon uns

in neuester Zeit die Kaukasischen Völkerschaften und
diejenigen in der Berberey von Algier ꝛc. Beweise
liefern. — Die Civilisation und Kultur sind vermö=
gend diesen Trieb zu regeln; allein zu unterdrücken
vermögen sie ihn nicht: er tritt nur durch die Vernunft
modisicirt hervor, aber in diesem modisicirten Zu=
stande ist er für die Entwickelung des Menschen in
praktischer Rücksicht von der größten Wichtigkeit; denn
er spannt im Staatsleben zur größten Thätigkeit an,
um eine gewisse Unabhängigkeit oder Selbstständig=
keit im bürgerlichen Leben zu erringen. Durch ihn, in
Verbindung mit weisen Staatsgesetzen, entsteht die
Vaterlandsliebe, entwickelt sich der Enthusiasmus
für das Vaterland, für alles Edle und Große in dem=
selben, welcher Enthusiasmus da wegfällt, wo der
Mensch unweisen oder Zwangsgesetzen unterworfen
ist, die seine Freiheit im Staate beschränken, und sei=
nen Thätigkeitstrieb hemmen, ja ihm Fesseln anlegen.
Zur höchsten Spannkraft wird der Freiheitstrieb ge=
bracht durch die Beihülfe des Geselligkeitstriebes,
durch gesellschaftliche Verbindungen und Vereine;
denn hierin erwacht und stärkt sich die Freiheit, hier=
durch wird sie zu einer Widerstand leistenden Kraft
erhöhet, und da der Mensch sich dem Zwange Ande=
rer nicht gern unterwirft, aber doch Anderer als Mit=
tel, um zu seinen Zwecken zu gelangen, bedarf, so
entspringt auch in ihm der Trieb, Andere in dieser
Hinsicht leiten zu können, und da dieses nur entweder
durch Gewalt, oder Meinung, oder Interesse gesche=
hen kann, so entwickelt sich auch im Menschen der
Trieb zum Herrschen, der Trieb, Anderer Mei=
nung für sich zu gewinnen, der entweder darauf aus=
geht, von Andern geachtet zu werden, oder ihnen zu
gefallen (Ehrtrieb und Eitelkeit), und der Trieb
nach Reichthum. Alle diese genannten Triebe die=
nen zur Beförderung der Kultur des Menschen, theils

indem sie ihn zwingen auf Mittel zu denken, ſi[e]
befriedigen, wobei er manches Hinderniß zu beſſe[n]
hat; theils, indem ſie eine Menge von vortheilha[ften]
Wirkungen hervorbringen. So verdanken z. B.
ſchönen Künſte dem Triebe Andern zu gefall[en]
ihr erſtes Entſtehen; der Ehrtrieb treibt zur N[ach]
eiferung, zur Beſchützung nützlicher Erfindungen,
Künſte und Wiſſenſchaften; der Trieb nach Rei[ch]
thum begünſtiget den Handel und den Verkehr. A[uch]
der ſich in der Geſellſchaft entwickelnde Trieb z[ur]
Rache, das heißt, dem Andern Uebel wegen erli[tte]
nen Unrechts zuzufügen, iſt wichtig für die Kultur
worden; denn aus dieſem Triebe hat ſich in dem b[ür]
gerlichen Vereine der Rechtstrieb entwickelt,
den Rachetrieb in gewiſſe Schranken bringt, we[il]
die natürliche Rohheit, den Trieb ſich ſelbſt Recht
nehmen, durch Geſetze zügelt, woraus die Prozeß[kunde]
entſprungen iſt. — Alle angeführten Triebe reizen [zwar]
den Menſchen zur Thätigkeit, und der Eine mehr,
der Andere, wodurch aber die phyſiſche Exiſtenz deſ[ſel]
ben Gefahr laufen und er ſich aufreiben würde, w[enn]
nicht die Natur dafür geſorgt und dieſe Anreizung
durch gemäßiget hätte, daß ſie dem Menſchen ei[nen]
Trieb zur Ruhe gegeben, der aber auch, w[enn]
nicht die andern Triebe immer wieder zur neuen T[hä]
tigkeit erwachten, in den Hang zur Faulheit ausa[rten]
würde. Ein Mehreres über die verſchiedenen Tri[ebe]
ſ. das folgende Regiſter.

Trieb (Ausleerungs-), Entleerungstrieb, Trieb zum Stuhle oder Stuhlgange, s. Th. 187, S. 729, 732.

— (Begattungs-), Geschlechtstrieb, Zeugungstrieb, Trieb zum Beyschlafe, Wollusttrieb, s. daselbst, S. 729, 733, und unter Leidenschaft, Th. 75, S. 472 u. f.

— (Beherrschungs-), s. Trieb zum Herrschen.

— (Bewegungstrieb), oder der Trieb sich zu bewegen, s. Th. 187, S. 732.

— zum Beyschlafe, s. Trieb (Begattungs-).

— (Bildungs-), s. Th. 187, S. 730.

— (blinder), s. Trieb (Natur-).

— (Durch-), s. Th. 187, S. 728.

— (Ehr-), Trieb zum Ehrgeize, s. Th. 187, S. 732 und oben, S. 4. Der Trieb nach Ehre dient, wie der Trieb nach Eitelkeit und Reichthum, zur Beförderung der Kultur des Menschen, theils, indem er ihn zwingt auf Mittel zu denken, ihn zu befriedigen, wobei er manches Hinderniß zu besiegen hat, theils, indem dieser Trieb manche vortheilhafte Wirkungen hervorbringt. Schon der Eifer und die Nacheiferung, um zu irgend einer Höhe in der Betreibung seines Faches zu gelangen, sey es nun als Staatsbeamter, sowohl im Civil- als Militairsache, oder als Künstler, Kaufmann, Fabrikant ꝛc., oder als Gelehrter, Wissenschafter ꝛc., immer in Beziehung nach einem höheren Ziele zu streben, und solches auf dem gebotenen Wege zu erreichen suchen: als Beamter zu hohen Würden, Ehren und Auszeichnungen mancherlei Art, als Künstler in der Kunst, als Kaufmann im Handel, als Oekonom, Fabrikant, Manufakturist ꝛc. durch Betriebsamkeit und Erfindungen mancherlei Art zu Auszeichnungen, Wohlstand und Reichthum zu gelangen, und als Gelehrter, Wissenschafter ꝛc. sich durch Entdeckungen, Erfindungen ꝛc.

auszuzeichnen, und so Allen zu nützen, und sich da=
durch Achtung, Auszeichnung und Ansehen zu erwer=
ben; dann auch in Aufmunterung und Beschützung
nützlicher Erfindungen der Wissenschaften und Künste,
um sich auch hierdurch als Mäcen auszuzeichnen. —
Auch der Trieb zu gefallen, nicht bloß in Bezie=
hung auf die Person oder die Körpergestalt und Be=
kleidung derselben, um zu gefallen (Gefallsucht),
sondern in Beziehung auf Genie und Talente, um
diese auch in Gesellschaften glänzen zu lassen, sey es
nun durch Musik, Gesang, Deklamation, oder durch
andere Eigenschaften des Geistes; hierdurch wird man,
außer dem Vergnügen, welches man einer Gesellschaft
gewährt, auch nützlich, nicht nur, daß man einen glei=
chen Trieb zu gefallen anfacht, sondern auch schlum=
mernde Talente weckt; doch darf man sich nicht ver=
führen lassen zu weit zu gehen, diesen mächtigen Trieb
rücksichtslos zu verfolgen, weil man sich selbst und
auch der Sache schaden könnte; denn dieser Trieb muß
besonders von der Vernunft geleitet werden, damit er
nicht auf Abwege führt, und den Nutzen, den er wirk=
lich stiftet, hintertreibt, indem die Bestrebungen zu ge=
fallen in das niedrig Possenhafte, ja Geckenhafte über=
gehen. — Jemand sagt in dem Zeitblatte: Ernst und
Scherz, herausgegeben von G. Merkel, S. 107,
über die Kunst zu gefallen: „Es giebt Leute, die
es für den sichersten Weg zum Gefallen halten, alles
das nachzuahmen, wodurch sie Andere einen angeneh=
men Eindruck machen sehen. Das ist ein sehr lächer=
licher Fehlgriff. Man spielt in der Gesellschaft keine
Rolle gut, als seine eigene. Man wache darüber, daß
man durch seine Eigenthümlichkeiten Niemand belei=
dige; dann aber kann man nichts Besseres thun, als
auf die natürlichste Weise zu seyn — was man ist. —
Zuweilen gefällt man in der Welt mehr durch seine
Fehler, als durch seine Talente, oder sogar durch seine

in ihnen, so verstehen sie solche nicht durch die Vernunft zu regeln. — Uebrigens ist der Trieb, körperlich zu gefallen, schon von der Natur dem Menschen überkommen; denn auch die rohen Völker zeigen durch die Bemalung ihres Gesichts mit Farben, oder durch die Tätowirung ihrer Haut, oft am ganzen Körper, oft bloß an besonderen Theilen desselben, daß sie äußerlich gefallen, daß sie die Aufmerksamkeit auf ihre Person lenken wollen.

Trieb (Eitelkeits-), Trieb zu gefallen, s. den vorhergehenden Artikel.

— (Empfindungs-), Empfindungstriebe, s. Trieb (organischer).

— (Erhaltungs-), ein Trieb, welcher sowohl dem Menschen, als den Thieren eigen ist; denn Beide fühlen den Trieb der Selbsterhaltung; s. auch Th. 187, S. 732 u. s.

— (Erkenntniß-), Erkenntnißtriebe, s. oben, S. 1, und Th. 187, S. 734, und Trieb (Seelen-), weiter unten.

— (Ernährungs-), s. Trieb (Nahrungs-).

— (erworbener), s. Th. 187, S. 731.

— zum Essen und Trinken, s. Trieb (Nahrungs-).

— (formaler), formale Triebe, s. Th. 187, S. 731.

— (Forschungs-), Nachforschungstrieb, derjenige Trieb, vermöge dessen der Mensch einer geistigen Kultur und der Veredlung seiner Thätigkeit fähig wird. Er stützt sich auf den Wissenstrieb. Durch ihn wird der Mensch auch der Wahrheit empfänglich, indem durch das Forschen man zur Wahrheit gelangt, und da wir die Gottheit als den Quell der Wahrheit kennen gelernt haben, so hebt auch mit dieser Stufe die Fähigkeit an, das Ebenbild der Gottheit zu werden. Der Glaube an Gott erhält durch diesen Trieb seine feste Stütze.

Trieb, in der Forstwirthschaft, die Schößlinge aus den Holzgewächsen, den Bäumen und Sträuchern; s. auch Th. 187, S. 727 u. f.

— zur Fortschaffung der Excremente, auch des Urins, s. daselbst, S. 732.

— (Freiheits-), s. daselbst, und oben, S. 2 u. f.

— in der Gärtnerey, die jungen Schößlinge aus den Samen und aus den Gewächsen; s. auch Th. 187, S. 727 u. f.

— (geistiger), geistige Triebe, s. daselbst, S. 731, 732, und Trieb (Seelen-).

— (Genuß-), s. Trieb (Vergnügungs-).

— (Geschlechts-), s. Trieb (Begattungs-). Wenn der Mensch gleich mit den Thieren diesen Trieb theilt, so tritt er bei ihm doch veredelt hervor, und dieses besonders im Zustande der Kultur, wo sich der Mann zu dem Weibe nicht bloß aus sinnlicher Lust, um diesen Trieb zu befriedigen, den die Vorsehung so weise zur Fortpflanzung unsers Geschlechts in den Menschen gelegt hat, gesellt, sondern auch in moralischer Beziehung durch die Liebe, die schwärmerische Hinneigung, um sich dem Gegenstande seiner Neigung angenehm zu machen, ihm zu gefallen, und dann diesen Trieb durch geistige und moralische Vergnügen zu erhöhen. In dem rohen Naturzustande des Menschen ist das Weib bloß ein Gegenstand der sinnlichen Lust, sie tritt hier gleichsam als Leibeigene auf, die dem Manne knechtisch unterthan oder ergeben ist, und zu den schwersten und niedrigsten Arbeiten gebraucht wird; ganz anders ist dagegen dieser Zustand der Frau bei kultivirten Völkern, wo sie sich in sittlicher Schöne dem Manne zugesellt, um seine Tage zu verschönern, seine Sorgen durch Liebe zu versüßen, und durch eine gute Führung des Hausstandes und

durch die Erziehung ſeiner ihm geborenen Kinder zu
erleichtern. In dieſem Zuſtande des Geſchlechtstriebes
miſcht ſich der Genuß moraliſcher Schönheiten mit
dem Genuſſe der körperlichen. Dieſes macht uns auch
noch jetzt die Ritterzeiten ſo werth, wo die Liebe zum
andern Geſchlechte von den Männern mit einer
Schwärmerey betrieben wurde, die an das Unglaub=
liche grenzt, wenn nicht ſo viele Belege des Muths, der
Ausdauer und der Hingebung der Ritter, um ſich den
Frauen werth zu machen, aus dem Mittelalter davon
zeugten. — Wenn die Geſchlechtsliebe in den erſten
Minnejahren durch Hochachtung und Sinnlichkeit
Mann und Frau zu einem feſten Bande vereiniget, ſo
wird dieſes Band in der Folge durch die Gewohnheit
und durch die Kinder noch feſter und unauflöslicher,
wenn gleich die ſchwärmeriſche Liebe durch Verſchwin=
dung der körperlichen Reize ſich in eine innige Freund=
ſchaft verwandelt hat. Aus dem Geſchlechtstriebe ent=
wickelt ſich auch die Elternliebe zu den Kindern.
Uebrigens findet man eine ähnliche Hinneigung und
Aufmerkſamkeit, um dem Gegenſtande der Neigung
zu gefallen, auch bei den Thieren, und auffallend bei
den Vögeln, z. B. den Tauben und andern kleinen
Vögeln, die nicht bloß den mechaniſchen Reiz zur
Befriedigung des Begattungstriebes zeigen, ſondern
gleichſam auch einen höheren Genuß.

Trieb (Geſelligkeits=), Geſellſchaftstrieb, ſ.
Th. 187, S. 733. Der Geſelligkeitstrieb ent=
wickelt ſich zwar bei einzelnen Individuen; allein er
iſt derjenige Trieb, der die Einzelnen zum Ganzen
vereiniget, ſie zu Vereinen leitet, woraus ſich der
Staat entwickelt. Da aber dieſe Vereinigungen zu ei=
nem Ganzen nur langſam geſchehen, ſo kennt die Ge=
ſammtmaſſe nur noch den Begriff der Gewalt, und ſo
werden dieſe Vereine nur für die Gewalt thätig. Aus
der iſolirten Gewalt entſteht nun eine vereinigte, welche

sich die isolirte unterwirft, und dadurch ihren noch begrenzten Kreis, ihr Gebiet, erweitert. Auf diese Weise entsteht ein Volk, welches sich dann durch Religion und Gesetze zu einem Staate constituirt. Durch eine solche Vereinigung ist der erste Schritt, aus der Rohheit in die Veredlung überzugehen, gethan. Eine weitere Entwickelung dieses Zustandes gehört nicht hierher, indem hier bloß der dem Menschen beiwohnende Geselligkeitstrieb und dessen Wirkung gezeigt werden sollte.

Trieb (Gesellschafts-), s. den vorhergehenden Artikel.

—, am Gewehre, Schießgewehre, s. Th. 187, S. 729.

— (Gewissens-), s. daselbst. — Dieser Trieb hat in der Vorstellung von der göttlichen Regierung und in dem Willen des Höchsten, seine Gebote erfüllt zu sehen, also in der Religion, sein Entstehen, indem der Mensch sein Verhalten, seine Handlungen, diesem Willen gemäß einzurichten sucht, und jede Abweichung durch eine sittliche Empfindung des unrechten Handelns und eine Mahnung zur Tugend zurückzukehren in sich fühlt, welche Mahnung zugleich der innere Richter, die Stimme des bewußten Bösen ist, die keine Ruhe eher zuläßt, bis sich der Mensch von den Flecken der Unthat gereiniget hat. Die Beunruhigung des Gemüths bei einer begangenen widerrechtlichen That nennt man nun den Gewissenstrieb, das erwachte Gewissen, um sich von dem Bösen auf irgend eine Weise, sei es nun durch Entdeckung der That, um sich dem weltlichen Strafgerichte zu übergeben, oder durch eigene Besserung, zu reinigen.

— (Gewohnheits-), die Angewohnheit, ein erst erworbener Trieb. Die Gewohnheitstriebe nehmen durch die öftere Wiederholung ihres Begehens die Gestalt der natürlichen oder angeborenen Triebe an, oder

werden, wie man zu sagen pflegt, zur andern Na=
tur; aber man gewahrt bald, daß sie erst im Men=
schen durch den Reiz und den Versuch erzeugt werden,
ihm aber nicht angeboren seyn können, da sie seiner
Natur fern liegen, wie z. B. der Trieb zum Spiele,
zum Trunke, zum Tabaksschnupfen und Tabaksrau=
chen, zum Betelkäuen, zum Genusse des Opiums,
zum Genusse der Delikatessen, z. B. der Austern, der
Vogelnester, des Kaviars, der feinen Fleischspeisen,
des feinen Backwerkes ꝛc. Man nennt alle dergleichen
Triebe, sie mögen nun angeboren seyn, oder durch die
Angewohnheit sich erzeugen, auch Neigungen; al=
lein dieses Wort hat mehr Bedeutungen; denn es ist
oft so viel als das bloße Wollen oder Nichtwol=
len, es gehe nun eine Erkenntniß der Sache vorher,
oder nicht; das Letzte sind eigentlich die natürlichen
Triebe, das Erste aber die Begierden, obgleich die na=
türlichen Triebe auch zuweilen mit dem Namen der
Begierden belegt werden, weil in beiden Fällen einer=
lei Wollen vorhanden ist, nur daß es aus verschiede=
nen Quellen entsteht. Man nennt auch wohl eine ha=
bituelle dauernde Begierde Neigung. Dann heißen
Neigungen oft so viel, als gewisse Grundsätze; wo=
nach ein Mensch seine meisten Handlungen einrichtet,
und dann die Güte der Dinge darnach gewöhnlich
abmißt, die also die Quellen seiner Begierden sind.
So ist bei dem Einen die Ehre, bei dem Andern das
sinnliche Vergnügen die Hauptneigung, aus welcher
seine meisten Begierden und Handlungen zu erklären
sind. Neigungen dieser Art können sowohl angeboren,
als angewöhnt seyn, obgleich Erziehung und Gewohn=
heit das Meiste zu ihrem Daseyn, wenigstens zu ihrer
Stärke, beitragen. Bei dem Einen sind daher Triebe,
Neigungen und Begierden einerlei. Ein Anderer un=
terscheidet zwar die Triebe, nimmt aber Neigungen
und Begierden für einerlei. Ein Dritter versteht un=

ter Neigungen nur die angewöhnten Triebe ꝛc. S. auch den Art. Trieb (natürlicher).

Trieb (Glückseligkeits=), der Trieb, sich in die Lage zu versetzen, um die größtmöglichste Summe von Lust zu erreichen; indem hier die Lust als der höchste Genuß eines bessern Zustandes betrachtet wird, nach dem das Streben des Menschen doch gerichtet ist. Der Trieb nach einem bessern Zustande, Glückseligkeit genannt, ist eine Fortbildung und Veredlung des Erhaltungstriebes; er unterscheidet sich von demselben nur durch die höhere und veredeltere Richtung. Einige Philosophen wollen ihn als die Vorbereitung zu einer andern höhern Organisation betrachten, wo er dann wieder als Grundtrieb dasteht. Die Natur schließt damit den Lauf ihrer Bildung auf dieser Erde, und knüpft zugleich daran eine veredelte Fortdauer.

— (Grund=), s. Th. 187, S. 731, und Trieb (natürlicher).

— zum Herrschen, Beherrschungstrieb, s. oben, S. 3.

— in der Jägerei, s. Th. 187, S. 728.

— (körperlicher), körperliche Triebe, s. daselbst, S. 730.

— bei Kranken, s. daf., S. 733.

— (Kunst=), Kunsttriebe der Thiere, s. unter Trieb (Natur=).

— in der Landwirthschaft, s. Th. 187, S. 728.

— (Lebens=), s. daselbst, S. 732.

— (Liebes=), s. daf., S. 730.

— (materialer), s. daf., S. 731.

— in der Mechanik, Triebrad, s. daf., S. 728.

— (Nachahmungs=), s. oben, S. 2.

— (Nachforschungs=), s. Th. 187, S. 734.

— (Nahrungs=), Ernährungstrieb, Trieb zum Essen und Trinken, s. daselbst, S. 732. Diesen Trieb hat der Mensch mit den Thieren gemein.

Er kommt sowohl im gesunden, als kranken Zustande
vor. Im gesunden Menschen äußert sich der Trieb
zum Essen, Trinken und Schlafen, weil die Veranlassung dazu, eine unangenehme Empfindung des Hun-
gers, Durstes und der Müdigkeit, in gewissen Perioden wiederkömmt, und uns durch eine lange Reihe von
Erfahrungen bekannt ist, daß das Essen, Trinken und
der Schlaf diese unangenehme Empfindung so oft bei
uns gehoben habe. Dasselbe gilt auch von unsern
übrigen physischen und moralischen Trieben. — Ein
ähnlicher Trieb äußert sich auch bei Krankheiten nach
gewissen Dingen. So verlangen Kranke in hitzigen
Fiebern nach säuerlichen und flüssigen Dingen, und haben einen Abscheu vor Fleisch und nahrhaften Speisen;
das Säuerliche ist ihnen wirklich nützlich und die Fleisch-
speise schädlich. In kalten Fiebern empfinden sie Ekel
vor allen Speisen, und zwingen sie sich zum Genusse
derselben, so wird ihnen die Speise unangenehm, und
der Magen ist dann auch mit unverdaueten Speisen
und zähem Schleime überladen, also reizlos. So
verlangen Kranke bald nach kalten, bald nach warmen,
hitzigen oder kühlenden erfrischenden Dingen, ja bisweilen nach Dingen, die bei ihnen im gesunden Zustande Ekel erregt haben würden, weil sich jetzt ihr
Körper in einem widernatürlichen Zustande befindet.
So verlangen oft Kranke in der Gelbsucht nach bittern Dingen; fieberhafte Personen nach scharf gesal-
zenen Speisen, z. B. nach Heringen, Austern 2c.; ver-
schleimte, reizlose Magen verlangen reizende Speisen von einem starken, gewürzhaften Geschmacke. Bei
diesem Beispiele schickt sich das Verlangte sehr wohl
zu der widernatürlichen Verschleimung des Magens,
und oft werden Kranke gesund, sobald sie das Verlangte bekommen. Auch sucht oft die Natur durch die
gewaltsame Anstrengung der Muskeln, z. B. in Krämpfen, eine erschütternde Bewegung in den Blutgefäßen

hervorzubringen, welche mit dem Schweiße und der unmerklichen Ausdünstung der Haut die Materie der Krankheit erst fieberhaft verbindet und verflüchtiget, und hierauf durch den Urin oder Schweiß ausführt. Dieser Trieb verschlimmert auch oft die Krankheiten, wenn man ihm folgt, statt solche zu heilen. So z. B. wenn eine erhitzte, schwitzende Person Kühlung sucht, sich schnell entkleidet, und ins offene Fenster legt, wodurch Fieber, Koliken, Schlagflüsse und andere Uebel entstehen. Wenn in Krankheiten dergleichen Triebe entstehen, so ist es Sache des Arztes, sie zu untersuchen und zu leiten.

Trieb (Natur=), Instinkt, blinder Trieb, animalischer Trieb, auch Kunsttrieb, in sofern er sich zu einer künstlichen Verrichtung oder Hervorbringung äußert; s. auch die Art. Instinkt, Th. 30, S. 418, Naturtrieb, Th. 101, S. 662 u. f.; unter Leidenschaft, Th. 75, S. 491 u. f.; unter Thier, Th. 183, S. 524 u. f., und unter Trieb, Th. 187, S. 729. Man nennt Naturtrieb sowohl in der Naturgeschichte, als auch überhaupt, ein jedes inneres Streben ohne Ueberlegung und deutliches Bewußtseyn nach demjenigen, was der Natur des Strebenden angemessen ist, dagegen das Schädliche oder Unzuträgliche, Unangemessene, zu meiden. Dieser thätige Trieb setzt keine vorhergehende Kenntniß oder Erfahrung voraus, und ist daher ohne bestimmte Begriffe und Vorhersehung, ja oft bei einem sehr dunklen Bewußtsein, auf ein gegenwärtiges oder künftiges Gut oder Uebel gerichtet. So sucht der junge Hund oder die junge Katze, die erst geboren worden, schon nach den Zitzen der Mutter, um sich durch die ihnen zugedachte Milch der Brüste zu ernähren (Ernährungs= oder Erhaltungstrieb); so fühlt die junge Ente, welche von einem Huhne ausgebrütet worden, eine gewisse Unruhe, bis sie zum Wasser gelangen kann,

um darin zu schwimmen, ohne das Wasser, wozu sie
vermöge ihrer Schwimmfüße und öligen Gefieders,
bestimmt ist, schon zu kennen. Alle Thiere haben der=
gleichen Triebe in ihrer Natur, nur sind sie in Hin=
ficht der Bestimmung einer jeden Thiergattung ver=
schieden, außer dem Erhaltungs= und Begat=
tungstriebe, welche Triebe bei allen Thieren so
ziemlich übereinkommen. Der Erhaltungstrieb treibt
viele Thiere an, sich im Winter mit Vorrath zu ver=
sorgen, wie z. B. die Biber, oder andere, wie die Zug=
vögel, im Herbste die rauhen Gegenden zu verlassen,
und nach dem Süden zu ziehen, um Nahrung und
Schutz vor dem Winter zu finden, von wo aus sie im
Frühjahre zurück nach ihrer verlassenen Heimath keh=
ren, wo sie brüten. Daß dieses bloß ein innerer Trieb,
und nicht Gewohnheit oder Unterweisung, Ueberlie=
ferung, der alten Thiere sey, lehrt das Beispiel jun=
ger Zugvögel, welche man im Zimmer ohne ihre El=
tern aufgezogen hat, und die, wenn die Zeit des Fort=
ziehens herankommt, im Bauer oder Käfige des Abends
(weil sie in der Regel in der Nacht ziehen) unruhig
werden, sich auf den Sprossen hin und her bewegen,
und solches so lange, wie ungefähr die Zeit des Zu=
ges dauert. Andere Naturtriebe der Thiere dienen
nicht zur Befriedigung der eigenen Bedürfnisse, son=
dern bloß zur Erhaltung ihrer noch nicht einmal er=
zeugten Nachkommenschaft, z. B. in der genauen Wahl
eines schicklichen Ortes zum Gebären der Jungen oder
zum Eyerlegen, welcher dem Unterhalte der daraus
entstehenden Jungen vollkommen entspricht. So le=
gen z. B. manche Insekten ihre Eyer bloß auf Aas,
andere in die Körper lebendiger Thiere, andere auf
Tuch, in bestimmte Theile der Pflanzen ꝛc. ꝛc. — Un=
ter allen diesen verschiedenen thierischen Trieben sind
die Kunsttriebe die merkwürdigsten, indem sich viele
Thiere künstliche Wohnungen, Nester, Gewebe ꝛc. zu

ihrem Aufenthalte, zur Sicherheit für ihre Jungen,
zum Fange ihres Raubes, und zu tausend andern Zwek=
ken zu verfertigen wissen.   Der Bau der Biber; die
Höhlung der Füchse, Dachse, Hamster, der Murmel=
thiere; die Nester der Eichhörnchen, Vögel, Insekten;
die Spinnegeweben; die Fallgruben der Ameisenlö=
wen; die Zellen der Bienen; der Bau der Ameisen;
und dann die Auswahl der Baumaterialien, woraus
sie ihre Nester oder Wohnungen verfertigen, z. B.
aus Wachs, Holzspänchen, Moos, Rosenblättchen rc.;
auch die regelmäßige, jedoch immer gleiche Gestalt die=
ser Nester und Wohnungen, geben zahlreiche Beweise
von der Größe und Mannigfaltigkeit dieser Natur=
triebe. — Der Mensch hat nur wenige Naturtriebe
mit den Thieren gemein; denn nur der Erhaltungs=
trieb mit den ihm untergeordneten Trieben, und der
Begattungstrieb, der jedoch bei dem Menschen an
keine bestimmte Jahreszeit gebunden ist, wie bei den
Thieren, sind die einzigen ausgezeichneten Triebe, die
der Mensch mit den Thieren gemein hat; der Kunst=
trieb der Thiere geht ihm dagegen ganz ab, dafür be=
sitzt er Vernunft, das Köstlichste, womit ihn die Vor=
sehung ausstatten konnte, indem er sich durch dieselbe
zum Herren der Schöpfung macht, also zum Beherr=
scher von allen Geschöpfen des Universums, die sein
Zepter oder Herrscherstab erreichen kann. H. S. Rei=
marus hat die verschiedenen Triebe und Kunsttriebe
der Thiere in zehn Klassen gebracht, die wieder ihre
Unterabtheilungen haben, so daß diese Abtheilungen
zusammen sieben und funfzig betragen, die hier aber
anzuführen ohne Nutzen seyn würde, da diese Ein=
theilung größtentheils die bekannten Kunsttriebe der
Thiere betrifft, sowohl im Baue ihrer Höhlen und Ne=
ster, als auch in der List ihren Feinden zu entgehen,
ihre Nahrungsmittel sich zu suchen, ihre Fortpflan=
zung zu bewerkstelligen, ihre Jungen zu erziehen und

zu vertheidigen, Verletzungen und Wunden zu hei=
len 2c. 2c. (Siehe H. S. Reimarus allgemeine
Betrachtungen über die Triebe der Thiere, hauptsäch=
lich über ihre Kunsttriebe. Hamburg, 1773, wovon
die vierte Auflage in zwei Theilen von J. A. H. Rei=
marus, herausgegeben 1798, mit Anmerkungen und
einer Einleitung versehen worden). Auch findet man
die verschiedenen Kunsttriebe schon unter der Beschrei=
bung eines jeden Thieres unter seinem Namen in der
Encyklopädie erwähnt. — Alle einzelnen Thiere ei=
ner Art verfahren in ihren Kunsttrieben auf gleiche
Weise und nach gleichen Regeln und gleicher Form,
wenigstens im Wesentlichen, so daß nur zufällige Be=
schaffenheiten Verschiedenheiten hervorbringen können,
die aber doch den Haupttypus festhalten. Wenn man
daher nur einmal gesehen hat, wie z. B. ein einzelnes
Thier einer Gattung seine Wohnung oder sein Nest
macht, seine Eyer legt, seine Jungen aufzieht, so kann
man es von allen Thieren dieser Gattung sagen, daß
sie es auf gleiche Weise machen. Wie z. B. eine Fen=
sterschwalbe ihr Nest baut, so bauen es alle Fenster=
schwalben, so auch bei den andern Vögeln. Man hat
noch nicht die Bemerkung gemacht, daß der angebo=
rene Kunsttrieb der Thiere sich verändert habe, das
heißt, vollkommener, oder schlechter geworden ist; die=
ses findet man nur bei dem Menschen, der alle ihm
nothwendigen Künste selbst erfinden oder von Ander:
lernen muß, mithin steigen oder fallen seine Produl
tionen nach den verschiedenen Fähigkeiten, Kunster
tigkeiten, Erfahrungen, dem Geschmacke, der Mode 2c.
sie sind einem steten Wechsel unterworfen; nicht so i
es mit den Kunstfertigkeiten der Thiere, diese bleib
zu allen Zeiten und in allen Gegenden sich gleich. '
Spinne webt ihr Netz nicht besser und nicht schlec
als sie es vor tausend Jahren gewebt hat; so ba
die Bienen ihre Zellen, die Vögel ihre Nester :

jetzt, wie zu den ältesten Zeiten; nichts hat sich bei ihnen verändert, sowohl in der Erziehung ihrer Jungen,
als in der Fütterung derselben ꝛc. Die Erfindungs-
lust ist ihnen aber gänzlich verborgen; denn auch der
Alles nachahmende Affe ist nicht im Stande einen
Funken Feuer hervorzubringen, oder das schon vorhandene zu unterhalten. Auch bedient sich jede Thierart unter allen Himmelsstrichen einerlei Mittel zu ihren Absichten, nimmt man ihr diese von der Natur
angewiesenen Mittel, so ist es ihr unmöglich, andere an deren Stelle zu setzen. Der Mensch gelangt
erst durch eine vieljährige Uebung zu einer körperlichen
Fertigkeit, und bleibt darin dennoch weit hinter den
Thieren zurück, ja wenn er auch den höchsten Gipfel
der mechanischen Kunst erstiegen zu haben glaubt; was
ihm aber hierin abgeht, ersetzt ihm sein erfinderischer
Geist vollkommen oder hinreichend, der ihn auch zum
Herren über die Thiere, ja über die Natur erhebt, so
weit ihm nämlich die Letztere untergeordnet ist. — Ein
jedes Thier äußert die Kunsttriebe seiner Art gleich
das erste Mal mit einer regelmäßigen Fertigkeit, ohne
Anweisung oder Uebung, und dabei bleibt es auch, so
lange es lebt, nichts leidet eine Veränderung, selbst
in der Regierungsform und Polizey der Bienen und
Ameisen. Einige Kunsttriebe der Thiere äußern sich
nicht gleich nach der Geburt, sondern in einem gewissen besondern Zustande, und in einem gewissen Alter;
aber auch diese werden nicht durch die Uebung erworben, sondern sie liegen in der Natur des Thieres, und
entwickeln sich erst nach und nach, und zu der Zeit, wo
es nöthig ist, in ganzer Vollkommenheit und auf einerlei bestimmte Weise. Manche dieser Triebe verrichtet das Thier nur einmal in seinem Leben, z. B.
bei den Insekten das Einspinnen, Vergraben, Verwandeln, Begatten, Eyerlegen ꝛc. Einige Thiere zeigen schon den Gebrauch von Werkzeugen, die sie erst

erhalten, folglich lernen sie den Gebrauch ihrer Werk=
zeuge nicht dadurch, daß sie diese wirklich haben, son=
dern ihre Hindeutungen auf diese Werkzeuge, als wenn
sie solche schon hätten, zeigen, daß sie den Gebrauch
derselben schon vor ihrem Daseyn von Natur kennen.
Die jungen Kälber, Widder und Böcke wollen nämlich
schon mit den Hörnern stoßen, ehe sie hervorgewach=
sen sind; der junge Eber will von der Seite um sich
hauen, ehe ihm die Zähne herausgeschossen sind. Hier=
aus zeigt sich auch, daß die Kunsttriebe der Thiere nicht
bloß mechanisch sind, oder lediglich von dem Baue des
Körpers und dem Gefühle der körperlichen Gliedma=
ßen zu ihrer Wirksamkeit bestimmt werden, sondern
daß ein innerer Trieb der Seele vorhanden ist, welcher
mit dem beabsichtigten Gebrauche der körperlichen Werk=
zeuge übereinstimmt, und durch eine innere Empfin=
dung seiner Natur thätig wird. Viele Thiere können
die Triebe zu ihrer Selbsterhaltung erst einige Zeit
nach ihrer Geburt anwenden, und müssen sich bis zu
der Zeit den Trieben ihrer Eltern zu ihrer Verpfle=
gung, Beschützung ꝛc. anvertrauen, wie z. B. die jun=
gen Tauben und andere junge Vögel, welche noch zu
schwach auf ihren Füßen sind, um ihre Nester zu ver=
lassen, auch noch nicht mit dem Gefieder zum Fliegen
versehen sind. Die ihnen von der Natur eingepflanz=
ten Kunstfertigkeiten der Bewegung und Nahrungs=
aufsuchung würden ihnen bei ihrem körperlichen Un=
vermögen nichts helfen, ohne den Beistand der Alten.
Dasselbe gilt auch von den Vierfüßern, deren Junge
sich in der ersten Jugend weder selbst vertheidigen
noch dienliche Nahrung verschaffen können, sonder
erst durch die Muttermilch groß gezogen, auch von d
Eltern geschützt, und wohl getragen werden müss
Die geselligen Thiere, welche ein gemeinschaftli
Werk aufführen, wie die Bienen, Wespen, Ameisen
scheinen hauptsächlich der Jungen wegen zu arbeit

denn ihre Brut würde vielleicht umkommen müssen,
wenn sie nicht eine so unausgesetzte Pflege hätte. Auch
werden dergleichen Thiere, die der Eltern Pflege in
ihrer Jugend nöthig haben, von diesen angeführt sich
ihr Futter zu suchen, ja sie werden von ihnen vollkommen erzogen und belehrt, sowohl im Laufen, Fliegen,
Schwimmen, als auch sich vor dem Feinde zu be-
schützen ꝛc. ꝛc. So fliegen alte Vögel mit ihren Jungen aus, stoßen sie gleichsam aus dem Neste, wenn sie
den ersten Flug noch nicht wagen wollen, und fliegen
so mit ihnen umher, auch an diejenigen Orte, wo sie
Futter finden. Auch die Vögel und manche vierfüßi-
gen Thiere warnen ihre Jungen durch einen gewissen
Ruf oder eine gewisse Stimme vor der Gefahr, besonders vor Raubthieren. Einige Seevögel stoßen
ihre Jungen ins Wasser, damit sie schwimmen sollen; dieses thut z. B. die große wilde Ente; auch
nehmen einige Seefische ihre Jungen zur Zeit des
Sturms in ihren Rachen. Allein alle Pflege und Unterricht geht hier doch nicht über die Nothwendigkeit
hinaus; denn sobald die Eltern fühlen, daß die Jungen sich selbst helfen können, so werden sie von ihnen
verlassen, ja sie stoßen sie von selbst aus dem Neste,
und beißen sie fort, sobald sie wieder dahin zurückkehren; sie sind nun gleichsam für ihr ferneres Fortkommen emancipirt. — Findet man nun auch bei den
Thieren das Wesentliche in der Ausführung ihres
Kunsttriebes bestimmt, so daß hierin keine Abweichung
vorkommt, sie weder besser, noch schlechter arbeiten,
als ihre Vorfahren; so ist doch nicht Alles bis auf den
geringsten Umstand festgesetzt, sondern noch Manches
ihrer sinnlichen Vorstellung und der daher erzeugten
Neigung überlassen, so daß sie ihr Thun nach den zufälligen Umständen einrichten können. Die Form der
Vogelnester, auch die äußere Bekleidung derselben, ist
bei den Vögeln einerlei Gattung gewiß

gleich, so wie es auch gewiß ist, daß sie sich einen sichern
verborgenen Ort aussuchen, wo sie in der Nähe Futter für ihre Jungen finden, daß aber der Baum und
Ast dazu ausgesucht wird, daß sie ein Stück Moos
oder einen Grashalm, oder ein Haar, eine Feder, oder
viele dergleichen durcheinander zum weichen Unterbett
für ihre Jungen nehmen, solches kömmt auf die Umstände des Ortes an, was sie am ersten und bequem-
sten finden, und dieses läßt sich auf alle Thiere deuten, die irgend eine gewisse Lagerstätte und einen Bau
verfertigen, oder als Insekten sich theils einzeln einspinnen, theils mit vereinten Kräften ein Gebäude für
sich und ihre Jungen anlegen. So ist es z. B. bei
den Bienen und Wespen kein fester Satz, wo sie ihre
Zellen verkleben oder an den Stellen befestigen sollen, damit sie nicht von der Schwere einfallen, sondern sie bestimmen dieses nach der Beschaffenheit des
Gehäuses und Ortes, worin sie den Bau anlegen.
So weben die Spinnen ihre Netze zwar in der Haupt-
einrichtung auf einerlei Weise; allein wie dick die äußern Fäden seyn müssen, worin das ganze Netz hängt,
das bestimmen sie nach der Weite des Abstandes; denn
je weiter der Gegenstand ist, woran die äußern Fäden befestiget werden sollen, desto stärker machen sie
dieselben. Auch wenn diese Thiere in ihren Kunstwerken gestört werden, so suchen sie den Schaden wieder zu flicken und auszubessern, oder sie machen auch
wohl ein neues Werk. Dieses kann man täglich an
den Netzen der Kranz-, Kreuz- und Hausspinnen sehen; denn eine geringe Zerstörung derselben durc
Fliegen, welche einige Fäden zerrissen, werden in kurzer Zeit ausgebessert, und wenn die Netze an viel
Orten zerstört oder zerrissen sind, wenn nämlich g
ßere Insekten hineingeflogen sind, so webt die Spi
in der folgenden Nacht ein neues Netz, und das
ist verschwunden. — Wenn Thiere von der regel

lindrisches Loch in die Erde, und macht darin mit Stük-
ättern, denen sie mit ihren Freßzangen
abgesonderte Zellen für einzelne Eyer.
aus Blättern haben die Gestalt eines
Fingerhuts, und sechs bis sieben dieser
auch wohl noch mehr, werden ineinander ge-
Bei dieser Beschäftigung hat nun Reau=
verschieden Malen wahrgenommen, daß
ein Stück vom Blatte zur Tapezierung ih-
abzuschneiden angefangen, auch zuweilen
darin gekommen war, aber solches nach-
hat, und zu einem andern Blatte geeilt
weil sie sich in der Schicklichkeit des Blat-
er weil sie die Figur des Einschnittes nicht
hatte. Ein Irrthum, den auch ein Mensch
kann und auch begeht, und der hier beweiset, daß die genannten Thiere nach einer einge-
schränkten Vorstellung, und nicht als Maschine handeln. Auch bei unsern Honigbienen bemerkt man, wenn
man ihnen die Körbe versetzt, daß sie sich in den unrechten Korb begeben; sie stellen sich daher bloß den

nämlichen Ort und die nämliche Ordnung zu Merk=
malen ihres rechten Korbes vor, in welchen sie einkeh=
ren wollen. Der unrechte Korb zieht sie nicht mecha=
nisch an, sonst müßte es der rechte thun. Es entsteht
nun durch einen solchen Irrthum ein heftiger Krieg
unter den Bienen; allein die Schuld fällt auf den Be=
trug der Menschen; denn in der Wildniß würde sich
ihr Bau, ihr Honigbehälter nicht von selbst versetzt ha=
ben, und ihr Merkmal hätte zu ihrem Zwecke zuge=
reicht. Wie leicht ist nicht auch bei fast ganz ähnlichen
Körben zu irren. Wir sehen dieses ja bei Men=
schen bei neben einander stehenden Häusern, die sich
von außen ganz ähnlich sehen, also eine gleiche Bau=
art erhalten haben, auch in den Eingangsthüren, bei
gleichem Anstriche oder Abputze, daß sie hier oftmals ir=
ren, und die Eingänge verwechseln. Auch die Schmeiß=
fliegen begehen oft einen Irrthum, indem sie ihre le=
bendigen Larven in großer Anzahl und in verschiede=
nen Haufen auf die schönen und großen Blumen der
Stapelia hirsuta L. legen, und durch den Geruch die=
ser Blumen, der mit dem Geruche des faulen Flei=
sches übereinkommt, dazu verleitet werden. Dieser
Irrthum ist auch für die Larven, die hier keine Nah=
rung finden, tödtlich. — Auch daß sich die Fliegen durch
den Hundskohl (Apocynum) verführen lassen, indem
sie den Nectarsaft aus den Blumen holen wollen, und
ihren Tod darauf finden, beweiset gleichfalls, daß die
Thiere auch in ihren Trieben irren können. So wer=
den junge Kuckucke (wie bekannt ein Insektenvogel)
im Zimmer getäuscht, wenn man sie mit gekochten Boh=
nen, deren Schoten man in Streifen schneidet, füttert,
oder auch mit Streifen vom Eyerkuchen, indem sie diese
Streifen für Raupen oder Regenwürmer ꝛc. halten,
und sie verschlingen; und so könnte man noch eine
Menge von Beispielen hier anführen, wenn diese we=
nigen nicht schon hinlänglich den hier aufgestellten Satz

des Irrens bei Thieren in ihren Trieben bewiesen. Indessen sind die einzelnen Handlungen der Thiere, welche aus dem ihnen beiwohnenden Kunsttriebe ent= stehen, immer unserer unausgesetzten Aufmerksamkeit werth, und daher mögen hier noch einige Belege von einem Herren D. C. Niemeyer in Springe (Han= növersches Magazin, 27ster Jahrgang) im Auszuge dazu stehen, zur Ergänzung derjenigen, die schon oben, S. 15, in den daselbst angeführten Schriften ange=- führt worden, und namentlich unter Thier, Th. 183 der Encyklopädie, S. 524 u. f.

Ein Hirtenknabe fand in einem Neste Eyer von wilden Enten, und schlug eines davon auf, um zu se= hen, ob sie schon besessen oder angebrütet, oder zum Essen noch brauchbar wären, als er aber in dem ge= schnetten Eye ein zum Auskriechen ganz zeitiges Ent= chen fand, brachte er sämmtliche Eyer in seiner Mütze noch ganz warm auf den Niemeyerschen Hof. Die Kinder des Eigenthümers legten diese Eyer in einen erwärmten, mit einem Deckel versehenen Korb, wel= cher darauf gedeckt wurde, und am folgenden Morgen waren die jungen wilden Enten ausgekrochen, und be= fanden sich ganz munter. Diese kleinen Thiere hatten nun von ihren Eltern weder deren Sitten kennen ler= nen, noch deren Unterricht genießen können, und den= noch zeigten sie sich vollkommen in Allem, was sich auf ihre Lebensart bezog, unterrichtet. Das gewöhnliche Futter der jungen zahmen Enten wollte ihnen nicht recht schmecken, und sie nahmen nur dann etwas da= von zu sich, wenn es auf das in einer Schale ihnen vorgesetzte Wasser gestreut wurde; auch plätscherten sie beständig in diesem Wasser, und zeigten dadurch an, auf diesem Elemente zu seyn. Sie wurden nun des Nachmittags bei warmem Wetter in einem großen stei= nernen mit Wasser angefüllten Trog auf das Wasser gesetzt, auf welches auch Wasserlinsen und Brodkru= men geschüttet wurden. Sie schwammen hier mit der größten Geschwindigkeit hin und her, badeten sich, hasch=

ten mit großer Schnelligkeit nach den Wassermücken,
und fischten einige Brodkrumen, aber keine Wasserlin=
sen auf; zeigten aber dabei gar keine Furcht vor den
umherlaufenden Putern und anderm Geflügel. Viele
Zuschauer bewunderten die geschwinde Bewegung die=
ser Thiere, in welcher sie die zahmen Enten weit über=
trafen, und die Geschicklichkeit, ihre Füße auf so manche
Weise zu dem Rudern und Umdrehen zu gebrauchen.
Auf einmal war die Munterkeit dieser Entchen ge=
stört. Alle blieben, als von einem einzigen Faden an=
gezogen, auf dem Wasser, ohne alle Bewegung, legten
den Kopf auf eine Seite, so daß ein Auge in die
Höhe gerichtet war, und in demselben Augenblicke ver=
schwanden Alle. Bald darauf erschienen die Köpfe der
Entchen zwischen den Wasserlinsen, und gleich darauf
die ganzen Thierchen wieder oben auf dem Wasser.
Keiner der Umstehenden errieth sogleich die Ursache des
so schnellen und gleichzeitigen Untertauchens, als bis
solches nach einigen Augenblicken auf eben die Art
wiederholt wurde. Hier gewahrte man nun erst, daß
eine Milane über dem Hofe in der Luft umherkreisete,
daß die Entchen sich dann schnell unter das Wasser
tauchten, wenn die Milane über demselben sichtbar war;
sobald aber dieser Raubvogel in seinem Zirkelfluge hin=
ter das Dach kam, tauchten sie wieder auf. Nachdem
die jungen Enten dieses Kunststück ungefähr sechsmal
mit gleicher Fertigkeit wiederholt hatten, und der Raub=
vogel davon gezogen und nicht mehr zu sehen war,
mußte ein gegenwärtiger Jäger den pfeifenden Ton
der Milane genau nachahmen. Kaum war die Stimme
derselben angegeben, als schon alle Entchen auf dem
Grunde des Troges unter dem Wasser waren. Das
milanenartige Pfeifen wurde nun noch einige Male,
und zuletzt so geschwind wiederholt, daß das darauf
erfolgte Untertauchen und Wiederhervorkommen der
kleinen wilden Enten ein bloßer Blick wurde, bei wel=
chem man nicht unterscheiden konnte, was sich im Was=
ser bewege. Hier zeigte sich nun der in diese jungen
Enten gelegte Kunsttrieb und die Anerbung aller Ei=
genschaften von ihren Eltern sehr deutlich: denn wer
sagte den ohne alle Erfahrung in die Welt getretenen

Thierchen, daß unter allen damals gegenwärtigen Geschöpfen die Milane ihr gefährlichster Feind sey, und
welche Stimme sie habe? Wer lehrte sie, daß das
Untertauchen das sicherste Mittel sey, diesem Vogel zu
entgehen? Und wer zeigte ihnen, wie das Untertauchen gemacht wird? — Man trifft die größte Kunstfertigkeit bei den jungen Thieren an, welche nach der
Eigenheit ihres Geschlechts von ihren Eltern verlassen und sich selbst überlassen werden. Diese größere
Vollkommenheit ist zu ihrer Erhaltung nothwendig.
Andere Thiere, um die sich die Eltern nicht weiter be-
kümmern, als ihnen ihr Daseyn zu verschaffen, besitzen zwar diese Kunstfertigkeit nicht, welche zu ihrer
Erhaltung nöthig ist; allein eine gewisse Ahndung des
Zukünftigen treibt die Eltern an, sie in eine Lage zu
versetzen, welche jenem Mangel abhülft, und zu diesen
Thieren gehört auch der Kuckuck. Niemeyer hatte
Gelegenheit, die Lebensart dieses sonderbaren Vogels
verschiedene Jahre nach einander genau zu beobachten, und machte dabei folgende Bemerkungen. Der
Kuckuck brütet, wie bekannt, seine Eyer nicht selbst aus,
und eben so wenig baut er ein Nest, wie andere Vögel; aber dennoch hat die Natur ihn mit einem Triebe
begabt, für das künftige Wohl seiner Jungen zu sorgen; denn er legt seine Eyer nur in die Nester solcher Vögel, welche mit ihm gleiche Nahrung genießen,
sich also von Insekten und Gewürmen nähren. Niemeyer sah ihn nur in die Nester der grauen Bachstelze (Motacilla boarula) seine Eyer legen, welche Bachstelzen in ziemlicher Menge bei seinem Hause nisteten,
auch in alten Mauern und hohlen Baumwurzeln. —
In der Heckzeit dieser Vögel werden diese von dem
Kuckucke sehr verfolgt; sie entfernen sich zwar so viel,
als möglich, von dem Orte ihres Nestes, wenn sie
der Kuckuck mit einem Besuche beehrt, dieser folgt ihnen aber von einem Baume zum andern nach, und
hält sich oft sehr lange und versteckt in der Gegend
auf, wo die Bachstelzen gewöhnlich zu nisten pflegen.
Findet man dann in dieser Gegend ein Bachstelzen-
nest, so trifft man auch gewiß ein Kuckucksey darin
an. Dieses geschieht aber nicht eher, als bis die Bach-

ſtelzen ihre Eyer völlig abgelegt haben; auch findet
man niemals mehr als ein Kuckucksey in einem Bach=
ſtelzenneſte. Ob übrigens der Kuckuck die Bachſtelzeneyer
verzehrt, oder bloß aus dem Neſte wirft, wenn er ſein
Ey hineinlegt, iſt dieſem aufmerkſamen Beobachter zu
erfahren niemals gelungen, ſo viel Mühe er ſich auch
dieſerhalb gegeben hat, um auch dieſe Erfahrung zu
machen. Er fand nur, wenn die Bachſtelze ihre Eyer
abgelegt hatte, in ihrem Neſte ein Kuckucksey und ei=
nige zerbrochene Schalen von den Bachſtelzeneyern bei
dem Neſte liegen; er konnte aber nicht ausfindig ma=
chen, ob der Kuckuck die Bachſtelzeneyer ausgeſoffen,
oder nur entzwei gemacht hatte; niemals fand er aber
ein Bachſtelzeney bei dem Kuckuckseye in dem Neſte ge=
laſſen. Der Kuckuck beſuchte nun noch einige Tage
nachher, nachdem er ſein Ey der Bachſtelze übergeben
hatte, ihr Neſt, jagte ſolche mit vielem Lärmen von
demſelben, wahrſcheinlich in der Abſicht, um zu ſehen,
ob die Bachſtelze einige Eyer bei demſelben nachge=
legt haben möchte, und entfernte ſich dann wieder.
Viele Forſtbediente haben verſichert, daß ſolches zu=
weilen geſchehe, und daß dann die mit dem jungen
Kuckuck ausgebrüteten Bachſtelzen verkommen müßten,
da entweder die Pflegeeltern eine Vorliebe für das
untergeſchobene Junge hätten, oder weil ſolches durch
ſeine Gefräßigkeit die Alten hinderte, die eigenen Jun=
gen zu verſorgen. Niemeyer hat aber dergleichen
Erfahrungen nicht gemacht. Nachdem nun der alte
Kuckuck für ſein künftiges Junge geſorgt hat, beküm=
mert er ſich weiter nicht mehr darum. Sobald nun
die Bachſtelze den jungen Kuckuck ausgebrütet hat, be=
ſchäftigen ſich beide Pflegeeltern den ganzen Tag da=
mit, ihm die nöthigen Speiſen zuzutragen. Dieſe
Arbeit wird mit jedem Tage anſtrengender, ſo wie der
junge Vogel heranwächſt; denn dieſer wird nimmer
ſatt, und hört nicht auf durch ein beſtändiges Zirpen
ſein Futter zu erpochen. Er erhält bald die Größe
einer jungen Taube, und ſein orangefarbener Rachen
iſt dann ſo weit, daß er mit ſolchem den ganzen Kopf
von Einem ſeiner Pflegeeltern umfaßt, wenn ſie ihm
das Futter reichen. Oft bemerkte Niemeyer, daß

die Bachstelze sich anstrengen mußte, um ihren Kopf aus dem Schnabel desselben zurückzuziehen, und daß sie dann schnell, wie erschreckt, von ihm abflog (s. auch unter Guckguck, Th. 20, S. 300). Vielleicht veranlaßte dieser Umstand, daß man dem Kuckucke auch Undankbarkeit zuschreibt, daß er am Ende seine Wohlthäter verschlinge. Nun erhebt sich der junge Vogel aus seinem ihm zu enge werdenden Neste, und fliegt auf einen nahen Baum, und seine Pflegeeltern folgen ihm, um das Füttern fortzusetzen, wobei seine Bequemlichkeit so weit geht, daß er seinen Kopf kaum niederbeugt, wenn seine Pfleger ihm den Wurm reichen wollen. Niemeyer sah sie drei- bis viermal in die Höhe fliegen oder hüpfen, ehe sie erlangen konnten, ihm ihre Gabe darzureichen. Auch wenn derselbe den Kuckuck in einen Käfig sperrte, und diesen vor das Fenster hing, so versorgte ihn das Bachstelzenpaar noch treulich mit Futter; und als ein junger Kuckuck wieder in Freiheit gesetzt wurde, behielt er noch bis zu Ende des Septembers, da die alten Kuckucke schon lange weggezogen waren, seinen Aufenthalt bei dem Hause von Niemeyer; nur dann verlor er sich, und ist wahrscheinlich seinen rechten Eltern gefolgt.

Niemeyer macht hier noch die Bemerkung: „Wer sagt dem alten Kuckuck, daß er bei der Bachstelze die für sein künftiges Junges dienliche Nahrung, und ein gutes Herz, solche ihm treulich zu reichen, finden werde? Wer räth ihm an, nicht mehr als ein Ey in das Nest eines Vogels zu legen, welcher nicht im Stande ist, für mehrere Junge von seiner Größe Nahrung zu schaffen? Wer zeigt dem jungen Kuckuck den Weg, den seine rechten Eltern genommen haben? Niemand anders, als der, der mit dem Befehle: es werden Thiere, auch die Triebe in den Thieren werden hieß." — Um den Instinkt der Thiere überhaupt, besonders aber die Kunsttriebe, erklären zu können, überhaupt um das Geheimniß derselben zu enthüllen, hat man verschiedene Wege eingeschla-

gen. Die alten Weltweisen, welche nur auf das
Außerordentliche dieser Kunsttriebe ·der ·Thiere aufmerksam waren, und darin etwas Göttliches ahndeten,
schreiben den Thieren eben so wohl, als dem Menschen, von Natur eine Vernunft zu, oder behaupten
doch, daß sie wenigstens einen· Grad davon besitzen
müßten. Aristoteles vergleicht ihre Geschicklichkeiten
mit denen des Menschen. — Aelian findet die Eigenschaften des Menschen, seine Weisheit und Gerechtigkeit nicht so sehr zu bewundern, da ihm die Vernunft,
als das edelste Vermögen, zugetheilt worden, daß aber
auch die vernunftlosen Thiere dergleichen Vollkom-
menheiten an sich hätten, und ohne eigene Einsicht
manche menschliche und bewundrungswürdige Geschicklichkeit als Naturgabe ausübten, das sey etwas Großes. — Galen behauptet, daß der Naturtrieb bei
Thieren, besonders aber ihr Kunsttrieb, nicht durch die
Vernunft, sondern durch die Fähigkeiten der Seele
hervorgebracht werde; denn jedes Thier empfinde
schon im Voraus, wozu ihm die körperlichen Werkzeuge dienen sollten, die es noch nicht besitze, und bediente sich schon derselben, als ob sie da wären. Kein
furchtsames Thier habe die Natur mit Waffen versehen, dagegen sey kein streitbares davon entblößt; dem
Menschen aber habe sie, statt aller Wehr und Waffen,
Hände gegeben, um sich mit der Vernunft durch dieselben zum Herren aller Thiere des Erdbodens zu
machen. Er sey aber nicht das weiseste Thier, weil er
Hände habe, wie Anaxagoras sagt, sondern er habe
deshalb Hände, weil er das weiseste sey, wie Aristoteles mit vollem Rechte behaupte rc. Am ausführ-
lichsten handelt Seneca von den Kunsttrieben der
Thiere, und solches in dem 121sten Briefe; er stellt
sie als eine angeborene Fertigkeit vor, welche durch
die Empfindung ihrer eigenen Natur wirksam werde
Die Meinungen des Plato, Pythagoras, d

Nemesius, Plutarch ꝛc. über die Natur- und Kunsttriebe müssen hier übergangen werden, da sie sich auf eine ähnliche Weise darüber auslassen. — Unter den neuern Naturforschern wollen Einige alle Triebe, und besonders alle Kunsttriebe, aus einem bloßen Mechanismus erklären. Der Erste, der dieses behauptete, war Cartesius. Diese Meinung fand Beifall beim Grafen Büffon, der aber darin von Cartesius abweicht, daß er diesen Maschinen ohne Seele, Thiere genannt, ein Leben und eine Empfindung oder ein Bewußtseyn von Lust und Unlust giebt, wodurch ein Trieb von Selbstliebe entsteht, vermöge dessen jedes Thier Alles thut, was seiner Natur am zuträglichsten ist, und daher auch die Kunstwerke verfertiget. La Mettrie hatte ein gleiches System, doch bewundert er die Art, wie die Thiere Alles zu ihrer Selbsterhaltung thun. Cudworth erklärt Alles magisch und sympathetisch. Alle diese und noch mehrere andere Meinungen, so auch die Hypothese des Leibnitz, des Malebranche, des Christoph Mylius (welcher annimmt, daß alle Thiere durch den Schmerz zu den künstlichen Handlungen getrieben werden), J. G. Krüger (der den Wachsbau der Bienen aus einer Krankheit erklärt), der Franzosen Bouillier, Condillac und de la Chambre, das Meyersche System ꝛc. findet man in dem Werke des Reimarus umständlich auseinander gesetzt, wobei dieser Schriftsteller zugleich seine eigene Meinung über die wahrscheinliche Beschaffenheit der thierischen Kunsttriebe anführt, und diese Ansicht darin, daß man den Grund 1) in ihrem Mechanismus; 2) in ihren äußerlichen Sinnen und sinnlichen Einbildungskraft; 3) in ihrer Empfindung, und 4) in ihrer eingepflanzten blinden Neigung zusammenwirkend findet. — Die Philosophen und Naturforscher der jetzigen oder neuesten Zeit sind in Erklärung der Natur- und Kunsttriebe auch nicht viel weiter, als alle

ihre Vorgänger gekommen. Auch sie suchen diese
Triebe in dem Organismus der Thiere gegründet,
ohne daß irgend eine höhere Kenntniß der Gründe
und Folgen damit verknüpft wäre, als die Nahrung,
Erhaltung und Fortpflanzung, wozu noch die Sorge
für ihre Nachkommenschaft zu rechnen sey, bis diese
allein für sich sorgen, also auf ihre Erhaltung und
Fortpflanzung bedacht seyn könne. Auch wegen des
Seelenvermögens herrscht hier kein Zweifel, nur ist
dieses Vermögen mehr an den Organismus gebun-
ren, nicht so frei wie beim Menschen, dessen natürlicher
Trieb sich durch die Vernunft zum Willenstriebe erhebt,
der alle Triebe, und auch den Kunsttrieb, leitet und
beherrscht, der bei den Thieren nur in der Organisation liegt, indem er mit dem Daseyn des jungen Thieres erwacht, und auch gleich ausgeübt wird; auch ist er
mehr Eigenthum der geringeren oder niederen Thiere,
als der höheren Thiergattungen; denn hier verliert er
sich, indem diese sich mehr nach den Umständen zu richten wissen, um ihre Bedürfnisse zu befriedigen und sich
zu schützen; daher tritt bei ihnen das Seelenvermögen
schon mehr hervor und wirkt stärker auf ihren Organismus ein. Der Graf Georg von Buquoy sagt
in seinem Werke: „Anregungen für philosophisch-wis-
senschaftliche Forschung und dichterische Begeisterung"
(Leipzig, 1825), S. 559: „Der plastische Habitus an
den Gebilden des Kunsttriebes einer bestimmten Thierart, z. B. am Schwalbenneste, ist eben so konstant, als der
plastische Habitus an den Gebilden des Bildungstriebes
des Organismus jener bestimmten Thierart, z. B. an
der Schwalbe. Die Bienen erscheinen von je her unter einer und derselben Gestalt; auch der Zellenbau
ihrer Stöcke hat sich bisher nie geändert. Wird ein
Theil des Thierkörpers zerstört (in so fern er nicht
zum Leben wesentlich ist), so ersetzt ihn der Bildungs-
trieb, und wird das Gebilde des Kunsttriebes verletzt,

so wird der Schade mittelst des Kunsttriebes wieder
ersetzt; dort, wie hier, findet vollkommner sowohl, als
unvollkommner Ersatz Statt, dort, wie hier, bleiben
oft Spuren des neuen Ansatzes zurück." Auch betrachtet dieser Schriftsteller den Kunsttrieb als einen über
den eigenen Organismus hinausragenden Bildungs-
trieb. — Ob den Thieren aber nicht auch wirklich
Grade der Vernunft beiwohnen, wie ihre vielfältigen
Handlungen zu beweisen scheinen, wie z. B. beim
Elephanten, den Hunden, Pferden ꝛc., und wie auch
schon unter Thier, Th. 183, angeführt worden, liegt
noch im Streite mit den Ansichten der Philosophen
und Naturforscher, und möchte auch wohl schwer zu
ergründen, und nur ein Vorbehalt der Gottheit seyn;
und wenn sich, wie es doch ersichtlich ist, ein Wesen
an das andere reiht, bis zu dem Menschen hinauf, also
eine Wesenkette das Ganze umschließt, so möchten auch
wohl die Gaben der Vernunft in gewissen Antheilen
mit dem Organismus der Thiere vereint, der keine
andere Handlungen, keine andere Geistesoffenbarun-
gen zuläßt, als sie die Thiere äußern, hier wirken.
Die Naturtriebe oder natürlichen Triebe
sind Grundtriebe (s. auch Th. 187, S. 731), und
als solche sind sie entweder angeborne körperliche,
oder angeborne Seelentriebe, von denen die andern Triebe abgeleitet worden, oder welche zur Entstehung der andern abgeleiteten oder erworbenen
Triebe Veranlassung gegeben haben. Auch werden
die ersteren Triebe, die körperlichen, animalische
oder thierische, und die andern geistige Triebe
genannt. So sind Essen und Trinken, Bewegung und
Begattung natürliche körperliche Triebe, weil wir dazu
den inneren Reiz empfinden oder vielmehr das Gefühl dazu in uns liegt, abgeleitet davon sind aber die
Triebe zum Genusse feiner Speisen und Backwerke,
zum Drucke, zur heftigen Bewegung (Tanz ꝛc.) und

zur Wollust, weil diese Letzteren erst durch die Ersteren
entstanden oder hervorgebracht worden sind; denn erst
mußte man den einen dieser Triebe kennen, um den
andern hervorzubringen; denn erst durch den Trieb zur
Begattung entstand der Wollusttrieb, das heißt, nach
der Befriedigung des Ersteren, also allemal nach dem
Genusse. Bei den Thieren erscheinen diese Triebe sehr
modifizirt und an gewisse Regeln und Zeiten gebunden. So findet bei vielen, besonders höheren Thieren,
die Begattung nur zu gewissen Zeiten des Jahres
Statt; auch weichen sie im Naturzustande nicht von
ihren Nahrungsmitteln und Getränken ab; obgleich
sie im Zustande der Zähmung oder als Hausthiere
sich auch an andere Kost gewöhnen, z. B. die Hunde
und Katzen, die Schweine 2c., die auch gekochte Speisen genießen; andere bleiben auch hier bei der Nahrung ihres Naturzustandes, wie die Pferde, das Rind-
vieh, die Schafe, die Hühner, Tauben 2c. Alle trinken aber Wasser, als das natürlichste Getränk, nur die
Krähe scheint hier eine Ausnahme zu machen, sie trinkt
auch Branntwein, wenn man sie gezähmt im Hause
hat, ja sie zieht sogar dieses Getränk dem Wasser vor;
denn wenn man derselben eine Tasse mit Wasser und
eine Tasse mit Branntwein hinsetzt, so säuft sie lieber
von dem Letzteren, und läßt das Wasser stehen; sie
macht dann als Betrunkene die possirlichsten Bewegungen im Zimmer oder in dem Gemache, wo man sie
herumlaufen läßt. So sind die Tauben, außer dem
Begattungstriebe, besonders zur Wollust geneigt; die
jungen noch ungepaarten Tauben lassen sich von alten
Täubern treten, und solches fast zu allen Zeiten, jo
sie suchen sich diesen auf alle Weise durch Kokettiren
angenehm zu machen und gefällig zu erweisen 2c. —
Die Seelentriebe wirken theils mit den natürlichen
körperlichen Trieben in Gemeinschaft, theils auch besonders, und dann sind sie beim Menschen größten-

theils dem Willen untergeordnet, und erscheinen als Willenstriebe; s. diese, weiter unten. Die natürlichen Triebe sind auch die eigentlichen Ursachen der Begierden. Der Gedanke, daß uns eine Sache gut oder schädlich sey, würde nichts wirken, wenn unserer Seele der Trieb nicht eingeprägt wäre, das Gute zu verlangen und das Böse von sich abzuwenden. So empfinden wir auch eine gewisse Neigung oder Abneigung z. B. zu einer gewissen Lebensart und Gattung von Geschäften, ehe noch irgend eine Erkenntniß oder Vorstellung vorangegangen ist. So verspüren wir eine Abneigung gegen gewisse Speisen oder Thiere, ohne zu wissen, ob sie uns schädlich sind. Aus der Erfahrung kennen wir, daß viele natürliche Triebe vorhanden sind, und sich schon zu einer Zeit wirksam äußern, ehe wir noch fähig sind, gehörig zu denken, und Betrachtungen darüber anzustellen. Auch bleiben sie uns eigen, wenn wir dazu nicht mehr fähig sind, das heißt, wenn wir unseres Verstandes nicht mehr mächtig sind. Diese Triebe sind es, die uns zu dem nicht Wollen bestimmen, die uns bestimmen, uns zu fürchten, ohne sagen zu können, warum? und eben so werden wir auch zu so Manchem hingerissen, das wir lieben und verlangen, ohne es eigentlich zu kennen. Es ist hier zwar ein Grund vorhanden, warum wir etwas wollen oder nicht wollen, welcher darin besteht, daß der Gegenstand diesen Trieben gemäß oder nicht gemäß ist; allein wir betrachten ihn nicht immer, auch bei erhelltem Verstande, in der gehörigen Deutlichkeit; wir sind schon zufrieden ihn zu fühlen, können ihn aber finden, wenn wir dieses Gefühl analysiren oder zergliedern wollen. Alle dergleichen Triebe sind auch Empfindungen der Seele im Allgemeinen, da sie in einer gewissen Zu- oder Abneigung bestehen, oder doch diese bewirken. Einige nennen sie bloße Bewegungen oder Empfindungen, um sie von den übrigen

Empfindungen und Begierden, die auf eine vorhergehende Erkenntniß erfolgen, zu unterscheiden. Man soll sie noch besser **unbestimmte Empfindungen** nennen können; da entweder der Gegenstand, oder der Zweck dabei unbestimmt ist. So verspüren wir Hunger, ohne gerade nach einer gewissen Speise ein Verlangen zu empfinden; wir verspüren eine Leere der Seele, und wünschen beschäftiget oder unterhalten zu seyn, ohne bestimmen zu können, womit, und auf was für eine Art. So fühlt ein Jüngling wohl die Liebe, ohne einen Gegenstand seiner Liebe zu besitzen. In andern Fällen ist der Zweck unbestimmt. Man erblickt einen gewissen Gegenstand, und empfindet Ab- oder Zuneigung, ohne daran zu denken, daß derselbe unsern Trieben gemäß oder entgegen, das heißt, gut oder schädlich ist; nur erst dann, wenn dieser Gedanke hinzu kommt, verwandelt sich der natürliche Trieb in eine Begierde. — Man theilt auch die natürlichen Triebe in **allgemeine** und in **besondere**. Die Ersteren sind diejenigen, die sich in der Regel bei allen Menschen finden, als der Trieb zur Selbsterhaltung, zum Leben, zur Geselligkeit, zur Glückseligkeit rc.; die Letzteren sind nur gewissen Menschen eigen, z. B. die Abneigung gegen gewisse Thiere, die dem Einen beiwohnen, dem Andern nicht. So hat der Eine eine Neigung zu einer Wissenschaft, Kunst, oder einer gewissen Lebensart, der Andere aber nicht. Die Eintheilung der natürlichen Triebe in **körperliche** und in **Seelentriebe**, ist schon oben, S. 33, angeführt worden. Die körperlichen Triebe hat nun der Mensch größtentheils mit den Thieren gemein, z. B. den Trieb zur Selbsterhaltung, zur Fortpflanzung, zur Bewegung und Ruhe rc., und so auch die Seelentriebe, die mit jenen Gemeinschaft haben; voraus hat der Mensch aber die Triebe nach Kenntniß, nach Wissenschaften, Künsten und Gewerben, nach Vollkommenheit und

Glückseligkeit 2c. 2c., und dann die davon abgeleiteten Triebe. — Alle natürlichen Triebe sind gut und zeugen von der weisen Fürsorge des Schöpfers, seine Geschöpfe bis zu dem bestimmten Ziele zu ihrem Wohle in Thätigkeit zu erhalten, wohin alle Triebe wirken; auch der Trieb der Ernährung, Begattung 2c. Wenn wir beim Folgen dieser Triebe fehlen, so geschieht es wegen der unrichtigen Anwendung derselben. So ist Essen überhaupt gut; aber nicht alle Speisen sind gut zu genießen oder bekommen Allen gut; auch überschreitet man wohl das richtige Maaß, indem man zu viel oder auch zur Unzeit ißt. Daher ist auch der Mensch mit der Vernunft ausgestattet worden, um diese bei allen Trieben zur Regentin derselben zu machen, wo hier das Thier bloß dem Instinkte folgt.

Trieb (natürlicher), s. den vorhergehenden Artikel.

— (Neigungs=), s. Trieb (Gewohnheits=).

— (organischer), organische Triebe, s. Th. 187, S. 731.

— (Pflanzen=), s. daselbst, S. 727 und 730. — Was den Instinkt oder Naturtrieb bei den Pflanzen anbetrifft, so sagt ein Schriftsteller darüber: „Da die Pflanzen auch mit inneren eigenthümlichen Kräften des Wachsthums, der Selbsterhaltung, der Bewegung und der Zeugung versehen sind, so muß man ihnen auch eine eigene Lebenskraft zugestehen. Der Begriff des Lebens schließt auch immer einen gewissen Grad des Empfindungsvermögens in sich, und wo —, da muß auch Fähigkeit zum Genusse in einem oder geringeren Grade vorhanden seyn; — Schrittheil und Systemgeist können uns abhalten, so angenehmen Vorstellung beizupflichten. Bei jungen Thieren beobachtet man, daß sie viele ——ßige Handlungen aus einer inneren Neigung maschinenmäßig begehen, welches man einen andern natürlichen Trieb oder Instinkt nennt, wie

z. B. bei den eben zur Welt gekommenen Säugethie=
ren, daß sie gleich nach den Brüsten ihrer Mutter su=
chen, und ähnliche Triebe bemerkt man auch bei den
Pflanzen.   Der Keim des Samenkorns enthält die
künftige Pflanze und die Wurzel derselben.   Steckt
man nun das Samenkorn verkehrt in die Erde, so
wird dennoch jeder Theil diejenige Richtung nehmen,
zu welcher er bestimmt ist, er wird daher dem Triebe,
den ihm die Natur gab, folgen, das heißt, das junge
Pflänzchen wird sich aufwärts und die Wurzel unter=
wärts kehren.   Eine Hopfenpflanze, welche an eine
Stange gebunden ist, folgt in ihren Windungen der
Sonne von Süden gegen Westen, und stirbt bald ab,
wenn man sie zwingt, eine entgegengesetzte Richtung
anzunehmen. Wird das Hinderniß gehoben, so fängt
sie sehr bald wieder an, der Sonne, so wie vorher, zu
folgen.   Die Zweige des Geißblattes strecken sich so
lange gerade in die Länge aus, bis ihnen ihre eigene
Last zu schwer wird; dann verstärken sie sich, indem sie
sich spiralförmig zusammendrehen. Begegnen sich zwei
Zweige, so hängen sie sich an einander, verwachsen in
der Mitte, gleichsam um einander zu unterstützen, und
der eine windet sich nach der rechten, der andere aber
nach der linken Seite hin, bis sie nach mehreren oder
wenigeren Krümmungen einen festen Körper finden,
an welchen sie sich halten, und ihn umschlingen kön=
nen; vertrocknet der eine von den beiden zusammen=
geschlungenen Zweigen, so windet sich der andere im=
mer spiralförmig von der rechten nach der linken Seite
zusammen." — Von diesen Beispielen des Pflanzen=
triebes kann sich ein Jeder überzeugen; denn sie sind
von gewöhnlichen Erfahrungen hergenommen. Noch
bessere Beweise von dem Empfindungsvermögen der
Pflanzen, von einem inneren Gefühle, geben mehrere
Pflanzen südlicher Zonen; so z. B. die Venusflie=
genfalle (Dionaca Muscipula), welche in Südka

rolina zu Hause gehört. Die fleischigen Blätter dieser
Pflanze, welche den Stengel umgeben, bestehen aus
zwei mit einander vergliederten Gelenken, von denen
das obere Gelenk zwei halbeyförmige Klappen bildet,
von welchen jede am Rande mit steifen Haaren besetzt
ist. Setzt sich nun ein Insekt auf diese Klappen, so
verschließen sich solche plötzlich, die steifen Haare an
ihren Rändern beugen sich kreuzweis in einander,
das Insekt wird todtgedrückt, und zu gleicher Zeit von
viel kleinen Dornen, die mitten in den Klappen ste=
hen, durchstochen. So lange nun noch etwas von den
todten Insekten zwischen diesen Klappen liegt, thun
sie sich nicht von einander, welches zu der Vermuthung
geführet hat, daß sich die Blätter von dem Raube näh=
ren; allein hier wirkt der Instinkt blind, es ist bloß
ein blinder Trieb sich zu schließen, ohne irgend einen
Zweck; denn sobald man einen Strohhalm oder eine
Nadel zwischen die Klappen bringt, so schließen sich
solche ebenfalls, und öffnen sich auch nicht eher wieder,
als bis man den fremden Körper daraus entfernt hat.
Eben so merkwürdig sind die Mimosen oder Sinn=
pflanzen, z. B. die empfindliche oder gemeine
Sinnpflanze (Mimosa sensitiva), und die scham=
hafte Sinnpflanze (Mimosa pudica), welche Be=
weise der Empfindungsfähigkeit geben, indem sie ihre
Blätter bei der geringsten Berührung zusammenlegen
oder ziehen, und nach einiger Zeit kehren sie in ihre
vorige Lage zurück. Alle Abend schließen sich die Blät=
ter der letzteren Pflanze, und alle Morgen öffnen sie
sich wieder, und so auch bei andern Arten dieser Gat=
tung. Die Versuche, welche die Naturforscher mit die=
sen Mimosen angestellt haben, um sich von der Ur=
sache dieses Reizes zu unterrichten, sind schon unter
Mimose, Th. 90, S. 741 u. f., angeführet worden.
Auch der bewegliche Süßklee (Hedysarum gy=
rans Linn.), welcher in Ostindien, und hier nament=

lich in Bengalen heimisch ist, besitzt eine ähnliche Ei=
genschaft, welche auf ein Empfindungsvermögen schlie=
ßen läßt. Diese Pflanze wird an vier Fuß hoch. Un=
ter den größeren Blättern derselben stehen zwei klei=
nere, die sich den ganzen Tag über bald auf= und bald
niederwärts bewegen; denn indem das eine Blatt em=
porsteigt, sinkt das andere gemeiniglich nieder; auch
geschieht die Bewegung nach unten schneller und regel=
mäßiger, als das Emporsteigen. An einem abgeschnit=
tenen Zweige in Wasser gesetzt, dauert die abwech=
selnde Bewegung noch vierundzwanzig Stunden fort,
und wenn sie durch irgend ein Hinderniß unterbrochen
wird, so erfolgt sie nachher, wenn dasselbe hinwegge=
räumt ist, mit vermehrter Geschwindigkeit. Alle hier
angeführten Thatsachen scheinen den Satz: daß auch
die Pflanzen mit Empfindungsvermögen begabt sind,
zu beweisen, mithin fehlt ihnen der Instinkt eben so
wenig, als den Thieren; denn z. B. jener Trieb des
Strebens und Wirkens, wie bei den Mimosen, setzt
doch immer eine thätige Aeußerung einer Kraft vor=
aus, so dunkel auch das Bewußtseyn des damit ver=
knüpften Gefühls seyn mag; immer muß hier ein
inneres Gefühl des Zuträglichen und des Schädlichen
sich offenbaren. S. auch den Art. Pflanze, Th. 111,
S. 418 u. f.

Trieb (Rache=), s. Th. 187, S. 732.

— **(Rechts=)**, s. oben, S. 4.

—, nach **Reichthum**, s. oben, S. 3, 4.

— zur **Ruhe**, s. Th. 187, S. 732, und unter Trieb
(Thätigkeits=).

— **(Schamhaftigkeits=)**, **Schamgefühl**, s. Th.
187, S. 729. — Er entspringt zum Theil aus dem
Gefühle der Reue über begangene Fehler, zum Theil
auch aus der Enthüllung von Schwachheiten, üblen
Gewohnheiten, womit Jemand überrascht wird, und
hierbei sich dieser Trieb im Betroffenseyn gleichsam

durch eine scheinbare Verbergung, Verdeckung der be=
fürchteten Entdeckung äußert. Dieser Trieb ist eine
eigene Empfindung, die theils zur Verbesserung des
Geschehenen führt, theils auch entmuthiget und nieder=
schlägt, wenn man die Achtung nicht wieder zu gewin=
nen glaubt.

Trieb (Seelen=), Seelentriebe, geistige Triebe,
Triebe, welche sowohl den Thieren, als den Men=
schen eigen sind, nur wirken sie bei den Ersteren gleich=
sam mechanisch, und durch den Körper gebunden auch
nur einseitig auf wenige Gegenstände, statt sie bei dem
Menschen durch die Freiheit des Geistes, den vollen=
detsten Körperbau, und das Erkenntnißvermögen eine
Ausdehnung gewinnen, die Alles umfaßt, Himmel
und Erde. Wenn sich die ganze Thätigkeit bei den
Thieren nur auf sinnliche Lust und Unlust beschränkt,
nur auf körperlichen Wohlstand, so ist der Mensch,
außer diesen, auch noch der geistigen Genüsse fähig,
wovon man bei den Thieren keine Spur antrifft.
Diese geistigen Triebe sind es nun auch, welche dem
Menschen besonders eigen sind. Da nun das Vermö=
gen der deutlichen Erkenntniß in unserer Natur die
Grundlage von allen übrigen Fähigkeiten ist, so ist
auch der Trieb zum Gebrauche dieser Kraft, der Er=
kenntnißtrieb, wesentlich nöthig. Er entspringt
unmittelbar aus dem Wahrheitsgefühle und dem Hange
zur Erweiterung unserer Begriffe, auch zur Entdeckung
der Ordnung und Vollkommenheit der Gegenstände
außer uns. Die Aufmunterung in der Jugend, das
Beispiel älterer Personen, und die Nacheiferung ent=
halten diesen Trieb, der, durch die Gewohnheit ge=
stärkt, bisweilen zum stärksten Bedürfnisse wird. Die
Aussicht auf Gewinn, auf Ehre und Ansehen, ver=
schafft ihm mächtige Nahrung, und die Ueberwindung
der Schwierigkeiten schmeichelt der Eigenliebe oder
Selbstliebe, und ist ein reichhaltiger Lohn der Mühe.

— Der Erkenntnißtrieb (f. oben, S. 8) wird
zur Ausbildung des Verstandes und zur Erwerbung
und Erweckung nützlicher Kenntnisse benutzt; er ist nicht
bloß den Erwachsenen und Kultivirten eigen, sondern
auch Kindern und den Erwachsenen aus den niedern
Volksklassen, die weiter keine Ausbildung erhalten haben, als Handarbeiten zu verrichten, Andern zu dienen ꝛc.; denn man gewahrt die Eindrücke, welche Erzählungen, Fabeln ꝛc. auf sie machen; daher bedient
man sich auch der ersten sinnlichen Kenntnisse bei Kindern, um sie dadurch zu andern Kenntnissen zu reizen
und zu leiten, und ihren Verstand zu den höheren aus-
zubilden. Man unterhält dadurch den Trieb nach
Kenntnissen, den Wissenstrieb, der dann bald auf
die oben angeführten andern Triebe nach Ehre, Ansehen, Reichthum ꝛc., die zu den Willenstrieben gehören, wirkt, die wieder zu neuen Anstrengungen reizen, um das vorgesetzte Ziel zu erreichen. Noch ein
mächtiger Sporn zur Erweckung dieser Triebe ist der
Trieb zur Selbstliebe oder Eigenliebe (f. diesen Trieb); denn um unser eigenes Wohlergehen fest
begründet zu sehen, reizt er zur Thätigkeit, Nachahmung, zu Erfindungen und Entdeckungen ꝛc.; er erweckt
also neue, und verstärkt andere Triebe. So nützlich dieser Trieb aber von der einen Seite ist, eben so nachtheilig ist er oft von der andern durch die Ueberschätzung
der eigenen Kräfte, der eigenen Geistesfähigkeiten. —
Außer den Erkenntnißtrieben gehören zu den geistigen
Trieben auch die Willenstriebe, wo der Wille
oder das Begehrungsvermögen *) eine entschiedene
Wirkung auf die Bestimmung des Triebes hat; denn
jede besondere Art der Reizbarkeit unserer Seele enthält auch einen eigenen Bestimmungsgrund des Wil-

---

*) Eberhards deutsche Synonimik, Artikel Begehren,
Th. 1, S. 280 u. f.

lens, und ist daher auch die Quelle eines Grundtrie-
bes, der aber durch andere Triebe mannigfaltig modificirt werden kann. Zu den Willenstrieben gehört,
außer den schon oben, S. 42, angeführten Trieben:
der Trieb zur Selbstliebe, der Thätigkeitstrieb, der
Unabhängigkeits= oder Freiheitstrieb, der Trieb zu
Herrschen, der Geselligkeitstrieb, der Trieb zu gefallen,
der Vervollkommnungstrieb ꝛc. ꝛc. S. auch die verschiedenen Triebe hier im Register.—Die geistigen Triebe sind verstärkte Seelenkräfte, die
über die körperlichen Bedürfnisse hinausgehen, wozu
die einfachen oder beschränkten Seelenkräfte hinreichen.
Zu allen körperlichen Trieben: dem Nahrungstriebe,
Erhaltungstriebe, Begattungs= oderGeschlechtstriebe ꝛc.
(wozu auch die den Thieren eigene Kunstriebe gehören), reizen daher die einfachen Seelenkräfte, die bei
den Thieren durch den Instinkt geregelt, bei den Menschen durch den Verstand überwacht werden, um hier
nicht in Extreme auszuarten, wozu die Sinnlichkeit
führt. Zu allen geistigen Trieben geschieht dieserReiz
durch die verstärkten Seelenkräfte, die oft körperliche
Triebe zu unterdrücken vermögen, wie z. B. den Trieb
zur Begattung, Bewegung ꝛc.; sie sind nur dann von
Dauer, wenn sie sich auf das Tugendgefühl gründen,
können aber nicht durch dieses Gefühl allein erweckt
werden, da die Tugend sich in der Sittlichkeit begründet, in der Empfindung des Guten und Bösen, und in
der Vermeidung des Letzteren. Ein Schriftsteller sagt
hierüber: „Die Tugend, als Harmonie aller Triebe
und Wirkungen, als die größte Vollkommenheit des
Menschen, ist an sich liebenswürdig; Laster, als Dis-
harmonie, als ein unnatürlicher Zustand der Unruhe
und Feindseligkeit, ist an sich verwerflich und widrig.
Diese Wirkungen der Tugend und des Lasters auf
unser inneres Empfindungsvermögen, diese innige
Vereinigung des Guten und Schönen, kann man mit

Recht ein ſittliches Gefühl nennen; denn es iſt
dem äſthetiſchen Gefühle des Schönen in den Werken
der Natur und Kunſt ähnlich, welches ſich auch unab=
hängig von allem Eigennutze äußert. Durch Sinn=
lichkeit, Leidenſchaft, Erziehung, politiſche Verfaſſung,
Religionsbegriffe und andere äußere Umſtände kann
es unterdrückt werden, oder eine falſche Richtung be=
kommen; allein deſſen ungeachtet iſt es doch eine we=
ſentliche Anlage unſerer Natur. Als Erkenntnißgrund
kann das ſittliche Gefühl nicht dienen, da deutliche Ein=
ſicht nicht auf Empfindung gegründet werden kann,
und für ſich beſteht, ohne irgend einen Einfluß des
Angenehmen und Unangenehmen; aber in Verbin=
dung mit der Vernunft begründet das ſittliche Gefühl
den Trieb zur Tugend, giebt der Ausübung Leich=
tigkeit und Anmuth, und iſt beſonders in ſolchen Fäl=
len wirkſam, wo ſchnelle Entſchließung nöthig iſt.“
S. auch Trieb (Natur=), S. 33 u. f.

Trieb zur Selbſtliebe, ein Grundtrieb, der zu den
ſtärkſten und ausgebreitetſten Trieben gehört, und ſich
auf die Wohlfahrt des eigenen Ichs bezieht, und da
wir unſerm eigenen Ich eine weite Ausdehnung in gei=
ſtiger Beziehung geben können, ſo können wir auch
die meiſten geiſtigen Triebe darunter begreifen. Die
Selbſtliebe handelt entweder bloß nach ſinnlichen Em=
pfindungen, oder nach Vernunftſchlüſſen in Handlun=
gen auf unſere Perſon. Jene würden uns oft ſchäd=
lich werden, weil uns der Inſtinkt, der den Thieren
beiwohnt, und ihre Triebe regiert und regelt, fehlt;
deshalb hat der Menſch die Vernunft zur Regentin
bei ſeinen Handlungen erhalten, die deshalb unbe=
ſchränkt im Genuſſe der ſinnlichen Vergnügungen ſind.
Auch durch den Trieb der Selbſtliebe wird das Wohl
Anderer befördert, indem die Befriedigung der unter
ihm ſtehenden Triebe des eigenen Ichs nicht ohne An=
derer Hülfe geſchehen kann, ſie mögen nun körperlich

ober geistig seyn, und wo dieser Grundtrieb in Selbst-
sucht oder Eigennützigkeit ausarten könnte, da tritt ihm
das Mitgefühl oder die Sympathie entgegen, das doch
den meisten Menschen beiwohnt, um die Härten des
Gemüths zu mildern.—Auch der Trieb zur vergleichenden Selbstliebe, s. oben, S. 2, gehört hierher.

Trieb, in der Sprachkunst, s. Th. 187, S. 727 u. f.

—, zum Stuhle oder Stuhlgange, s. Trieb (Aus-
leerungs-).

—(Thätigkeits-), s. Th. 187, S. 732, und oben,
S. 1. Auch dieser Trieb ist ein Grundtrieb, der in
dem Organismus des Körpers sich schon durch das
Anschwellen der Muskeln, die Bewegung der Lebens-
geister, die eine Unruhe des beseelten Körpers verrathen, und die man auch in der Bewegung der Kinder,
in ihren Spielen, die sie oft bis zur Ermüdung, ja
Ermattung fortsetzen, erblickt. Selbst der geistarme
Wilde liebt doch die Jagd, Spiel und Tanz, und die
Erfindung von mancherlei Spielen und Zeitvertrei-
ben bei den kultivirten Völkern beweiset, daß der Thätigkeitstrieb, sowohl körperlich, als geistig, auch in den
Stunden der Erholung nicht rastet. Dieser Trieb muß
aber in den thätigen und leidenden unterschieden werden, das heißt, in eine thätige und leidende Beschäftigung. Die Letztere ist für diejenigen Menschen, die
bei jeder Anstrengung leicht ermüden, und denen selbst
Spiele: Karten-, Brett- und andere Spiele, nicht zu-
sagen, weil immer damit eine anhaltende Bewegung
verknüpft ist; sie ergötzen sich an Schauspielen jeder
Art, Konzerten, Gesellschaften (wenn auch nur zum
Plaudern) und finden hier dasjenige in der Anschauung,
Anhörung und Mittheilung, was Jene vereint in der
körperlichen und geistigen Thätigkeit finden. Der Trieb
zur Thätigkeit beschränkt sich aber nicht bloß hierauf,
sondern hat auch äußere Ursachen, nach denen er strebt,
oder die er sich zum Zielpunkte setzt, z. B. nach Reich-

thum, Herrschaft, Ehre ꝛc., und ist dieses oder jenes
Streben erreicht, so wird oft dennoch die angefangene
Unternehmung aus Gewohnheit oder Gewinnsucht
fortgesetzt; es entsteht dann eine Begierde, welche den
Geiz und Ehrgeiz erzeugt, und also die Mittel zu ta=
delnswerthen Absichten benutzt. „Die Verbindung der
Sympathie mit dem Thätigkeitstriebe, sagt ein Schrift=
steller, erzeugt die edle Begierde, Menschen zu beglük=
ken, den hohen Patriotismus, die Aufopferung der
Kräfte, des Vermögens, ja des Lebens selbst; sie spornt
zum Beistande eines Unglücklichen an, und rettet ihn,
wenn die träge Selbstliebe ihn nur bedauert.

Trieb (thierischer), thierische Triebe, anima=
lische Triebe, die Triebe, welche der Mensch mit
den Thieren gemein hat, und die in der Ernährung,
Bewegung, Fortpflanzung ꝛc. bestehen; f. auch Trieb
(Natur-); besondere animalische Triebe, die
sich bloß auf den Menschen beziehen, f. auch Th. 187,
S. 731 u. f.

—, zur Tugend, f. Trieb (Seelen-).

— (Unabhängigkeits-), f. Trieb (Freiheits-).

— (Veränderungs-), f. Trieb (Wechsel-).

— (Vergleichungs-), f. oben, S. 2.

— (Vergnügungs-), Genußtrieb, f. Th. 187,
S. 781. Nicht bloß der Trieb nach körperlichen Ge=
nüssen oder Vergnügungen, die im Essen und Trin=
ken (in gut schmeckenden Speisen und Getränken),
in der Bewegung (Spiel und Tanz), in der Ge=
schlechtsliebe ꝛc. ꝛc. bestehen, sondern auch in geistigen
Genüssen, die sowohl den Verstand, als Auge und
Ohr ergötzen, überhaupt den Verstand und das Ge=
fühl in Anspruch nehmen. Hierher gehört der Ge=
nuß, den man sich durch Wissenschaften und Künste
verschafft, indem man sie entweder selbst betreibt, oder
sich an den Produkten derselben ergötzt, sowohl im Le=
sen, als im Anschauen und Hören. Zu den Letzteren

gehören Schauspiele aller Art, die Musik, die schönen
Künste, in Ausstellung ihrer Werke: in der Malerey,
Bildhauerey, Baukunst, Kupferstecherkunst ꝛc. ꝛc. —
„Das Gefühl der Schönheit, sagt ein Schriftsteller,
oder das sinnlich-geistige Empfindungsvermögen, ist
ein merkwürdiges Attribut unserer Natur. Der Reiz
desselben liegt in dem Körper und Geiste zugleich, in
einer Uebereinstimmung beider. Dieses Gefühl ist einer großen Bewegung des Gemüths fähig, welche
Dichter und Künstler begeistert, und die Betrachtung
ihrer Werke so anziehend macht. Das Vergnügen an
schönen Kunstwerken ist von dem Besitze unabhängig;
durch Mittheilung wird es sogar erhöhet, auch ohne
Rücksicht auf die etwa damit verknüpften Vorstellungen eines persönlichen Vorzuges.“ — Eben so geht
es auch mit den Werken der Tonkunst, die unser Ohr
ergötzen oder vielmehr durch das Gehör den vortheil-
haftesten Eindruck auf das Gemüth machen, und zu
den angenehmsten Empfindungen stimmen. — Ferner gehört zu den geistigen Vergnügungen auch die
gesellige Unterhaltung, die so mächtig anzieht, und
uns diejenigen Oerter, wo uns dieser Genuß geboten
wird (häusliche Zirkel, Kaffeehäuser ꝛc.), so werth
macht, daß wir eine Neigung zu ihnen empfinden,
die uns keine Ruhe im Hause läßt, wenn die Tages-
zeit heranrückt, an welcher wir diesem Genusse unter
Freunden, Bekannten ꝛc. opfern. — Daß der Trieb
zu den körperlichen und geistigen Genüssen, den wir
vor den Thieren voraus haben, auch auf Abwege (zur
Weichlichkeit, Schwelgerey und Wollust, auch durch
Raubung der Mittel, Zeit und Kräfte, die auf wichtigere Zwecke hätten verwendet werden können, zum
Bankerot) führt, wenn er nicht durch die Vernunft
überwacht wird, zeigt der Lebensverkehr oft genug.

Trieb (Vervollkommnungs=), Trieb nach Erweiterung, der Trieb fortzuschreiten, welcher aus

dem Triebe zur Selbstliebe und dem Triebe zur Thä=
tigkeit entspringt. In der Vollkommenheit entdecken
wir die Uebereinstimmung der Absichten und der Mit=
tel, und daher bestreben wir uns, unsere Einrichtun=
gen und unsere Werke immer vollkommener zu ma=
chen, und unsern Zustand zu verbessern. Hat man
von einem bessern Zustande, als der gegenwärtige ist,
keinen Begriff, oder sieht man die Mittel, um dazu zu
gelangen, für zu schwierig und gefährlich an, so bleibt
man stehen, wo man ist, und die Liebe zur Ruhe ge=
winnt alsdann die Oberhand oder das Uebergewicht
über den Trieb zur Thätigkeit. Der Trieb nach Ver=
vollkommnung oder nach Erweiterung ist daher in der
menschlichen Natur gegründet, wie wir an den Fort=
schritten des Zeitgeistes sehen; allein er erfordert die
Mitwirkung äußerer Ursachen, um in Thätigkeit ge=
setzt und belebt zu werden.

Trieb (Vieh=), s. Th. 187, S. 728.

— (Wechsel=), der Trieb nach Veränderung,
immer etwas Neues vorzunehmen oder zu sehen; auch
ein sehr wohlthätiger Trieb zur Beförderung unseres
Wohlstandes, indem er die Thätigkeit erhöhet; denn
unser körperliches Gefühl wird bald durch das Einer=
ley stumpf, ja es ermattet, indem der Reiz nachläßt,
und wo er vorhanden bleibt, da spornt ihn die Sorge
für den Unterhalt täglich an, das Einerley zu betrei=
ben, wie es bei vielen Gewerben oder vielmehr Ge=
werbetreibenden der Fall ist, die sich nicht über das
Alltägliche in ihrem Gewerbe, über das Erlernte, er=
heben. Sonst bewirkt dieser Trieb Erfindungen und
Entdeckungen, indem er ein stetes Nachsinnen oder
Grübeln veranlaßt, um etwas Neues zu produciren.

— Ein Schriftsteller sagt: „Der Thätigkeitstrieb
und der Erweiterungstrieb machen uns mit dem
Gewohnten und Alltäglichen unzufrieden, lassen uns
etwas Besseres, oder doch etwas Neues, wünschen.

Selbst ein glücklicher Zustand wird uns mit der Zeit gleichgültig, und eine andere Lage scheint uns besser, und dieses bloß, weil es nicht die unsrige ist. Wir finden nach und nach in unserer eigenen verschiedene Unbequemlichkeiten, und sehen in einer fremden nur das Angenehme, welches uns die Einbildungskraft noch reizender vorstellt. Das Neue reizt durch die Leb= haftigkeit des Eindrucks, der die Aufmerksamkeit an sich zieht, dagegen läßt das Alte der Zerstreuung mehr Raum. Es erweckt durch die Verknüpfung mit andern Ideen die Erwartung von Vortheil oder Annehmlich= keit; in andern Fällen auch wohl Besorgniß und Furcht." S. auch Th. 187, S. 732.

Trieb (Willens-), Willenstriebe, s. daselbst, S. 733. Die Willenstriebe sind Grundtriebe, die einige Philosophen unter dem Triebe nach Glückselig= keit begreifen. Jede besondere Art der Reizbarkeit unserer Seele enthält einen eigenen Bestimmungs= grund des Willens, der sich verschiedentlich modifici= ren läßt, und daher entstehen auch mancherlei Wil= lenstriebe, die gleichfalls Grundtriebe genannt werden können, wie der Trieb zur Thätigkeit, der Trieb zur Erweiterung und Vervoll= kommnung, der Trieb zu gefallen, der Trieb zur Herrschaft, der Ehrtrieb, der Trieb zur Gesellschaft, der Trieb zur Nachahmung und mehrere andere abgeleitete Triebe, die schon oben im Register angeführt und beschrieben worden sind. S. auch Trieb (Seelen-).

— (Wissens-), s. Th. 187, S. 734, und oben, S. 42.

— (Wollust-), s. daselbst, S. 733.

— (Zeugungs-), s. Trieb (Begattungs-).

Triebe, in Beziehung auf die Sprache, nur in einigen Provinzen Deutschlands gebräuchlich, z. B. in Mei=

ßen für Trieb 2 (1) oder Trift; auch lautet es in
einigen Gegenden Tröbe und Treibe.

Triebel, von dem veralteten Trieben, für treiben,
ein Werkzeug zum Treiben. So führt beim Bött=
cher der hölzerne Schlägel den Namen Triebel,
womit die Reifen, die um ein Faß oder eine Tonne
gelegt werden, herabgetrieben werden, damit sie die
Stäbe enge umschließen und festhalten. S. auch den
Art. Treiber, Th. 187, S. 467, und unter Schlä=
gel, Th. 145, S. 147. An den Spulrädern ist
der Triebel der krumme Arm an der Welle, um
solche und mit ihr das Rad umzudrehen; in andern
Fällen der Drehling, die Kurbe. S. Tretspinn=
rad, Th. 187, S. 616. In einigen Oberdeutschen Ge=
genden ist der Triebelmeister so viel als Zeidel=
oder Bienenmeister, und das Triebelgericht das
Zeidler= oder Zeidelgericht (f. unter Biene, Th. 4),
in welchen Fällen es allem Ansehen nach, wie Ade=
lung angiebt, zu einem andern Stamme oder zu ei=
ner andern Bedeutung des Zeitwortes treiben ge=
hört.

Triebelgericht, f. den vorhergehenden Artikel, und den
Art. Zeidelgericht, unter Z., wo auch das Nö=
thige von dem Zeidelrichter und dem Zeidel=
rechte gesagt werden wird.

Triebelmeister, der Zeidel= oder Bienenmeister;
f. unter Triebel. Die Benennung Triebel= oder
Zeidelmeister, um damit einen Zeidler oder Bie=
nenwärter zu bezeichnen, rührt noch aus den Zeiten
her, wo die Zeidler Kaiserliche Forstbediente waren,
die den Honigbau in den Wäldern in Aufsicht oder
auch zu Lehne hatten, und ihre Beständner, welche den
Honig sammelten, hießen Afterzeidler. S. auch
den Art. Biene, Th. 4, und Zeidler, unter Z.

Triebfeder, eine elastische Feder, welche die Theile ei=
ner Maschine in Bewegung setzt, z. B. die Uhrfeder,

welche die ganze Bewegung der Taschenuhr verur=
sacht. S. Spiralfeder, Th. 159, S. 105 u. f.,
und unter Taschenuhr, Th. 180, S. 383. — Im
figürlichen Verstande eine jede Vorstellung, ein jeder
Gegenstand, welcher die wirkende Kraft in uns zur
Thätigkeit bestimmt. Der objektive Grund eines Be=
gehrens oder Verabscheuens wird Bewegungs=
grund genannt; der subjektive Grund des Begeh=
rens, wodurch die Willkühr des Subjekts bestimmt
wird, und der Gefühl ist, Triebfeder. Ist dieses
Gefühl das Angenehme oder Unangenehme, so ist die
Triebfeder sinnlich, wird aber das Gefühl durch
die Vernunft selbst bewirkt, moralisch. Die letztere
Triebfeder ist das Gefühl der Achtung, welches die
Vernunft durch den Pflichtbegriff bewirkt, indem sie
sich die Sinnlichkeit unterwirft. — In diesen Bezie=
hungen sagt man: Der Geist des Mißtrauens,
der List, des Betruges habe alle Triebfedern
der Seele entwickelt. Der Gewinn ist die
große Triebfeder der Handlung. Ein Welt=
weiser kann sich nicht edler, als mit der Un=
tersuchung der Triebfedern der Natur be=
schäftigen 2c.

Triebhammer, ein Hammer, den verschiedene Hand=
werker gebrauchen; s. unter Hammer, Th. 21, S.
320, 334 und 341.

Triebholz, Treibeholz, das in vielen Ländern auf
den Seen und Strömen umher treibende Holz; s. un=
ter Holz, Th. 24, S. 937 u. f. — Bei den Buch=
druckern, s. unter Form, Th. 14, S. 476.

Triebmaaß, beim Klein= oder Taschenuhrmacher,
ein kleiner Haarzirkel, womit die Stärke eines jeden
Getriebes abgemessen wird. Man mißt mit diesem
Zirkel über drei gewälzte Zähne desjenigen Rades
weg, welches das Getriebe bewegen soll, und die Er=
öffnung des Zirkels, die man hierdurch erhält, giebt

den Durchmeſſer des Getriebes, welches ein Getriebe
von ſechs Stöcken giebt.

Triebrad ein Rad, welches eine Maſchine treibt, oder
ihre wirkende Kraft in Thätigkeit ſetzt; in einigen Gegenden auch der Trieb. S. unter Mühle, Th. 95,
S. 304.

Triebrecht, ſ. Th. 187, unter Trieb, S. 728, und
unter Weide, in W.

Triebſand, Drievſand, Flugſand, Loopſand,
Sluupſand, Quikſand, Quellſand, Suug=
ſand, ein lockerer und flüchtiger Sand, der von dem
Winde überall hingetrieben wird; ſ. Sand (Flug-),
Th. 136, S. 44 u. ſ. Man nennt dieſen Sand auch
Diluvialſand, und ſetzt ſeine Entſtehung in die Di-
luvialzeit, da ſolche ungeheure Maſſen von Sand, die
oft über Flächen von vielen hundert Quadratmeilen
ausgebreitet ſind, ſich nicht in unſerer geſchichtlichen
Zeit gebildet und aufgelagert haben können, ſondern
ſie ſetzen viele größere Ueberſchwemmungen und Fluthen voraus, wie wir ſie aus unſern Erfahrungen kennen. Auch die im Sande häufig begrabenen Säuge-
thiere, deren Gebeine meiſt ſolchen Gattungen angehören, welche jetzt nicht mehr lebend bei uns gefunden
werden, ſind Zeugniſſe für die frühere Entſtehung dieſes Sandes. Ebenen mit dergleichen Sand findet man
in Weſtphalen, Hannover, Holſtein, Mecklenburg,
Brandenburg, Pommern, Preußen, und in einem
Theile von Poſen; ſie hängen mit einander zuſammen. Beſonders zu erwähnen ſind die großen Sand-
wüſten in Afrika, z. B. die Sahara, welche wenigſtens hundert tauſend Quadratmeilen umfaßt. Alle
dieſe Sandebenen beweiſen, daß der Sand Ablage-
rungen des Fluthlandes ſey; aber auch weniger ausgebreitete Sandlager gehören, wenn ſie Gebeine vor-
weltlicher Thiere in ſich ſchließen, oder wenn ſie auf
ſolchen Höhen ſich finden, wo ſie von unſern jetzigen

Gewässern nicht hingebracht seyn können, zum Fluth=
lande. Diese Sandlager sind oft sehr mächtig, bis
über 100 Fuß, und theils von Dammerde überlagert,
theils bloß liegend. Auch findet man in diesen sandi=
gen Landstrichen hin und wieder große Blöcke von Ur=
gebirgsarten, besonders Granit. Man findet derglei=
chen Blöcke in dem Sandlande von Norddeutschland
bis nach Preußen, und auch noch weiter hinauf, durch
Kurland, Liefland und Esthland; sie sollen aus den
Scandinavischen Hochgebirgen herstammen, und wie
man vermuthet, sind auch sie zu der Zeit der letzten
großen Fluthen von dem Muttergebirge losgerissen
und zerstreut worden. — Da der Triebsand aus so
seinen Theilchen besteht, daß er gleichsam auf dem
Wasser schwimmt, so giebt er bei Wasserbauten den
schlechtesten Grund ab; denn es geht zwar ein Pfahl
leicht hinein, so lange fortgeschlagen wird, oder so
lange man mit der Ramme fortfährt, ihn einzutreiben,
wenn er aber eine Weile stille steht, so besaugt er
sich im Triebsande, und ist mit vieler Mühe erst wie=
der zum weitern Eindringen zu bringen. Auch darf
man den Pfahl nicht zu stark eintreiben, weil man
bald gewahren würde, daß sich der Grund um den
Pfahl herum hinabzieht, dann aber auch wieder um den=
selben in die Höhe steigt; denn sobald der Triebsand
wieder in sein Gleichgewicht kommt, steigt der Pfahl
in die Höhe. Dieses ists aber nicht allein, was den
Grund schlecht macht, sondern das Auslaufen ver=
schlimmert ihn noch mehr, welches von dem schlechte=
sten Strome verursacht werden kann, daß nämlich der=
selbe den Triebsand in der Tiefe losspült und fort=
treibt. Deshalb ist es auch nicht gut, bei Wasserbauten
am Ufer große Pfähle einzutreiben, sondern sich lie=
ber der Senkschachten von Faschinen oder Würsten
mit dazwischen gefüllter Erde und Rasen, auch kleiner
Pfähle, welche durchgeschlagen werden müssen, zu

bedienen. — Man hat den Triebsand auch zur Ver=
mischung mit dem Kalke zur Mauerspeise angerathen;
allein erfahrene Baumeister halten ihn dazu nicht ge=
schickt, eben so wenig kann man ihn zu Wällen und
Dämmen gebrauchen; denn seine Bestandtheile sind
von der Art, daß sie sich von der Feuchtigkeit, über=
haupt der nassen Witterung, auflösen, und auseinan=
der fließen; er hält daher nicht zusammen, und ist kein
Bausand. Man muß ihn von dem groben, scharfen
und reinen Sande wohl unterscheiden, der auch von
dem Wasser an mehreren Orten, gleichsam als ge=
waschen, an das Ufer gespült wird, der aber bei ei=
ner genauen Beschauung durch Vergrößerungsgläser,
auch bei der Untersuchung, aus Quarz und andern
Steinchen besteht, und sich zum Bausande und zur
Mauerspeise vorzüglich eignet. Ein guter Sand muß,
wenn er gleich feucht in die Hand genommen wird,
dieselbe nicht schmutzig machen, was aber der Trieb=
sand thut. — Bei der Uebersandung von guten Län=
dereien, das heißt, tragbarem Boden, ist es schwer,
diesen von dem Flug= oder Triebsande zu reinigen;
auch weiß man nicht, wo man denselben, außer dem so
kostbaren, Zeit und Mühe erfordernden, auch theils
nicht anwendbaren Rajolen, lassen will, da er nur eine
geringe Anwendung in den Gewerben, wie schon vor=
her bemerkt worden, findet. Hier schlägt ein Land=
wirth vor, den übersandeten Boden zum Grasplatz
umzuwandeln, wie er es selbst gemacht habe, und da=
bei in der Ausführung glücklich gewesen sey. Er ließ
nämlich den Strich des übersandeten Bodens erst ebe=
nen, dann überwalzen, mit kurzem Stalldünger und
auch mit Hühner= und Taubenmiste überstreuen, be=
säete dann die Fläche mit einem Gemische von Rauh=
hafer, Holländischem Klee und Heusamen, ließ bei=
des, den Dünger und die Saat, untergraben, und das
Land zusenken. Der Auflauf wurde erst spät verspürt,

... des geschehenen Untergrabens nicht an=
... seyn konnte; er zeigte sich aber bei eingetretenem
... Wetter so dicht und schön, daß man es nicht
... wünschen konnte. Klee und Hafer wuchsen fast
... und dieser diente jenem zur Lehnung, daß
... empor und über den Hafer herschoß, und
... fast ganz bedeckte. Bei dem ersten Abmähen
... schon Untergras, und da die Frucht nach=
... einmal mit Nutzen abgemähet wurde, und
... sich noch weiter zur Narbe ansetzte, so wurde
... kleinen Sandstriche ein guter Grasboden.

Triebschwefel, s. Trippschwefel.

Triebstahl, beim Kleinuhrmacher, Taschenuhr=
macher, ein Stahldraht, wovon derselbe die Getriebe
... Uhren verfertiget. Die Deutschen Uhrmacher be=
... aus den Englischen und Genfer Uhrfabri=
... Er wird hier durch eine Maschine gezogen, nach
... des Drahtziehens, wo er gleich die Gestalt von
... sieben, zehn und zwölf Triebstöcken erhält. Hier=
... geht hervor, daß zu jedem Triebstahldrahte bei
... Ziehmaschine ein anderes Zieheisen eingesetzt wer=
... muß, und daß das eine oder das andere bestimmte
... zu den Stöcken des Triebstahls hat. S. auch
... Taschenuhr, Th. 180.

Triebstock, Triebstöcke, diejenigen Stöcke von Stahl=
... woraus die Getriebe der Uhren bestehen; s. auch
... Taschenuhr, Th. 180.

Triebvogel, Triebvögel, abgerichtete Vögel, die in
... Ländern zum Fischfange gebraucht werden, in=
... sie dazu, wie die Hunde zur Jagd, abrichtet,
... wozu vorzugsweise der See= oder Wasserrabe
... wird. S. auch unter Fischfang, Th. 13,
S. 679 u. f.

Triebwerk, Fr. Ressort, das Getriebe in einer Ta=
schenuhr, die Triebfeder von Stahl; s. oben, S. 50.

Triefauge, Thränauge, Rinnauge, ein triefendes

Auge, ein Auge, welches thränt, häufig Wasser aus=
fließen läßt, oder in dem stets Wasser steht, sich im=
mer sammelt, und dem Auge ein trübes Ansehen giebt,
daher triefäugig, solche Augen habend. Im ge=
wöhnlichen Leben und im verächtlichen Verstande auch
eine Person mit solchen Augen. S. auch die Artikel
Thränen und Thränenauge, Th. 184, S.
510 u. f.

Triefen, ein regelmäßiges und unregelmäßiges Zeit=
wort der Mittelgattung, welches das Hülfswort ha=
ben erfordert, in langsamen Tropfen herabfallen oder
herabrinnen, da es dann eigentlich von solchen Flüs=
sigkeiten gebraucht wird, welche auf solche Art herab=
fallen. Das Blut trieft aus der Wunde, wenn
es langsam und tropfenweise daraus hervorkommt.
Thränen troffen (auch triesten) ihm aus den
Augen. Der Regen trieft von den Dächern.
Der Regen troff nicht mehr auf Erden, 2.
Mos. 9, 33. Aber auch von den festen Gegenstän=
den, aus oder von welchen der flüssige trieft. Die
Augen triefen, wenn sich in ihnen Wasser sam=
melt, und daraus herabrinnt. Es regnet, daß die
Dächer troffen oder triefen. Durch hinläßige
Hände wird das Haus triefend, Pred. 10, 18,
das heißt, es regnet überall hinein, eine ungewöhn=
liche Art des Gebrauchs. Wird der flüssige Körper
hierbei ausgedrückt, so geschieht solches vermittelst des
Vorwortes von. Die Kleider triefen von Re=
gen, die Augen von Thränen. Deine Fuß=
stapfen triefen von Fett, Psf. 65, 2; nicht mit,
wie in andern Stellen der Deutschen Bibel. Der
Himmel und die Wolken triefen mit Thau,
Hiob 33, 28. Die Berge triefen mit süßem
Wein, Joel 3, 18, welche Wortfügungen im Hoch=
deutschen so ungewöhnlich sind, als es die biblischen
figürlichen Bedeutungen des Fortdauerns rc. sind. Je=

mand trieft von Fett, sagt man von einer Person
wenn das Fett von ihren Händen her=
von ihren Kleidungsstücken, und versteht
unsaubere Person, welche sich nicht rein=
lich hält, sich bei dem Bereiten der Speisen nicht in
Acht nimmt. Nach Adelungs Anmerkung zu die=
sem Worte in seinem großen Wörterbuche der Hoch=
deutschen Mundart: bei dem Willeram trieffen,
truiffen, im Englischen drip, im Schwedis. drypa.
Traufen, träufen, triefen und das veraltete
trofen oder troffen, wovon noch jetzt das Imperf.
und das Mittelwort troff, getroffen, abstammen,
sind eigentlich nur in der Mundart verschieden, ob=
gleich traufen und triefen mehr als Neutra, träufen
aber mehr als ein Activum gebraucht wird. In Be=
triefen kommt jenes aber auch als ein thätiges Zeit=
vor. Tropfen ist das Intensivum von beiden,
vielmehr von dem veralteten troffen, so wie
feln wieder das Diminutivum jenes Intensivi
Alle diese Zeitwörter sind unmittelbare Nachah=
mungen des Lautes, welches ein mit treffen verwand=
ter Laut ist, daher drypa, triefen, im Schwedischen
noch fallen überhaupt bedeutet. S. Tropfen. Trie=
feln, das Diminutivum von triefen, ist im Hoch=
deutschen wenig gangbar. Die Schafe schütteln
den Regen von der triefelnden Wolle. Geßn.
Lecken, siekern, Nieders. siepen, siepern, sap=
pen, bezeichnen besondere Oerter des Triefens. Die
unregelmäßige Abwandlung oder Conjugation ist im
Hochdeutschen am üblichsten, obgleich einige Schrift=
steller es regulär brauchen. Es triefte, hat getrieft.
Im Oberdeutschen verbindet man es gern mit dem
Hülfsworte seyn, welches aber im Hochdeutschen un=
gewöhnlich ist. Die Onomatopöie sticht in diesem
Worte noch merklich vor, und alle Neutra, welche ei=

nen gewiſſen Laut von ſich geben bedeuten, erfordern das Hülfswort haben.

Triegen, I. ein regelmäßiges zurückwirkendes Zeitwort, welches nur in einigen Gegenden üblich iſt, ſich auf etwas triegen, ſich darauf verlaſſen. Als die noch zarte Welt lag gleichſam in der Wiegen, durft einer ſich auf nichts, als auf die Unſchuld trie= gen. (Caniz.) Im Hochdeutſchen kommt es nicht vor. Nach Adelung ſoll es zu trauen gehören, und ein Intenſivum davon ſeyn, wenigſtens haben trauen, Treue ꝛc. in mehreren Sprachen und Mundarten ei= nen harten Hauchlaut in der Mitte. — II. Triegen, ein unregelmäßiges Zeitwort, Jemandes Erwartung oder Vertrauen zu deſſen Nachtheil unerfüllt laſſen. Es iſt in doppelter Geſtalt üblich. 1) Als ein Zeit= wort der Mittelgattung, mit dem Hülfsworte haben, wo es abſolute und ohne Meldung der Perſon, deren Erwartung unerfüllt bleibt, gebraucht wird, und auch nur von Sachen üblich iſt. Das Eis triegt, man kann ſich nicht darauf verlaſſen. Das Wetter, die Hoffnung triegt. Die Sinne triegen oft. Wer redlich iſt, und auf die Götter traut, der wandelt nicht auf triegendem Sumpfe. Geßn. 2) Als ein thätiges Zeitwort, mit der vierten Endung der Perſon. Jemanden triegen, deſſen gegründete Hoffnung zu deſſen Schaden hintergehen oder uner= füllt laſſen, ſowohl von Perſonen, als Sachen. In die= ſer Bedeutung iſt es im Hochdeutſchen veraltet, wo betriegen dafür üblicher iſt. Man braucht es noch zuweilen als ein rückwirkendes Zeitwort, ſich trie= gen, ſich irren. Trieg ich mich, oder hör' ich den zarteſten Geſang? Geßn. So auch das Triegen. Bei dem Notker in thätiger Form trie= gen, im mittlern Latein mit einem andern Suffixo, tru= ſare, im Italieniſchen truffare. Da faſt alle Zeitwör=

ter, welche eine Hintergehung bedeuten, Figuren der
geschwinden Bewegung sind, durch welche solche am
ersten und gewöhnlichsten bewerkstelligt wird, so scheint
dem Adelung triegen, vermittelst des vorgesetzten
intensiven Präfixi t von regen gebildet zu seyn. Das
Hauptwort lautet Trug, welches von Vielen als das
Stammwort angesehen worden, und daher ist wider
alle Aussprache und Gewohnheit von Einigen trügen, betrügen, Betrüger ec. geschrieben worden.
Da aber die Hauptwörter allemal von Zeitwörtern
herstammen, und nicht umgekehrt diese von jenen, so
wird auch dieses Zeitwort im Deutschen sehr bestimmt
triegen gesprochen. Die Selbstlaute sind in den
Wörtern keinen Regeln unterworfen, und gehen in
der Abstammung und Beugung durch alle Schattirungen hindurch. Denn wie man sagt triegen, trog,
Trug, so sagt man auch schließen, schloß, Schluß;
fließen, floß, Fluß; fliehen, floh, Flucht;
schieben, schob, Schub; ziehen, zog, Zucht ec.

Triegerey, ein für Betriegerey und Betrug im
Hochdeutschen veraltetes Wort, welches noch zuweilen
von den Dichtern gebraucht wird. Ihre Trügerey
(Triegerey) ist eitel Lügen, Pf. 119, 118. Die
Anschläge der Gottlosen sind Trügerey,
Sprüchw. 12, 5. So sagte man auch ehemals Trie-
ger, für Betrieger.

Trieges, eine Art Schweizer Leinwand, die hauptsächlich zu Zoffingen gemacht wird.

Trieglich. Bei- und Nebenwort, von dem Zeitwort der
Mittelgattung triegen, Jemandes Erwartung zu
dessen Nachtheil nicht erfüllend. Das Eis, die
Hoffnung, das Wetter ist trieglich. Von dem
thätigen Zeitworte triegen, ist betrieglich üblicher, obgleich trüglich in dieser Bedeutung noch in
der Deutschen Bibel vorkommt. Trüglich handeln,
Röm. 3, 13. Trügliche Arbeit, 2. Cor. 11, 13.

Dieses Beiwort kann sowohl von dem Zeitworte trie=
gen, als von dem Hauptworte Trug abstammen;
deshalb, sagt Adelung, lassen sich beide Schreibar=
ten vertheidigen. Indessen läßt es sich in der neutralen
Bedeutung bequemer von triegen, in der aktiven aber
besser von Trug ableiten, daher man auch lieber be=
trüglich, als betrieglich spricht oder schreibt.

Trieltrappe, eine Benennung der kleinen Trappe,
s. unter Trappe, Th. 187, S. 72.

Triéne, Triäne, Triaena, Humb. et Bonpl., eine
Pflanzengattung, welche in die zweite Ordnung der
dritten Klasse (**Triandria Digynia**) des Linnéischen
Pflanzensystems, und zur Familie der Gräser ge=
hört. Es ist davon nur eine Art bekannt, welche in
Mexico einheimisch ist, und hier weiter nicht beschrie=
ben werden kann, da sie nur in botanischen Gärten
vorkommt.

Triennium, Triennium, eine Zeit von drei Jahren; es
kommt besonders auf den Hochschulen vor, um da=
mit die Zeit zu bezeichnen, in welcher der Student
seine Studien vollendet hat, welche drei Jahre dauern.

Triens, der dritte Theil von jedem Ganzen, besonders
aber bei den Römern von einem Asse, einem Ge=
wichte, welches 4 Unzen betrug oder 4 Cyati, wenn
das Ganze aus einem Sextarius bestand. Der
Triens als Längenmaaß, beträgt ⅓ des Fußes,
mithin 4 Zoll Rheinländisch Maaß; an Gelde aber,
da 1 As 3⅖ Pfennige nach unserem Gelde gerechnet
wurde, 1⅘ Pfennige. Es war eine eherne Münze,
mit einem darauf geprägten kleinen Schiffe, woher sie
auch Numus ratitus hieß. Ein solches As wurde auch
den Todten in den Mund gesteckt, um damit dem Cha=
ron das Fährgeld über den Acheron zu bezahlen.

Trientale, Schirmkraut, Trientalis, eine Pflanzen=
gattung, welche in die erste Ordnung der siebenten
Klasse (**Heptandria Monogynia**) des Linnéischen

Pflanzensystems gehört und folgende Gattungskennzeichen hat: Der Kelch und die Blume sind siebentheilig, das Samengehäuse ist kuglich und enthält eine trockne Beere. — Es ist hiervon eine Art bekannt: Die Europäische Trientale oder Schirmblume, das Europäische Schirmkraut, Trientalis Europaea, foliis lanceolatis integerrimis. Linn. Spec. plant. Tom. 1, pag. 488. Alsine alpina. Swenkf. siles. 117. Pyrola, alsines flore. Bauh. pin. 191, prodr. 101. Dieses kleine wohlgebildete und ausdauernde Pflänzchen hat lanzettförmige glattrandige Blätter, von denen vier bis sechs wie ein Quirl oder schirmförmig oben um den Stengel herumstehen. Im Mai und Juny kommt die kleine weiße Blüte zum Vorschein, die sich recht hübsch ausnimmt. Man trifft diese Pflanze in Deutschland und in dem nördlichen Europa wildwachsend in den gebirgigen Waldungen in Menge an, kennt aber davon keinen Nutzen in der Oekonomie und Medizin.

Trientheme, Dreiblume, Trianthema Linn., eine Pflanzengattung, welche in die zweite Ordnung der zehnten Klasse (Decandria Digynia) des Linnéischen Pflanzensystems gehört und folgende Gattungskennzeichen hat. Der Kelch ist an der Spitze feststehend, die Krone fehlt, sie hat fünf bis zehn, auch zwölf Staubfäden, einen bis zwei Griffel auf einem stumpfen eingedrückten Fruchtknoten. Die Kapsel springt ringsum in der Mitte auf, und ist zweifächrig, jedes Fach enthält zwei Samen. Man hat davon mehrere Arten, die aber alle in Ost- und Westindien, Persien, Aegypten ꝛc. zu Hause gehören, und nach Dietrich für Liebhaber schön blühender Pflanzen wenig Interesse haben, und auch nur in botanischen Gärten gezogen werden, und daher werden sie hier übergangen.

Trierarch, Trierarchus, Τριήραρχος, bei den Alten, ein Befehlshaber oder Hauptmann (Capitän) über eine

Galeere mit drei Rudern. Der Name ist von triremis, oder vielmehr von dem Griechischen τριηρης und
ἀρχων, princeps, oder ἀρχος, praefectus, abgeleitet, und
bedeutet also einen Befehlshaber einer dreirudrigen
Galeere, die also mit drei Reihen Ruderer versehen
war. Zu Athen war es Einer von dreihundert der
reichsten Bürger dieser Republik, deren ein Jeder gehalten war, eine Galeere auf seine Kosten mit Mannschaft, Waffen und andern Erfordernissen auszurü-
sten, und zum Besten des gemeinen Wesens wenigstens ein Jahr lang zu unterhalten. War er nun nicht
im Stande solches zu thun, so mußte er einen Andern
angeben, der reicher, als er war, und wenn dieser es
nicht eingestehen wollte, daß er nach der Angabe wirklich reicher sey, so stand es Jenem frei, sein Vermögen
mit Diesem zu vertauschen.

Triester, s. Trester.

Triet, s. Trisenet.

Trieterica, ein Bacchusfest, das alle drei Jahre gefeiert wurde. Es hatte den Namen von τρεις, drei, und
ἐτος, das Jahr, und die Lieder, welche man dabei sang,
wurden τριετηριον genannt. Man feierte anfangs dergleichen dem Bacchus gewidmete Feste im Jahre zweimal,
im Winter und im Frühlinge.

Trietze, die, nur in einigen Gegenden, besonders Nie-
derdeutschlands, eine Rolle, Scheibe oder Rad, um
eine Last darüber in die Höhe zu ziehen; dann
auch eine Winde, um Lasten daran in die Höhe zu
ziehen. Nach Adelung ist es das Intensivum von
dem noch hin und wieder im Niederdeutschen üblichen
drysen, tryssen, winden, vermittelst einer Rolle
oder Winde ziehen, welches wieder von dem alten
trahen, trahere, tragen, Französisch trassor, ziehen,
oder auch von drehen abstammt. Im Niedersächsischen
ist Trisel, ein Wirbel, Kräusel, und triseln, sich im
Kreise umdrehen. Daher auch ein kleines Spielzeug

der Knaben, welches eine umgekehrt kegelförmige Gestalt hat, und nach dem Aufdrehen, mit einer Peitsche getrieben wird, Trifel, auch Kräufel, genannt wird. Ebendaselbst ist Trye das kleine Rad in der Winde, um welches das Seil läuft. S. auch Tresse und Tragen.

Trifarius, in der Botanik, dreireihig.

rifex, war bei den Alten eine Art eines Wurfspießes oder Wurfpfeiles von drei Armlängen vom Ellenbogen bis zur Spitze des mittelsten Fingers, also ungefähr 4½ Fuß Länge, den man mit einem Wurfzeuge fortwirft.

Trifidus, dreispaltig, in der Botanik, wie z. B. die oberen Blätter von Leonurus Cardiaca.

Trifilum, ein Frauenschmuck von drei Schnüren oder Reihen Perlen, wie Monolinum s. Unifilum von einer, Quadrifilum s. Tetralinum von vieren ꝛc. Sie waren mitunter so kostbar, daß eine Schnur nach Einigen über 28,000 Thlr., und nach Andern ganze Meyerhöfe werth gewesen seyn soll.

Trifoliatus, in der Botanik, dreitheilblättrig oder auch dreiblättrig, von einem zusammengesetzten, aus drei Theilblättern bestehenden Blatte; es ist einerlei mit ternatus, dreizählig.

Trifolium, die Lateinische Benennung des Klees, s. Klee, Th. 39, S. 399; dann auch das Kleeblatt. Vergleichungsweise gebraucht man Kleeblatt auch von drei guten Freunden, welche sehr zusammenhalten, die in verbündeter Freundschaft leben, sich überall an öffentlichen Orten als Verbundene erblicken lassen, so daß sie auffallen.

Trift, Trifft, von dem Zeitworte treiben, ein mit im Ganzen, nach Adelung, gleichbedeutendes obgleich es nur im Hochdeutschen in einigen angenommen ist. 1) Der Zustand, da ein getrieben, zur Bewegung bestimmt wird, ohne

Mehrzahl; im Hochdeutschen gewöhnlicher der **Trieb.**
Die **Trift einer Kugel,** ihr **Trieb.** Figürlich ist
es im Niederdeutschen, was **Gang, Gebrauch** im
Hochdeutschen ist. Eine Sache ist in der **Trift,**
wenn sie im Gange, in der Bewegung ist. Ein Stück
Wäsche ist in der Trift, wenn es zum gewöhnlichen Gebrauche angewandt wird. — 2) Dasjenige,
was **treibt,** die bewegende Kraft zur Thätigkeit bestimmt, nur in einigen gemeinen Sprecharten. Im
Niedersächsischen ist die **Trift** das **Triebrad** einer Maschine. — Im **Bergbaue** ist es der **Baum** im Gö-
pel, welcher quer durch die Spindel geht, und mit
Docken versehen ist, den Schwung zu befördern; der
Schwingebaum. — 3) Was getrieben wird,
doch nur so viel Vieh, als zusammen aus= oder fort-
getrieben wird; ein **Trieb, Heerde.** Eine **Trift
Schafe, Schweine, Kühe.** — 4) Der Ort, worauf getrieben wird. (1) In der **Landwirthschaft,**
ein breiter, gemeiniglich eingeschlossener Weg, auf welchem das Vieh auf und von der Weide getrieben wird,
in welcher Bedeutung es im Hochdeutschen am gewöhnlichsten ist: Die **Viehtrift, der Viehweg,
Treibeweg,** in Obersachsen auch **Treibe, Triebe,
Tröbe.** — (2) Der Ort, auf welchen das Vieh zur
Weide getrieben wird; der **Trieb, die Hut,** im
Oberdeutschen **Trat, Trott,** in Obersachsen **Treibe,
Trebis.** In weiterer Bedeutung führt jeder Ort dieser Art den Namen **Trift;** in engerer aber nur das
Brachfeld, in so fern es dem Viehe zur Weide dient,
zum Unterschiede von der **Weide.** — (3) Ohne Mehrzahl, auch das Recht, sein Vieh sowohl über des Andern Grund und Boden auf die Weide zu treiben, als
auch, es auf des Andern Brachfelder zur Weide zu
treiben: das **Triebrecht, Triftrecht,** die **Triftgerechtigkeit,** der **Weidegang,** die **Hut** ꝛc. —
S. den Art. **Hut und Trift, Th. 27, S. 202** —

324. — — 5) Endlich gebraucht man Trift auch im Niedersächsischen, überhaupt im Niederdeutschen, für Trieb, in der letzten und figürlichen Bedeutung für Bestimmung des Willens zur Thätigkeit, in welchem Verstande es aber im Hochdeutschen unbekannt ist. Seinen bösen Triften folgen, Trieben. Trieb ist daher mehr der Oberdeutschen, Trift aber mehr der Niederdeutschen Mundart eigen, wo es Drift oder Drivt lautet, und vermittelst des Suffix t von driven, treiben, abgeleitet ist, wie Schrift von Schreiben ꝛc.

Trift, auf dem Ackerfelde, s. unter Hut und Trift, Th. 27, S. 202 u. f.

— auf Angern und in Brüchen, s. daselbst, S. 203 u. f.

— im Bergbaue, s. oben, S. 64.

— eine Bewegung und Treibekraft, s. daselbst, S. 63.

— (Haupt-), s. Th. 27, S. 249.

— (Koppel-), s. daselbst, und S. 235 u. f.

— (Kreuz-), s. das., S. 233 u. f.

— in der Landwirthschaft, s. oben, S. 64.

— in der Viehzucht, s. daselbst.

— in den Wäldern, s. Th. 27, S. 220 u. f.

Triftgeld, dasjenige Geld, welches man an einen Andern für die Trift auf seinen Grundstücken bezahlt; s. auch unter Hut und Trift, Th. 27.

Triftgerechtigkeit, das Triftrecht, das Recht, sein Vieh sowohl über den Grund und Boden, als auch auf demselben zur Weide zu treiben; s. Th. 27, S. 201 und 248 u. f.

Triftig, Bei- und Nebenwort, eigentlich Trift habend. 1. Von dem Niedersächsischen Trift, Trieb, eine anhaltende Bestimmung der Kraft zu wollen, ist triftig in dieser Mundart so viel als eifrig, heftig, mit lebhafter Anstrengung der Kraft zu wollen. Eine

triftige Begierde, eine heftige. Triftig arbeiten, mit Eifer. Im Hochdeutschen ist diese Bedeutung
unbekannt, wo man in einigen Fällen dafür auch be-
triebsam gebraucht. — 2. Was treibt oder drängt,
das heißt, lebhaft auf den Willen wirkt, oder doch
wirken kann. Triftige Ursachen, Bewegungs-
gründe zu etwas haben. Der Grund ist triftig. Daher die Triftigkeit, diese Eigenschaft.

Triftrecht, s. unter Hut und Trift, Th. 27, S. 201,
248 und 249 u. f.

Triftschäfer, in der Landwirthschaft, ein Schäfer,
welcher seine eigene Trift oder Herde Schafe hat,
zum Unterschiede von dem Lohn- und Setzschäfer.
S. unter Schaf und Schafzucht, Th. 140.

Triftstein. Steine, in so fern sie die Grenzen der Trift
bezeichnen. Der Hutstein, Tratstein, Trottstein,
Triebstein; s. unter Hut und Trift, Th. 27,
S. 202.

Trifurcatus oder **trifurcus,** in der Botanik, drei-
gabelig oder eigentlich dreizinkig-gegabelt.

Trigae, eine Art Feste, welche den Höllengöttern oder
den unterirdischen Göttern, Diis inferis, zu Ehren gehalten wurden, weil sie die Menschen in den drei Al-
tern: der Kindheit, der Jugend und des Alters, an sich
zogen. Dann war Trigae auch eine Art eines Fuhr-
werks, welches besonders bei den Griechen, und selbst
bei ihren Helden üblich war, und aus zwei Pferden
vor einem Wagen gespannt bestand, zu welchen das
dritte vermittelst eines Leitseils hinzugefügt war, das
bei den Griechen abkam, bei den Römern aber in Cir-
cusspielen beibehalten wurde.

Trigeminatus, in der Botanik, dreifach-zweizählig
oder dreimal-gezweit, = tergeminatus.

Trigesis, eine Römische Münze, die 30 As hielt, und
nach unserem Gelde, den As zu 3⅓ Pfennige gerechnet, 9 Groschen betrug.

Trigla, Kaurrhahn, eine Fischgattung, welche zur achten Familie: Panzerwangen (Sсleroparei), gehört. Der Kopf ist fast vierseitig, pyramidenförmig, er hat zwei Rückenflossen, und unter den großen Brustflossen drei freie, gegliederte, bewegliche Strahlen. Diese Fische lassen einen knurrenden Laut von sich hören. Man hat mehrere Arten davon in dem Deutschen Meere.

Triglaf, Triglaw, ein dreiköpfiger Gott der Wenden, der sowohl in der Mark Brandenburg, als auch in Pommern von diesem Volke als ein guter Gott verehrt wurde. Er hatte seinen Tempel auf dem Harlunger Berge bei Brandenburg, nach dessen Zerstörung durch die Heidenbekehrer kam der fünfköpfige Porewith an dessen Stelle. Nach der Annahme der christlichen Religion von den Wenden, und der Zerstörung aller Götzentempel in der Mark Brandenburg, wurde im zwölften Jahrhunderte eine Kirche (Marienkirche) mit vier Thürmen auf dem genannten Berge erbauet, die im Jahre 1722 wegen ihrer Baufälligkeit abgetragen ward. In Pommern wurde der Gott Triglaf am längsten verehrt, besonders bei dem Dorfe Triglaf, im Greifenbergischen Kreise, welches noch den Namen des Wendischen Götzen führt. — Nach einigen alten Schriftstellern, z. B. dem Servius, Schedius ꝛc., soll Triglaf eine dreiköpfige Göttin der Wenden gewesen seyn, die Luna oder den Mond vorstellend, weil dieser Nebenplanet am Himmel Luna, auf der Erde Diana, und unter der Erde Proserpina genannt wurde. Es soll derselben ein schönes schwarzes Pferd gewidmet worden seyn, das Einer von ihren Priestern warten mußte. Wenn ein Krieg bevorstand, so legte man neun Spieße, jeden ½ Elle weit von einander, auf die Erde, und führte das Pferd dreimal darüber hin und zurück.

E 2

Stieß es nun mit den Hufen nicht an die Spieße, so
hielt man den Ausgang des bevorstehenden Krieges
für glücklich, geschah solches aber, so wurde er für un=
glücklich gehalten. Noch im Jahre 1520 will ein
Mönch von Pirna diese Bildsäule mit den drei Köpfen
als ein Frauenzimmer gesehen haben, welches auf der
Brust einen mit den Spitzen in die Höhe gekehr=
ten halben Mond gehalten habe, wie Schedius ver=
sichert.

Triglochin, s. Krötengras, Th. 54, S. 102 u. f.
Diese Pflanzengattung führt jetzt den Namen Drei=
zack.

Triglochis, in der Botanik, dreizackig, mit drei
rückwärts gekrümmten Häkchen an der Spitze, wie
die Stacheln auf den Nüßchen von Echinospermum
Lappula.

Triglyph, Dreischlitz, in der Baukunst, s. diesen
Artikel, Th. 9, S. 629 u. f.

Trigonella, s. den folgenden Artikel.

Trigonelle, Kuhhornklee, Trigonella, eine Pflan=
zengattung, welche in die vierte Ordnung der siebzehn=
ten Klasse (Diadelphia Decandria) des Linnéischen
Pflanzensystems gehört, und über fünf und zwanzig
Arten zählt, von denen aber nur die gemeine Tri=
gonelle, der gemeine Kuhhornklee, unter Heu
(Griechisch), Foenum Graecum, Th. 23, S.
869 u. f., abgehandelt worden, wohin von Kuh=
horn, Th. 54, S. 686, verwiesen worden, weil es
in medizinischer, ökonomischer und gewerblicher Hin=
sicht Anwendung findet. Von den übrigen Arten werden
den einige den Oekonomen als Futterkräuter empfoh=
len. Die Gattungskennzeichen sind folgende: Die
Fahnen und Flügel sind gewöhnlich fast gleich, stehen
ab, und stellen eine dreiblättrige Krone dar. Die
Hülse ist mehrentheils bogenartig gewölbt, geadert=
runzlich und vielsamig. Außer der schon oben ange=

ihren gemeinen Trigonelle sind folgende Arten
....

1) Die gehörnte Trigonelle, der gekrümmte Kuhhornklee, Trigonella corniculata,
leguminibus pedunculatis congestis declinatis sub-
............, pedunculis communibus longis subspino-
sis, caule erecto. Linn. Spec. plant. Tom. II.,
pag. 1094. Melilotus, cornicalis reflexis, major.
Bauh. pin. 331. Melilotus lutea major. Moris.
Histor. 2, pag. 162. Trifolium corniculatum 2.
Dod. pempt. 573. Fr. Trigonelle cornue; Engl.
Horse-shoe Fœnugreck. Diese einjährige Trigonelle wächst im südlichen Europa, und blüht in unsern Gärten im Freien. Der Stengel ist aufrecht,
1 Fuß und darüber hoch. Die Afterblätter sind einfach, fast gezähnt, die Blättchen umgekehrt-eyförmig,
die gemeinschaftlichen Blumenstiele viereckig, länger,
als die Blätter, an der Spitze gefurcht-dornig. Die
Blumen haben einen angenehmen Geruch, und hinterlassen niedergebogene, gestielte, sichelförmig-ge-
krümmte Hülsen. Der Same wird in's freie Land ge-
sät.

2) Die breithülsige Trigonelle, der
flachschotige Kuhhornklee, Trigonella platy-
carpos, leguminibus pedunculatis congestis pen-
dulis ovatibus compressis, caule diffuso, foliolis
.... Linn. Spec. plant. Tom. II, pag.
1094. Melilotus supina latifolia. Amm. ruth.
156. auct. gœtt. 1, t. 213. Franz. Trigonelle à
.... larges de Siberie; Engl. Round-leav'd
Fœnugreck. Diese einjährige Trigonelle hat ovale
zusammengedrückt-häutige und herabhangende Hülsen, rundlich-eyförmige gesägte Blättchen, fast ge-
....e Afterblätter, und einen weitschweifigen Stengel.
Ihr Vaterland ist Sibirien, wo sie im Sommer blüht,
und am Irtischstrome wie Kohl oder Spinat zuberei-

tet und genoſſen wird. Sie kann auch als Futter=
pflanze benutzt werden, und kommt beinahe in jedem
Boden gut fort.

Alle übrigen Trigonellen, auch die Französi=
ſche und Spaniſche Trigonelle, Trigonella
monspeliaca Linn. et Trigonella pinnatifida Ca-
vao, welche Letztere auch tiefzähniger Kuhhorn=
klee genannt wird, kommen in Deutſchland nur in
botaniſchen Gärten vor. Von den Aſiatiſchen und
Afrikaniſchen Trigonellen oder Kuhhornkleearten wird
der Same ins Miſtbeet geſtreut, von den andern ſäet
man ihn ins freie Land, da es größtentheils einjährige
Pflanzen ſind. (Dietrich's vollſtändiges Lexicon
der Gärtnerei und Botanik, Th. 10, S. 177 u. f.;
Nachträge dazu, Th. 9, S. 270 u. f.)—Im Thier=
reiche iſt es eine glatte zweiſchalige Muſchel, an wel=
cher jede Schale in drei Lappen getheilt iſt. Man
kennt ſie nur verſteinert.

Trigonia, ſ. den folgenden Artikel.

Trigonie, Dreikant, Trigonia Schreb., eine peren=
nirende Pflanzengattung, welche in die vierte Ord=
nung der ſiebzehnten Klaſſe (Diadelphia Decandria)
des Linnéiſchen Pflanzenſyſtems und zur Familie
der Hülſenpflanzen gehört. Sie zählt einige Ar=
ten, die in warmen außereuropäiſchen Ländern (Gu=
jana, Quito) einheimiſch ſind, und daher eine Stelle
im Treibhauſe verlangen, auch bei uns nur in bo=
taniſchen Gärten gezogen werden. — (S. Diet=
richs vollſtändiges Lexicon der Gärtnerei und Bota=
nik, Th 10, S. 184, und Nachträge dazu, Th. 9,
S. 272, 273.)

Trigonocephalus, der Eckenkopf, eine Gattung
der Giftſchlangen, deren Arten zum Theil im ſüdlichen
Aſien angetroffen werden. Der Vorderkopf iſt mit
Schildern bedeckt; ſie hat keine Klapper, und gleicht
im Uebrigen den andern Giftſchlangen. Die Arten,

die man im warmen Asien antrifft, sollen ansehnlich groß seyn.

Trigonometrie, Trigonometria, in der Mathema=
tik, ein Theil der Geometrie, welcher lehrt alle Tri=
angel oder dreieckige Figuren nach ihren Winkeln und
Seiten zu vermessen. Man theilt die Trigonometrie
in die ebene und in die sphärische. Jene beschäf=
tiget sich mit der Berechnung der gerablinigen
Triangel oder Dreiecke, und diese mit der Be=
rechnung der Kugeldreiecke oder Triangel. Die
Trigonometrie betrachtet an einem Dreiecke nur seine
drei Winkel und seine drei Seiten, den Inhalt aus=
zurechnen gehört der Planimetrie an. Der Zweck
der Trigonometrie ist daher, aus drei der vorgenann=
ten Theile eines Triangels, es sey nun ein Winkel
und zwei Seiten, oder eine Seite und zwei Winkel,
oder alle drei Seiten, die als bekannt angegeben wor=
den, die übrigen unbekannten auszurechnen. — Die
ebene Trigonometrie betrachtet daher die ebenen,
durch gerade Linien begrenzte, Dreiecke, wie sie in der
Geometrie vorkommen, und unter Triangel, Th.
187, S. 687 u. f., erklärt worden sind, doch so, daß
man die gegebenen Stücke durch Zahlen ausdrückt,
und daß unter denselben immer eine Seite befindlich
seyn muß. Sie ist aber hierauf nicht allein beschränkt,
sondern sie umfaßt noch viele andere Lehren über die
Verbindung, Zusammensetzung, Theilung der Winkel
und der damit zusammengehörigen Bogen, über die
gegenseitigen Beziehungen und Lagen der geraden Li=
nien und der davon abhängigen Bogen ꝛc. Dreiecke,
deren Seiten Bogen größter Kreise auf einer Kugel
sind (denn ein Kreis durch den Mittelpunkt heißt ein
größter Kreis, jeder andere ein kleiner Kreis), machen
den Gegenstand der sphärischen Geometrie aus, deren
Aufgaben der Einschränkung nicht bedürfen, daß un=
ter den gegebenen Stücken allemal eine Seite enthal=

ten seyn müsse. — „Man mag Triangel, sagt der Pro=
fessor Zimmermann (Kurze Darstellung der
sphärischen Trigonometrie ꝛc. 2te Aufl. Ber=
lin, 1810. S. 242), mit noch so vollkommenen Werk=
zeugen verzeichnen und auftragen, so werden sich doch
bei weiten Abmessungen, selbst bei der größten Sorg=
falt, bedeutende Fehler einschleichen. Durch Rechnung
gelangt man dagegen zu einer weit größeren Schärfe.
Es werden Zahlen gesucht, weil alle Größen, die Sei=
ten nebst dem Winkel, oder die Winkel nebst der Seite,
in Zahlen ausgedrückt sind, so, daß Zeichnungen nur
ein Hülfsmittel der Darstellung, und ein sinnliches
und unvollkommenes Bild einer weit richtigern und
vollständigern Berechnung abgeben, wodurch man
nöthigenfalls Zeichnungen gänzlich entbehren kann.
Durch diesen einzigen Vortheil der Trigonometrie ist
man im Stande, in alle Theile der ausübenden Ma=
thematik mehr Gewißheit und Genauigkeit einzufüh=
ren, als es ohne sie geschehen konnte. — Soll nun
aus drei gegebenen Stücken eines Dreiecks, die zu des=
sen Bestimmung dienen, das vierte gefunden werden,
so könnte man dieser Forderung dadurch ein Genüge
leisten, daß man sämmtliche Stücke zu Verhältnissen
verbände und deren Glieder dann so ordnete, daß das
gesuchte Stück zum vierten Proportionsgliede würde.
Hier tritt aber der Umstand ein, daß weder die Win=
kel, noch die Bogen zwischen ihren Schenkeln, mit den
Seiten eines Dreiecks in gleichem Verhältnisse zu= und
abnehmen. Daher ist man darauf bedacht gewesen,
solche Größen in diese Wissenschaft einzuführen, durch
welche jene Absichten vollkommen erreicht werden, und
welche mit den Seiten eines Dreiecks in der gedachten
Verbindung stehen, wozu die sogenannten trigonome=
trischen Linien dienen, welche die erforderlichen Eigen=
schaften haben, daß sie anstatt der Winkel und Bogen
gebraucht werden können, und den Seiten der Dreiecke

proportional sind; nur muß man bei denselben nicht
bloß auf ihre Größe, sondern auch auf ihre Lage Rücksicht nehmen." — Der Gegenstand der sphärischen
Trigonometrie ist daher das auf der Kugel liegende Dreieck, dessen Seiten, wie schon oben bemerkt
worden, zu größten Kreisen gehören; daher lassen sich
die Lehren dieser Wissenschaft auf eine einfache Art
aus den Eigenschaften der Kugel entwickeln; denn die
Kugelschnitte machen die Grundlage der sphärischen
Trigonometrie und Astronomie aus, also kann man
sich auch hieraus von der Grundlage dieser Wissenschaft eine deutliche Vorstellung verschaffen. Nach dem
oben angeführten Schriftsteller rührt ein großer Theil
der Schwierigkeiten, welche Anfänger bei dem Vor-
trage dieser Wissenschaft finden, besonders daher, daß
man sphärische Dreiecke wie geradlinige betrachtet, und
daß man die Kreise auf der Oberfläche der Kugel und
deren Verbindung zu früh aus dem Auge verliert, da
man doch Alles, was bei Dreiecken dieser Art vorkommt, auf die Kugel zurückführen sollte. Der Winkel, welchen zwei Seiten eines sphärischen Dreiecks
einschließen, läßt sich nicht auf dieselbe Weise, wie bei
einem geradlinigen Dreiecke, beurtheilen; denn die
Größe des sphärischen Winkels wird entweder durch
den geradlinigen ausgedrückt, welchen zwei Tangenten einschließen, deren jede den Scheitelpunkte des
gegebenen Winkels berührt, und mit dem Kreisbogen,
als dem Schenkel desselben, in einerlei Ebene liegt,
oder durch den Neigungswinkel zweier, in dem Mittelpunkte der Kugel zusammenstoßenden Ebenen, wovon die Bogen des sphärischen Winkels die Grenzli-
nien sind, und auf der Kugelfläche liegen, oder durch
den Bogen eines größten Kreises, dessen Pol der Scheitelpunkt ist, oder durch den Bogen eines kleinern Kreises, wozu der Scheitelpunkt als Pol gehört. Anfänger in der sphärischen Trigonometrie thun wohl, wenn

sie jedes gegebene sphärische Dreieck in Gedanken auf
eine Kugel auftragen, die Seiten desselben als Kreis=
bogen auf deren Oberfläche verzeichnen, aus den Schei=
telpunkten gerade Linien nach dem Mittelpunkte der
Kugel ziehen, und aus der Gestalt eines solchen Drei=
ecks sich den Kugelausschnitt als einen pyramidenför=
migen Körper vorstellen, dessen gekrümmte Grund=
fläche ein Stück der Kugelfläche ist. — Bei der Ver=
gleichung der von drei Seiten eingeschlossenen Figuren
wird man zwar in manchen Fällen zwischen ebenen
und sphärischen Dreiecken eine gewisse Aehnlichkeit und
Uebereinstimmung finden; dessen ungeachtet muß man
sich aber sehr hüten, Eigenschaften jener Dreiecke un=
bedingt und unerwiesen auf diese überzutragen. So
wird in der Geometrie bewiesen, daß in einem gerad=
linigen Dreiecke alle Winkel so groß, als zwei rechte
sind, wie sehr würde man aber irren, wenn man das=
selbe auch von den Winkeln eines sphärischen Dreiecks
behaupten wollte. Auch ist hier nicht, wie bei den Auf=
gaben der ebenen Trigonometrie, nöthig, daß unter
den drei bekannten Stücken immer eine Seite befind=
lich sei, sondern die Aufgabe kann bestehen, wenn lau=
ter Winkel oder lauter Seiten, oder theils Seiten,
theils Winkel gegeben sind; auch kann man eigentlich
alle Theile des Kugeldreiecks als Winkel betrachten.
— Um nun das sphärische Dreieck näher zu beleuch=
ten, so nehme man auf der Oberfläche der Kugel, Fi=
gur 9247, drei Punkte A, B und C nach verschiede=
nen Richtungen in beliebiger Entfernung von einan=
der an, und lege durch jede zwei und den Mittelpunkt
der Kugel G eine Ebene, so schließen die drei Ebenen
AGB, AGC und BGC an dem Mittelpunkte der
Kugel G, und die Kreisbogen dieser Ebenen auf ihrer
Oberfläche einen gewissen Raum ein; auf eine ähn=
liche Art an dem Mittelpunkte der Kugel, wie der
Schenkel eines Winkels an dessen Scheitelpunkt, auf

der Kugelfläche, wie die Seiten eines gerablinigen Triangels auf einer Ebene. Der an dem Mittelpunkte der Kugel auf die beschriebene Art begrenzte Raum, heißt nun ein körperliches Dreieck, und die auf der Kugelfläche durch die Umkreise der Ebenen gebildete Figur, ein sphärisches Dreieck. In diesem nennt man die Kreisbogen A B, A C und B C oder c, b und a die Seiten, und B A C, A B C und A C B oder A, B und C die Winkel. Bei dem körperlichen Dreiecke nennt man die Ebenen B G A, B G C und A G C seine Seitenflächen, die Durchschnittslinien G A, G B und G C dieser Ebenen, seine Seitenlinien, und G die körperliche Ecke. Hieraus folgt nun: 1) daß die zur Verzeichnung des sphärischen Dreiecks auf der Kugelfläche gegebenen oder nach Willkühr angenommenen Punkte nicht in dem Umfange eines größten Kreises liegen können. — 2) Daß die Seiten des sphärischen Dreiecks immer Theile größter Kreise einer Kugel sind, weil ihre Ebenen durch den Mittelpunkt gehen. — 3) Daß die Durchschnittslinien der Seitenflächen des körperlichen Dreiecks zugleich der Kugel Halbmesser sind. — 4) Daß der Neigungswinkel zweier Seitenflächen des körperlichen Dreiecks zugleich die Größe des dazu gehörigen Winkels im sphärischen Dreiecke angebe. — 5) Daß jede Seite des sphärischen Dreiecks wie A B ein Kreisbogen ist, der den zugehörigen Winkel A G B der Seitenfläche des körperlichen Dreiecks mißt. — 6) Daß aus jedem Winkel A G B der Seitenfläche des körperlichen Dreiecks, immer die zugehörige Seite c des sphärischen Dreiecks gegeben ist. — 7) Daß aus dem körperlichen Dreiecke das sphärische, und aus diesem jenes bestimmt, und daß aus der Gleichheit zweier körperlichen Dreiecke auf die Gleichheit der sphärischen, wie auch umgekehrt, von diesen auf jene geschlossen werden kann. Uebrigens theilt man die sphärischen Dreiecke, wie die ebenen gerabli-

nigen, sowohl in Absicht der Seiten, in gleichsei-
tige, gleichschenklige und ungleichseitige, als
auch in Absicht der Winkel, in rechtwinklige, stumpf-
winklige und in spitzwinklige. Von den rechtwinkligen sphärischen Dreiecken muß man noch Folgendes merken: Dieses hat entweder drei oder zwei
rechte Winkel, oder nur einen. Hat es, wie in Fig.
9247 **ABC**, lauter rechte Winkel, so macht jede Seite
90°, und es ist daher in einem solchen Dreiecke Alles
bekannt. Sind in demselben zwei Winkel rechte, so sind
die gegenüberliegenden Seiten 90°, und von der dritten Seite weiß man, daß sie das Maaß des entgegen-
gesetzten Winkels, und daß aus einem dieser beiden
Stücke, welches gegeben werden muß, zugleich das
andere bekannt ist. Man zieht daher unter den rechtwinkligen sphärischen Dreiecken nur dasjenige in Betrachtung, welches einen rechten Winkel hat. Bei diesem nennt man nun die dem rechten Winkel entgegengesetzte Seite, wie beim geradlinigen, die Hypothenuse, und die, diesen Winkel einschließenden Seiten,
die Katheten oder Perpendikulär- oder die loth-
rechten Seiten. — Bei der Betrachtung sphärischer
Dreiecke, die mit einander verglichen werden, muß man,
nach S. 73, darauf bedacht seyn, daß sie allemal auf
der Oberfläche gleicher Kugeln verzeichnet werden.
Die Kennzeichen, aus welchen man also die Gleichheit
oder Ungleichheit, oder andere Eigenschaften sphärischer Dreiecke herleitet, können, in so fern die gedachte
Bestimmung zum Grunde liegt, von solchen sphärischen Dreiecken gelten, die auf Kugeln von gleichen
Halbmessern beschrieben sind. — Wie man nun in der
ebenen Trigonometrie die geradlinigen Dreiecke zu
berechnen hat, wird man nach Klügel[*] aus Fol-
gendem ersehen.

---

[*] S. dessen Curvenlehre, 3te Aufl., Th. 2, S. 136 u. f.

1. In dem Kreise **AGBF**, Fig. 9248, lasse man von einem Punkte des Umfanges **E** auf den Durchmesser **AB** das Perpendikel **ED**, welches der Sinus des Bogens **AE** oder des Winkels **ACE** am Mittelpunkte **C** heißt, für den angenommenen Halbmesser **AC**. — Das Segment **DC** heißt der Cosinus eben dieses Bogens oder Winkels. Es ist der Sinus des Complements **EG** zum Quadranten, oder des Winkels **ECG**, als des Complements zum Rechten, wenn man **GC** senkrecht auf **AB**, und auf diese **EH** senkrecht zieht. — Zieht man durch den Endpunkt des Durchmessers **A** auf **AC** die senkrechte **AI**, das heißt, eine berührende in **A**, welche von **EC** in **I** geschnitten wird, so heißt **AI** die Tangente von **AE**, oder **ACE**. Das Perpendikel **KG** auf **CG** in **G**, zwischen **G** und der Linie **CEK**, ist die Cotangente von **AE** oder **ACE**. — Die Linie **CI** heißt die Secante, **CK** die Cosecante des Bogens **AE** oder des Winkels **ACE**. — Da nun die Bogen oder Winkel nicht gut unmittelbar mit den Linien in Verbindung gebracht werden können, so bedient man sich dieser trigonometrischen Linien, um dadurch mittelbar aus den Winkeln einer Figur die davon abhangenden Linien, und aus diesen jene zu bestimmen. — 2. Die Größe dieser Linien bei demselben Winkel **ACE**, hängt von der Größe des Halbmessers ab; aber das Verhältniß derselben zum Halbmesser bleibt für denselben Halbmesser ungeändert, der Halbmesser mag groß, oder klein seyn, durch eine große, oder kleine Zahl ausgedrückt werden. Die Dreiecke **CDE** oder **ACI** bleiben sich ähnlich, wie man auch **CE** oder **AC** verändern mag, wenn nur der Winkel **C** derselbe bleibt. — 3. Der Sinus wächst mit dem Bogen, aber nicht gleichmäßig, sondern immer langsamer, bis dieser ein Quadrant wird. Dann ist der Sinus **GC** dem Halbmesser gleich, und wird daher auch der Sinus totus genannt. Für größere

Bogen nimmt der Sinus wieder ab, und wird Null, wenn der Bogen dem Halbkreis, oder der Winkel zwei rechten gleich ist. Der Winkel ACL, der das Complement des ACE zu zwei rechten ist, hat denselben Sinus LM, wie ACE. Es ist dann LCM = ECD. Ein und derselbe Sinus gehört daher immer zu zwei Bogen, die zusammen den Halbkreis bilden, oder zu zwei Winkeln, deren Summe zwei rechte ist, so wie man den Winkel zweier Linien, durch welchen der Nebenwinkel man will, angeben kann. — 4. Der Cosinus ist dem Halbmesser gleich, wenn der Winkel null ist; er nimmt ab, so wie der Winkel wächst; ist null, wenn dieser ein rechter ist, und nimmt wieder zu, wenn der Winkel stumpf wird. Die entgegengesetzte Lage unterscheidet aber die in Absicht auf die Größe gleichen Cosinus der Nebenwinkel. — 5) Die Tangente wächst mit dem Winkel, aber immer schneller, und ist für den rechten Winkel größer, als jede Größe, die sich angeben läßt, oder unendlich groß, weil die Berührungslinie in A mit CG parallel ist. Die Tangente eines stumpfen Winkels fällt unterhalb AB, und schneidet den Schenkel CL auf der rückwärts genommenen Verlängerung Ci in i. Die Tangenten der Nebenwinkel sind gleich, aber entgegengesetzt. — 6. Ein Sinus ED ist die Hälfte der Chorde EF des Winkels ECF, der doppelt so groß ist, als der Winkel des Sinus. Man gewahrt hieraus, wie einige Sinus haben berechnet werden können, nämlich aus den Seiten der regulären Vielecke, die sich geometrisch zeichnen und daher auch berechnen lassen. Man kann aus diesen die Sinus derjenigen Winkel berechnen, welche die Summe oder Differenz je zweier aus jenen sind. Auf diese Art erhält man immer mehrere, jedoch auf eine sehr mühsame Art. Die neuere Mathematik hat Abkürzungen der Rechnung gefunden, aber erst lange nachher, als der Canon des Sinus und Tangenten auf die müh-

samste Art berechnet war. Es ging hier eben so, wie
bei der Berechnung der Logarithmen. — 7. Aus dem
Sinus berechnet man vermittelst des Pythagoräi=
schen Lehrsatzes den Cosinus. — Der Cosinus (D
C) verhält sich zum Sinus (ED), wie der Radius
(AG) zur Tangente (AI), und die Tangente (AI)
zum Radius (AC), wie der Radius (CG) zur Co=
tangente (GK). Denn die Dreiecke ACI, GKC sind
ähnlich. Man braucht daher nur die Sinus bis 45
Grad zu wissen, um die Sinus bis zum 90sten Grade
und alle Tangenten zu berechnen. — 8. In den ge=
wöhnlichen Tafeln enthält der Radius 10 Millionen
Theile, und die Sinus und Tangenten sind in diesen
Theilen angegeben. Zum Beispiel der Sinus von
53° 10′ enthält 8,003,827 solcher Theile, der Cosi=
nus 5,994,893, die Tangente 13,351,075, die Co=
tangente 7,490,033. Die Cosinus pflegen den Si=
nus, so wie die Cotangenten den Tangenten gegen=
über gesetzt zu werden; auch sind die Logarithmen die=
ser Zahlen beigefügt, deren Kennziffer man aber durch=
gehends um 3 vergrößert hat, damit der Logarithmus
des Radius 10 würde, weil dieser sehr oft addirt und
subtrahirt wird. Man kann den Halbmesser auch zehn=
hundert= u. s. f. mal kleiner nehmen, und hat dann
nur eben so viele Ziffern von den Sinus und Tan=
genten abzuscheiden, als dort Nullen. Man kann den
Halbmesser auch zur Einheit nehmen, so sind die Si=
nus alle, und die Tangenten der Winkel unter 45
Grad, eigentliche Brüche, welches in mathematischen
Rechnungen häufig zu geschehen pflegt. — 9. Durch
Hülfe dieser Tafeln kann man in einem rechtwinkligen
Dreiecke ABC, Fig. 9249, aus zwei Größen in dem=
selben das Uebrige berechnen. Es sind hier nämlich
folgende Proportionen, wo r den Radius oder Si=
nus totus bedeutet:

$$BC : AC = r : \sin. B.$$
$$BC : AB = r : \sin. C = r : \cos B.$$
$$AB : AC = r : \tan g. B.$$
$$AC : AB = r : \tan g. C = r : \cot. B.$$

Es sey z. B. BC = 324, AC = 295, und man sucht B; so muß hier das Verhältniß 324 : 295 in ein anderes verwandelt werden, dessen erstes Glied 10 Millionen ist: Folglich muß man 295 mit 10 Millionen multipliciren, und durch 324 dividiren, welches 9,104,938 für den sin. B giebt; daher B = 65° 34′ ist. Man braucht die beiden letzten Ziffern wenigstens nicht zu suchen, wenn der Winkel nur in Minuten verlangt wird. Will man sich der Logarithmen bedienen, so steht die Rechnung wie folgt:

$$
\begin{aligned}
l\ r' + l\ 295 &= 12,4698220 \\
l\ 324 &= 2,5105450 \\
\hline
&\ \ 9,9592770
\end{aligned}
$$

Dieser Logarithme unter der Rubrik Log. Sin. aufgesucht, findet sich nächstens bei 65° 34′. — Es sey AB = 134, AC = 295, man sucht den Winkel B; so wird hier die Zahl 295 mit 10 Millionen multiplicirt und durch 134 dividirt, um die Tangente von B zu erhalten. Vermittelst der Logarithmen geschieht es folgendermaßen:

$$
\begin{aligned}
l\ r + l\ 295 &= 12,4698220 \\
l\ 134 &= 2,1271048 \\
\hline
&\ 10,3427172
\end{aligned}
$$

Dieser findet sich unter den Log. Tang. nächstens bei 65° 34′. — Wenn das Verhältniß der Hypothenuse zur Kathete gegeben oder gesucht wird, so gebraucht man die Sinus; ist das Verhältniß der Katheten das gegebene oder gesuchte, die Tangenten. — 10. In jedem Dreiecke verhalten sich die Seiten, wie die Sinus der gegenüber liegenden Winkel. — Um das Dreieck A B C, Fig. 9250, beschreibe man einen Kreis aus dem Mittelpunkte D, so ist A B doppelt so groß, als der Sinus des halben Centriwinkels A D B, das ist, des Winkels A C B für den Radius A D oder B D. Eben so ist B C doppelt so groß, als der Sinus des halben Centriwinkels B D C, das ist, des Winkels B A C; folglich ist ½ A B : ½ B C = sin. C : sin. A oder:

$$A B : B C = \text{sin. } C : \text{sin. } A \text{ desgleichen,}$$
$$B C : A C = \text{sin. } A : \text{sin. } B, \text{ und}$$
$$A B : A C = \text{sin. } C : \text{sin. } B.$$

Auf diesem einfachen Satze beruht die ganze Trigonometrie, und die Ausmessung des Himmels und der Erde. — 11. Beispiel. Es sei in dem Dreiecke A B C, Fig. 9251, A B = 738, A = 72° 52′, B = 57° 24′; man soll nun A C finden. Zuerst ist C = 180° — A — B = 49° 44′. Ferner sin. C : sin. B = A B : A C. Man verfährt hier entweder nach der Regel de Tri mit wirklicher Multiplikation und Division, oder bedient sich bequemer der Logarithmen.

$$
\begin{aligned}
\text{Log. } 738 \qquad\qquad &= 2{,}8680564 \\
\text{Log. sin. } 57°\ 24′ &= 9{,}9255454 \\
\hline
&\quad\ 12{,}7936018 \\
\text{Log. sin. } 49°\ 44′ &= 9{,}8825499 \\
\hline
&\quad\ \ 2{,}9110519.
\end{aligned}
$$

Diesen Logarithmen findet man unter den Logarithmen der Zahlen nächstens bei 815; wenn man der Kennziffer 1 leihet, nächstens bei 814,8. Es ist also A C = 814,8; genauer 814,8017. — 12. Sind A und B zwei Derter auf der Erde, deren Entfernung man weiß, und man mißt die Winkel, welche die Li

nien nach einem dritten Orte C mit AB machen; so
findet man hierdurch die Entfernung dieses Orts von
jedem der beiden andern. — Oder es seyen A und B
zwei möglichst entlegene Oerter auf der Erde, deren
Entfernung AB nach der geraden Linie zwischen beiden man wisse; man habe Mittel gefunden, die Winkel A, B der Linien nach dem Monde, oder einem nicht
zu sehr entfernten Himmelskörper, mit der Linie AB
zu messen, so hat man die Entfernung des Himmels-
körpers. — Oder es sey A die Sonne, B die Erde,
C ein Planet; man weiß nun aus der Beobachtung
des Laufes der Sonne und des Planeten den Winkel
A, ferner aus Beobachtung den Winkel B, so berechnet man daraus AC und BC, so fern AB entweder
bekannt ist, oder doch zum Maßstabe genommen wird.
— 13. Aus zwei Seiten AB, AC, und dem eingeschlossenen Winkel A, die übrigen Winkel zu berechnen, sage man: wie die Summe AB + AC zu ihrer Differenz AC—AB, so ist die Tangente der halben Summe der beiden Winkel B und C zu der Tangente ihrer halben Differenz. Diese halbe Differenz
zu der halben Summe addirt, giebt den größern Winkel, abgezogen davon den kleinern. Es sey z. B. A
B = 738; AC = 815; A = 72° 52'.

$$
\begin{array}{rr}
AC = & 815 \\
AB = & 738 \\
\hline
AC + AB = & 1553 \\
AC - AB = & 77 \\
\\
2R = 179° & 60' \\
A = 72 & 52 \\
\hline
B + C = 107° & 8' \\
\tfrac{1}{2}(B + C) = 53 & 34
\end{array}
$$

$$\text{Log. tang.} \quad 53^\circ\ 34' = 10{,}1318483$$
$$\text{Log.} \quad 77 \quad = \quad 1{,}8864907$$
$$= 12{,}0183390$$
$$\text{Log.} \quad 1553 \quad = \quad 3{,}1911715$$
$$\text{Log. tang.} \ \tfrac{1}{2}(B - C) = \quad 8{,}8271675$$
$$\tfrac{1}{2}(B - C) = \quad 3^\circ\ 50'\ 34''$$
$$\tfrac{1}{2}(B + C) = 53 \quad 34$$
$$B \quad = 57^\circ\ 24'\ 34''$$
$$C \quad = 49 \quad 43 \quad 26$$

Hieraus findet man ferner die Seite BC durch die Proportion (10). Den Beweis dieses Verfahrens trifft man faſt in jedem Lehrbuche an. — 14. Man laſſe auch in dem Dreiecke ABC, Fig. 9152, auf die eine der bekannten Seiten das Perpendikel CD, und berechne in dem rechtwinkligen Dreiecke ACD die Seite CD und AD durch die Proportionen r : sin. A = AC : CD, und r : cos. A = AC : AD (9), ziehe AD von AB ab, und ſuche den Winkel B durch die Proportion BD : DC = r : tang. B (9), desgleichen die Seite BC durch die Proportion sin. B : r = CD : CB. Auf dieſe Weiſe werden alle Größen des Dreiecks bekannt. — Wenn das Perpendikel auſerhalb des Dreiecks fällt, ſo wird, wenn B ſtumpf iſt, AB von AD abgezogen, und, wenn A ſtumpf iſt, AD zu AB addirt. — 15. Dieſe Rechnung kommt auf dem Felde vor, wenn man die Entfernung zweier Derter berechnen will, deren Entfernung von einem Standpunkte man durch die Rechnung in (11) gefunden hat; oder am Himmel, wenn man die Entfernung der Erde AB und eines Planeten CA, von der Sonne A, nebſt dem eingeſchloſſenen Winkel, berechnet hat, und daraus den Winkel B, oder den Abſtand des Planeten von der Sonne nach dem Winkel angeben will. S. auch den Art. Landmeſſer und Landvermeſſung, Th. 60. — Da die Berechnung der Winkel

aus den drei Seiten eines Dreiecks nur selten vor=
kommt, so wird sie hier übergangen; auch findet man
darüber Aufschluß in allen mathematischen Lehrbüchern,
so wie auch über das Weitere der ebenen und sphä=
rischen Trigonometrie, wie z. B. in den Wer=
ken von Käſtner, Karſten, Grüſon ꝛc. ꝛc., und
in denen der oben ſchon genannten Schriftſteller.

Trigonometrie (ebene), ſ. oben, S. 71 u. f.

— — (ſphäriſche), ſ. daſelbſt.

Trigonometriſches Netz, ſ. Trianguliren, Th. 187,
S. 652 u. ſ.

Trigonon, τείγωνον, ein Ort zu Athen, wo man Gericht
hielt. Er hatte den Namen von ſeiner dreieckigen Ge=
ſtalt.

Trigonum, in der Geometrie, ſo viel als ein Dreieck
oder Triangel.

Trigonus, in der Botanik, dreiſeitig, z. B. der
Eyerſtock von **Iris Sibirica,** und **Iris foetidissima.**

Trieguere, Triguera (Gen. plant. edit. Schreb. Nr.
282), eine Pflanzengattung, welche in die erſte Ord=
nung der fünften Klaſſe (**Pentandria Monogynia**) des
Linnéiſchen Pflanzenſyſtems gehört, und von Diet=
rich (Lex. der Gärtn. und Botan. Bd. 10, S. 185,
186) zur Verſchönerung der Gärten empfohlen wird.
Sie hat folgende Gattungskennzeichen: Der Kelch iſt
fünfſpaltig, die Krone glockenförmig, mit einem un=
gleichen, kaum fünflappigen Rande verſehen. Die
fünf Staubfäden ſind mit länglichen Antheren gekrönt,
an der Baſis breiter, und bilden ein fünfzähniges Ho=
nigbehältniß, welches den Fruchtknoten umgiebt. Die
Frucht iſt eine vierfächerige Beere, die in jedem Fache
zwei Samen enthält.

1) Die wohlriechende Trieguere, **Triguera
ambrosiaca. Cavan. diss.** 2. app. II. t. A. Dieſe
einjährige Pflanze hat Griechenland zum Vaterlande,
wo ſie in der Landſchaft Böotien wild wächſt. Sie

hat einen eckigen faſt geflügelten Stengel, der mit ge=
zähnten behaarten Blättern beſetzt iſt. Die Wurzel=
blätter ſind ganzrandig. Die Blumenſtiele entſprin=
gen in den Blattwinkeln, ſind gepaart, und mit glok=
kenförmigen violetten Blumen gekrönt, welche den
Bilſenkrautblumen gleichen, einen angenehmen
Geruch haben, und deshalb den Blumenfreunden em=
pfohlen werden.

2) Die geruchloſe Triguere, Triguera inodora. Cavan. diſſ. 2. app. III. Auch dieſe Art iſt
einjährig, und hat daſſelbe Vaterland der vorherge=
henden. Die Blätter ſind eylanzettförmig, ganzran=
dig, unbehaart, und laufen kaum am Stengel herab;
die Blumen ſind glockenförmig und geruchlos. — Den
Samen von beiden Arten ſäet man in ein temperirtes
Miſtbeet oder auf den Umſchlag deſſelben, und ſetzt
hernach die Pflänzchen, wenn ſie einige Zoll hoch ge=
wachſen ſind, ins freie Land. In milden Klimaten
kann die Ausſaat an der beſtimmten Stelle ins Land
geſchehen. Beide Arten dienen, wie ſchon oben ange=
führt worden, zur Verſchönerung der Gärten.

Trigynia, im Linnéiſchen Pflanzenſyſteme eine Ord=
nung mehrerer Klaſſen. Die Blume iſt in dieſem
Falle mit drei Stempeln oder drei Griffeln ver=
ſehen.

Trigynus, dreiweibig oder trigyniſch, in der Bo=
tanik, mit drei Piſtillen oder Griffeln verſehen, wie
z. B. die Blüten von Colchicum, Veratrum, Rumex
und ſo fort.

Trijugus, in der Botanik, dreipaarig, von et=
was aus drei Blättchenpaaren beſtehenden gefiederten
Blatte: folium pinnatum trijugum s. trijuge pinnatum, ein dreipaarig=gefiedertes Blatt, z. B. bei
Orobus vernus und Orobus tuberosus (zum Theil).

Trikarium, Tricarium, Persoon Syn. 2. p. 551.,
eine Baumgattung, welche in die vierte Ordnung der

ein und zwanzigsten Klasse (Monoecia Tetrandria) de
Linnéischen Pflanzensystems gehört. Es ist nur eir
Art bekannt: Tricarium cochinchinense, ein Baur
von mittlerer Größe mit eyförmigen Blättern, viel
blumigen Aehren und eßbaren Früchten, welcher i
den Wäldern von Cochinchina wild wächst.

Trikorine, Tricoryne, Rob. Brown, eine Pflanzenga
tung, welche in die erste Ordnung der sechsten Klaf
(Hexandria Monogynia) des Linnéischen Pflanzer
systems gehört, und zur Familie der Asphobeta
ceen nach Brown, und der Sarmentaceen na
Sprengel. Der Charakter der Gattung ist folger
der: Die Korolle ist sechstheilig, abstehend, gleich
sechs Staubfäden, die mit pinselförmigen Barthac
ren besetzt sind. Die Antheren an der Basis sind aus
gerandet; der Fruchtknoten ist dreitheilig, dreifäch
rig; die Fächer einsamig, an der Basis mit dem fc
denförmigen Griffel verbunden. Die Narbe ist eir
fach; drei keulenförmige Saamenbehälter. Rol
Brown hat fünf Arten aufgeführt, sie aber nur sel
kurz diagnosirt. Das Vaterland dieser Pflanzenai
ten ist Neu-Holland.

Trikot, s. Tricot, Th. 187, S. 706.

Trikratus, Prachtblume, Tricratus, l'Herit. mo
nograph., eine Pflanzengattung, welche in die erst
Ordnung der fünften Klasse (Pentandria Monogynia
des Linnéischen Pflanzensystems gehört, und wege
der schönen Blumen in mehr südlichen Gegende
Deutschlands eine Zierde der Gärten, jedoch nur i
hohen Sommer, weil sie Wärme verlangt, und i
den mehr nördlichen, in den Zimmern abgiebt. D
Gattungskennzeichen sind folgende: Die Blumen
krone ist röhrig, trichterförmig, der Rand präsentirt
lerförmig, fünflappig, jeder Lappen wieder eingeschni
ten. Am Grunde sind fünf ungleich lange Staubf
den verwachsen, und bilden ein becherförmiges Honi

behältniß, welches den Fruchtknoten umgiebt; der Griffel trägt eine fein behaarte, einfache Narbe. Die Nuß ist fünfeckig, einsamig, und mit Häuten umge= ben. Von den beiden bekannten Arten, der ausge= breiteten und der kleinblumigen Prachtblume, kann nur die Erstere hier beschrieben werden.

Die ausgebreitete einjährige Prachtblume, die Kalifornische Primel, Tricratus admirabilis l'Herit.; Abronia umbellata Lamark. encycl. t. 105, hat einen schwachen, niederliegenden, 2 bis 3 Fuß lan= gen Stengel, mit weitschweifigen, schlanken Zweigen. Die Blätter sind oval, ganzrandig, fast ausgeschweift, am Rande mehr oder weniger wellenförmig gebogen, saftig; die Oberfläche ist erhaben, die Unterfläche et= was vertieft (hohl), an der Basis mehr oder weniger am Blattstiele herablaufend; sie stehen einander ge= genüber auf 2 bis 4 Zoll langen Stielen. Die Blu= menstiele entspringen in den Blattwinkeln; jeder trägt an seiner Spitze eine vielblumige Dolde, welche mit einer kleinen vielblättrigen Hülle versehen ist, und beim ersten Blicke mit der mehlblättrigen Primel (Primula farinosa) viel Aehnlichkeit hat. Der Kelch scheint mit der langen trichterförmigen Blumenkrone in eine Substanz verwachsen zu seyn, deshalb haben einige botanische Schriftsteller eine trichterförmige Krone, aber keinen Kelch angezeigt. Diese Blumenkrone brei= tet sich am Rande präsentirtellerförmig aus, ist fünf= lappig, und jeder Lappen mehr oder weniger einge= schnitten oder ausgeschweift. Die Staubfäden sind un= gleich lang, mit länglichen gelben Antheren gekrönt, und in die Krone eingeschlossen. Die Frucht ist eine fünfeckige einsamige Nuß. Im July und August ent= wickeln sich die schönen rosenfarbenen Blumen in rei= chen Dolden. Von dieser Art hat der Gärtner Co= lignon aus Kalifornien Samen nach Paris geschickt, und Dietrich hat mit diesem Samen im Frühjahre

1808 im Hofgarten zu Eisenach Versuche angestellt, denselben in ein warmes Mistbeet gelegt, und die Pflänzchen, sobald sie zum Versetzen stark genug waren, mit Erdballen ausgehoben, einzeln in Blumentöpfe verpflanzt, und solche in die zweite Abtheilung eines Treibhauses gestellt, wo sie so lange beschattet wurden, bis sie neue Triebe machten, und die Sonnenwärme ertragen konnten. Er ließ sie dann inwendig vor die Fenster stellen, die schlanken Stengel an Stäbe befestigen, und bei warmer Witterung die Fenster öffnen, wo sich dann die Blumen im Julius und August entwickelten. Die Samen wurden aber nicht alle vollkommen reif, und dieser Botaniker glaubt daher, daß diese Pflanzen in milden Klimaten, im hohen Sommer, an einem beschützten Standorte im Freien auch gut fortkommen, und mehr Samen liefern, als wenn sie in einen Treibkasten eingeschlossen worden.— Nach Anleitung der Gartenzeitung soll man den Samen von dieser Prachtblumenart in ein warmes Mistbeet oder in einen Blumentopf legen, der mit leichter Dammerde gefüllt ist, und den man nach der Aussaat in ein warmes Mistbeet bringt. In beiden Fällen müssen die ausgesäeten Samen gehörig feucht erhalten, und so lange sie im Keimen begriffen sind, vor heißen Sonnenstrahlen beschützt werden. Wenn die Pflanzen in kräftigem Wachsthume und in voller Blüte stehen, müssen sie reichlich begossen werden, besonders in warmer Witterung; auch die atmosphärische Luft befördert das Wachsen und Gedeihen dieser Pflanzen ungemein. Eine Abbildung von der ausgebretteten Prachtblume findet man in dem ersten Bande der Gartenzeitung. — Die kleinblümige Prachtblume, Tricratum parviflorum, welche Humboldt und Bonpland an Felsen und Klippen der Andesketten in Peru gefunden haben, wo sie im Oktober blüht, hat nur kleine Blumen. (Diet-

richs vollständiges Lexikon der Gärtnerei und Bo=
tanik, Bd. 10, Berlin, 1810, S. 123 u. f., und
Nachträge, daselbst, 1823, Bd. 9, S. 249 u. f.

Triktrak, s. Trictrac, Th. 187, S. 707 u. f.

Trilix; Trilix Linn., eine perennirende Pflanzengat=
tung, welche in die erste Ordnung der dreizehnten
Klasse (Polyandria Monogynia) des Linnéischen Pflan=
zensystems gehört, und von der nur eine Art bis jetzt
bekannt ist. Die Gattungskennzeichen sind: ein drei=
blättriger Kelch und eine dreiblättrige Krone; am
Fruchtboden stehen viele Staubfäden mit rundlichen
Antheren. Die Frucht ist eine fünffächerige, vielsa=
mige Beere. — Gelbe Trilix, Trilix lutea Linn.,
ein sehr ästiger, in Karthagena wachsender Strauch,
der ungefähr zwei Klafter Höhe hat. Die Zweige
sind rund und etwas scharf. Die Blätter stehen wech=
selsweise auf runden unbehaarten Stielen, und sind
fast schildförmig, herzeyförmig, sägezähnig, lang ge=
spitzt, geadert und filzig. Die Blumenstiele entsprin=
gen mehrentheils an den Spitzen der Zweige. Die
Blumenstielchen stehen wechselsweise, und sind rund
und filzig; jeder trägt eine gelbe Blume mit dreiblätt=
rigem oder dreitheiligem Kelche, und dreiblättriger
Krone. Er verlangt eine Stelle im Treibhause, und
zwar in der zweiten Abtheilung desselben. Die Ver=
mehrung und Fortpflanzung geschieht durch Samen
und Stecklinge im Mistbeete.

Trillender Laut, beim Jäger, wenn sich die Heide=
lerche mit ihrem Gesange hören läßt.

Trillen, von drehen, s. Drillen, Th. 9, S. 634,
635. — In Holland heißt trillen, die Soldaten,
auch ehemals zur Zeit der Generalstaaten, die Bür=
ger auf den Paradeplatz führen, um sie zu exerciren,
oder im Marschiren und in den Waffen zu üben.

Triller, Ital. Trillo, in der Musik, sowohl in der
Vokal = als Instrumentalmusik, zwei aufeinanderfol=

genbe Töne mit solcher Geschwindigkeit zu wiederholen und auszubrücken, daß sie gleichsam nur einen be-
benden und zitternden Ton ausmachen. Einen reinen
und schönen Triller oder die mehrmalige schnelle Abwechselung zweier Töne rein und klangvoll mit der
Stimme hervorzubringen, wird für eine Zierbe der
Kunst gehalten. Einige Sänger, besonders Sänge-
rinnen, lieben ein etwas seltsames Anschlagen der bei-
ben zum Triller gehörigen, umwechselnden Töne. —
Das Trillerchen, Ital. Trilletto, ist in seiner Dauer
nur sehr klein und kurz. — In der Instrumentalmusik besteht der Triller gleichfalls aus einer geschwinden und öfteren Abwechselung zweier nebeneinander liegender Töne, die nach Beschaffenheit entweder aus einem ganzen oder halben Tone gegeneinan-
der bestehen. Das Zeichen des Trillers ist: tr, oder:
... Die Ausführung desselben fängt stets mit dem
höhern Tone, oder mit der sogenannten Hülfsnote
an. Der Grad der Bewegung hängt von dem Tempo
und dem Charakter des Stückes ab. Beide Töne des
Trillers müssen gleich stark, deutlich und schnell angegeben werden. Bei einem langen Triller muß die
Stärke zu- und abnehmen, und im gleichen Grade
muß auch die Geschwindigkeit sich vermehren und vermindern. — Es giebt folgende Arten des Trillers:
1) Der Triller ohne Nachschlag; er wird über
der Note mit tr oder ... bezeichnet. Im Falle die mit
einem Triller bezeichnete Hauptnote einen Vorschlag
hat, so richtet sich die Ausführung des Trillers nach
der Art des Vorschlages. Ist dieser veränderlich-lang,
so bekommt er seine gewöhnliche ganze Dauer. Die
Fortdauer eines solchen einfachen Trillers durch mehrere Takte hindurch über eine oder auch über verschie-
bene Noten wird folgendermaßen angedeutet:

2) **Der Triller mit dem Nachschlage.** Dieser Nachschlag besteht aus zwei Tönen, nämlich aus dem unterhalb des Haupttones liegenden, und aus der Hauptnote selbst. Hier wird der Nachschlag eben so schnell, als der Triller selbst vorgetragen. Soll der Nachschlag langsamer ausgeführt werden, so findet man dieses gewöhnlich angedeutet, welches auch der Fall ist, wenn derselbe noch durch eine oder mehrere Noten verzögert werden soll. — 3) **Der Triller mit dem Vorschlage von unten,** der eben so schnell, als der Triller selbst ausgeführt werden muß; er wird sowohl durch Noten, als auch durch dieses Zeichen: ⁓ angedeutet. — 4) **Der Triller mit dem Vorschlage von oben,** er wird eben so schnell ausgeführt, wie der vorhergehende. — 5) **Der Doppeltriller,** der zweistimmig angeschlagen wird, muß durch das doppelte Zeichen angegeben werden:

Noch ist bei dem Triller Folgendes zu bemerken: Wenn die Hülfsnote, das heißt, die obere Note des Trillers, während der Dauer desselben, erhöhet oder erniedriget werden soll, so deutet man dieses entweder durch Hinzusetzung dieser Note mit dem Versetzungszeichen an, oder man schreibt das Zeichen der Versetzung über den Triller dahin, wo sich die zweite Note verändern soll. Soll aber die erste Note des Nachschlages erhöhet oder erniedriget werden, so schreibt man das Versetzungszeichen unter das Zeichen des Trillers. Folgende Verzierungen sind gleichsam Ungen, im gemeinen Leben trillern, eine Nachahmung dieser schnell abwechselnden Töne selbst, und daher mit Trällern zwar dem Laute nach verwandt, der Bedeutung nach, aber sehr von demselben verschieden. S. Trällern, Th. 186, S. 617. — Im Mühlenbaue ist der Triller ein Getriebe von kleinen oder kurzen Stöcken bis dreißig an der Zahl, welches Getriebe auf der Welle des Kammrades steckt, wodurch es vermittelst des Stirnrades herum getrieben wird; s. auch Drilling, Th. 9, S. 635, Getriebe, Th. 18, S. 23, und den Art. Mühle, Th. 95 und 96.

Triller, im Mühlenbaue, s. oben.

—, in der Musik, s. daselbst, S. 89 u. f.

—, in der Sprache, s. oben.

Trillerchen, s. unter Triller, in der Musik.

Trillerkette, Trillkette, Ital. Cadena di trilli, in der Musik, eine früher unbekannte und erst später eingeführte Art, die Triller so anzubringen, daß bei stufenweisen aufwärts steigenden Noten jede derselben ihren Triller führt, die sich aber alle ohne Unterbrechung an einander schließen müssen, wie die Glieder einer Kette, so also, als wenn es nur ein einziger wäre, der oft fünf, sechs, und mehrere Grade fort

währt, aber niemals herab, sondern immer in die Höhe
geht.

Trillich, s. Drillich, Th. 9, S. 635, und den Art.
Zwillich, unter Z.

Trilling, Dreiling, auch Laterne, s. Drilling,
Th. 9, S. 635, und Getriebe, Th. 18, S. 23.

Trillingscheiben, beim Mechanikus und Maschi-
nenbauer, die runden Scheiben, worin die Tril-
lingsstöcke stecken, und mit diesen den Trilling bilden;
s. diesen.

Trillingswelle, Drillingswelle, Drehlings-
welle, im Mühlen= und Maschinenbaue, der
Baum von verhältnißmäßiger Länge und Stärke der=
jenigen Maschinenräder, worin sie gebraucht wird,
und worauf der Trilling mit seinen Stöcken steckt.

Trillion, aus dem mittleren Latein Trillio, Fr. Trillion, eine Zahl von tausend mal tausend Billionen,
oder eine Million Billionen. In Zahlen ausgedrückt
macht eine Trillion

$$1{,}000{,}000{,}000{,}000{,}000{,}000.$$

Wenn man nun eine gewisse Summe in Trillionen
aussprechen wollte, welches beim Numeriren vor=
kommt, so müßte man sie in Zahlen schreiben z. B.

$$30{,}005{,}070{,}689{,}724{,}308{,}007.$$

30 Trillionen, 005 Tausend und 070 Billionen,
689 Tausend und 724 Millionen, 308 Tausend
und 007.

Trillium, Dreiblatt, Trillium Linn., eine Pflanzen=
gattung, welche in die dritte Ordnung der sechsten
Klasse (Hexandria Trigynia) des Linnéischen Pflanzensystems gehört, und folgende Gattungskennzeichen
hat: Kelch und Krone sind dreiblättrig, sechs Staub=
fäden und ein rundlicher Fruchtknoten mit drei Grif=
feln. Die Beere ist dreifächerig.

1) Ueberhangendes Trillium oder Drei=
blatt, Trillium pendulum Willd. Diese Pflanze

derselben erhebt sich ein aufrechter braunrother, vier bis zehn Zoll hoher Stengel, der am Grunde mit drei ey=lanzettförmigen, häutigen, durchscheinenden, über einander liegenden Schuppen bedeckt ist, und an seiner Spitze drei Blätter trägt, welche rundlich=ey= förmig, stumpf, rautenförmig, langgespitzt, an der Basis verdünnt, ansitzend, ganzrandig, glatt, geadert, am Grunde mit drei weißen Rippen gezeichnet, unge= fähr zwei Zoll lang, und fast eben so breit sind. Aus dem Mittelpunkte der Blätter entwickelt sich ein cy= lindrischer, einfacher, ein bis anderthalb Zoll langer Blumenstiel, an dessen Spitze nur eine Blume sitzt, die in der ersten Periode herabhängt, dann in der Blütezeit übergebogen ist. Sie hat einen dreiblättri= gen Kelch und eine dreiblättrige Korolle. Die grünen Kelchblätter sind länglich= oder ey=lanzettförmig ge= spitzt, dreirippig, ausgebreitet, die Korollenblätter ey= förmig, ocherweiß geadert, abstehend, etwas größer, als der Kelch. Die sechs sehr kurzen Staubfäden sind mit länglichen stumpfen, aufrechten Antheren gekrönt. Der Fruchtknoten ist violett, eyförmig, mit drei tiefen Furchen und drei violetten kurzen Griffeln versehen, deren Narben länglich, stumpf, zusammengedrückt, hakenförmig gekrümmt, und ocherweiß sind. — Das Vaterland dieser perennirenden Pflanze ist Nord=Ame= rika, wo man sie besonders im nördlichen Karolina auf Bergen antrifft. Sie dauert in unsern Gärten im freien Lande, und variirt zuweilen mit größern oder kleinern Blättern und Blumen, die mehr oder weni=

ger übergebogen oder hängend sind. Dietrich hat
sie im botanischen Garten zu Eisenach auf einem et=
was schattigen Beete gezogen; sie blüht im April und
May, und vermehrt sich durch Wurzelknollen.

2). Sitzendes Trillium oder Dreiblatt,
stielloses Trillium, Trillium sessile, flore ses-
sili erecta. Linn. Spec. plant. Tom. 1. p. 484. Solanum virginianum tryphyllum. Pluk. alm. 352. t. 111.
f. 6. Catesb. car. 1. p. 50. Fr. Trillium sessile;
Engl. Sessile flower'd Trillium. Diese Pflanze hat
dreizählige Blätter, breit=ovale gespitzte Blättchen,
fest sitzende aufrechte Blumen, purpurrothe Kronen=
blätter, und kugelrund=niedergebrückte Beeren. Das
Vaterland ist Virginien und Karolina, wo sie vom
April bis zum May blüht, zuweilen auch noch im Ju=
nius.

3) Aufrechtes Trillium oder Dreiblatt,
Trillium erectum, flore pedunculato-erecto. Linn.
Spec. plant. Tom. 1. p. 484. Solanum triphyllum. Corn. canad. t. 167. Solano congener triphyllum Canadense. Moris. hist. 3. sect. 13. t.
3. f. 7. Trillium rhomboideum. Persoon Syn. 1.
p. 398. Die Blätter oder Blättchen sind breit, rund=
lich=rautenförmig, langgespitzt, die Blumen sind ge=
stielt, und etwas aufrecht, die Kronenblätter länglich=
lanzettförmig, flach und abstehend. Es wächst auf ho=
hen Bergen in Virginien, blüht im Frühjahr, und
dauert daher in unsern Gärten im Freien aus. Per=
soon hat zwei Varietäten angezeigt, welche sich durch
die Größe und Farbe der Blumen unterscheiden.

4) Uebergebogenes Trillium oder Drei=
blatt, Trillium cernuum, flore pedunculato cer-
nuo. Linn. Spec. plant. Tom. 1. p. 484. Solanum triphyllum Catesb. carol. 1. p. 45. Engl.
Stalk=flower'd Trillium. Die Blätter sind dreizäh=
lig, die Blättchen an der Basis oval und schmäler, und

die Blumen fleischroth, gestielt, und übergebogen; sie
kommen im Frühjahre hervor. Das Vaterland ist
Karolina; sie perennirt in Deutschlands Gärten im
Freien. — Die übrigen Arten dieses Trilliums oder
Dreiblattes müssen hier übergangen werden. Nach
Dietrichs Anleitung zur Kultur dieser Gräser, in
seinem vollständigen Lexikon der Gärtnerei und Bo=
tanik, Th. 10, S. 188, ist, da sie alle in Nord=Ame=
rika zu Hause gehören, ein etwas lockerer feuchter Bo=
den an einem schattigen Standorte im Freien nöthig.
Man zieht sie aus Samen, der gleich nach der Reife
an der bestimmten Stelle ausgesäet wird, und ver=
mehrt sie auch durch Zertheilung. Die Blütezeit ist,
wie schon erwähnt, der Frühling.

Trillium (aufrechtes), Trillium erectum, s. oben,
S. 95.

— **(sitzendes)**, Trillium sessile, s. daselbst.

— **(stielloses)**, s. daselbst.

— **(übergebogenes)**, Trillium cernuum, s. daselbst.

— **(überhangendes)**, Trillium pendulum, s. da=
selbst, S. 93.

Trillkette, s, Trillerkette.

Trillraupe, eine Benennung der Raupe des Schwal=
benschwanzes.

Trilobiten, Trilobites, Schnecken oder krebsartige
Thiere (denn Einige zählen sie zu den Ersteren, An=
dere zu den Letzteren), welche nur versteinert vorkom=
men. Sie sollen mit den Kiemenfüßen unserer Ge=
wässer Aehnlichkeit haben. Dem Namen nach müssen
diese Thiere einen Körper haben, der in drei Lappen
oder deutlich unterscheidbare Stücke abgetheilt ist, aber
nicht so, wie bei den Insekten oder Krebsen, sondern
durch zwei Furchen der Länge nach; sie unterscheiden
sich ferner durch einen großen Kopfschild, und meist
große Augen; aber die Schwimmfüße, die man an ih=
ren zahlreichen Rumpfgliedern vermuthet, müssen sehr

klein und zart gewesen seyn, weil man keine Spur da=
von findet. So werden nun diese Trilobiten von Ei=
nigen beschrieben. Nach Andern sind es zweischalige,
dreieckige, zum Theil bauchige, zum Theil platte Mu=
scheln, die man unter den Versteinerungen antrifft,
und die man ehemals für petreficirte Käfer gehalten,
und sie daher Käfermuscheln, auch Cacabumu=
scheln und Trigonellen genannt habe. Man fin=
det sie vorzüglich schön, und solches noch mit der na=
türlichen Schale, welche krebsartig ist, bei Dudley, in
Worcestershire. Sie kommen überhaupt in den älte=
sten Gebirgen, welche Versteinerungen führen, vor.
Man hat bis jetzt in der lebenden Natur noch keine
Originale zu diesen Versteinerungen gefunden, und
die Vermuthung, daß sie von einer Gattung Kiemen=
oder Kiefenfuß herrühren, wie schon oben erwähnt
worden, soll wenig Glauben finden, daher soll man
sie auch zu den völlig unbekannten Petrefakten oder
Versteinerungen rechnen. — Fig. 9253 a b c ist eine
Abbildung von Calymene macrophthalma; a ist das
ausgestreckte Thier, woran das Kopfschild und die bei=
den Augen deutlich zu sehen sind; b zeigt das Thier
zusammengerollt, und c giebt die Ansicht eines ver=
größerten Auges davon. Man findet diese Art im
Kornitenkalk der Eifel. Eine andere Art dieser Gat=
tung, welche im Uebergangskalk Englands und Schwe=
dens vorkommt, heißt Calymene oder Trilobites Blu=
menbachii; dann zählt auch dieselbe Gattung noch
mehrere Arten. Eine Art aus der Gattung Ohrtri=
lobit, ist Otarion diffractum, welche in einem Kalkcon=
glomerat von Böhmen gefunden worden ist. Andere
Gattungen dieser Familie sind: Asaphus, Olenus,
Ogygia etc.

Blumenbachs Handbuch der Naturgeschichte. 7te
Auflage. S. 726.

Oec. techn. Enc. Th. CLXXXVIII. G

Vogels praktisches Mineralsystem. S. 267.
Hochstetters populäre Mineralogie. Reutlingen,
1836. S. 364.

Trilobus, in der Botanik, dreilappig, z. B. die
Blätter von Acer campestre, die Unterlippe der Ko=
rolle vieler Labiaten ꝛc.

Trimelli, Drillinge, wenn drei Kinder auf einmal
oder in einer Geburt zur Welt kommen, eine Frau
drei Kinder in einer Geburt zur Welt bringt.

Trimera, s. den folgenden Artikel.

Trimeren, Trimera, eine Käferabtheilung, deren Füße
dreigliedrig sind. Es gehört dazu die siebzehnte und
achtzehnte Familie. Die siebzehnte Familie enthält
die Marienkäfer(Coccinellina), und die achtzehnte
die Keulenträger(Clavigera), wozu auch die Fühl=
käfer gehören, mit eilfgliedrigen Fühlern.

Trimeresurus, der Geschlechts= oder Gattungsname
ziemlich großer Giftschlangen mit mehreren Giftzäh=
nen und ganzen Bauch= und Schwanzschienen, die
oben am Ende des Schwanzes getheilt sind. Mehrere
dieser Schlangen kommen in Neuholland vor, wie
z. B. Trimeresurus Ceptocephalus, die fast manns=
lang ist.

Trimester, eine Zeit von drei Monaten; es kommt da=
her mit Quartal überein.

Trimodium, bei den Alten, ein Maaß von drei Schef=
feln; Trimodia aber ein Sack, welcher eben so viele
Scheffel enthielt, oben weit war, und unten spitzig zu=
ging. Die Säeleute hingen, statt der jetzigen Säetü=
cher oder Samenkißen, diesen Sack um den Hals,
wahrscheinlich vermöge eines Bandes oder eines Strik=
kes, welches dann auf den Schultern lag, wenn sie ihr
Getreide aussäeten.

Tringa, Stranbläufer, s. diesen Artikel, Th. 175,
S. 191 u. s.

Tringelbeere, Sumpfheidelbeere, Trinkelbeere, Vaccinium uliginosum, f. unter Heidelbeere, Th. 22, S. 753 u. f.

Trinitarier, diejenigen, welche die Lehre von der Drei= einigkeit Gottes glauben. — Dann auch die Mitglie= der eines geistlichen Ordens der Römisch=katholischen Kirche. Das Hauptgeschäft dieses Ordens besteht darin, die Sklaven aus der Gefangenschaft der Raub= staaten los zu kaufen. Da jetzt diesen Staaten das Corsarenhandwerk gelegt ist, so wird wohl dieser wohlthätige Zweck des Ordens erlediget worden seyn.

Trinitas, Trinität, die heilige Dreieinigkeit im gött= lichen Wesen.

Trinitatis (Festum), das Fest der heiligen Dreieinig= keit, wovon die Sonntage nach Trinitatis ihren Na= men haben.

Trinitatis-Ritter, Dreifaltigkeitsritter oder Rit= ter vom Kreuze der Dreifaltigkeit. Sie ent= standen um das Jahr 1787 zu Grünstadt in der Graf= schaft Leiningen, sind aber längst wieder erloschen. Ein Herr von Assum, welcher daselbst eine Lotte= rie hatte, stiftete diese Gesellschaft, und berief sich da= bei auf unbekannte Obere. Nach dem Zwecke, wel= chen er angab, wollte er die ächte höhere Maurerey wieder herstellen, und sie von den überhand nehmen= den frevendlichen Mißbräuchen reinigen.

Trinkanstalt, sowohl eigentlich eine jede Anstalt, in welcher man geistige und warme Getränke erhalten Wein=, Bier= und Kaffeehaus, als uneigentlich, eine sowohl natürliche, liche Mineralwasser=Trinkanstalt, das heißt, eine Trinkwasserheilanstalt, wo man sowohl natürliche Mineralwasser, die man an der Quelle trinkt, und wozu auch das bloße Quell= wasser gehört, als auch künstlich bereitete Mi= neralwasser, die man künstlich nach den natürlichen

gebildet hat, trinken kann, wie es dergleichen Anstalten
in Berlin und Dresden giebt. S. auch Trinkwas=
serheilanstalt, weiter unten.

Trinkart, Trinkquart, eine Gattung kleiner Franzö=
sischer Fahrzeuge von 12 bis 15 Tonnen, die zum
Heringsfange gebraucht werden, den die Franzosen im
Kanal treiben.

Trinkbar, Bei= und Nebenwort, was sich trinken läßt,
oder getrunken werden kann, nicht verdorben ist. Die
Milch ist noch trinkbar, nicht umgeschlagen, nicht
sauer. Der Wein ist noch trinkbar, nicht schal
oder verdorben. Das Wasser ist trinkbar, hat
keinen moderigen, faulen Geschmack. Trinkbares
Gold, Trinkgold, Goldtinktur. Das Gold trink=
bar machen, es auflösen zu einer Goldtinktur. S.
Th. 19, S. 364 u. f. Daher die Trinkbarkeit.

Trinkbecher, Fr. Coupe, ein goldener, silberner, zin=
nerner 2c. Becher, der die gewöhnliche umgekehrt=ke=
gelförmige Gestalt hat, und zum Trinken von Flüs=
sigkeiten daraus dient, jetzt aber durch Trinkgläser,
Pokale 2c. größtentheils außer Gebrauch gekommen
ist. S. den Art. Becher, Th. 4, S. 136 u. f. —
Beim Bildhauer und Maler ist es eine Gattung
von Trinkgeschirren, breiter als hoch, und mit einem
Fuße versehen. Man gebraucht es zur Krone von ei=
nigen Verzierungen. Es giebt ovale, mit einem ge=
bogenen Profile, welche die Italiener Novizelle
nennen.

Trinkelbeere, Empetrum, s. unter Heidekraut, Th.
22, S. 736.

Trinken, ein unregelmäßiges Zeitwort, welches sowohl
als ein thätiges, als auch absolute und als ein Zeit=
wort der Mittelgattung gebraucht wird, in welchem
letzteren Falle es das Hülfswort haben erfordert,
einen flüssigen Körper durch den Schlund in sich zie=
hen. Ich habe schon getrunken. Wir haben

noch nichts getrunken. Wasser, Bier, Wein,
Thee, Kaffee, Chocolade trinken. Ein Glas
Grog, ein Glas Punsch oder Karbinal trin=
ken. Jemanden zu Trinken geben, ihm ein Ge=
tränk zur Löschung seines Durstes darreichen. Sich
voll trinken, sich in einem starken Getränke berau=
schen. Den Wein aus Bechern, aus Kelchglä=
sern trinken. Jemandes Gesundheit trinken,
ohne das Vorwort auf. Vielerley Gesundhei=
ten trinken. Sich ein Herz trinken, durch star=
kes Getränk Muth zu bekommen suchen. Sich einen
Zopf, oder Haarbeutel trinken, einen solchen
Rausch bekommen, daß man aufgezogen oder geneckt
wird, und auch wohl einen papiernen Zopf oder Haar=
beutel unter den Rockkragen geschoben bekommt, da=
mit ausgestattet wird. Sich einen Rausch trin=
ken. Er hat sich ein Räuschchen getrunken.
Sich einen Spitz trinken, einen geringen Grad
des Rausches, bei dem man lustig und redselig wird,
gleichsam nach der Gewohnheit der Spitze immer
kläffend oder bellend, also immer das Wort zu haben
sucht. S. auch den Art. Rausch, Th. 121, S. 255.
Pro poena trinken, als Strafe trinken, ein Studen=
tenausdruck, welcher beim Commers vorkommt. Das
Vieh trinken lassen, dem Viehe zu trinken geben.
In den gemeinen Sprecharten braucht man von allen
Thieren das niedigere saufen, dagegen die Jäger
von den Hunden frischen oder sich frischen sagen.
— In einigen engeren Bedeutungen. 1) Einen flüs=
sigen Körper als sein gewöhnliches Getränk zu sich
nehmen. Wasser trinken, Wein, Bier trin=
ken. Den Brunnen trinken, die Brunnenkur
brauchen. — 2) Eine Fertigkeit oder Gewohnheit be=
sitzen, starke Getränke reichlicher, als es das Bedürf=
niß erfordert, zu sich zu nehmen, als ein anständiger
Ausdruck für das niedrige saufen. Bibax trinkt.

Wo ächter Wein aus vollen Flaschen fließt, wird Bibax bis zur letzten Neige bleiben; den Pflanzen gleich,
die da nur Wurzel treiben, wo sie der Gärtner oft begießt (Müchler). Stark trinken. Sich auf das
Trinken legen. Profession vom Trinken
machen. Sich das Trinken angewöhnen.
Branntwein, Wein, Bier trinken. S. auch
Trunken und Trunkenheit. — Figürlich. 1) Be-
gierig in sich ziehen, in der dichterischen Schreibart.
Und ihr Blumen, ihr trinket meine Thränen
wie Thau (Geßn.). Jetzo trinkt er die freiere
Luft des heitern Abends (Zach.). Den Aether
trinken, in sich ziehen. Die Felder trinken das
Sonnenlicht, ziehen gleichsam dessen Strahlen ein.
O, welch Entzücken trinkt mein erloschnes
Aug' aus diesen sanften Blicken (Weiße).
Blut und Schweiß trinken, wird von einem
Despoten gesagt, der das Leben der Unterthanen in
nutzlosen Kriegen opfert, und sich die Früchte ihres
Fleißes durch kaum zu erschwingende Steuern zueig-
net. — 2) In eben dieser dichterischen Schreibart gebraucht man es zuweilen für sehr benetzt werden.
Der Dolch trinkt das Blut des der Rache
Geopferten, indem er mit dem Blute besprizt wird,
und in andern Fällen mehr. Nach Abelungs Anmerkungen zu diesem Worte, in seinem vollständigen
grammatisch-kritischen Wörterbuche, bei dem Ottfried
drinken, bei dem Notker trinchen, bei dem Ulphi-
las driggkan (drinkan), im Angelsächsischen drincan,
im Niedersächsischen brinken, im Englischen drink,
im Schwedischen ohne Nasenlaut dricka, im Isländ-
dischen drecka. Um dieser Form willen leiten Wachter und Ihre es von dem alten tragen, ziehen,
Lateinisch trahere, Niedersächsisch trecken her, zumal
da man Zug, ziehen, und im Französischen Trait
auch von der Handlung des Trinkens braucht, wovon

dann auch zechen das Intensivum ist. Das Franzö=
sische trinquer und Italienische trincaro, in der zwei=
ten engeren Bedeutung, sind aus dem Deutschen ent=
lehnt. Tabak trinken, für Tabak rauchen, vermuth=
lich auch wegen des Ansichziehens, ist nur in einigen
Provinzen gangbar. Die biblische Wortfügung mit der
zweiten Endung des Weins trinken, 1. Mos. 9, 21,
ist im Hochdeutschen veraltet. Tränken ist das Acti=
vum von Trinken. S. auch Trunk und Trunken.
Das Trinken in historischer oder geschicht=
licher und in diätetischer Hinsicht, in der Letzte=
ren sowohl zum Frühstück, zur Mittagsmahlzeit und
beim Abendessen, als auch außer diesen Zeiten; denn
schon in den frühesten Zeiten hat das Trinken Aerzte
und Nichtärzte beschäftiget, sowohl in Beziehung auf
die Eigenschaften und den Gehalt der Getränke, als
auch auf die Menge derselben; s. weiter unten.—Was
das Trinken in geschichtlicher Beziehung an=
betrifft, so ist die Liebe dazu schon sehr alt, wie dieses
auch schon unter Gesundheits=Trinken, Th. 17,
S. 817 u. f., gezeigt worden. Alle alten in der Ge=
schichte ausgezeichneten Völker liebten den Trunk, wa=
ren mit der Trinkluft begabt, sowohl die Juden, als
     Römer. Bei den letzteren beiden
Völkern forderten starke Trinker sich unter einander
auf. So forderte Alexander den Proteas, einen
im Trinken sehr geübten Macedonier, auf, einen Be=
cher zu leeren, und dieser trank den ihm überreichten
Becher zur Verwunderung Aller mit starken Zügen
aus, ließ ihn sogleich wieder füllen, und brachte sol=
chen dem Alexander, damit er ihn auch austrinken
möchte. Man ging im Trinken so weit, daß man um
ausgesetzte Preise trank, die derjenige bekam, der am
meisten trinken konnte. Der Scythische Philosoph
Anacharsis kehrte die Sache im Scherze um, und
verlangte, als er beim Periander speiste, die aus=

geſetzte Belohnung, weil er zuerſt trunken geworden.
Er ſagte: der Sieg, nach dem man beim Trinken
ſtrebt, iſt dann vollendet, wenn man betrunken iſt, ſo
wie das Laufen dann geendigt iſt, wenn man das vor-
geſteckte Ziel zuerſt erreicht hat.　Man hielt es ehemals für etwas Großes, alle Andere im Trinken übertreffen zu können, und wer dieſes konnte, und auch
wohl in einem Zuge und ohne einen großen Becher
abzuſetzen, dem gaben die Anweſenden ihren lauten
Beifall zu erkennen.　So wie es bei den Griechen auch
weiſe und gelehrte Männer gab, welche dem Trinken
ergeben waren, eben ſo war dieſes auch bei den Römern der Fall.　Seneka, der ernſthafte und ſtoiſche
Seneka, meint, daß man ſich zuweilen einen Rauſch
trinken könne, um die Sorgen eine Zeitlang zu unterdrücken.　So brachte Cato Uticenſis, wie Plutarch
und Andere von ihm berichten, ganze Nächte in Trinkgeſellſchaften zu; und der ältere Cato und Corvi-
nus, ein Anhänger der Sokratiſchen Philoſophie, glüh-
heten mehrmals vom Weine*).　— Es gab aber auch
Mehrere, welche den übermäßigen Gebrauch des Weines, und alles ſcharfe Trinken ſehr mißbilligten, und
die Trunkenheit nachdrücklich verboten.　Weiſe Männer erlaubten ſich nicht mehr als drei Becher.　Eubu-
lus läßt daher, nach der Anführung des Athenäus
Jemanden alſo reden: „Ich gieße denen, die gute Ge-
ſinnungen haben, nur drei Becher ein: einen Becher
der Geſundheit, den ſie zuerſt austrinken, einen Becher
der Liebe und der Freude, und zuletzt einen Becher
des Schlafs, den die Weiſen austrinken und dann nach
Hauſe gehen.　Der vierte Becher iſt nicht mehr der
unſrige, er wird aus Uebermuth getrunken."　Auf eine
ähnliche Art widmete Panyaſis den erſten Becher
den Grazien, den Horen und dem Bacchus, den zwei-

---

*) Horaſ, Buch 3, Ob. 21.

ten der Venus und dem Bacchus, und den dritten hielt
er schon für eine Ursache des Unrechts und der Zwie-
tracht. — In Lacedämon wurden keine Trinkgesellschaften geduldet; selbst bei den öffentlichen Mahlzeiten oder Syssitien wurde in Ansehung des Trinkens
große Mäßigkeit beobachtet. Der Spartanische Ge-
setzgeber hatte alles unnöthige Trinken, wodurch der
Körper und die Seele entkräftet werde, ausdrücklich
untersagt. Er erließ auch eine Verordnung, daß Jeder
ohne Fackel und ohne Licht am Abende von einem
Gastmahle nach Hause gehen sollte, damit er durch die
Nothwendigkeit im Finstern zu gehen, abgehalten werden möchte, zu viel zu trinken. Critias rühmt in seinen Elegien die Mäßigkeit, welche die Spartaner in
dieser Absicht beobachteten. Er sagt: „Es ist Sitte zu
Sparta, daß Alle aus einem Weinbecher trinken, daß
Niemand den Andern beim Namen nennt, um ihm
zuzutrinken, daß man in Gesellschaften nicht von der
Rechten an herumtrinkt, und den nicht namentlich auffordert, dem man vortrinken will.“ Zu Athen wurde
nach Solons Verordnung der Archonte am Leben gestraft, der sich in Wein berauschte. Der Senat der
Areopagiten strafte alle Säufer, weil sie die Zeit, die
sie zum Dienste des Staats hatten anwenden sollen,
der Schwelgerey aufopferten. Pittakus gab ein
Gesetz, nach welchem diejenigen, welche in der Trunkenheit einen Fehler begingen, doppelte Strafe leiden
mußten. Er suchte durch dieses Gesetz die Bürger um
so mehr von dem unmäßigen Gebrauche des Weins
abzuhalten, weil Mitylene eine weinreiche Insel war.
— Man gab beim Trinken auch gewissen Bechern eigene Namen: Poculum Boni Dei, war der Becher,
den man zur Ehre des Bacchus, des Erfinders des
Weins, mit Wein füllte, und ihn unter den Gästen
herumgehen ließ, deren Jeder nur ein wenig daraus
trank. Poculum Jovis servatoris, ein Becher, dessen

Mittags- und Abendessen genossen. Eckhard*) bezeugt selbst, daß die Aebte öfters bei Gelagen ihren
Mönchen in sancta caritate zugetrunken. Diese her-
vorstechende Trunkliebe war so allgemein, daß in- und
ausländische Geschichtsschreiber sie als ein Hauptzug
Deutscher Sitte anführen. Phokas sagte zu Luit-
prand, dem Gesandten Kaiser Ottos des Ersten: „Der Muth des Deutschen Soldaten sey ein
Rausch, und ihre Tapferkeit Trunkenheit." Donizo,
ein Italienischer Mönch unter dem Kaiser Heinrich
dem Vierten, sagt: „Die Deutschen wären in den
Wein verliebt, und hieben in ihrer Trunkenheit einander Glieder vom Leibe." Was aber den Ruf der
Deutschen hierin am stärksten bezeichnet, ist, daß jedem Kaiser vor seiner Krönung zu Rom diese Frage
zur Angelobung vorgelegt wurde: „Willst du mit
Gottes Hülfe dich nüchtern halten?" — Es gab aber
auch Geistliche, welche der Trinksucht, als einer verderblichen Neigung, entgegen arbeiteten, wie z. B.
der Bischof Burkhard von Worms, der in seinem
Beichtspiegel sagt: „Wer sich bis zum Uebergeben
voll getrunken, soll funfzehn Tage in Brod und Wasser büßen." — Man darf sich übrigens nicht wundern,
daß diese Trunkliebe bei den Deutschen eine eigentliche Nationalneigung ward, wenn man ihre Verfassung, ihre öffentlichen Gerichte und Berathschlagungen,
ihre gemeinschaftlichen Opfer und Feste, und ihre lehn-
ähnlichen Verbindungen betrachtet, in denen junge
Krieger bei Fürsten oder Heerführern im Dienste und
Unterhalt standen; denn dieses Alles veranlaßte große
und häufige Zusammenkünfte, wozu sich dann auch
Trinkgelage mit Gesang, Saitenspiel und andern Belustigungen gesellten. Venantius Fortunatus

---

*) De Casibus Monast. S. Galli Cap. 9, p. 41 (in Goldasti
script. rer. Alamann. ex edit. Senckenb.)

giebt uns von einer solchen Trinkgesellschaft, bei der
er auf einer Reise an der Mosel und dem Rheine
selbst zugegen war, folgende Beschreibung: „Sänger
sangen Lieder und spielten die Harfe dazu, umher
saßen die Zuhörer bei ahornenen Bechern und tranken wie Rasende Gesundheiten um die Wette. Wer
es nicht mitmachte, ward für einen Thoren gehalten,
und man mußte sich glücklich preisen, nach dem Trinken noch zu leben." — Die Offenheit des Herzens
und die Freude, mit der diese Gelage begangen wurden, machten sie so angenehm. Wer sich der Freundschaft eines Deutschen Stammes empfehlen wollte,
durfte nur Mitzecher werden. Bündnisse, Geschlechter-
verbindungen, Verträge und andere dergleichen Verhandlungen wurden bei Trinkgelagen vorgenommen,
als wäre, nach dem Tacitus, zu keiner Zeit die
Seele zu vernünftigen Entschließungen offener gewesen, als gerade dabei. Das erste und früheste Zeichen
der Gastfreundschaft war die Darreichung eines gefüllten Bechers. Am Fränkischen Hofe war es wenigstens Brauch, den ankommenden Gästen einen
Kelch, späterhin Willkommen (poculum gratulato-
rium) genannt, hinzureichen, und am Bayerschen Hofe
fand man ein Gleiches. Hieraus entstand auf die natürlichste Weise das gesellige Zu- oder Vortrinken
(propinare). Man bezeigte durch Darreichung des
ersten Bechers dem Alter Ehrfurcht, wie in den Zeiten Homers bei den Griechen; hierzu gesellte sich
nun das Wett- und Gesundheitstrinken. Pris-
cus sagte von dem Attilaischen Gastmahle, wobei auch Deutsche waren: „Sobald die Römischen
Gesandten zum Gemache hereingetreten waren, wurden sie von einem Schenken mit einem Becher bewill-
kommnet, den er ihnen zum Trinken darreichte. Hierauf eröffnete der Länderüberwinder das Gelag mit
einer Gesundheit, welche er den Vornehmsten seiner

Tischgesellschaft ausbrachte, die diese dann stehend er=
wiederten. Nachdem es die Reihe so herumgegangen
war, forderte Attila noch die Gäste zu einem allge=
meinen Trinkkampfe auf." — Auch zu den Ritterzeiten
herrschte der Becher, obgleich schon ein anderer Geist
die Gesellschaften belebte; denn die ritterlichen Ge=
fühle hatten sich schon fein und geistig herausgebildet;
die Sitten waren schon zart und ganz das Gegentheil
der rohen Trunksitten; denn ein wunderbarer Charak=
ter von Liebe, Freundschaft und Religion vermischte
sich jetzt mit der Kampfbegierde und dem Pokale, und
bei den Minnesängern steht auch dieser zurück; denn
keiner dieser Sänger dichtete Loblieder auf den Trunk,
und der Winsbeke warnt in einem Lehrgedichte sei=
nen Sohn, in der neunten Strophe, den Wein nicht
über sich herrschen zu lassen: „lade ihn nicht in dein
Haus, daß dein Feind nicht deiner spotte." Indessen
waren es doch nur Wenige, bei denen die sanfteren
Gefühle, die sittliche Verfeinerung, Eingang fanden;
denn immer noch wurden in diesen Zeiten des Faust=
rechts Stärke und leibliche Ausdauer, als die schätzbar=
sten Vorzüge angesehen. Vieles vertragen zu können,
galt für eine Ehre, und ein großer Trinker hatte ei=
nen angesehenen Namen. Denn es war der Brauch,
daß Ritter und Lehnsmänner ungeheure Lehnsbecher,
sogenannte Humpen, austrinken mußten, zum Beweise
ihrer Kraft und Deutschheit. Diese eigene Beleh=
nungsart durch einen Becher ward nicht erst in der
Ritterzeit eingeführt; denn schon vorher belehnte man
mit einem Horne; allein sie scheint hier erst recht in
Schwang gekommen zu seyn. Wie bei andern Be=
lehnungen und Uebergaben hatte auch hier der Becher
eine sinnbildliche Bedeutung auf die Eigenschaften des
Mannes; denn wer ihn tapfer leeren konnte, erprobte
dadurch seine Deutsche Ritterlichkeit. Dieses bezeugt

auch eine, jedoch weit ſpätere Urkunde bei Lünig*),
wo es von den Hohenlohiſchen Vaſallen heißt: „Hier=
auf (nach abgelegtem Eide) wird von des Herren
Senioris und Lehnadminiſtratoris Hochgräflichen Gna=
den, und auch den anweſenden Miniſters zur neuen
Lehnsempfängniß gratulirt, und ihme ſofort zur Hoch=
gräflichen Tafel angeſagt, da er dann, nach dem alten
teutſchen Herkommen, mit dem großen Lehnsbecher,
ein Oehringer Maaß haltend, Beſcheid und damit vel
quasi eine Probe thun muß, ob er auch ein guter
teutſch geborner von Adel und dem Vaterlande hier=
nächſt gute Dienſte leiſten könne." — In den Fried=
bergiſchen Statuten ſteht auch als ein ausdrück=
liches Erforderniß, daß ein aufzunehmender Burgmann
einen Becher, Patriarch, auch Krauß genannt, aus=
trinken ſoll.   Gleiche Gewohnheit war bei den Eiſe=
nachiſchen, von Alvenslebiſchen und andern Lehnhöfen
üblich. Auch kommen in jenen Zeiten noch die Gaſte=
reyen hinzu, welche gute Trinker erforderten; denn
ſelbſt bei der Krönung eines Kaiſers wurde demſelben
von dem Erzſchenken ein großer Pokal zum Trinken
nachgetragen.   Selbſt der Kaiſer Rudolph von
Habsburg hat ſich dadurch ein langes und geprie=
ſenes Andenken bei den Erfurtern erhalten, daß er
auf öffentlicher Straße mit einem Glaſe Bier in der
Hand ausrief: „Wol in, wol in! eye gut Bier
dat hat Herr Sifrid von Buſtede ufgetan."
— Wenn nun dieſe Trinkübungen auch im Ganzen
bei der Lebensart des Deutſchen in jener Zeit, die ſich
auf Jagd, Reiten und Fehden beſchränkte, nicht ſo
ſchädlich waren, ſo wurde doch in Einzelnheiten dieſe
Ausſchweifung bis zur Tollheit getrieben. So erzäh=
len Aeneas Sylvius und Fugger **) von dem

---

*) Corp. jur. feud. Germ. Tom. 3, p. 70.
**) In histor. de Europa cap. 20, und in Fuggers Oeſterrei=
chiſchem Ehrenſpiegel, nach Birkens Ausgabe, S. 1129.

Letzten der alten Görzischen Grafen: daß er oft
des Nachts aufgestanden sey, um seine Kinder zum
Trinken anzutreiben. Wenn er sie dann schlafend gefunden habe, hätte er seine Gemahlin eine Ehebreche-
rin gescholten und ausgerufen: das seien nicht seine
Kinder, da sie eine ganze Nacht ohne zu trinken bleiben könnten.—Man hätte nun glauben sollen, daß die
Trinkgelage, die von Karl dem Großen bis zu den
Zeiten Rudolphs von Habsburg fast gleichmäßig fortgedauert hatten, schon unter diesem Kaiser, der
gleichfalls die Mäßigkeit liebte, sich ihrem Ende hätten nähern müssen; allein weit gefehlt; denn es erhob
sich nach dem Tode dieses Kaisers eine neue Epoche
der Trinkgelage, wozu der Aufwand bei den Turnieren kam, die im funfzehnten Jahrhunderte, mit dem
Gesellenstechen, Schießen und mit anderen ritterlichen
Uebungen, weit häufiger abgehalten wurden, als früher, und auf Bären und Eber zu jagen, blieb auch
noch ein Hauptvergnügen des Deutschen bis in das
sechzehnte Jahrhundert, und wie Aeneas Sylvius
bemerkt, lernte der Knabe eher reiten, als reden. Auch
fehlte es nicht an Zusammenkünften und geselligen Belustigungen. Eine Fürstliche Vermählung oder Kind-
taufe versammelte immer eine Menge benachbarter
Fürsten mit großem Gefolge. So waren z. B. bei
der Taufe des Kaisers Wenzel an funfzig Fürsten,
die Grafen und Edelleute ungerechnet. Bei·der Vermählung des Grafen Eberhard vom Würtemberg mit einer Mantuanischen Prinzessin im Jahre
1474, wurden 14,000 Gäste bewirthet, die 165,000
Laib Brod, 4 Eimer Malvasier-, 12 Eimer Rhein-
und 500 Eimer Neckarwein verzehrten, und bei der
Hochzeit des Herzogs Georg von Bayern-Lands-
hut im Jahre 1475 kamen der geladenen Gäste so
viele, daß sie gegen 6500 Pferde mitbrachten. Bei
der sechstägigen Vermählung des Prinzen von Ora-

nien mit der Sächsischen Prinzessin Anna im Jahre
1561 zu Leipzig wurden 3600 Eimer Wein und
1600 Fässer verbraucht. Indessen war auch die An=
zahl der Gäste sehr ansehnlich, welches man aus den
5647 mitgebrachten Pferden ersehen kann. Selbst
die Bürger kamen oft aus großer Ferne wegen man=
cher Ergötzlichkeiten zusammen. So erzählt Götz
von Berlichingen in seiner Lebensgeschichte, daß
ein Schneider von Stuttgart, ein trefflicher Bogen=
schütze, bis nach Köln zu einem Schießen gezogen sey,
und auch den Preis gewonnen habe; und aus Fi=
scharts glückhaftem Schiffe erfährt man, daß
Zürichsche Bürger zu einer gleichen Belustigung bis
nach Straßburg herab gekommen seyen. Alle diese
Zusammenkünfte waren nun mit Trinkgelagen beglei=
tet, indem das Zutrinken eine Herausforderung zur
Trinkfehde war, hier seinen Genossen und Wetteiferer
halb todt niederzutrinken oder zu zechen. Man hielt dies
für eben so rühmlich, als über den Feind einen Sieg
davon tragen. Diese Trinksucht breitete sich über
Bürger und Bauern aus, so daß diesen das Trinken
in den Reichsabschieden strenge untersagt wurde. Es
wurde besonders durch die Landsknechte, von denen
Deutschland zu den Zeiten Kaiser Maximilians
des Ersten wimmelte, überall verbreitet, obgleich
es längst schon bei den Bürgern, besonders in den
Reichsstädten, aufgekommen, und überall Sitte war;
denn auch sie waren Schützen, die ihre Städte verthei=
digten. Die Gewohnheit zuzutrinken herrschte nun
zwar in allen Deutschen Provinzen, hauptsächlich aber
in den Oberländern, welche zu Anfange des sechzehn=
ten Jahrhunderts den Beinamen: die großen Trink=
laube erhielten, worunter man Sachsen, die Mark
Brandenburg, Pommern, Mecklenburg, und andere
Niederdeutsche Gegenden verstand. An den nördlichen

Oertern hielt man sogar, nach Conrad Celtes[*]), solche Gelage in den unterirdischen Höhlen, welches jedoch nur wegen der Kälte geschah, weil es sich in solchen unterirdischen Gemächern behaglicher trinken ließ. Boemus Aubanus[**]) giebt eine kurze Schilderung der Trinkgelage zu seiner Zeit, worin er sagt: „Die Sachsen bedienen sich des Bieres zu ihrem Getränke, dabei sind sie aber im Genusse so unmäßig, daß die Trinkgenossen bei ihren Gelagen, wenn sie aus Gläsern und Kannen nicht genug eingeschenkt erhalten können, einen vollen Kübel mit einer darein gelegten Schale aufstellen, und dann anmahnen nach Belieben zu trinken. Es ist nicht genug, durch Ermunterung und Zwang in der Trunkenheit bis zum Erbrechen zu gelangen, sondern es wird so lange Tag und Nacht durchgemacht, bis sie wieder zur Nüchternheit gelangen. Wer in einer Trinkgesellschaft Alle zu Boden trinkt, trägt nicht nur den Ruhm des Unüberwindlichen davon, sondern auch einen Kranz aus wohlriechenden Blumen, vorzüglich aus Rosen, oder auch sonst einen Preis, um den die Trinkfehde angestellt ward. Von ihnen schleicht nun diese verderbliche Sitte in ganz Deutschland umher, so daß man die stärksten Weine zum größten Schaden trinkt. Kommt ein Gast oder eine andere Person an einen Ort, wo getrunken wird, so stehen alle Trinkgenossen auf, und bitten ihn, nach dargereichtem Becher, zum Mittrinken. Schlägt er es, ohne vorgebrachte Ursache, etliche Male aus, so wird er für einen Feind gehalten, und diese Beschimpfung kann häufig durch nichts anderes, als Wunden oder Mord getilgt werden." — Dieses bestätigen auch mehrere andere Schriftsteller.

---

[*] Dissert. de generib. ebrios. annexa epist. obscur. viror. Francof., 1757. p. 348, 349.
[**] Mores, leges et ritus omnium gentium per Joh. Boemum Aubanum, Lugd., 1536 .p. 258, 259.

Die Becher, mit denen man die Gäste oder Fremden
empfing, hießen Willkommen, waren von besonderer Größe, und meistens sehr kostbar, wie man noch
jetzt die Willkommen bei den Handwerkern antrifft.
Vornehme Wirthe beehrten die Frauen mit goldenen
oder krystallenen, Fürsten oder Grafen mit silbernen
Willkommen. Wer redlich Bescheid daraus that, schrieb
seinen Namen, nebst seinem Wahlspruche, in ein besonders dazu gewidmetes Buch. Keyßler fand auf seinen Reisen viele solche Trinkgeschirre und Bücher.
In einem stand: praestitit, quantum potuit. — So
sehr nun auch die Reichsabschiede gegen die Trinksucht
eiferten, so waren es doch nur Palliative oder Scheinmittel; denn die alte Germanische Sitte: über den
Durst zu trinken, blieb dessen ungeachtet in ihrer
vollen Wirksamkeit; ja selbst die Landleute schlossen
ihre Verträge, Stiftungen und Verbindungen nur bei
der vollen Bierkanne. — Der gelehrte Abt Tritheim, der von Span= oder Sponheim bei Mainz
unter dem Churfürsten Joachim dem Ersten 1505
nach Berlin kam, lobt zwar die Sitten dieser Residenzbewohner; allein es mißfiel ihm, daß die Wissenschaften, ungeachtet der Churfürst mit gutem Beispiele voranging, so wenig Liebhaber fanden, und daß man die
Becher häufiger zur Hand nahm, als die Bücher. In
dem Briefe an einen Freund, welchen er aus Berlin
1505 schrieb, heißt es: „Mir gefallen die Sitten der
Einwohner überaus, weil sie es so redlich und treu
mit dem Christenthume meinen; sie besuchen die Kirche
sehr fleißig, feiern mit Andacht die Feste, und halten
aufs Genaueste die angesagten Fasten. Sie sind überhaupt um so eifriger in der Verehrung Gottes, als sie
zu den am letzten zum christlichen Glauben bekehrten
Völkern von Deutschland gehören; nur gilt die Völlerey bei ihnen nicht für Untugend, wiewohl es unter
ihnen auch viele nüchterne und mäßige giebt; und oft

habe ich es auch erfahren, daß die Fremden aus Fran=
ken und Schwaben, welche sich hier niedergelassen ha=
ben, es weiter im Trinken trieben, als die Eingebore=
nen*)." In einem andern an demselben Tage ge=
schriebenen Briefe an den Doktor Sunzheim über
den Charakter und die Sitten der Märker**) über=
haupt, ist sein Urtheil nicht so schonend. Es heißt darin:
„Das Land ist zwar gut und sehr fruchtbar, allein es
bedarf sehr fleißiger Bearbeiter, da es sehr weitläufig
und von großem Umfange ist; die wenigen und über=
aus faulen Bauern aber den Trunk und Müßiggang
mehr lieben, als die Arbeit. Wir können überhaupt
von ihnen sagen: die Märker werden durch Gelage
und Müßiggang arm, durch Fasten krank, und durch
Trinken beschleunigen sie ihren Tod; denn in diesen
drei Dingen treiben sie es weiter, als alle andere
Deutsche Völkerschaften. Sie sind gleichsam von der
Natur zum Müßiggange bestimmt, und weil sie an
so vielen Festtagen nicht arbeiten dürfen, so befinden
sie sich, vornämlich die Bauern auf dem Lande, in be=
ständiger Dürftigkeit. Die Fasten halten sie strenger,
als alle andere Völker, die ich kennen gelernt habe,
und dafür allein verdienen sie mit Recht großes Lob;
aber ihre größere Zahl, welche der Völlerey ergeben
ist, befleckt dieses Lob auf häßliche Weise, so daß hier
zu Lande Leben fast nichts anders heißt, als Essen und
Trinken." Daß dieses Urtheil wohl zu scharf war,
wird man leicht einsehen, auch wird es schon in diesem
Briefe wieder dadurch gemildert, daß die Märker die
Fasten strenger halten, als andere Völker, welches sie
gewiß nicht so thun würden, wenn sie einer zu großen
Völlerey ergeben gewesen wären. — Das Zu= und
Gesundheitstrinken pflanzte die Liebe zum Trin=

---

*) Epist. ad Rogerium Sycambrum. 44, p. 480.
**) Ep. 45, p. 481.

ken, ja die Trinkfucht, von Jahrhundert zu Jahrhundert fort, und man war im sechzehnten Jahrhunderte so weit darin gekommen, daß mehrere Fürsten es ihren Hofleuten übertragen mußten, auf anderer großen Herren und guten Gesellen Gesundheit Bescheid zu thun. Denn da man Einem seine Liebe und Ehrfurcht durch Gesundheittrinken zu bezeigen suchte, so war es auch nothwendig, um gegen diese gute Sitte in der Höflichkeit nicht anzustoßen, daß sich junge Leute im Trinken übten, um bei jeder vorkommenden Gelegenheit, wo man Jemandes Gesundheit trinken mußte, hierin nicht zu fehlen, oder auch auf das Ausbringen der eigenen Gesundheit gut Bescheid thun zu können. Auch forgten dafür schon die Taufzeugen, daß diese Sitte beibehalten wurde, indem sie den Knaben Becher zum Pathengeschenke verehrten. Diese Sitte ging von den höchsten Personen aus. So bekam Kaiser Karl der Fünfte, nach Fugger*), unter andern Kostbarkeiten, auch einen goldenen Pokal von seiner Base, und Herzog Friedrich von Würtemberg machte noch zu Ende des sechzehnten Jahrhunderts ein gleiches Pathengeschenk, und so findet man mehrere Beispiele überall in der Geschichte jener Zeit. Aber nicht bloß bei dieser Veranlassung verehrte man Becher, sondern auch bei andern Gelegenheiten suchte man seine Liebe und Achtung durch Trinkgeschirre und Wein oder Bier zu bezeigen. So schenkten die Ehemänner, gewöhnlich nach der Brautnacht, ihren Frauen einen kostbaren Pokal zur Morgengabe, und Freunde verehrten sich einander dergleichen Geschenke zur Erinnerung ihrer treuen Freundschaft. So steht auf dem Bücherfaale zu Nürnberg ein Becher, den Luther seinem Freunde D. Jonas verehrte, mit den Bildnissen Beider eingegraben, und darüber die Verse:

*) S. dessen Ehrenspiegel, S. 1128.

Dat vitrum vitreo Jonae vitrum ipse Lutherus,
Ut vitro fragili similem se noscat uterque.

So nennt der fromme Mönch Eckhard die Gläser, die
der Bischof Salomo von Constanz seinen Gästen
schenkte, cara munera. Als Kaiser Karl der Fünfte
im Jahre 1541 in Nürnberg war, überreichte ihm der
Stadtrath als Zeichen der Ergebenheit einen goldenen Doppelkelch voll hundert Goldstücke, und ein
Jahrhundert vorher brachten die Bürger Wiens dem
eingezogenen Erzherzoge Leopold silberne Becher zum
Willkommen. König Heinrich der Achte von England übersandte dem Pfalzgrafen Friedrich dem
Zweiten einen goldenen Becher, 800 Dukaten bloß
am Werthe des Goldgehaltes. Auch den Universitäten wurden bei Jubiläen und andern Gelegenheiten
ähnliche Geschenke gemacht. Wenn nun schon diese
Geschenke auf die Trunkliebe der Deutschen hinwei-
sen, so thun es noch mehr die Geschenke an Wein und
Bier. Als Kaiser Maximilian der Erste im Jahre
1486 durch Herzogenbusch reisete, verehrte ihm diese
Stadt zwei große Fässer mit Rheinwein; auch der
Erzbischof von Köln und der Herzog von Kleve verehrten diesem Fürsten für die gestiftete Wiederver-
söhnung ein Faß mit Rheinwein und ein Pferd. Andern angesehenen Männern, z. B. fremden Edelleuten, Gelehrten rc., schickte man von Seiten des Stadt-
rathes Kannen mit Wein und Bier, wovon sich Beispiele in der Limburger Chronik und andern Chro-
niken und Geschichtsbüchern dieser Zeit häufig finden.
Auch Luthern widerfuhr diese Ehre von den Fürsten
auf dem Reichstage zu Worms; man überschickte ihm
eine Kanne Einbecker Biers. — Daß die Landleute
sich bei ihren Verträgen rc. der gefüllten Kanne bedienten, ist schon oben, S. 115, angeführt worden;
allein dieser Brauch war bei jedem Handel oder Kaufe
schon im dreizehnten Jahrhunderte im Schwange, in-

dem man dabei immer ein besonderes Maaß Getränke ausbedungen, der Weinkauf (Vinicopium nummi bibales) genannt, welches die einen Vertrag Stiftenden und die Zeugen zur Bestätigung der Handlung miteinander tranken. In den ächten Trinkländern herrschte dabei der Brauch, daß die Kanne voll Bier oder Wein offen auf dem Tische stand, aus welcher man dann der Reihe nach schöpfte. Wer es dabei versah den Deckel auf die Kanne zu legen, mußte zur Strafe die halbe Kanne austrinken, wobei Alle riefen: Weinkauf! Weinkauf! Diese Trinkgelage nannte man ehemals bei den Verträgen der Bauern im Lande Habeln ein Hinkelmannbier. Die Freigerichte dieser Landleute, eine Art kleiner Landgerichte, wurden in dem funfzehnten und sechzehnten Jahrhunderte meistens in dem Kruge gehalten, und im Braunschweig-Lüneburgischen war der Kellerverwalter oft der oberste Richter. — Wein und Bier waren die Würze eines jeden Festes und einer jeden Zusammenkunft vom Höchsten bis zum Niedrigsten, und der Gedanke des Union Campanus, eines Geheimschreibers beim Päbstlichen Legaten am Hofe Kaiser Friedrichs des Dritten soll daher nicht bloßer Witz seyn:

Tu sortem miscrere meam: fugere repulsae
 Pierides, Istrum Flora Venusque bibunt:
Arce sedet Bacchus; cessit neglectus Apollo:
 Nil hic est aliud vivere, quam bibere.

Ein Jahrhundert darauf trug ihn Johann Owen noch beißender vor:

Mors, inquit Seneca, est non esse, Sogliniee!
 contra
Germanus mortem non bibere esse putat.

Nicht bloß ausländische Schriftsteller, die sich in Deutschland an verschiedenen Höfen aufhielten, sprachen hiervon, sondern auch inländische Schriftsteller. So sagt Sebastian Frank in seinem Weltspiegel von

dem Deutschen Volke: „Dazu säuft es unchristenlich
zu, Wein, Bier und was es hat." Auch Luther äu=
ßert sich mit seiner gewöhnlichen Derbheit darüber in
der Erklärung des 101sten Psalms, wie folgt: „Es
muß ein jeglich Land seinen eigenen Teufel haben,
Welschland seinen, Frankreich seinen, unser Deutscher
Teufel wird ein guter Weinschlauch seyn, und muß
Säuff heißen, daß er so durstig und hellig ist, der mit
so großem Sauffen Weins und Biers nicht kann ge=
kühlt werden, und wird solcher ewiger Deutschlands
Plage bleiben (habe ich Sorge) bis an den jüngsten
Tag. Es haben gewehret Prediger mit Gottes Wort,
Herrschaften mit Verbot; der Adel, etliche selbst un=
tereinander mit Verpflichten. Es haben gewährt und
währen noch täglich große greuliche Schaden, Schande,
Mord und alles Unglück, so an Leib und Seele gesche=
hen, für Augen, die uns billig sollten abschrecken; aber
der Sauff bleibt ein allmächtiger Abgott bei
uns Deutschen, und thut wie das Meer und die
Wassersucht; das Meer wird nicht voll von so viel
Wassern, die drein fließen, die Wassersucht wird
vom Trinken durstiger und ärger." — Bei den Fe=
sten, welche Churfürst Johann Georg von Bran=
denburg bei der Taufe seines Sohnes im Jahre 1581
anordnete, und die in Turnieren, Ringrennen ꝛc. be=
standen, wurde auch tapfer getrunken. So wird er=
zählt, daß die Sachsen dem Abschiedstrunke so stark
zugesprochen hätten, daß Einige von ihnen unterwe=
ges mit den Pferden gestürzt und umgekommen seyen.
Funfzehn Jahre darauf wird eben so von den Leuten
der Landgrafen Moritz und Ludwig von Hessen er=
zählt, daß sie bei ihrem Auszuge sich so voll getrun=
ken hätten, daß weder Herren, noch Knechte, das Span=
dauische Thor in Berlin hätten finden können. Eben
so merkwürdig in dieser Beziehung ist auch der Re=
vers, welchen Andreas Röbell, den man für einen

lustigen Rath am Hofe dieses Churfürsten in der Residenz hielt, seinem Herrn ausstellte, als er von demselben ein Kanonikat in Havelberg erhielt, worin es
heißt: daß er sich fortan des Vollsaufens enthalten,
und auf jeder Mahlzeit mit zweien ziemlichen Bechern
Bier und Weines die Mahlzeit schließen wollte; im
Uebertretungsfalle, und wenn er trunken befunden werden sollte, mache er sich anheischig, vierzig Streiche
weniger einen, inmaßen dem heiligen Paulo geschehen, mit der Ruthe zu empfangen. — Auch am Anfange des siebzehnten Jahrhunderts herrschte noch dieselbe Sitte des Trinkens; denn Barclai*) sagt davon: „Eine unermeßliche Trinksucht, ein schon einge-
fundenes und also freieres Laster, drückt das deutsche
Volk. Nicht bloß des Vergnügens wegen herrscht
diese Thracische Lüsternheit, sondern sie ist ein Theil
der Höflichkeit und fast der guten Lebensart.“ — —
„Die Deutschen glauben einen Gast mit keiner Gefälligkeit angenehmer, als mit einem langen und nicht
nüchternen Gastmahle zu empfangen; und bechert er
unabläßig in die Wette, dann hat er den besten Beweis seiner Wohlgewogenheit gegeben. Dies ist hier
die feinste Lebensart, und die erste Freundschaft gilt
statt eines Bundes.“ Auch herrschte die Sitte bei den
Deutschen, das Grab geliebter und verehrter Verstorbenen mit Wein zu begießen, ihnen gleichsam noch im
Tode als Andenken dasjenige zu opfern, was ihnen
im Leben so theuer war, und ihre Erholungsstunden
würzte. So ward z. B. im Jahre 1317 das Grab
oder die Gruft des berühmten Meistersängers Frauen-
lob in Mainz von den Frauen aus Dankbarkeit ganz
mit diesem Getränke begossen, so daß es in den Gän-
gen der Kirche umherfloß. Selbst die ungeheuren
Weinfässer, die man anfing als Zierden und Sehens-

*) Icon animorum. Dresdae, 1680, p. 150.

würdigkeiten in mehreren Städten aufzustellen, tragen
das Gepräge der Trinklust jener Zeit; wie z. B. das
Tübingische Faß, welches im Jahre 1548 gebaut
worden, und 24 Fuß lang und 16 Fuß hoch ist; das
Heidelberger Faß, welches der Churfürst Karl
Ludwig im Jahre 1664 in Heidelberg hat bauen
lassen, und welches nach Einigen 200, nach Andern
250 Fuder enthält. Es wurde im Jahre 1729 re=
parirt. Man muß eine Treppe von funfzig Stufen
bis zur Gallerie des Fasses steigen. Die eisernen Rei=
fen und Bänder wiegen 110 Centner. — Wenn man
nun aus allem schon Angeführten die Gewißheit er=
hält, daß unsere Vorfahren den Trunk liebten, sich
gütlich bei einer Flasche Wein oder einer Kanne Bier
thaten, und diesen Genuß oft wiederholten, so muß es
um so mehr auffallen, daß man Schriftsteller findet,
welche dieser Trinkliebe durchaus entgegen sind, sie
von unsern Vorfahren nicht ausgeführt wissen woll=
ten. So hat Schlözer eine Geschichte der
neuern Diät, vom Professor Leidenfrost in Duis=
burg geschrieben, in seinen Briefwechsel (Th. 8, Heft
44, S. 33) eingerückt, und als Anmerkung darunter
gesetzt: daß durch sie eine wichtige Lücke in der allge=
meinen Weltgeschichte ausgefüllt würde. Leiden=
frost behauptet nämlich: 1) Daß unsere Vorfahren
des Morgens und des Vormittags gar nicht zu trin=
ken pflegten. — 2) Daß auch ein alter Deutscher des
Mittags nicht trank, große Gastmahle ausgenommen.
— 3) Daß auch unsere Vorfahren den ganzen Nach=
mittag nichts tranken. — Diesen drei Hauptsätzen ist
aber die Geschichte des Trinkens durchaus entgegen,
und es ist auch nicht abzusehen, warum man unsern
Vorfahren eine Nüchternheit andichten oder begehen
lassen will, da das Trinken ganz in ihrer Lebensart
lag, sowohl in der Lebensart der Großen oder Ho=
hen, als der Niedrigen. Bei der Jagd, die auch oft

bei naſſem und feuchtem Wetter abgehalten wurde,
nahm man ſeine Zuflucht zu dem Becher oder Glaſe,
um den Körper durch ein das Blut erhitzendes Flui=
dum zu erwärmen, und auch dadurch die Heiterkeit,
das Halaly oder die frohen Jagdfanfaren zu beleben.
Kehrte man von der Jagd zurück, ſo blieb dieſe fröh=
liche Stimmung und es fand eine Fortſetzung an ei=
nem mit gefüllten Flaſchen beſetzten Tiſche Statt, wo=
bei man ſich von der Jagd unterhielt, welches bei ei=
nem leeren Tiſche oder bei leeren Flaſchen und Glä=
ſern wohl nicht dieſen Reiz, bis in die Nacht hinein
am Tiſche zu ſitzen und fröhlich zu ſeyn, hätte hervor=
bringen können, welches man auch überall in der Ge=
ſchichte Deutſchlands und der Deutſchen Länder oder
Staaten findet. So fand der in der Brandenburgi=
ſchen und Sächſiſchen Geſchichte im ſechzehnten Jahr=
hunderte wohl bekannte Roßkamm oder Roßhändler
Kohlhaſe, als er bei der Tronkenburg im Sächſi=
ſchen Gebiete mit ſeinen Pferden vorüberzog und ei=
nen hier noch nie geſehenen Schlagbaum gewahrte, der
ihn zu einer Abgabe nöthigte, weshalb er den Junker
z. Tronka ſelbſt auf der Burg ſprechen wollte, den=
ſelben mit mehreren Freunden beim Becher, und ſo fand
man überall in Deutſchland die Edelleute, ſowohl bei,
als nach den Jagdbeluſtigungen ꝛc., beim Becher oder
Pokale. Selbſt die hohe Geiſtlichkeit: Aebte, Biſchöfe
und Erzbiſchöfe, nahm daran Antheil, und ſolches
auch noch im achtzehnten Jahrhunderte. So war der
edle und durch gemeinnützige Thaten ſich auszeich=
nende Erzbiſchof und Churfürſt von Mainz, Emme=
rich Joſeph, Freiherr von Bürresheim, der in
der zweiten Hälfte des achtzehnten Jahrhunderts über
Mainz regierte, ein großer Freund der Jagd und des
Pokals; er ſah es gern, wenn ſeine Gäſte nach Alt=
deutſcher Ritterſitte ſtark tranken, und fand ſeine Er=
holung nach den Regierungsgeſchäften an der Tafel.

So fand man auf den Deutschen Universitäten, von denen die meisten (außer Wien, Prag, Erfurt und Heidelberg, die aus dem dreizehnten bis funfzehnten Jahrhunderte stammen) in dem funfzehnten, sechzehnten und siebzehnten Jahrhunderte ihr Entstehen haben, Trinkgelage, die besonders in den deshalb gestifteten Commercen abgehalten wurden, und die auch noch bis auf die neueste Zeit bestehen, wenn gleich in veränderter Gestalt, wie es die gestiegene Kultur und der Zeitgeist abänderten. So hatten bei den Bürgern die Handwerkszünfte und Innungen ihre Aufzüge und Auflagen, auch Quartalsversammlungen auf den Herbergen, wo wacker, sowohl Wein, als Bier, getrunken wurde, und so auch bei andern Gelegenheiten. Besonders aber fand man dieses Trinken oder Zechen, wie auch schon oben angeführt wurde, bei den Landsknechten oder Soldaten in den Fehden und Kriegen, welche die Deutschen Fürsten und Großen unter sich und mit den benachbarten Staaten führten. Der Soldat suchte darin und im Spiele für die Beschwerden des Feldlagerlebens eine Erholung, und bereitet sich um so williger zu der Fehde oder dem Kampfe vor; denn wo er das Leben ins Spiel setzt, muß ihm auch ein Genuß bleiben, der ihn immer willig und munter zum Kampfe erhält. Diese Liebe zum Trunke und Spiele brachte er nun nach dem Frieden aus dem Felde mit nach Hause, und setzte die ihm noch mehr lieb gewonnene Gewohnheit: dem Becher und den Karten und Würfeln zuzusprechen, fort, ja trug die Liebe dazu auch auf Andere über, und besonders auf den Landmann, wozu die Landsknechte oder Soldaten größtentheils gehörten. Auch daß man des Morgens und des Vormittags Bier und Wein trank, findet man schon Spuren in dem oben angeführten ersten Zeitraume des Trinkens, und noch mehr späterhin. Und warum sollte dieses auch nicht der Fall

seyn, da man damals noch keine warmen Getränke,
wie Kaffee, Thee, Choroladeꝛc., hatte, die erst im siebzehnten Jahrhunderte aufkamen, aber in der ersteren
Zeit nur von den Vornehmen und Reichen genossen
wurden, und erst späterhin im achtzehnten Jahrhunderte eine größere Allgemeinheit erhielten, und besonders bei den Frauen und bei den Gelehrten, Beamten ꝛc. beliebt wurden; denn wenn man vor diesen
Zeiten etwas Warmes genoß, so war es Suppe;
denn selbst die Surrogate oder Ersatzmittel von Kräutern, als Thee, kamen erst nach der Einführung des
Kaffees und Thees in Gebrauch, wenn sie gleich schon
als Arzneymittel galten, wie die Chamillen, die Hoh-
lunder- oder Fliederblüten ꝛc. Auch der Branntwein
(Th. 6, S. 420 u. f.), als Genußmittel, ist erst
später eingeführt worden; denn im funfzehnten und
in der ersten Hälfte des sechzehnten Jahrhunderts
ward er noch nicht getrunken, wenn gleich Beckmann
aus Ersterem zwei Schriften anführt, die von der Bereitung desselben handeln. Denn lange nach dem
Jahre 1582, da zu Hagenau Savonarola's Buch
de arte conficiendi aquam vitae simplicem et com-
positam wieder aufgelegt wurde, bediente man sich
seiner bloß als Arzney; denn in den scharfen Reichs-
gesetzen und in des Erzstifts Köln Reformation, wo
so heftig wider das Trinken geeifert und so mancherlei bürgerliche und geistige Anstalten darwider gemacht
wurden, geschieht seiner mit keinem Worte Meldung.
Auch gehört der Branntwein in diesen Zeiten noch
unter die Geheimnisse der Chemisten, so wie das Lebenselixir von Paracelsus und mehrere dergleichen
Lebenswasser; auch führte der Branntwein in den früheren Zeiten den Namen Aqua vitae oder Aquavit,
da er sonst im Lateinischen Vinum adustum genannt
wird; welches wahrscheinlich macht, daß man den ersten Branntwein aus Wein verfertigte; auch sollen die

Europäer zuerst bloß Weinbranntwein aus gerin=
gem Weine gemacht haben. Sonst hielt man den Brannt=
wein im Anfange für ein Verlängerungsmittel
des Lebens, in geringer Quantität genossen. Poppe,
in seiner Geschichte der Erfindungen in den
Künsten und Wissenschaften, Bdchn. 1, Dres=
den, 1828, sagt S. 46: daß die Quantität Frucht=
oder Kornbranntwein, welche man aus dem Getreide
fabricirte, von Jahr zu Jahr immer größer wurde,
vornämlich seit dem sechzehnten Jahrhunderte in Ober=
und Niedersachsen. Oft verbot man daher, hauptsäch=
lich in unfruchtbaren Jahren, das Branntweinbrennen
aus Getreide. — In der Geschichte Berlins kommt
vor, daß zu Ende des sechzehnten Jahrhunderts der
schädliche Gebrauch des Branntweins um sich zu grei=
fen angefangen, und daß das Branntweinbrennen ge=
gen Ende der Regierung des Churfürsten Johann
Georg so bedeutend geworden, daß seit dem Jahre
1595 der Blasenzins unter den Einkünften des Stadt=
magistrats vorkommt. Durch dieses neue Getränk soll
der Weinbau in der Mark sehr in Abnahme gekom=
men seyn. Indessen sagt König in seinem Ver=
suche einer historischen Schilderung der Re=
sidenzstadt Berlin, 1796, Th. 4, Bd. 2, S. 229,
daß der Branntwein unter dem Könige Friedrich
Wilhelm dem Ersten in der ersten Häfte des acht=
zehnten Jahrhunderts nicht häufig getrunken worden
seyn soll; und zu Anfange des siebzehnten Jahrhun=
derts hielt man es in Schwaben noch für Sünde, aus
Getreide Branntwein zu destilliren, und so ein Essen
in ein Trinken zu verwandeln. Der Branntwein ge=
hört daher nicht in die Trinkperioden von Wein, Bier,
Cyder und Meth, sondern er macht mit den warmen
Getränken und dem Tabake eine besondere Periode aus,
die sich, mit den früheren Getränken vereint, bis auf
die neueste Zeit erstreckt. Um nun die Trinkliebe in

den früheren Jahrhunderten bis in das ſiebzehnte bei beiden Geſchlechtern noch näher zu bezeichnen, müſſen hier die Statuten des alten Heſſiſchen Temperanz- oder Mäßigkeitsordens angeführt werden, worin es (Art. 3, 4 und 5) ausdrücklich heißt: daß diejeni- gen Becher, welche etwa zur Suppe, das heißt, zum Frühſtücke oder ſonſt zwiſchen den zwei Mahlzeiten getrunken würden, von der täglich erlaubten Zahl ab- gezogen werden ſollten. Noch mehr beweiſend iſt die Kellerordnung des Herzogs Ernſt vom Jahre 1648. Nachdem im 7ten und 8ten §. von dem Trinken über Mittage geredet worden, heißt es §. 9.: den Früh- und Veſpertrunk betreffend 2c. Alſo iſt hier auch noch von einem Früh- und Veſpertrunke die Rede. Wenn nun dieſer mäßige und vortreffliche Fürſt in einer weit nüchternen Zeit dieſe Morgentränke ſeiner Gemahlin und ſeinem Hofgeſinde in reicherem Maaße geſtattet, was muß erſt in den Trinkjahrhunderten ge- ſchehen ſeyn? Dann kam das Mittagseſſen, welches mit Wein oder Bier, je nach dem Stande und dem Einkommen des Hausherren, gewürzt wurde, nach demſelben erſt der Unter- oder Zwiſchentrunk, welcher den Nachmittag fortwährte. Die Statuten des genannten Heſſiſchen Ordens, Art. 9, 10, gebie- ten ausdrücklich, die erlaubten Ordensbecher nicht auf zwei, ſondern auf drei Trünke zu leeren. Er war ſo gewöhnlich, daß in dem 26. Art. der Ordnung, wie auf dem Reichstage zu Augsburg 1566 Polizei ge- halten werden ſoll, eingerückt ward: „die Gäſte ſol- len auch die Morgenſuppe, Schlaf- und Unter- trunk nach der Anzahl, und als viel ſie auf ihre er- fahren gebrauchen, inſonders bezahlen*)". Bei wohl eingerichteten Höfen war für das Geſinde (in alter Bedeutung) ein gewiſſes Maaß dazu beſtimmt. Eine

---

*) Goldaſt's Reichsſatzungen, Th. 2, S. 291.

besondere Gattung dieser Untertränke war der Eh=
rentrunk, welcher nur stehend im Vorübergehen ge=
trunken ward; dann erst kam das Abendessen, welches
auch nicht ohne den Becher vorüberging, und zuletzt
der Schlaftrunk, der noch von dem Trunke beim
Abendessen abgesondert war, wie dieses die Geschichte
des berüchtigten Räubers Langhaar beweiset, wie
folgt: „Also uff Innocentum Abends der Margrave
ingeritten, alle ahn einem langen Tisch zu Nacht ges=
sen bei ein, und die Diener des Langhaar mit bren=
nenden Konten uffgewartet, und Langhaar sampt
Adherenten jeder ein Carapiner=Rohr zwischen den
Beinen bei sich gehabt. — — Es wart die Versehung
(Vorsicht) gethan, daß — Langhaar aber sampt
Adherenten mit ihren Jungen in Jrem Gemach schla=
fen zu gehen beleichtet worden, mit noch einem
Schlafftrunk, so Jnen in die Kammer getragen
worden.“ — Daß der Schlaftrunk vor der Beschla=
gung der Decke bei Fürstlichen und Adelichen Vermäh=
lungen gereicht worden, kommt fast in jedem Lehrbe=
griffe des Deutschen Rechts vor*). Erst nachdem der
Schlaftrunk von den Neuverlobten genossen worden,
wurde der Braut das Strumpfband gelöset, das Zim=
mer verschlossen, und der Jungfernkranz genommen.
Er war sogar ein Theil der Besoldung, ja es gab so=
gar noch bis in die neueste Zeit in einigen Ländern
Aemter, welche bis 20 Eimer Weins jährlich unter
diesem Titel einzogen. Eine andere Vorstellung von
der Trinklust und dem starken Trinken jener Zeit giebt
uns die Größe der Becher oder Pokale; denn schon
ihre Benennung läßt auf ihren weiten Umfang schlie=
ßen; sie enthielten ein halbes bis ganzes Quart, da
sie nicht überall einerlei Größe hatten; und wenn die

---

*) S. Estors bürgerliche Rechtsgelehrsamkeit der Teut=
schen, 1757, Th. 1, S. 292, 293.

Franzosen ihr Trinkgeschirr mit Coupe, von dem La-
trinischen Cupa, bezeichnen, so thaten die Deutschen
dieses durch Kopf, welches Wort jetzt veraltet ist,
aber noch in den Schriften des siebzehnten Jahrhunderts häufig vorkommt, wo es heißt: der Vicheschenk
habe den Kopf des Königs von Böhmen in Verwahrung, also den Trinkkelch oder Becher. Beim Wachter findet man auch, daß das Wort Kopf schon im
zehnten Jahrhunderte ein gleichbedeutendes Wort mit
Becher war. Ein Beispiel von der Größe der alten
Becher mag hier der Kelch seyn, welcher bei der Krönung Kaiser Ferdinands des Zweiten gebraucht
worden: „Was aber den Schenkenbecher des Reichs
betrifft, sagt der Kanzler Ludewig*), so hab' ich solchen im Jahre 1715 an der Gräfin von Sontheim
ihrer Taffel als einen Willkommen am Munde gehabt, und zwar denjenigen, welcher bei der Krönung
des Kaisers Ferdinandi IIdi gebrauchet worden. Und
ist derselbe von Silber, jedoch über und über stark
vergüldet. Der Figur nach in der Länge über eine
Elen, davon die Helffte den Fuß, die andere Helffte
den Becher oder Cuppam selbsten ausmachet. In der
Haube eines halben Dellers breit. Folglich inwendig so groß, daß wohl ihrer 4 Maas darein gehen können. Das Gewicht auch 6 Pfund schwehr." — Die genannte Gräfin war eine Gemahlin des Grafen von
Limburg-Sontheim, Erbschenken des Römischen
Reichs; und die gedachten Becher wurden diesem
Schenken gewöhnlich verehrt. Wenn nun gleich der
Wein sehr wohlfeil war, so daß oftmals das leere Faß
einen gleichen Werth, das heißt, eben so theuer bezahlt wurde, als der Inhalt, so war dennoch die Unterhaltung eines alten Deutschen im Weine sehr kostbar. Hieraus läßt sich nun die Stelle erklären, welche

*) Erläuterung der goldenen Bulle, Th. 2, S. 746.

in einem alten Formularbuche vom Leistungsrechte in
Franken sich befindet. Es heißt hier nämlich: „Zum
Sechsten, Item er (der Leister) sol zum unverdingten
male sitzen, und kein gast laden. Doch soll der Wein
auff dem Tisch stehen. In einem bedeckten Geschirr,
und darauff ein weiß federlein. Wer trinken will,
mag solche uffheben, und durch solch federlein trin=
ken.“ — Dieses soll nun nach der Erklärung eines
Nürnbergischen Gelehrten so heißen: Dem Leister soll
für seine Person der Werth des Mahls nicht vorge=
schrieben seyn; aber einen Gast soll er nicht mitbrin=
gen. Geschah dieses dennoch, so wurde dem Gaste das
trockne Mahl wohl vergönnt; dagegen war ihnen, we=
gen der Kostbarkeit, nicht erlaubt, Wein aus freier
Hand und nach Herzenslust zu trinken, sondern sie
durften solchen nur durch das Röhrchen eines Feder=
kiels einschlürfen oder einziehen, wodurch aber der
Trunk so beschwert wurde, daß er den Durst mehr
reizte, als stillte; ein Umstand, der dem Leister die
Einladung und dem Gaste das Kommen sehr verlei=
den mußte*). Daß eine Person (Mann) zu ihrem
täglichen Gebrauche ein Ansehnliches an Wein ge=
brauchte, wird durch verschiedene alte Stiftungen be=
stätiget. An dem Stifte einer gewissen protestantischen
Universität erhalten die Magister zu jeder der beiden
täglichen Mahlzeiten ein starkes halbes Maaß Wein,
das Geringste, was man in jenen Zeiten einem jun=
gen Manne geben konnte. — Berücksichtiget man nun
noch, wodurch diese dauernde Trunkliebe Nahrung er=
hielt, so wird man sich über deren Ausbreitung und
Länge der Zeit nicht wundern, und diese Nahrung
waren die vielen verschiedenen Weine und Biere;
denn man war in Erfindung derselben, besonders der

---

*) Historisch-diplomatisches Magazin für das Vaterland und
angrenzende Gegenden. Nürnberg, 1780, St. 2, S. 177.

Biere, fast unerschöpflich, wie dieses auch schon der Art. Bier, Th. 5, S. 12 u. f., zeigt, wo ein Verzeichniß nur der berühmtesten Arten von Bieren gegeben worden, von denen Viele sich aus älteren Zeiten herschreiben, auch Viele übergangen worden. Besonders geschah das Brauen der mancherlei starken Biere im vierzehnten, funfzehnten und sechzehnten Jahrhunderte im Nieder- oder nördlichen Deutschlande, worunter das Hamburgische, Einbecksche, Zerbster, Naumburger Bier und die Braunschweigische Mumme vorzüglich berühmt waren, wie noch zu Anfange dieses, des neunzehnten, Jahrhunderts das Berliner Weißbier, das Fredersdorfer, das Mannheimer und das Cotbusser Bier, und jetzt das Bayersche, Grünthaler, Werdersche, Stettiner ꝛc. Bier. Den Hamburger Breihahn auftischen, hieß im funfzehnten Jahrhunderte eine köstliche Bewirthung. Auch soll er sehr berauschend gewesen seyn; denn die Statuten des oben erwähnten Ordens setzten ihn mit den gebrannten Spanischen und andern starken Weinen in eine verbotene Klasse. Neben dem Biere trank man auch noch Meth, so wie man jetzt darneben Branntwein oder Liqueur ꝛc. trinkt. — Schlimmer war es mit dem Weine im südlichen Deutschlande, überhaupt in den eigentlichen Weinländern Deutschlands; denn hier beging man, um den Wein lieblicher und angenehmer zu machen, schädliche Verfälschungen desselben mit Silberglätte und Bleyzucker. Diese Verfälschungen des Weins, die in Deutschland erfunden seyn sollen, fingen schon im dreizehnten Jahrhunderte an; allein das erste älteste Verbot dagegen ist, nach Beckmann (Beiträge zur Geschichte der Erfindungen, St. 2, Aufl. 2), vom Jahre 1475. Aber auch das Reich wurde bald aufmerksam darauf, und erließ von dem Konvente zu Rothenburg im Jahre 1487 eine Weinordnung, worin das Schwefeln der Weine verboten

wurde, nicht bloß bei Verlust des Weines, indem sol=
cher aus den Fässern, die geschwefelt worden, heraus=
gelassen ward, sondern auch bei einer Strafe von hun=
dert Gulden Rheinisch. Aus demselben Reichsabschiede
erhellt auch, daß man von langen Zeiten her: Wer=
muth=, Aland und andere gewürzte Weine in
Deutschland gemacht hat; auch daß man Beeren=
Konep= und Sponweine trank, und schon damals
Welsche Weine einführte; denn es wurde verboten,
dergleichen Weine untereinander zu mischen; denn je=
der sollte für sich allein verkauft werden, bei der schon
angeführten Strafe im Zuwiderhandeln.

Betrachtet man nun diese Neigung zum Trunke,
diese Trinkliebe, von Seiten ihrer Wirkungen auf
die Religion, auf das Familien= und Staats=
leben, auf Sprache, Aufwand und Pracht=
liebe, Sitten und Neigungen ꝛc., so sind diese
theils wohlthätig, theils nachtheilig gewesen, wie die=
ses auch nicht anders seyn konnte, und es auch noch
jetzt der Fall ist, wo die Neigung zum Trunke bei
einzelnen Individuen überwiegend ist. In Beziehung
auf die Religion, so hat auch hier die Trinkliebe
Einfluß gehabt, und ein Schriftsteller sagt darüber: *)

---

*) Geschichte der Deutschen National=Neigung zum Trunke.
Leipzig, 1782, S. 47 u. f. — Diesem Schriftsteller bin ich, bei
der Bearbeitung dieses Artikels, größtentheils gefolgt. Die reich=
haltigen Citaten, welche dem Werkchen hinten angehängt wor=
den, beweisen, daß er aus guten Quellen geschöpft hat; auch ist
die Eintheilung des Ganzen zu einer Uebersicht der Trinkliebe
unserer Vorfahren angemessen gewählt. In Beziehung auf die
Quellen sagt der sich nicht genannte Verfasser in dem Vorbe=
richte zu seiner Schrift: „Einer solchen Neigung (Trinkliebe),
welche ehemals ein Bestandtheil unseres Nationalcharakters war,
habe ich in dieser Schrift nachzuforschen gesucht, und wage sie
jetzt, als einen Beitrag zur Geschichte Deutscher Art und
Sitte, dem Publikum vorzulegen. Der Kitzel Schriftstellerey
zu treiben, würde den Verfasser, im Gefühle seiner Schwäche,
schwerlich angewandelt haben, wenn nicht die Gelegenheit, eine

Der erste und unmittelbarste Einfluß, den sie im Großen äußerte, ging auf die Vorstellungen von der Glückseligkeit des andern Lebens und die Religion überhaupt. Es war nämlich der Himmel der alten Teutschen, wie aller Heiden, nichts anderes, als die Fülle der irdischen Freuden; denn alle Neigungen, welche sie auf dieser Welt hegten, trugen sie mit in jene hinüber. Die Bewohner der Marianischen Eiländer glaubten, sie würden nach ihrem Tode einen Garten bewohnen, angefüllt mit Zuckerrohr, mit Kokusbäumen und andern süßen Gewächsen. Die Teutschen: Walhalla würde von Trinkgelagen voll seyn. Der Sterbegesang des Nordischen Königs Regnar Lobbrok, wenn er gleich, wie Ihre behauptet, in spätere Zeiten gehört, giebt uns ein schönes und wahres Gemälde hiervon. Seine Gefühle, die in wilder Gährung in jene Welt gleichsam hinübertaumeln, zerfließen endlich in diese entzückende Vorstellung:

Wolan! es endet sich mein Lied:
   Die Todesgöttinnen,
Die Wodan mir aus seinem Haus
   Gesendet, rufen mir.
Dort sitz ich froh auf hohem Sitz,
   Trink mit den Asen*) Bier.
Des Lebens Stunden sind entfloh'n,
   Mit Lachen sterb' ich hin.

Da sie ihre Gottheiten und Geister sich ganz menschlich dachten, so glaubten sie auch, daß dieselben gleich ihnen Liebe zum Trunke hätten. Was die Edda, eine in späteren Zeiten zusammengeworfene Götterlehre hiervon sagt, ist ganz im alten Germanischen Geiste. Nach ihr war es eine der Hauptbelustigungen, sowohl

---

sjene Büchersammlung benutzen zu können, ihn dazu verleitet habe. Es liegen nämlich die sittlichen Alterthümer der Deutschen so unbekannt und unbearbeitet, daß vor allen Dingen erst Anfang und Stoff zusammengesucht werden muß. Handlanger und Herbeiträger, dacht' er also, sind zum Bebauen auch nöthig, und wenn das Gebäude, wie die Geschichte Deutscher Art und Sitte, nützlich und lustreich werden kann, nicht ganz verdienstlos." — Rth.

*) Untergottheiten.

für den höchsten Gott, als den geringsten Helden, in
Walhalla bei Gastgelagen zu sitzen, und aus den Händen der Walkyrien volle Becher zu empfangen. Nicht
unmerkwürdig ist hierbei, daß auch durch die Art des
Getränks der Unterschied zwischen höheren und geringeren Geistern bezeichnet wurde. Wodan allein, der
Götter Erster, trank Wein, alle Uebrige nur Bier
oder Meth. Daher opferten die Allemannen und andere teutsche Völker dem Odin Bier, und hielten aus
Dankbarkeit und Verehrung mancherlei Trinkfeste. Zu
diesem Gebrauche hatte man eigene gottesdienstliche
Schädelbecher und Hörner, von denen uns das Tun-
dersche *) eine Vorstellung giebt. Bei den Norbländern
goß der Priester, wenn er opferte, ein solches Horn
zu den Füßen des Götzen aus, füllte es dann wieder,
und trank es demselben zu. — Auf eine ähnliche Weise
verehrte man die Todten. Die alten Sachsen feierten
nicht nur Gastgelage auf den Gräbern, welches die
Kapitularien: ad honorem daemonum comedere nennen, sondern sie hielten auch höchst wahrscheinlich gewisse besondere Feste, da man den Verstorbenen Speise
und Trank hinstellte. Die Gewohnheit, welche noch
im siebzehnten Jahrhunderte am Todtensonntage
üblich war, die Trinkgefäße und die Menge Scherben,
die man auf den Todtensteinen, einem Berge in
Sachsen, findet, sind noch Spuren hiervon. Verschiedene Schriftsteller glauben: aus den wenigen Denkmälern und Zeugnissen lasse sich dieses nicht mit Gewißheit behaupten. Allein ist diese Gewohnheit dem Geiste
der Teutschen nicht eben so gemäß, als der Gebrauch,
den Verstorbenen ihre Pferde, Schwerdter und andere
Dinge mit in das Grab zu geben? Und erwägt man
hierbei noch, daß so viele andere Völker das nämliche
thaten, so läßt es gar keinen Zweifel mehr übrig.
Unter allen Nationalreligionen herrscht eine ausneh-
mende, noch nicht gezeigte Gleichförmigkeit. — Bei
den nordischen Völkern wurden die gottesdienstlichen
Gastmähler mit folgenden merkwürdigen Feierlichkeiten
begangen: Mitten im Tempel ward ein Feuer zum
Opfer angezündet, die vollen Gott geweihten Becher

---

*) S. Tundersches Horn in der Encyklopädie.

durch die Flamme gehoben, und dann in dieser Ordnung geleert: der erste zu Wodans, der andere zu
Thors und Frejens Verehrung, der dritte, Braga-
kelch genannt, zum Gedächtniß berühmter Helden;
der vierte endlich, unter dem Namen Minnebecher,
zum Andenken abgeschiedener Freunde. — Nach Annahme der christlichen Religion trugen die Teutschen
diese Verehrungsart auf die Heiligen über. Sie tranken daher St. Stephan, St. Johannes, St.
Martin und Andern zu Ehren. Was den Ersten
betrifft, so verbot schon Karl der Große alle Trinkgesellschaften, die zu seinem Dienste angestellt wurden,
und die Feste, welche man dem Letzten feierte, waren
noch vor Kurzem (im verwichenen Jahrhunderte) gebräuchlich. In Hannover und der Gegend umher
ward jährlich am St. Martinstage eine Art Kuchen
von besonderer Form gebacken, welche Märtens
Horn hieß. Wahrscheinlich wurden hierdurch die
Hörner angedeutet, welche man vormals zu Ehren
dieses Heiligen austrank. So heftig wirkte die Trinkliebe, daß auch die reine, göttliche Christusreligion
nicht unbefleckt davon bleiben konnte.

Es ist hier wohl zu viel gesagt, wenn man die reine
Christusreligion durch das Trinken zu Ehren der
Heiligen befleckt glaubt; denn Christus selbst nahm
(Matth. 26, 27) den Kelch beim Abendmahle, und
reichte ihn den Jüngern und sprach: Trinket Alle
daraus; und V. 29: Ich werde von nun an
nicht mehr von diesem Gewächs des Wein-
stocks trinken bis an den Tag, da ich es neu
trinken werde mit euch in meines Vaters
Reich. Christus trank also selbst Wein, und reichte
den Kelch seinen Jüngern, daß sie zu seinem Gedächt-
nisse trinken sollten. Hier haftet also kein Flecken auf
dem Trinken, noch auf dem Getränke, welches getrunken wird, sondern nur auf dem Uebermaaße, auf der
Trinksucht, die schädlich wird, und große Störungen
im Familien- und Staatsleben bewirken kann, wenn

sie bei einem Volke so einreißt, daß darin keine Schranken beobachtet werden, sonst erfreut der Wein des
Menschen Herz und verscheucht Kummer und Sorgen; und dieses wußten auch sehr gut die Nachfolger
Christi, die seine Religion lehrten und verbreiteten;
denn die Keller und die Tafeln der hohen Geistlichen
waren immer gut mit dem Getränke besetzt, welches
Christus seinen Jüngern reichte, und man hat auch
darin keinen Anstoß gefunden; und so trank man denn
zu Ehren der Heiligen. Daß man sich aber bei diesem
Trinken oftmals zu gütlich gethan, und den Heiligen
zu oft eine Erinnerung mit dem Glase gebracht hat,
liegt in der Freude des Herzens, auch hierin der Religion zu dienen. Man kann auch mit Gewißheit annehmen, daß der Weinbau erst durch die christliche Religion recht eingeführt und emsig betrieben wurde;
denn die Geistlichkeit mußte schon wegen des Gebrauchs
des Weins zum Abendmahle sich auf dessen Anbau legen, und daher findet man auch in denjenigen Gegenden, in welchen die ersten Klöster angelegt wurden,
die besten Weinberge. Um Mainz, Würzburg, Fulda
und an andern Orten in Franken waren sie schon im
siebenten und achten Jahrhunderte ansehnlich. Auf der
ganzen Morgenseite scheinen aber nur wenige gewesen
zu seyn, da sich Ludwig der Deutsche im Jahre
843 bei der Theilung zu Verdün ausdrücklich Mainz,
Worms und Speier wegen der Menge des Weins
(propter vini copiam) ausbedung. Auch konnte es
nicht fehlen, daß das aus den Weintrauben gewonnene Getränk auch die Geistlichen ansprechen mußte,
und so wurde es auch durch diese ins Volk gebracht;
ja man trank um diese Zeit sogar des Morgens gekochten Wein, wie wir jetzt Kaffee trinken. — In
Beziehung auf die Familien, auf den Hausstand,
ist das Trinken geistiger Getränke gewiß nicht nachtheil-
lig, wenn es in den Schranken der Mäßigkeit bleibt,

und die Vernunft die Herrschaft behält, wo diese aber dem Getränke untergeordnet wird, da sieht es freilich mißlich um die Gegenwart und Zukunft aus; denn diese Neigung wirkt größtentheils sinnlich auf das Familienleben ein, und dieses war auch damals oft der Fall, obgleich nicht so empfindlich, als in jetziger Zeit, da noch eher Rettung möglich war, noch eher der gesunkene Wohlstand gehoben werden konnte; da jedes Handwerk noch einen goldenen Boden hatte, wozu es der Zunftzwang verhalf, welches aber jetzt bei der Gewerbefreiheit und dem Maschinenwesen, das viele Hände entbehrlich macht, nicht mehr der Fall ist. Bei dem damals großen Verdienste, der fast jedem Bürger beschert war, der ein Gewerbe hatte; bei dem blühenden Handel, wozu die Hansa beitrug; bei dem Reichthume der Großen, vieler Edelleute und der Geistlichkeit, wie hätten da wohl Ausschweifungen dieser Art, wenn sie nur in den Grenzen der Vernunft blieben, und nicht bis zur Uebertreibung, bis zur Völlerey, zum Verlieren der Sinne, gingen, wobei denn die Arbeit, ja Alles vernachlässiget wird und ins Stokken geräth, nachtheilig wirken können; denn auch noch jetzt trinkt mancher wohlhabende Bürger am Abende in der Tabagie oder in einem Kaffeehause seine zwei, drei 2c. Maaß Weißbier, oder im Weinhause eine Dreiviertelflasche und darüber Wein, ohne daß solches einen Nachtheil auf seine Haushaltung hat, und eben so wenig war es auch damals der Fall. Man war gewöhnt, viel Getränk zu sich zu nehmen, und aß dagegen um so weniger. Es herrschte Völlerey, aber nur bei Jagdgelagen, Festmahlen und andern Begebenheiten, wo die Lust zum Trinken durch eine muntere Gesellschaft und durch den Tischgenuß erwacht, und daß es damals dazu mehr Gelegenheit gegeben hat, als jetzt, lag in den vielen Feiertagen und in den damaligen kernigen Belustigungen unserer Vor-

fahren; es hatte aber keinen nachtheiligen Einfluß auf
ihren Charakter, auf ihre übrige Moralität; denn sie
waren redlich, bieder und treu, und blieben es auch
bei der Flasche; denn ein Handschlag beim Becher
galt mehr, als jetzt alle Versicherungen, Verschreibun=
gen und selbst Eidschwüre. Dieses leuchtet auch über=
all bei ihrer Derbheit hervor. Daß man aber auch
Ausnahmen findet, wird nicht befremden, doch waren
sie selten. So handelten die Oberdeutschen Kaufleute
fast in alle Französischen Städte, und standen in dem
Rufe einer vorzüglichen Treue und Redlichkeit*). Von
dem Reichthume der Großen damaliger Zeit kann man
sich schon eine Vorstellung machen, wenn man ver=
nimmt, daß der Herzog Leopold von Oesterreich im
Jahre 1397 auf dem Fürstentage zu Frankfurt am
Main öffentlich ausrufen ließ: „Wer da wolt' essen,
trinken, und seinen Pferden Futter geben, der en käm'
zu seinem Hof**).“ — Und in welchem Zustande
die Fabrikanten und Kaufleute waren, beweiset der
reiche Fugger in Augsburg, der Vorfahre der jetzi=
gen Fürsten und Grafen von Fugger. Einer die=
ser Vorfahren war es, der bei der Bewirthung Kai=
ser Karls des Fünften in Augsburg das Kamin=
feuer durch Zimmetholz unterhielt, und seine Hitze
durch Einwerfung der Kaiserlichen Schuldverschrei=
bungen für die vorgeschossenen Gelder zu der Afrika=
nischen Seeunternehmung verstärkte. Auch war es
dieser Fugger, von dem der genannte Kaiser bei
der Beschauung des Königlichen Schatzes in Paris
ausrief: „Alles dieses kann ein Leineweber zu
Augsburg mit Geld bezahlen.“ Als Anton Fug=

---

*) Fischer's Geschichte des teutschen Handels, Bd. 2,
an mehreren Stellen des funfzehnten und sechzehnten Jahrhun=
derts.

**) Schmidt's Geschichte der Deutschen, Bd. 4, S. 439.

ger ſtarb, hinterließ er an baarem Gelde über ſechs
Millionen Goldkronen, eine Menge Juwelen und
Koſtbarkeiten, und große Beſitzungen in allen Theilen
Europas und in beiden Indien*). Alle dieſe Reichthümer, die damals auch unter dem Bürgerſtande vorhanden waren, konnten den Aufwand im Eſſen und
Trinken rechtfertigen, daß man aber auch hierin ſehr
oft zu weit ging, beweiſen die Geſetze dagegen, beſonders die Reichsabſchiede, die Orden der Mäßigkeit,
die man ſtiftete ꝛc. — Auf das Staatsleben und
den Staatshaushalt hatte das ſtarke Trinken eben
keinen nachtheiligen Einfluß, indem es durch die Erhebung der Bierbrauereyen den Ackerbau durch einen
ſtärkern Getreidebau, durch den Anbau des Hopfens
und anderer Kräuter, die zu einigen Bieren und zu
dem Methe benutzt wurden, hob, und auch durch die
Ausfuhr des Bieres den Handel beſchäftigte, und die
Fürſtlichen Einkünfte durch die Bierſteuer vermehrte;
denn es war faſt keine Waarenverſendung, welche die
Hanſa nach ihren auswärtigen Komptoiren beſorgte,
wo nicht Bier mit verladen war, beſonders nach den
Skandinaviſchen Reichen, wo ſie ihre Niederlagen in
Bergen ꝛc. hatte. Es durfte im vierzehnten Jahrhunderte kein Bürger in Bergen, bei einer Strafe von 5
Mark das Deutſche Bier theurer, als für 1 Mark das
Dutzend Tonnen erkaufen. Uebrigens mußte Alles
im Großen binnen vierzehn Tagen an die Einheimi-
ſchen von den Fremden überlaſſen werden, daher auch
das Bier, das Malz und der Weizen zu ganzen Laſten oder zu Dutzend Tonnen. Man ſieht hieraus,
wie viel Bier auch in das Ausland verſchickt wurde,
und welchen Handelszweig es abgab. Auch wurde der
Hanſa in Schweden erlaubt: Wein, Bier und Meth

---

*) Fiſcher's Geſchichte des Teutſchen Handels, Th. 2,
S. 610, 611.

auszuschenken. Eben so hob sich auch im südlichen
Deutschland durch das starke Weintrinken der Wein=
bau; auch wurde viel Wein in das Ausland verschickt.
Das starke Trinken beschäftigte daher viele Menschen,
und war der Staatswirthschaft und dem Staatsleben
mehr wohlthätig, als schädlich. — Auch der Einfluß
auf die Sprache war nicht geringe; denn auch hier
drückten sich starke Spuren der Volksneigung zum
Trunke ab. Die kleinen Belohnungen, welche man
Deutschen Handarbeitern, Dienstboten, bei besonderen
Fällen reicht, werden Trinkgelder genannt. Ho=
pfen und Malz ist an ihm verloren, ein Sprich=
wort aus den alten Bierzeiten, um einen Menschen zu
bezeichnen, der, trotz aller angewandten Mittel, völlig
verdorben, und nicht mehr zu bessern ist. Seinem
Freunde klaren Wein einschenken, ihm Auf=
klärung über einen ihn interessirenden Gegenstand ge=
ben, oder über eine ihn betreffende unbewußte Sache,
oder über eine Sache, in welcher er noch im Dunkeln
schwebte. So sollen auch die Namen Innungen
und Gilden von den Trinkgesellschaften auf die
Handwerkszünfte übertragen worden seyn, und so fin=
det man in der Sprache des gemeinen Lebens eine
Menge Redensarten und sprüchwörtliche Ausdrücke,
welche sich auf das Trinken und die Trinkliebe bezie=
hen, wie z. B.: Je mehr Einer trinkt, je mehr
ihn durstet. Bratest Du mir eine Wurst, so
lösch' ich Dir den Durst (sagt der Kellner zum
Koch). Trink' mit Maßen und iß nach Belie=
ben. Ein trunkener Mund entdeckt des Her=
zens Grund. Wer trunken wird ist schuldig,
nicht der Wein. Ein guter Trunk macht Alle
jung. Trunken geschwatzt, nüchtern vergess=
sen. Trunken klug, nüchtern närrisch. Dem
Trunkenen soll ein Fuder Heu ausweichen.
Es trinken Tausend sich den Tod, ehe Einer

stirbt vor Durstes Noth. Ein Trunk fordert den andern. Trunken gesündiget, nüchtern gebüßt. Man spricht wohl von vielem Trinken, aber nicht von großem Durste ꝛc. ꝛc. — Dann findet sich auch in der Sprache kein stärkerer und edlerer Ausdruck für jeden Drang oder heiße Begierde, wie Durst und durstig; kein besserer für inniges Gefühl und süßes Nichtbewußtseyn, als trun= und Trunkenheit. Beispiele von dem Ersten sind Thatendurst, Racheburst, Goldburst ꝛc.; Letztere bezeugen die Wörter freude=, wonne= liebetrunken, welche Wörter man in so vielen Gedichten angebracht findet. Auch das Wort Taumeln, welches die Geberden eines Trunkenbolbes bezeichnet, kommt häufig in Zusammensetzung in veredelter Beziehung vor, z. B. im Taumel süßer Lust. Er sank wonnetaumelnd an ihre Brust, wodurch die Deutsche Sprache noch auf ihren ersten Ursprung hinweiset. — Den Einfluß dieser Trinkzeit auf Prachtsucht und Ueppigkeit, bezeigen auch die Trinkgefäße, deren man sich bediente; denn an Verzierungen derselben zeigen sich die ersten künstlerischen Fähigkeiten der Deutschen und ihre Prachtliebe. Muscheln und Hörner waren die ältesten Trinkgeschirre der Deutschen, wovon besonders Letztere als Denkmäler der jägerischen Fertigkeit werth gehalten wurden, indem die Altdeutschen Jünglinge solche von gefällten Auerochsen nahmen. Schon zu des Cäsars Zeiten wurden sie um die Mündung versilbert, und zu den festlichen Gelagen mitgenommen. Dieser Hörner bediente man sich bis in das zwölfte Jahrhundert. Zu Aachen wird noch Kaiser Karls des Großen, und zu Braunschweig Heinrichs des Löwen Trinkhorn aufbewahrt. Eckhart will aus ihrem Gebrauche bei Trinkgelagen das Sprichwort erklären: in ein Horn blasen, das

heißt, mit Einem übereinstimmen, mit Einem zusam=
menhalten. Auch zu etwas Unnatürlichem, der Reli=
gion Entgegengesetztem, brachten es die Sitten der al=
ten Deutschen. In dem oben, S. 132, in der Note
angeführten Werkchen heißt es hierüber: „Diese Ach=
tung des Getränkes brachte sie auch dahin, Hirnschä=
del statt Becher zu gebrauchen. Die Gallier und Teut=
schen hatten, nach Diodor und Tacitus, die Ge=
wohnheit mit den Schädeln und Gerippen ihrer
Feinde zu siegprangen. Es war also sehr natürlich,
diese theuern Denkmäler zu einer so angenehmen Be=
schäftigung, als das Trinken, zu gebrauchen, wobei sie
der stolzen Erinnerung so oft und im Kreise des Vol=
kes genießen konnten. Schon bei den uralten Bojen
finden wir Spuren hiervon. Livius erzählt, daß sie
dem Leichnam des Römischen Feldherren Postumius
das Haupt abgehauen, den Schädel mit Gold gefüt=
tert, und ein gottesdienstliches Trinkgefäß daraus ge=
macht hätten. Von den Longobarden bezeugt es Pau=
lus Diakonus, und meldet, daß diese Gattung
Trinkgefäße bei ihnen Schala genannt würde. Als
König Alboin den Gepidenkönig in einer Schlacht
getödtet hatte, machte er aus seinem Schädel einen
solchen Becher, und brauchte ihn bei Gastmählern.
Einstmals, da er mit seinem Feldobersten wacker ge=
zecht, ließ er seine Gemahlin Rosenmund, eine Toch=
ter des Getödteten, hereinkommen, reichte ihr denselb=
ben hin, und sagte: Sie sollte fröhlich mit ihrem Va=
ter trinken. Hierüber ergriff sie aber ein solcher Grimm,
daß sie Tod mit Tod zu rächen beschloß, und ihren
Vorsatz auch wirklich vollführte. Eine andere Gat=
tung von Bechern war aus Ahorn oder andern selte=
nen Hölzern. Nachdem die Teutschen mit der Rö=
mischen Kunst bekannt wurden, hängten sie eine große
Pracht an diese theuere Gefäße. Theudelindens,
von Keyßler in seinen Reisen, S. 293, angeführter

Becher oder Pokal, den derſelbe zu Monza zwei
Fäuſte dick vorfand, beſtand aus einem einzigen Stücke
Saphirs; und ſo blieben ſie, die Waffen und Kleidungen etwa ausgenommen, die vornehmſten Gegen-
ſtände der üppigen Prachtſucht. In den Ritter- und
folgenden Zeiten waren goldene, ſilberne, kryſtallene,
und mit Edelſteinen beſetzte Becher ſehr häufig. Ein
koſtbarer Familienpokal war der Stolz des Hausgeräthes. Aeneas Sylvius frägt, da er von Nürnberg redet: Wo iſt ein Gaſthaus darin, in welchem man nicht aus Silber trinkt?" — Auch
Pabſt Pius*) der Zweite redete im funfzehnten
Jahrhunderte zu den Deutſchen: „Wo iſt bei Euch
ein Gaſthof, in welchem man nicht aus Silber trinkt?
Welche, ich will nicht ſagen Edeldame, ſondern Bür-
gersfrau, prangt nicht mit goldenem Geſchmeide? Was
ſoll ich endlich zu den Halsbändern und Pferdezäu-
men ſagen, die aus dem feinſten Golde gemacht, oder
zu den vielen Sporen und Degenſcheiden, die mit
Edelgeſteinen beſetzt ſind, oder zu den Ohrringen, Wehr-
gehängen, Panzern und Helmen, die ganz von Golde
glänzen. Welche koſtbare Kirchenſchätze! Wie viele
Reliquien in Gold und Perlen eingefaßt! Wie groß
iſt nicht der Kirchenornat an Altären und in der Prie-
ſterkleidung; und kann wohl irgend wo mehr Reichthum als in Euren Sacriſteyen angetroffen werden?
Man muß in der That arm am Geiſte ſeyn, wenn
man Deutſchland arm nennen kann!" — Man gewahrt hieraus, welche Pracht und Aufwand in dem
genannten Jahrhunderte in Deutſchland herrſchte, und
kann daher auch auf die koſtbaren Trinkgeſchirre ſchließen, da man in damaliger Zeit dem Pokale, beſonders bei Gaſtgelagen, wacker zuſprach, und alſo auch
hierin zu glänzen beabſichtigte, und dieſes durch werth-

*) Fiſcher's Geſchichte des teutſchen Handels, Th. 2, S. 517.

volle Pokale oder Becher. Man hatte auch, um bei
Gastmahlen die kostbarsten Trinkgeschirre zur Schau
aufzustellen, Credenztische, worauf sie standen, mit
Allem, was dazu: an Gießkannen, Fontainen, Bas=
sins rc., gehört. — Wenn nun schon die bloßen Po=
kale den alten Deutschen so werth waren, in welcher
Achtung mußten nun nicht diejenigen bei ihnen stehen,
welche ihrem Oberhaupte das Getränk besorgten, und
öffentlich darreichten? Man nannte diese Personen
Credenzmeister, Schenken, und ihr Ursprung steigt
bis in das graue Alterthum hinauf. Das Salische
Gesetz gedenkt ihrer, obgleich dergestalt, daß sie mit
den Marschalken, Schweinhirten und Waffenschmi=
den in eine Reihe gesetzt werden*); jedoch waren
diese Beschäftigungen in jenen Zeiten ehrenvoll. Nach=
dem die alten Deutschen mit den Römischen Gebräu=
chen und Einrichtungen bekannt geworden, auch die
Macht und der äußerliche Prunk der Beherrscher zu=
nahm, so hob sich auch die Würde des Schenken.
Schon frühzeitig war es bei den Franken im Ge=
brauche, das Getränk vor dem Darreichen zu versu=
chen; denn nach dem Salischen Gesetze herrschte schon
in jenen alten Zeiten die Bosheit unter ihnen, daß
sie sich einander mit Kräutersäften zu vergiften such=
ten, und deshalb scheint auch wohl die Sitte entstan=
den zu seyn, daß den Fürsten und andern Großen erst
der Schenk den Wein, auch andere Getränke, creden=
zen mußte, wozu man sich vertrauete Personen er=
wählte, und die man deshalb auch durch reichhaltige
Geschenke und Auszeichnungen an seine Person fes=
selte. Auch mußte derselbe, auch wohl ein Anderer,
bei der Tafel dem Fürsten, auch andern gebetenen ho=
hen Gästen, den Credenzteller unterhalten, wenn sie
tranken, und deshalb wurde er auch späterhin Cre=

---

*) Lex Salica Tit. XI., 6. ap. Herold p. 9.

denzier oder Credenzmeister genannt. Daß man
auch auserwählte und geliebte Personen zu dieser Be=
dienung genommen habe, geht aus einer Stelle bei
Paulus Diaconus hervor*). Es heißt hier näm=
lich: „Authari, ein König der Longobarden, hatte
durch Gesandten um Theudelinden, des Bayri=
schen Herzogs Garibald Tochter geworben, und sie
auch zur Braut versprochen bekommen. Jetzt trug er
ein Gelüst sie noch vorher zu sehen. Er reiste deshalb
mit andern Gesandten und verkleidet an den Hof ih=
res Vaters. Als er sie erblickte, blieb er eine Weile,
entzückt von ihrer Schönheit, stumm, und brach dann
in diese Worte an Garibald aus: „„Weil wir Eure
Tochter so ausnehmend finden, daß wir sie billig zu
unserer Königin wünschen, so erlaubt, daß wir den
Weinbecher aus ihrer Hand empfangen, so
wie sie es in Zukunft uns thun soll."" Sie
reichte ihm denselben auch wirklich, nachdem sie ihm
zugetrunken hatte." — Hieraus schließen nun manche
Rechtsgelehrte, daß das Oberschenkenamt am Longo=
bardischen Hofe sehr ehrenvoll gewesen seyn müsse, daß
selbst Königinnen es zuweilen verrichtet hätten. Ab=
gesehen hiervon, so wird doch das oben Angeführte in
einer alten Chronik weiter bestätiget. Es heißt näm=
lich darin von einem jungen Franken: „Aus einem
Schildknappen ward er ein so trefflicher Ritter, daß
der König, ihn über die Maaße liebend, zum Austhei=
ler (Dispensator) seines Trunkes und zum Ersten
seiner Mundschenken machte." — Was nun hier von
den Franken berichtet wird, daß sie Ober= und Unter=
schenken hatten, findet man auch schon früh bei den Deut=
schen Kaisern. Auch sie wurden die Lieblinge dieser
Fürsten, die ihnen ihr Vertrauen schenkten, und zu die=
ser Würde erhoben; auch wurden sie bald fähig erach=

---

*) De gest. Longob. 13, c. 29.

tet, andere Würden zu bekleiden, und daher wichtigere
Geschäfte zu verwalten. Schon unter Karl dem
Großen kamen Flaschenbewahrer (Buticula-
rii, Fr.- Boutilliers) vor, die zugleich als Räthe
oder Kanzler fungirten. Andere dieser Bewahrer der
Flaschen wurden zu Aufsehern über die Forsten und
die Gerechtigkeitspflege darin ernannt, und zuletzt ent=
stand aus dem Erzschenken ein Churfürst des Deut=
schen Reiches, und was von einem Hirten im Range
nicht unterschieden war, stand nach einem Jahrtausende
hoch über ihn erhaben. Was von ihrer Amtsverwal=
tung bei des Kaisers Krönung gemeldet wird, s. un=
ter Krönen, Krönungs=Ceremonien und
Münzen, Th. 53, S. 765 *), und an einigen andern
Orten. Gleich den Kaisern und Königen, hatten auch
andere Fürsten und Grafen Schenken. Gregor von
Tours bemerkt es schon von den vornehmen Franken
geistlichen unt weltlichen Standes. Diese Bedienung
vermehrte sich in Deutschland außerordentlich wegen
der vielen regierenden Fürsten, Prälaten und Grafen
dieses Reiches, und deshalb sind auch der Geschlechter,
welche den Namen Schenk führen, darin so viele.
Der Pater Bucellin zählt allein fünfundsechzig,
welche alle das Recht des Vorsitzes oder Vorranges
genossen, wenn sie auch gleich nicht wirklich ein solches
Ehrenamt bekleideten, und auch noch jetzt findet man
Oberschenken an den Deutschen Höfen. S. auch den
Art. Mundschenk, Th. 96, S. 736, und den Art.
Schenk, Th. 142, S. 38 u. f. — In einigen Län=
dern am Rheine und in Würtemberg bei der alten Ver=
fassung des Deutschen Reiches, gab es auch Fürstliche
Unterbeamte, denen in Städten und Flecken die Herr=

---

*) Wer noch weitere Nachrichten über die Schenken des Rei=
ches verlangt, der lese: Wajenseilii diss. de official. Imp. Rom.
German.; Mascov de origine officiorum aulicorum und An=
dere.

schaftlichen Einkünfte und die Verwaltung der kleine=
ren Gerechtigkeit anvertrauet war, die man Keller
oder Kölner nannte, Amts = Stabskeller, und
man will diese Benennung von der Weineinnahme,
den Weinzöllen, die sie anfangs einzunehmen hatten,
herleiten; allein Andere wollen es von Kölner, dem
Besitzer eines Hufenguts, herleiten; s. den Art. Kel=
ler 2, Th. 36, S. 750 u. f.; auch Kölner, Th.
43, S. 461 u. f., und Köln=Hof, daselbst, S. 464.
— Nach diesen allgemeinen Einflüssen der Trink=
sucht wären jetzt noch die besonderen zu betrach=
ten, die sich auf die Sitten und herrschenden Nei=
gungen beziehen, überhaupt auf dasjenige, was man
Nationalcharaktere nennt, s. diesen Artikel, unter
Nation, Th. 101, S. 403 u. f. Obgleich schon
oben hin und wieder einzelne Züge des Deutschen
Charakters erwähnt worden sind, so sind diese doch
nur flüchtig angedeutet, wie sie in den Gang der Ge=
Trinksucht eingeflochten werden konnten,
sie umfassen aber nicht dasjenige, worauf es hier haupt=
sächlich ankommt, und worein auch die Trinksucht den
meisten Einfluß hatte, und ihre Wirkungen sich darin
wieder in den Handlungen abspiegelten, ohne Bezie=
hung auf Künste, Gelehrsamkeit ꝛc., weil dieses zu
weit von der Hauptsache abführen würde, da hier nur
die Sitten und Neigungen, und die Stimmung des
Deutschen Gemüths durch die Trinklust, im Großen
oder Ganzen beleuchtet werden sollen, ohne sich auf
einzelne Zweige auszudehnen, die noch in jenen Zeiten
bei den Deutschen nicht die Würdigung erhalten konnten,
um gleichsam auch herrschend hervorzutreten und sich gel=
tend zu machen, sie blieben daher in den Schranken ih=
rer Abgeschlossenheit, und griffen nur so weit in das
Allgemeine ein, als es ihr Beruf zuließ. Um nun die
Beleuchtung von demjenigen, was schon bezeichnend her=
ausgehoben worden, zweckmäßig durchzuführen, will

ich dasjenige, was in dem oben, S. 132, angeführ=
ten Werke, S. 66 u. f. in dieser Beziehung darüber
gesagt wird, hier anführen, weil man es für das Zweck=
mäßigste halten kann, was darüber gesagt worden.

Schon der physische Einfluß starker Getränke auf
den Menschen erstreckt sich sehr weit. Mäßig genos=
sen bewegen sie das Blut angenehm, befördern den
Lauf der Vorstellungen, bewirken Munterkeit, eine of=
fene, oft wohlthätige Laune, erwecken Muth und Ge=
fühl seiner Kraft; aber stärker oder gar im Ueber=
maaße genossen, treiben sie das Blut und die Lebens=
geister heftig umher; die Ideen kommen und gehen
plötzlich und unlenkbar; die Seele verliert Besin=
nungskraft, und mit ihr die Herrschaft über sich selbst.
Daher, nach Maaßgabe der Umstände, wild aufbrau=
sende Regungen, Heftigkeit, blinde Leidenschaftlichkeit,
tolle Kühnheit, die keine Gefahr scheut, weil sie die=
selbe nicht sieht. Die veranlaßten Zustände werden
nach und nach Angewohnheiten, die erweckten Gefühle
und Regungen werden durch die Uebung eine Art von
Hang und Fertigkeit, welche wieder auf andere Kräfte
und Neigungen zurückwirken; die ganze Denk= und
Handlungsart erhält einen gewissen Ton. — Der
letzte üble Einfluß mußte sich zuerst auffallend äußern.
Es ist die Art der kulturlosen Menschen, der rohen
Völker, sich dem Kitzel jeder Lust, jeder Begierde ganz
zu überlassen; und da bei den alten Deutschen die
Trunkliebe so heftig, Trinkgelage von so vielen Sei=
ten reizend, ihre Gemüther ohnehin zu rauhen, wilden
Regungen gestimmt waren, welche Ausbrüche mußten da
erfolgen! Tacitus, der erste Geschichtschreiber, wel=
cher sie näher kannte, bemerkt es auch schon, daß ihre
Gastmahle häufig mit Zank, Haber, Blut und Mord
sich endigten. Dieses bestätigen auch noch ihre ein=
heimischen Gesetze, wo es von Zwisten und Todtschlä=
gen wimmelt. Um diesen Unthaten bei den Gastge=
lagen vorzubeugen, verordnete das Salische Gesetz:
Wenn Einer in einer Schmausgesellschaft von weni=
ger als acht Männern getödtet würde, so sollen sämmt=

liche Tischgenossen zusammenlegen, und das Wehrgeld
bezahlen, oder aber den Thäter anzeigen. Dieser zur
Gewohnheit gewordene trunkene Muth wirkte sehr zur
Unterhaltung des Zorns und der Grausamkeit der alten Deutschen; auch schienen die Kirchenversammlun-
gen zu Mainz und Tribur darauf Rücksicht genommen zu haben, wenn sie den Bußethuenden allen Genuß des Honigbiers, Meths und Weins untersagen.
— Auch im Mittelalter, wo die Handlungsweise viel-
seitiger und mehreren Bestimmungsgründen unterworfen ward, blieb der Einfluß des Vieltrinkens eben so
sichtbar. Alle Geschichtsschreiber fanden in der Handlungsweise der Deutschen ein gewisses Ungestüm, eine
Wildheit und Rohheit, von Einigen furor, von Andern impetus Teutonicus genannt. Konrad von
Lichtenau, Abt von Ursperg, giebt ein Gemälde von
ihrem Charakter, welches die genannte Einwirkung
von allen Seiten auf das Treffendste bestätiget. Nach
ihm sind die Deutschen kriegerisch, grausam, verschwen-
derisch, ganz unbesonnen, kein Recht, als ihren Willen erkennend, und unüberwindlich im Streite ꝛc. —
Die Verschiedenheit der Deutschen und fremden Ritter beleuchtet dieses sehr schön. Jene waren immer
streitbarer, härter, aber auch roher und ungestümer.
Gottfried von Bouillon, der sie in dem ersten
Kreuzzuge wegen ihrer Tapferkeit vorzüglich schätzte,
empfahl sie daher zur Milderung ihrer Rohheit den
Französischen Rittern. Diese Eigenschaften waren so
lange in der Deutschen Gemüthsart vorherrschend, als
das Vieltrinken dauerte, und andere Sitten und Neigungen sich noch nicht eingeschlichen hatten. Möser
berichtet darüber: „In dem Register des Osnabrück-
schen Amtes Fürstenau von den Jahren 1550—1600
sind im Durchschnitte jährlich hundertundzwanzig blu-
tige Schlägereyen, oder, wie es heißt, Blutrunnen,
und zwei Todtschläge, oder nach der damaligen Sprache
Nedderschläge, bestraft, und diese Zeugnisse der
Rohheit nehmen immer mehr und mehr ab, so daß
sie in den neuern Zeiten, ungeachtet sich die Einwohner gewiß dreifach vermehrt haben, nicht den zwanzigsten Theil der alten Zahl ausmachen.“ — Noch ein

anderer hierher gehöriger Zug in den Sitten der Deutschen, der seinen Grund offenbar in dieser Quelle, und
in einer feurigen Offenherzigkeit hatte, ist das Schwören und Fluchen. In dem funfzehnten und sechzehnten Jahrhunderte muß er sehr hervorstechend gewesen seyn; denn es wurden nicht nur mehrere Rit-
terorden gegen diese Entweihungen errichtet, sondern
selbst Kaiser und Reich machten viele Verordnungen
dagegen. In dem Reichsabschiede von 1495 ward
festgesetzt: daß die Flucher und Schwörer, waren sie
von Adel, sogleich untauglich zu Ehren und Aemtern
seyn, die von geringerem Stande aber von ihrer
Obrigkeit unabläßig an ihren Leibern gestraft werden
sollten. Die Landsknechte schwuren in ihrem Eide darauf, es zu unterlassen, und wenn Einer von ihnen
Gott lästerte, so erwürgten sie ihn. — Im siebzehnten Jahrhunderte herrschte dieses Laster auch mit der
Vieltrinkerey fort, wie man auch in den historischen
Lustgärten, Schauplätzen jämmerlicher Begebenheiten, Kernchroniken und in andern dergleich-
chen Schriften unzählige Beispiele von Fluchern und
Schwörern findet, deren Geschichte häufig mit der frommen
Lüge beschlossen wird: „Hat also der Teufel auch von der
Fluch- und Saufgesellschaft einen Braten davongetra-
gen.“ — Auch die Unordnung und Unreinlichkeit, welche
in den Wohnungen der Deutschen herrschte, waren
Folge des Vieltrinkens. Nicht nur in den Zimmern
zum Heizen, sondern auch in den Schlaf- und anderen Zimmern war Alles übel aufgeräumt, Alles wild
durcheinander gemengt, wenigstens bezeigt dieses Barclai am schon oben angeführten Orte, Cap. 5. — Alle
diese üblen Wirkungen wurden aber von andern guten Eigenschaften wieder aufgehoben, durch die wiederholte Eröffnung und Erfreuung des Herzens wurde
es gleichsam in einen offenen, wohlthätigen Ton gestimmt. Die Gastfreundschaft, eine nothwendige
Tugend in jenem Zeitalter, ward dadurch, wo nicht
erweckt, doch unterhalten und vergrößert. Kein Volk,
lesen wir mit vaterländischer Freude, beobachtete dieselbe genauer. Einen Fremden oder einen Gast un-
beherbergt fortgehen zu lassen, war Sünde. Die Bur-

gunder setzten eine Strafe von drei Schillingen dar=
auf, und die Gothen brannten dem dreimaligen Un=
terlasser dieser Pflicht seine Wohnung ab. Der Ge=
brauch, die Fremden mit einem Willkommen zu em=
pfangen, verbannte gleich anfangs alle Verstellung und
Hinterlist, und erweckte zwischen dem Wirthe und Gaste
oftmals eine herzliche und bleibende Freundschaft.
Diese Tugend der Gastfreundschaft hatte im Volke so
tief Wurzel geschlagen, und wurde durch das Trinken
so genährt, daß sie noch im sechzehnten Jahrhunderte,
trotz den Spöttereyen der nüchternen Ausländer ihren
Fortgang hatte. „Die Deutschen, sagt Jakob Wim=
pheling *), der zu Anfange desselben lebte, übten
nicht allein unter sich selbst, sondern auch gegen Fremde
und Ankömmlinge die Gastfreundschaft aus. Sie
schließen ihre Pforten nicht nur den Gästen leicht auf,
sondern zeigen auch den Irrenden mit Freundlichkeit
den Weg; und doch wird ihnen das, womit sie sich
bestreben, ihre edle Freigebigkeit den Nebenmenschen
zu bezeugen, und weswegen sie Lob verdienen, zu ei=
nem schändlichen Laster ausgedeutet; denn sie werden
als Schwelger und Säufer von solchen Leuten ver=
schrien, welche ihren Geiz und ihre schimpfliche Karg=
heit mit geheuchelter Mäßigkeit und scheinbarer Nüch=
ternheit bemänteln wollen, aber nicht können." — Mit
dieser Eigenschaft waren auch noch andere, eben so
lobenswerthe Eigenschaften in den Deutschen Gemü=
thern, welche gleichfalls theils aus der Trunkliebe ent=
standen, theils durch sie genährt wurden, verbunden,
nämlich die Offenherzigkeit, die Treue und der Wahr=
heitseifer. Es gehört zur Natur roher Völker, daß
sie ihre Gesinnungen und Gefühle frei und ungeheu=
chelt hervortreten lassen; denn sie in den Winkeln des
Herzens halten, und da auf Gelegenheiten und An=
lässe lauern lassen, ist in jenen Zeitaltern ein unna=
türlicher und lasterhafter Zug des Gemüths. Jene
Nationaltugend, die Offenherzigkeit, konnte aber aus
keiner sicherern Quelle, als dem Trunke, unterhalten
werden. Auch gebrauchten die Deutschen schon in den

---

*) In Epit. rer. German ap. Schardium, T. I, p 199.

älteſten Zeiten den Wein als einen Herzensspiegel
und Hervorbringer der Wahrheit. Ihre Verträge und
Bündniſſe mußten daher bei Trinkgelagen geſchloſſen
werden, wo keine Verſtellung Statt fand. Sobald
nun die Offenherzigkeit eine Nationaltugend war, ſo
wurden es auch Treue und Wahrheitseifer; denn wer
edel genug iſt, ſeine wahre Meinung zu äußern, wozu
braucht der, ſeltene Fälle ausgenommen, Hinterliſt und
betriegeriſche Vorſpiegelungen? Mehr aber noch ward
ſie es aus dem Grunde, weil ohne ſie ein Trinkervolk
gar nicht beſtehen könnte. Jedes Zeitalter gebiert die
Tugenden, welche es braucht, ſeinen Gebrechen das
Gleichgewicht zu halten, oder es muß ſich bald verwandeln. — Im ganzen Mittelalter waren die oben
angeführten Tugenden ein hervorſtechender Zug des
Deutſchen. Treuloſigkeit und andere unedle Thaten
wurden durch Spottgeſänge öffentlich beſtraft. So
hatte der Erzbiſchof Hatto von Mainz im Jahre
892 ein böſes Verrätherſtück gegen den Grafen Adel-
bert von Bamberg begangen. Sogleich brachte man
dieſe Geſchichte in ein Volkslied, welches vier Jahrhunderte hindurch in dem Munde des ganzen Deutſchen redlichen Volkes blieb. Mit Recht ſagt daher
der Abt von Urſperg: „Die Deutſchen ſind ihren
Obern ſehr getreu, und laſſen lieber ihr Leben, als
ihre Treue fahren.“ — Noch beſſere Zeugniſſe, als
dieſe, ſind die Rechte und öffentlichen Gewohnheiten
des Volkes. Nur ein einziges Beiſpiel: In dem Lei-
ſtungsrechte von Franken *) heißt es: „Zum Zehnten: „Wer in der Leiſtung ſtirbt, ſoll unter
der Thürſchwelle herausgethan, und nicht
darüber getragen werden.“ Weil nämlich der
Leiſter verſprochen hatte, nicht aus der Leiſtung oder
über die Hausſchwelle zu gehen, bis der Mahner zufrieden geſtellt worden, und ſo dehnte ſich dieſe Ver-
bindlichkeit ſelbſt bis zum Todesfalle aus. Dieſe
Treue und Rechtſchaffenheit war aber auch zugleich
mit die Frucht des ächten ritterlichen Geiſtes; ſie
dauerte aber bei den Deutſchen, die eben nicht ſo

---

*) Hiſtoriſch-diplomatiſches Magazin, St. 2, S. 178.

ſchwärmeriſch ritterlich waren, viel länger, als bei an=
dern Völkern; ja ſie dauerte noch, als ſchon das
Sprichwort aufgekommen war: Verſprechen iſt
edelmänniſch, halten bäuriſch. Im ganzen
ſechzehnten Jahrhunderte war es eine große Wahr=
heit, was Ulrich von Hutten ſchrieb: Venerabilis
est apud omnes passim nationes Germanorum fides et
integritas, und was Conrad Celtes von unſern
Vorältern ſang:

Et veri justique tenax mens consona labris.
Victa coloratae vitat mendacia linguae.

Die Ausländer ſelbſt ſtellten die Deutſchen zum Mu=
ſter des Wahrheitseifers und der Treue auf. Belle=
foreſt ſagt: La parole d'un Alleman vaut une obliga-
tion, und Julius Skaliger, lange nachher, wenn
er von den verſchiedenen Völkern in dieſer Rückſicht
redet: Germanorum pectora ad promissa constantis-
sima. Bettler litten ſogar den Schimpf: Lügner zu
ſeyn, nicht auf ſich. „Das Maul hätt' ich Dir zer=
ſchmettert,“ ſagte Einer zum Andern, der ihn der Lü=
gen beſchuldiget, aber nach einer Drohung widerrufen
hatte, „damit Du ins Künftige keinem mehr dieſe Krän=
kung hätteſt anthun können.“ — So unwahrſcheinlich
es auch heut zu Tage vorkommen mag, daß Verſpre=
chungen und Freundſchaften, beim Trunke gemacht,
wie Bund und Siegel galten, ſo gewiß iſt es den=
noch. Barclai, der den Deutſchen eben nicht ge=
wogen war, erzählt noch zu Anfange des ſiebzehnten
Jahrhunderts ausdrücklich, nachdem er nämlich von
dem Vieltrinken und Trinkgelagen der Deutſchen ge=
redet hatte, folgende Anekdote zum Lobe derſelben,
wobei er ſelbſt gegenwärtig war. Einige Deutſche
Feldoberſten im Dienſte Frankreichs hatten einen Krie=
ger mit ſich hinüber gebracht, welcher von einem vor=
nehmen Franzoſen zum Gaſtmahle geladen wurde, der
wohl wußte, wie hoch das Pfand der Freundſchaft
ſtand, welches man mit einem Deutſchen beim Trunke
machte. Das Gelage war köſtlich, und mit verſchie=
benen Getränken in großen Bechern reichlich verſehen.
Der Deutſche, des langſamen Trinkgefechtes über=

drüssig, oder um die Gastlichkeit seines Wirthes zu
prüfen, forderte den Franzosen heraus, indem er ihm
einen mächtigen Pokal zutrank. Der Franzose sprang
herzhaft auf, und sprach: „Zum Beweise, daß Du ei=
nen Freund angetroffen, nehme ich die Herausforde=
rung nicht nur an, sondern fordere Dich ebenfalls her=
aus." Hierauf leerte er nicht nur den Becher, auf
den er herausgefordert war, in einem Athemzuge,
sondern noch einen neu= eingeschenkten seinem Gaste
zur Liebe. Ueber diese Freundschaftsbezeugungen wurde
der Deutsche Feldoberst so vergnügt, daß er auf wan=
kenden Füßen stand, und in der Freude seines Her=
zens sagte: „Daß Du nicht glaubst, einem Undank=
baren diese Freundschaft erwiesen zu haben, so gebe
ich eine Schaar Landsknechte in Euren Dienst, und be=
gehre zwei Monate keinen Sold. Erst nachher, wenn
Du kannst und willst, magst Du mir ihn geben."
Barclai und die Anwesenden staunten (horrore
stupuimus) über den Preis eines einzigen Bechers,
aber noch mehr, als der Deutsche sein Wort reblich
hielt. — „Offenherzigkeit, setzt der Verfasser dieser
Anekdote hinzu, und alle Sitten, welche unter dem
Namen Wein göttlich frei heißen, gefallen diesem
Volke. Allen Schein von Hinterlist verabscheuen sie,
sey's nun, daß sie ihre Heimlichkeiten nicht verhehlen,
indem sie der Wein hervorlockt, oder daß die Seelen
in diesen Leibern eine Stumpfheit fühlen, und daher
die Scharfsicht Anderer, als auf sie zielend, beargwöh=
nen " — An einem andern Orte sagt der nämliche
Schriftsteller von Deutschland: „Treulosigkeit ist hier
unbekannt, selbst bei der bezahlten Tapferkeit der
Miethsoldaten. Feiner Betrug oder Groll sind nicht
unter den Titeln Freundschaft versteckt." — Auf diese
gute Wirkungen berief sich nun der Deutsche, wenn
ihm seine Weinliebe vorgerückt ward, und sagte mit
seinen Vorfahren: der Wein sey ein Herzensspiegel.
Eine Geschichte, die Zinkgräf anführt, erklärt es
weiter. Man stritt nämlich über die Frage: warum
die Deutschen den Wein mehr liebten, als andere
Völker. Einer glaubte, weil bei ihnen mehr Wein,
als in andern Ländern wüchse; ein Anderer führte

eine andere Urſache an; nein, darum, ſagte ein Dritter mit allgemeinem Beifalle, weil kein Volk iſt,
das die Wahrheit mehr liebt und ſie runder
heraus ſagt, als die Deutſchen. Daher auch
die Redensart: auf gut Deutſch, das heißt, ohne
Betrug, ohne Falſch. — Dieſe Worte waren dem
ganzen Volke, wie aus dem Herzen genommen. Wenn
Fürſten mit Offenheit und Geradheit unterhandeln
wollten, nannten ſie es öffentlich: mit Deutſcher
Redlichkeit, Deutſchem Vertrauen, im Gegenſatze von Italieniſchen Tücken und Ränken, die ſo
häufig unter dem Namen welſche Praktiken vorkommen; aber es waren auch das funfzehnte und
ſechzehnte Jahrhundert noch Zeiten, wo das Herz des
ganzen Volkes in dem rauhen Sprichworte abge-
drückt war:

Guter-Wein, ſchönes Weib und Gewiſſen rein,
Das ſind drei Stücke lieblich und fein.

Wir kommen jetzt zu der Periode, wo die
Trink- oder Trunkliebe ſich bei den Deutſchen zu vermindern anfing, oder eine andere Richtung durch andere gelindere oder nicht berauſchende Getränke erhielt, und dann hauptſächlich durch die ſteigende Kultur, durch die Wahl einer andern Lebensart, und beſonders die der Feder, und zuletzt noch durch die fremden Sitten und Gebräuche, welche die Deutſchen gleich
ſehr angeſprochen haben, und die ſeit dem ſiebzehnten Jahrhunderte zu uns aus Italien und Frankreich
herüber verpflanzt worden ſind. Schon im funfzehnten Jahrhunderte zeigen ſich Spuren der Abnahme;
denn ein Theil der Nation vertauſchte den Pflug, das
Schwert und die Jagdwaffen mit Büchern und Federn. Die Regenten der Deutſchen Staaten fingen
an, ſich mehr mit der Staatsverfaſſung und Staats-
wirthſchaft abzugeben, oder dieſe bisher vernachläſſig-
ten Zweige in beſſere Formen zu bringen, da ſich die

Gewerbe und der Handel ſeit der Hanſa ſchon ſo ſehr
gehoben hatten, daß eine Menge Reichthümer auf
Deutſchland ausfloſſen, wie auch ſchon oben an mehreren Stellen bemerkt worden. Der Hanſa verdankte
man ſehr weiſe Polizeygeſetze, die ſich zwar auf ihren
Bund bezogen, aber nichts deſtoweniger waren ſie
auch dem Ganzen wohlthätig, beſonders diejenigen,
welche die Ausbreitung des Handels, die Erhebung
der Gewerbe und den öffentlichen Kredit bezweckten.
Hierzu kam nun noch die Erfindung der Buchdrucker-
kunſt in dieſem Jahrhunderte, und die Vorbereitung
zur Reformation durch Johann Huß und Hiero-
nymus von Prag, der in dem darauf folgenden Jahrhunderte die Reformation durch Luther folgte. Alles dieſes und ſo manches Andere in den Wiſſenſchaften und Künſten veränderte ſchon den Geiſt des Deutſchen Volkes, der bis dahin geherrſcht hatte. Hierzu
kam nun noch, daß der Kaiſer Friedrich der Dritte,
der von 1439 bis 1493 regierte, die Mäßigkeit liebte,
und ſich mit den Zweigen der Wiſſenſchaften, die in
jener Zeit beſonders blüheten, wie die Gärtnerey,
Naturkunde, Chemie und Aſtrologie, beſchäftigte; auch
predigte ſein Kanzler Aeneas Sylvius an ſeinem
Hofe, ſowohl mündlich, als durch Schriften, wider die
Deutſche Völlerey; auch Antonius Campanius
oder Anton Campan ließ ſeinen Witz dagegen aus.
Poggius Florentinus, der in der Mitte dieſes
Jahrhunderts Deutſchland durchreiſete, nannte die
Deutſchen Weinfäſſer, Leute, die keine Kraft
hätten, als zum Trinken. Peter Bolland
greift gleichfalls die Deutſchen mit ſeinem Witze an:

> Germani cunctos poſſont perſerre labores
> O utinam poſſent tam bene ſerre ſitem.

Wenn nun gleich alle dieſe Angriffe mit den Waffen
des Witzes, dieſes Spötteln in der genannten Zeit

noch an dem geraben Deutschen abglitten, er darauf
nicht achtete, sondern Bauer, Bürger, Edelmann und
Fürst noch der alten Trinklust ergeben blieben, so gab
es doch schon Viele, und besonders diejenigen, welche
dem Hofe des Kaisers nahe standen, die sich im Trinken mäßig verhielten. Friedrich der Dritte trank
nur beim Abendessen Wein, und auch hier nur mit
Wasser vermischt; ja er verabscheuete das unmäßige
Trinken so sehr, und überhaupt das Trinken des Weins
bei den Frauen, daß er, als die Aerzte den Wein seiner unfruchtbaren Gemahlin anriethen, gesagt haben
soll: „Lieber eine unfruchtbare, als eine weinerge-
bene Gemahlin." Seine Nüchternheit pflanzte er
auch auf seine nächsten Nachkommen unmittelbar fort;
denn Maximilian der Erste, sein Sohn, durch
die Bekanntschaft mit Burgundischen und andern Hof-
sitten, an die Enthaltsamkeit noch mehr gewöhnt, that
neue Schritte, und erklärte seinen Abscheu vor dem
Trinken durch Gesetze. Gleich auf seinem ersten, so
zahlreichen Reichstage zu Worms im Jahre 1595
ließ er §. 38. und 39. einrücken: „Daß die Königl.
Majest. allen Churfürsten, Fürsten, Prelaten, Gra-
ven, Freien, Herren vnd Stenden, schreibe und gepite,
in jren Hofen, von jren Dienern, auch sust allen jren
Vnderthanen, das Trinken zu gleichen, vollen vnd halben nit zu gestaten, sundern das ernstlich zu strafen,
vnd es gerathschlagt, daß sein Ko. Majestät solchs in
seinem Gnaden Hofe zu verbieten vnd zu handhaben
gedächte. Desgleichen, daß es auch durchaus in allen
Volgezügen vnd Veltlegern verboten vnd nit gestatet
werde." Drei Jahre darauf drang dieser Kaiser wieder in dem Reichsabschiede zu Freiburg, §. 47., darauf, daß das von Alters her gewohnte Zutrinken von
jeder Obrigkeit verboten werden, und wer dagegen
handeln würde, erstlich gestraft werden sollte, und in
Feldlagern sollte es auch Allen, aus welchem Lande

sie auch seyen, verboten seyn. Aber auch dieses Verbot fruchtete nicht viel; denn schon im Jahre 1500
erging zu Augsburg ein neues und geschärftes Verbot, welches aber ein gleiches Schicksal hatte, nicht gehalten zu werden. Denn durch den Landfrieden, der
den Adel von seinen Burgen und Schlössern an die
Höfe und in die Städte trieb, pflanzte sich die Neigung des Trinkens auch dahin fort, da seine Haupt-
beschäftigung, außer der Landwirthschaft, immer noch
die Jagd und das Kriegshandwerk war, und sich nur
Wenige mit den Wissenschaften zu beschäftigen anfingen. Da nun der Adel, den Geist des verschwunde-
nen Ritterthums immer noch bewahrend, die Sitte zu
schwelgen nicht einstellte, so wandte sich Maximilian der Erste an ihn, und erließ im Jahre 1512
zu Köln ein neues Verbot mit scharfer Drohung §. 5.,
worin er die Nichthaltung der vorigen Verordnungen
rügt, darauf hinweiset, daß das Zutrinken zur Trunkenheit, Gotteslästerung, Todtschlag und zu andern
Lastern führt, welche der Ehre, der Seele, der Vernunft, dem Leibe und Gute Nachtheil bringen, so soll
in allen Landen eine jede Obrigkeit, hoch oder niedrig,
geistlich oder weltlich, sowohl bei sich selbst, als auch
bei ihren Unterthanen, solches nicht nur abstellen, sondern auch bei hoher Strafe verbieten, und wenn die
Adlichen es nicht meiden wollten, so sollten sie in den
Diensten der Höfe und Obrigkeiten, so wie an seinem
Hofe, dem Kaiserlichen, nicht mehr gehalten werden,
und wenn Einer derselben deshalb entlassen worden,
so sollte ihn kein Fürst und keine Obrigkeit wieder in
den Dienst nehmen; diejenigen aber, welche geringen
Standes seyen, sollten darum körperlich bestraft werden. Wenn Obrigkeiten in Handhabung und Voll-
ziehung dieser Verordnung sich säumig oder nachlässig
bezeigen sollten, so sollte der Kaiserliche Fiskal solche
Unterthanen, welchen die Uebertretung des Gebotes

nachgewieſen werden könnte, bei dem Kaiſerlichen
Kammergerichte zur gebürlichen Strafe vorladen. —
Dieſes war nun eine Strenge, die man nicht ge=
ahndet hatte; denn die Fürſten der Trinklande, oder
wo das Trinken über die Gebühr Statt hatte, mußten
befürchten, der Reichsfiskal würde dieſe ſchöne Gele=
genheit: in ihren Gebieten ſcharf zu hauſen, nicht ver=
ſäumen; ſie erzwangen daher dieſe Einſchränkung des
Verbots: „Aber an den Orten, wo das Zutrinken
von Alters her geübt wird und Ueberhand genommen
hat, ſollen die Obrigkeiten allen möglichen Fleiß an=
wenden, ſolches abzuſtellen.“ — Dieſes Verbot hatte
doch die gute Folge, daß die Fürſten dem Kaiſerli=
chen Beiſpiele folgen, und auch in ihren Ländern Ver=
ordnungen ergehen laſſen mußten. So ſetzte z. B.
Herzog Ulrich von Würtemberg auf jedes Zutrin=
ken, es ſey halb oder gar aus, oder in welcher Geſtalt
es wolle, 3 Pfund 5 Schilling, und ließ dieſes Geſetz
jährlich viermal von den Kanzeln verkündigen. — Kai=
ſer Karl der Fünfte, eben ſo mäßig, wie ſeine Vor=
fahren, wiederholte das Verbot, und ließ die deshalb
erlaſſene Verordnung in die Reformation guter Po=
lizey zu Augsburg einrücken, mit der Rubrik: vom
Zutrinken, in zwei Paragraphen; es wird darin
faſt daſſelbe geſagt, was in der Verordnung von ſei=
nem Großvater Maximilian oben angeführt wor=
den.   Aber auch dieſe Verordnung des Kaiſers rich=
tete ſehr wenig dagegen aus; denn einerſeits fand
das alte Herkommen, auch bürgerliche Hochzeiten, Ver=
träge, Stiftungen und andere Zuſammenkünfte, mit
Trinkgelagen zu feiern, immer noch denſelben An=
klang, man konnte ſich von einer ſo uralten Sitte noch
nicht losreißen, und andrerſeits unterließ ſelbſt der
Adel, der alten Ritterſitte eingedenk, und ſelbſt die ver=
bietenden Fürſten das Zutrinken nicht.   Johann
von Schwarzenberg, in ſeinem Büchlein vom

Zutrinken, oder Sendebrief der Stände der
Hölle an die Zutrinker, gab es ſchon dem Kaiſer Maximilian dem Erſten zu verſtehen; denn
er ſagte: „Ihre Kaiſerliche Majeſtät ſollten erſt ihren
Gewaltigen am Hofe es unterſagen.“ Und dann ſagt
er hinterdrein: „Höchſtens wenn alle andere ſeine
Gebott und Ordnung vollſtreckt werden, alsdann ſey
Zeit genug, dieß auch zu halten.“ — Die Fürſten bekannten es auch ſelbſt. Herzog Ernſt von Lüneburg
ſagt zu Luthern: „Herr Doktor! Wir wollten gern
alle gute Chriſten ſeyn, aber das Laſter der Völlerey
können wir nicht ablegen.“ — „„Dazu ſolltet Ihr
Herren aber thun,““ verſetzte Luther. — „Wir thun's,
ſcherzte Herzog Heinrich von Mecklenburg, denn wenn
wir Fürſten nicht dazu thäten, das Saufen wäre längſt
abgeſtellt.“ — Ueberhaupt ging die Nichtachtung der
Geſetze hierin ſo weit, daß ſich die Edelleute einander
zutranken: „Es gilt Dir des Reichs Abſchied
wider das Zutrinken.“ Ja, ſelbſt auf dem Reichstage zu Regensburg dachten die Ritter und Fürſten ſo
wenig an das Verbot, daß ſie ſich in den guten Weinen
bis zum Uebermaaße bezechten. Die Spanier ſtellten
dieſes dem Kaiſer vor, und drangen in ihn, dieſen
Trunkenbolden die ſchärfſte Strafe zu drohen. Aber
Karl, der vielen vergeblichen Verbote müde, antwortete ihnen: „Was ſoll ich thun? Ich bedauere ihre
Thorheit; aber ihre Gurgeln vor dem Weine verſchließen, kann ich eben ſo wenig, als Euch Spaniern
die Hände binden, daß ſie nicht wüthen*).“ Kaiſer
und Reich ließen aber dennoch die angeführte Verordnung in die Reformation guter Polizey zu
Augsburg 1548 wiederum einrücken, und dieſen Pa-
ragraph noch beifügen: §. 3. „Wir wollen auch, daß
die Obrigkeiten ihren Pfarrherren und Predigern befeh-

*) Carpzovii Praxis crimin. P. III. p. 327.

len sollen, alle Sonntag dem Volke zu verkünden,
daß sie sich des Zutrinkens enthalten, mit Erzehlung
der Laster, so aus der Trunkenheit folgen, wie ihnen
deshalb von den Obrigkeiten ein Verzeichnuß zuge=
stellt werden soll." — Auch Kaiser Rudolph der
Zwette ließ sie in dem Frankfurter Reichsabschiede
1577 unverändert wiederholen. — Es arteten aber
auch solche Gesellschaften, welche sich zu kirchlichen
Zwecken, besonders in den Städten des nördlichen
Deutschlands, z. B. in Berlin, und dann in Bran=
denburg, Frankfurt an der Oder, Fürstenwalde, Mün=
cheberg, Bernau, Seehausen, Perleberg 2c. in der
Mark Brandenburg; zu Pasewalk, Anklam 2c. in
Pommern; zu Göttingen in Hannover; in Braun=
schweig 2c., unter dem Namen Kalands= oder Elends=
gilden, Orden oder Gesellschaften, in der er=
sten Hälfte des vierzehnten Jahrhunderts gebildet
hatten, zu Anfange des funfzehnten in eigentliche
Trinkgesellschaften aus, wenigstens berichtet dieses
Böhs in seinen Beiträgen zur Geschichte der Ver=
gnügungen in Pommern, in der Zeitschrift Eury=
nome und Nemesis (Stettin, 1809), S. 397,
von dem Kalande zu Pasewalk in Pommern; auch
scheint dieses in andern Städten, wo diese Gilden be=
standen, wohl derselbe Fall gewesen zu seyn; denn des=
halb wurden sie auch bei der Reformation, so zweckmä=
ßig sie sich auch bei ihrer Stiftung in Unterstützung der
Kirche zu wohlthätigen Zwecken bewiesen hatten, auf=
gehoben. S. auch den Art. Kaland, Th. 32, S.
369. — Wir kommen nun zu den Orden der Ent=
haltsamkeit oder Mäßigkeit, die mehr als die
Reichsgesetze wirkten, und sich unter dem Kaiser
Friedrich dem Dritten zu bilden anfingen. Wenn
gleich die Neigung zum Trunke immer noch bei einem
großen Theile des Deutschen Volkes verblieb, so war
doch auch ein anderer Theil gegen diese Neigung, we=

nigstens gegen die Uebertreiber im Trinken, gegen
alle Trinkgerechte. So führte der genannte Kaiser
den Orden der Mäßigkeit, welchen Alfons
von Spanien errichtet hatte, zur Beschämung der Völ=
lerey wieder ein, und trug an heiligen Festnächten und
großen Feierlichkeiten dessen Insignien öffentlich. So
erschien er mit seinem Sohne Maximilian dem
Ersten bei dem prächtigen Gastmahle, welches Karl
der Kühne in der Gegend von Trier gab, mit die=
sem Ordenszeichen. Es bestand in einem Kranze aus
zusammengefügten Kannen, in welchen Blumen stan=
den. Auf diese Kannen war ein Marienbild geheftet,
woran ein Greif hing, welcher in seinen Klauen ei=
nen Zettel hielt, mit der Ueberschrift: **HALT MAS.**
Lambecius, bei welchem man die Abbildung dieses
Zeichens findet, führt eine Urkunde an, durch welche
der Ritter Nikolaus von Lobkowiz mit seiner
Gemahlin in den Orden aufgenommen wird*). Bald
darauf entstand ein anderer dergleichen Orden, ge=
stiftet von dem damaligen Kärntischen Landeshaupt=
mann Sigismund von Dietrichstein, unter dem
Namen der St. Christophsgesellschaft. Der
Stiftungsbrief**) giebt die Triebfedern an, und läßt
uns die edle Denkungsart der damaligen Zeit sehen.
Gleich am Eingange klagt der gottesfürchtige Ritter,
daß der Mensch seinen Schöpfer nicht im Auge habe,
sondern seinen heiligen überall ehrwürdigen Namen
entweihe. Die Ursache dieser Unaufmerksamkeit liege,
seiner Achtung nach, in der Völlerey, die eine Versto=
pferin der Sinne, und eine Verschwenderin des Gedächt=
nisses sey. Und da unter allen Unsitten die Völlerey,
und zumal die Uebervöllerey, das Zutrinken zuerst er=

---

*) Lambecius Comment. de Biblioth. Vindob. ex edit. Kol-
larii. Tom. II. p. 879 sq. Fugger's Ehrenspiegel. S. 474.
**) Valvassor Beschreibung von Crain. Francisci's
Uebers. Th. 3, S. 23—27.

scheint, und solches dem Adel am meisten zuwider ist,
der doch ein Vorgang des gemeinen Volkes seyn soll,
so habe er gedacht, daß durch die Stiftung einer frei=
willigen Gesellschaft, und durch die Wirkung angebor=
ner Adelstugend, die Wiederbringung guter Sitten,
als die erste Grundfeste, wenn auch mit etwas Zwang,
zu erlangen sey, und dieses nach der alten Weisen
Sprichworte: „daß die Guten meiden das Uebel aus
Liebe der Tugend." Dieses in Erwägung ziehend, habe
er versucht, mit zeitigem Rathe und fleißiger Ueberle=
gung der strengen und festen Herren der löblichen
Fürstenthümer Steyer, Kärnten und Krain eine Ge=
sellschaft zu stiften — „mit hochfleißiger Ermahnung
zu allem Adel, daß sie wollen bedenken, ihr ein wenig
vorgemeldt löblich Ankunft, die Bürd deß Verstan=
des, auch große Nothdurft unserer Zeit, zu welcher
beyde grausame Laster Fluchens und Zutrinkens
sogar überhand genommen." Besonders deuchtet ihm
ein starker Beweggrund, „wie gütig das sey von un=
ser Kinder wegen, so sie aus unser Selbst=Entweh=
nung von uns, und unsern Ehehalten nicht sollicher
Red, auch zutrinken hören, noch sehen, daß sie in die=
selben nie nach hinkommen, stamlen, noch thun, und
so viel desto minder solch grewlich Laster an sie wach=
sen mag." — Die Ordnung enthält achtzehn Punkte,
die jeder Ordensbruder, wes Titels oder Standes er
auch ist, an eines geschworenen Eides Statt zu halten
geloben mußte. Herauszuheben sind hier: II. Jeder
soll St. Christophs Bildniß an einer Ketten oder
Schnur am Hals=Pinnet, Huet, oder sonst öffent=
lich und sichtbarlich tragen. Wo aber einer sol=
ches unterließ, und ihn einer seiner Gesellschaft dar=
über beschrie, „als oft das beschicht, als oft soll er mit
Wissen deß Gesellen armen Leuten 3 Kreuzer durch
Gottes Willen geben." — V. Keiner der Gesellschaft
soll zutrinken, noch Jemand es in keinerley Weise an=

mueten. Wo aber namhaffte Leute einem anmuteten
zuzutrinken, so soll ers mit den Worten und nicht an=
ders annemen: „Ich gewart sein nach Vermögen
der Gesellschafft." Alsdann soll er nach seinem Durst
eines gewarten, ungeferlichen. Wer diesen Artikel
übertritt, ist zween rheinisch Gulden straffällig. —
VI. Ein jeder der Gesellschaft soll, seinem Eide nach,
es dem Hauptmann der Gesellschaft ansagen, wenn
er Gesellen schwören hört, oder zutrinken sieht. — VIII.
Jedes Mitglied, das einen Sohn, Bruder oder Freund,
den es bei ihme auf, und unberhelt, oder liefert, soll
keineswegs gestatten, daß er bei dem Leiden Christi
schwöre oder zutrinke. Geschäh es aber, es sey inner
oder außerhalb dem Hause, so soll der Beherberger
1 rheinischen Gulden dem Hauptmann für ihn bezah=
len. — X. Es soll auch ein jeglicher Gesell, bey sei=
nen Dienern mit Guten und Unguten, darob seyn, da=
mit sie ob den Mallen (Gastmählern) nicht zutrinken:
Wo man es aber erfert, daß es ein Diener than hat:
für den soll der Herr ein ganz Jahr ein Pfund Pfen=
nig dem Hauptmann geben. Er nemb die vom Knecht
oder nicht, oder er leg den, oder dieselben Knecht, als
of es einer thuet, drey Tag und Nacht in ein Kerker.
— Die Gesellschaft bestand aus achtundsiebzig Mit=
gliedern, worunter auch Chorherren waren; und
da auch das weibliche Geschlecht den Wein liebte, so
wurde auch Frauen und Jungfrauen der Eintritt in
den Orden gestattet. Die Fortdauer dieser Gesellschaft
war aber nur kurz; denn die erste Hitze erkaltete bald,
und die nachfolgenden Mitglieder hielten nicht mehr
die Vorschriften. — Wenn nun gleich dieser Eifer in
einem Theile Deutschlands erkaltete, so lebte er doch
an einem andern Theile wieder auf. So errichtete der
Churfürst Richard von Trier und Pfalzgraf Lud=
wig im Jahre 1524 auf einem Gesellenschießen mit
der Armbrust zu Heidelberg eine Brüderschaft der

Trinken und Trinksucht. 1165

Enthaltsamkeit, in welche, außer den beiden Stif-
tern, noch funfzehn Fürsten und Bischöfe traten, nebst
einer großen Anzahl von Grafen und Edelleuten. In
der Urkunde*) heißt es:

Thun kundt allermänniglich, daß wir uns miteinander einhelliglich entschloffen, und bei unsern Fürstlichen
Worten einander zugesagt und versprochen, und thun
das in und mit Kraft diß Briefs, daß unser jeglicher
Fürst und Churfürst obgemelt, wir seyn Geistlich oder
Weltlich, nun hinfüro, für unser eigen Person, der
Gotteslästerung, und Zutrinkens ganz oder halbs
uns enthalten, und müssigen, auch allen und jeglichen
unsern Ober- und Unter-Amptleuten, Hofgesind und
Dienern, Unterthanen und Verwandten, bei einer
nahmblichen Straffe ernstlich gebieten dergleichen bei
der Ritterschaft, in eines jeden Fürstenthum und Lande
gesessen, fleißiglich bitten, und daran seyn sollen, und
wollen sich gleicher Maß wie wir, des Gotteslästern
und Zutrinkens ganz oder halbs zu enthalten, und
müssig zu stehen, und welche unsre Amptleut, Hofgesind, Diener oder Knecht, solches zu halten Beschwe-
rung trügen, das überfahren, und nicht halten wollen
oder würden, den oder dieselbigen soll unser jeglicher,
zustunden, mit Ausrichtung seines Lohns beurlau-
ben, an seinen Ampten oder am Hof zu bleiben
nicht mehr gestatten. Deßgleichen unser Churfürsten
und Fürsten in dieser Ordnung begriffen, keiner der-
selbigen Amptleut, Hofgesind, Diener oder Knecht, die
bemelter Ursach halb beurlaubt wären, zu Dienst
ferner, auch sonst nicht annehmen, er hab
dann von dem Churfürsten oder Fürsten, bey dem er
gewesen, eine Schrift, wie er abgeschieden, und ob einer oder mehr die nicht hätte, soll der Churfürst oder
Fürst, bei dem um Dienst angesucht wird, dem andern Churfürsten oder Fürsten, bey dem der oder die-

*) Michaelis Hebereri Aegyptiaca servitudo lib. 1. cap. 2.
Einen Auszug davon findet man in Wagenseil de imp. Rom.
Official. p. 235. — Herers historische Reisebeschreibung, S. 9.

selbige gewesen, schreiben und erlernen, wie bei Ihme
abgeschieden, sich dieser Ordnung nach mit ferner
zu halten. Gleicher Maß sollen wir bei unsern
Amptleuten, Hofgesind und Diener mit ihren Knech=
ten, wie vorsteht, die Ding auch zu vollstrecken ver=
schaffen, und die Unterthanen, welche dies Gebot über=
treten und nicht halten würden, mit einer Peen, die
darauf von einem jeden Churfürsten und Fürsten ge=
setzt werden soll, so oft sich das begiebt, unablässig
straffen, auch die vom Adel in eines jeden Fürsten=
thum und Landschaft gesessen, durch gebührliche Mit=
tel und Weg, so viel möglich, davon zu wissen unter=
stehen (wobei aber folgende Ausnahme hinzugesetzt
worden, worin sie die Schwäche der Deutschen Na=
tur in diesem Widerstande offenherzig bekennen): Wär
es aber, daß unser Churfürsten oder Fürsten, einer
oder mehr, in die Niederland, in Sachsen, die Mark,
Meckelburg, Pommern oder dergleichen, da zu trin=
ken die Gewohnheit, käme, und über fleißig Weige=
rung zutrinkens nicht geübriget seyn möchte, sollen die=
selbigen solche Zeit mit ihrem Hofgesind und Dienern
ungefehrt, und mit dieser Ordnung nicht gebunden
seyn.

Einige Jahre darauf findet man einen andern Or=
den *), ebenfalls wider die Trunkenheit, und viel=
leicht durch den vorherbeschriebenen veranlaßt. Die
Mitglieder, welche eben nicht ritterbürtig seyn muß=
ten, trugen zum Erkennungszeichen einen goldenen
Ring. Wer das Verbot, das Zutrinken zu meiden,
übertreten hatte, mußte den Armen einen Goldgulden
geben, und seinen Ring an den Ordensherren zurück=
liefern. Hub. Thom. Leodius, ein Mitglied dieser
Gesellschaft, erzählt in der Lebensbeschreibung des Chur=
fürsten Friedrichs des Zweiten folgende Anekdote
davon, die vieles Licht über diese Gesellschaft verbreitet.

---

*) Th. Hub. Leodii annal. de vita Friderici II palatini.
Ed. 1624, p. 181, 82, 83.

Er wurde nämlich von ſeinem Herren im Jahre 1533 in
Geſchäften zum Könige Heinrich dem Achten nach
England geſandt. Der redliche Mann gefiel dieſem
Könige ſo ſehr, daß er einer großen Vertraulichkeit
von ihm gewürdiget wurde. Einſtmals rief Hein=
rich, nach einem langen Spaziergange, ihn dürſte,
man ſolle zwei der größten Becher, den einen voll
Wein, den andern voll Bier, herbei bringen. Sobald
ſie herbei gebracht waren, ließ er dem Leodius die
Wahl: „Einen aber, ſetzte er hinzu, mußt Du mir zu=
bringen, damit Du ſiehſt, daß die Engländer und der
König ſelbſt auf gut Deutſch trinken, und Du hernach
Deinem Fürſten ausrichten kannſt, wenn er einmal
nach England kommen will, ſo ſoll es ihm an Trink=
geſellen nicht fehlen." — Leodius antwortete: Daß
er ſolcher Trünke nicht gewohnt ſey, müſſe auch, kraft
ſeines Gelübdes, ſie unterlaſſen, indem ſein Herr durch
einen gegebenen Ring das Zutrinken ihm verboten
hätte. Der König widerlegte alle dieſe Ausflüchte nach
ſeiner Art, und nothgedrungen ergriff endlich der ehr=
liche Deutſche, welchem vor der Größe des Bechers
grauete, denſelben mit Wein, und leerte ihn in vier
ſchweren Zügen aus, indeſſen der König ſein Bier in
einem Schlucke hinabgetrunken hatte. Bei der Abreiſe
verehrte ihm Heinrich unter andern Geſchenken auch
ſechzig goldene Ringe, welche wider den Krampf gut
ſeyn ſollten, und gab ihm für ſeinen Pfalzgrafen ei=
nen goldenen Becher. Nachdem Leodius zurückge=
kehrt war, erzählte er den Vorfall ſeinem Herren im
Vertrauen. Dieſer ließ auf den Abend die Geſellſchaft
zuſammenkommen, und den Leodius ſein Aben=
theuer erzählen. Die Mitglieder erklärten ihn einſtim=
mig für ſchuldlos, und leerten, der Ordnung nach, den
mitgebrachten Becher. Der Freigeſprochene ſchenkte
hierauf jedem Anweſenden einen Krampfring, und
Alle verließen vergnügt den Geſellſchaftsſaal. Die

Zeit der Dauer dieses Ordens ist nicht aufzufinden; doch soll er nicht lange gedauert haben. — Jetzt folgt eine Reihe von Jahren, wo man von ähnlichen Stiftungen nichts findet; nur erst, nachdem die Trinksucht wieder eine Weile fortgedauert hatte, und wieder zu einer gewissen Höhe gestiegen war, trat eine neue Gesellschaft in gleicher Absicht, wie die frühern, im Jahre 1600 hervor, welche den Landgrafen Moritz von Hessen zum Stifter hatte, und der Hessische Orden der Mäßigkeit genannt wurde *). Die Mitglieder, welche sich zu Heidelberg unterschrieben, waren, außer dem Stifter: Johann Georg, Markgraf zu Brandenburg; Ludwig zu Hessen; Friedrich Heinrich von Nassau; Emich, Graf zu Leiningen; Friedrich Magnus, Graf zu Erpach; Otto, Graf zu Solms, der Junge; Philipp, Graf zu Solms; Ludwig, Graf zu Erpach; Johann, Wild- und Rheingraf; Wilhelm, Freiherr zu Winnenberg; Abraham, Burggraf; Herr von Ohona. — Die Vorschriften dieses Ordens waren in folgenden vierzehn Artikeln abgefaßt.

1) Geschah die Verbindung sich alles Vollsaufens zu enthalten, nur auf zwei Jahre (wahrscheinlich aus Vermuthung, daß das Gelübbe nicht gehalten werden würde). — 2) Täglich sollte Keiner mehr als vierzehn Ordensbecher voll Wein austrinken (da kein Ordensbecher aufgefunden werden konnte, so ist auch das Maaß desselben nicht mehr näher zu bestimmen). — 3) 4) und 5) Täglich sollten nur zwei Mahlzeiten gethan, und die Becher, welche etwa zur Suppe (das ist zum Frühstück), oder zum Schlaftrunk, oder sonst zwischen der Zeit getrunken würden, an den täglich erlaubten vierzehn Bechern abgezogen werden. — 6) Zu Löschung des weitern Durstes ward

---

*) Curtius, Prof. in Marburg, Programm von den Hessischen Orden. Ein Auszug daraus steht in den Rheinischen Beiträgen zur Gelehrsamkeit, 1778, Heft 7, S. 9.

Bier, sauer und anderes Wasser, auch Julep, erlaubt.
Dagegen verboten 7) Die Ordensbecher mit gebrann=
ten Welschen, Spanischen oder andern starken ge=
würzten Weinen (Hamburger Bier und Breihan mit
eingerechnet) auszutrinken. — 8) Ein einziger sey
erlaubt, welcher aber an den übrigen abgezogen wer=
den müsse. — 9) und 10) Wird untersagt, die sieben
Ordensbecher auf einen oder zwei Trünke zu leeren,
oder gar alle vierzehn bei dem Mittag= oder Abend=
essen zugleich auszutrinken; sondern man soll wenig=
stens drei Trünke davon thun. — 11) 12) und 13)
Jeder Ordensverwandte muß seine eigene oder sei=
ner Gesellen in Erfahrung gebrachte Uebertretungen
bei seinem Gewissen anzeigen, worauf denn der Stif=
ter durch drei unschuldige Ordensmitglieder untersu=
chen lassen wird, ob der Uebertreter mit der größten,
mittlern, oder geringern Strafe zu belegen sey. Die
erste machte auf ein Jahr unfähig, irgend ei=
nem Ritterspiele beizuwohnen; die zweite unter=
sagte den Genuß alles Weins bis zum Ausgang der
zwei Verbindungsjahre, und nach der letzten mußte
der Verbrecher zwei seiner besten Rosse oder dreihun=
dert Thaler geben. Diesen Strafen unterwarf sich
der Patron, Churfürst Friedrich der Fünfte, und
der Stifter des Ordens selbst. — 14) Den Ordens=
verwandten wird untersagt, auch andere Personen zum
Trinken zu nöthigen, und sollte ein Mitglied über die
Gebühr Bescheid zu thun gezwungen werden, so sind
seine Ordensbrüder verbunden, es zu vertheidigen.

Am Schlusse wurde verordnet, daß wenn andere
rittermäßige Personen Lust hätten, in die Gesellschaft
zu treten, sie sich bei den Herren Patronen und Stif=
tern melden sollten. Jeder neu aufgenommene Or=
densverwandte mußte auch innerhalb Monatsfrist sich
einen gleichmäßigen Ordensbecher auf eigene Kosten
machen lassen, und solchen, nebst dem Ordenszeichen,
in so guter Verwahrung halten, daß er auf Erfordern
beide jedesmal innerhalb vier und zwanzig Stunden
vorzeigen könne, widrigenfalls er in eine von den

Obmännern zu bestimmende willkührliche Strafe ver=
fiel. Aber auch dieser Orden ging, ohne etwas Frucht=
bares gewirkt zu haben, bald wieder ein. — Die Wir=
kungen der Mäßigkeitsgesellschaften und Enthaltsam=
keitsorden auf die Trinksucht waren nur geringe, da
sich die Orden nicht lange hielten, sondern die Mit=
glieder größtentheils wieder ausschieden, und zu ihrer
frühern Lebensart zurückkehrten. Man versuchte da=
her auch noch andere Mittel dagegen, wozu auch das
Donnern der Prediger von der Kanzel kam, so wie das
Ermahnen der wenigen vorhandenen Aerzte: die Trink=
sucht, als der Gesundheit schädlich, zu meiden. Auch
schrieb man Bücher dagegen, wie z. B. das Werk von
Sebastian Frank „Bericht und Consilium betref=
fend das greuliche Laster der Trunkenheit“ (1531,
neueste Auflage, Leipzig, 1691); aber alle diese Mit=
tel fruchteten vielleicht nur bei Wenigen. Man suchte
auch dagegen das Ehrgefühl in Anspruch zu neh=
men, welches schon Kaiser Karl der Fünfte und
das Reich thaten; auch Rudolph der Zweite that
ein Gleiches; denn in der Reuterbestallung zu
Speier, 1570 aufgerichtet, heißt es §. 48: Item, die=
weil es leider dahin kommen, daß unter den Teutschen,
sonderlich im Krieg, das lästerlich viehisch Voll=
saufen schier die meiste Uebung ist, darauß der gan=
zen Nation viel Verkleinerung, Unehr, Nach=
theil und Spott entsteht, sonderlich im Krieg, und
auch destoweniger Sieg und glückliche Verrichtung er=
folgt, so soll hiermit den Obersten, Befehlshabern,
gleichfalls Herrn, Junkern und Mitreutern in Krafft
dieser ihrer Bestallung zum ernstlichsten eingebunden
seyn, sich der stäten immerwehrenden Völlerey zu
mäßigen, sonderlich aber solches ihren Knechten und
Dienern auch nicht zu gestatten.“ — Aber auch
dieses Mittel ging nicht; denn man suchte eine Ehre
im Trinken, und hielt solches für männlich, für ritter=

lich, und ſcherzte ſelbſt darüber, wie das Sprichwort
verkündet: „Der Durſt ſey ihr Erbfeind." Man
ließ daher die Ausländer ruhig ſticheln, oder gab ihnen ihre Spöttereyen eben ſo derb wieder. Dem oben,
S. 156, angeführten Bollandiſchen Sinngedicht
antwortete man:

> Ut nos dulce merum, sic nvs venus improba
> vexat,
> Lex posita est Veneri Julia, nulla mero.

Und den Franzoſen, welche ſchon damals die Ritter-
würde in der Satyre zu erringen ſuchten, erwiederte
man auf ihre Ausfälle:

> Bacchus germanos vexat, sed femina Gallos,
> Dic mihi, quid gravius — etc.

Johann von Schwarzenberg that es am kräf-
tigſten, indem er ſagt: „In den Trinkländern fände
man gewöhnlich, frumb, wahrhaft, kühne, getreue, be-
ſtändig, hart, männlich, ſtreitbar Leut; in den andern
(Italien und Frankreich) dagegen die greuwlichſten Laſter wider die Natur, Unkeuſchheit, Vergeben, Zag-
heit, Untreue, Geiz ꝛc." Mit ihm ſtimmten denkende
Ausländer überein. Peter Lancré, Franzöſiſcher
Rath, ſagt in ſeinem Livre des Princes rund heraus: „Wenn die redliche Deutſche Nation die Italieniſche Mäßigkeit einführen wollte, ſo würde man ſo-
gleich falſche Herzen, Argliſt, Tücke und Meineid an
ihr finden." Dieſe Ueberzeugung von dem guten
Einfluſſe des Trinkens, welcher erſt durch die Spöttereyen recht erweckt wurde, dauerte ſo lange, daß noch
im dreißigjährigen Kriege ein Dichter (nach Zeiller
Salomon von Golau) ſprach:

> Umb Deutſchland ſtund es noch ſo wohl,
> Da Deutſchland nur war gerne voll,

Als da es triegen, buhlen, beuten
Gelernet hat von fremden Leuten.

Man gewahrt hieraus, daß alle vereinigten Kräfte
der Reichsgeſetze, der Orden, der Kanzel, der Aerzte,
der Schriften, der Spöttereyen und anderer entgegen-
geführten Mittel nur ſchwach, und nach und nach wider die Nationalneigung zum Trinken wirkten; allein
der Haupthebel zur Vernichtung der Trinkſucht, die
ſteigende Kultur, hatte noch nicht den Punkt erreicht,
um hier wohlthätig zu wirken, auch hatten ihre Wirkungen den Nachtheil, daß man wieder auf andere Laſter fiel, die man früher nicht kannte, und daß dagegen die früheren Tugenden, die den Deutſchen beſonders auszeichneten: Treue, Geradheit, Redlichkeit, Herz-
haftigkeit, mit der ſteigenden Kultur größtentheils verloren gingen. Was ſie daher von der einen Seite zu
gewinnen glaubten und auch gewannen, ging von der
andern wieder verloren. — Blickt man auf den phy-
ſiſchen Nachtheil, den das Deutſche Volk von dem vielen Trinken hatte, ſo kann dieſer nicht ſo groß geweſen ſeyn; denn die Natur hatte ſich an das Vollmaaß
im Trinken gewöhnt, wozu noch die rauhe, arbeits-
volle Lebensart, die Angewöhnung von Jugend auf,
und die Gattung des Getränkes in Erwägung gezogen werden müſſen. Krankheiten, außer denjenigen,
die das Klima, die Witterung, herbei führt, ſcheinen
nicht beſonders geherrſcht zu haben, da man das Bedürfniß der Aerzte eben nicht fühlte, obgleich es andere Heilkünſtler und Quackſalber genug gab, die ſich
mit den äußeren Kuren beſchäftigten; denn im Jahre
1456 war im ganzen Würtemberger Lande kein ei-
gentlicher angeſtellter Arzt. Johann Kettner, welchen Graf Ulrich zu ſeinem und der Landſtädte Arzt
berief, wurde nur auf acht Jahre angenommen. Selbſt
noch im Jahre 1536 war im ganzen Herzogthume nur

ein geſchworener Arzt. Erſt im Jahre 1559 ſetzte der
Herzog Chriſtoph, dem des Landes Wohl ſehr
am Herzen lag, vier Landärzte und eben ſo viele Apo=
theker ein. In der Mark Brandenburg wurde die
erſte Apotheke, damals Arzneyladen genannt, un=
ter dem Churfürſten Johann Cicero im Jahre
1488 in Berlin errichtet. Auch Aerzte waren zu der
Zeit nur ſehr wenige in der Mark. Der erſte anſehn=
liche Arzt, welcher ſich auch wegen ſeiner chemiſchen
Kenntniſſe, auch in der Naturkunde, und in vielen
andern Wiſſenſchaften berühmt machte, war Leon=
hard Thurneiſer im letzten Drittel des ſechzehn=
ten Jahrhunderts, unter dem Churfürſten Johann
Georg, der auch deshalb Neider genug fand, und
oft heftig angegriffen wurde, indem man ihn für ei=
nen Schwarzkünſtler verſchrie. Die jungen Aerzte,
die ſich in dem funfzehnten und ſechzehnten Jahrhun=
derte vorfanden, heilten größtentheils die Kranken mit
Elixiren und Wundertränken, und ließen ſich dieſe
Arzneyen theuer bezahlen. Daß alſo nur wenige
Krankheiten damals geherrſcht haben, geht auch aus
den Reichsgeſetzen und Strafpredigten hervor, indem
ſie den leiblichen Schaden des Trinkens nur im Vor=
übergehen berühren. — Man blieb alſo zu Anfange des
ſiebzehnten Jahrhunderts auch noch beim Trinken, und
Becher und Wein blieben die angenehmſten Geſchenke.
So wurden die Churfürſten von Brandenburg und
Mainz im Jahre 1606 auf ihrer Reiſe mit vollen
Weinfäſſern beehrt. Auch die Gewohnheit des Zu=,
Herum = und Geſundheittrinkens dauerte noch fort,
und mit demſelben auch noch die Wettkämpfe im Trin=
ken, wie der Glaube, einem Gaſte ein kleines Trink=
geſetzt anzubieten, ſey ein Geſetz der Höflichkeit. Da=
her blieben die Deutſchen bei den Ausländern zu An=
fange des genannten Jahrhunderts eben ſo als Trin=
ker verſchrieen, wie vorher. Als König Heinrich

der Vierte von Frankreich an dem Hause eines
Deutschen die Lateinische Ueberschrift aus dem hun=
dert und sechzehnten Psalme las: „Wie soll ich
dem Herrn vergelten alle seine Wohlthat,
die er an mir thut?" so sagte er: „Der ehrliche
Mann hat die folgenden Worte vergessen: Ich will
den heilsamen Kelch nehmen. Auch Johann
Owen, der selbst kein Trinkverächter war, und Andere
machten noch beißende Sinngedichte darauf. — Auch
die damaligen Hofordnungen, das Trinken be=
treffend, beweisen die große Herrschaft des Weingot=
tes. Man sehe z. B. die Hoftrinkordnung des Säch=
sischen Churfürsten Christians des Zweiten, worin
Folgendes angeordnet wird: Erstlich soll man trinken
die herrschaftliche Gesundheit; darnach soll man brin=
gen den freudigen Bergmann, mit dem Spruche: So
hatten es auch ꝛc. Hier mag dieses erläuternde Trink=
liedchen ganz stehen:

> So hatten es auch
> Die Alten im Brauch,
> Wenn sie vor Jahren
> Fein lustig waren.
> Sie schenkten voll ein
> Und trunken so rein,
> Daß man das Glas von oben
> Konnt auf dem Nagel proben:
> Das war zu loben.

Diese Art zu trinken, wodurch, wegen der großen Be=
cher, die Vollsauferey stark unterhalten ward, nannte
man auch im lobenden Scherze: einen Lutherschen
Trunk. Es scheint nach den damaligen Begriffen der
ächten Deutschen eine Unhöflichkeit gewesen zu seyn,
wenn man das Glas nicht völlig leerte; denn da gute
Gesellen gewöhnlich aus einem Becher tranken, so
mußte Einer des Andern Bartneige trinken. — So
wie der oben erwähnte Sächsische Hof sich späterhin

in der Galanterie und feinen Sitte vor andern Deut=
schen Höfen auszeichnete, so zeichnete er sich auch da=
mals im Trunke aus; denn Daniel Eremita, der
im Jahre 1609 mit einer Toskanischen Gesandtschaft
dahin kam, weiß die Unmäßigkeit darin nicht stark ge=
nug zu beschreiben. So sagt er unter andern von ei=
nem Gastmahle, bei dem er zugegen war: „Die sie=
ben Stunden über, die man daran saß, ward nichts
gethan, als mit mächtigen Trinkgefäßen und
ungeheuren Bechern in die Wette gesoffen, wobei
unstreitig der Fürst selbst den Preis davon getra=
gen *)." — Derselbe Eremita erzählt, daß der Land=
graf Moritz von Hessen, einen Pokal in der Hand,
aufgestanden sey, und in Gegenwart der Italienischen
und Spanischen Gesandten auf das Wohl der Könige
von Frankreich und das Verderben des Königs von
Spanien zugetrunken, also die Gäste auf ein Gleiches
herausgefordert habe. Solch eine edle, obgleich rauhe,
Offenherzigkeit schmückte noch den ächten Deutschen in
dem genannten Jahrhunderte. Auch den untern Stän=
den des Volks klebte noch der alte Wahn und Hang
in der ersten Hälfte des siebzehnten Jahrhunderts an.
Folgende zwei Stellen **) eines Zeitgenossen aus
der ersten Hälfte des siebzehnten Jahrhunderts, die
zwar etwas übertrieben zu seyn scheinen, zeigen dieses
deutlich. Es heißt hier nämlich: „Wer die allergrößte
Gläser, Becher und Willkomb außsauffen kann, der ist
bei diesen Weingänsen (so nennt er die Trinker) der
best, wer am allerlengsten sitzen oder stehen, und am
lengsten mit sauffen ausharren kann, der ist ein tap=
frer Saxen Kerl. Ja, zu einer ewigen Gedächt=

---

*) V. Dan. Eremitae iter Germanic. adnexum statui parti-
culari Regiminis S. C. M. Ferdinand 2 1637 p. 321
**) Lucifers Seelengejaidt oder Narrenhatz durch Aegi-
dium Albertinum, 1617, p. 229.

nuß schreiben sie ihren Namen an die große Bo=
kal und Gläser mit diesen Worten: Herr Peter
Ochs, Paul Elephant ꝛc. hat dises Glaß in ei=
nem einigen Suff außgetrunken, und in einem eini=
gen Athem und Schlundt außgehebt, daß ihnen die
Blätter oder eine Ader möcht zerschnollen seyn. An=
dere Gänßritter wären gern weit und breit bekannt,
und wollten gern in die Cronik kommen, derwegen
laßen sie in den Wirthshäusern ihre Wappen und
Nahmen entweder in die Glaßfenster oder auff Ta=
feln mahlen, und in die Trinkstuben zur ewigen Ge=
dechtnuß uffhenken, daß sie daselbst ihr Erbgut ver=
schwendt, und rein gesoffen haben." — Die Weige=
rungen bei dem Zu= und Gesundheitstrinken wurden
noch größtentheils als ehrenrührig und beschimpfend
angesehen, welches Textor, der zu Anfange des
siebzehnten Jahrhunderts lebte, bezeugt. Nach ihm
wurde derjenige für einen Feind gehalten, der nach
einigen Malen wiederholter Anmahnung nicht trinken
wollte, welches oftmals mit Blut und Todtschlag ge=
rochen worden, womit auch andere Schriftsteller über=
einstimmen. Der eben erwähnte Schriftsteller sagt
noch *): „Das ist leyder nunmehr ein Hoffzucht und
adeliche That (nämlich das Trinken). Hierdurch wird
mancher rittermäßig geachtet, der nie einen Feind ge=
sehen. Bilden ihnen einen Grimm ein, gegen den
frommen unschuldigen Wein, wollen allesampt an
ihme zu Rittern werden." — Im Jahre 1641 be=
suchte der Brandenburgische Rath Zastrow einen
Grafen von Schwarzenberg. Ueber der Tafel
trank ihm ein Preußischer Edelmann einen großen
Becher zu. Zastrow entschuldigte sich mit seinem

---

*) P. Textoris Tractätlein von Natur, auch Brauch und
Mißbrauch des Weins. Hiebevorn durch Simonem Schamber=
gern in Hochteutsch gebracht ꝛc. Frankfurt, 1617. 16. S. 287.

Unvermögen, es zu erwiedern. Darüber gerieth der Erstere, sich beschimpft glaubend, in Zorn, und griff den Weigernden mit Schmähworten an. Hieraus entspann sich ein Streit, der so heftig wurde, daß Zastrow erstochen zu Boden sank*). Mehrere Beispiele hiervon, findet man auch in Zillers Episteln, Th. 2, S. 107 und 109. In den eigenhändig aufgesetzten Lebensregeln des Grafen Eberhards des Jüngern zu Erbach für seinen Sohn Georg, vom Jahre 1604, heißt es am Schlusse dieser Regeln: „Hüt' dich vor dem Zutrinken, daraus, spricht St. Paulus, kommt ein unordentlich Leben." — Hierzu kommt nun noch, daß sich jetzt auch der Branntwein anfing geltend zu machen; denn in der Mark Brandenburg war das Brennen desselben unter dem Churfürsten Johann Georg, wie der schon oben, S. 126, angeführte Blasenzins vom Jahre 1595 beweiset, schon bedeutend geworden. Indessen scheint doch das Trinken des Branntweins zu der Zeit in Deutschland noch nicht allgemein gewesen zu seyn. Er wurde auch aus der Mark nach Polen, Rußland und Schweden ausgeführt, und dadurch der Absatz des Märkischen Weines, der sonst in die genannten Länder ging, sehr vermindert, weil man den Branntwein vorzog. Wie stark noch zu jener Zeit getrunken ward, geht auch aus der jährlichen Naturalienlieferung des Baumeisters Grafen zu Lynar am Churfürstlich-Brandenburgischen Hofe, unter Johann Georg, hervor, indem demselben 250 Tonnen Bier, 2 Fuder Rheinischen Weins und 3 Fuder blanken und 1 Fuder rothen Landweins geliefert wurden. (Nicolai Beschreib. von Berlin und Potsdam, Th. 2, Anh., S. 13, 2te Note.) Auch auf den Universitäten blieb noch in der ersten Hälfte des siebzehnten Jahrhunderts das ritterliche

---

*) Sebaldus in Brevier. histor. p. 380.

Trinken in voller Kraft, so wie noch mehrere andere
Gebräuche aus den frühern Jahrhunderten. Hier
herrschte noch das Willkommen=, Brüderschaft= und
Herumtrinken; das Zechen auf das Wohl oder zur
Ehre seines Fürsten, seines Mädchens oder Freundes;
das Zutrinken auf das Ganze oder die Hälfte, und
viele andere Trünke. Konnte es nun wohl fehlen,
daß diese Trinkliebe oder Trinklust auch mit in das
bürgerliche Leben übertragen wurde, wenn der Stu=
dent von der Universität, nachdem er seine akademi=
sche Laufbahn geschlossen hatte, zu demselben über=
ging; auch hier blieben die Gelage, die mannigfalti=
gen gesellschaftlichen Vereine 2c. nicht ohne Befriedi=
gung dieser Lust; und so wie die höheren Klassen des
Volkes dem Becher zusprachen, so thaten es auch die
niedrigen. Auch auf den Herbergen, in Wirthshäu=
sern 2c. wurde noch wacker gezecht. Auch des Kirchen=
fürsten, des Pabstes, wurde bei den Trinkgelagen der
Lutheraner gedacht; aber nicht in der Absicht ihn hoch=
leben zu lassen, sondern nur wenn man keinen Wein in
einem Trinkgelage, wobei man hochleben ließ, hatte,
so nannte man dieses Gelage Pabst, welche Benen=
nung eines solchen Gelages noch auf den Deutschen
evangelischen Universitäten bis auf die neueste Zeit
beim Biercomment geblieben ist. Uebrigens war der
Einfluß, den das Trinken und die vielen Trink= oder
Zechgesellschaften hier sichtbar äußerten, dem oben an=
geführten früheren ganz ähnlich. „Leichtsinn, tolles
Ehrgefühl, Liederlichkeit, sagt ein Schriftsteller, waren
die Früchte auf der einen, Offenherzigkeit, Muth, feste
Treue, oft heiße Dienstfertigkeit und Großmuth die=
jenigen auf der andern Seite." — „Während nun
die Trinksucht, fährt derselbe Schriftsteller fort, aus
leicht erklärlichen Ursachen hier noch lange fortwährte,
nahm sie doch bei dem Volke überhaupt ab; denn so=
bald sich der Zeitgeist von dem rauhen kriegerischen

Weltalter entfernt und die Bestimmungen der Menschen
sich so geändert hatten, forderte man von einem Teutschen nicht mehr so allgemein, daß er ein tapferer
Trinker sey." —

Einen großen Einfluß auf die Verminderung des
Trinkens hatte auch der dreißigjährige Krieg, der ein
namloses Elend über die Deutschen Länder brachte;
und dann auch die vielen fremden Kriegsvölker, welche
darin hauseten, wodurch sich Vieles von den alten
Sitten und Gewohnheiten der Deutschen abschliff, und
sie dagegen mit fremden Sitten und Gewohnheiten
bekannt wurden, die sich auch bald nach diesem Kriege
aus Italien und Frankreich noch mehr übersiedelten,
als sie schon Wurzel zu schlagen angefangen hatten.
Indessen blieb der größte Theil des Adels und der untern Klassen des Volkes noch der alten Sitte des fleißigen Trinkens treu, so wie überhaupt immer noch
von allen Ständen und Geschlechtern viel getrunken
wurde. Der Kanzler von dem Borne unter der Regierung des Churfürsten Friedrich Wilhelm von
Brandenburg entwirft ein Bild von der Ueppigkeit
und Schwelgerey in den letzten Zeiten des dreißigjährigen Krieges, wo doch schon Elend genug herrschte.
Nach ihm waren an den Sonn= und Festtagen alle
Gasthöfe, Schenken, Wein= und Bierkeller voller
Gäste, die bis in die Nacht sich voll und toll sof-
fen, und mit Trommeln, Pfeifen und Geigen auf=
warten ließen, welchem Beispiele dann auch das
gute Land folgte. Ja es gab vornehme Hofbedien-
ten, welche in der Trinksucht excellirten, und wohl
zwölf bis funfzehn Maaß oder Kannen Wein in einer Mahlzeit ausleeren konnten; ja ein Maaß Wein
in einem Zuge und gleichsam ohne Athem zu schöpfen
verschlangen; und eben so geschah es auch an dem
Hofe des Churfürsten von Sachsen. — Die erste vortreffliche Hoforordnung in Beziehung auf das Trinken

machte, nach **Moser** (Hofrecht, Th. 1, Beilage 5,
S. 32), Herzog **Ernst der Fromme** von Sachsen=
Gotha=Altenburg. In seiner Kellerordnung heißt es
§. 8 Nr. 7: „Wenn Fremde zugegen, die noch trin=
ken wollten, oder denen ein Trunk zu bieten wäre, soll
der Marschall, Oberschenke oder Hoffmeister mit Zu=
ziehung eines Cavaliers sie in die Kellerstube führen,
und ihnen à parte eine Ehre erweisen." Was man
aber schon vorher zu sich genommen haben möge, er=
hellt aus seiner Kellerordnung vom Jahre 1648 §.
7: „Vor unsere junge Herrschaft und Fräulein soll
er jede Mahlzeit geben, insgesamt zwei Maaß Wein
und fünfftehalb Maaß Bier."— §. 8: „Auf die Mägd=
gen= und Officier=Tisch soll gerichtet werden, auf jede
Person ein Maaß Bier, 3½ M. Landwein. — Auf die
hohen Fest, als Weynachten, Neujahr, Ostern und
Pfingsten, ingleichem wenn bei Hofe die Communion
gehalten wird, soll zu Mittag über die Truchstafel
auf die erste zween Feyertage ein halb Maaß Wein
auf jede Person gereicht werden." — §. 9: „Den
Früh= und Vespertrunk, wie auch Abschenken betref=
fend. — — Zum Untertrunk vor unser Gemahlinn
soll an Bier und Wein, so viel dieselbe begehren
wird, gefolget werden; vors gräffliche und adeliche
Frauenzimmer aber 4 Maaß Bier, und des Abends
zum Abschenken 3 Maaß Bier; vor die Frau Hof=
meisterin und zwo Jungfern, vor die Mägdchen und
andere Diener wird gegeben von Ostern bis Michae=
lis Vormittags um 9 Uhr auf jede Person 1 Maaß
Bier — und Nachmittags um 4 Uhr wieder eben so
viel."— Dieser Hof wurde nun noch, nach **Olden=**
burger*) zu den mäßigsten gehalten: denn von dem
Sächsischen und fast jedem andern Deutschen Hofe

---

*) V. Constantini Germanici Itinerarium Germaniae politi-
cum, p. 312.

konnte man dieses nicht sagen; denn sie opferten fleißig dem Weingotte; auch sey der Weltklügste derjenige, welcher die mächtigen Pokale am besten leeren könnte. Ferner herrschten auch noch jene großen Willkommenbecher und andere ungeheure Humpen, deren einer das Römische Reich hieß, und stark genug sey, auch die tapfersten Trinker niederzuwerfen. Auch die großen thurmähnlichen Weinbehälter, von denen schon oben die Rede war, galten noch als Zierde. Auf das große Heidelberger Faß wurde sogar eine Denkmünze geschlagen. Auch zu Dresden wurde ein ähnliches Faß aufgestellt, welches das Heidelbergische und alle andere Riesenfässer dieser Art übertraf, aber nicht mehr vorhanden ist. Auch die Sitte, den vornehmen Reisenden Wein und Bier zu verehren, war noch geblieben, und viele junge Ehemänner schenkten auch noch nach der Brautnacht ihren Frauen zur Morgengabe einen Doppelbecher. Familienpokale waren noch eines der köstlichsten Stücke des Hausgeräthes, und als die geschliffenen Trinkgläser und die Familienpokale von Glas aufkamen, so vertraten diese die Stelle der frühern metallenen ꝛc. Schlaftrünke waren auch schon ganz gewöhnlich. Zinkgräf sagt deshalb: „Wann der Feind mit Bancqueten und Schlaftrünken geschlagen werden könnte, wären die Sachsen schon läng im Reich richtig, und wüßte man von keinem Sp[ᵢ]nier zu sagen." Auch an dem Hofe des Herzog Ernst wurden sie gereicht, und noch im Jahre 165[8] ließ der Reichs = Erzmarschall in die Polizeyordnung für den angestellten Königlichen Wahltag einen Artikel vom Nach = und Schlaftrunk einrücken *). —

---

*) Polizey= und Taxordnung, wie solche von S. Churf. Durchl. zu Sachsen, in Kraft Dero tragenden Erz=Marschallamts 1658 publicirt worden. Frankfurt, in der Hoffmannischen Buchdruckerey. Art. 10, S. 9.

Auch die Sekretaire oder Schreiber und Amtleute in
den Kanzleyen hatten ihre Trinkflaschen neben sich ste=
hen, wie man jetzt Bier= und Branntweinflaschen in
den Fabrik= und andern Werkstätten bei den Arbeitern
findet. — Conring, Professor in Helmstädt, klagt
sehr über das viele Trinken zu seiner Zeit, und nennt
den Wein einen Feuertrank. Er sagt: „Nicht nur
Männer und Erwachsene stürzen ihn ein, sondern so=
gar Kindern wird er statt der Muttermilch eingegos=
sen." — Wangenseil schrieb im Jahre 1686:
„Wir Teutschen all, keinen ausgenommen, sind dem
schändlichen Laster der Trunkenheit unterworfen." —
Durch dieses fortwährende Trinken war nun der Kör=
per gegen hitzige Getränke so abgehärtet, daß man in
mehreren Ländern auch stark Branntwein trank. Im
Osnabrückischen herrschte diese Gewohnheit so sehr,
daß die Stände im Jahre 1695 eine heftige Schrift
wider ihn eingaben, worin gesagt wird: „Als wodurch
das Gehölz ausgehauen, das Getreide verschwendet,
Witz und Gesundheit versoffen wurde." Hierauf
ward das Branntweintrinken daselbst öffentlich verbo=
ten, wie solches Möser in seinen Patriotischen
Phantasien, Th. 2, in dem Aufsatze: „Also ist
das Branteweintrinken zu verbieten," an=
gezeigt hat. — Wenn nun gleich die Trinksucht
noch das ganze siebzehnte Jahrhundert hindurch dau=
erte, so hatten sich doch die Sitten schon geändert, be=
sonders nach dem Westphälischen Frieden; denn jetzt
erschienen statt der kriegerisch=ritterlichen Uebungen
und der Jagd, welche Letztere immer noch hier und da,
besonders im nördlichen Deutschland, fortgesetzt wurde,
aber schon ihren rauhen Charakter verloren hatte,
Schauspiele, Opern, Redouten oder Vermummun=
gen, Spiele und andere Lustbarkeiten aus Frankreich
und Italien an den Deutschen Höfen, und ergötz=
ten dieselben und das Publikum. Mit diesen Belu=

stigungen kam aber auch eine ganz andere Lebensart in
das Deutsche Volk, und die alte Keuschheit, Redlich=
keit und Wahrheitsliebe machte andern Tugenden und
andern Lastern Platz. Die Genüsse, selbst im Trin=
ken, verfeinerten sich, und diese Verfeinerung, die in
der Galanterie ihren Stützpunkt fand, brachte auch ein
Heer von Krankheiten hervor, von denen man früher
keinen Begriff hatte, und worunter die galanten
die fürchterlichsten und scheußlichsten in ihren Folgen
sind. Fernow malt sie in einem Gedichte mit
grellen Farben. Es heißt hier nämlich in einem
Verse:

Was wußten unsre Ahnen
Von Pillen und Ptisanen,
Von Venus und Merkur!
Jetzt brauchen ihre Enkel,
Für die verdorrten Schenkel
Bad, Brunnen, Speichelkur.

Es kamen jetzt auch fremde Getränke, außer den
Spanischen, Italienischen und Französischen Weinen,
Kaffee, Thee, Chokolade, Punsch 2c. (s. den Art. Ge=
tränk, Th. 18, S. 2 u. f., und die besonderen Ar=
tikel in der Encyklopädie) auf Deutschen Boden, und
eine neue Glut in die Adern, die bei der Trinklust un=
serer Voreltern, bei den geistigen Getränken, um so
nachtheiliger auf den Körper und Geist wirken muß=
ten. Die warmen Getränke, zu denen sich der
Gebrauch des Rauch= und Schnupftabaks ge=
sellte, kamen ungefähr in dem letzten Drittel des sieb=
zehnten Jahrhunderts nach Deutschland, und galten
erst als Arzneyen, als Preservative gegen feuchte und
kalte Witterung. Vor dem Jahre 1680 scheinen sie
in Deutschland noch nicht bekannt gewesen zu seyn,
wenigstens noch nicht im Volke, da der schon oben
angeführte Conring in seinem Werke „von der

Deutschen Leibesbeschaffenheit" davon nichts
erwähnt; allein nach dieser Zeit kommen die beiden
Erstern vor. Bontekoe, ein Niederländischer Arzt,
stiftete zu Hamburg das erste Kaffeehaus, und begab
sich dann nach Berlin, wo er Leibarzt des Churfürsten Friedrichs des Dritten wurde, und die neuen
Getränke gleichfalls empfahl. Und sechs Jahre darauf schreibt schon ein Mitarbeiter an den Actis Erud.
Lips, Mensis Martii 1686 in der Beurtheilung der
Traitez nouveaux et curieux du Café, du Thee
et du Chocolate: par Philippe Sylvestre du Four
p. 156, er wolle von dem Thee ein Weiteres nicht
anführen, weil er so bekannt und gleichsam alltäglich
sey. Bald darauf wurden Bontekoes und Düfours Lobschriften auf diese Getränke in das Deutsche übersetzt, und verbreitet*). Zur Verbreitung dieser Getränke thaten auch die beiden zu ihrer Zeit berühmten Diätetiker Joh. Sam. Carl und Friedrich Hoffmann ebenfalls das Ihrige, indem sie
solche sowohl in ihren Schriften, als auch in ihrer
Praxis empfahlen, und daher fanden sie zuerst als
Arzney Eingang; allein ihr Genuß hatte etwas
Schmackhaftes, reizte den Gaumen, und so wurde aus
der Arzney ein Lieblingsgetränk, welches man an die
Stelle des Bieres und Weines, zum Morgen-, Nach-
und Uebertrunk genoß, und somit fanden diese neuen
Getränke in den Bierländern bald Eingang; in den

---

*) Beide Schriften erschienen im Jahre 1692 zu Budißin
oder Baußen im Verlage von Friedr. Arnst in 16. Erstere unter dem Titel: „Kurze Abhandlung von dem menschlichen Leben, Gesundheit, Krankheit und Tod ꝛc., erstlich in hol-
ländischer Sprache beschrieben durch Cornelium Bontekoe ꝛc."
Leßtere aber ohne Düfours Namen: „Drey neue curieuse Trac-
tätgen von dem Trank Cafe, Sinesischen The und der Chocolade ꝛc. in die hochdeutschen Sprache übersetzt von dem, welcher sich jederzeit nennet Theae Potum Maximo Colentem.

Weinländern war aber deren Verbreitung nicht so schnell und allgemein. Indessen ging man anfangs, wie es schien, in dem Genusse nur sehr vorsichtig zu Werke; auch blieb man noch immer beim fleißigen Biertrinken; nur das zweite Geschlecht und Gelehrte und Beamte fingen an sich des Kaffees und Thees bei ihren Arbeiten zu bedienen, um so mehr, da der Erstere die Eigenschaft besitzt, am Abende genossen, wach zu erhalten. König sagt in seinem „Versuch einer historischen Schilderung der Hauptveränderungen, der Religion, Sitten, Gewohnheiten, Künste, Wissenschaften ꝛc. der Residenzstadt Berlin, seit den ältesten Zeiten bis zum Jahre 1786," Th. 4, Bd. 2, S. 229 (Berlin, 1796), unter der Regierung König Friedrich Wilhelms des Ersten: „Zu den einfachen, unverfälschten Nahrungsmitteln gehörten auch die einländischen vortrefflichen Biere, unter denen das Bernauer und Ruppiner Bier besonders beliebt waren. Wein war nicht in Ueberfluß, und der verderbliche Brandwein besonders nicht so häufig als jetzt getrunken. Nur an zweien Orten in Berlin verkaufte man Kaffee, davon das Loth mit einem Groschen, welches nach damaligem Werthe des Geldes sehr viel war, bezahlt wurde. Man trank ihn bloß als eine Delikatesse, und wenn sich Freundinnen des Mittelstandes schicklich bewirthen wollten, aus sehr kleinen Tässgen von Delfter Porzellain. Selbst der war nur in wenigen Läden zu haben, und den jungen Leuten nicht zum frühzeitigen Ge- e, der bekanntlich so viele Uebel hervorgebracht — Im Jahre 1714 ward auch in Berlin von einem Neger, Monsieur Olivier genannt, mit königlicher Erlaubniß das erste Kaffeehaus angelegt, welches au Caffé royal genannt wurde. Das Privilegium desselben besaßen die Erben noch eine geraume Zeit. — Werfen wir nun einen Blick in diese

neue veränderte Zeit, so gewahrt man, daß auch die
Trinklust noch keineswegs durch diese Veränderung
so geschwächt worden, daß Verordnungen deshalb
nicht mehr nothwendig gewesen wären; denn in ei=
ner gewissen Hoforbnung kommt nach Mosers Hof=
recht, Th. 1, S. 66, noch im Jahre 1711 vor: „Daß
Niemand, wer der sey, ohne denen es befohlen, bei
befahrendem Schimpff und Straffe in den Keller ge=
hen soll — — und nicht jedem, wie bishero geschehen,
den Keller oder das Faß gleichsam offen ste=
hen lassen." Keyßler berichtet in der Beschrei=
bung seiner Reise im Jahre 1729, daß es noch an
manchen Höfen Sitte gewesen, einen Edelmann mit
einem Rausche zu beehren. Er kannte einen Würz=
burgischen Geheimenrath, welcher an einem gewissen
Hofe täglich zehn Maaß Burgunder trank, und darin
die wetteifernden Kavaliere auch wirklich übertraf;
er fand jedoch in Würzburg fünf Trinker seines Glei=
chen, die alle auf zehn Maaß täglich geeichet waren.
Johann von Eckhart bestätiget solches, indem er
im Jahre 1727 aus diesem Orte an einen guten
Freund schrieb: „Ein Krug Bitterwein des Mor=
gens, des Mittags eine Sündfluth Stein=
wein, des Abends Karten und wieder Wein, sind
der Zeitvertreib hiesiger Gelehrten *)." — Wenn
nun gleich Bier und Wein immer noch die Getränke
blieben, denen man auch zu Anfange des achtzehnten
Jahrhunderts noch stark zusprach, so hatte sich doch
das Ganze in dem Trinkwesen sehr geändert, und
man muß es den oben angeführten Diätetikern Dank
wissen, daß sie auf die wohl Eingang gewinnenden
warmen Getränke aufmerksam machten, und sie em=
pfahlen, um so dem übermäßigen Genusse von Bier
und Wein, wenn nicht Schranken zu setzen, doch so

---

*) Historisch=diplomatisches Magazin, St. 2, S. 166.

weit zu steuern, daß er sich an den Gegengenußmit=
teln brach, welche die rohe Trinklust milderten, und
so der uns weit vorgeschrittenen Kultur in Welsch=
land und Frankreich mehr Eingang verschafften. Daß
Deutschland auch hier manches Uebel mit bekam, wel=
ches der Nationalität schadete, ist nicht Schuld der
warmen Getränke, nicht Schuld der eingeführten
Schauspiele, Opern, Ballette, Redouten 2c. 2c., son=
dern der eigenen Umfassungsliebe, der Herzlichkeit
und Aufrichtigkeit, womit man auch das Fremde be=
gierig aufnahm, es gleichsam brüderlich mit seinem
nachtheiligen Anhange umfing, und hierin auch dem
fremden Verdienste mit schwärmerischer Anerkennung
huldigte, ein gewiß sehr zu ehrender Zug des Deut=
schen, der die stolze, sich oft überschätzende Nationa=
lität mancher Völker hinter sich gelassen hat. — Die
warmen Getränke fanden nun, wider Erwarten, in
dem nördlichen Deutschland bald Eingang, besonders
bei dem weiblichen Geschlechte, welches früher auch
dem Biere und Weine tapfer zusprach; und schon
hierdurch wurde viel gewonnen, die Trinksucht zu mä=
ßigen, sie in gemischter Gesellschaft in gewisse Schran=
ken zu bringen. Viel trug auch in dieser Zeit der Mä=
ßigkeit und Sittlichkeit liebende Hof König Fried=
rich Wilhelms des Ersten von Preußen bei, der
einen großen Einfluß auf das Volk äußerte, und auch
von einigen andern Deutschen Höfen nachgeahmt
wurde. Und wenn hier von Seiten des Monarchen
in der Strenge vielleicht etwas zu weit gegangen
wurde, die Freiheit der Einzelnen, wie des Ganzen
zu beschränkt erschien, so muß man nur den damali=
gen Zeitgeist berücksichtigen, und dann den Zustand
des Staates, wo der Fleiß und die Sparsamkeit bei
dem Volke wieder angefacht werden mußte, und da=
her war dieses Erscheinen der Mäßigkeit unter der
Regierung des genannten Monarchen gewiß sehr zeit=

gemäß, und dem Ganzen wohlthätig, und es hätte
wohl nicht die folgende großartige Regierung darauf
gegründet werden können, wenn derselben nicht diese
Sparsamkeitsperiode voranging. In dem Tabaks=
kollegium dieses Königs, worin sich die Königliche
Familie, Generale, Minister, Räthe, Gelehrte, Geist=
liche und solche Männer befanden, von denen der Kö=
nig sich in gewissen Angelegenheiten zu unterrichten
wünschte, oder die das Vergnügen der Gesellschaft zu
vermehren im Stande waren, trank man gutes Duck=
steiner oder Bornstädter Bier, und rauchte Tabak, der
damals schon Mode zu werden anfing, aus Hollän=
dischen Pfeifen, wobei es kalte Küche gab, die auch
nur sehr frugal eingerichtet war. Diese gesellschaft=
liche Zusammenkunft beim Monarchen ahmte man
auch in den Familien nach; selbst in den wenigen vor=
handenen Tabagien in der Residenz, welche die ange=
sehensten Bürger besuchten, wurde Bier getrunken
und politisirt. Es gab auch einige Kaffeehäuser und
Billards, worauf jedoch von dem Fiscus ein wachsa=
mes Auge gerichtet wurde. — Des Sonntags durfte
während der Predigt nicht Billard gespielt werden,
und in einem deshalb erlassenen Berichte wurde der
Caffetier Frocour, der das Verbot überschritt, be=
straft. In den Assemblcen, welche der Monarch zu
veranstalten befahl, und die von den Vornehmsten in
der Residenz abgehalten wurden, wobei der Mo=
narch mit seiner Familie auch zugegen war, ging es
gleichfalls nur genügsam zu, welches man aus der
Zeit ersieht, wo diese Assembleen oder Versammlun=
gen dem Karl von Eggenberg, der unter dem
Namen des starken Mannes bekannt war, in Un=
ternehmung gegeben wurden. Der Unternehmer er=
hielt dazu die nöthigem Zimmer ꝛc. in dem Fürsten=
hause, wo sie den Winter über Dienstags und Frei=
tags Statt hatten, und wozu er Holz, Licht, Spiele,

Tische und zwei Chor Hoboisten anschaffen mußte,
dagegen mußten ihm diejenigen, welche Assembleen
in ihren Häusern gehalten hatten, jeder dreißig Thaler geben, wofür sie den ganzen Winter über frei hingehen, und Kaffee, Thee, Chocolade und Limonade
umsonst erhielten. Diejenigen, welche nicht zu denen
gehörten, welche auf der Liste verzeichnet waren, zahl-
ten für den Eintritt acht Groschen, für Kaffee, Thee ꝛc.
noch besonders, und diejenigen, welche spielten, sechzehn
Groschen Kartengeld. Die Hauptleute und Lieute-
nants, überhaupt die Subaltern-Officiere, waren davon gänzlich befreit. Hieraus wird man schon sehen,
daß ein ganz anderer Geist die Gesellschaften belebte,
als es die Trinkfehden, das Zechen bis tief in die Nacht
hinein, waren, bloß um zu trinken, um dem Bacchus
seinen Tribut zu zollen. — Man darf aber nicht glauben, daß dadurch die Trinkliebe gänzlich unterdrückt
wurde, sondern sie war immer noch vorhanden, selbst
am Hofe trank man, wie in den vornehmen Gesellschaften und in den reichen Bürgerfamilien, Rhein-
und andere Weine, außer den verschiedenen Bieren;
auch trank man sich wohl mitunter ein Räuschchen;
aber auf die Art, wie das Trinken oben angeführt
worden, geschah es nicht mehr, der sogenannte Sauf-
teufel war ausgetrieben, und dieses fast überall in
Deutschland. Selbst bei den Vergnügungen der Jagd,
die auch schon beschränkter hervortraten, weil die Jagd-
zeit auch andere Vergnügungen in der Residenz dar-
bot, trank man mit Maaßen. Daß es auch Ausnahmen dabei gab, und daß mancher lustige Rath bei
Friedrich Wilhelm dem Ersten über die Linie
weg, und darin von Andern unterstützt wurde, be-
fremdete nicht. Selbst unter der Regierung Friedrichs des Großen, wo doch, so weit es die Gesetze
zuließen, eine vollkommene Freiheit herrschte, und welcher Monarch, als Kronprinz in Rheinsberg mit sei-

ner Umgebung heitere Tage bei gefüllten Gläsern
verlebte, kehrten doch die vorigen rohen Trinkgelage
nicht wieder zurück; denn der Geist der Bildung, der
Humanität, hatte sich schon überall verbreitet, und fand
lebhaften Anklang. Man trank, und trank viel, sowohl Wein, als Bier, und auch schon Branntwein
und Liqueure; man brachte Gesundheiten bei frohen
Mahlen aus; allein man blieb doch in gewissen
Schranken, und nur auf den Commerzen der Studenten auf Universitäten, und bei den Quartalen und
andern Festen der Gilden und Innungen fanden noch
manche Ueberschreitungen des Maaßes Statt, huldigte man noch oftmals zu feurig dem Bacchus, woraus noch manche Uebel flossen, die man spätern Zeiten zu beseitigen anheim stellte, indem auch hier die
Bahn schon gebrochen war, um ohne Verordnungen
und Gesetze durch den Zeitgeist zu wirken. Uebrigens
war unter der Regierung Friedrichs des Großen
der Kaffee schon so in den Preußischen Staaten verbreitet, daß ihn die ärmeren Bewohner in den großen
Städten mit ihren Familien als Mittagbrod tranken,
indem sie Brod dazu aßen, und so wurde er auch
schon in den südlichen und in andern Gegenden
Deutschlands getrunken. Friedrich der Große
wurde in seiner Jugend bei der Biersuppe erzogen,
und ein großer Theil seiner Unterthanen bei Kaffee
und Thee. Ja man erfand mancherlei Surrogate oder
Ersatzmittel für den Kaffee, worunter besonders der
gebrannte Rocken gehört, so auch die Cichorienwurzel,
die Eicheln, die Erbsen zc zc.; allein sie fanden nicht
den Beifall beim gemeinen Volke, wenn auch Personen aus den höhern Ständen sich des gebrannten
Rockens schon als Morgengetränk zu bedienen anfingen, theils wegen der erhöhten Kaffeepreise, theils
weil man in Schriften den Genuß des Kaffees als
schädlich pries. Hauptsächlich suchten aber die Regie-

rungen den starken Verbrauch des Kaffees zu steuern,
weil dafür zu viel Geld aus dem Lande ging. (S.
den Art. Kaffee, Th. 32.) — Wie stark das Wein=
und Kaffeetrinken in den Städten der Mark Bran=
denburg, namentlich in der Residenz unter Friedrich
dem Großen noch in den 1770ger Jahren Statt
hatte, geht aus dem am 1sten April 1772 erlassenen
Edikte dieses Monarchen zur Erhebunng eines
Aufschlage=Impostes von Wein und Kaffee her=
vor, in welchem es zu Eingange heißt: daß die unmä=
ßige Consumtion dieser Getränke, vorzüglich von ver=
mögenden Leuten, ihn (den König) dazu bewogen
habe, solcher Einhalt zu thun, damit der Landmann
seine Produkte befördern könne, und daher sollte von
jedem Pfunde Kaffee zwei Groschen, von allen Wei=
nen aber, die nicht zur gewöhnlichen Consumtion ge=
hörten, drei Thaler für den Eymer, halb so viel aber
von dem gewöhnlichen Weine erlegt werden. — Das
Bier wird in dieser Zeit im Brandenburgischen als
schlecht bezeichnet, wodurch also auch das Wein=, Kaf=
fee= und Branntweintrinken befördert wurde. Kö=
nig sagt in seinem oben angeführeten Werke, Th. 5,
Bd. 1, S. 318: „Das Bier ist eines der Hauptpro=
dukte des Landes, worauf der Brandenburger seit den
ältesten Zeiten stolz gewesen ist, und das zugleich seine
Nachbarn mitgestärkt hat; allein es ist leider! ver=
schwunden. Wenn gleich die Namen der ehemals be=
rühmt gewesenen Biere noch erhalten worden sind,
so sind doch an der Stelle derselben Getränke in Ge=
wohnheit gekommen, welche unsere Gesundheit ver=
derben, und das Leben elend machen." Hier gab also
das schlechte Bier schon Veranlassung, daß die war=
men Getränke und der Branntwein bei den untern
Volksklassen Eingang fanden. Auch findet man schon
in den 1750ger Jahren, daß man den Branntwein
zu verfeinern anfing, um ihn den Norddeutschen noch

genußreicher zu machen; denn es kamen in diesen
Jahren in Berlin schon Liqueure vor, wie Parfaite=
Amour, Fleur d'Orange, Crème de Barbade, Osku=
babe, Persiko ꝛc. Diese Namen klangen schon feiner,
als die gewöhnlichen ältern Benennungen der Brannt=
weine: Anis, Kümmel, Pomeranzen, Nuß, Magen,
Korn ꝛc., welche schon lange bei den Bürgern und
Landleuten Eingang gefunden hatten; allein hier war
es auf die Vornehmen und Reichen berechnet, daß
auch diese zu dem Genusse des Branntweins gezogen
werden sollten, und diese Spekulation ward durch
die Liqueure erreicht; sie werden von den erwähnten
Volksklassen getrunken. Mehrere Branntweinbren=
ner und Destillateure von der Französischen Kolonie
legten sich auf diese Verfeinerung des Branntweins
durch eine stärkere Destillation und Zuckerzusatz, und
der Wohlstand, worein diese Individuen und ihre Fa=
milien gekommen sind, beweisen den starken Absatz
dieser Liqueure, die wieder ein neues Reizmittel abga=
ben, um die Trinklust rege zu erhalten; indessen er=
langten die Berliner Liqueure doch diese Berühmheit
nicht, welche sich späterhin die Breslauer und Danzi=
ger erwarben, die überall hin in Deutschland, und
auch ins Ausland verschickt wurden, so daß die Deut=
schen Branntweine und Liqueure, mit Ausnahme des
Marasquins aus Italien, des Franzbranntweins, des
Rums und Arraks, den Vorzug vor den Liqueuren
anderer Länder, oder des Auslandes, erhielten. —
Wie sehr übrigens das Branntweintrinken schon im
nördlichen Deutschlande zu Ende des achtzehnten Jahr=
hunderts überhand genommen hatte, geht aus folgen=
der Anekdote des Herzogs Karl Wilhelm Ferdi=
nand von Braunschweig hervor*).

---

*) Karl Steffen's Volkskalender für das Jahr 1844,
S. 24 u. f.

Die Landleute einiger Dörfer im Braunschweigi=
schen hatten nämlich die Gewohnheit angenommen, an
jedem Sonntage, statt in die Kirche, in die Schenke
zu gehen, und sich in Branntwein zu betrinken. Alle
Ermahnungen der Geistlichen blieben fruchtlos, bis
diese sich endlich gezwungen sahen, an die Landesre=
gierung darüber zu berichten, worauf diese sogleich ei=
nen strengen Befehl an die Frevler zur christlichen Be=
gehung der Sonntagsfeier erließ. Der Befehl wirkte,
mit Ausnahme eines einzigen Dorfes, wo die Säu=
fer fest entschlossen blieben, sich in ihren weltlichen
Freuden nicht stören zu lassen. Diese gingen nun am
nächsten Sonntage nach der Verkündigung der Her=
zoglichen Verordnung wieder mit lautem Lärmen dem
Gottes= und dem Pfarrhause vorbei, und in die
Schenke, und trieben ihr tolles Leben noch ärger.
Dieser Ungehorsam kam dem Herzoge zu Ohren, und
er entschloß sich, sogleich selbst einzuschreiten. Er fuhr
daher an einem Sonntage incognito, in einen einfa=
chen grauen, bis an das Knie zugeknöpften Oberrock
gehüllt, nach dem Dorfe, und trat kurz vor Anfang
des Gottesdienstes in die Schenke, wo ein langer
Tisch in der Trinkstube die Gäste erwartete. Er hatte
kaum oben am Tische Platz genommen, als die Kir=
chenglocken ertönten, und sogleich füllte sich die Stube
mit den Bauern des Dorfes. Ein Vierschrötiger der=
selben ließ sich mit lümmelhafter Geberde zur Rechten
des Herzogs auf einen Schemel nieder; die Andern
setzten sich ebenfalls um den ganzen Tisch herum. Nun
trat der Wirth herein, und setzte eine große Kumme
(Bowle) voll Branntwein vor den zuerst erwähnten
Bauer hin, der dem Herzoge am nächsten saß, und
der Präsident der Saufgesellschaft zu seyn schien. Die=
ser ergriff das Gefäß mit beiden Händen, blickte den
Herzog zu seiner Linken wegwerfend von der Seite
an, und that einen derben Schluck. Dann reichte er
das Gefäß seinem Nachbar zur Rechten hin, und
sprach: „Sif het weiter!" Das Gefäß ging nun
der Reihe nach herum bis zu des Herzogs Nachbar
zur Linken. Dieser trank, gab aber dem Herzoge

durch Blicke zu verſtehen, daß derſelbe nichts abkriege,
und ließ die Kumme wieder zurück wandern mit den
Worten: „Na lat het webber ſo herumgahn!"
und das Gefäß ging wieder links herum bis zu des
Herzogs Nachbar zur Rechten. Dieſer trank, und
gab es zurück, mit lallender Stimme ſprechend: „Na
lat het webber ſo herumgahn!" Da ſprang der
Herzog auf, riß ſeinen Oberrock auf, und zeigte ſich
in Uniform, den Stern auf der Bruſt. Mit donnern=
der Stimme gab er ſich den Erſchrockenen als ihren
Landesherren zu erkennen, hielt ihnen eine derbe Straf=
predigt über ihre Liederlichkeit, und drohete ihnen mit
ſtrenger Strafe, wofern ſie nicht ablaſſen würden von
ihrem Ungehorſam und ſündigen Leben. Dann ſchlug
er ſeinen Nachbar zur Rechten hinter die Ohren, daß
ihm die Zähne wackelten, und ſprach: „Gif het
weiter!" Dieſer gehorchte, aber der Folgende zö=
gerte ungewiß, und wußte nicht, was er thun ſollte.
Da zog der Herzog ſeinen Degen aus der Scheide,
ſchlug auf den Tiſch, und rief: „Raſch immer weiter
gegeben, wer langſam iſt, dem greife ich mit dem De=
gen unter die Arme." Dieſe entſcheidende Sprache
und der blitzende Degen thaten ihre Wirkungen; ſie
vollſtreckten den Befehl ihres Fürſten aus Leibeskräf=
ten. Die Ohrfeigen wanderten klatſchend von Kopf
zu Kopf um den ganzen Tiſch, bis zu des Herzogs
Nachbar zur Linken, und kaum hatte dieſer die ſeinige
auf der linken Backe erhalten, ſo verabreichte ihm der
Herzog eine zweite auf die rechte Backe, mit der
Weiſung: „Na lat het webber ſo herum gahn!"
Die Ohrfeigen wanderten nun zurück zu des Herzogs
Nachbar zur Rechten; da ſchlug der Herzog dieſen
zum zweiten Male hinter die Ohren, und ſprach:
„Na lat het webber ſo herum gahn!" Nach=
dem er dieſes Exercitium ein halbes Dutzend Mal
hatte durchmachen laſſen, ſtand er auf, wiederholte
nochmals ſeine Ermahnungen, und ging fort, jene
Saufbolde in der tiefſten Rührung hinterlaſſend. Dieſe
wackern Leute ſollen darauf die fleißigſten Kirchengän=
ger im Lande geworden ſeyn.

Diese Anekdote zeigt, daß das Branntweintrinken
damals schon auf dem platten Lande sehr eingerissen
war; denn dieses war nur eine Uebertretung des Ge=
setzes: nicht während der Kirche in der Schenke zu
trinken; wie wird man aber dem Schnappse nicht in
der Schenke außer dieser Zeit zugesprochen haben;
und solches in einer Periode, wo er, nach den jetzi=
gen Branntweinpreisen zu rechnen, noch theuer war,
da man ihn bloß aus reinem Getreide brannte, und
die Benutzung der Kartoffeln dazu noch nicht kannte,
oder sie doch nicht anwandte, die den Branntwein so
wohlfeil gemacht haben; so auch den Liqueur durch die
niedrigen Zuckerpreise, die damals auch sehr hoch wa=
ren. — Wenn sich nun die alte Trinklust und die al=
ten Getränke auch in der zweiten Hälfte des achtzehn=
ten Jahrhunderts, mit Berücksichtigung der gestiege=
nen Kultur und der Eingang erhaltenen warmen Ge=
tränke im nördlichen Deutschland nicht verlor; man
immer noch Gesundheiten-bei dem vollen Glase in
festlichen und andern Gelagen ausbrachte, und wie=
der erneuerte; so war doch die frühere Völlerey, der
lärmende Genuß beim Becher und das Uebermaaß
verschwunden. Man genoß, und freuete sich des Ge=
nusses, aber in den Schranken, welche die Kultur zu
stecken angefangen, wozu natürlich die Französischen
Moden und Sitten, die in dem genannten Jahrhunderte
erst recht allgemein wurden, mitwirkten, besonders bei
dem Steigen unserer Literatur, wobei manche frühere
rauschende Vergnügungen in den Schatten traten.
Man besuchte jetzt die sich vermehrenden Tabagien
und Kaffeehäuser, und so verschwanden nach und nach
die häuslichen Gelage; und wenn auch Kränzchen
und Picenics sich zu gestalten anfingen, so waren
diese größtentheils dem Tanze gewidmet; es waren
gemischte Gesellschaften, bei denen man nur Thee, Li=

monade, Punsch rc. verabreichte, wie es sich zu dem
Tanze schickt. Auch Punsch, Karbinal rc. fingen an,
sich in dergleichen Gesellschaften geltend zu machen.
Der Genuß des Rauchtabaks blieb für die Tabagien
beim Glase Bier, wobei man kannengießerte, und auch
wohl ein Glas Branntwein dazu trank, um den Reiz
des Bieres zu erhöhen. Auf eine ähnliche Weise stand
es auch mit der Trinklust im südlichen Deutschlande,
in welchem die warmen Getränke, namentlich der
Kaffee, bei dem hohen Preise, in den niedern Ständen, außer im Oesterreichischen, und namentlich in
Wien, wo auch die Chocolade eine schnellere Aufnahme
und weitere Verbreitung fand, nicht recht Eingang finden wollte. Um Surrogate schien man sich nicht zu
kümmern, oder hielt sie doch weit unter dem Werthe
des Kaffeegenusses, und daher fand hier eher der
Branntwein Eingang. Das weibliche Geschlecht trank
des Morgens Milch. Wenn nun bei dem Norddeutschen auch die Süddeutschen und Französischen
Weine beliebt waren, er sie dem Biere, das, wie schon
oben bemerkt worden, schlechter zu werden anfing,
vorzog; so waren diese Weine im südlichen Deutschlande zu Hause, und deshalb wurden sie auch hier vorzüglich getrunken. In Oesterreich, wo auch die Ungarischen, Tyroler rc. Weine hinzukamen, in Baden,
Würtemberg, in der Pfalz, in Bayern, überhaupt
in den Rheingegenden, trank man mehr Wein und
starke Lagerbiere, als warme Getränke; auch war hier
noch in einigen Staaten die Trinkliebe in vermehrtem
Grade vorhanden, namentlich in Würtemberg, wo der
Herzog Karl Eugen, die Jagd liebend, auch gern
wackere Trinker an seiner Tafel sah; so wie überhaupt
die Würtemberger in den Städten den hitzigen Nek-
tar- und Tyroler Wein, auch starke Lagerbiere, tranken. Nicolai sagt in seiner Reise durch Deutschland und die Schweiz, Bd. 9, in den Beilagen

dazu, S. 24, von dem Zustande der Stadt Ulm: Der gemeine Bürger so gut als die Vornehmen versammeln sich an ihren Feiertagen in Gasthöfen in- und außerhalb der Stadt; oft geschieht beides auf einen Tag, daß man von Weinhaus zu Weinhaus läuft; und ob sie schon des Mittags zu Hause ihre guten Mahlzeiten gehalten haben, so wird doch den Nachmittag im Gasthofe wieder brav gegessen, und auf den Abend nichts geschenkt. Da wird nicht etwa nur Bier getrunken, sondern Wein. Der Neckarwein, weil er auf der Axe angefahren werden muß, ist nicht wohlfeil. Zu 4—5 Batzen trinkt ihn nur der ganz gemeine Mann; gewöhnlich wird er zu 6, 7 bis 8 Batzen getrunken. Selbst außer den Feiertagen findet man in vielen Weinhäusern täglich Gäste, die Handwerksleute aber in Bierhäusern, wo lauter starkes Lagerbier, und nicht selten auch Branntwein dabei getrunken wird. — In Baden war der Genuß des Weines allgemein eingeführt. Durch die in neuerer Zeit gestiegenen Weinpreise ist zwar das Bier hier etwas mehr in Aufnahme gekommen; allein der Erstere hat dennoch den Vorzug erhalten. Man trinkt hier stark den sogenannten Ueberrheiner, dessen Geist nicht nur die Beimischung eines schwachen Braxrheiners, sondern selbst auch des Wassers gestattet. Die Markgräfler oder oberrheinischen Weine werden nicht so häufig allgemein getrunken, weil die Preise in den Gasthäusern zu hoch sind. Die armen Bewohner Badens trinken Branntwein und Bier. Hier ist die Trinklust nicht in dem Grade wach, als bei den Nachbarn Badens, worin den Badenern in der Mäßigkeit ihr Landesherr der Markgraf Karl Friedrich, nachheriger Großherzog, als Muster voranging. Auch in Bayern stand in dieser Periode nach altem Brauche die Trinklust nicht zurück. Man beschränkte sich nicht bloß auf den Frankenwein, der unter dem Namen Würzburger ge-

trunken ward, sondern trank auch mehrere fremde
Weine und Lagerbiere; auch Branntwein und die warmen Getränke hatten Eingang gefunden. Ueberhaupt
herrschte noch in diesen Theilen des Deutschen Reiches bis zur Invasion der Franzosen die alte Sitte
bei allen Ständen stark zu trinken, und daher ließ man
keine Gelegenheit vorbeigehen, bei welcher man dem
Bacchus opfern konnte. Die Keller, sowohl der geistlichen, als weltlichen Fürsten und anderer Großen und
Vornehmen, waren mit den besten Rhein- und Fran-
kenweinen angefüllt, und so hielten sich auch die Wirthe
der Wein-, Gast- oder Wirthshäuser ansehnliche Lager dieser Weine, und auch gute Lagerbiere, um den
Durst der Gäste zu stillen. Ueberall herrschte Fröhlichkeit und Aufgeräumtheit beim Glase und der Kanne;
überall wurden in Gesellschaften noch Gesundheiten
ausgebracht, und das Zutrinken galt noch als Beweis der Freundschaft und Herzlichkeit. Es war noch
das alte ehrwürdige Treiben in der alten Reichsverfassung, welches jetzt seinem Ende entgegen ging; es
waren noch die alten Jagdfanfarn und Becherklänge,
welchen man hier huldigte, die im Norden von Deutschland schon größtentheils verklungen waren; denn
Friedrich der Große war kein Freund der Jagd;
sein Nachfolger, Friedrich Wilhelm der
Zweite, war derselben auch nicht leidenschaftlich ergeben; und Friedrich Wilhelm der Dritte, zu
Ende des achtzehnten Jahrhunderts, ahmte hierin seinen Großoheim, Friedrich den Zweiten, nach.
Auch herrschte hier im Allgemeinen mehr Ernst, beschäftigte man sich mehr mit den Wissenschaften und
der Literatur; so auch in den übrigen Norddeutschen
Ländern, namentlich in Sachsen, Braunschweig 2c.;
mithin hörten auch die rauschenden Gelage auf, und
beschränkten sich auf die schon oben angeführten gesellschaftlichen Zirkel, und auf die öffentlichen Taba-

gien, Kaffeehäuſer ꝛc. — Auf den Univerſitäten herrſchte
noch theilweiſe derſelbe Ton bei den Landsmannſchaf=
ten und Ordensverbrüderungen, in den Bierhäuſern
und Commerzgelagen, mit Weinpflicht und Bier=
frohn. Sie blieben aber zu iſolirt und auf ihre Stadt
beſchränkt, und daher hatten ihre Becherklänge keinen
Einfluß mehr auf die großen Städte, da hier ſchon
ein anderer Geiſt herrſchte. Nur bei den Handwer=
kern zeigten ſich bei den Auflagen ꝛc. noch die Reſte
alter Gebräuche bei der Kanne und dem Glaſe; allein
auch ſie waren ſchon von dem Zeitgeiſte berührt wor=
den, und ihren Ausbrüchen, wo ſie noch vorkamen,
ſetzte die Polizey einen Damm entgegen. — Mit dem
Ende des achtzehnten Jahrhunderts, ja mit dem Ende
der alten Deutſchen Reichsverfaſſung hörten jene Be=
cherklänge des Frohſinns und der Freude, jene Derb=
heit und Freimüthigkeit bei der Kanne größtentheils
auf; denn die Kriege mit Frankreich auf Deutſchem
Boden, oder die Franzöſiſch=Deutſchen Kriege zu An=
fange des neunzehnten Jahrhunderts, die Ueberſchwem=
mungen Deutſchlands mit fremden Kriegsvölkern, und
die Laſten, welche dem Volke dadurch wurden, mäßig=
ten die Trinkluſt, ja hoben ſie zum Theil auf. — Hier
muß nun noch zu Ende des achtzehnten Jahrhunderts
erwähnt werden, daß man gegen die warmen Ge=
tränke ſehr mit Unrecht zu Felde zog, indem man ih=
nen Alles aufbürdete, was ſeit ihrer Einführung Nach=
theiliges im Volksleben geſchehen. Ein Schriftſteller
(1782) ſagt: „Seit vierzig Jahren, da Franzöſiſche
Heere kamen, Komödianten, Gouvernanten und Ser=
vanten ihr Licht leuchten ließen, Weichlichkeit und Leckerey
überhaupt ſtärker hereindrangen, riſſen dieſe warmen
Getränke auch in Oberdeutſchland ein, und herrſchen
jetzt allenthalben. Wie ehemals der Hirnſchädel
hieß, aus dem der blutbeſpritzte Kriegsheld Bier trank,
ſo heißt jetzt das Gefäß, aus welchem das Mädchen

Kaffee schlürft, Schale. König Friedrich ward
noch mit Biersuppen erzogen, aber die Kinder von tausend seiner Unterthanen schon mit Kaffee. Die Seuche
blieb nicht bloß in den Städten, sondern steckte sogar
Bauern und hartarbeitende Tagelöhner an. Und so
ward allmählig diese Thee- und Kaffeesauferey zu einem Verderben, welches die Gesundheit schwächte,
weibische Schlappheit und Empfindeley ausbreitete,
viele Haushaltungen mit zu Grunde richtete, das Mark
der Nation anfraß, und jährlich an vierundzwanzig Millionen Gulden aus Deutschland schleppte. Und so sehen wir, daß es mit ganzen Völkern, wie mit einzelnen Menschen ist. Eine böse heftige Neigung wird
selten vertilgt, außer durch eine andere, ein Teufel
nicht ausgetrieben, als durch einen andern." — Wenn
man alle Verweichlichungen, alle Empfindeley den
warmen Getränken zuschreiben will, so ist man gewiß
im Irrthume; denn diese Abschnitte verschiedener Le-
bensrichtungen, wie die Schäfer-, Werther-,
Siegwarts- &c. Periode, die sich in der zweiten
Hälfte des verflossenen achtzehnten Jahrhunderts her-
ausbildeten, haben den warmen Getränken gewiß nicht
ihre Entstehung zu verdanken; sie sind Folge der Bil-
dungsperiode unserer Sprache und Literatur nach eigenen und fremden Mustern, wozu sich die Anklänge
aus der Ritter- und Minnezeit gesellten; es waren die
Ergüsse zarterer Empfindungen, wie sie auf eine rauhe
Periode zu folgen pflegen, wie es bei den Rittern
und ihrer Vorzeit war, und sie nach dem dreißigjährigen und den folgenden Kriegen auch in Deutschland
wieder erfolgen mußten. Kaffee, Thee und Chokolade
haben auf die Schlaffheit und Empfindeley keinen Einfluß; denn auch Friedrich der Große trank Kaffee,
und solches sehr stark, und so auch andere große Männer, Gelehrte &c., sowohl im Lande, als im Auslande,
ohne davon etwas zu empfinden, welches eine Schwäche

oder sonst eine unheroische Neigung gezeigt hätte.
Wenn Empfindungen, durch Schriften oder die Lec-
türe geweckt, ausarten, so ist dieses allerdings eine
Verdorbtheit, der man durch andere Mittel entgegen
zu arbeiten oder zu wirken suchen muß; allein nur
durch die rechten, nicht unrechten; denn hierin vergreift
man sich oft, wie die neuere Zeit, seit der Französischen
Revolution, genug bewiesen hat. Eine richtige Auffassung und Würdigung des Zeitgeistes ist eben so
schwer, als die Auffindung der Mittel, um Auswüchse
desselben zu heilen. Man sah die Trinksucht in den
früheren Jahrhunderten den Sitten und der Kultur
für nachtheilig an, und suchte derselben durch Verbote,
Strafen und Vereine zu begegnen; und konnte dadurch
doch nicht viel ausrichten, weil sie bei allen Ständen, allen Klassen des Volkes tief Wurzel geschlagen
hatte; jetzt kamen die warmen Getränke, und mit ihnen die mancherlei Vergnügungen des Auslandes, die
mit Freuden aufgenommen, und als Gegenwirkungen
der starken Getränke sowohl von Aerzten, als Andern
gepriesen wurden, und auch wirklich eine zeitgemäße
Revolution in den Gewohnheiten und Sitten her-
vorbrachten; und wenn sie gleich das Alte und Gewohnte nicht verdrängen konnten, so stellten sie sich
doch heilbringend daneben, ohne ein anderes Uebel zu
bewirken, als einen stärkeren Geldausfluß durch die
große Consumtion, den Verbrauch der zu den Getränken
gehörenden Ingredienzien, in das Ausland, dem wir
durch andere Industriemittel zu begegnen suchen mußten, um hier wenigstens ein Gleichgewicht zu erhalten. Sonstigen Nachtheil haben die warmen Getränke
nicht gebracht, weder das Leben gekürzt, noch Schwächlinge erzeugt, welches sowohl die Franzosen in ihren
Kriegen bewiesen haben, die doch auch beim Kaffee, Thee und andern dergleichen warmen Genußmit-
teln in dieser großartigen Zeit erzogen worden sind,

wie die Deutschen im Befreiungskampfe, von denen
gewiß auch Viele beim Kaffee ꝛc. erzogen worden sind,
und noch erzogen werden. Kaffee und Thee benehmen
weder den Muth, noch schwächen sie den Körper und
Geist, welches bei dem Letztern besonders die Eng=
länder beweisen. Man hätte dieses eher bei den star=
ken, geistreichen Getränken zu befürchten, daß sie schwä=
chen und nachtheilig auf den Geist wirken, wenn sich
nicht der Körper, früh damit in Berührung gebracht,
daran gewöhnte, wie dieses aus früheren Zeiten schon be=
wiesen worden. Eben so wenig können sie die Gesin=
nungen verändern, Herz und Gewissen bekämpfen.
Sind wir von der alten Redlichkeit, Wahrheit und
Treue zurückgekommen, so ist dieses in der Sittenver=
änderung, dem Luxus, der Modesucht und andern Ue=
beln im Gefolge der Kultur zu suchen, die eine Ver=
schlechterung des Charakters bewirkten, aber nicht in
den unschuldigen warmen Getränken; denen man es
wenigstens Dank wissen muß, daß sie das zartere Ge=
schlecht von den starken Getränken entfernt haben, ohne
seinem Charakter und seiner Gesundheit zu schaden,
wie dieses die starke Bevölkerung in der neuesten Zeit
beweiset. Wenn man daher gegen die warmen Ge=
tränke in der oben angeführten Zeit zu Felde zog, so
verkannte man ihren Werth und Nutzen, den sie selbst
bei Erkältungen, bei den Vergnügungen des Tan=
zes ꝛc. haben, wo kalte Getränke bei heftigen Tran=
spirationen oder Schweißen die tödtlichsten Krankhei=
ten verursachen können; man verkannte oder verwech=
selte daher die warmen Getränke mit den veränderten
Sitten, und was diese Nachtheiliges, auf die Gesund=
heit und den Charakter bezogen, gebracht hatten. Daß
die Trinklust eine neue Anregung, einen neuen Reiz,
in dieser Periode bis in das neunzehnte Jahrhundert
erhielt, bewirkte die Poesie, die vielen Trinklie=
der, Trinksprüche und Gesundheiten, welche

erschienen, und den Genuß an der Tafel und in den
Trinkgelagen erhöheten. Sie sind die Würze aller
geistigen Flüssigkeitsgenüsse; sie erhöhen die Fröhlichkeit in heitern freundschaftlichen Zirkeln, und
ihre freundliche und allgemeine Aufnahme von allen
Ständen bewies und beweiset das Bedürfniß nach einer solchen Würze beim Glase. Man stimmte hier
mit ein,

Was Martin Luther spricht:
   Wer nicht liebt Wein, Weib und Gesang,
   Der bleibt ein Narr sein Lebelang,
   Und Narren sind wir nicht.

Bei der Einführung des Freimaurer-Ordens
in Deutschland, und namentlich in Preußen (s. Frey-
maurer, Th. 15, S. 60 u. f.), in dem verwichenen
Jahrhunderte, ward auch bei den Mitgliedern dieses
Ordens bei ihren Tafellogen das Gesundheitstrinken eingeführt, jedoch in der weisen Mäßigung, die
eine Zierde der Brüder dieses Ordens ist; denn vieles Trinken ist nicht erlaubt, und der Ceremonienmei-
ster hat auch das Amt, jeden Bruder hierbei zu beob-
ten. Die erste Gesundheit bringen sie einander dem
Landesfürsten oder Regenten. Hiernach trinken sie
auf das Wohl der Oberen des Ordens, so wie auf das
Wohl der etwa gegenwärtigen besuchenden Brüder,
welche Gesundheit gewöhnlich von Einem der Besuchenden erwiedert wird; zum Schluß wird auf der ganzen Gesellschaft Wohl getrunken. Man hat Frei-
maurer-Gesundheiten gedruckt. Befinden sich
an einer Tafel ältere und jüngere Brüder, so gebührt
den älteren der Vorrang; auch drängt sich selten Einer der Jüngeren dem Aelteren vor. Zum Schluß
wird niemals eine Gesundheit ausgelassen, welche die
kranken und nothleidenden Brüder betrifft; auch wird
der dienenden Brüder beim Glase gedacht. — Daß

die Trinkliebe bei den Deutschen auch im neunzehnten,
dem jetzigen, Jahrhunderte, nicht erloschen war; trotz
den Stürmen, die Deutschland bis zum Jahre 1814
unausgesetzt heimsuchten, zeigte sich nach dem Be=
freiungskriege, seit dem Jahre 1815, wo wieder die
Liebe zum Glase und zu fröhlichen Gelagen um so
freudiger erwachte, da man sich von dem Drucke der
Franzosen, der auf Deutschland lastete, befreit fühlte.
Ein Wechsel war jedoch mit den geistigen Getränken
eingetreten, man huldigte nicht mehr in dem Grade
dem Weine, wie noch in dem verwichenen Jahrhun=
derte, sondern hatte sich den starken Bieren zugewandt,
den Lagerbieren, besonders in der jüngsten Zeit, wo
das Bayersche und andere Lagerbiere, wozu auch das
Stettiner gehört, stark getrunken werden. Der Wein
wird zwar immer noch bei allen Festen und Gela=
gen getrunken; beim Weine werden immer noch Ge=
sundheiten ausgebracht; aber die Weinhäuser nicht
mehr so stark besucht, als die Kaffee = und Bierhäu=
ser; auch wird jetzt fast jeder Weinhändler, der Gäste
setzt, genöthiget, die Lagerbiere zu halten, welches
sonst nicht der Fall war, wo diese Biere von den
Brauereyen selbst ausgeschenkt, und dann auch in den
Tabagien oder Bierhäusern getrunken wurden, wie
dieses auch noch jetzt geschieht. Dann giebt es noch
viele Lokalbiere, die nicht verfahren werden können,
weil sie sich nicht halten, sondern leicht umschlagen,
wie z. B. das Berliner Weißbier, welches ehemals
eine gewisse Berühmtheit erlangt hatte, wie das Cot=
busser Bier, allein jetzt nicht mehr die Güte und den
angenehmen Geschmack besitzt; und daher von den an=
dern Bieren im Orte selbst immer mehr verdrängt
wird. Die Englischen Biere: Ale, Porter ec., sind
durch die Deutschen Lagerbiere jetzt größtentheils ver=
drängt worden; nur der Branntwein hat sich in der
neuesten Zeit noch mehr geltend gemacht, besonders

in einigen Staaten, wo den Gutsbesitzern nach dem Befreiungskriege die Erlaubniß ertheilt worden, Brennereyen auf ihren Gütern anzulegen, von denen man jetzt den Spiritus aus Kartoffeln bezieht, wodurch der Branntwein im Preise gegen den früher aus Korn oder Getreide gewonnenen Spiritus sehr gesunken, und den untern Volksklassen mehr zugänglich geworden ist; und so auch die feinen Branntweine oder Liqueure. Auch der Punsch, und eine neue Getränkebereitung Grok oder Grog genannt, die aus England gekommen; dann der Kardinal, Bischof und andere aus Branntwein und Wein bereitete Getränke werden immer noch getrunken; eben so hat man auch den Cyder- oder Obstwein, besonders Apfelwein, der im südlichen Deutschlande, wie schon oben angeführt worden, ein sehr altes Getränk ist, im nördlichen Deutschlande einzuführen versucht. Auch die warmen Getränke: Kaffee, Thee, Chokolade, haben einen größern Boden oder Raum gewonnen oder gefunden, indem sie immer mehr, besonders im nördlichen Deutschlande, durch die Wohlfeilheit der Ingredienzien dazu, den Landleuten zugänglich werden. Kurz die alte Trinklust ist in dem Grade wiedergekehrt, als es die Kultur und der Lebensgenuß gut heißen. Die großen Ausschweifungen, die unsere Voreltern darin begingen, und die man auf die damalige noch rauhe Zeit schieben muß, finden wir in der Kultur gemäßiget. Es finden sich immer noch Trinklustige, die in den Bierhäusern vier, fünf bis sechs Maaß Bier, auch wohl darüber, von den leichteren Bieren, trinken, von den schwereren oder Lagerbieren mehrere Seidel; allein diese sind auch nur ausgezeichnete Trinker, die, wie man zu sagen pflegt, etwas vertragen können, ohne zu wanken, oder die Linie zu verfehlen, und wenn dieses beim Champagner und andern Weinen, beim Punsche etc. wohl einmal geschieht, so ist die Gesell-

bürgerlichen Gesellschaft stets im Auge halten, und
daher auch in Nüchternheit als Muster ihren Unter-
gebenen vorleuchten werden, so bestimme ich dennoch,
daß bei ihnen Trunkenheit: — a) wenn sie bei Amtsverrichtungen, oder überhaupt im Dienste sich derselben schuldig machen sollten, oder b) wenn sie öffentlich sich in diesem Zustande auch außerhalb des Dien-
stes zeigen, und daher ihrer Amtsehre zu nahe treten
sollten, mit Caffation bestraft wird. — 3. Die gemeinschaftlich hier stationirten Officiere hören in den
a und b bezeichneten Fällen auf, im hiesigen Fürstenthume Dienste zu thun, und haben sich aus denselben
sofort zu entfernen. Ich werde bei Ihnen, Meine
Herren Bettern, Liebden Liebden, auf Caffation derselben desfalls antragen. Die Landesdirektion und
das Bataillonskommando hat dieses sämmtlich, Be-
treffenden gehörig zu eröffnen, bezüglich eröffnen zu
lassen, und allen neuen Beamten und Dienern bekannt zu machen.

Ueber das Trinken, die Getränke 2c., s. auch
den Art. Trank, Th. 186, S. 668 u. f. — Uebrigens ist auch die alte Sitte wiedergekehrt, bei Ge-
burtstagen, Jubiläen 2c. den Gefeierten silberne und
andere Pokale und Trinkbecher zu verehren.

Unter den übrigen Völkern der neueren Zeit kommen die Russen und Polen in der Trinksucht
den alten Deutschen am nächsten. Hier nur in gedräng-
ter Kürze Einiges darüber in neuerer Zeit. Wein,
Bier und Branntwein sind bei den Letztern, den Polen, nach dem Verhältnisse ihres Wohlstandes und
Ranges, die gewöhnlichen Getränke. Auch der Kaffee
hat bei ihnen Platz genommen, und wird hier stark
und klar getrunken, und durch die Fettigkeit der Milch
gewinnt er noch am Geschmacke; schlechten Kaffee nennt
man in Polen Deutschen Trank oder Schlesische Arbeit; allein so schön auch der Kaffee hier bereitet wird,
so trinken doch die Polen nicht viel über eine Tasse,

weil ſie den ſtarken geiſtreichen Getränken den Vor=
zug geben; ja über dieſe Getränke geht ihnen nichts.
Auch die Geiſtlichkeit macht hiervon keine Ausnahme,
und die Advokaten fangen ihre Prozeſſe mit der Wein=
flaſche an, und endigen ſie auch damit. Nach dem
Herren von Uklanski*) wird bei einem Trinkgelage,
überhaupt in einer Geſellſchaft, zuerſt Bier in einem
großen gläſernen Kruge dargereicht, welches ein ſchlech=
tes Gemiſch von Waſſer und Gerſtenmehl ſeyn ſoll.
Dieſer Krug dient den Gäſten gemeinſchaftlich, und
nicht wenige Polen ſollen ganze Eymer von dieſem
Biere trinken. Im Lenczycſchen Kreiſe wird dieſer
Krug Dunin genannt, weil ein Pole dieſes Namens
ſich an ſolchem Biere todt getrunken hat, und ein Lieb=
lingsdichter des Polniſchen Volkes malt daher die
Einwohner dieſes Diſtrikts mit einem Barte von Ger=
ſtenähren und mit einem Kranze von Hopfen, als
Sinnbild der Biertrinker. Der Wein macht bei einem
ſolchen Gelage das Deſſert aus, und wird gleichfalls
nur aus einem Glaſe getrunken, welches gewöhnlich
keinen Fuß hat. Der Wirth bringt die Geſundheit
des Fremden oder des Vornehmſten bei Tiſche aus,
und hält das Glas ſo lange in der Hand, bis er aus=
getrunken hat, weil es nicht ſtehen kann; dann reicht
er es gefüllt dem Zweiten, dieſer dem Dritten, und
Jeder thut Beſcheid, bis es die Runde paſſirt iſt. Will
der Fremde gegen die Etiquette nicht anſtoßen, ſo
nimmt er dem Letzten das Glas aus der Hand, und
bringt zum Danke den Toaſt der ganzen Geſellſchaft.
Das Glas wird dann auf den Kopf geſtellt, bis es
aus dieſer Stellung, die nicht nur die Nagelprobe be=

---

*) Briefe über Polen, Oeſterreich, Sachſen, Bayern, Jta=
lien, Etrurien, den Kirchenſtaat und Neapel von 1807 bis
1808, von dem Königl. Preuß. Regierungsrathe v. Uklanski.
Nürnberg, 1808, Th. 1.

weiset, sondern auch den Zustand der Trunkenheit bild=
lich darstellt, von einem Durstigen erlöset wird. Die=
ser Mangel des Fußes beim Glase rührt wahrschein=
lich nicht aus der Absicht her, daß es, ohne abzusetzen,
aus einer Hand in die andere wandern soll, sondern
weil der Fuß beim starken Aufsetzen oder Aufstoßen
auf den Tisch leicht zerbricht, und diesem hierdurch
vorgebeugt wird. Der Wein, welcher gewöhnlich bei
solchen Gesellschaften credenzt wird, soll nicht der beste
seyn, oft sauer, wie Essig; indessen findet man ihn in
den Häusern der reichen Edelleute Polens weit bes=
ser, ja oft sehr guten Ungarwein, der hier überhaupt
von den Reichen und Vornehmen viel getrunken wird.
Auch bei diesen werden Bierflaschen aufgetragen; man
läßt sie aber in der Regel stehen, um sich an 'dem
Weine, der in mehreren Gattungen dargeboten wird,
zu entschädigen. Die Toaste beginnen gleich nach
der Suppe, und die Kelche, mit denen sie ausgebracht
werden, wachsen immer mehr, und passiren jedesmal
die Runde. Zehn bis zwölf Pokale kommen öfters
zum Vorscheine, und sind zuweilen von ausnehmender
Größe. So brachte in Studzieriec, vier Meilen jen=
seits Lowicz, der Wirth die Gesundheit des Herren
von Uklanski mit einem Pokale aus, der andert=
halb Maaß oder Quartbouteillen in sich faßte, und
trank diese Portion Ungarwein stehend aus. Mehr
als dreißig Männer, die bei Tische waren, folgten die=
sem Beispiele. Nach Tische wird Kaffee herumgege=
ben. So schön auch der Kaffee, wie schon oben an=
geführt worden, in den vornehmen Häusern ist, so
soll er in andern auch wieder sehr schlecht bereitet wer=
den, und der Cichorien die Oberhand haben. — Eine
Magnatentafel ist reichlich mit Burgunder und Cham=
pagner besetzt, welche hier in vollen Kelchen strömen.
Ueberhaupt ist die Trinklust eine Nationalleidenschaft
der Polen; denn der Magnat berauscht sich in Wein

und Liqueur, und der gewöhnliche Sarmate und der
Bauer in Bier und Branntwein. Oft hört man von
der Mittagsstunde an bis zur Mitternacht die Gläser
klirren. Giebt Jemand einen Privatball, so muß er
als Wirth die Gesundheit eines jeden ankommenden
Gastes trinken, und die Andern, welche schon früher
da waren, leisten ihm Gesellschaft. Man kann sich
daher leicht bei der Menge von Toasten auch die An=
zahl der Flaschen denken, denen der Hals auf diese
Weise gebrochen wird. Wo in einer Gesellschaft kein
Wein vorhanden ist, da wird dem Branntweine zuge=
sprochen, ja selbst dem gewöhnlichen sogenannten
Kornbranntweine; und vornehme Polen trinken oft eine
Quartflasche voll des ordinairen Branntweines zum
Frühstücke aus, ohne das Geringste dazu zu essen; ja es
geschieht oft, daß in den Wirthshäusern, wo nur die
gewöhnlichsten Polen einsprechen, sie auf diese Weise
sich so berauschen, daß sie unter den Tisch taumeln.
Am lustigsten werden die Polnischen Gesellschaften des
Nachmittags, weil der Blödeste, vom Ungarweine er=
hitzt, Muth bekommt, und Jeder dann in der Gesell=
schaft die Frauen auf seine Weise belustiget, welche
dabei sehr nachsichtig sind, indem sie es nicht übel neh=
men, wenn man sie auf Busen und Knie küßt, und
dabei lachen sie sich wegen der Wirkung des Wein=
geistes halb todt; ja die Galanterie geht so weit, daß
wenn ein Polnischer Edelmann einer Dame eine große
Artigkeit bezeigen will, er derselben den Schuh aus=
zieht, ihn mit Wein füllt, und mit gierigen Zügen
leert. Ullmanski sah in einer Gesellschaft einen Kna=
ben von zehn Jahren, der sein Gläschen mitgetrun=
ken hatte, sich dann an seine Mutter hinanschleichen,
ihr unvermerkt den Strumpfband auflösen, und mit
der größten Gewandtheit von der Welt das bloße
Knie küssen; Vater, Mutter und alle Anwesenden
klatschten ihm Beifall; denn es hieß: der wird gut

werden, er probirt es an seiner Mutter. — Wer in
Polen den Trunk nicht liebt, hat bei seinem Nachbar
kein Ansehen; wer den Wein verschmäht, hat das
Herz nicht auf dem rechten Flecke; denn ohne den
Weingott, den Bacchus, glaubt kein Polnischer Edelmann gut durch die Welt zu kommen. — Wie bei
unsern Vorfahren, den alten Deutschen, ist auch in
Polen die Gastfreundschaft zu Hause, womit alle
Reisenden übereinstimmen; dann zeichnen sie sich durch
Vaterlandsliebe, persönliche Tapferkeit, und ein lieb-
reiches Betragen der Männer gegen ihre Frauen aus.
Die schlechte Beschaffenheit der öffentlichen Gasthäuser ist oft Ursache, daß die Reisenden ein Nachtquar-
tier in irgend einem adelichen oder andern Hause suchen; sie kennen den Besitzer nicht, sie sehen ihn in
ihrem Leben zum ersten Male, und mit Zuvorkom-
menheit und Liebe nimmt sie derselbe auf. Born-
schein in seiner Geschichte von Polen ꝛc. (Leipzig, 1808) führt S. 6 an: daß ein Freund von ihm,
der zu Ende des verwichenen Jahrhunderts durch Polen reisete, und dem die öffentlichen Wirthshäuser
nicht behagten, der bei der Thür des adelichen und
landwirthschaftlichen Nachbars anklopfte, und hier ein
Nachtlager verlangte, willig aufgenommen wurde.
„Da ich, sagte er, wenig Polnisch verstand, so konnte
ich mich mit meinem Wirthe nicht sonderlich unterhalten, und er selbst sprach weder ein Wort Deutsch, noch
Französisch; allein dieses hielt ihn nicht ab, mich nach
seiner Weise trefflich zu bewirthen. Er trug Alles auf,
was seine Küche Kostbares hatte, und mit freundlicher
Miene credenzte er mir sein Glas Branntwein. Als
ich ihm des andern Morgens ein Stück Geld hinlegte,
nahm er es durchaus nicht an, und bedeutete mir, daß
er sich eine, an einem braven Fremblinge erwiesene,
Höflichkeit nicht bezahlen lasse, und so hab' ich der
Fälle noch mehr erlebt." — Wie schon oben bemerkt

worden, spricht auch die Polnische Geistlichkeit
die geistigen Getränken an. Den Mönchen geht
Branntwein und Knoblauch über Alles; denn nächst
dem Biere, auf das sie sich aus Gewohnheit ziemlich
verstehen, ist der Schnapps ihr Alles; diesem opfern
sie, sobald es nur ihre Mönchsregel erlaubt. Uebrigens ist der Polnische Mönch sehr genügsam: er ist
mit einem Stücke Speck Jahr aus Jahr ein zufrieden,
und wenn er schwarzes Brod und Schnapps dazu hat,
so beneidet er keinen seiner Deutschen Brüder. Die
Weltgeistlichen zeichnen sich in dieser Hinsicht schon
mehr aus; allein auch bei ihnen ist der Branntwein
der tägliche und stets willkommene Gast; die Höheren
dieses Standes trinken Wein. Die Landleute,
worunter auch die Bürger verstanden werden, da
Viele von diesen, selbst in großen Städten, dieses Gewerbe treiben: also die Bürger und Bauern, sind den
gleichen Tugenden und Lastern unterworfen, als die
übrigen schon angeführten Stände. Die reichen und
wohlhabenden Bürger trinken Wein, Bier und Branntwein, und besuchen größtentheils die Wirthshäuser in
den Städten, um sich darin, besonders mit dem letzteren Getränke, gütlich zu-thun; die Bauern trinken
den Branntwein zu Hause und in den gewöhnlichen
Kneipen; sie sind ihm ganz ergeben, und suchen sich
darin zu betäuben, wegen der Despotte, welche sie ehemals erdulden mußten; denn wenn ihnen die Religion ein Zaum für gröbere Ausschweifungen, als
Mord und Raub (auf welche schon die Gesetze ein
wachsames Auge haben), ist, wie sich ein Schriftsteller ausdrückt, so findet er für die geringern diesen nicht
darin, wohl aber im Trunke, und im Jähzorne gegen
die Seinigen. — In neuester Zeit hat sich unter der
Russischen Regierung hierin wohl Manches geändert,
besonders bei dem Steigen der Kultur und der Literatur bei den Polen; allein ihre Hauptneigung zum

Trunke bei ihrem aufgeweckten Charakter ist ihnen,
wenn auch nicht in dem Grade bis zur höchsten Völlerey, wie sie noch bis zu dem Umsturze ihres Reiches,
ja bis zur Constituirung des Großherzogthums War-
schau von Napoleon, bestand, geblieben, wie dieses
überhaupt bei geweckten, freisinnigen und heftigen Völkern der Fall ist, die so leicht nicht einer Neigung ent-
sagen, die bei ihnen zur Gewohnheit geworden ist. —
Die Ersteren, die Russen, haben eine gleiche Neigung zum Trunke und zur Trinksucht, wie die
Deutschen und Polen; auch besitzen sie einen gleich
hohen Grad von Gastfreundschaft, der sich besonders
in der alten Hauptstadt der Czaren, Moskwa, ausdrückt, ja sie wird hier, nach Jul. von Klaproth,
noch auf eine edlere Art ausgedrückt, als in St. Petersburg, wo sie mehr zur Mode herabgesunken seyn
soll; denn hier hat man, wenn man Fremde zur Tafel zieht, keinen andern Grund, als den, sich zu zeigen, dort, in Moskwa, wird man dagegen sowohl bei
den Russen, als bei den Deutschen, freundschaftlich
aufgenommen, und jeder beeifert sich dem Fremden
den Aufenthalt angenehm zu machen. Dagegen war
aber auch noch zu Anfange dieses Jahrhunderts, überhaupt vor dem Russisch=Französischen Kriege 1812
bis 1813, die Völlerey in dieser alten Czarenstadt
sehr groß, und Reisende versichern, sie in keiner Gegend der Welt in einem so hohen Grade bemerkt zu
haben, und dieses besonders an Sonn= und Festtagen. Nicht aus den Wirthshäusern allein erscholl
das Geschrei von allen Seiten, sondern man konnte
selbst des Morgens keinen Gang auf die Straße machen, ohne Taumelnden und ganz Betrunkenen zu begegnen. Ja es sollen sogar wohlhabende Kaufmanns=
frauen, in Gold= und Silberstoff gekleidet, in den
Wirthshäusern gesessen, und manches Glas Branntwein geleert haben, welches Letztere Meermann in

seinen „Reisen durch Dänemark, Schweden, Rußland rc." anführt. Da der Luxus in Moskwa, wegen der großen Menge des bedienungslosen und reichen Adels, der hier vom Hofe entfernt, seine Reichthümer glänzen läßt, sehr groß ist, so wurde demgemäß auch ein bacchantisches Leben geführt, dem Bacchus Wein-, Bier-, Liqueur-, Meth- und andere dergleichen Opfer gebracht, welches sich aber in der neuesten Zeit (s. unten) geändert hat. — Daß nicht bloß das männliche Geschlecht durch alle Stände starke Getränke, und oft im Uebermaaße, liebt, sondern auch das weibliche, und selbst Frauen aus vornehmen Stande in früheren Zeiten, beweiset die Verordnung Peters des Großen: „Daß eine jede Hofdame, die an einem Hoffeste oder jeder andern Feierlichkeit in den Zimmern der Kaiserin betrunken unter dem Tische liegend gefunden wird, eine gewisse Anzahl Ruthenstreiche auf dem Hintern bekommen soll." Man gewahrt hieraus, in welchem Zustande des Trunkes sich damals Personen befanden, die zu den Auserwählten dieses Hofes gehörten. Die Zeiten haben sich in dieser Hinsicht sehr geändert; denn Alles, was jetzt dem Hofe nur nahe steht, wetteifert, in Beziehung auf Kultur rc., mit allen Hofleuten der übrigen Europäischen Höfe, und so hat sich auch die neuere Kultur über alle Gebildete verbreitet, und ihr Einfluß ist auch unverkennbar auf die Sitten; allein die Trinkliebe oder Trinklust ist immer noch vorherrschend, und scheint sich auch einigermaßen durch das Klima zu rechtfertigen; denn wir finden, daß alle gegen Norden hin wohnenden Völker starke Getränke lieben. Die vornehmen und reichen Russen trinken verschiedene Weine, und besonders herrschte hierin noch ein größer Luxus bis zu Anfange dieses Jahrhunderts, sowohl mit Bourdeaux-Weinen und Sillerie-Champagner, als auch mit Madeira, Mallaga, Malvasia,

Lucena, Tintillo, Tokayer, Syrakuser, Montepul=
ciano, ja selbst mit dem Schirasweine aus Persien
waren die Tische bei einem Gastmahle besetzt. Die
Namen der Weine hingen auf silbernen Schildern
an silbernen Kettchen an den Flaschen; auch wurden
die Flaschen im Sommer in kleinen silbernen Eymern,
mit Eisbrocken umgeben, auf die Tafeln gesetzt. Vor
der Tafel ward auch den Gästen ein Schälchen Liqueur
gereicht, der hier mit Brod und Käse, oder mit Wurst,
Sardellen, Kaviar ꝛc. genossen wird, und nach der
Tafel folgte eine Tasse starken Kaffees. Die Mittags=
tafeln dauern gewöhnlich bis sechs oder sieben Uhr,
und die Abendtafeln bis ein Uhr in der Nacht. Hier=
bei kann Jeder, ohne Behinderung, seiner Neigung im
Trinken folgen, weil hier Niemand durch lästige Kom=
plimente zum Trinken genöthiget wird. Man erwar=
tet es auch von der Aufmerksamkeit eines jeden Ga=
stes, daß er die bei ihm sitzende Dame nicht vergißt,
und derselben den feinen Tischwein credenzt. Auch
werden die feinen Weine von den Bedienten herum
gegeben. Leute aus obigen Ständen trinken auch Eng=
lische Biere, wie Ale, Porter ꝛc., Meth und Quas;
auch der Russische Fruchtwein, besonders derjenige
von dem Safte der Kirschen und Himbeeren durch
Gährung mit Zucker und Wein bereitete, unter dem
Namen Wischnewka und Malinowka, kommt
vor, und wird, jedoch nur selten, nicht allgemein, ge=
trunken, und solches nur von Liebhabern. Auch wird noch
eine Art Champagner, Symlianskii genannt, von
den Donischen Kosaken bereitet, der leicht moussirt,
von Tscherkaßk und andern Städten des Kosakenstaa=
tes durch ganz Rußland verschickt wird, getrunken, je=
doch mehr von den Reichen und Bemittelten des hö=
heren Mittelstandes; er soll aber Magenbeschwerden
und Kopfschmerzen verursachen, welches man der Pot=
asche zuschreiben will, womit er versetzt ist. Bei dem

reichen Mittelstande, besonders den Kaufleuten, findet man ähnliche, ja gleiche Trinkgelage, wie bei den Vornehmen und Reichen des ersten Standes. Auch hier fehlt es nicht an den verschiedensten Weinen und feinen Branntweinen oder Liqueuren; auch hier trinkt man verschiedene starke Biere, Meth ꝛc.; ja selbst bei dem geringeren Mittelstande, den Handwerkern, die wohlhabend sind, und ihr Gewerbe schon im Großen betreiben, bekommen die Gesellen vor Tische eine Schale doppelten Branntwein (Wodka), welcher sich von dem einfachen (Wino) unterscheidet. Diesen trinkt der gewöhnliche Mann; aber auch doppelten oder Wodka, braunes Bier (Piwo), Hirsebier (Braga), zu welchem etwas gemalzte Hirse kommt, wovon es sehr rauschend wird, und dann auch Meth (Mjod). Diese Getränke findet man in allen Trinkhäusern in den großen Städten Rußlands, und namentlich in Petersburg und Moskwa. In der zuerst genannten Hauptstadt hat fast jedes Häuseroder Gassenquadrat eine Schenke oder Kaback, die sich durch besondere Zeichen über der Thür und den Fenstern auszeichnet. Diese Trinkhäuser, Piteinija Domi, in welchen die oben angezeigten Getränke verkauft, und Gäste gesetzt werden, gehören der Krone, welche sie für eine gewisse Summe an die Generalpächter verpachtet. Allen Kornbranntwein, Kartoffelbranntwein, der in diesen Trinkhäusern im ganzen Reiche verbraucht wird, müssen die Pächter zu einem festgesetzten Preise von der Krone nehmen, die sie wieder von den Landedelleuten zu gewissen Preisen geliefert erhält. Diese Kabacki sind die eigentlichen Freudenhäuser des Volkes; sie werden des Morgens und Abends zu bestimmter Zeit geöffnet und geschlossen, und verkaufen die geprüften Getränke, hauptsächlich den Branntwein, nach bestimmten Preisen. Sie werden stark besucht, und der Genuß geschieht

unter Plaudern, Lachen und schreiendem Singen; ja
diese Getränke und deren froher Genuß sind selbst für
viele Weiber und Mädchen so anziehend, daß auch
diese beim Vorübergehen einsprechen, und dann ihre
Gänge oft ziemlich schwankend fortsetzen. Der Branntwein, besonders der abgezogene, ist ein Hauptgetränk
bei dem untern Bürgerstande und dem niedern Volke.
Wie sehr dasselbe, selbst bei den Ukrainern, beliebt ist,
beweiset, daß sie den Branntwein als ein edles Getränk, das auch besonders gut bei ihnen bereitet wird,
wie auch die andern Getränke, besingen, obgleich sie
den Trunk weniger lieben, als die andern Russen.
Eben so ist es auch der Fall mit den Donischen Kosaken, die zwar auch große Liebhaber des Trunkes
sind, und auch selbst sehr gute Weine besitzen; allein
sie schämen sich, die Trunkenheit öffentlich sehen zu
lassen, was im übrigen Rußlande nicht der Fall ist.
Uebrigens trinkt der Russische Landmann zu seinem
gewöhnlichen Getränke den Quas, welcher aus Ro-
kenmehl und Malz bereitet wird *), und Bier und

---

*) Da dieses Getränk unter Quas in der Encyklopädie,
Th. 119, nicht vorkommt, so stehe hier die Bereitungsart. Man
nehme 10 Pfund Rockenmehl und 5 Pfund Malzmehl, rühre
beides, gemischt mit laulichem Wasser, zu einem Breye,
und stelle diese Mischung in einem bedeckten Topfe in einen
Backofen, wo sie vierundzwanzig Stunden brühen muß; dann
wird sie herausgenommen, und in einen Zuber mit einem Zapf-
loche gethan, fünf Eymer kaltes Wasser darauf gegossen, ein
paar Hände voll Münze (Mentha) dazu gethan, und Alles zusammen so lange gähren lassen, bis es einen angenehmen säuerlichen Geschmack bekommt. Nach Beschaffenheit der Witterung
sind zwei bis drei Tage dazu erforderlich, und während dieser
Zeit wird die Mischung mehrmals mit einem hölzernen Stäb-
chen umgerührt. Dann läßt man sie noch einen Tag stehen,
bis der Satz sich am Boden gelagert hat, zieht dann das Getränk auf Ankerfäßchen ab, und thut acht bis zehn Rosinen
hinein. Dieses Getränk ist im Sommer sehr angenehm und
kühlend.

Branntwein nur in den öffentlichen Schenken, die er auch fleißig besucht, sobald es nur angeht. Auch der Meth, das Hirsebier und der Sbiten (ein Getränk aus Honig, Wasser und Pfeffer gekocht), gehören zu seinen Luxusgetränken. In den großen Städten tragen die Bereiter des Sbiten oder Russischen Thees, die Sbitenstschiki, dieses Getränk in großen hölzernen Kannen, der Erhaltung der Wärme wegen mit Leinwand umwunden, herum, und verkaufen es Bierglasweise; auch wird es in kupfernen und verzinnten Theemaschinen auf öffentlichen Plätzen kochend feil gehalten. Auch der rothe Quas (eine Art Limonade, aus Wasser, Honig und Kran= oder Preißelbeersaft) wird stark getrunken, und wegen seiner schönen rothen Farbe in weißen Glasflaschen herumgetragen, und auch Biergläserweise verkauft. — Das starke Trinken, die Trinksucht der Russen, besonders in Branntwein und in jedem andern starken Getränke, hat man in dem Befreiungskriege 1813—15 bei dem Durchzuge derselben durch Deutschland nach Frankreich, oft zu bewundern Gelegenheit gehabt; allein wenn man das Land und das Klima berücksichtiget, welches sie bewohnen, so schwindet dieses Staunen über die Menge und Stärke der genossenen Getränke, die sie nur zu oft in ein Taumeln versetzten. Ein Reisender sagt darüber: „Wer von der Natur nicht mit vorzüglicher Lebenskraft ausgestattet ist, thut wohl, wenn er seinen vaterländischen Himmel nicht mit dem Rußlands vertauscht. Der Starke widersteht dem ersten Anfalle des Klimas, und gewöhnt sich allmählig daran, der Schwache aber unterliegt, und wird nimmermehr einheimisch. Ja selbst die Fülle der Gesundheit schützt hier nicht immer vor dem Verluste derselben. Man muß sich schlechterdings an den Gebrauch starker Getränke gewöhnen, und wie leicht ist in diesen zu viel gethan! Der Schwächling hält es nicht

aus, und der Starke leidet in der Folge auf mancher=
lei Art; selbst durch das Mittel, wodurch er sich zu
schützen glaubt." — Daß sich dieser Satz mehr denn
zu sehr bestätiget, hat die Zerstörung der Französi=
schen Armee in Rußland bewiesen, die gewiß zum größ=
ten Theile aus abgehärteten Kriegern bestand, aber
dennoch dem Winter 1812 bis 13 unterlag. — Die
schon oben gerühmte Gastfreiheit erstreckt sich auch bei
den Russen über den geringen Mittelstand und den
gemeinen Mann; dieser theilt gern von dem Weni=
gen mit, was er hat, und wer bei ihm ein Glas
Wodka nicht verschmäht, und ihm wieder zutrinkt, der
ist sein Mann, mit dem mag er Alles theilen. Zu den
frohen Gelagen tragen auch die vielen Hausfeste, und
vorzüglich Geburts= und Namensfeste bei; denn da
bei der Griechischen Kirche die Kinder meistens den
Namen des Heiligen des Geburtstages bekommen,
und diese gewöhnlich auf einen Tag fallen, so stellen
sich auch, nachdem die Griechischen Glaubensverwand=
ten eine Messe und segnende Gebete gehört haben,
bei ihnen die Freunde zum Glückwunsche ein, und so
wird denn dieser Tag mit einem frohen Gelage be=
schlossen, wozu sie sich schon eingerichtet haben. Selbst
arme Leute und Gesinde feiern ihre Geburts= und Na=
menstage, und um dieses zu können, bringen sie,
gut gekleidet, ihren Gönnern Weißbrod, ein Paar
Aepfel, oder ein ähnliches kleines Geschenk, und für
die erhaltenen Gegengeschenke an Geld bewirthen sie
ihre Freunde, wobei es immer auf einen lustigen
Rausch hinaus läuft. Auch die Ausländer feiern in
den großen Städten ihre und ihrer Familie Geburts=,
Namens= und auch wohl Hochzeitstage mit einem
Hausfeste, zu welchem sich, nach Russischer Sitte, die
Freunde des Hauses ungeladen einfinden, und mit ei=
nem frohen Trinkgelage das Fest beschließen. Bei je=
dem Trinkgelage fehlt der Gesang sehr selten, ja es

wird oft in den Schenken mit voller Kehle geſungen,
und gleichſam ſo recht aus frohem Herzen, wobei die
Balalaika (eine Art Zither mit zwei Saiten be=
ſpannt, die einer Schöpfkelle gleicht) angewendet wird.
Vergnügt iſt der Ruſſe, wenn er bei ſeinem Glaſe
Wino oder Wodka dieſes Inſtrument (welches we=
nig Geräuſch macht, ja nur ſchnurrt, wenn es mit den
Fingern berührt wird) zur Begleitung ſeines Geſan=
ges gebrauchen kann, wobei er dann alle Empfindun=
gen ſeines Herzens durch Geberden, vornämlich mit
dem Kopfe, ausdrückt. Auch dieſe Liebe des Geſan=
ges macht, daß manches Gläschen oder Schälchen
mehr getrunken wird, und ſo wiederum manches Gläs=
chen mehr getrunken, erhebt die Stimme zum feurig=
ſten Geſange eines Nationalliedes. — Die ſchon oben
angeführte Gewohnheit bei den Gaſtmahlen der Vor=
nehmen und Reichen, kurz vor dem Eſſen, erſt eine
kleine Mahlzeit von reizenden Speiſen, wozu Weine
und andere ſtarke Getränke gereicht werden, zu geben,
verurſacht oft, beſonders bei den gebrannten Waſſern
ſtärkerer Art, daß Einige es zuweilen vergeſſen, daß
ſie nachher noch zu eſſen haben, und Andere wohl gar
bei nicht voller Beſinnung in das Speiſezimmer tre=
ten. Man ſieht aber darüber hinweg, da man die
Gäſte durch aufgepflanzte Flaſchen zum Genuſſe reizt,
und ſie der lieben Gewohnheit nicht widerſtehen kön=
nen, auch den Flaſchen ſtark zuzuſprechen. — Wenn
nun gleich der Ruſſe dem Branntweingenuſſe ſehr er=
geben iſt, und ſowohl der Handwerker, als auch der
Landmann darin ſeine einzige Aufheiterung findet, die
er ſo lange verfolgt, als es nur ſein Geldbeutel ir=
gend geſtattet, ſo hat die neuere Zeit doch auch ſchon
hierin eine merkwürdige Veränderung durch die Ein=
führung des Theetrinkens hervorgebracht, welches Ge=
tränk unter allen Klaſſen ſehr beliebt geworden iſt.
Wie groß der Theeverbrauch in Rußland zur Zeit iſt,

beweiſet z. B. der Umſtand, daß in einem Moskwaer
Gaſthauſe, wo Kleinkrämer und Hauſirer einkehren,
an einem einzigen Tage eine ganze Kiſte Thee, an
60 Pfund ſchwer, verbraucht worden iſt. Jedes Ge-
ſchäft wird jetzt bei einer Taſſe Thee abgeſchloſſen,
anſtatt dieſes vormals in einem Weinkeller oder einem
Schnappsladen geſchah. Viele von den Handelsleu-
ten bringen einen großen Theil des Tages auf den
Kaffeehäuſern zu, wo ſie ſich über Geſchäftsangelegen-
heiten beſprechen, und Verkäufe abſchließen. Hier ſieht
man ſie von früh bis in die Nacht zu Dreien und Vieren an einzelnen mit ſchmutzigen Linnen bedeckten Tiſchen in den buntgemalten Zimmern beiſammen ſitzen,
jeden mit dem linken Ellenbogen auf den Tiſch ge-
ſtützt, und auf den Fingerſpitzen eine Untertaſſe wie-
gend, woraus er häufig einen Schluck thut, indem er
ſie durch eine Drehung des Handgelenks ſeinen Lippen nähert, nachdem er zuvor von einem Klumpen
Zucker ein Stückchen abgebiſſen hat, welches er zwiſchen den Zähnen hält, und wodurch er den Thee
gleichſam filtrirt. — Bei den **Engländern** iſt die
Trinkſucht eine alte Gewohnheit, die den alten Britten, als Urvolk, wahrſcheinlich von den Angelſachſen
bei ihrer Einwanderung überkommen iſt, wenn ſie
ſolche nicht ſelbſt ſchon beſeſſen haben; aber nicht bloß
die Angelſachſen, ſondern auch die Dänen können
darauf Einfluß gehabt haben, ſo wie überhaupt die
nordiſchen Völker, die den Trunk, wie bekannt, lieb-
ben, indem er ihrem Klima zuſagt. Beſonders iſt die
Sitte, ſtark zu trinken und ſich in ſtarken Getränken
zu berauſchen, bei der immer größeren Aufnahme und
Ausbreitung ihres Handels und ihrer Manufaktur-
und Fabrikerzeugniſſe im ſiebzehnten und achtzehnten
Jahrhunderte ſehr geſtiegen, und durch ihre Eroberungen und Beſitzungen in allen Welttheilen, ſind ſie
auch mit manchen andern Getränken bekannt gewor-

den, wie z. B. mit Rum, Arrak, und dem daraus be=
reiteten Punsch, welche aus Ostindien herstammen sol=
len. Die vornehmen und reichen Engländer trinken
viele Portugiesische und Spanische Weine, besonders
den Portwein, Madeira, Mallaga, Claret; dann ei=
nige Italienische, Französische und Deutsche Weine,
und von Bieren ihr Porter und Ale, auch Bour=
ton=Ale genannt; dann hat man auch eine Art
Small-beer or Table-beer (Dünn= oder Tafel=
bier), welches die eigentlichen nicht Trinker und
Frauen bei Tische genießen. Rum, Liqueure, und an=
dere doppelte und einfache Branntweine, Punsch,
Grog, sind gleichfalls Lieblingsgetränke der Englän=
der, und dann Thee, der aber so stark bereitet wird,
daß er eine dunkelbraune Farbe hat, und so adstrin=
girend oder zusammenziehend ist, daß er mit großen
Dosen Zucker versetzt werden muß, um ihn einiger=
maßen für Deutsche Gaumen angenehm zu machen.
Kaffee trinkt man nur wenig, und die Bereitungsart
desselben ist schlecht. Wie sehr man die starken be=
rauschenden Getränke hier liebt, geht daraus hervor,
daß man zu dem schlechten Portweine noch Brannt=
wein, um ihn zu verstärken, mischt, so auch zu dem
Cyder; und Branntwein mit Milch, so wie Brannt=
wein mit Wein und Zucker, sind die Getränke, die
man auf den Kaffeehäusern zu London gewöhnlich er=
hält. Man führt an, daß die Engländer sich starker
Getränke wegen der halb gar gekochten Speisen und
des vielen halb rohen Fleisches, welches sie genießen,
bedienen müßten, und dann auch wegen des Klimas
und Seeluft, und dieses scheint vielleicht nicht ohne
Grund zu seyn, da ihnen Porter und andere Ge=
tränke, mäßig genossen, nicht übel bekommen; allein
sie werden dadurch nur zu oft verführt, sich einen
Rausch zu trinken. Ueberhaupt lieben die Engländer
die Trinkgelage; sie essen daher sehr schnell bei ihren

Gastmahlen, überhaupt bei ihren Festgelagen, um, sobald das Tischtuch abgenommen worden, die Por= terbier= und Weinflaschen aufzupflanzen. Die Frauen entfernen sich dann gewöhnlich, und lassen den Män= nern ein freies Spiel bei der Trinktafel, wobei Toaste aller Art ausgebracht, und die mannigfaltigsten Schnur= ren und Witze zum Besten gegeben werden, welches die Gesellschaft dann so heiter stimmt, daß sich man= cher dicke Engländer vor Lachen den Bauch halten muß. Hierbei geschieht es nun nicht selten, daß die Gäste berauscht aufstehen, und nach ihrer Wohnung forttaumeln. Dieses geschieht sowohl bei den Vor= nehmen und Reichen, als auch bei den schlichten Bür= gern und Handwerkern, ja bis zur untersten Klasse des Volkes, die jedoch ihre Genußmittel nur auf den Gin oder Wachholderbranntwein einschränkt. Sce= nen dieser Art, besonders bei der Bowle, hat uns Ho= garth mit seinem Pinsel und Griffel vorgeführt, und Cruikshanks in neuester Zeit von den untern Volks= klassen, welches Bild sich in dem Werkchen: „Sunday in London,‟ 1833, mit der Unterschrift: „Der Gin= tempel wird geschlossen zur Zeit des Gottesdienstes,‟ befindet. Indessen nimmt die Völlerey unter den hö= hern Klassen der Bevölkerung in England immer mehr ab, und dagegen steigt das Theetrinken. Es ge= hört zum schlechten Tone der Gesellschaft, sich derma= ßen zu betrinken, daß man unter den Tisch sinkt; es müßte denn bei einem Trinkgelage bloß darauf abge= sehen seyn, dem Bacchus ein solennes Fest zu feiern, wobei dann wohl mancher Gast, schwer beladen, unter der Last seines benebelten Kopfes zu Boden sinkt. Es ist übrigens nicht selten, in den Straßen Londons gut gekleideten Männern und auch Frauen mit glü= henden Gesichtern und taumelnd zu begegnen, wel= ches hier von den Einwohnern kaum beachtet wird. Indessen gehören diese Frauen nicht zu den Distinguir=

ten, obgleich sowohl die Matronen, als die ältlichen
Jungfern oft aus guten Häusern sind, und sich in ei=
nem gewissen Wohlstande befinden. Eine kleine Ma=
genbeschwerde veranlaßt sie, einige Gläschen Brannt=
wein zu sich zu nehmen, dessen Wirkung sie dann erst
beim Nachhausegehen bemerken. Auch die mittlere
Klasse: Kaufleute, Fabrikanten 2c., erlauben es sich
oft, nach abgemachten Geschäften, besonders des Abends,
Porter, Rum, Grog 2c. zu trinken, oder sich eine Bowle
zu machen, jedoch geschieht dieses in ihrem Hause nach
dem Abendessen, und wenn es dann bis zum Räusch=
chen kommt, so hat man dabei doch keine überlästigen
Zeugen; denn auch die Kinder sind zu Bette geschickt,
und so kann man, selbst bei beschwertem Kopfe und
wankenden Beinen, immer noch das Bett finden, um
sich durch die Ruhe und den Schlaf wieder zum fol=
genden Tage zu stärken, und seine Geschäfte, wenn
auch mit etwas Kopfweh, zu beginnen. Wie sehr die
Engländer im verwichenen Jahrhunderte Freunde des
Punsches waren, und hier oft in Uebertreibung in
Veranstaltung dieses Genusses übergingen, beweiset
der Punsch oder das Punschfest, welches der Admiral
Boscawen im Jahre 1760 in Amerika den Offi=
zieren und Matrosen seiner Flotte, und andern ange=
sehenen Personen, worunter sich auch Damen befan=
den, gab, und wozu ein großes marmornes Bassin in
einem Garten eingerichtet wurde, worin man an 6600
Quart Punsch bereitete. Es kamen dazu 600 Fla=
schen Rum, 600 Flaschen Cognac, 1200 Flaschen
Mallagawein, 600 Pfund Zucker, 2600 Stück Ci=
tronen, 200 Stück abgeriebene Muskatnüsse, und 4
Tonnen heißen Wassers. Wenn gleich heißes Wasser
in das Bassin gelassen wurde, so konnte es doch nur
kalter Punsch seyn, da ein kleiner Schiffsjunge, als
Ganymed, in dem Bassin in einem kleinen Kahne von
Mahagonyholze umherfuhr, und für mehr als 6000

Personen einschenkte, die auf einem Amphitheater von
Bänken um das Bassin saßen. Nach Andern soll der
Knabe oder der Puncheinschenker als H e b e gekleidet
gewesen seyn. Das heiße Wasser diente bloß zur
Auflösung des Zuckers und Bereitung des Punsches
durch ein eigenes Mischen; denn sonst würde der
Knabe nicht haben darin umherfahren können, da die
Dünste ihn so umnebelt hätten, daß er taumelnd in
das Bassin gestürzt wäre. Man führt hier auch den
Admiral R u s s e l als Festgeber an (s. neues Han=
növersches Magazin, Jahrg. 8, 1798, St. 95, S.
1541). Der bloße Punsch kann, außer dem Bas=
sin, dem Kahne ꝛc., nach unserm Gelde über 2300
Rthlr. gekostet haben. Ein zweites sonderbares Un=
ternehmen, etwas später, als in der gedachten Zeit,
war das Punschen auf der Pompejussäule. Es fiel
nämlich einigen Englischen Seeleuten ein, die mit ei=
nem Schiffe im Hafen von Alexandrien lagen, auf
der genannten Säule, die höher, als die Trojanische
zu Rom ist, Punsch zu trinken. Vermittelst einer ei=
genen Erfindung kletterten sie mit Lebensgefahr bis
auf den Gipfel der Säule, wo ein flacher Stein ihr
Unternehmen begünstigte, zum Erstaunen der Einwoh=
ner von Alexandrien, die haufenweise herbei gelaufen
kamen, um die Wagehälse zu sehen. Hieraus gewahrt
man, daß die Britten auch hierin ihre Sonderbarkeit
gezeigt haben. — In dem Grade, wie die Trinksucht
in der neuesten Zeit bei den Vornehmen und Reichen,
überhaupt bei den Gebildeten, abnimmt, nimmt sie
unter den ärmeren Bewohnern Englands zu, wozu
die großen, Pallästen gleichenden, Gin-Temples oder
Branntweintempel das Ihrige beitragen, welche
man in den großen Städten, hauptsächlich aber in
London, gewahrt, und worin Jedem von den mit
Lumpen bedeckten Individuen jedes Alters und Ge=
schlechts, die hier einsprechen, und auf den Bänken an

den Wänden herum Platz nehmen, für einen oder
zwei Pence Branntwein verkauft wird. Die Brannt-
weinhändler oder Schenker haben ihre Branntwein-
häuser größtentheils in den von Armen bewohnten
Quartieren erbauet. Das Schenklokal besteht aus einem Mahagony-Komptoire, an den hinten sich ein
großer, von tausend Gaslichtern erleuchteter Saal anschließt, der Friese von sorgfältiger und vergoldeter
Bildhauerarbeit enthält, und mit großen Spiegeln
oder Trümeaux geschmückt ist. In diesen glänzenden
Gintempeln verkehren nun die mit Lumpen behängten
Armen, die jedoch oftmals noch reich genug bedeckt
sind, indem sie die abgetragenen Kleider der Reichen
als Geschenke erhalten, womit sie sich bedecken; daher
kommen Fremde bei ihrer Ankunft in London oft in
Verlegenheit, wenn sie sich von Bettlerinnen, mit einem alten atlassenen Kleide mit Besatz, und einem
sammetenen Hute mit Blumen oder Federn auf dem
Kopfe, um eine Gabe ansprechen sehen. Man könnte
darunter nur verschämte Arme vermuthen, aber nicht
so dreiste Bettlerinnen, die das empfangene Almosen
im Gintempel verzechen. Besucht man nun einen solchen Gintempel, so wird man durch die Kleidungen
überrascht, kommt aber sehr bald wieder zu sich, wenn
man diese Trinkgelage etwas genauer betrachtet, und
besonders das Getränk, den Wachholderbranntwein.
Wer höher hinauf steigt, trinkt abgezogenen Branntwein, und wer den Gipfel ersteigt, Rum oder Arrak;
so weit kommt es jedoch nur selten unter diesen Trinkern, weil hier das Quantum geringer ist, und dieses
wird besonders in Betrachtung gezogen. Diese Brannt-
weinhäuser werden selten ohne Rausch verlassen, und
nicht im ersten Stadium, sondern gewöhnlich im letzten. Dieses überhand genommene Branntweintrinken
in den untern Volksklassen hat nicht nur das Parlament beschäftiget, sondern auch Mäßigkeitsvereine

dagegen hervorgerufen, von denen zwar geſagt wird,
daß die Mitglieder wohl Menſchenfreunde, ihrem Be=
rufe nach, ſind, das heißt, Leute, die viel ſchwaßen, aber
wenig thun, indeſſen müſſe man doch erwarten, daß
gute thätig einwirkende Bürger ſich der Sache anneh=
men, und ſie befördern werden. Vom Parlamente
begünſtigt, hat ſich ein Ausſchuß gebildet, um der Völ=
lerey Schranken zu ſeßen, und man darf erwarten,
daß das Parlament thätig einſchreiten werde, da die
Regierung nichts gegen die Gintempel vermag. Un=
ter den, dieſem Ausſchuſſe vorgelegten klaren Beiſpie=
len, wie weit dieſe Völlerey im Volke führt, verdient
das nachſtehende eine Erwähnung. Es betrifft eine
alte Frau, die durchs Branntweintrinken ins Elend
gerathen iſt. „Dieſe Frau, ſagt der Zeuge, iſt jeßt
Wittwe, und die Tante eines unſerer berühmteſten
Vokaliſten. Sie iſt eine unverbeſſerliche Branntwein=
ſäuferin, Mutter von vier Söhnen und zwei Töch=
tern, die insgeſammt nach Botany = Bei transportirt
worden. Als ſie Alles verkauft hatte, was ſie beſaß,
um ſich ihren Lieblingstrank zu verſchaffen, nahm ſie
zu dem außerordentlichſten Mittel ihre Zuflucht. Die
Natur, welche ſie recht gut ausgeſtattet, hatte ihr mit
vorgerückten Jahren alle ihre Gaben wieder entzogen,
und es blieb ihr von ihrer ehemaligen Schönheit
nichts weiter übrig, als zwei Reihen der weißeſten
und herrlichſten Zähne, die man ſich nur denken kann.
Sie verkaufte einen nach dem andern an einen Zahn=
arzt. In dem Grade, wie ihre Begierde zunahm, ſpe=
kulirte der Zahnarzt auf ihren Appetit, und minderte
den ihr anfangs zugeſtandenen Preis. Jeßt hatte ſie
nur noch zwei Zähne. Für den leßten, den ſie ver=
kaufte, erhielt ſie acht Pence! Als ſie ſich denſelben
hatte ausziehen laſſen, glaubte ſie, der Preis für ihre
Schmerzen ſey doch zu geringe; ſie ging darauf zu ei=
nem Arzte, und that ihm den Vorſchlag, ihm ihren

Leib ſchon jetzt zu verkaufen. Er ging darauf ein, und
verſprach ihr, außer dem für ihren Körper bedunge=
nen Preiſe täglich noch eine beſtimmte Summe zu ge=
ben, wenn ſie wöchentlich noch eine gewiſſe Doſis Arz=
ney einnehmen wolle, um Verſuche damit zu machen.
Die Säuferin wurde unſchlüſſig, da ſie aber fürchtete,
der Arzt wolle ſie dadurch nur ſchneller von dieſer
Welt befördern, ſo beſchloß ſie, ſich auf dieſen Han=
del nicht einzulaſſen." Dieſes Beiſpiel zeigt deutlich,
wie weit es in England mit der Trinkſucht gekommen
iſt, und wie nöthig es thut, das ärmere Volk da=
von zurück zu halten, welches auch ſchon theilweiſe
durch die größere Ausbreitung des Thees unter
demſelben geſchehen iſt. — Selbſt die Schiffskapi=
taine ſuchen dahin zu wirken, daß die Matroſen ſich
der ſtarken Getränke auf den Schiffen enthalten, und
Thee trinken, welcher auch auf mehreren Schiffen
ſchon eingeführt worden. Man will hauptſächlich das
Branntweintrinken bei der untern Volksklaſſe hem=
men, da es hier zu ſehr überhand genommen hat, und
die Individuen derſelben auf die warmen Getränke hin=
führen. Ueber das Treiben in den Kaffee=, Bier= ꝛc.
Häuſern in England ſ. den Art. London, Th. 80,
S. 539 u. f. — Ein Schriftſteller macht hier die
Bemerkung: Daß der Enthuſiasmus des Engländers
für ſeine Freiheit, gleichſam mit der Muttermilch ein=
geſogen, und geſtärkt durch eine zwangloſe Erziehung,
in ihm die ſonderbarſten Launen nährt, und ihn zu
den bizarreſten Handlungen hinreißt. Dieſe Haupt=
züge zeigen ſich in dem Charaktergemälde der Eng=
länder durch alle Volksklaſſen, vom erſten Lord herab,
bis zum Bauer und Sackträger, bald mit ſtärkern,
bald mit mildern Farben aufgetragen. Dieſes Abbild
bewährte ſich auch im Genuſſe, und beſonders in der
Trinkliebe, in der Schwelgerey, der er ſich hier oft
rückſichtslos hingab; und wenn dieſes bei den höhe=

ren Ständen oft Statt fand, so herrschte dagegen bei
dem wohlhabenden mittlern Stande mehr Freigebig=
keit; für das verderbliche Wohlleben der Erstern tauscht
dieser seine sittlichen Vergnügungen und das Glück
seiner häuslichen Freude nicht ein; und wenn der hef=
tige Lord seine Zwiste mit Pistolen entscheidet, so thut
dieses der rohe Pöbel durch Boxen. — Der S ch o t t e,
der sich eben so sehr, wie der Engländer, durch Vater=
landsliebe auszeichnet, hat aber einen höhern Grad
von Gastfreundschaft, und ist gegen Fremde sehr zu=
vorkommend; dieses beweiset er auch bei seinem Hange
zu geistigen Getränken, indem er dem Fremden gern
ein Glas credenzt. „Man hat nicht nöthig, sagt G e =
org H o l z e n t h a l *), lange·unter den Schottländern
sich aufzuhalten, um bei ihnen, gleich den andern nörd=
lichen Völkern, ihren großen Hang zum Trunke zu
entdecken. Gewöhnlich wird jeder Pfennig, der nicht
zum Haushalte abgeliefert werden muß, zu einer Bowle
Ale oder Porter verwendet. — Der Lieblingstrank,
und dieses auch bei den Weibern, ist Whisky=
P u n sch, und unglaublich ist es, mit welchem Wohl=
behagen sie dieses Getränk hineinschütten, und nicht
eher damit aufhören, bis sie betrunken sind. Dieser
Punsch, der ihnen über Alles geht, besteht aus weiter
nichts, als aus Whisky (aus Gerste und Kartoffeln
gebrannt), weißem Zucker und warmen Wasser. Be=
trunken seyn ist hier zu Lande keine Schande, da man
es alle Tage zu häufig sieht; Niemand nimmt Notiz
davon, und man kann wohl sagen ländlich, sittlich!
— So wenig auch sonst die Schottländer Freunde
von Komplimenten sind, so ceremoniös sind sie doch

---

*) Briefe über Deutschland, Frankreich, Spanien, die ba=
learischen Inseln, das südliche Schottland und Holland, geschrie=
ben in den Jahren 1809, 10, 11, 12, 13 und 14, von G e =
org H o l z e n t h a l, Premier=Lieutenant in Hochfürstlich Schaum=
burg=Lippeschen Diensten, Brief 35.

in Gesellschaften beim Gesundheitstrinken. Sofort,
nämlich nach dem Thee, pflegt man ein Gläschen mit
Stachelbeerwein, der hier zu Lande sehr deliciös ist,
herumzureichen, worauf dann erst der edle Whisky mit
warmen Wasser und Zucker erscheint. Hier nimmt
nun der Wirth zuerst sein Glas, und nachdem er Jeden oder Jede der Anwesenden in folgenden Worten:
Mr. oder **Mrs.** your good health (ihre gute Gesundheit) der Reihe nach durchgegangen, trinkt er, und
diesem folgt dann Einer nach dem Andern nach; auch
die in Großbritannien so üblichen Toaste oder Trinksprüche werden dann gelegentlich ausgebracht." —
Der Hang zum Trunke äußert sich überhaupt mehr
bei den Bewohnern des Hochlandes, die einfacher in
ihren Sitten, aber auch mehr ihrer alten Lebensweise
ergeben sind. Die höheren Stände haben sich in
Schottland dem übermäßigen Schwelgen nie in dem
Grade hingegeben, wie die Engländer; in Edinburg
ruht jetzt die Trinksucht nur noch auf dem gemeinsten
Pöbel, und besonders ist der Sonntag der Trunkenheit gewidmet. Der Puritaner, der an diesem Tage
vor einem Opernhause und einem mussikalischen Instrumente zurückschaudert, glaubt keine Sünde zu begehen, wenn er besinnungslos zu seiner darbenden
Familie zurückkehrt. — In Irland ist die Trinksucht
gleichfalls bei dem niedern Volke einheimisch; bei den
Gebildeten findet man es nicht, daß die Sitte des
Trunkes vorherrschend wäre, wenn man auch gleich,
wie in England, starke Getränke liebt, und sie auch
hier als Schutzmittel betrachtet, sowohl gegen das
Klima, als den Speisegenuß, um die Verdauung der
Speisen zu befördern. — Auch bei den übrigen Nordischen Völkern, den Holländern, Dänen, Schweden und Norwegern, werden starke Getränke genossen. Nach Harrington, in seinen Briefen aus
Schweden und über Schweden, ist das Bier,

besonders das Doppelbier, Eines der gewöhnlichsten Getränke, welches überall in bester Güte zu haben ist; auch herrscht in diesem Lande die Gewohnheit, die Mittagsmahlzeit mit einem Glase Branntwein zu beginnen. Das Branntweinfläschchen findet
man daher in den größten Häusern Stockholms und
in den niedern Bauerhütten auf den Tischen; denn
jeder Skandinavier leert ein Glas, ehe er sich zu Tische setzt. Auch hier wird diese Gewohnheit, Winter
und Sommer fortgesetzt, für gleich zuträglich gehalten, um den Magen zur Verdauung der groben, saf-
tigen und überflüssigen Nahrungsmittel zu reizen, deren der Körper in diesen rauhen Himmelsgegenden
bedarf. Auch eine Art Haferbranntwein, der hier bereitet wird, soll nicht schlecht seyn. Auch in Schweden
ist in neuerer Zeit das Branntweintrinken in den untern Volksklassen sehr eingerissen, und man sucht auch
hier Mittel, diese Sucht zu hemmen. Mehrere Gü-
terbesitzer haben deshalb schon die Brennereyen auf
ihren Gütern aufgehoben, um hierdurch den starken
Branntweindebit zu hemmen, oder der zu starken Consumtion Schranken zu setzen, obgleich man ihn, ohne
ihm ein anderes ähnliches Getränk an die Seite zu
setzen, nicht gut wird verdrängen können. Man hat
hier auch durch Mäßigkeitsvereine schon vor mehr
denn zehn Jahren dem übermäßigen Branntweintrinken entgegenzuwirken gesucht, und nicht ohne Erfolg,
besonders auf das aufwachsende Geschlecht; denn die
Trinksucht hindert sowohl den Ackerbürger und Bauer,
als auch den Tagelöhner und niedern Handarbeiter,
sich sein Brod in dem Grade zu erwerben, als er es
könnte. Der Wein ist in Schweden schlecht und theuer,
und bessere Sorten kommen nur auf den Tischen der
Vornehmen und Reichen vor, und daher sind Bier
und Branntwein diejenigen Getränke, welchen hier
besonders zugesprochen wird. — Die Norweger

folgen so ziemlich im Trinken dem Beispiele der Schwe=
den und Dänen, besonders lieben sie den Branntwein,
der ihnen auch wegen des Klimas gut zu seyn scheint,
wenn sie nicht das Uebermaaß liebten und sich dadurch
schadeten, wenigstens ist dieses bei dem gemeinen Manne
der Fall. — Der Däne ist kein so starker Trinker,
als die oben erwähnten Völker, obgleich er auch dem
Weine, Biere und Branntweine zuspricht, wie dieses
überhaupt bei den starken Seehandel treibenden Völ=
kern der Fall ist. Ein eigenthümliches Getränk der
Dänen ist Eyerschnapps oder Branntwein, wel=
cher aus einer Mischung von Rum, Zucker und Ey=
dottern besteht. Die Bereitung überläßt man in der
Regel in den Wirthshäusern den Einkehrenden, in=
dem ihnen bloß die Materialien dazu gereicht wer=
den. Man soll sich besonders bei kalter Luft und zur
Nachtzeit sehr leicht an dieses Getränk gewöhnen, und
besonders schon deshalb, da seine Wirkungen sehr gut
sind. Ein zweites Getränk ist der Meth, an dem sich
die alten Helden der Dänen sehr gütlich thaten; er
soll, gut bereitet, ein wahrer Nektar der Götter seyn.
Uebrigens trinkt der Däne von warmen Getränken
auch den Kaffee und den Thee, der auch eine beson=
dere Aufnahme in diesem Lande gefunden hat; auch der
Isländer trinkt ihn, wozu er aber die Blätter von Eh=
renpreis (Veronica officinalis) und von einigen an=
dern Pflanzen gebraucht. Wenn nun die vornehmen
und reichen Dänen, und hauptsächlich die Kaufleute,
ihre fremden Weine, besonders Portwein, Spanische
und Französische Weine, Rum, Punsch, verschiedene
Biere ꝛc. genießen, so trinkt der gemeine Mann auch
sein Glas guten Kornbranntwein, worin er sich aber
nicht überhebt. — Der Holländer ist sehr mäßig
im Trinken, wenigstens wird man selten in Gesell=
schaften, wo es nur einigermaßen honnett hergeht, ei=
nen Trunkenen gewahren. Bei aller Verschwendung

der feinften Weine und Liqueure bleibt doch Alles ru=
hig; man ift froh und heiter beim Glafe, aber ohne
zu lärmen oder ausgelaffen zu werden. Befonders
herrfcht hier in den Deutfchen Häufern· des mittleren
Standes Gefelligkeit beim traulichen, herzlichen Mahle.
Der vornehme und reiche Holländer liebt das Derbe,
das Materielle. Bei feinen Mahlen wechfeln bei je=
dem Gange Porter, Rheinwein, Burgunder, Ma=
deira, Champagner und andere feine Weine mit wah=
rer.Verfchwendung ab. Die untern Volksklaffen, fo=
wohl der niedere Bürger, als der Landmann, trinken
weder Bier, noch Wein, als gewöhnliche Getränke,
dagegen Kaffee, Thee und Wachholderbrannt=
wein *); Letzterer ift fein vorzüglichftes Labfal.
Die gewöhnlichen Bürger befuchen auch die Wirths=
häufer, die Landleute nur felten, fie thun fich zu Haufe
gütlich. Schon die Reinlichkeit der Holländer läßt
felten einzelne Individuen zur Völlerey kommen, weil
fie hierdurch ihre fchön aufgeputzten und reinlichen
Gemächer zu befchmutzen glauben, wenn fich ein hitzi=
ges Fluidum ihrer Sinne bemächtiget hat, und des=
halb trinken fie zwar tüchtig, aber nie, oder doch nur
felten artet die Trinkfucht in einen gemeinen Raufch
aus. — Die füdlichen Europäifchen Völker, Fran=
zofen, Italiener, Spanier, Portugiefen ꝛc.,
find nie als ftarke Trinker angeführt worden, wenig=
ftens hat man fie in diefer Beziehung immer den
nordifchen oder mehr nördlich gelegenen Völkern
weit nachgeftellt, und diefe haben fich ihren Spötte=
reyen und Neckereyen in Hinficht der Trinkfucht auch
oft unterziehen müffen, obgleich fie ihnen die beißen=
den Satyren, wie oben angeführt worden, oft=
mals derb, ihrem offenen Charakter gemäß, wieder=

---

*) Der befte wird in Schiedam deftillirt, und unter dem
Namen Genièvre verkauft.

gegeben haben. Die genannten Völker trinken na=
türlich mehr Wein, Cyder und ſolche Getränke, die
dem Klima angemeſſen ſind; ſie bedürfen weniger
Reizmittel, und daher iſt ſelbſt der Kaffee, z. B. in
Spanien, wenig beliebt; dagegen trinken ſie Schoco=
lade oder Chocolade, Limonade, Thee ꝛc.; aber
auch fremde Biere, fremde Weine und Liqueure, be=
ſonders den Rum und Arrak, Punſch ꝛc.; allein dieſe
Getränke erhalten bei ihnen kein Uebergewicht, keine
ſchädliche Einwirkung, daher findet man auch hier
keine Mäßigkeitsvereine, wie in den nördlichen Staa=
ten; und wenn bei ihnen wirklich manche Fehden, be=
ſonders Duelle, wie in Frankreich, durch weinerhitzte
Gemüther entſtehen, auch wohl Franzbranntwein oder
Cognac und andere Liqueure dazu beitragen, ſo wird
dieſes doch dem ſüdlichen aufgeregten koleriſchen Cha=
rakter zugeſchrieben, nicht dem Getränke, obgleich auch
dieſes oft Veranlaſſung dazu war. Im nördlichen
Frankreich findet man an Ruhe= und Feſttagen, daß
ſich die niedere Volksklaſſe im Eſſen und Trinken
übernimmt. Man ißt an ſolchen Tagen Brat= und
Blutwürſte, Schinken, geſalzenes und gepfeffertes
Fleiſch, welches zum Trinken reizt, wodurch die Zuſam=
menkünfte in Trinkſtuben in abſchenliche Saufgelage
ausarten ſollen, die ſich gewöhnlich mit blutigen Kö=
pfen endigen. Auch haben die Franzoſen in neueſter
Zeit bei ihren Kriegszügen durch verſchiedene Länder
Europas die Sitten anderer Völker und auch ihre
Getränke kennen gelernt, und ſich auch beim Biere
und Branntweine gütlich gethan. — Wie die Meſſen
und Jahrmärkte überall Gelegenheit zum Trinken ge=
ben, ſo iſt es auch in Frankreich der Fall, wo Wein,
Liqueure ꝛc. überall feil geboten, und die Kaffee= und
Weinhäuſer ſtark beſucht werden; auch ſind die Li=
queure von Paris, Nancy, Montpellier ꝛc. berühmt,
und beweiſen, daß auch die Franzoſen dieſen Dopel

branntweinen zusprechen.—Wenn der Italiener bei
seiner Chocolade, seinen feurigen Weinen, bei seinem
Rossoglio ꝛc. sich nach seinem Maaßstabe belustiget,
so darf doch der Deutsche den seinigen nicht hier anlegen; denn ein Deutscher Prälat, dessen Bedienter
jede Thür in Montefiascone, wo er guten Wein gefunden hatte, mit Est bezeichnen mußte, trank sich in
den zu vielen mit Est bezeichneten Häusern zu Tode.
Er liegt auch daselbst begraben, und sein Bedienter
ließ ihm die Grabschrift setzen: Est, est, est, propter nimiam est, hic Johannes de Fugger, domi-
nus meus mortuus est. — Wenn der gemeine Ka-
talonier sein Gläschen Anis trinkt, so trinkt dagegen
der Ungar seinen Ausbruch, und seinen Sliwowitzer
oder Zwetschenbranntwein, und der Schweizer in seiner Sennhütte, neben der Milch, auch sein Gläschen
Branntwein, welches auch die Bewohner des Cha-
mounythales in Savoyen thun, die sich aber oft in
Branntwein berauschen. Wenn der vornehme Ungar
seinen Tokayer und Neustädter trinkt, so trinken die
höheren und reicheren Bewohner der Schweiz. ihren Wein und Baseler Kirschwasser, berauschen sich
aber selten. — Man kann annehmen, daß noch kein
Getränk in der Welt eine so allgemeine und schnelle
Aufnahme überall gefunden hat, als der Branntwein.
Die erste Aufnahme bei seiner Bereitung in Deutschland geschah wohl daher, daß er als ein Vorbau-
ungsmittel wider die meisten Krankheiten, und als
ein Specificum, um schön und jung zu bleiben, empfohlen wurde, und obgleich diese Empfehlung seine
Aufnahme bewirkte, so wurde er doch schon im Jahre
1582 von dem Magistrate in Frankfurt am Main
verboten, weil von den Barbieren die Anzeige gemacht worden, daß er bei den damaligen Sterbensläuf-
ten sehr schädlich sey, welches Verbot aus derselben
Ursache auch 1605 wiederholt wurde. Als man an-

gefangen hatte, ihn nicht mehr aus Wein oder Wein=
und Bierhefen zu bereiten, sondern dazu Rocken, Wei=
zen und Gerste nahm, so hielt man solches für einen
Mißbrauch des Getreides. Man besorgte eine Ver=
fälschung des Rheinischen Branntweins durch den
Fruchtbranntwein, und behauptete, daß die Träber
dem Viehe, sonderlich den Schweinen, höchst schäd=
lich seyen, woher denn bei Menschen die beschwerlichste,
abscheulichste und ansteckendste Krankheit, der Aussatz,
entspringe. Aus dieser Ursache wurde im Jahre 1595
in Chursachsen die Bereitung des Branntweins nur
aus Wein= und Bierhefen erlaubt. Obgleich man
gegen den Genuß des Branntweins von so vielen
Seiten her zu Felde zog, ja man ihn wieder aus der
Reihe der Genußmittel verdrängen, und in die Apo=
theken verweisen wollte, so blieb er dennoch das ein=
zige Getränk, welches so allgemeinen Beifall in allen
Welttheilen sich erwarb, und dessen Verdrängen gar
nicht möglich ward. Selbst die rohen Völker, die so=
genannten Wilden unter allen Zonen, haben ihn von
den Europäern nicht nur willig angenommen, sondern
sie gaben dafür auch Alles hin, was ihnen sonst lieb
und theuer ist. Vom Lappen bis zum Afrikaner ist
die Begierde nach Branntwein gleich heftig; in Asien
wird er getrunken, und in Amerika ist wohl keine be=
kannte Gegend, wo er nicht ein Labsal der Einwohner
wäre. Ja in Nordamerika hat man durch Mäßigkeits=
vereine seine Macht bei dem untern Volke zu beschrän=
ken angefangen; so sehr hat er sich die Gunst durch
seinen Reiz zu erwerben und zu erhalten gewußt, daß
alle Mittel dagegen nur Palliative sind.

Daß Aerzte die sämmtlichen starken Getränke in diä=
tetischer Hinsicht die Musterung passiren ließen, ge=
schah schon früher, besonders aber in dem verwichenen
Jahrhunderte; denn diesem war es vorbehalten, daß
man erst mit dergleichen Vorstellungen in Schriften

· sund sind. Alle diese Gründe sind schon stark, und dazu kommt nun noch, daß dieses Bedürfniß der Natur in den Geschmack der Leute fällt; daher man bei einem so rechtmäßigen Grunde um so weniger sich bemüht, auch dem Geschmacke Grenzen zu setzen. Weil aber bei der Beobachtung dieser Regel es sich dennoch oft trifft, daß Leute, die außer der Mahlzeit sich ganz gesund befinden, auch sich mit Eßlust zu Tische setzen, bald nach dem Genusse sehr weniger Speisen, sobald sie nur ein Glas Wasser oder Bier trinken, sich gleich übel befinden, Andere wohl gar ohnmächtig werden, noch Andere aber, die eine ziemliche Mahlzeit thun, und bei Tische aushalten, nach dem Essen eine große Unlust, Schläfrigkeit, Beschwerde des Unterleibes, Blähungen, Aufstoßen, Sodbrennen, bittern Geschmack und dergleichen Unbequemlichkeiten empfinden, ja oft Erbrechen bekommen, so muß diese Regel doch bei Vielen eine Ausnahme erleiden, und die Sache scheint, der Folgen wegen, die sie auf den Gesundheitszustand hat, von solcher Wichtigkeit zu seyn, daß eine genaue Prüfung dieser Vorschrift nicht ohne Nutzen seyn wird. — So wie ich nicht läugne, daß der mehrste Theil der Menschen, die eine starke Verdauungskraft und starke Bewegung haben, Alles untereinander essen und Vieles trinken können, ohne das Geringste zu fühlen, so berufe ich mich auch auf die Erfahrung, daß zärtliche, schwächliche, hypochondrische oder hysterische Personen, Leute, die viel sitzen, Frauenzimmer, die oft Krämpfe haben, alle die angegebenen Beschwerden, theils stärker, theils schwächer empfinden werden. Daß nun dieses hauptsächlich dem Getränke fast allein zuzuschreiben ist, davon können sich diese Personen leicht überzeugen, wenn sie so viele Gewalt über ihre Gewohnheit haben, daß sie sich über Tische ein oder zwei Tage alles Getränkes enthalten können. So lange ich aus Vorurtheil noch gänzlich den Grundsätzen der Diät, wie man sie auf Hochschulen lehrt, ergeben war, sah ich mit offenen Augen nichts, und viele Fälle waren mir unerklärbar, die doch, wenn man ganz unbefangen dieselben betrachtet, offenbar in die Augen fallen. In meinen jüngern

Jahren geschah es nun, daß die älteste Tochter der
Herrschaft, deren Hausarzt ich war, schon lange vor
mir den Zufall hatte, daß sie selten die ganze Zeit
der Tafel ausdauern konnte, sondern schon bei dem
zweiten Gange ohnmächtig wurde, den Tisch verlas=
sen, sich aufschnüren, und aufs Bett oder Sopha le=
gen mußte, bis eine oder zwei Stunden vorüber wa=
ren, da man ihr unterdessen Thee gemacht, warme
Teller auf den Magen gelegt, und sie dann wieder zu
sich kam. Diese junge Gräfin war siebzehn Jahre
alt, von schwacher Leibesbeschaffenheit, klagte sonst über
nichts, als öftere Blähungen, war sehr blaß, aber
übrigens mit vielen Fähigkeiten begabt. Man hatte
schon die besten Aerzte im Lande deshalb consulirt.
Da nun alle keine Hülfe gebracht, und das Uebel im=
mer einerlei blieb, so konnte auch ich nichts ausrich=
ten, indem nach meiner Einsicht Alles verordnet war,
was nur dabei dienlich seyn konnte. Kurz, es ver=
ging eine geraume Zeit, daß ich nichts ausrichten
konnte. Die junge Gräfin speiste daher mehrentheils
in ihrem Zimmer, um nicht Aufsehen bei der Tafel
zu machen. Wenn ich mir Alles genau überlegte,
was sie genoß, die nur geringe Portion, die täglich
hinlängliche Bewegung, die Ordnung in der ganzen
Lebensart, wo keine Leidenschaften Statt fanden; so
war mir der ganze Zustand unerklärbar, und all mein
Nachdenken hierüber war vergebens. Eines Tages,
als ich schon zu argwöhnen anfing, ob nicht das viele
kalte Wasser, was über Tische getrunken wurde,
(indem die gläserne Karaffe beinahe ein Quart
hielt, die vorgesetzt wurde,) Schuld an dem Ue=
bel sey, so begegnete der zweiten Gräfin, die et=
was jünger war, derselbe Zufall über Tische. Al=
les war darüber bestürzt, und in Furcht, daß das
Uebel auch bei dieser einreißen könnte, und ich war
nicht weniger verlegen, als alle Andern. Den fol=
genden Tag gab ich dem Fräulein Pomeranzentropfen
mit etwas Wein vor dem Essen, und ersuchte sie, bei
Tische nicht das Mindeste zu trinken; sie zwang sich
dazu, und fühlte nicht die geringste Beschwerde. De
folgenden Tag wurde dasselbe vorgenommen, und s

blieb auch gesund. Den britten Tag dieselben Tro=
pfen; allein sie konnte es nicht gleich aushalten, ohne
Getränk zu bleiben; sie trank zwar nicht viel, em=
pfand aber gleich, daß ihr nicht so wohl war, als an
den vergangenen zwei Tagen. Ich schreckte sie mit dem
Zustande ihrer Schwester, wenn sie sich nicht würde
überwinden können, und glücklicherweise blieb sie bei
dieser Enthaltsamkeit gesund, und konnte es nachher
ohne großen Zwang ertragen. Jetzt glaubte ich mit
Recht auch diese Diät der ältesten Schwester anrathen
zu können, die aus dem Beispiele der jüngsten Muth
schöpfte. Ich ließ daher alle Arzney weg, die den
Magen stärken sollte, bediente mich nur der Pome=
ranzentropfen, und verbot das Trinken. Zu meinem
größten Vergnügen sah ich auch bei dieser Patientin
gleich in den ersten Tagen eine große Erleichterung,
und nach einigen Wochen aß sie mit größerem Appe=
tit, und wußte von keiner Ohnmacht und Blähungen
etwas mehr. Dergleichen unvermuthete Entdeckungen
können keinem Arzte gleichgültig seyn, und so glaubte
ich denn aus diesen Erfahrungen mir die üblen Symp=
tome, die sich so lange gleich nach der Mahlzeit ge=
zeigt hatten, erklären zu können. Ohne auf die Mei=
nungen anderer Aerzte wegen des Verdauungsge=
schäfts zu schwören, da dieser chemische Prozeß nicht
genau ermittelt werden kann, und was darüber eri=
stirt, nur Vermuthungen sind; so ist doch so viel ge=
wiß, daß der Nahrungssaft sich auf irgend eine Art
entwickeln muß. Den chemischen Grundsatz hier vor=
ausgesetzt: je mehr sich Körper einander verwandt sind,
um so eher vereinigen sie sich. Wenn man nun den
Speichel und Magensaft des Menschen untersucht, so
findet man in demselben Bestandtheile aus allen drei
Reichen in der Natur. Alles, was wir genießen, läßt
sich darin ganz auflösen, ohne vorher eine Fäulniß
oder Gährung nöthig zu haben, wie auch einige Aerzte
es wollten; und ist die Auseinandersetzung zu Stande
gebracht, so finden die in den Eingeweiden befindli=
chen Filtra kein Hinderniß, ein jedes nach seiner Art,
das daselbst befindliche Flüssige einzusaugen. Die
Speisen werden durch das Zermalmen im Munde

genommen, daß, ehe ihm solches begegnete, er zwei
große Gläser Bier, die wohl drei Pfund halten konn=
ten, ausgetrunken hatte. Die Frau klagte mir, daß
ihm solches oft über dem Essen begegnete, und man
vermuthete, daß es epileptische Zufälle seyen. Ich
tröstete sie hierüber, verordnete ihm zuerst Magentro=
pfen, und da er sich das Trinken während des Ti=
sches abgewöhnte, so verschwand auch dieser Zufall.
Unter so auffallenden Kranken traf ich auch eine Dame,
die der täglichen Unpäßlichkeit wegen, welche sie nach
dem Essen befiel, zu dem weiland berühmten Baron
Swieten reisete, um sich Rath zu erholen; allein
auch seine Verordnungen halfen ihr nichts. Da sie
nun zu mir kam, untersagte ich derselben das Trinken
über Tische, und sie wurde ganz gesund, und wußte
von keiner Schwachheit mehr. Es würde zu weit
führen, hier mehrere Beispiele anzuführen, da solche
täglich vorkommen, und auch Jeder, der nicht Arzt
ist, in ähnlichen Fällen sich selbst helfen kann, da keine
Gefahr damit verbunden ist. Man wird mir den
Einwurf machen, daß ich durch solche Einschränkung
den größten Theil des gesellschaftlichen Vergnügens
störe; allein diesen muß ich auch zum Troste sagen:
daß ich einige wenige Gläser Wein nicht mit darun=
ter rechne, und also bleibt die Heiterkeit der Gesell=
schaft dabei ungestört; diejenigen aber, die durch ein
Glas Bier ihr Vergnügen finden, denen wird es auch
schwer werden, ihre Bierstunde bis um vier Uhr Nach=
mittags hinauszusetzen, da sie dann mit mehr Ruhe
und wenigerem Nachtheile der Gesundheit leicht das er=
setzen können, was sie versäumt haben. Auch können
diese Biertrinker einige Zeit vor dem Essen etwas
Bier trinken, wenn sie nämlich befürchten, daß sie nicht
zwei Stunden nach dem Essen würden aushalten kön=
nen. Da nun solches lediglich von der Ueberzeugung
eines Jeden abhängt, so mag auch er erwägen: ob
es leichter sey, eine schädliche Gewohnheit sich abzuge=
wöhnen? oder ob es erträglicher sey, alle die vorher
erwähnten Unbequemlichkeiten länger zu erdulden?
Die Freiheit des Willens bleibt demnach Jedem un=
gekränkt.

und selbst der abgesonderte Saft oder Chylus, welcher
in den Darmkanal fortgeschafft wird, ist unausgear=
beitet, roh, und kann nicht so viel gute Nahrung dem
Körper geben, als der, der auf dem Wege der Na=
tur ohne Hinderniß bereitet wird. Je zärtlicher nun
der Körper ist, um diese Hindernisse durch Gegenkraft
zu überwinden, um so beschwerlicher sind auch die Zu=
fälle, die schon oben erwähnt worden. Daher scheint
die Regel sehr falsch zu seyn, die manche Aerzte ge=
ben, daß man nur viel trinken müsse, um die Spei=
sen besser zu verdauen und das Blut zu verdünnen.
Die Natur der Sache lehrt hier gerade das Gegen=
theil; denn so wie ein Jeder mit einem kochenden Ge=
fäße sich solches bildlich darstellen kann, so ist nicht
einzusehen, warum man dem Wasser in Ansehung des
Magens eine andere Wirkung zuschreiben will. Ge=
gen die Einwendung, daß es an nöthiger Feuchtigkeit
zur Verdauung fehlen würde, darf man nur die Menge
des Speichels betrachten, die während des Käuens
hervorkommt, den häufigen Magensaft, den man ge=
wöhnlich antrifft, und auch die Suppen, die wir über
Tische genießen, so fällt dieser Zweifel weg. — Daß
es nicht Allen schadet, kann kein Gegengrund seyn,
da die Körperstärke nicht bei Allen gleich ist; auch ist
es noch nicht erwiesen, ob die Verderbnisse der Säfte,
die Fieber, Verstopfungen, hysterische und hypochon=
drische Zufälle, nicht Fehler dieser unvollkommenen
Verdauungen sind. Nur das Vorurtheil, daß hierin
nichts Schädliches sey, hat Aerzte und Nichtärzte ver=
hindert, zu erwägen, daß das viele Trinken über dem
Essen Ursache einer üblen Verdauung sey. Durch der=
gleichen Betrachtungen habe ich mich völlig von der
Wahrheit meines Satzes überzeugt. Ich habe nach=
her an mir selbst und auch an Andern genaue Prü=
fungen angestellt, und immer gefunden, daß ich mich
hierin nicht geirrt habe. Da ich nun mit diesem Mit=
tel schon gut bekannt war, traf es sich in einer Ge=
sellschaft, daß ein Offizier, ein Mann von dreißig
Jahren, der sonst gesund und kraftvoll zu seyn schien,
auch bei Tische ohnmächtig wurde, so daß man ihn in
ein anderes Zimmer bringen mußte. Ich hatte wahr=

hältnisse, die Verdauungssäfte sind nicht im Stande,
sie gehörig aufzulösen; sie belästigen daher den Ma=
gen, da derselbe nicht im Stande ist, auf sie gehörig
zu wirken; denn er wird durch seine wiederholte An=
strengungen geschwächt. Zu viel mit den genossenen
Speisen in den Magen gebrachte Flüssigkeiten richten
noch größeres Unheil an. Durch sie werden die Ma=
gensäfte zu sehr verdünnt, und ihre auflösende Kraft
und Wirkung auf die festen Speisen geschwächt. Durch
die Menge wird der Magen zu sehr ausgedehnt, und
besonders dann, wenn die Flüssigkeiten warm sind, er=
schlafft. Auch auf die Bestandtheile des Getränkes
und dessen Beschaffenheit nach der Bereitung kommt
Vieles an. Je mehr das Getränk in Hinsicht der in=
nern Mischung von dem natürlichen Getränke ab=
weicht, je weniger es dem jedesmaligen Gesundheits=
zustande des Körpers angemessen ist, um so nachthei=
liger sind auch die Folgen. Sowohl hieraus, als
auch aus dem ungleichen Verhältnisse der genossenen
Flüssigkeiten zu den festen Speisen entspringen, theils
der langen oder kurzen Zeit wegen, in welcher die
Speisen in den Verdauungswerkzeugen zubringen,
theils wegen des unvollkommenen schlechten Nahrungs=
saftes, der aus ihnen bereitet wird, alle jene nachthei=
ligen Folgen, die aus einer mehr oder weniger be=
schleunigten Verdauung, und einem schlechten Nah=
rungssafte entstehen können. Und doch kann man es
nicht läugnen, da es die Erfahrung lehrt, daß viele
Menschen täglich bei Tische tapfer essen, und noch ta=
pferer sich an die Flasche halten und zechen, und die=
ses oft Getränke mancherlei Art. Diese Gewohnheit,
viele Jahre hindurch beibehalten, läßt alt und grau
dabei werden, ohne einige Beschwerden von gestörter
Verdauung oder deren Folgen zu empfinden. Dieses sind
aber außerordentliche Naturen, oder sehr in Bewegung
erhaltene Körper, deren derbe und feste Theile in Ver=
bindung mit starken Magensäften alle Hindernisse leicht
überwinden; ihre Zahl ist aber nur klein; sie machen
eine Ausnahme von der Regel. Die meisten Men=
schen müssen aber für ihre Unmäßigkeit auf diese oder
jene Art früh oder spät büßen. Unangenehme Ge=

Der Doktor Sch.äffer in Hannover hat gleich=
falls Beobachtungen über das Trinken bei der Mahl=
zeit angestellt, und ähnliche Resultate, als vorher an=
geführt worden, erhalten. Ich will hier auch Einiges
aus seinem Aufsatze im „neuen Hannöverschen
Magazine," Jahrgang 1., mittheilen. Es heißt
darin:

Die ersten Erdbewohner haben wahrscheinlich nach
der Natur gelebt, und nur Wasser getrunken, bis sie
durch Zufall oder Nachsinnen darauf geriethen, Was=
ser mit andern fremden Dingen zu vermischen, und
dadurch andere Flüssigkeiten kennen zu lernen. Hier=
aus entstanden nach und nach Getränke, die zwar den
Durst löschten, aber auch den Gaumen kitzelten, und
auch dann, wenn die Natur nicht zum Trinken auffordert.
Durch diese Vermehrung ihrer Kenntnisse und Er=
weckung angenehmer Empfindungen und Lebensfreu=
den gewannen die Menschen scheinbar, verloren aber
wirklich. Ein Heer von Leiden mußten sie nothwen=
dig als Begleiterinnen und Folgen jener Freuden kennen
lernen, weil sie von der ihnen von der Natur vorge=
zeichnen Bahn abwichen, die Ordnung der Dinge stör=
ten, und wider das Naturgesetz handelten. Die Krank=
heiten verschiedener Art würden wir gewiß eben so
wenig, als die Thiere, kennen, wenn wir außer dem
Wasser kein anderes Getränk kennen gelernt hätten,
wenn wir mit diesem so heilsamen Getränke nur den
Durst löschten. Wir weichen immer mehr von den
Gesetzen des Trinkens ab, und jede Abweichung ist
uns nachtheilig und schädlich, am nachtheiligsten und
schädlichsten aber bei der Mahlzeit. Hier stört jedes
Uebermaaß, auch des unschädlichsten Getränkes, die
Verdauung, und schadet von mehr als einer Seite.
Harte und feste Speisen, die nicht gehörig klein ge=
käuet und mit Speichel vermischt werden, schaden nur
dann, wenn sie in zu großer Menge genossen werden;
denn ihre Menge steht nicht mit den zur Verdünnung
erforderlichen Feuchtigkeiten in einem gehörigen Ver=

hältnisse, die Verdauungssäfte sind nicht im Stande,
sie gehörig aufzulösen; sie belästigen daher den Ma=
gen, da derselbe nicht im Stande ist, auf sie gehörig
zu wirken; denn er wird durch seine wiederholte An=
strengungen geschwächt. Zu viel mit den genossenen
Speisen in den Magen gebrachte Flüssigkeiten richten
noch größeres Unheil an. Durch sie werden die Ma=
gensäfte zu sehr verdünnt, und ihre auflösende Kraft
und Wirkung auf die festen Speisen geschwächt. Durch
die Menge wird der Magen zu sehr ausgedehnt, und
besonders dann, wenn die Flüssigkeiten warm sind, er=
schlafft. Auch auf die Bestandtheile des Getränkes
und dessen Beschaffenheit nach der Bereitung kommt
Vieles an. Je mehr das Getränk in Hinsicht der in=
nern Mischung von dem natürlichen Getränke ab=
weicht, je weniger es dem jedesmaligen Gesundheits=
zustande des Körpers angemessen ist, um so nachthei=
liger sind auch die Folgen. Sowohl hieraus, als
auch aus dem ungleichen Verhältnisse der genossenen
Flüssigkeiten zu den festen Speisen entspringen, theils
der langen oder kurzen Zeit wegen, in welcher die
Speisen in den Verdauungswerkzeugen zubringen,
theils wegen des unvollkommenen schlechten Nahrungs=
saftes, der aus ihnen bereitet wird, alle jene nachthei=
ligen Folgen, die aus einer mehr oder weniger be=
schleunigten Verdauung, und einem schlechten Nah=
rungssafte entstehen können. Und doch kann man es
nicht läugnen, da es die Erfahrung lehrt, daß viele
Menschen täglich bei Tische tapfer essen, und noch ta=
pferer sich an die Flasche halten und zechen, und die=
ses oft Getränke mancherlei Art. Diese Gewohnheit,
viele Jahre hindurch beibehalten, läßt alt und grau
dabei werden, ohne einige Beschwerden von gestörter
Verdauung oder deren Folgen zu empfinden. Dieses sind
aber außerordentliche Naturen, oder sehr in Bewegung
erhaltene Körper, deren derbe und feste Theile in Ver=
bindung mit starken Magensäften alle Hindernisse leicht
überwinden; ihre Zahl ist aber nur klein; sie machen
eine Ausnahme von der Regel. Die meisten Men=
schen müssen aber für ihre Unmäßigkeit auf diese oder
jene Art früh oder spät büßen. Unangenehme Ge=

fühle, Beschwerden von gestörter Verdauung, und, bei fortgesetztem Mißbrauche, Krankheiten mancherlei Art, aus dieser Quelle entsprungen, sind größtentheils unvermeidlich; und doch wird es Manchem so schwer, seine Leiden, wenn er auch die Quelle derselben kennt, durch Mäßigung zu lindern. Nicht selten hat der Arzt Gelegenheit, solche schwache Menschen mit sich kämpfen, aber meistens dem durch Gewohnheit zur andern Natur gewordenen Reiz, welcher mit jedem Tage stärker und unwiderstehlicher wird, unterliegen zu sehen. Hier hilft kein Rath. Oleum et operam perdit, wer hier rathen will; denn der Geist ist zu schwach, gegen die mächtig gewordene Begierde anzukämpfen. Es geht ihnen, wie jenem feisten, unglaublich sinnlichen podagrischen Schlemmer, dem einst Einige seiner Freunde, als er gerade unter den heftigsten podagrischen Schmerzen zu Bette lag, eine Schüssel mit Austern und eine eben geöffnete Flasche mit Champagner gefüllt, um ihn zu necken, langsam unter der Nase herzogen. Plötzlich vergaß der Podagrist allen Schmerz, und bat um Austern und Champagner. Seine Freunde wollten ihm nichts reichen, weil der Arzt dergleichen Sachen ausdrücklich verboten hatte. Durch Bitten konnte er nichts ausrichten; er wurde daher unwillig, wüthend, warf mit Schimpfwörtern um sich, und er würde in Convulsionen gerathen seyn, wenn man ihm nichts von den Leckereyen gereicht hätte. Seine Freunde ließen sich daher bewegen, und erlaubten dem schwachen Kranken, von beiden etwas zu kosten; und seine in krause Falten gezogene Stirn wurde zusehends glatt und heiter, sein volles Gesicht rundete sich allmählig, wie der Vollmond, und lächelte, seine Augen funkelten, und seine dicke herabhangende, nach dem Leckern gierende Unterlippe witterte — er kostete, und es war eine Lust, ihn kosten zu sehen. — So sehr kann uns Gewohnheit tyrannisch beherrschen, so wenig sind schwache Menschen im Stande, derselben zu widerstehen. — Bei Vielen ist die Gewohnheit des übermäßigen Trinkens bei Tische noch nicht so sehr eingerissen, daß sie sich nicht, wenn sie bemerken, daß ihre Verdauung gestört ist, davon sollten trennen können; denn sie besitzen noch Kräfte genug dazu. Andere, und besonders diejenigen, welche nicht an hitzige Getränke gewöhnt sind, trinken oft aus bloßer Unwissenheit viel bei der Mahlzeit, leiden an schwacher Verdauung, kennen aber die Quellen nicht, und würden sie gern stopfen, wenn sie solche kennten. Für Beide sollen nun hier die Uebel, die daraus entstehen, auseinander gesetzt werden. — So nachtheilig jedem Gesunden der Mißbrauch des bei Tische genossenen Getränkes ist, um so nachtheiliger ist es jedem Schwachen, der an schwacher Verdauung ohnehin schon leidet. Personen, die einen zarten, schwächlichen Körper haben, eine sitzende Lebensart führen, Hypochondristen und hysterische Frauenzimmer, die oft an Krämpfen leiden, so wie alle diejenigen, welche bald nach dem Genusse nur weniger Speisen, besonders aber dann, wenn sie einige Gläser Wasser, Bier oder Wein getrunken haben, voll sind, sich übel befinden, auch wohl gar in Ohnmacht sinken, oder auch jedesmal nach dem Essen eine Unbehaglichkeit, Trägheit, Schläfrigkeit, Wallungen, Hitze, Magendrücken, Blähungen, Aufstoßen, Sodbrennen, Kolikschmerzen ꝛc. empfinden, Allen diesen ist der sparsame Genuß, ja wo möglich gänzliche Enthaltsamkeit alles Getränkes bei Tische zu empfehlen. Dieses kann Manchem ganz paradox vorkommen, weil die meisten Menschen glauben, daß man beim Essen trinken müsse. Väter, Mütter, Großmütter, alte Tanten prägen es den Kindern, Enkeln, tief und scharf ein, ja recht viel und fleißig zu trinken. Das Kind mag Durst empfinden oder nicht, es muß trinken, wenn es zu Tische sitzt; das Kind thut dies, lernt trinken, und lehrt es wieder. So pflanzt sich die Gewohnheit von Einem zum Andern fort. — Andere, die selten oder nie Durst haben, oder die es, richtiger gesagt, nie bei sich zum Durste kommen lassen, wenden oft ihren Mangel an Durst als eine Nothwendigkeit des vielen Trinkens bei Tische ein. Sie sagen: wenn ich bei Tische nicht trinke, so trinke ich gar nicht; denn sowohl außer der Mahlzeit, als bei derselben weiß ich von keinem Durste, und trinken muß man doch. — Bedächten nun diese Leute, daß

sie doch des Morgens, bald nach dem Aufstehen, einige
Tassen Kaffee, Thee, oder ein anderes Getränk zu sich
nehmen; daß sie bei der Mittagsmahlzeit auch wohl
einen Teller Suppe genießen; daß auch in den Ge=
müsen, Saucen ꝛc. viel Flüssigkeit enthalten ist; daß
sie des Nachmittags wieder einige Tassen Kaffee oder
Thee, und des Abends wohl einen Teller Suppe ge=
nießen; daß bei ihrer einfachen stillsitzenden Lebensart,
wobei der Körper, da er wenig Flüssigkeiten verliert,
auch um so weniger bedarf, unmöglich Durst empfin=
den könne, so würden sie sich den Mangel desselben
erklären können. — Noch Andere, besonders Wein=
und Biertrinker, werden vielleicht ihren vielen Durst
als einen Grund des nothwendigen Trinkens bei der
Mahlzeit vorschützen. Bedächten sie aber, daß ihr vie=
ler Durst kein natürlicher, sondern ein erkünstelter, eine
durch Jahre lang fortgesetzte, zur andern Natur ge=
wordene Gewohnheit ist, ein Durst, der sich dann ein=
zustellen pflegt, wenn die Stunde schlägt, wo der Kör=
per gewöhnlich getränkt wird, so würden sich auch diese
ihren vielen Durst leicht erklären können. Man darf
nur den Versuch machen, und täglich zu einer andern
bestimmten Zeit viel trinken, und solches eine Zeit
lang fortsetzen, und der Durst wird sich unter glei=
chen Umständen um die bestimmte Zeit einstellen. —
Ich kannte einen Arzt, der sich so sehr an hitzige Ge=
tränke gewöhnt hatte, daß er in seinen letzten Lebens=
jahren das Bett früh Morgens nicht eher verlassen
konnte, bis ihm seine Frau ein Glas Branntwein gegeben
hatte; erst dann, wenn dieser die erstarrte Maschine
von Neuem belebte, war er vermögend aufzustehen;
machte er sich früher auf, so sank er zitternd und kraft=
los nieder. — Allen Zweifelnden empfehle ich, als den
besten und einleuchtendsten Beweis, die Erfahrung; je=
der Schwacher, an Verdauung Leidender kann sie an
seinem Körper sicher machen. Wer sich nur etliche
Tage alles Getränkes vor, bei und gleich nach der
Mahlzeit enthält, wird sich davon überzeugen können.
Es wird zwar auch hier, wie mit jeder Gewohnheit,
die man ablegen soll, auch bei dem besten Willen im=
mer einige Mühe kosten; allein es geht doch, wenn

man nur will, nur ernstlich will, und es geht gut.
Ist man gewohnt, viel bei Tische zu trinken, so trinke
man täglich etwas weniger, damit die schwere Last des
plötzlichen Unterlassens einer langjährigen Gewohnheit
nicht zu hart drückt, und dem Körper auf keine Weise
nachtheilig werde. Die Getränke, durch deren Miß=
brauch bei der Mahlzeit die Verdauung gestört und
die Gesundheit vernichtet werden kann, sind wegen der
Verschiedenheit ihrer Bestandtheile und ihrer inneren
Mischung, nicht alle in gleichem Maaße schädlich. Bei
unsern Tischen schränken sie sich gewöhnlich auf Wasser,
Bier und Wein ein. Man wird leicht einsehen, daß unter
diesen eben angeführten Getränken dasjenige das beste
und gesündeste seyn muß, welches den Durst löscht,
unsern Körper mit Feuchtigkeit hinlänglich versieht, sich
mit allen Säften des thierischen Körpers leicht ver=
mischt, einfach und ungemischt alle aus unserm Körper
auszuführenden erbhaften und salzigen Theile in sich
auf=, und durch die verschiedenen von der Natur be=
stimmten Ausführungswege mit sich fortnimmt; das
keine Bestandtheile enthält, die weder durch ihren
Reiz die festen reiz= und empfindbaren Theile wider=
natürlich reizen, und den Kreislauf des Blutes be=
schleunigen, oder aber durch Reizbarkeit und Empfind=
lichkeit unterdrückende und tödtende Eigenschaften den
Kreislauf des Blutes verzögern und hemmen, und
Schärfe und Krankheitsstoffe in dem Körper erzeugen
können. — Alle eben genannten Eigenschaften, verei=
niget reines, gutes, klares Quellwasser in sich. Von
den schädlichen Eigenschaften hat es nicht eine einzige.
Wasser ist daher das natürlichste, beste und gesündeste
Getränk. Aber auch mit diesem Getränke können sich
schwache Menschen, Schwächlinge, schaden, wenn sie
es zweckwidrig und ohne Durst, und vorzüglich bei
der Mahlzeit zu häufig trinken. Nächst dem Wasser
wäre nun auch das Bier ein den meisten Menschen
gesundes heilsames Getränk, wenn es so einfach, wie
möglich, nicht nach dem Kitzel des Gaumens, sondern
nach der Gesundheit bereitet würde. Man untersuche aber
die meisten Biere, man gebe genau auf die Wirkun=
gen, welche sie auf unsern Körpern äußern, Acht, so

wird man finden, daß die meisten Biere mehr den
Namen einer Arzney, als eines einem jeden Men=
schen gesunden und heilsamen Getränkes verdienen.
Junges, durch keine gewürzhafte oder andere Beimi=
schungen zubereitetes Bier verursacht den meisten Per=
sonen Blähungen, Bauchgrimmen, Harnbrennen ꝛc.;
altes hingegen Säure und Magenverderbniß. Diese
Wirkungen sind erklärbar, wenn man jenes Erstere
als ein über vegetabilische Substanzen abgekochtes
Getränk ansieht, in deren Schleim eine Menge von
Luft verborgen ist, die sich in den schwachen Eingewei=
den entwickelt, sie ausdehnt und reizt, und welchen
diese keine dem Reize verhältnißmäßig entgegenwirkende
Kraft entgegensetzen können. Letzteres, als ein Getränk,
dessen Neigung zur Essiggährung mit jeder Stunde,
besonders wenn es an einem warmen Orte aufbewahrt
wird, zunimmt. Hätte man es, um diese nachtheiligen
Wirkungen zu verbessern, bei dem Zusatze von etwas
Hopfen bewenden lassen, so würde ein solches Bier
unter allen am wenigsten schädlich seyn. Jetzt aber,
da man an verschiedenen Orten so verschiedene und
mancherlei Beimischungen zu den Bieren nimmt, so
kann man sich auch die verschiedenen Wirkungen der
meisten Biere, welche bald stärkend oder schwächend,
harn= oder schweißtreibend, stopfend oder larirend, be=
täubend oder zu reizend sind, leicht erklären; unmög=
lich kann aber ein Getränk, das solche Eigenschaften
besitzt, Jedem heilsam seyn, nothwendig muß es Schwa=
chen, wenn sie dasselbe bei der Mahlzeit im Ueber=
maaße genießen, doppelt schädlich werden. Das über=
mäßige Getränk des Wassers und Biers bei der Mahl=
zeit einzuschränken, wird den Meisten nicht schwer, aber
der Wein? das kostet Mühe und Arbeit, und unglück=
licher Weise ist der Mißbrauch dieses so gewöhnlichen
Getränks immer am nachtheiligsten. Der Wein ist
eigentlich eine Arzney, und wer ihn täglich trinkt, dem
schadet er täglich etwas. — Nur wenige Weintrinker
können mit Wahrheit sagen, daß sie einen gesunden,
nie mit einem Ungemach behaftet gewesenen Körper
ins späte Alter hinüber getragen haben. Krankheiten
verschiedener Art haben wir größtentheils dem Weine

zuzuschreiben; nur wenige außerordentliche Naturen entgehen seinen nachtheiligen Wirkungen; vorzüglich Schwachen, die an Unverdaulichkeit leiden, schadet er, besonders wenn sie ihn bei Tische genießen. — Aber Aerzte empfehlen ja den Wein gegen schwache Magen; selbst Paulus empfahl ihn ja dem Timotheus (1 Epistel an den Timotheus, Kap. 5, B. 23); hiernach muß doch der Wein das wahre Panier gegen schwache Magen seyn? — Ich zweifle aus Gründen, läugne aber im Mindesten nicht, daß es einzelne Fälle giebt, z. B. bei Wiedergenesenden, bei Personen, die Jahre lang an Wein gewöhnt waren, bei abgestumpften todten Nerven, die erweckt und belebt werden sollen; denn hier kann der Gebrauch des Weins von Nutzen seyn. Der einsichtsvolle Arzt wird aber den Wein nicht als ein Universalmittel bei verdorbenen schlechten Verdauungswerkzeugen empfehlen; denn er hat andere Mittel in Händen, durch die er seine Ansicht und Absicht besser erreichen kann, ohne zugleich von einer andern Seite zu schaden. Die vortheilhafte Wirkung einiger Gläser Wein bei der Mahlzeit, welche Einige aus dem bald nachher empfindenden Wohlbehagen ableiten wollen, ist wohl nur scheinbar und trieglich. Es läßt sich auch leicht erklären. Wenn schwache Personen an Unverdaulichkeiten, Blähungen ꝛc. leiden, so rührt dieses gemeiniglich von einer spätern Auflösung und Verderbniß der Speisen her, welche in eine saure Gährung übergehen. Es entwickelt sich viel Luft, daher der aufgetriebene Magen, das Kneipen im Unterleibe; daher Hitze, Angst, Wallungen des Bluts ꝛc. Trinken sie nun einige Gläser Wein oder einen Schnaps, so wird dadurch die eine Fläche des widernatürlich erweiterten Magens gereizt; der gespannte Magen zieht sich mehr zusammen, und fängt an mit mehrerer Kraft auf die in ihm enthaltene Speisemasse zu wirken. Ein Theil der Blähungen wird nun noch durch Aufstoßen ausgetrieben, der andere Theil wandert nebst den Speisen in die Gedärme, wo für Beide mehr Raum ist, und die Blähungen nicht so sehr incommodiren oder hindern. Von dieser Seite ist also Gewinn; man befindet sich auf der Stelle besser. Der Verlust ist aber

auf der andern Seite um beſto größer. Die ganze
Speiſemaſſe, welche ſchon vorher in ſaurer Gährung
war, wird durch den hinzugekommenen Wein oder
Schnaps noch mehr verdorben, wenn ein ſchlechter
Nahrungsſaft, das Produkt einer ſchlechten Speiſemaſſe,
die nothwendige Folge ſeyn muß. Eine harte, blä=
hende und ſchwer zu verbauende Speiſe wird, im
Ganzen genommen, gewiß leichter und beſſer verbaut,
wenn man gar nicht dazu trinkt. Gewohnte Wein=
trinker dürfen ſich aber nicht daran kehren; denn die=
ſen würde das plötzliche Unterlaſſen ſchaden. Die ge=
ſchwächten Verdauungswerkzeuge und die ſtumpf ge=
wordenen, nicht mehr ſo empfindbaren Nerven würden
durch die weniger als der Wein reizende Speiſemaſſe
zur Zuſammenziehung nicht hinlänglich gereizt werden.
Legen ſie die Gewohnheit aber allmählig ab; dann
zweifle ich im Mindeſten nicht, daß ihr Verdauungs=
und folglich ihr ganzer Geſundheitszuſtand um Vieles
verbeſſert werden ſollte. — Außer den drei genannten
Arten von Getränken, welche wir bei der Mahlzeit zu
genießen pflegen, haben wir noch einen Gegenſtand,
den man bloß deswegen, weil er nicht wie andere
Getränke aus Gläſern getrunken, ſondern mit Löffeln
genoſſen wird, für kein Getränk gelten laſſen will —
die Suppe. Dieſes Küchenprodukt, woran wir aus
bloßer Gewohnheit noch immer kleben, durch deſſen
Genuß wir uns ſo ſehr ſchaden, und gar nicht nützen,
ſollten wir allenfalls nur dann, wenn wir gar nichts
anderes haben, genießen, in jedem andern Falle aber
von unſern Tiſchen gänzlich verbannen. Die Suppe
iſt doch im Grunde nichts anderes, als Waſſer, Wein
oder Bier, eins oder mehrere über thieriſche oder vegeta=
biliſche Subſtanzen abgekocht, wo die Flüſſigkeit während
des Kochens die in den mit ihr kochenden Ingredien=
zien enthaltenen auflösbaren Theile in ſich aufnimmt.
Zu welchem Zwecke und weshalb wir erſt allemal,
wenn wir Nahrungsmittel genießen wollen, ein ſolches
Dekokt bereiten und genießen, iſt nicht gut einzuſehen;
ja, erfolgte auf die Suppe weiter nichts, kein Gemüſe,
kein Fleiſch in verſchiedener Form bereitet, enthielte die
Suppe immer eine Menge nahrhafter Theile (in den

gewöhnlichen Suppen sind derer sehr wenige), dann
wäre sie oft recht willkommen. Da wir aber doch mit
den nach der Suppe kommenden Speisen unsern Hun=
ger stillen, und dem Körper die nöthige Nahrung ver=
schaffen wollen, so ist nicht zu begreifen, warum erst
Suppe gegessen wird. Durst wollen wir durch sie
doch auch nicht stillen, und doch würde sich die Haus=
frau oder Wirthin allenthalben eines großen Verbre=
chens schuldig machen, wenn sie nicht zu allererst eine
recht heiße Suppe auftischte; schiefe Gesichter würde
es geben, wenn keine Suppe käme, noch schiefere, wenn
sie nicht recht heiß erschiene. Wie oft hört man im
letztern Falle einen Nachbar dem andern ins Ohr
raunen, die Suppe wäre recht gut, wenn sie nur heiß
wäre. Frägt man solche Leute nach der Ursache,
warum sie glauben, daß man Suppe essen, und zwar
recht heiß essen müsse, so erfolgt gemeiniglich eine wie
die kraftlose Suppe, noch kraftlosere Antwort: ei, man
muß ja Suppe essen, und Suppe muß recht heiß seyn,
sonst frage ich nicht darnach. Wenn man seinen Hun=
ger mit andern Speisen stillen kann, dann nützt die
Suppe zu nichts, schadet aber immer; besonders schäd=
lich ist sie dem, der an schwacher Verdauung leidet.
Sie schadet als Getränk bei der Mahlzeit, und beson=
ders deshalb, weil sie gleich zu Anfange genossen wird.
Ein oder zwei Teller voll müssen den ganzen Vor=
rath von Magensäften sowohl gleich anfangs im Ma=
gen, als auch, weil sie ihrer Flüssigkeit wegen bald
weiter geht, in den dünnen Gedärmen verdünnen und
größtentheils verschlingen. Kommen nun nach einiger
Zeit die festen Speisen hinterdrein, so fehlt es an
Magensäften, weil die Suppe größtentheils mit den=
selben davon gegangen ist, und ihre auflösende Kraft
geschwächt hat. Die Speisen können daher nicht ge=
hörig verdauet werden; es giebt Unverdaulichkeiten,
und deren frühere und spätere Folgen. Soll nun aber
einmal Suppe genossen werden, dann wäre es doch
aus diesem Grunde weit besser, wenn sie ganz zuletzt
genossen würde. Ein zweiter Nachtheil der Suppe ist
dieser, daß mit ihr der beste Appetit größtentheils fort
ist. Die übrigen Speisen sind nun einmal da, und

von allen muß denn doch genoſſen werden; man würde
ja ſonſt nicht ſatt, und es wäre auch Schade, wenn
etwas ungekoſtet ſtehen bliebe. Nun giebt es Ueber-
ladungen des Magens. Der dritte Nachtheil der Suppe
iſt, weil ſie gemeiniglich in zu großer Menge und
warm genoſſen wird, beides dehnt den Magen aus,
ſchwächt ſeine Spannkraft und erſchlafft ſein Ganzes.
Die Folge davon iſt Mangel an Kraft auf feſte Speiſen gehörig wirken, ſie in Verbindung der guten Ver-
dauungsſäfte innigſt miſchen und auflöſen zu können.
Hieraus entſtehen Unverdaulichkeiten, ſchlechter Nahrungsſaft, und ſchwache Geſundheit. Perſonen, die in
Hinſicht auf die Verdauungswerkzeuge ſchwach ſind,
haben ſich alſo vor dem Mißbrauche eines jeden Getränks bei der Mahlzeit ſehr in Acht zu nehmen. Es
können inzwiſchen Fälle geben, die aber nur ein ein-
ſichtsvoller Arzt einſehen und beſtimmen kann, wo irgend Eines der genannten Getränke als eine zweck-
mäßige Arzney dienlich ſeyn kann. Dieſe Fälle kann
ich hier nicht genau beſtimmen. Der jedesmalige beſondere Geſundheitszuſtand des Schwachen, Temperament, Alter, Gewohnheit, Lebensart, Klima ꝛc. müſſen
die Wegweiſer ſeyn, welche den Arzt in jedem einzelnen Falle zu dieſen oder jenen Vorſchriften leiten und
beſtimmen.

Dieſen hier aufgeſtellten ärztlichen Anſichten und
Erfahrungen über die Getränke und deren Mißbrauch,
iſt bis jetzt noch nicht widerſprochen worden; denn
wenn gleich die Anſichten und Meinungen der Aerzte
hierüber verſchieden ſind, ſo kommen ſie doch in der
Hauptſache überein: daß ein zu ſtarker Genuß geiſtiger
Flüſſigkeiten, ſowohl über Tiſche, wie auch als tägliches Getränk außer demſelben, ſchädlich auf den Körper wirkt. Daß die Gewohnheit bei ſtarken Naturen
(alten Trinkern) zwar viel, ja Alles thut, ſie minder
ſchädlich zu machen, daß man ſie aber jedem Schwächling widerrathen muß, und auch dem Starken das
Uebermaaß, weil ſolches, fortgeſetzt, leicht Gicht, Waſ-

serfucht und andere Krankheiten erzeugen kann, die
Folgen von der Ausschweifung im Trinken sind, indem
sie die Verdauung stören und eine Austrocknung der
Säfte bewirken.   Der mäßige Genuß dieser Flüssig=
keiten, der nicht täglich Statt findet, sondern nur bei
besonderen Gelegenheiten, oder wenn es täglich ge=
schieht, wie beim Weine über Tische, doch nur in ein=
zelnen Gläsern, schadet nicht, und kann sogar, unter
Umständen, eine gute Wirkung hervorbringen; so auch
der Punsch, dann und wann des Abends bei feuchter
Witterung getrunken. Bier, wenn es gut bereitet wor=
den, wird von den Aerzten als ein gutes und nähren=
des Getränk empfohlen; aber auch beim Genusse des=
selben, soll man Maaß halten, wie dieses selbst beim
Wasser geschehen muß, wenn es dem Körper, so na=
türlich es auch ist, nicht Nachtheil bringen soll.

Trinken (Gesundheit=), f. oben, unter Trinken
und Trinksucht an mehreren Stellen, und Th. 17,
S. 817 u. f. — Man hat Gesundheiten in
Versen und im Druck herausgegeben, damit man sie
memoriren, und bei schicklichen Gelegenheiten aus=
bringen kann.   Hier einige derselben als Muster:

> Der Fürst, in dem sein Vaterland,
> Stets einen milden Herrscher fand!

> Unser Landesvater lebe!
> Ihm sey dies volle Glas gebracht,
> Der Wahrheit Genius umschwebe
> Ihn, der uns frei und glücklich macht!

> Auch unf're Landesmutter lebe!
> Ihr sey dies volle Glas gebracht;
> Der Tugend Vorbild, es erhebe
> Der Frauen Stolz zu gleicher Macht!

> Herr N. N. ist ein Biedermann,
> Drum stoße jeder Tischkumpan
> Auf dessen Wohl recht wacker an!

ſie doch des Morgens, bald nach dem Aufſtehen, einige
Taſſen Kaffee, Thee, oder ein anderes Getränk zu ſich
nehmen; daß ſie bei der Mittagsmahlzeit auch wohl
einen Teller Suppe genießen; daß auch in den Ge-
müſen, Saucen ꝛc. viel Flüſſigkeit enthalten iſt; daß
ſie des Nachmittags wieder einige Taſſen Kaffee oder
Thee, und des Abends wohl einen Teller Suppe genießen; daß bei ihrer einfachen ſtillſitzenden Lebensart,
wobei der Körper, da er wenig Flüſſigkeiten verliert,
auch um ſo weniger bedarf, unmöglich Durſt empfinden könne, ſo würden ſie ſich den Mangel deſſelben
erklären können. — Noch Andere, beſonders Wein-
und Biertrinker, werden vielleicht ihren vielen Durſt
als einen Grund des nothwendigen Trinkens bei der
Mahlzeit vorſchützen. Bedächten ſie aber, daß ihr vieler Durſt kein natürlicher, ſondern ein erkünſtelter, eine
durch Jahre lang fortgeſetzte, zur andern Natur gewordene Gewohnheit iſt, ein Durſt, der ſich dann ein-
zuſtellen pflegt, wenn die Stunde ſchlägt, wo der Körper gewöhnlich getränkt wird, ſo würden ſich auch dieſe
ihren vielen Durſt leicht erklären können. Man darf
nur den Verſuch machen, und täglich zu einer andern
beſtimmten Zeit viel trinken, und ſolches eine Zeit
lang fortſetzen, und der Durſt wird ſich unter gleichen Umſtänden um die beſtimmte Zeit einſtellen. —
Ich kannte einen Arzt, der ſich ſo ſehr an hitzige Getränke gewöhnt hatte, daß er in ſeinen letzten Lebens-
jahren das Bett früh Morgens nicht eher verlaſſen
konnte, bis ihm ſeine Frau ein Glas Branntwein gegeben
hatte; erſt dann, wenn dieſer die erſtarrte Maſchine
von Neuem belebte, war er vermögend aufzuſtehen;
machte er ſich früher auf, ſo ſank er zitternd und kraft-
los nieder. — Allen Zweifelnden empfehle ich, als den
beſten und einleuchtendſten Beweis, die Erfahrung; jeder Schwacher, an Verdauung Leidender kann ſie an
ſeinem Körper ſicher machen. Wer ſich nur etliche
Tage alles Getränkes vor, bei und gleich nach der
Mahlzeit enthält, wird ſich davon überzeugen können.
Es wird zwar auch hier, wie mit jeder Gewohnheit,
die man ablegen ſoll, auch bei dem beſten Willen immer einige Mühe koſten; allein es geht doch, wenn

man nur will, nur ernstlich will, und es geht gut.
Ist man gewohnt, viel bei Tische zu trinken, so trinke
man täglich etwas weniger, damit die schwere Last des
plötzlichen Unterlassens einer langjährigen Gewohnheit
nicht zu hart drückt, und dem Körper auf keine Weise
nachtheilig werde. Die Getränke, durch deren Miß=
brauch bei der Mahlzeit die Verdauung gestört und
die Gesundheit vernichtet werden kann, sind wegen der
Verschiedenheit ihrer Bestandtheile und ihrer inneren
Mischung, nicht alle in gleichem Maaße schädlich. Bei
unsern Tischen schränken sie sich gewöhnlich auf Wasser,
Bier und Wein ein. Man wird leicht einsehen, daß unter
diesen eben angeführten Getränken dasjenige das beste
und gesündeste seyn muß, welches den Durst löscht,
unsern Körper mit Feuchtigkeit hinlänglich versieht, sich
mit allen Säften des thierischen Körpers leicht ver=
mischt, einfach und ungemischt alle aus unserm Körper
auszuführenden erdhaften und salzigen Theile in sich
auf=, und durch die verschiedenen von der Natur be=
stimmten Ausführungswege mit sich fortnimmt; das
keine Bestandtheile enthält, die weder durch ihren
Reiz die festen reiz= und empfindbaren Theile wider=
natürlich reizen, und den Kreislauf des Blutes be=
schleunigen, oder aber durch Reizbarkeit und Empfind=
lichkeit unterdrückende und tödtende Eigenschaften den
Kreislauf des Blutes verzögern und hemmen, und
Schärfe und Krankheitsstoffe in dem Körper erzeugen
können. — Alle eben genannten Eigenschaften, verei=
niget reines, gutes, klares Quellwasser in sich. Von
den schädlichen Eigenschaften hat es nicht eine einzige.
Wasser ist daher das natürlichste, beste und gesündeste
Getränk. Aber auch mit diesem Getränke können sich
schwache Menschen, Schwächlinge, schaden, wenn sie
es zweckwidrig und ohne Durst, und vorzüglich bei
der Mahlzeit zu häufig trinken. Nächst dem Wasser
wäre nun auch das Bier ein den meisten Menschen
gesundes heilsames Getränk, wenn es so einfach, wie
möglich, nicht nach dem Kitzel des Gaumens, sondern
nach der Gesundheit bereitet würde. Man untersuche aber
die meisten Biere, man gebe genau auf die Wirkun=
gen, welche sie auf unsern Körpern äußern, Acht, so

wird man finden, daß die meiſten Biere mehr den
Namen einer Arzney, als eines einem jeden Men=
ſchen geſunden und heilſamen Getränkes verdienen.
Junges, durch keine gewürzhafte oder andere Beimi=
ſchungen zubereitetes Bier verurſacht den meiſten Per=
ſonen Blähungen, Bauchgrimmen, Harnbrennen ꝛc.;
altes hingegen Säure und Magenverderbniß. Dieſe
Wirkungen ſind erklärbar, wenn man jenes Erſtere
als ein über vegetabiliſche Subſtanzen abgekochtes
Getränk anſieht, in deren Schleim eine Menge von
Luft verborgen iſt, die ſich in den ſchwachen Eingewei=
den entwickelt, ſie ausdehnt und reizt, und welchen
dieſe keine dem Reize verhältnißmäßig entgegenwirkende
Kraft entgegenſetzen können. Letzteres, als ein Getränk,
deſſen Neigung zur Eſſiggährung mit jeder Stunde,
beſonders wenn es an einem warmen Orte aufbewahrt
wird, zunimmt. Hätte man es, um dieſe nachtheiligen
Wirkungen zu verbeſſern, bei dem Zuſatze von etwas
Hopfen bewenden laſſen, ſo würde ein ſolches Bier
unter allen am wenigſten ſchädlich ſeyn. Jetzt aber,
da man an verſchiedenen Orten ſo verſchiedene und
mancherlei Beimiſchungen zu den Bieren nimmt, ſo
kann man ſich auch die verſchiedenen Wirkungen der
meiſten Biere, welche bald ſtärkend oder ſchwächend,
harn= oder ſchweißtreibend, ſtopfend oder larirend, be=
täubend oder zu reizend ſind, leicht erklären; unmög=
lich kann aber ein Getränk, das ſolche Eigenſchaften
beſitzt, Jedem heilſam ſeyn, nothwendig muß es Schwa=
chen, wenn ſie daſſelbe bei der Mahlzeit im Ueber=
maaße genießen, doppelt ſchädlich werden. Das über=
mäßige Getränk des Waſſers und Biers bei der Mahl=
zeit einzuſchränken, wird den Meiſten nicht ſchwer, aber
der Wein? das koſtet Mühe und Arbeit, und unglück=
licher Weiſe iſt der Mißbrauch dieſes ſo gewöhnlichen
Getränks immer am nachtheiligſten. Der Wein iſt
eigentlich eine Arzney, und wer ihn täglich trinkt, dem
ſchadet er täglich etwas. — Nur wenige Weintrinker
können mit Wahrheit ſagen, daß ſie einen geſunden,
nie mit einem Ungemach behafteten geweſenen Körper
ins ſpäte Alter hinüber getragen haben. Krankheiten
verſchiedener Art haben wir größtentheils dem Weine

zuzuſchreiben; nur wenige außerordentliche Naturen
entgehen ſeinen nachtheiligen Wirkungen; vorzüglich
Schwachen, die an Unverdaulichkeit leiden, ſchadet er,
beſonders wenn ſie ihn bei Tiſche genießen. — Aber
Aerzte empfehlen ja den Wein gegen ſchwache Magen;
ſelbſt Paulus empfahl ihn ja dem Timotheus
(1 Epiſtel an den Timotheus, Kap. 5, V. 23);
hiernach muß doch der Wein das wahre Panier ge=
gen ſchwache Magen ſeyn? — Ich zweifle aus Grün=
den, läugne aber im Mindeſten nicht, daß es einzelne
Fälle giebt, z. B. bei Wiedergeneſenden, bei Perſonen,
die Jahre lang an Wein gewöhnt waren, bei ab=
geſtumpften todten Nerven, die erweckt und belebt wer=
den ſollen; denn hier kann der Gebrauch des Weins
von Nußen ſeyn. Der einſichtsvolle Arzt wird aber
den Wein nicht als ein Univerſalmittel bei verdorbe=
nen ſchlechten Verdauungswerkzeugen empfehlen; denn
er hat andere Mittel in Händen, durch die er ſeine
Anſicht und Abſicht beſſer erreichen kann, ohne zugleich
von einer andern Seite zu ſchaden. Die vortheilhafte
Wirkung einiger Gläſer Wein bei der Mahlzeit, welche
Einige aus dem bald nachher empfindenden Wohlbeha=
gen ableiten wollen, iſt wohl nur ſcheinbar und trieg=
lich. Es läßt ſich auch leicht erklären. Wenn ſchwache
Perſonen an Unverdaulichkeiten, Blähungen ꝛc. leiden,
ſo rührt dieſes gemeiniglich von einer ſpätern Auflö=
ſung und Verderbniß der Speiſen her, welche in eine
ſauere Gährung übergehen. Es entwickelt ſich viel
Luft, daher der aufgetriebene Magen, das Kneipen im
Unterleibe; daher Hitze, Angſt, Wallungen des Bluts ꝛc.
Trinken ſie nun einige Gläſer Wein oder einen Schnaps,
ſo wird dadurch die eine Fläche des widernatürlich er=
weiterten Magens gereizt; der geſpannte Magen zieht
ſich mehr zuſammen, und fängt an mit mehrerer Kraft
auf die in ihm enthaltene Speiſemaſſe zu wirken. Ein
Theil der Blähungen wird nun noch durch Aufſtoßen
ausgetrieben, der andere Theil wandert nebſt den Spei=
ſen in die Gedärme, wo für Beide mehr Raum iſt,
und die Blähungen nicht ſo ſehr incommodiren oder
hindern. Von dieſer Seite iſt alſo Gewinn; man be=
findet ſich auf der Stelle beſſer. Der Verluſt iſt aber

auf der andern Seite um desto größer. Die ganze
Speisemasse, welche schon vorher in saurer Gährung
war, wird durch den hinzugekommenen Wein oder
Schnaps noch mehr verdorben, wenn ein schlechter
Nahrungssaft, das Produkt einer schlechten Speisemasse,
die nothwendige Folge seyn muß. Eine harte, blä=
hende und schwer zu verdauende Speise wird, im
Ganzen genommen, gewiß leichter und besser verdaut,
wenn man gar nicht dazu trinkt. Gewohnte Wein=
trinker dürfen sich aber nicht daran kehren; denn die=
sen würde das plötzliche Unterlassen schaden. Die ge=
schwächten Verdauungswerkzeuge und die stumpf ge=
wordenen, nicht mehr so empfindbaren Nerven würden
durch die weniger als der Wein reizende Speisemasse
zur Zusammenziehung nicht hinlänglich gereizt werden.
Legen sie die Gewohnheit aber allmählig ab; dann
zweifle ich im Mindesten nicht, daß ihr Verdauungs=
und folglich ihr ganzer Gesundheitszustand um Vieles
verbessert werden sollte. — Außer den drei genannten
Arten von Getränken, welche wir bei der Mahlzeit zu
genießen pflegen, haben wir noch einen Gegenstand,
den man bloß deswegen, weil er nicht wie andere
Getränke aus Gläsern getrunken, sondern mit Löffeln
genossen wird, für kein Getränk gelten lassen will —
die Suppe. Dieses Küchenprodukt, woran wir aus
bloßer Gewohnheit noch immer kleben, durch dessen
Genuß wir uns so sehr schaden, und gar nicht nützen,
sollten wir allenfalls nur dann, wenn wir gar nichts
anderes haben, genießen, in jedem andern Falle aber
von unsern Tischen gänzlich verbannen. Die Suppe
ist doch im Grunde nichts anderes, als Wasser, Wein
oder Bier, eins oder mehrere über thierische oder vegeta=
bilische Substanzen abgekocht, wo die Flüssigkeit während
des Kochens die in den mit ihr kochenden Ingredien=
zien enthaltenen auflösbaren Theile in sich aufnimmt.
Zu welchem Zwecke und weshalb wir erst allemal,
wenn wir Nahrungsmittel genießen wollen, ein solches
Dekokt bereiten und genießen, ist nicht gut einzusehen;
ja erfolgte auf die Suppe weiter nichts, kein Gemüse,
kein Fleisch in verschiedener Form bereitet, enthielte die
Suppe immer eine Menge nahrhafter Theile (in den

gewöhnlichen Suppen sind derer sehr wenige), dann
wäre sie oft recht willkommen. Da wir aber doch mit
den nach der Suppe kommenden Speisen unsern Hun=
ger stillen, und dem Körper die nöthige Nahrung ver=
schaffen wollen, so ist nicht zu begreifen, warum erst
Suppe gegessen wird. Durst wollen wir durch sie
doch auch nicht stillen, und doch würde sich die Haus=
frau oder Wirthin allenthalben eines großen Verbre=
chens schuldig machen, wenn sie nicht zu allererst eine
recht heiße Suppe auftischte; schiefe Gesichter würde
es geben, wenn keine Suppe käme, noch schiefere, wenn
sie nicht recht heiß erschiene. Wie oft hört man im
letztern Falle einen Nachbar dem andern ins Ohr
raunen, die Suppe wäre recht gut, wenn sie nur heiß
wäre.   Frägt man solche Leute nach der Ursache,
warum sie glauben, daß man Suppe essen, und zwar
recht heiß essen müsse, so erfolgt gemeiniglich eine wie
die kraftlose Suppe, noch kraftlosere Antwort: ei, man
muß ja Suppe essen, und Suppe muß recht heiß seyn,
sonst frage ich nicht darnach. Wenn man seinen Hun=
ger mit andern Speisen stillen kann, dann nützt die
Suppe zu nichts, schadet aber immer; besonders schäd=
lich ist sie dem, der an schwacher Verdauung leidet.
Sie schadet als Getränk bei der Mahlzeit, und beson=
ders deshalb, weil sie gleich zu Anfange genossen wird.
Ein oder zwei Teller voll müssen den ganzen Vor=
rath von Magensäften sowohl gleich anfangs im Ma=
gen, als auch, weil sie ihrer Flüssigkeit wegen bald
weiter geht, in den dünnen Gedärmen verdünnen und
größtentheils verschlingen. Kommen nun nach einiger
Zeit die festen Speisen hinterdrein, so fehlt es an
Magensäften, weil die Suppe größtentheils mit den=
selben davon gegangen ist, und ihre auflösende Kraft
geschwächt hat. Die Speisen können daher nicht ge=
hörig verdauet werden; es giebt Unverdaulichkeiten,
und deren frühere und spätere Folgen. Soll nun aber
einmal Suppe genossen werden, dann wäre es doch
aus diesem Grunde weit besser, wenn sie ganz zuletzt
genossen würde. Ein zweiter Nachtheil der Suppe ist
dieser, daß mit ihr der beste Appetit größtentheils fort
ist. Die übrigen Speisen sind nun einmal da, und

nenden Vorstandsmitglieder aufgenommen werden. —
7) Zur Förderung der Vereinsangelegenheiten werden
von Seiten des Vorstandes aus den Mitgliedern des
Vereins Agenten und Agentinnen bestellt, deren Zahl
von dem Bedürfnisse abhängt. Ihre Funktionen wer=
den in einer von dem Vorstande besonders ertheilten
Instruktion näher bestimmt. — 8) Der Vorstand ver=
sammelt sich so oft, als der Vorsteher es für nöthig
erachtet, in der Regel einmal in jedem Monate. Bei
den Beschlüssen in diesen Versammlungen entscheidet,
wenn bei den möglichst zu vermeidenden Abstimmugen
eine gleiche Theilung der Stimmen vorkommen sollte,
die Stimme des Vorstehers. — Außerdem kommen in
der Woche vor den öffentlichen Versammlungen des
Vereins (9) die Vorstandsmitglieder, die Agenten und
die Agentinnen zum Austausche der gemachten Erfah=
rungen und zur gemeinsamen Berathung über die In=
teressen des Vereins zusammen. — 9) Zur Belehrung
und Aufmunterung der Mitglieder des Vereins wird
in jedem Monate einmal an einem dazu von dem
Vorstande zu bestimmenden Tage eine öffentliche Ver=
sammlung gehalten, in welcher zugleich die Aufnahme
derjenigen Personen Statt findet, welche dem Verein
hinzu zu treten wünschen. — 10) Der Verein wird
sich bemühen, durch Beiträge und milde Gaben die
Kosten zu decken, die ihm durch seine Einrichtung und
durch Verbreitung geeigneter Schriften erwachsen. Am
Jahresschlusse wird öffentlich mit dem zu erstattenden
Jahresberichte, Rechnung abgelegt.

II.

1) Die Aufgabe der von dem Vorstande dieses
Vereins erwählten Agenten und Agentinnen ist, die
Sache der Alkoholgift=Enthaltsamkeit aus allen Kräf=
ten zu fördern. Sie werden daher stets bemühet seyn,
dieser für das Wohl der Menschheit so wichtigen An=
gelegenheit weitere Verbreitung zu verschaffen, und jede
Gelegenheit benutzen, dem Vereine durch ihre Wirk=
samkeit nützlich zu werden. — 2) Jedem von ihnen
wird ein bestimmter Bezirk als besonderer Wirkungs=
kreis angewiesen. Er hat die in demselben wohnen=

serſucht und andere Krankheiten erzeugen kann, die
Folgen von der Ausſchweifung im Trinken ſind, indem
ſie die Verdauung ſtören und eine Austrocknung der
Säfte bewirken. Der mäßige Genuß dieſer Flüſſig=
keiten, der nicht täglich Statt findet, ſondern nur bei
beſonderen Gelegenheiten, oder wenn es täglich ge=
ſchieht, wie beim Weine über Tiſche, doch nur in ein=
zelnen Gläſern, ſchadet nicht, und kann ſogar, unter
Umſtänden, eine gute Wirkung hervorbringen; ſo auch
der Punſch, dann und wann des Abends bei feuchter
Witterung getrunken. Bier, wenn es gut bereitet wor=
den, wird von den Aerzten als ein gutes und nähren=
des Getränk empfohlen; aber auch beim Genuſſe deſ=
ſelben, ſoll man Maaß halten, wie dieſes ſelbſt beim
Waſſer geſchehen muß, wenn es dem Körper, ſo na=
türlich es auch iſt, nicht Nachtheil bringen ſoll.

Trinken (Geſundheit=), ſ. oben, unter **Trinken**
und **Trinkſucht** an mehreren Stellen, und **Th.** 17,
S. 817 u. f. — Man hat Geſundheiten in
Verſen und im Druck herausgegeben, damit man ſie
memoriren, und bei ſchicklichen Gelegenheiten aus=
bringen kann. Hier einige derſelben als Muſter:

Der Fürſt, in dem ſein Vaterland,
Stets einen milden Herrſcher fand!

Unſer Landesvater lebe!
Ihm ſey dies volle Glas gebracht,
Der Wahrheit Genius umſchwebe
Ihn, der uns frei und glücklich macht!

Auch unſ're Landesmutter lebe!
Ihr ſey dies volle Glas gebracht;
Der Tugend Vorbild, es erhebe
Der Frauen Stolz zu gleicher Macht!

Herr N. N. iſt ein Biedermann,
Drum ſtoße jeder Tiſchkumpan
Auf deſſen Wohl recht wacker an!

ihnen zu bestimmenden Orte zu versammeln. — 8)
Die Verhandlungen in den Konferenzen der Agenten
leitet ein von diesen aus ihrer Mitte gewählter, und
von dem Vereins-Vorstande bestätigter Vorsteher, wel=
cher auch dem Vorstande darüber Bericht erstattet. Der
Vorstand prüft das zur Sprache Gebrachte und be=
schließt darüber. Besonders merkwürdige Fälle sind
demselben schriftlich mitzutheilen. — 9) Es wird drin=
gend empfohlen, die Agenten-Versammlungen, so wie
die Konferenzen der Vorstandsmitglieder regelmäßig
zu besuchen. Verhinderungen durch Krankheit oder
andere Umstände müssen einem Mitagenten oder
dem Vorstande angezeigt werden. Sollte ein Agent
in den Vorstands-Versammlungen dreimal hintereinan=
der, ohne vorherige Anzeige, ausbleiben, so wird an=
genommen, daß er als Agent ferner thätig zu seyn
nicht gesonnen ist, und seine Entlassung als solcher
wünscht. — 10) Zur Unterstützung der Agenten in
ihrem Amte können Hülfsagenten bestellt werden,
welche auch in Krankheits= oder anderen Verhinde=
rungsfällen die Agenten vertreten. Dieselben werden
von den Agenten in ihren Konferenzen aus der Zahl
der Mitglieder gewählt, und dem Vereins-Vorstande
angezeigt. Wenn sie Agenten vertreten, wohnen sie
auch statt derselben den Vorstandsversammlungen bei.
— 11) In den monatlichen Versammlungen des Ver=
eins haben die Agenten zu wachen, daß Störungen
irgend einer Art vermieden werden.

Die Mitgliederzahl dieses ältesten Vereins in Ber=
lin gegen den Genuß des Branntweins und anderer
gebrannten Getränke beläuft sich nach dem fünften von
ihm gedruckt herausgegebenen Jahresberichte im July
1845 auf 1358, von denen 219 zum weiblichen Ge=
schlechte gehören. An größeren und kleineren Schrif=
ten gegen den Branntweingenuß sind im verwichenen
Jahre von diesem Vereine 10,938 ausgegeben wor=
den, und die Einnahme desselben betrug 503, und
die Ausgabe 502 Thaler. Seit seinem Beste=
hen bis zum dritten Jahresberichte 1843 hatte der

Laßt klingen hoch der Gläser Laut,
Es gilt dem Bräut'gam und der Braut!

Dem neuen Bürger unf'rer Welt zu Ehren,
Laßt, Freunde, uns dies Glas gemeinsam leeren!

Dem lustigsten Tag und der seligsten Nacht
Des glücklichsten Paars sey dies Gläschen gebracht!

Auch den Wassertrinkern wollen,
Ist ihr Vorsatz gut und rein,
Wir ein volles Gläschen weih'n!

Den Dichtern, die den Wein,
Die Liebe stets besingen,
Und dadurch, im Verein,
Der Rohheit Macht bezwingen;
Sey dieses volle Glas geweiht!

Leben sollen alle Schönen,
Die, von fremder Thorheit rein,
Nur des Vaterlandes Söhnen
Ihren keuschen Busen weih'n!

Deutscher Redlichkeit und Treue,
Brüder! sey dies Glas geleert!
Ihrer sich der Deutsche freue,
An des Vaterlandes Heerd!

Unser gute Wirth soll leben!
Leben soll der Ehrenmann,
Der uns diesen Wein gegeben
Und noch welchen geben kann!

Brüder! unser Bruder lebe!
Dieser gute brave Wirth,
Der den edlen Saft der Reben
Heut nicht sparsam geben wird!

Brüder! wen der Wein begeistert,
Der bedenk' des Weisen Pflicht;
Denn wenn er uns übermeistert,
Zählt man uns zu Weisen nicht!
Hoch! den Weisen, die's versteh'n,
Auch beim Zechen gerad' zu geh'n!

Hell klinge, als wär's Trompetengeschmetter,
Der Gläser Verein, auf Ihr Wohlseyn, Herr Vetter!

ihnen zu bestimmenden Orte zu versammeln. — 8)
Die Verhandlungen in den Konferenzen der Agenten
leitet ein von diesen aus ihrer Mitte gewählter, und
von dem Vereins-Vorstande bestätigter Vorsteher, welcher auch dem Vorstande darüber Bericht erstattet. Der
Vorstand prüft das zur Sprache Gebrachte und be-
schließt darüber. Besonders merkwürdige Fälle sind
demselben schriftlich mitzutheilen. — 9) Es wird drin-
gend empfohlen, die Agenten-Versammlungen, so wie
die Konferenzen der Vorstandsmitglieder regelmäßig
zu besuchen. Verhinderungen durch Krankheit oder
andere Umstände müssen einem Mitagenten oder
dem Vorstande angezeigt werden. Sollte ein Agent
in den Vorstands-Versammlungen dreimal hintereinander, ohne vorherige Anzeige, ausbleiben, so wird angenommen, daß er als Agent ferner thätig zu seyn
nicht gesonnen ist, und seine Entlassung als solcher
wünscht. — 10) Zur Unterstützung der Agenten in
ihrem Amte können Hülfsagenten bestellt werden,
welche auch in Krankheits- oder anderen Verhinde-
rungsfällen die Agenten vertreten. Dieselben werden
von den Agenten in ihren Konferenzen aus der Zahl
der Mitglieder gewählt, und dem Vereins-Vorstande
angezeigt. Wenn sie Agenten vertreten, wohnen sie
auch statt derselben den Vorstandsversammlungen bei.
— 11) In den monatlichen Versammlungen des Vereins haben die Agenten zu wachen, daß Störungen
irgend einer Art vermieden werden.

Die Mitgliederzahl dieses ältesten Vereins in Berlin gegen den Genuß des Branntweins und anderer
gebrannten Getränke beläuft sich nach dem fünften von
ihm gedruckt herausgegebenen Jahresberichte im July
1845 auf 1358, von denen 219 zum weiblichen Geschlechte gehören. An größeren und kleineren Schriften gegen den Branntweingenuß sind im verflossenen
Jahre von diesem Vereine 10,938 ausgegeben worden, und die Einnahme desselben betrug 503, und
die Ausgabe 502 Thaler. Seit seinem Bestehen bis zum dritten Jahresberichte 1843 hatte der

Verein schon 13,305 Schriften ausgegeben. Außer diesem Vereine bestehen noch drei andere Vereine in gleicher Absicht in Berlin.

Trinkenthaltsamkeits=Orden, s. den vorhergehenden Artikel.

Trinkenthaltsamkeits Verein, s. daselbst.

Trinker, Trinkerin, eine Person, welche trinkt, gemeiniglich nur im Scherze und in den engeren Bedeutungen. Ein schlechter Trinker, der wenig trinkt, nichts vertragen kann. Ein Wassertrinker, dessen gewöhnliches Getränk Wasser ist, und so auch Biertrinker, Weintrinker, Branntweintrinker, Kaffee= und Theetrinker 2c. Ingleichen in der zweiten engeren Bedeutung, eine Person, welche Fertigkeit im Trinken besitzt, welche starke Getränke über den Durst trinken kann, ohne üble Folgen davon zu empfinden, ein Zecher, in der niedrigen Sprechart, ein Säufer. Ein Mehreres über die Trinker, s. oben unter Trinken. — Auch ein Nachtfalter, der Trespenspinner, die Grasglucke, das Einhorn, führt den Namen Trinker (Gastropacha Potatoria). Er ist allenthalben in Deutschland anzutreffen, besonders im Juli, und ist unter Nachtfalter; Th. 100, übergangen worden. Die Fühler sind bräunlich und stark gekämmt, der Kopf und Rücken braun, der Hinterleib bräunlich=gelb. Die Flügel sind stumpfzähnig, die vorderen braungelb und dunkel schattirt, und haben in der Mitte einen weißen oder gelblichen nierenförmigen Flecken, und über diesem einen gleichfarbigen Punkt. Die Hinterflügel sind kupferbraun, mit einer verloschenen dunkleren Schattenbinde, und die untere Seite ist hellbraun. Das Weibchen ist durchaus hellgelb.

Trinkgarten. Kaffeegarten, ein Kaffeehaus, auch eine Tabagie, wobei sich ein Garten befindet, der im Sommer mit Tischen, Stühlen und Bänken besetzt

wird, um Kaffee, Bier ꝛc., bei schönem Wetter, darin
zu trinken, das heißt, der Kaffeewirth oder Tabagist
bewirthet darin seine ihn besuchenden Gäste mit den
erwähnten Getränken.   Dergleichen Gärten, die sich
gewöhnlich vor den Thoren befinden, müssen nicht versteckt, sondern wo möglich frei an der Straße liegen,
damit sie eine freie Aussicht auf die Straße gewähren,
weil die Besucher dergleichen Gärten, besonders Frauen,
gern so sitzen, daß sie die Straße im Auge haben, und
das Gewühl darauf, auch die *eintretenden Besucher des Gartens sehen können, und auch selbst gesehen werden.   Denn man hat hier, bei dem Genusse
des Getränkes, auch das Vergnügen die Spaziergän-
ger zu beobachten, und seine Anmerkungen darüber zu
machen.   Auch muß der Garten selbst schöne lichte
Parthien haben.   Liegt das Gebäude (Kaffeehaus
oder Tabagie) zur Seite des Gartens, um so besser,
auch wenn es darin so liegt, daß es Face mit dem
Garten macht, oder so tief darin liegt, daß vor demselben ein großer freier Raum bleibt, der zu einem
Garten eingerichtet worden, jedoch nur mit solchen
Bäumen besetzt ist, die keinen zu großen Schatten geben, und doch etwas Anziehendes haben, wie die Ku-
gelakazien, die Ebereschen ꝛc.; zur Seite können dann
einige Schatten gebende Bäume stehen, z. B. Linden,
Kastanien ꝛc.; nur in der Mitte muß der Platz, so
viel, als möglich, frei erhalten werden, damit die Sonne
ihn beleuchten und erwärmen kann. Man sorge dann
für schöne Grasparthien mit anderen Kräutern und
Blumengewächsen vermischt.   Damit auch die Gäste
vor einfallendem Regen geschützt werden, so kann man
zu den Seiten bedeckte Gallerien oder einen geschmackvoll
errichteten Schauer ꝛc. anbringen, worunter man ein
vorüberziehendes und sich entladendes Regengewölk
abwarten kann, wenn in dem Wohngebäude kein hin-
länglicher Platz zur Aufnahme seyn sollte.   Ein sol-

cher Schauer muß die Größe haben, daß darunter auch
Tische und Stühle gesetzt werden können, damit die=
jenigen Gäste, welche nicht gern ganz im Freien sitzen,
weil es ihnen vielleicht zu kalt, windig, oder zu sehr
zieht, zu viel Zugluft ist, darunter sitzen können. Be=
sonders wird dieses oft vom weiblichen Geschlechte in
mittleren Jahren gefühlt und gewünscht. Im Win=
ter hat man zu diesem Zwecke Treibhäuser eingerichtet,
damit man auch hier zwischen Treibhausgewächsen
sitzen und Kaffee, Thee auch andere passende Getränke
zu sich nehmen kann. Wenn man bei den Trinkgär=
ten auch die Eleganz, so viel, als es angeht, berück=
sichtiget, welches auf das Publikum ankommt, das
einspricht, so erhöhet dieses in so weit den Genuß, daß
man mit dem scheinbar Ländlichen, auch das Groß=
städtische verbindet. Die Tische, die nicht zu groß sein
dürfen, damit man sie überall leicht stellen kann, müs=
sen dann mit einer guten weißen Oelfarbe angestrichen
werden, und so auch die Bänke und Stühle. Geflech=
tene Stühle im Freien anzubringen, scheint nicht rath=
sam zu seyn, weil das Rohr bald vernichtet wird. Die
hölzernen sind hier wegen der Dauer die besten. Auch
die Säulen, die der Schauer oder die Gallerie tragen,
müssen mit einer guten Oelfarbe angestrichen werden,
wozu man eine röthliche, mehr ins Lila übergehende
Farbe wählt, auch eine andere Modefarbe, die an=
spricht. Die Hinterwand beim Schauer kann man
mit einer Landschaft mit Leimfarben dekoriren, wenn
es eine massive Wand sein sollte, oder auch mit Oel=
farben, wenn sie aus ineinander gefugten Brettern be=
steht, welche man dann erst mit Papier überziehen
kann, damit sie recht glatt und eben wird, und sich die
Dekoration darauf gut ausnimmt. Das Orchester
für die Musici erhält seinen Platz in der Mitte des
Gartens, oder doch so an einer Seite, daß sich der
Schall gehörig verbreitet und nicht durch irgend einen

oder ein Junge nur ein halbes Quart Bier. Die übrige Zeit müssen sie sich mit dem sogenannten Kofent behelfen. Nach diesem geringen Bieraussatze würde auf einen Knecht kaum 1 Scheffel Gerste zu rechnen seyn. Da aber, wenn die Herrschaft, als welches bei allen Wirthschaftsausgaben vorausgesetzt wird, nicht selber gegenwärtig ist, für das Gesinde dennoch täglich ein schwaches Getränk ausgesetzt wird, so ist der in dem Brandenburgischen bis auf die neuere Zeit gewöhnliche Satz für jede Person ohne Unterschied des Geschlechtes 3 Scheffel Trinkgerste auszusetzen, sehr billig. Was das Erndtebier betrifft, so bekommt ein jeder Mäher täglich vier Quart. Nimmt man nun an, daß das Mähen, beides, im Winter= und Sommergetreide, zusammen vierundzwanzig Tage dauert, so kommt die Erndte hindurch auf jeden Mäher eine Tonne Bier oder anderthalb Scheffel Gerste, den Scheffel zu 16 Metzen gerechnet, als so viel zu einem guten Erndtetrunk auf eine Tonne hinlänglich ist. Werden die Tagelöhner auch in der Heuerndte zum Grasmähen gebraucht, so muß das ihnen bei dieser Arbeit gebührende Bier ebenfalls auf den vorhergehenden Fuß gerechnet werden. An den Orten, wo ein eigener Braukrug vorhanden ist, fällt die ganze Ausgabe für Bier und Trinkgerste, sowohl inner= als außerhalb der Erndte, gänzlich weg, indem vorausgesetzt wird, daß dabei das zur Wirthschaft nöthige Bier und Getränk übrig seyn müsse, welches auch in den meisten Taxordnungen ausdrücklich festgesetzt ist.

Trinkgeschirr, Trinkgefäß, ein Geschirr oder Gefäß, aus welchem man das gewöhnliche Getränk zu sich nimmt. Man versteht eigentlich unter Trinkgeschirr ein jedes Geschirr oder Gefäß, welches zum Trinken daraus benutzt wird, es werde nun zum Wein=, Bier= oder Branntweintrinken, oder zum Trinken der warmen Getränke, gebraucht. Im letztern Falle gehö=

gio. In einigen Gegenden, z. B. in Franken, heißt das Trinkgeld, welches man einer Magd reicht, Nadelgeld. Man ſagt hier: man wolle ihr etwas zu Stecknadeln geben; wenn ſie dann beſcheiden iſt, ſo ſperrt ſie ſich, und ſagt: ſie danke, ſie finde deren ſo viel auf der Erde, als ſie brauche. Dieſes Nadelgeld iſt aber von demjenigen, welches man vornehmen weiblichen Perſonen als eine Art Taſchen- oder Spielgeld giebt, verſchieden; ſ. unter Nadelgeld, Th. 100, S. 560.

Trinkgerſte, wird in der Landwirthſchaft diejenige Gerſte genannt, die theils für den Wirthſchafter und ſeine Frau, theils für das Geſinde, und theils zum Erndtebier von der gewonnenen Gerſte abgezogen wird. Auf den Wirthſchafter täglich zwei Quart und auf ſeine Frau oder auf die Wirthſchafterin ein Quart gutes reines Tiſchbier, die Tonne zu einem Scheffel Gerſtenmalz, zu rechnen, iſt nicht überflüſſig, aber auch nicht zu geringe; denn wenn dergleichen Leute bei den Dienſtleuten und Geſinde das gehörige Anſehen behalten ſollen, ſo müſſen ſie auch in ihrem Unterhalte von ihnen unterſchieden ſeyn. Und wie oft kommt es nicht vor, daß ein Wirthſchafter zum Nutzen ſeines Herren einem Fremden einen Krug Bier vorſetzen muß. Nach dieſen Sätzen würden zu des Wirthſchafters und ſeiner Frau eigenem Bedürfniſſe zuſammen ungefähr 9 Scheffel erforderlich ſeyn, und wenn man dasjenige Bier hinzu nimmt, welches der Wirthſchafter zu ſeines Herren Vortheil an fremde Perſonen zu geben hat, ſo können 12 Scheffel nicht für unbillig gelten. In den gewöhnlichen und meiſten landwirthſchaftlichen Haushaltungen, wovon diejenigen ausgenommen bleiben, die einen ſehr guten Boden, Weizenboden, beſitzen, woſelbſt das Geſinde überall beſſer gehalten wird, bekommt ein jeder Knecht des Sonntags und an den Feſttagen ein Quart, eine Magd

ſcherzhafte Vorträge gehalten werden, ſo daß der Abend
heiter verfließt. — Dergleichen Vereine finden aber
nur unter Männern Statt, weil bei der Bowle nicht
immer die gehörige Behutſamkeit im Reden beobach=
tet wird, die man den Damen ſchuldig iſt, und ſich
dergleichen Trinkgeſellſchaften daher nicht für Damen
eignen.

Trinkgeſetz, Trinkgeſetze, Geſetze, die gegen das
Trinken ehemals auf den Deutſchen Reichstagen ent=
worfen und publicirt worden ſind; ſ. auch Trink=
ordnung, weiter unten.

Trinkglas, ein gläſernes Gefäß, um Waſſer, Wein,
Bier ꝛc. daraus zu trinken, welche Gläſer ſich nach
den Getränken unterſcheiden, die man daraus zu ſich
nimmt. So hat man verſchiedene Bier=, Wein=
und Branntweingläſer, welche Verſchiedenheit
bei jeder Gattung aber nur in der Form beſteht, wie
z. B. beim Biere: Quart=, halbe Quart= ꝛc. Gläſer;
dann lange oder hohe, bauchige, und von anderer Ge=
ſtalt, wozu auch die Seidel gehören, woraus man
das Bayriſche Bier trinkt; und ſo auch die verſchie=
denen Wein=, Punſch= und Branntweingläſer, die
man in allen Glashandlungen zu Geſicht bekommt;
ſo auch die Pokale, Kelche, Becher ꝛc. von Glas mit ge=
ſchliffenen oder gepreßten Verzierungen; auch die ge=
färbten Gläſer, das heißt, die Trinkgläſer in rother,
grüner, blauer, violetter Farbe. Die Mannigfaltig=
keit in den Trinkgläſern iſt zu groß, um ſie beſchrei=
ben zu können, auch ſind ſie zu bekannt, da immer die
neueſten Formen in den modernen Wein= und Bier=
häuſern und in Privatgeſellſchaften vorkommen, in=
dem man beim Einkaufe von Gläſern die neueſten
Formen wählt. Freilich möchte man die mannigfal=
tigen Formen der alten Gläſer mit ihren oft zierlichen
Schleifereyen und Denk= und Trinkſprüchen in den
Glashandlungen jetzt vermiſſen, ſie kommen nur noch

in den Kunstkammern, und als Schätze in alten Familien vor, wo sie noch als Reliquien der Vorzeit aufbewahrt werden; jedoch nur da, wo man noch eine gewisse Pietät für das Alte findet, woran sich so manche Erinnerungen der Vorzeit knüpfen, die sowohl angenehme, als wehmüthige Gefühle erregen; allein diese Schätze werden immer seltener in der jetzigen Zeit, da man die alte, abgesehen auch von ihren Mängeln, gewiß in vieler Beziehung ehrwürdige Vorzeit verlacht, und nichts sehnlicher zu thun hat, als das alte Erbe den Trödlern zu überliefern, damit man es nur als Ballast, als eine Unzierde gegen die jetzige Mode, aus dem Gesichte verliert. Man fängt zwar an, die Roccocosachen wieder einzuführen; allein sie scheinen sich mit den neuern Gegenständen der Mode nicht recht zu vereinigen; auch würde dadurch wieder manches Schöne der neuern Zeit verlieren, welches eine gewisse Abgeschlossenheit bedingt, um als etwas Gefälliges und Ansprechendes dazustehen. Freilich haben die Gläser von neuerer Form, besonders die Weingläser, mehr Ansprechendes, als die von älterer Form, das vielleicht auch nur in der momentanen Vergleichung im Anschauen liegt, und in der Gewöhnung an die neuere Form; allein zweckmäßiger scheinen die neuen Formen in dieser Gläsergattung doch zu seyn; denn die langen Weingläser, wenn gleich mit breiterem Fuße, waren doch viel eher umzuwerfen, da sie mit den Armen beim Langen nach diesem oder jenem Gegenstande über Tische leicht in Berührung kamen, welches mit den Stutzgläsern, überhaupt niedrigen Weingläsern, wie man sie jetzt hat, nicht so der Fall ist; auch wurden leicht die Füße durch das etwas starke Aufstoßen oder Aufstellen zerschellt, da das Glas derselben nur sehr dünn war. Ueber die Verfertigung der Trinkgläser, siehe den Artikel Glas, Th. 18, S. 612 u. f., in welchem Artikel, und in

G 2

den Art. **Glasschleifen, Glasschneiden** 2c. in
dem erwähnten Theile, auch das **Schleifen, Schnei=
den, Vergolden** 2c. der **Trinkgläser** vorkommt;
und unter **Glasmalerey,** daselbst, kann man auch
erfahren, wie die Gläser bemalt werden; auch das
Färben der Gläser kommt unter **Glas** vor.

Trinkgold, Aurum potabile, eine Goldauflösung, Gold=
tinktur, welche als Arzney Wunder thun sollte, und
von den ältern Chemisten bereitet wurde; aber längst
aus der Chemie und Arzneykunde verschwunden ist.
Glauber bereitete dieses Gold auf folgende Weise.
Er machte sich erst dazu ein Salz aus dem Koch=
salze, welches er durch Feuer und Wasser von der
überflüssigen Erde befreiete. Dieses gereinigten Sal=
zes bediente sich nun **Glauber,** um aus dem Golde
eine grasgrüne Tinktur zu ziehen. Um nun das trink=
bare Gold zu erhalten, nehme man drei oder vier
Theile von dem präparirten Salze, und einen Theil
zerriebenen Goldes, bringe diese Mischung in eine stark
beschlagene Glasretorte, lege solche in ein freies Feuer,
welches stufenweise bis zum Glühen, jedoch lang=
sam, regiert wird, und unterhalte das Glühen einige
Stunden. Man zerschlage nun die kalt gewordene
Retorte, trenne die Masse des Goldes und des Sal=
zes von den Glasscherben, schütte alles Dunkelgrüne
und Sublimat aus dem Retortenhalse in ein Glas,
gieße dazu Regenwasser, und digerire es in gelinder
Wärme, so bekommt man eine grasgrüne Auflösung,
welche man durchseihet, und davon einen Theil des
Wassers abzieht. Die grüne Flüssigkeit hat auf der
Zunge gar keine Schärfe, schmeckt nur etwas harn=
haft, und kann mit andern Hülfsmitteln eingenom=
men werden. Das Gold befindet sich noch im Salze
zum künftigen Gebrauche. Die grüne Flüssigkeit diente
nun zur Medizin und zur Alchymie. Zieht man nun al=
les Phlegma ab, und das grüne Salz mit einem

starken Weingeiste aus, so erhält dieser Weingeist eine
angenehme Röthe, welches das Glauber sche Trinkgold aus Gold, Salz und Wein ist. — Diese Tinkturen sollten nun Wunder thun, Männer und Frauen
fruchtbar machen, beide Geschlechter zur Liebe reizen,
und was der Dinge mehr sind; besonders sollte man
jungen Frauen, die alte Männer hätten, nur wenig
davon reichen, damit sie keine zu große Reizung erhielten. — Man hat gefunden, daß die grüne Tinktur
nicht aus dem Golde bestehe, sondern daß sie von dem
darunter befindlichen Kupfer herrühre, ein Orid desselben sey. Allein hierauf wollte sich Glauber nicht
einlassen, sondern widerlegte den Einwurf, wie man
in Glauber's jetzt selten gewordenen Schriften findet, da hier nicht der Ort ist, mehr darüber zu sagen,
und auch das trinkbare Gold mit allen seinen ver-
meinten Wirkungen verschwunden ist.

Trinkgott, bei den Griechen und Römern, eine
Benennung des Bacchus; s. auch den Art. Weingott, unter W.

Trinkhaus, ein Haus, wo man sich für Geld beim
Trunke erheitert: Pred. 7, 3; Jer. 16, 8, wohin sowohl die Bier-, als Wein- und Branntwein-
häuser gehören. Im gemeinen Leben die Schenke.
Diejenigen Personen, welche dahin kommen, um
zu trinken, werden Trinkgäste genannt. Ueber-
schreitet man das Maaß der Fröhlichkeit, so sind davon die Ausdrücke Saufhaus und Saufgäste üblich.—In den früheren Zeiten hatte man nur Weinschenken und Bierschenken, Letztere in den Brauhäusern; denn diejenigen, die sich mit der Bereitung
des Weines und Bieres abgaben, hatten auch das
Ausschenken dieser Getränke. So waren in den Brauereyen der Städte Zimmer oder Stuben eingerichtet,
in denen die Gäste an langen Tischen das frisch vom
Fasse gezapfte Bier aus steinernen, oder gebrannten

und glasurten thönernen, mit zinnernen Deckeln versehenen Krügen, oder aus dergleichen Kannen tranken. Eine solche Stube oder Trinksaal war nun mit
drei oder vier Tischen und den dazu nöthigen Bänken
oder Schemeln besetzt. Dasselbe war auch der Fall
in den zum Weintrinken eingerichteten Weinschenken,
nur daß man hier den Wein aus Bechern oder Gläsern trank. Von zierlich eingerichteten Zimmern wußte
oder kannte man damals nichts. Die Trinksäle waren bloß übertüncht oder geweißt, die Tischplatten von
abgehobeltem rohem Holze, wie man sie noch in den
Schulzimmern antrifft, und so auch die Bänke und
Schemel. Nur erst späterhin fing man an, manche
Verzierungen und Verbesserungen in diesen Schenken vorzunehmen, doch waren diese nicht wesentlich
zum Vortheile der Gäste; auch schien man auf Verzierungen dergleichen Zimmer in jenen Zeiten keinen
Werth zu legen, wohl aber auf gutes Getränk; denn
noch in dem achtzehnten Jahrhunderte fand man in
den Schenkstuben der Brauereyen fast dieselbe Einrichtung, nur daß vielleicht einige Schildereyen unter
Glas und Rahmen, oder ein altes Oelgemälde, die
Wand zierten. In den Krügen oder Wirthshäusern
auf dem Lande blieb sie noch länger. Bei der Einführung der warmen Getränke (des Kaffees, Thees, der
Chokolade 2c.) im siebzehnten Jahrhunderte, änderte
sich Manches, zwar nicht in den ursprünglichen Brauereyen oder Weinschenken, wohl aber, daß jetzt Kaffeehäuser und Tabägien in den großen Städten eingeführt wurden, deren Wirthe oder Inhaber jetzt schon
mehr auf eine äußere Eleganz sahen, besonders da die
Sitten und Gebräuche der Italiener und Franzosen
nach dem dreißigjährigen Kriege nach Deutschland kamen. Die Kaffeezimmer wurden nun schon mit Ta-
peten ausgeschlagen, und dienten der Familie des Kaf-
feewirthes, außer der Zeit der Gäste, oder daß die

Gäste sich einfanden, zu Wohnzimmern; deßhalb erschienen auch bald Gardinen vor den Fenstern, Spiegel und Schildereyen an den Wänden, auch angestri-
chene Tische und Stühle, denen späterhin mit Wachs-
leinwand überzogene Tische folgten; auch wurden die
Zimmer, der Dauer wegen, mit dergleichen Leinwand
tapeziert. In den Tabagien, da hier der um diese
Zeit in Deutschland eingeführte Tabak aus Holländischen Thonpfeifen geraucht wurde, blieb die Eleganz
der Zimmer noch dem Genusse untergeordnet; auch
versammelten sich darin nur Individuen aus dem Mittelstande, Bürger aus der gewerbetreibenden Klasse,
die noch entfernt von den Sitten des Auslandes waren, und erst späterhin, um die Mitte des achtzehnten
Jahrhunderts, auch davon angesteckt wurden; denn
nach der genannten Zeit fand man schon besser deko-
rirte Tabagien im nördlichen Deutschland; im südlichen blieb man, obgleich man den oben genannten Völkern, als Nachbarn, näher lag, doch noch der alten
Gewohnheit treu, das heißt, man nahm die fremden Sitten, außer in Oesterreich (in Wien) nicht so
gleich an; auch blieb die Bierstube oder Trinkstube
noch lange bei den Brauereyen, und die Weinstube bei
den Weinbereitern. In dem Ersten, dem nördlichen
Deutschland, setzten sich neben den Brauereyen die Tabagien fest, und die Weinstuben wurden von den Wein-
händlern gehalten, indem die Regierungen zur Betreibung dieser Gewerbe Concessionen ertheilten. In den
Tabagien oder Bierhäusern wurden nun nicht bloß
die Stadtbiere, sondern auch fremde Biere, und auch
Branntweine gehalten, mithin zogen diese die anstän-
digeren Gäste aus dem Mittelstande größtentheils an
sich, und den Brauereyen blieb in den großen Städten nur die niedere Volksklasse, die Handarbeiter rc.,
und auch diese verlor sich späterhin daraus, da auch
Tanz und andere Vergnügungen mit den Tabagien

verbunden wurden; auch die schon längst Platz ge=
nommenen Freudenhäuser auch Trink= und Tanzsäle
hielten. Die Weinhäuser oder Weinschenken blieben
aber ihrem Charakter treu, nur Wein zu schenken;
auch wurden sie damals noch nicht in die Nothwen=
digkeit versetzt, fremde Biere 2c. zu halten oder zu
schenken. Auch die Gasthäuser und Ausspannungen
hielten sich Biere, Weine und Branntweine, um die
bei ihnen einkehrenden Fremden damit zu bewirthen.
Bei dem steigenden Luxus, besonders in den Haupt=,
Residenz= und Handelsstädten, in der zweiten Hälfte
des verwichenen Jahrhunderts, unterließen auch die
Kaffee=, Wein= und Bierwirthe nicht, diesem zu hul=
digen. Man findet in dieser Periode bis zum Aus=
gange jenes Jahrhunderts schon sehr elegante Kaffee=
häuser, aber noch elegantere Tabagien. Die Wirths=
häuser erhielten sich noch immer auf einem Mittel=
wege zwischen der neuen Eleganz und der früheren
Einfachheit. Die Tabagien mit Tanzsälen wetteifer=
ten aber schon in der zierlichen Ausstattung ihres Lo=
kals. So findet man im letzten Drittel des verwiche=
nen Jahrhunderts schon Tanzsäle mit Säulen ge=
schmückt, und dazwischen und darüber angebrachte Lo=
gen mit seidenen Gardinen und goldenen Verzierun=
gen, bei einem weißen oder farbigen Anstriche, der lak=
kirt worden; Chöre, mit Gold und Silber verziert,
für die Musici und Sänger, und für die komischen
Vorträge, Puppenspiele 2c., um die Gäste anzulocken.
So waren in Berlin zu dieser Zeit die Tabagien mit
Tanzsälen von Berger, Justinius, Lange, der Silber=
saal 2c. berühmte, und auch von Fremden viel besuchte
Orte, wo man kalte und warme Getränke, Gebäck=
nisse 2c. haben konnte. Man suchte das Vergnügen
des Trinkens mit dem Tanze, dem Puppen= oder
Marionettenspiele 2c. zu vereinigen. Die Trinkstuben
verschwanden nach und nach aus den Brauhäusern in

den großen Städten in dem Grade, wie sich die Ta=
bagien vermehrten, und gingen zuletzt ganz ein, weil
die Brauer jetzt einen größeren Vortheil davon hat=
ten, ihre Biere an die Tabagisten und Caffétiers ab=
zusetzen (da die Letzteren auch anfingen, das Stadt=
bier eben so gut, wie die fremden Biere zu schenken),
wobei sie ihr Lokal, welches sie zur Trinkstube oder
zum Trinksaale eingerichtet hatten, vermiethen oder zu
andern Zwecken benutzen konnten, ohne eine Schmä=
lerung ihres Absatzes zu erfahren; nur in den Pro=
vinzial= oder andern kleinen Städten blieb den Braue=
reyen der Bierschank, auch noch in den damaligen
Reichsstädten, als ein altes überkommenes Recht, wor=
auf sie mit großer Strenge hielten. Auch die üblichen
Trinkstuben der Weinkeller, von denen sich noch meh=
rere bis auf die neueste Zeit erhalten haben, wurden
aus dem Dunkel an das Licht gezogen, das heißt,
aus dem Souterrain in das Parterre hinaufgebracht,
um hier, eleganter ausgestattet, die Weingäste aufzu=
nehmen; und wenn sie auch noch in dieser Zeit beim
bloßen Weinschank blieben, so hatten sich doch schon
die Zugaben von Holländischem und Schweizer Käse
mit einem mit Butter bestrichenen Milchbrode auch
dahin verändert, daß man Austern, Caviar, Sardel=
lensalat ꝛc. dazu genießen konnte, um so den Appe=
tit zum Trinken zu vermehren. Auch die Italiener=
und Materialwaarenhandlungen legten Weinstuben
an, um beim Weintrinken auf Verlangen auch die
eben erwähnten Artikel, die sie führten, gleich mit ver=
abreichen zu können. Hier wurde nun den eigentlichen
Weinschenkern schon der Absatz durch jene geschmä=
lert, indem sie sich hier mit ihren Trinkstuben ein=
drängten, und wenn sie auch keinen Vorzug erhiel=
ten, indem man den eigentlichen Weinhandlungen doch
in Hinsicht des Weines mehr Vertrauen schenkte, so
konnten sie doch die andern Artikel billiger liefern,

und zogen dadurch manchen Gaſt an. So ſtanden
noch die Angelegenheiten mit den Trinkhäuſern und
Trinkſtuben am Anfange des gegenwärtigen Jahrhunderts. Jetzt fing eine neue Periode für die Trinkſtuben an; denn die früheren Kaffeehäuſer waren
zwar geblieben, hatten aber einen Theil ihrer Gäſte
den Schweitzer- und andern Conditoren abgeben müſſen, die jetzt auch Trinkſtuben für warme Getränke
eröffneten, indem ſie zu dieſen gleich das Backwerk
mancherlei Art lieferten; dabei waren dieſe Zimmer
ſehr elegant und zweckmäßig eingerichtet, und um auch
den Geiſt zu beſchäftigen, weil hier das Politiſiren bei
der Tabakspfeife ausfiel, da nicht geraucht wurde,
wurden die geleſenſten politiſchen Deutſchen, Engli-
ſchen und Franzöſiſchen Zeitungen und andere Flugblätter, Journale ꝛc. ausgelegt, welches viele Gäſte
anzog, und auch jetzt noch anzieht; wenn gleich keine
ſo bedeutende Weltbegebenheiten, als die Jahre von
1789 bis 1815 und dann 1830 mit ſich führten, das
Publikum in Thätigkeit ſetzte, um die Conditoreyen
und Kaffeehäuſer zu beſuchen. Auch die alten Kaffeehäuſer mußten jetzt mit den Conditoreyen zu rivaliſi-
ren ſuchen, und ſo entſtanden neue Kaffeehäuſer mit
glänzenden Namen, wie z. B. in Berlin die Kaffeehäuſer Royal, National, de Commerce ꝛc., auf welchen man auch zu Mittage und Abende à la Carte
ſpeiſete, und alle warmen Getränke erhielt; auch
Weine, fremde Biere und Liqueure. In dieſen Kaffeehäuſern wurde in den Leſezimmern (wo man auch
die oben erwähnten Blätter ausgelegt fand, nur nicht
in der Anzahl wie bei den Conditoren) nicht geraucht,
wozu eigene Zimmer beſtimmt waren, in denen man
auch Bier trank und ſich unterhielt. Auch die Ausſtat-
tung der Zimmer war elegant, ſowohl die Dekoration der Wände, als die daran aufgeſtellten Möbel,
die Gemälde und Schildereyen unter Glas und Rah-

men, die Bildsäulen und Büsten ꝛc. Eine zweite Klasse
von Kaffeehäusern war nicht so elegant eingerichtet,
besaß keine Lesezimmer, sondern nur einige politische
Zeitungen und mehrere beliebte Flugblätter wurden
auf die Tische umher gelegt, und die Getränke bestan-
den in Stadt- und fremden Bieren, Branntweinen,
und in Kaffee und andern warmen Getränken, die auf
Verlangen verabreicht wurden; auch wurde daselbst
zu Mittage und Abende à la Carte gegessen, auch einige Sorten Wein gehalten. Auf diese folgten nun
die Tabagien oder eigentlichen Bierhäuser, auch mo-
dernisirt mit und ohne Tanzsaal, in denen man Bier
und Branntwein trinkt und Tabak raucht, mit einer
gewöhnlichen bürgerlichen Einrichtung der Zimmer.
Auch in mehreren dieser Trinkhäuser wird des Mittags warm gespeiset, in den mehrsten jedoch des Abends
à la Carte, oder bestimmte, den Gästen angekündigte
Gerichte ohne Wahl; auch werden mit Schinken oder
Braten belegte Butterbrode, Knoblauchwürste ꝛc., um
die Trinklust zu vermehren, verabreicht. Die Weinschenken haben die Veränderung erfahren, daß sie genöthiget worden sind, bei dem starken Trinken der Lagerbiere, auch diese Biere zu halten, und auch mehrere
beliebte warme Speisen, wie z. B. Beefsteaks, Wiener
Würste ꝛc. zu verabreichen. Dieses findet jedoch nur
in den großen Städten Statt, in den kleinern ist größtentheils das alte Verhältniß der Weinhändler oder
Weinschenker zum Publikum geblieben; man macht
hier weiter keine Ansprüche auf seine Küche, wohl aber
auf seinen Keller, der auch zum Weine die oben schon
angeführten Käsesorten liefert, welche zum Munden
des Weines mit einem mit Butter bestrichenen Milchbrode eine angenehme Zugabe sind. So wie die
Trinkhäuser und Trinkstuben sich nun zu Anfange dieses Jahrhunderts gestalteten, so sind sie bis auf die
neueste Zeit geblieben, nur daß ein Gastwirth oder

Caffétier, Tabagist, Weinschenker ꝛc. es dem andern, sowohl in der Einrichtung seiner Gastzimmer, als auch seiner Getränke, zuvor zu thun sucht, um die Gäste anzuziehen, und daß man jetzt mit den Kaffeehäusern und Tabagien auch Konzerte, Maskenbälle, Feuerwerke ꝛc. verbunden hat, um das Vergnügen des Publikums beim Glase auch durch das Ergötzen des Auges und Ohrs zu erhöhen. Kaffeehäuser und Tabagien, welche die angeführten Vergnügungen eingeführt haben, besitzen auch Kaffeegärten, wo im Sommer die Konzerte, Feuerwerke ꝛc. gegeben werden, und im Winter in den Sälen Maskenbälle ꝛc. ꝛc.

Trinkheld, derjenige, der eine Fertigkeit im Trinken besitzt, und in einer Trinkfehde oder in einem Trinkgelage seinen Platz behauptet, nicht zu Boden getrunken wird. Ein Held im Trinken, der der Erste und Letzte bei der Bowle oder beim Glase ist.

Trinkkammer, eine Kammer oder ein Gemach, worin die Betrunkenen, die bei einem Kommerce, Trinkgelage, zu Boden gesunken sind, auf ein Strohlager gebracht werden, um den Rausch auszuschlafen. Diese Sitte war besonders auf mehreren Universitäten oder Hochschulen bei Kommercen üblich, und mag es auch noch hier und da seyn, wo man sich beim Glase belustiget.

Trinkkanne, ein Gefäß in der Gestalt einer Kaffeekanne, von Holz, Steingut, Porzellan, oder gebranntem und glasurtem Thone, mit einem zinnernen Deckel; auch von Zinn, Silber ꝛc., worin man das Getränk (Wein oder Bier) auf den Tisch bringt, um es in kleinere Gläser zu gießen, zum Tischtrunk. Auch in den Trinkstuben werden dergleichen Kannen in einigen Gegenden Deutschlands mit Wein oder Bier den Gästen vorgestellt. Die Kanne unterscheidet sich von dem Kruge, daß dieser eine kegelförmige Gestalt hat, jene aber eine bauchige mit einem Halse und einer Schneppe oder einem Schnabel; ſ. auch die Art. Kanne, Th. 34, S. 160 u. f., und Krug, Th. 54, S. 119 u. f.

Trinkkrug, ſ. den vorhergehenden Artikel.

Trinkland, eine Benennung Deutſchlands von andern benachbarten Völkern, weil in demſelben das Wein- und Biertrinken ſchon in den früheſten Zeiten leidenſchaftlich geſchah. S. oben, unter Trinken und Trinkſucht.

Trinkliebe, die Liebe zum Trinken, der Genuß, den man im Trinken fühlt, und dadurch die Liebe zu dieſem Genuſſe erweckt, woraus dann die Weinliebe, Bierliebe ꝛc. entſteht, das ſehnliche Verlangen nach dem Genuſſe dieſer Getränke.

Trinklied, ein erheiterndes, auf den Genuß des Trinkens Bezug habendes Lied, welches man beim Trinken von geiſtigen Flüſſigkeiten, beim Weine, Biere und Punſche ſingt; wenn das Maaß der weiſen Fröhlichkeit dabei überſchritten wird, man lärmend ſingt, ſo heißt es ein Sauflied. — Trinklieder ſind von mehreren, auch von den erſten oder vornehmſten, Dichtern der Deutſchen Nation gedichtet worden: von Göthe, Schiller, Miller, Claudius, Hagedorn, Voß, Gleim, Tiedge, Blum, Hölty, Bürger, Leſſing, Burmann, Müchler, Langbein, Seume, Arndt, Uhland, Körner ꝛc. ꝛc. Je mehr der Geiſt der Fröhlichkeit in dieſen Liedern vorherrſchend iſt, je größer iſt der Zauber im Singen beim gefüllten Glaſe, der die Trinker ergreift, und je höher der Genuß des Getränkes. Die Tafelfreuden können nur durch dergleichen Genüſſe erhöhet werden. S. auch Tiſchlied, Th. 185, S. 296, und oben, unter Trinken und Trinkſucht, S. 202.

Trinkluſt, das Verlangen nach Getränken mit einer Empfindung des Wohlbehagens im Genuſſe derſelben; auch die angenehme Vorempfindung nach dem sich sehnenden Lieblingsgetränke.

Trinkmaaß, ein Maaß, womit Getränke gemessen werden, nicht bloß nach ihrer Menge, sondern auch nach ihrem Gehalte. Die Ersteren, nach der Menge, sind zinnerne und Eisenblechgefäße, von einem ganzen, halben, Viertel=, Achtel= 2c. Quarte Inhalt, womit man die Getränke beim Verkaufe mißt; die Letzteren, nach dem Gehalte, sind Prober, um die Stärke der Getränke, ihren geistigen Gehalt, nach Graden zu messen. Man hat Bier=, Wein= und Branntwein= prober von Elfenbein, Glas 2c., die man auch Wagen nennt. Es sind hohle, kugelartige kleine Gefäße mit einem Stiele oder einem langen Halse, die so in der Flüssigkeit schwimmen, daß der Stiel oder lange Hals derselben aus der Flüssigkeit hervorragt. Je leichter nun die Flüssigkeit ist, das heißt, je gehalt= reicher der Branntwein an Weingeiste ist, um so tiefer sinkt das Gefäß darin ein, je weniger ragt also der Hals daraus hervor; beim Wasser sinkt es nur so eben bis über die Kugel ein. Darnach versieht man den Hals mit Abtheilungen oder Graden, welche von je= nem Wasserpunkte (Null Weingeist) anfangen, und sich hinaufwärts erstrecken. So ist es nun bei allen den genannten Probern oder Wagen. S. auch den Art. Maaß und Gewicht, Th. 85, und das daselbst an= geführte Register der Maaße, S. 325 u. f.; und Prober, Th. 117, S. 498.

Trinkordnung, eine Hofordnung, nach welcher in frü= heren Zeiten bei den Deutschen Höfen das Trinken bei der Tafel Statt hatte, und wornach an einigen Höfen die Ge= sundheiten ausgebracht wurden, welche darin vorgeschrie= ben waren; s. oben, unter Trinken und Trinksucht, S. 174. Diese Trinkordnungen, die sich bloß auf das Gesundheitausbringen 2c. bei der Tafel be= zogen, sind aber von den Trinkverordnungen,

Trinkverboten, Reichstrinkgeſetzen verſchie=
den, die ſowohl die ehemaligen Deutſchen Kaiſer, als
auch andere Deutſche Fürſten in ihren Landen gegen
das zu ſtarke Trinken geiſtiger Getränke, die Trink=
ſucht und Völlerey, erließen, und beſonders gegen
das Zutrinken. S. oben, unter Trinken und
Trinkſucht, S. 157 u. f.

Trinkquelle, eine Quelle, deren Waſſer zum Trinken
beſtimmt iſt, wie die Quellen, welche zur Verſorgung
der Brunnen dienen, zum Unterſchiede von den Quellen,
welche die Flüſſe und Seen vermehren. S. auch un=
ter Quelle und Quellwaſſer, Th. 119.

Trinkſchale, eine Schale, aus welcher man eine Flüſ=
ſigkeit trinkt, mit welcher Benennung man jetzt die
Taſſen bezeichnet, aus welchen man Thee, Kaffee und
Chocolade trinkt, und namentlich die Untertaſſe,
die den Begriff der Schale am deutlichſten bezeichnet,
weil ſie die Form eines Hirnſchädels hat. Die alten
Deutſchen tranken, wie Diodor und Tacitus be=
zeugt, aus den Schädeln ihrer erſchlagenen Feinde,
welche Schädel ſie dann Trinkſchalen (Schola)
nannten. Dergleichen nachgeahmte Schalen zur Er=
innerung an den Muth und die Tapferkeit dieſes al=
ten Volkes, um ihre Gauen gegen feindliche Angriffe
zu beſchützen, findet man bei den geiſtigen kalten Ge=
tränken nicht mehr, wohl aber, wie ſchon angeführt
worden, bei den warmen Getränken in der Geſtalt der
Untertaſſen, die einem Hirnſchädel, wenn ſie ovalrund
ſind, gleichen; ſie zeigen auf die Kultur hin, worin
wir uns jetzt befinden, die auf andere Trinkgeſchirre
hinweiſet, die nicht nur bequemer ſind, ſondern auch
den üblen Eindruck verwiſchen, ſich der Schädel der
Feinde dazu zu bedienen, und hier gleichſam als Kan=
nibalen zu erſcheinen. Daher weiſen die jetzigen
Trinkſchalen der warmen Getränke auf die hoch geſtie=
gene Kultur hin.

Trinkspruch, Trinksprüche, Sprüche oder Sentenzen, die sich auf irgend einen Gegenstand beziehen, der
beim Trinken erhoben werden, und dessen dabei Erwähnung geschehen soll; sie kommen so ziemlich mit
den Gesundheiten überein, nur daß sich diese mehr auf
Personen beziehen, denen ein Lebehoch beim Trinken
bei feierlichen Gelegenheiten gebracht wird, woran
man nun noch manche Beziehung auf ihr Wirken
hinzufügt, größtentheils in Reimen bestehend. Die
Trinksprüche sind bloße Sentenzen, die beim Anstoßen
hergesagt werden, oft ohne Beziehung auf einen Gegenstand und auf das Trinken. Hier einige dieser
Trinksprüche, die besonders bei unsern Vorfahren bei
fröhlichen Gelagen vorkamen.

Mein Herz soll keine Untreu' nähren,
Und dessen Treu' soll ewig währen.

Deiner holden Lichter Glanz,
Fesseln meine Seele ganz.

Meine Freundschaft bring' ich Dir,
Schenk auch Deine Freundschaft mir.

Liebste Seele, Dein Vergnügen,
Soll mir stets vor Augen liegen.

Was uns liebet und ergötzt,
Unser Herz in Flammen setzt;
Und indem es uns besiegt,
Triumphirend niederliegt.

Was eng' und nicht weit,
Auch den Mann erfreut,
Und kein Küßchen scheut,
Das thut mit Bescheid.

Ich lasse die Grillen ruh'n,
Und will heute fröhlich thun.

Gesundheit in Gedanken,
Das kurirt die Kranken;
Secundirt auch die Betrübten,
Und contentirt die Verliebten.

Es lebe, was mich treulich liebt,
Und sans façon ein Küßchen giebt.

Alles aus Liebe, nichts mit Gewalt,
Was man recht liebt, vergißt man nicht bald.

Auf's Erkennen, nicht auf's Schauen,
Muß man treue Freundschaft bauen.

Wenig geredet und doch viel gedacht,
Hat oft manches Vergnügen gemacht.

Wahre Freunde muß man ehren,
Und sich sonst an gar nichts kehren;
Denn ein wahrer Freund ist werth,
Daß man ihn liebt, rühmt und ehrt.

Wer glücklich leben will, der lebe so, wie ich,
Er liebe Jedermann, und bleibe doch für sich.

Das, was ich lieben soll, das darf kein And'rer wissen,
Wovon ein And'rer nascht, verlang ich keinen Bissen.

Es lebe, was charmant, und dabei nicht moquant,
Im Herzen stets getreu, sich zeigt ohn' Heuchelei.

Dieses Gläschen bring' ich Dir,
Daß Dein Bräutchen lebe,
Und der Nachwelt bald von Dir,
Einen Abriß gebe!

Soll ein galantes Kind uns zu Gefallen lachen,
So muß der Beutel erst viel Komplimente machen.

Wird einst ein Tröpfchen Blut, mein Schatz, Dir unge-
treu,
So stoß' mir dieser Trunk das falsche Herz entzwei.

Allen, die in Weiberorden,
Nunmehr sind versetzt geworden!

Treuen Herzen nur allein,
Die erquicken und entzücken,
Soll dies zugetrunken seyn!

Hoffen und vergnügt seyn,
Ist das Pflaster aller Pein.

Ich wünsche der Braut zum Hochzeitslohn,
Ein liebliches Pärchen — Tochter und Soh

Trinkspruch, Trinksprüch
zen, die sich auf irgend einen
beim Trinken erhoben werd
wähnung geschehen soll; si
den Gesundheiten überein,
Personen beziehen, den
bei feierlichen Gelegenhe
man nun noch manche
hinzufügt, größtentheils
Trinksprüche sind bloße
hergesagt werden, oft oh
genstand und auf das
Trinksprüche, die besond
fröhlichen Gelagen vork

> Mein Herz soll fe
> Und dessen Treu'

> Deiner holden
> Fesseln meine

> Meine Freundschaft
> Schenk auch Deine

> Liebste Seele, D
> Soll mir stets v

> Was uns liebe
> Unser Herz in
> Und indem es
> Triumphirend m

> Was eng' und
> Auch den Mann
> Und kein Küßchen
> Das thut mit Bes

> Ich lasse die Grillen
> Und will heute fröhlich

> Gesundheit in Gedanken
> Das kurirt die Kranken;
> Secundirt auch die Betr
> Und contentirt die Verlieb

ſn beſchränkten ſie ſich nicht mehr auf die oben
ən Perſonen, ſondern es wurden förmlich Gäſte
geſetzt, und Jeder aus der Stadt konnte zum
oder Biertrinken hier einſprechen oder ſie be=
und ſo ſind denn die Rathskeller immer noch
ən andern Trinkhäuſern oder Tabagien in den
geblieben, und wenn auch die Trinkſtuben
da in den Rathhäuſern wegen der Gelage,
rin gehalten wurden, die nicht immer ohne
abliefen, aufgehoben wurden, ſo behielten die
ieſer Stuben doch die Conceſſion, und nann=
cues Trinklokal außerhalb des Rathhauſes,
er, daher findet man oft in kleineren Städ=
ər Rathskeller nicht mit dem Rathhauſe ver=
, ja daß ſelbſt ein Gaſthaus dieſen Namen
e eine Trinkſtube im Keller zu beſitzen. —
eich, wo es dergleichen Stuben in allen Ge=
und Kollegien giebt, heißen ſie **Bouvettes.**
ı Art. **Trinkhaus.**

ſn der **Malerey,** ein Genreſtück,
Älde, in welchem eine Trinkſcene vor=
ın, entweder eine Trinkgeſellſchaft um ei=
einer Bowle Punſch, oder beim Weine
ıtelte ꝛc. ꝛc., je nach den verſchiedenen
er Maler in dieſem Akte der Beluſti=
ſchkeit hat darſtellen und gruppiren
Trinker in verſchiedenen Stel=
oder Räuſchchens, z. B. Hand=
Soldaten ꝛc. in den Herbergen,
ꝛc.; dann auch aus anderen
en Orten; z. B. Studenten,
ger, Beamte ꝛc. ꝛc. in ei=
obet es an luſtigen Stel=
arrikaturmäßigen Ge=
ıner ſolchen Scene
Beſchauer eine hei=

T 2

Ein Herz, das heimlich liebt, und doch nichts sagen will,
Hofft wenig, fordert nichts, wünscht aber dennoch viel.

> Ein schönes Mädchen seh'n
> Und ihrer nicht genießen,
> Heißt bei der Quelle steh'n
> Und dennoch dursten müssen.

> Aller hübschen Mädchen Avantage,
> Und Hunderttausend zur Mariage.

Das Glück soll mein Kompas, die Hoffnung Anker seyn,
So läuft mein Schiff gewiß in sichern Hafen ein.

> Die mit Händ' und Füßen wehren,
> Und doch in der That begehren,
> Daß wir das, was sie nicht wollen,
> Allezeit verrichten sollen.

> Die Kehlen geschmiert, die Saiten gestimmt,
> Eh' Jugend vergeht und Feuer verglimmt.

> Wer im Freien wählt,
> Wird zuletzt gequält.

Trinkstube, Trinkzimmer, eine Stube oder ein Zimmer, welches zum Ausschenken von Getränken für Geld bestimmt ist, zum Bier- oder Weintrinken. In den Rathhäusern sind dazu einige Zimmer in dem Souterrain bestimmt, welches Lokal dann den Namen **Rathskeller** führt, gewöhnlich sind die Keller unter den Rathhäusern an Weinhändler und Brauer vermiethet, welche ihre Weine und Biere darin lagern, und dann Stuben oder Zimmer zum Ausschenken dieser Getränke daselbst einrichten. In den ersten Zeiten der Benutzung dieser Keller zu dem erwähnten Zwecke, waren die Schenkzimmer darin für die Rathsherren, Beisitzer und andere Gerichts- und Magistratspersonen bestimmt, um bei langen Sitzungen sich durch einen Trunk Wein oder Bier laben oder erfrischen zu können; auch die abzuhörenden oder zur Vernehmung erschienenen Partheyen besuchten diese Trinkstuben.

Späterhin beſchränkten ſie ſich nicht mehr auf die oben
erwähnten Perſonen, ſondern es wurden förmlich Gäſte
daſelbſt geſetzt, und Jeder aus der Stadt konnte zum
Wein = oder Biertrinken hier einſprechen oder ſie be=
ſuchen, und ſo ſind denn die Rathskeller immer noch
neben den andern Trinkhäuſern oder Tabagien in den
Städten geblieben, und wenn auch die Trinkſtuben
hier und da in den Rathhäuſern wegen der Gelage,
welche darin gehalten wurden, die nicht immer ohne
Lärmen abliefen, aufgehoben wurden, ſo behielten die
Beſitzer dieſer Stuben doch die Conceſſion, und nann=
ten ihr neues Trinklokal außerhalb des Rathhauſes,
Rathskeller, daher findet man oft in kleineren Städ=
ten, daß der Rathskeller nicht mit dem Rathhauſe ver=
bunden iſt, ja daß ſelbſt ein Gaſthaus dieſen Namen
führt, ohne eine Trinkſtube im Keller zu beſitzen. —
In Frankreich, wo es dergleichen Stuben in allen Ge=
richtshöfen und Kollegien giebt, heißen ſie **Beuvettes.**
S. auch den Art. Trinkhaus.

Trinkſtück, in der **Malerey,** ein **Genreſtück,**
Genregemälde, in welchem eine Trinkſcene vor=
geſtellt worden, entweder eine Trinkgeſellſchaft um ei=
nen Tiſch bei einer Bowle Punſch, oder beim Weine
Biere, Branntweine ꝛc. ꝛc., je nach den verſchiedenen
Ständen, die der Maler in dieſem Akte der Beluſti=
gung und Fröhlichkeit hat darſtellen und gruppiren
wollen, oder einzelne Trinker in verſchiedenen Stel=
lungen des Rauſches oder Räuſchchens, z. B. Hand=
werker, Bauern, Soldaten ꝛc. in den Herbergen,
Schenken, Feldlagern ꝛc.; dann auch aus anderen
Ständen und an anderen Orten; z. B. Studenten,
Schauſpieler, Kaufleute, Jäger, Beamte ꝛc. ꝛc. in ei=
nem Trinkgelage begriffen, wobei es an luſtigen Stel=
lungen, überhaupt an komiſchen karrikaturmäßigen Ge=
berden ꝛc. nicht fehlen darf, welche einer ſolchen Scene
Leben und Intereſſe geben, in dem Beſchauer eine hei=

tere Gemüthsstimmung erwecken, in ihm die Lachlust
erregen. In dieser Gemäldegattung zeichnen sich vorzüglich die Niederländer aus, wie uns die Gemälde
in dieser Art von Abr. Brouwer, Peter Breughel,
Teniers (Vater und Sohn), M. Hemskerk, Vin-
kenbooms, Peter van Laar, Abr. van Ostade rc.
zeigen. Diese Trinkstücke umfassen nicht bloß Gemälde, sondern auch Kupferstiche, Holzschnitte und Li-
thographien. Unter den Ersteren zeichnen sich vorzüglich einige Trinkscenen von Hogarth aus, besonders
die Punschgesellschaft.

Trinksucht, die Begierde oder das heftige Verlangen
nach geistigen Getränken; überhaupt die eingewurzelte
Gewohnheit, spirituöse Getränke im Uebermaaße zu
genießen, ja sie gar nicht entbehren zu können. Wie
nachtheilig diese Sucht auf den Körper ist, haben erfahrene Aerzte durch sorgfältige Beobachtungen bei
dergleichen Trinkern zu beweisen gesucht; denn nach
ihnen beschleunigen die hitzigen Getränke die Lebens-
consumtion, erzeugen Schärfe, Hautkrankheiten, Stei-
figkeit und Trockenheit der Fasern, Husten, Engbrü-
stigkeit, Lungenkrankheiten, Wassersucht und Wahn-
sinn, so heilsam sie bei einem mäßigen Genusse und
zur rechten Zeit seyn können. Sie stumpfen, im Uebermaaße genossen, das Gefühl ab, sowohl im Physischen, als Moralischen, so daß auf starke Trinker, besonders Branntweintrinker, zuletzt nichts mehr wirkt, sie
ohne diesen Genuß zu allen Arbeiten unfähig werden,
am ganzen Leibe zittern, und ihr Körper nur dann erst
wieder durch den Geist in Thätigkeit gesetzt werden
kann, wenn sie die nöthige Portion Flüssigkeit zu sich
genommen haben. Arzneyen helfen bei den Krankheiten dieser Trinksüchtigen nichts, wenigstens nicht viel,
weil ihre Wirkungen bei einem solchen abgestumpften
reizlosen Körper zu schwach sind, sie nicht diejenigen
Reize auf die Organe hervorbringen können, deren

Theile selben, mithin ist hier alle Kunst verloren.
Diät in den gewohnten scharfen Getränken wäre hier
das einzige Mittel, wenn sie gehalten werden könnte;
die scharfen Getränke gleich ganz aufgeben, würde
tödtlich wirken, da das einzige Mittel das scharfe Getränk selbst bleibt, indem es immer mit mehr Einschränkung gegeben wird, und dabei dann andere diä-
tetische Mittel mit angewendet werden, die einen Reiz
auf den Magen äußern und dessen erloschene Thätigkeit wieder zu erwecken suchen, wozu selbst das Bier
ein sehr gutes Mittel ist, weil es, gut bereitet, auch
nährt.

Trinkverein, s. Trinkgesellschaft.

Trinkverordnung, s. Trinkordnung.

Trinkwasser, das Quellwasser, welches zum Trinken
bestimmt ist, und auch aus gefaßten Quellen oder
Brunnen geschöpft oder gepumpt wird, zum Unterschiede von dem Flußwasser oder dem fließenden Wasser in den Bächen, Flüssen, Seen ꝛc., welches nicht
zum Trinken, aber zu vielen andern bürgerlichen Gewerben gebraucht wird, auch zur Wäsche. S. auch
den Art. Wasser, unter W.

Trinkwasserheilanstalt, Trinkwasserheilanstal-
ten, Anstalten bei den Bädern zum Trinken der Mineralwasser an der Quelle; s. den Artikel Gesund-
brunnen, Th. 17, S. 744 u. f., und Trinkanstalt, oben, S. 99. — Die Anstalten zum Trinken künstlicher, oder auf chemischen Wegen be-
reiteter Mineralwasser, welche den verschiedenen
natürlichen Mineralwassern künstlich nachgemacht
worden, sind erst in neuester Zeit in Deutschland entstanden. Die Berliner Mineralwasser-Trink-
anstalt wurde im Jahre 1823 von dem Doktor
Struve und dem Apotheker und Hofrath Solt-
mann, welche sich Beide dazu verbanden, errichtet.
Es wurde dazu ein großer Gartenplatz, oder vielmehr

zwei neben einander liegende Gartenplätze, auf der
Louisenstadt (ehemals Köpenicker Vorstadt) in der
Husarenstraße, von 1200 Fuß Länge und 220 Fuß
Breite erkauft, und darauf die nöthigen Gebäude er=
richtet. Die Gärten, welche bis dahin zum Anbau von
Gemüsen gedient hatten, wurden unter der Leitung
des Königlichen Garten=Direktors Otto zu einem
schönen mit Laubgängen und anderen Parthien verse=
henen Garten umgewandelt, der für die Kurgäste wäh=
rend des Brunnentrinkens zum Lustwandeln dient.
Die Maschine zur Bereitung der künstlichen Wasser,
auf welche die Unternehmer von dem Königlichen Mi=
nisterium des Handels und der Gewerbe ein Patent
erhielten, wurde unter der besonderen Aufsicht des
Doktors Struve, welcher auch die Trinkanstalt in
Dresden schon früher gegründet hatte, von dem In=
spektor Blochmann in Dresden angefertiget, und
die übrigen Gebäude von den Raths=Maurer= und
Zimmermeistern Einsiedler und Richter so rasch
besorgt, daß die Anstalt, nachdem König Friedrich
Wilhelm der Dritte sie am 1sten July des ge=
nannten Jahres in Augenschein genommen, schon am
2ten July dem Publikum eröffnet wurde, also in kaum
drei Monaten nach dem Ankaufe der Gärten. Wenn
nun auch noch im Publikum hin und wieder die Idee
vorherrschend war, daß es unmöglich sey, die natür=
lichen Mineralwasser in gleicher Eigenschaft und Wir=
kung künstlich nachzumachen, so hatten doch die Unter=
nehmer das Glück, im Publikum so viele Theilneh=
mer an ihren Bemühungen zu finden, daß bereits im
Sommer 1823 mehr als vierhundert Kurgäste die
Anstalt besuchten, und man eine Reihe von Equipagen
vor dem Locale der Anstalt erblickte, die also auch auf
ein vornehmes und gebildetes Publikum schließen lie=
ßen, wie solches auch die Kurliste ergab. Die befrie=
digsten Resultate, welche viele Kranke, darunter sich

auch mehrere Aerzte befanden, von dem Gebrauche
dieser Mineralwasser erfuhren, erweckten Vertrauen,
und schon am Schlusse der Trinkzeit konnte diese An=
stalt als fest begründet angesehen werden. Schon
im ersten Jahre wurden die verschiedenen Quel=
len von Karlsbad, Ems, Marienbad und
Eger, der Sauerbrunnen von Pyrmont, der Sel=
terser Brunnen, so wie der Schlesische Ober=
Salzbrunnen gegeben. Zu diesen Brunnen ka=
men später Spaa, Cudowa und Kissingen.
Von den 600 bis 700 Kurgästen, welche die Anstalt
bis jetzt in jedem Jahre, nach den Listen, in welche
jene selbst ihre Namen eintragen, besucht haben, ge=
hören im Durchschnitt zwei Drittheile der Hauptstadt
an, und ein Drittheil besteht aus Auswärtigen. Am
meisten benutzt man die Brunnen von Karlsbad, Ems,
Marienbad und Ober=Salzbrunnen; dann folgt der
Eger=Franzensbrunnen, der Kissinger Ragozi, Spaa,
und nur in wenigen Fällen Cudowa. Püllna und
Seidschütz werden selten als anhaltende Kur gebraucht,
dagegen viel in Flaschen verabreicht, um dann und
wann ein Glas davon zu trinken. Alle oben ge=
nannten künstlichen Mineralwasser werden auch in
Flaschen versendet, und können, ohne eine Zersetzung
zu erleiden, längere Zeit aufbewahrt werden. Zur
Bequemlichkeit des Publikums ist die Einrichtung ge=
troffen worden, daß das Abonnement nicht für eine
ganze Kur, sondern nur auf sieben Tage oder eine
Woche eingegangen werden kann; der Kurgast erhält
sieben Marken, von denen er täglich eine abgiebt, und
zahlt dafür, ohne Rücksicht auf die Menge der Becher
oder Gläser, die er nimmt, fünf Thaler für den
Brunnen von Karlsbad und Ems, und vier Thaler
für alle Uebrigen. Ziegenmilch und dergleichen Mol=
ken werden, auf Verlangen, zugegeben. — Das Aeu=
ßere dieser Anstalt hat etwas Aehnliches mit den An=

stalten in den bekanntesten Badeörtern, wie z. B. zu
Kissingen. Geradezu, auf der östlichen Seite, ge=
wahrt man die Brunnenanstalt selbst, mit den durch
die Namen bezeichneten verschiedenen Abtheilungen
der verschiedenen Brunnen, welche sich mit ihrem
Frontispice, welches durch eine Uhr verziert worden,
sehr hübsch ausnimmt; rechts erblickt man die bedeckte,
bis über die Hälfte des Gartens hinunterreichende, mit
Bänken und andern Ruheplätzen versehene Gallerie,
welche bei ungünstigem Wetter zum Spaziergange für
die Kurgäste dient, und links das Orchester, welches
eine Art Pavillon bildet. Rechts und links vor dem
Brunnenlokale stehen zwei verzierte Postamente, zum
Wegsetzen der Becher und Gläser. Das Ganze ist
daher höchst bequem für die Gäste eingerichtet, wozu
nun noch die schönen Gartenparthien kommen, die
vorn einen Raum offen lassen, so daß man einen freien
Aufblick zum Himmel genießt. Das Orchester wird
von Seiten der Unternehmer unterhalten. Durch
diese Anstalt ist in einer großen Residenz, die viele
Fremde, reiche und vornehme Leute in sich schließt,
einem längst gefühlten Bedürfniß abgeholfen; indem es
Vielen nicht vergönnt ist, eine entfernte Heilquelle zu be=
suchen, es die Geschäfte nicht zulassen; sie aber hier
dasjenige finden, was sie an den Heilquellen suchen, und
dann noch die Bequemlichkeiten einer eigenen Wirth=
schaft. Daß aber dergleichen Anstalten nur in gro=
ßen Städten ins Leben zu rufen sind, ist sehr natür=
lich, da die Anlagen kostspielig sind, und sich auch hier,
wie schon angeführt worden, der Zweck herausstellt,
warum sie hier gleichsam ein Bedürfniß werden. Ueber
die Wasser selbst und deren Zubereitung hier etwas
zu berichten, ist nicht der Ort, da dieses unter die ver=
schiedenen mineralischen Wasser hingehört, und auch
schon in dem Artikel: Mineralisches Wasser,
Th. 91, S. 42 u. f., Einiges über die künstlichen

Mineralwasser gesagt worden. — Hier wird es
nun nöthig seyn, auch der Trinkwasser=Heilan=
stalt des Landmanns Vincenz Prießnitz in
Oesterreichisch Schlesien zu erwähnen, die
bei ihrem Entstehen so viel Aufsehen machte, ja ei=
nige Zeit darauf eine solche Berühmtheit erhielt, daß
Vornehme und Geringe, Reiche und Arme zu der=
selben wallfahrteten, um Heilung von ihren Uebeln
zu finden. Der Ort selbst ist ein kleines Dörfchen im
Troppauer Kreise, nahe am Städtchen Freiwaldau,
von vierzehn Wohnungen, welches den Namen Grä=
fenberg, von dem Berge Gräfenberg, an und auf dem
es erbaut ist, führt. Die Umgegend ist ein sehr schönes
fruchtbares Waldgebirge, reich an Bächen und Quel=
len, welche den Boden bewässern und Menschen,
Vieh und Pflanzen erquicken. In diesem Dörfchen
lebt nun Prießnitz von der Ackerwirthschaft; er ist
Gatte und Vater, und ein hoher Vierziger. Er be=
bauet seinen Acker mit eigenen Händen. Sein Ge=
müth wird als lauter, sein Charakter edel, und sein
Wesen stillbescheiden geschildert, so daß er zwar we=
nig Worte macht, aber viel denkt und handelt. In
seinem Hause waltet Ordnung, Sparsamkeit, Sitt=
lichkeit und ländliche Einfachheit. Diesem Landmanne
verdankt man nun die Wiedergeburt des frischen
Wassertrinkens, welches zwar von alten Zeiten her
nie ganz aufgehört hatte, und dem im verwichenen
Jahrhunderte der General=Chirurgus Theden wie=
der durch den eigenen Gebrauch ein neues Ansehen
gab, indem dieser mehr als achtzigjährige Greis, sein
hohes Alter dem täglichen Genusse von 7 bis 8 Quart
(20 bis 24 Pfd.) frischen Wassers zuschreibt; allein
man achtete es doch zu geringe gegen die andern
Getränke, und dieses wollte Prießnitz nicht gelten
lassen; er trank daher fleißig das frische Quellwasser
und es bekam ihm vortrefflich. Als ob ihn der

Höchste durchs Waſſer begeiſtert hätte, kam es ihm
in den Sinn, daß das Waſſer, welches ſo erquickend
auf ihn einwirkte, ein Geſundheitsmittel für die
Menſchen ſeyn müſſe. So wie nun die Pflanze durch
das Waſſer belebt wird, und ſchöner aufblühet; eben
ſo müßte es doch auch mit dem Menſchen ſeyn, der
doch auch eine Pflanze im Garten Gottes ſey. Zwei=
erlei unterſtützte ihn, dieſe Idee zu verfolgen und end=
lich zu verwirklichen. Er hatte nämlich zuerſt beob=
achtet, daß Thiere, wenn ſie krank ſind, wie z. B.
der Hirſch, ins Waſſer gehen und geſund wurden.
Der Inſtinkt ſagt es dieſen Thieren, und In=
ſtinkt der Thiere iſt nichts anderes, als das,
was der Verſtand des Menſchen iſt. Die Thiere
handeln ſtets recht, weil ſie ihren Inſtinkt nicht ver=
derben, aber der Menſch handelt ſehr oft falſch, weil
er leider immer ſeinen Verſtand abſtumpft, und das
Richtige zuletzt nicht mehr findet. Demnach können
wir bei Thieren viel reinere Beobachtungen machen,
als bei den Menſchen. Prießnitz ſäumte daher
nicht an kranken Thieren, z. B. Kühen ꝛc. Verſuche
mit kaltem Waſſer zu machen, namentlich friſche und
alte Wunden zu heilen, was ihm vollkommen gelang.
Zweitens erinnerte er ſich, ſchon als Knabe an ſich
ſelbſt eine Probe mit kaltem Waſſer gemacht zu ha=
ben: Er hatte nämlich als Knabe eine Rippe ge=
brochen, und da der herzugerufene Wundarzt zu viel
Umſtände machte, ſchickte er ihn fort. Durch eine
ruhige und ſchickliche Lage, durch Trinken und Um=
ſchläge von kaltem Waſſer heilte er ſich vollkommen.
Schon damals hatte dieſe Kur Aufſehen gemacht,
und er ſelbſt betrachtete es ſpäter als einen Wink der
Vorſehung, das kalte Waſſer, dieſe zauberiſche Gabe
Gottes, als Heilmittel für Thiere und Menſchen zu
empfehlen. Fort, dachte er, mit allen Scharfrichter=
pflaſtern, fort mit den Sprüchen elender abergläubi=

scher Menschen, fort mit dem Versprechen und den
Betriegereyen alter Weiber, fort mit allen den erbärm-
lichen Uringuckern, fort überhaupt mit allem Aberglauben, im Wasser allein liegt die wahre, die hei-
lende, die göttliche Kraft. „Frisches Wasser
mein Lebelang allen Kranken," war sein Wahl-
spruch, nach dem er zu handeln sich vornahm. Er
verordnete daher das Wasser von nun an nicht nur
bei Wunden der Menschen und äußeren Schäden,
sondern auch gegen innere Leiden, und zwar mit so
viel Glück an, daß von allen Seiten Kranke zu ihm
kamen, um sich der Kaltwasserkur zu unterwerfen, so
daß er bald in den Ruf eines Wunderdoktors kam, ja
man ging so weit zu glauben, daß eine Zauberey hier
im Spiele sey. Man sah indessen die natürlichen
Wunder, die er mit dem kalten Wasser verrichtete, und
fing daher bald an, ihn, wie er's verdiente, einen
Wasserdoktor zu nennen; ja einige Aufgeklärte
und vollkommen Belehrte, nannten ihn einen Na-
turarzt, das heißt, einen Arzt, der, wie die Natur
es will, heilt. — Die Anzahl der Kranken, als sie
Zutrauen zu dem Wasserdoktor erhielt, wuchs von
nun an mächtig. Aus der Nähe und Ferne kamen
sieche Menschen zu ihm, um durch seine Kur, das
Wasser, ihre Gesundheit wieder zu erhalten. Da
nun bekanntlich Niemand in wohl polizirten Staaten
kuriren, oder Niemand einem Kranken ein Mittel geben darf, der nicht dazu berechtiget, also nicht geprüfter
Arzt ist, so wurde endlich die Obrigkeit und die hohe
Behörde aufmerksam, und untersuchte das Verfahren
von Prießnitz. Es mochten auch wohl neidische
Menschen, welche sein aufkeimendes Glück durch die
Wasserkuren sahen, falsche Gerüchte über sein Verfahren verbreitet haben; allein die Untersuchung ergab, daß er sich durchaus keines andern Mittels, als
des frischen Wassers bediente, und deshalb wollte

man ihm seine Handlung nicht untersagen, oder weh=
ren. Da nun bei dieser hohen Erlaubniß, sein ange=
fangenes Werk mit den Wasserkuren fortzusetzen, sich
die Kranken täglich mehrten, so wurde auch eine be=
deutende Erweiterung seiner Anstalt nöthig, um sie
Alle unterbringen zu können. Auch erhielt Prieß=
nitz hohe Gönner und Fürsprecher, so daß derselbe
höchsten Orts die Erlaubniß erhielt, in seinem Hause
zu Gräfenberg eine Badeanstalt anzulegen. Es
wurden daher mehrere schöne Gebäude, um hinreichen=
den Raum für seine Kurgäste zu erhalten, aufgeführt.
Gelungene Kuren verbreiteten immer mehr seinen
Ruf nach allen Richtungen hin, und die angesehensten
Badegäste kamen von nahe und fern aus den Städten
und Dörfern aller angrenzenden Länder. Ein Arzt,
der Doktor Graf sagt:[*] „Sein Glück war groß.
Alle Umstände vereinigten sich, seinen Ruf zu ver=
breiten, und das Licht, welches die Wasserheilkunde
gab, nicht unter dem Scheffel leuchten zu lassen. Ob=
wohl nun auch mitten unter den Lobeserhebungen er
sich auch oft nicht unbedeutenden Anfeindungen aus=
gesetzt sah, so ging er doch seinen Gang ruhig fort,
und erfreute sich einer immer größeren Anzahl von
Kurgästen, unter denen nicht selten Erlauchte Personen,
Fürsten waren, die ihrer Gesundheit wegen seine An=
stalt besuchten, auch wohl nur bloß kamen, um den
schlichten Bauer als großen Arzt kennen zu lernen. —
Sein Haushalt vergrößerte sich von Jahr zu Jahr,
sein Wohlstand ward Reichthum, seine Badeanstalt
großartig. Das neue Kurhaus erhebt sich wie ein
Pallast auf den weit umschauenden heitern Höhen des
schönen sonnigen Gräfenbergs, und der durch das Bild
des allverehrten Monarchen Oesterreichs Kaiser Ferdi=

---

[*] Vincenz Prießnitz oder der Wassergeist.
Grimma. S. 16.

nanb **I.** prachtvoll gezierte Kursaal ist in Hinsicht des hohen Ranges der Gäste einer der berühmtesten Salons in Europa geworden. Gräfenberg gehört jetzt zu den anerkannten Kurorten, und hat seine besondere Königlich=Kaiserliche Kurdirektion. Der Gründer und Fürst dieser Anstalt ist der schlichte Bauersmann Vincenz Prießnitz, dessen Unterhaltung Könige und Fürsten nicht selten gesucht haben." — Die völlige Wasserkur, wie sie der Landmann Vincenz Prießnitz erfunden hat, ist eine ganz eigenthümliche Art zu heilen, welche die ganze Umsicht eines geschickten Wasserarztes erfordert; auch erfordert sie von Seiten des Kranken viel Muth, viel Kraft, und viel Ausdauer, um durch Leiden zu Freuden zu gelangen, darum ist auch Mancher von dieser Kur aus Schwachheit und Hang zu seiner früheren Lebensart zurückgekehrt, und hat auch seine alten Uebel mitgenommen. Wer aber die Wasserkur aushält, der trägt, wenn er nicht einen sogenannten organischen Fehler, der ganz unheilbar ist, hat, einen sicheren Lohn davon, welchen schon Hunderte der Menschen durch ihre Ausdauer davon getragen haben. Elende, gebrechliche Menschen, die nur den Tod hofften, sind gesunde kräftige Leute geworden; Andere, die dagegen den Muth verloren, sind es nicht geworden. Kurz, wer in der Wasserkur aushält, wird ein neuer Mensch, bekommt eine neue Lebenslust, und eine Sehnsucht nach dem Wasser, daß er nichts anderes mehr, als den labenden Quell des reinen frischen Wassers zu genießen wünscht. Der schon oben angeführte Arzt sagt an dem angeführten Orte, S. 18, in einer Anmerkung: „Hiermit soll nicht etwa gesagt seyn, daß der gesunde Mensch nicht zuweilen auch ein Glas Wein, Bier, auch wohl ein wenig guten Schnaps trinken solle. Mit Maaß kann man der Gaben Gottes alle genießen, nur werden sie leichter vertragen und schaden

nicht, wenn man die Wasserdiät dabei hält, das heißt,
mit andern Worten, wenn man alle Tage das reine
frische Quellwasser trinkt, und somit diese Genüsse
durch Wasser verdünnt, damit sie besser verdaut wer=
den, nicht im Körper bleiben, ihn aufschwellen, son=
dern auf den natürlichen Wegen wieder fortgehen. So
machen es z. B. heut zu Tage viele Leute, daß sie ne=
ben der Weinflasche auch eine Flasche schönes frisches
Wasser stehen haben, und nach dem Weine Wasser
trinken. Solche Leute befinden sich den andern Tag
wohl, wo mancher Andere vor Uebelkeiten und Kopf=
schmerzen sich kaum lassen kann.'' — Prießnitz theilt
die Menschen auf eine eigenthümliche Weise ein, näm=
lich in drei Klassen, in wirklich gesunde; denn er glaubt
nach seiner Meinung, daß es nur wenige unter den
kultivirten Völkern giebt, viele aber noch unter den
Wilden; sodann in halb Gesunde, das heißt, in solche,
welche sich gesund glauben, es aber nicht sind, denen
es, obwohl sie nicht zum Liegen kommen, bald da, bald
dort fehlt. Einmal haben sie Kopfschmerz, das an=
dere Mal Magenweh, das dritte Mal Bauchgrimmen
und Durchfall :c. Diese Klasse nennt unser Bauer
halbgesund, rechnet sie aber zu den schwer Erkrank=
ten; denn es ist, nach seiner Meinung, ein Krankheits=
stoff in ihnen, der früher einmal unterdrückt worden
ist, jetzt nicht heraus kann, und deshalb sie nicht ganz
gesund werden läßt, wohl auch dem Grabe früher
zuführt. Eine dritte Klasse sind die offenbaren Kran=
ken, welche entweder das Bett hüten müssen, oder
wenigstens zu Beschäftigungen ganz untauglich sind.
Gesund, nach Prießnitz, kann nur der Mensch seyn: a)
welcher weder durch schädliche Speisen oder gefährlichen
Trank Krankheitsstoff in sich bringt, b) noch seine Haut
so verzärtelt, daß er sich immer und ewig erkältet oder
vielmehr erkälten muß, wenn er an ein kaltes Lüft=
chen kommt, endlich c) seinem Körper die gehörige

Bewegung angedeihen läßt; denn Leute, die viel sitzen müssen, können sich eigentlich nicht wohl befinden. Wer daher als gesunder Mensch leben will, muß eine einfache, aber nahrhafte Kost genießen, die Wasser-diät halten, das heißt, tagtäglich seine Portion fri-sches kaltes Wasser trinken, dabei aber jedes spirituöse Getränk vermeiden, es mag Wein, Bier, Brannt-wein oder anders heißen, wenigstens darf er es nur ganz mäßig genießen, und muß desto mehr Wasser trinken; ferner muß er durch tägliches Waschen oder Baden seine Haut so kräftigen, daß sie den äußeren Ein-flüssen, somit den Erkältungen widersteht; endlich muß er sich häufig an frischer Luft bewegen und seine Mus-kelkraft üben. Dieses wären nun die Bedingungen, welche Prießnitz stellt, um sich einen gesunden Kör-per zu erhalten; da nun unter den Landleuten viele auf diese Weise leben, so findet man auch unter den-selben noch die gesündesten Menschen. Das schönste Beispiel geben aber die Naturmenschen, die wir mit dem Namen Wilde belegen, und die Thiere, die in der Wildniß leben. Die wilden Menschen sind ein Muster von Gesundheit; sie können unter freiem Him-mel übernachten, sich dem Regen aussetzen, sich warm in den Fluß stürzen, und es schadet ihnen nichts; sie wissen nichts von Sodbrennen, Magenweh, Reis-sen, Gicht und andern Schmerzen, von denen wir Kul-turmenschen immer geplagt werden, und dieses, weil sie naturgemäß leben, und gerade so, wie es Prieß-nitz haben will; dabei erreichen sie ein hohes Alter. Nur die Wilden oder Naturmenschen, zu denen der Branntwein gelangt ist, die also einen Vorgeschmack von der Kultur erhalten haben, sind nicht mehr in diesem Gesundheitszustande. Prießnitz's Ansichten sind demnach: Wer nicht so lebt, sondern durch Speise und Trank sich schadet, wer seine Haut mit Wasser nicht wäscht, noch badet, damit sie abgehärtet, gereinigt, und mithin von dem anklebenden Schmutze befreit, und nicht verhindert werde, frei auszudünsten, ohne daß wir es merken, die schlechten Stoffe, die sie nicht mehr braucht, von sich zu geben; wer endlich die Bewegung und die freie Luft meidet, der wird krank; und wohl ihm, wenn die gütige Natur auf einmal mittelst eines hitzigen Fiebers und Schmerz den Krankheitsstoff wieder heraustreibt, und den Körper gesund macht. Wird nun aber dieses Fieber durch schlechte Behandlung, und namentlich, wie Prießnitz sagt, dadurch, daß man nicht die gehörige Menge Wasser trinkt, um der Natur den Krankheitsstoff auflösen zu helfen, nicht beseitiget, so bleibt der Krankheitsstoff zurück. Das hitzige Fieber und der Schmerz vermindern sich zwar, aber es entsteht daraus eine langwierige Krankheit, die oft Monate, ja Jahre dauert, und einen frühen Tod veranlaßt. Der zurückgebliebene Krankheitsstoff peiniget zwar in dieser Zeit dann und wann einmal wieder, indem er herauswill, das heißt, die Natur macht einen Versuch den Körper noch zu retten. Dieser Versuch der Natur wird aber gleich wieder durch Aderlassen und andere zweckwidrige Handlungen unterdrückt, und so kann der Krankheitsstoff immer nicht heraus; er schlummert wieder, und der Kranke denkt, er sey nun wieder gesund geworden. Daß diese Halbgesunden mit der Zeit immer mehr geschwächt, frühzeitig alt werden, und bald sterben müssen, ist daher nicht zu verwundern. Prießnitz sagt nun weiter: Wer von einem solchen unterdrückten Krankheitsstoffe gepeiniget wird, mithin an einer langwierigen Krankheit leidet, oder ein sogenannter Halbgesunder ist, kann weder durch Medizin, noch etwas Anderes, außer durch Wasser, gesund werden. Bei solchen Menschen ist nämlich die Natur zu schwach, sie kann den Krankheitsstoff nicht heraustreiben. Da muß nun das Wasser den Menschen und seine Natur erst recht kräftigen, damit sie den Kampf mit dem Krankheitsstoffe aufnehmen und ohne Gefahr heraustreiben kann. Dabei muß das Waffer den Krankheitsftoff auflöfen und auf irgend einem Wege aus dem Körper führen, z. B. durch Schweiß, Durchfall ꝛc. Wenn diefes Herausführen des Krankheitsftoffes nun gefchieht, fo ift die Zeit der Schmerzen, aber auch die Zeit der Entfcheidung oder Genefung (Krifis) da, und der Menfch wird dann in kurzer Zeit, in einigen Wochen, ja einigen Tagen, oft gefund, nachdem er vorher vielleicht viele Monate, ohne befondere Veränderung feiner Gefundheit, die Wafferkur gebraucht hatte. Die Wege, auf denen das Waffer endlich den Krankheitsftoff herausführt, find verfchieden, nämlich entweder durch Brechen, oder durch Durchfall, oder durch den Urin, oder durch die Haut. Auf der Haut zeigt es fich nun als Schweiß, als Ausfchlag, als Eiterbeulen, oder als Gefchwüre. Es darf fich aber Niemand vor diefen Eiterbeulen und Gefchwüren fürchten, fie heilen, wenn der Krankheitsftoff heraus ift, bald wieder zu, und geben dem Kranken eine folche dauernde Gefundheit, wie er fie vielleicht Jahre lang nicht hatte. Wenn daher ein folcher Kranker zu dem Landmanne auf dem Gräfenberge in die Kur kommt, fo braucht er das Waffer vielleicht Monate lang, ohne Erfolg, bis feine Natur zur Austreibung des Krankheitsftoffes fähig oder kräftig ift. So kam ein Mann zu Prießnitz in die Kur, der Jahre lang am Magen gelitten, immerwährendes Aufftoßen, Magendrücken und Brechen gehabt hatte. Schon mehrere Monate war er geduldig, ohne Erfolg, auf dem Gräfenberge bei Prießnitz in der Kur gewefen, und beinahe des Lebens müde. Diefer tröftete ihn, wie gewöhnlich, mit wenigen Worten: „Die Entfcheidung muß bald kommen." Und fie kam auch nach einigen Tagen. Der Mann brach eine ganze Woche, Tag und Nacht, Unmaffen von Schleim aus, worin der Krankheits-

ten und befördert. Das reine und gesunde Wasser
soll frisch, hell, geruch= und geschmacklos, kalt, nicht
zu hart, nicht zu weich seyn, und nicht erst durch Röh=
ren laufen, sondern gleich, wo es quillt, geschöpft wer=
den. Das reinste und erquickendste Wasser ist dasje=
nige, welches an und auf den Höhen entspringt; denn
das Flußwasser ist in der Regel wärmer, und mit er=
digen Theilen mehr vermischt. Unter den Bergwas=
sern ist wieder dasjenige das beste, welches auf Felsen
entspringt, und sein Genuß an der Quelle selbst der
wohlthätigste." — Ohne über die Kur, Wasser=
kur, hier weiter etwas zu sagen, da solche unter Was=
serkur, in W., vorkommen wird, wo auch zugleich
die mancherlei Krankheiten angeführt werden, in de=
nen das Wasser (Trinken und Baden) seine heilsa=
men Kräfte beweiset, auch bei den Thieren, so möge
hier nur noch Einiges stehen, was sich auf Nebensa=
chen bezieht, die aber doch den Geist der Anstalt des
Landmanns Vincenz Prießnitz charakterisiren. —
Des Morgens, nach dem Trinken und Baden, wird
in der Anstalt des genannten Wasserarztes zum Früh=
stück geschritten, welches in Milch, Butter und Brod
besteht. Nachdem es eingenommen worden, geht der
Kranke, in Gesellschaft anderer Badegäste, eine Vier=
telstunde weit den Gräfenberg hinauf zum Sturzbade.
Es kommt nämlich von einer gewissen Höhe des Ber=
ges Wasser herab gestürzt, unter das sich der Kranke,
nachdem er seine Lunge abgekühlt, und sich weiter ent=
kleidet hat, eine kurze Zeit stellen, und den Wasser=
strahl auf sich stürzen lassen muß. Dieses Bad belebt
auf eine merkwürdige und zauberische Weise, ja es be=
lebt manchmal den Kranken fast zu sehr, so, daß nur
schwache Personen sich durchs Wasser überhaupt erst
kräftigen und stärken müssen, ehe sie unter das Sturz=
bad gehen dürfen, oder sie bekommen ein milderes
Bad, das sogenannte Regenbad, welches wie ein mil=

der Regen auf sie herabströmt. Kranke, die nicht so
weit oder gar nicht gehen können, genießen ein ähnli=
ches Sturzbad in der Badewohnung, indem Wasser
über sie hinweg gegossen wird. Auf das Sturzbad
folgt ein Spaziergang, welcher in jener Gegend sehr
schön und angenehm ist, und den Appetit des nunmehr
folgenden Mittagsmahls sehr vermehrt. Dasselbe be=
ginnt um ein Uhr im allgemeinen Speisesaale, wo in
der Regel an sechs bis acht Tafeln einige hundert
Kurgäste speisen. An der Spitze sitzt der Landmann
und Wasserarzt Vincenz Prießnitz, und theilt hier
und da gute Rathschläge aus. Aufgetragen wird, aber
nie zu warm, sondern bloß lau, Suppe, dann Fleisch,
mit Gemüsen oder Braten, wohl auch Mehlspeisen,
und zuletzt Pfefferkuchen. Jeder kann sich satt essen,
hat aber dabei die Verpflichtung, dem Hochheimer
Wasser, nicht aber dem Hochheimer Weine tüchtig zu=
zusprechen. Hier genießt ein Jeder die natürliche Got=
tesgabe, das Wasser, ohne sie zu verachten, wie es
vorher geschehen. Jeder soll aber nach der Angabe
des Landmannes nur so viel davon genießen, als er,
seinen Durst zu stillen, nöthig hat, oder als es der
Durst verlangt. Nur Einzelne, mit denen er eine be=
sondere Kur vor hat, müssen sehr viel Wasser trinken,
ja über das Maaß des Durstes. Der Nachmittag ver=
geht in geselliger Unterhaltung und auf schönen Spa=
ziergängen. Nur Einzelne, deren Krankheit es erfor=
dert, müssen Nachmittags noch einmal schwitzen, und
ins Bad gehen, so wie noch Andere Umschläge (Lein=
wand in Wasser getaucht), oder eins von den noch zu
erwähnenden sogenannten örtlichen Bädern nehmen
müssen. Dieses sind Bäder, die bloß an einer Stelle
des Körpers, z. B. an den Füßen, genommen wer=
den. Das Abendmahl besteht wieder aus köstlicher
Milch oder Buttermilch, Brod, Butter, Pfefferkuchen,
und Hochheimer Brunnen; auch steht Jedem reifes

Obst zu Gebote. Keine Speise ist gewürzt, sondern
Alles ganz einfach zubereitet. — Diese Lebensart mit
der Kur: dem Wassertrinken, Baden, Umschlagen ꝛc.,
vereint, geschieht nun einen Tag, wie den andern, bis
endlich, und das ist das Wichtigste, die Entscheidung
kommt, das heißt, der Krankheitsstoff, wenn er nicht
schon durch Schwitzen herausgebracht worden, auf ein=
mal alle zu Tage kommt, welches keine angenehme
Zeit ist; denn der Eine übergiebt sich unaufhörlich, der
Andere laxirt den ganzen Tag so, daß er denkt, die
Eingeweide gehen mit fort, der Dritte kann nicht ge=
nug Wasser lassen, der Vierte schlägt am ganzen Kör=
per aus, der Fünfte bekommt Eiterbeulen, der Sechste
Geschwüre ꝛc.; aber Alles dieses zu seinem Heile;
denn der Krankheitsstoff, den das Wasser erweicht
hatte, kommt heraus; die Eiterbeulen und Geschwüre
heilen bald zu, und der Mensch ist wie neu geboren.
Die Entscheidung kommt bei dem Einen eher, als bei
dem Andern; so viel steht aber fest: wem es daran
liegt, gesund zu werden, muß die Kur bis zur Ent=
scheidung durchmachen; auch zu Hause das Wasser
fortbrauchen, was in der Regel Jeder aus Liebe, die
er zum Wasser gewonnen, und aus Sehnsucht dar=
nach, gern und willig thut. Auf diese Weise kurirt
nun der Landmann Vincenz Prießnitz, der große
Wasserarzt, seine Kranken, und nach ihm haben sich
alle andere Wasserdoktoren gebildet.

Der Doktor Otto Graf macht nun noch in sei=
nem oben, S. 300, in der Note angeführten Werke,
folgenden Vorschlag, unter der Bemerkung: Der Geist
ist willig, aber das Fleisch ist schwach, sagt die heilige
Schrift. Mancher wird wollen, aber um das Voll=
bringen wird es traurig aussehen. Zur Erleichterung
für Alle, welche in der Folge gesonnen sind, das Was=
ser zu brauchen, Folgendes:

Wer sich dem Wassergebrauche ergeben will, muß
zuvor den festen Entschluß fassen, nur ganz mäßig
Bier oder Wein zu trinken, den Branntwein aber
ganz zu vermeiden. Er mache sich nichts aus den Spott=
reden derer, die sich darüber aufhalten, wenn er in
einer Schenke oder an andern öffentlichen Orten ein
Glas Zuckerwasser anstatt Bier trinkt. Es ist un=
recht von solchen Leuten, welche Andere durch Spöt=
teln von dem Vorsatze, Wasser zu trinken, abzubrin=
gen suchen; denn sie erwerben sich dadurch kein Ver=
dienst. Es wird mir Jeder zugeben, daß man oft
nicht um zu Trinken eine Schenke besucht, sondern um
Gesellschaft und Unterhaltung zu finden. Deswegen
brauche ich aber nicht allemal viel Bier zu trinken,
sondern ich kann, um dem Wirthe etwas zuzuwenden,
eben so gut bei einem Glase Zuckerwasser mich unter=
halten und vergnügt seyn. Was ist das für eine
Sitte und Mode unserer Zeit, daß man verspottet
wird, wenn man so lebt, wie es Gott und unsere Ge=
sundheit verlangt, wenn man nämlich Wasser trinkt?
Was ist dies für eine Unart, daß man sogar gelobt
wird, wenn man recht viel Bier und Schnaps trinkt,
und damit gerade das thut, was wider Gottes Wil=
len und unserer Gesundheit nachtheilig ist? Ihr, die
Ihr Euch entschließen wollt, Bier und Wein ganz
mäßig, Schnaps aber nicht den Tropfen, da=
für aber das frische Wasser zu trinken, bildet einen
Mäßigkeitsverein, und laßt die Thoren spotten.
Lacht sie aber dafür aus, wenn sie krank und elend
sind, spottet ihrer, wenn sie vom Spiritus so gedun=
sen sind, daß sie wie aufgeblasen erscheinen, und be=
dauert sie, wenn Ihr seht, wie sie sich zu Grunde
richten, wie sie auch an der Seele leiden, und schlechte
Menschen werden, bejammert sie, wenn sie durch ei=
gene Schuld den frühen Tod starben, schuldbeladen
und an der Seele krank vor dem ewigen Richter Rede
und Antwort stehen müssen. — Früh nach dem Auf=
stehen muß ein Glas Wasser das Erste seyn, was
man thut, und das Zweite eine Waschung des Kör=
pers, oder ein Bad des Letzteren, wenn man es ha=
ben kann. Die ganze Waschung, so auch das Bad,

darf nur einige Minuten dauern. — Man trinke den
Tag über, so oft man Durst empfindet, Wasser, und
ein an Wasser gewöhnter Magen verspürt oft Durst;
denn er hat Feuer, und will abgekühlt seyn. Doch
suche man, wo es angeht, das Wasser stets frisch,
wo möglich aber von der Quelle oder dem Brunnen,
wegzutrinken. Das Letzte, was man Abends vorm
Schlafengehen thut, muß dasselbe seyn, was früh das
Erste war, ein Glas frisches Wasser in den Magen.
Namentlich trinke man aber bei jeder Mahlzeit frisches Wasser. — Man esse sich satt, doch nicht übermäßig; indessen hat ein Wassermagen immer einen
sehr guten Appetit. — Um den Nutzen des Wassers
zu erhöhen, arbeite man, und der, welcher eine ruhige sitzende Lebensweise führen muß, benutze wenigstens einige Zeit täglich zum Gehen. Gleich nach
dem Essen arbeite oder gehe man jedoch ruhig; denn
da muß der Magen arbeiten, und doppelte Arbeit ist
für den Körper zu viel. — Den Tag über kann man
auch, wenn man Gelegenheit hat, Flußbäder nehmen,
die sehr erquicken. — Man lasse sich jedoch weder im
Bade, noch beim Trinken des kalten Wassers, sehr
vom Froste einnehmen. Tritt im Bade heftiger Frost
ein, so gehe man heraus; eben so höre man mit
Trinken auf, wenn sich Frost einstellt, und trinke nicht
eher weiter, als bis die gehörige Wärme vorhanden
ist. Ueberhaupt ist stets zu berücksichtigen, daß man
das Wasser auf keine Weise, ohne die gehörige Wärme
zu haben, brauchen darf. — Wenn in einem Orte
Mehrere oder gar Viele sind, so mögen sie sich vereinigen, und diese Vereinigung Mäßigkeitsverein nennen, wie es solcher Vereine in allen Ländern giebt. Dieser Mäßigkeitsverein sollte nun folgende Gesetze haben: 1) Kein Mitglied darf Schnaps
trinken; guten Wein, Bier und Kaffee nur mäßig,
andere hitzige Getränke und Thee gar nicht. — 2)
Das gewöhnliche Getränk muß frisches Wasser seyn.
Die Mitglieder können sich des Abends an einem
Orte versammeln, wo sie für ein Glas frisches Wasser eine Kleinigkeit geben, damit der Wirth etwas
verdiene, und können sich dabei eben so gut unterhal-

ten, als beim Schnapsglase. — 3) Jedes Mitglied muß sich verbindlich machen, seinen Körper wöchentlich mehrere Male mit frischem Wasser durchs Bad oder durch Waschung zu reinigen. Zu diesem Zwecke muß der Verein eine Kasse anlegen, damit, außer andern Ausgaben, eine Badstube zum allgemeinen Gebrauche eingerichtet werden kann, was nicht viel kosten würde, damit die, welche zu Hause sich nicht baden können, auch Gelegenheit finden, es zu thun. — 4) Die Kasse wird durch wöchentliche Beiträge gespeist. Das, was Einer z. B. früher in Schnaps vertrank, legt er in die Kasse. So wird bald eine schöne Summe Geldes zusammen kommen. — 5) Aus dieser Kasse wird wo möglich ein Arzt besoldet, der die Wasserheilkunde gut studirt hat, um den Kranken beizustehen. — 6) Aus der Kasse könnte man auch arme Kranke, die zweckmäßiger in einer Anstalt kurirt würden, mit Geld unterstützen. — 7) Mäßigkeit im Genusse der Speisen ist ebenfalls Bedingung. Der Mensch soll essen, nicht fressen. — 8) Hauptgesetz ist christlicher Lebenswandel, welches man aus der heiligen Schrift und in der Kirche alle Sonntage erfahren kann. — 9) Wer eines dieser Gesetze übertritt, wird aus dem Vereine gestoßen. — 10) Der Verein kann sich wöchentlich versammeln, und über Dieses oder Jenes berathschlagen, z. B. ob Jemand auch würdig ist, dem Vereine anzugehören.

Kaltwasserheilanstalten nach der oben angeführten Art des Prießnitz findet man dreizehn in Oesterreich, fünf in Preußen, drei in Bayern, fünf in Sachsen, überhaupt schon über dreißig in Deutschland. In Rußland ist der erste Stifter einer solchen Anstalt, ein Deutscher, von dem Kaiser in den Adelstand erhoben worden; in Amerika sind schon mehr als dreißig solcher Anstalten. Die Eine derselben kann 1200 Patienten aufnehmen. Die Oberaufsicht hat der Doktor Reiß, und außer demselben sind noch vierundzwanzig Aerzte da, und jeder dieser Aerzte hat noch

einige Medizinstudirende bei sich, die ihm, um zu ler=
nen, beistehen. — Folgende Schriften kann man
über die kalten Wasserkuren zu Gräfenberg nach=
sehen:

Vincenz Prießnitz oder der Wassergeist. Ein Hel=
fer für Preßhafte und Kranke, ein Rathgeber für
gesunde Menschen, nebst Wasserbuch zur Behand=
lung kranker Thiere, von Dr. med. Otto Graf.
Grimma.

J. H. Rausse, der Geist der Gräfenberger Wasser=
kur. 2te mehrfach berichtigte Aufl. Zeiß. — Des=
selben Wasser thut's freilich! Miscellen zur Grä=
fenberger Wasserkur. Daselbst.

C. Munde, genaue Beschreibung der Gräfenberger
Wasserheilanstalt, und der Prießnitzischen Cur=
methode. Nebst einer Anweisung über siebzig der
am häufigsten vorkommenden Krankheiten durch An=
wendung des kalten Wassers mit Schwitzen, nach
der Gräfenberger Curmethode gründlich zu heilen.
3te vermehrte Aufl. Leipzig.

Rud. v. Falkenstein, meine Erfahrungen in Be=
zug auf Wasserheilanstalten, den Betrieb der Kur
und die Behandlung der verschiedenen Krankheiten
in denselben. Gesammelt während meines langen
Aufenthaltes zu Gräfenberg. Dresden.

Dr. Alex. Weiß, ein Wort über die herrschende
Wasserkurmethode für Freunde und Feinde dersel=
ben. Wien, 1838.

Dr. C. B. Dietrich, Gräfenberg, wie es ist, oder die
Wasserheilanstalten des Herrn Vincenz Prieß=
nitz zu Gräfenberg, und des Herrn Jos. Weiß
zu Freywaldau, nach den neuesten Beobachtungen
und Nachrichten, und wahr dargestellt. Neiße und
Rawirz, 1840.

Die neuesten Erfahrungen in der Anwendung und
Heilkraft des kalten Wassers bei mehr als hundert
verschiedenen Krankheiten, besonders auch bei acu=
ten Hautkrankheiten, als: Blattern, Masern und
Scharlachfieber. Mit einer getreuen Darstellung

der Gräfenberger und der in Sachsen befindlichen Wasserheilanstalten. Von einem Königl. Preuß. Oberarzte a. D. Leipzig, 1840.

Trinundinum, bei den Römern, eine Zeit von drei= mal neun, also siebenundzwanzig Tagen, während welcher Zeit ein Gesetz zur Untersuchung ausgehängt wurde, ehe es gegeben werden konnte. Dieses geschah daher, weil die auf dem Lande sich aufhaltenden Rö= mischen Bürger gemeiniglich an den Nundinis, welche von neun zu neun Tagen, woher sie auch den Namen haben, einfielen, nach Rom kamen, sich die Gesetze, und darnach ihre Suffragia oder Stimmen einrichten konnten. Ein solches Trinundinum mußte aber auch bei der Erwählung der obrigkeitlichen Personen be= obachtet werden, damit sowohl das Volk Zeit zur Ue= berlegung gewinnen, und auch ein Kandidat sich bes= ser bei demselben empfehlen konnte. Es geschah dann auch, wenn Einer vor dem Volke verklagt und von diesem verurtheilt werden sollte. Man darf aber nicht annehmen, daß diese Gegenstände an den dritten Nun= dinis vorgenommen worden, sondern diese mußten völlig vorüber seyn, und also wenigstens achtund= zwanzig Tage dazu genommen werden.

Trio, in der Musik. Das Trio ist 1) ein Musikstück, welches für drei Instrumente geschrieben ist, und von ihnen ausgeführt wird. Dadurch unterscheidet es sich vom Terzett (vergl. diesen Art. Th. 182, S. 158), das für drei Singstimmen eingerichtet ist. Die zur Ausführung des Trio bestimmten Instrumente haben entweder alle drei obligate, d. h. wesentlich nothwen= dige, melodieführende Stimmen (Hauptstimmen), oder nur zwei, zuweilen sogar nur eines derselben, in welchem Falle die übrigen nur begleitende Stimmen haben. Am häufigsten werden Trios für eine Violine, eine Flöte und ein Violoncello geschrieben. An die

Stelle der Flöte tritt aber auch die Viola. Noch eine andere Art Trio ist für Pianoforte, Flöte (oder Violine) und Violoncello componirt. Dem Kunstzweck entspricht am meisten das Trio, bei welchem jedes Instrument eine obligate Stimme führt. Solche hat besonders Beethoven, der Prinz Louis Ferdinand und Ries geschrieben; es befinden sich darunter Arbeiten von höchstem musikalischen Werthe. Obschon es der Name vermuthen ließe, braucht das Trio doch nicht bloß nach den Gesetzen des dreistimmigen Satzes geschrieben zu sein, wie es denn auch daraus hervorgeht, daß das Pianoforte oder die Harfe, sofern sie beim Trio verwendet werden, allein schon einen mehrstimmigen Satz erfordern. Das Trio kann in der größeren oder kleinern Rondoform, in der Sonatenform, auch wohl in der Form einer Phantasie oder einer Symphonie geschrieben sein, und in solcher aus mehreren, gewöhnlich drei oder vier Theilen, Sätzen, bestehen, die sich durch das Tempo und meist auch durch die Tonart von einander unterscheiden, und von denen jeder einen besondern Charakter hat. Es gelten also dafür dieselben Gesetze, wie für das Rondo, die Sonate rc. Der mittlere Theil oder Satz bewegt hiernach sich meist in langsamerem Tempo als der erste und letzte Satz, und bildet so gleichsam einen Ruhepunkt, einen Moment zur innern Sammlung zwischen den andern. Er wird durch Andante, Adagio, Largo rc. bezeichnet. In manchen Fällen unterscheidet sich der Mittelsatz von den beiden andern nicht sowohl durch ein langsameres Tempo, wie z. B. der Mittelsatz der F-dur-Sonate von Beethoven, Op. 10, Menuetto Allegretto überschrieben, sondern vielmehr nur durch Ruhe und Gleichmäßigkeit des Rhythmus, der Melodie und Modulation. Die Rückkehr zur schnelleren, lebendigern, ja leidenschaftlicheren Bewe-

gung im letzten Satze, welcher also dem ersten Satze
entspricht, ist zur Vollendung der künstlerischen Form
nothwendig; denn nur so wird ein in sich gerundetes
Ganze geliefert werden können. Der zweite langsa-
mere Satz erhält auch eine andere Tonart, als der
der erste Satz, während der dritte, gewöhnlich das
Finale genannt, wieder zu der Tonart des ersten zurückkehrt, so daß diese nun als Hauptton des ganzen
Werkes einheitsvoll abschließt, und also auch in Hinsicht auf die Modulation neben dem Wechsel die Einheit des Ganzen festgehalten wird. Zuweilen schließt
das Musikstück, wenn der erste Satz in einer Molltonart gehalten war, in der Durtonart, und erhält
dadurch einen kräftigeren, das Gefühl mehr befriedi-
genden Charakter. Welche Tonart der Mittelsatz
erhalten soll, läßt sich nur nach dem Sinn des ganzen Musikstückes bestimmen. Zuweilen genügt es,
blos das Geschlecht der Tonart zu wechseln, das heißt,
das Dur in Moll zu verwandeln, meistentheils aber
wählt man die nächstverwandte Tonart. War der
erste Satz z. B. in F-dur geschrieben, so kann der
zweite Satz in die Unterdominante B-dur, oder ni die,
dem F-dur entsprechenden parallelen Molltonart D-
moll, oder endlich in die Oberdominante C-dur übergehen, in letztere jedoch seltener, weil sie schon in
dem ersten Satze meistentheils stark zur Geltung gekommen sein wird, und also kein entschiedener Ge-
gensatz gebildet werden würde. Dieses Bedenken
fällt aber bei leichteren oder sanfteren Compositio-
nen dieser Gattung weg. Statt der nächst verwandten Tonart wählt man auch wohl die hinter dieser
zunächst folgende; nach C-moll z. B. die Unterdominante von Es-dur, also As-dur, die zugleich auch
die Paralleltonart der Unterdominante von C-moll
ist. Noch entlegenere Beziehungen, als die eben
angeführten, finden sich ebenfalls. Das Adagio,

sehr aber sich die einzelnen Sätze von einander in diesen wesentlichen Punkten unterscheiden, müssen sie dem
Hörer dennoch nicht den Eindruck einer Einheit stören,
sondern sich nur als organische Theile eines Ganzen
ausweisen. Es muß eine Idee darin walten. Hierüber läßt sich nun keine Lehre geben. Wenn ein Trio
mehr als drei Sätze hat, so heißt der neu hinzukom-
mende, ebenso wie beim Quartett: Menuett oder
Scherzo; er hatte früher bei Haydn seine Stelle nach
dem langsamen Mittelsatz und bildete gegen den Ernst
und die düstere Schattirung desselben einen wohl-
thuenden Gegeneffect. Seit Beethoven tritt er auch
wohl vor den Mittelsatz, je nach Idee und Bedürfniß des Werkes. Man verwechsele die Benennung
Menuett nicht mit dem Tanzstücke gleichen Namens,
mit welchem es sehr oft nicht die mindeste Aehnlichkeit,
nicht einmal in der äußeren Form hat, da hier das
Menuett vielmehr die erste oder zweite Rondoform
annimmt. Außer diesem vierten Satz wird auch wohl
noch eine Einleitung hinzugefügt; doch kommt dies
beim Trio weniger vor, als bei der eigentlichen Sonate. Die Einleitung findet sich nicht bloß bei dem
ersten, sondern auch bei den übrigen Sätzen. — So
viel etwa gehört hierher über das Wesen des Trio in
seiner ersten Bedeutung. Ehedem gab es auch sogenannte Kirchentrio's, im strengen gebundenen Kir-
chenstyle gesetzt. Sie enthielten förmliche Fugen. Sie
wurden von zwei Violinen und einem Baßinstrumente
executirt. — Cammertrio's sind Trio's im Cam-
merstyle oder für Cammermusik gesetzt. Nach den für
sie eigenthümlichen Regeln wurde ein melodischer Satz
zum Thema genommen und dieses dann in den verschiedenen Stimmen mit größter Einheit ausgeführt.
— Trio heißt 2) auch der zweite Satz kleinerer Ton-
stücke, z. B. des Menuetts, des Walzers, der Polo-
naise u. a., welcher dem Hauptsatz angehängt ist, mit

ihm abwechſelt und dem Character deſſelben vollkom=
men und zwar dergeſtalt entſpricht, daß er gewiſſer=
maßen einen geſchlechtsartigen Gegenſatz, einer Ant=
wort vergleichbar bildet. Daher kommt auch der ſonſt
gebräuchliche Name Alternative. Bei den alten Com=
poniſten gab es z. B. ein Menuetto alternative, was
nichts anderes bedeutet, als das Trio des Menuetts.
Früher wurde das Trio, wie auch ſein Name andeu=
tet, dreiſtimmig geſetzt, ſpäter hat man ſich aber nicht
mehr daran gebunden. Um den Gegenſatz, den das
Trio zu dem Haupttonſtück bildet, zu charakteriſiren,
wird es gewöhnlich in einer andern Tonart geſchrie=
ben, gerade wie das Adagio in der Sonate, im Quar=
tett und Trio (ſ. oben), alſo in der nächſt verwand=
ten oder parallelen Tonart der Unterdominante, der
Oberdominante oder den Moll= und Durtonarten, die
denen im Hauptmuſikſtück parallel ſind.

H.

Triobolus, bei den Griechen, eine Silbermünze, welche
drei Obolen hielt, und da ein Obolus oder eine Obole
der ſechſte Theil einer Drachme war, dieſe aber nach
unſerm Gelde auf 3 Gr. gerechnet ward, ſo betrug
eine Triobole 18 Pfennige. Zu Athen bekam ein He=
liaſt oder oberſter Richter für ſein gefälltes Urtheil eine
Triobole, in früheren Zeiten nur eine Obole oder 6
Pfennige nach unſerem Gelde, da dieſe Richter an=
fangs nichts erhielten.

Triodie, Triodia, eine Pflanzengattung, welche zur Fa=
milie der Gräſer, und nach dem Linnéiſchen Pflan=
zenſyſteme in die zweite Ordnung der dritten Klaſſe
(Triandria Digyma) dieſes Syſtems gehört. Dieſe
Gattung unterſcheidet ſich von dem Schwingel (Festuca Linn.) hauptſächlich dadurch, daß die äußere oder
untere Korollenklappe (Spelze) drei Zähne hat, da=
von der mittlere ſtraff, und grannen= oder mukronen=
artig iſt, übrigens wie bei Festuca und Poa, ſ. unter

Schwingel, Festuca Linn., Th. 151, S. 596, und unter Viehgras, in V., wohin das Rispen=gras, Poa Linn., verwiesen worden. — Von den bekannten Triodien ist hier nur die niederlie=gende Triodie, Triodia decumbens P. de Beauv., zu erwähnen, weil sie in ganz Europa auf Bergwie=sen und Viehtriften angetroffen wird. Aus der peren=nirenden Wurzel entspringen 1 — 2 Fuß lange, fest zusammengedrückte, steife, niederliegende Halme, die Rasen bilden. Die Blätter sind linienförmig, langge=spitzt, etwas steif, keilförmig, die Scheiben behaart, vorzüglich an der Rückseite, und haben ein behaartes Blatthäutchen. Die Rispe ist fast einfach, zusammen=gezogen, wenig blumig; die Kelchklappen ey=lanzett=förmig, langgespitzt, am Rande mit weißen, bei einer Varietät mit purpurrothen Haaren gefranzt. Die Ko=rollenklappen sind ey=lanzettförmig, am Grunde an bei=den Seiten mit Haarbüscheln versehen, an der Spitze zweispaltig. Dieses Gras wächst in Europa auf Berg=wiesen und Viehtriften, und wird von den Schafen gern gefressen; es dient daher als Futtergras. Die übrigen hier nicht erwähnten Arten sind größtentheils in Neuholland und Mexiko zu Hause, und verlangen, wenn sie perennirend sind, eine Stelle im Glashause, sonst wird der Same von denselben ins Mistbeet ge=säet.

Triodium, ein Buch in der Griechischen Kirche, worin enthalten ist, wie der Gottesdienst in der Fastenzeit gehalten werden soll, außer an den Sonn= und an=dern dazwischen einfallenden Festtagen. Die Lieder darin sind größtentheils von dem heiligen Cosmus, und da sie aus drei Sätzen bestehen, so haben sowohl sie, als das Buch, den erwähnten Namen erhalten.

Triolen, in der Musik, Noten in laufenden Figuren, wovon drei, die zusammen gehören, von einerlei Werth, z. B. Achteln, in so viel Zeit gesungen oder gespielt werden müssen, als sonst erforderlich ist zu zwei Noten des nämlichen Werthes; z. B. zu zwei Achteln.

Triolett. Triolet, in der Verskunst, ein Ringelgedicht von acht Zeilen, wobei nach der dritten Zeile die erste, und nach der sechsten die beiden ersten wiederholt werden. Diese Gedichtgattung oder dieser Versbau ist bei den Franzosen beliebt gewesen. Die Deutschen haben sie zwar nachgeahmt, aber nur als eine Spielerey angesehen, und sich wenig darin versucht; sie kommt daher nur bei einigen älteren und neueren Dichtern aus der Periode vor und nach 1770 vor. Nach dieser Zeit haben sich auch einige Dichter aus der jetzigen neuesten Zeit darin versucht. Hagedorn hat das Triolett: „der erste May“ von Ranchin im Deutschen nachzuahmen versucht, welches hier, mit noch einigen anderen der erwähnten Zeiten, als Muster dieser Dichtungsart stehen mag:

Der erste Tag im Monat May
Ist mir der glücklichste von allen.
Dich sah ich, und gestand Dir frei,
Den ersten Tag im Monat May,
Daß Dir mein Herz ergeben sey.
Wenn mein Geständniß Dir gefallen;
So ist der erste Tag im May
Für mich der glücklichste von allen.

(Le premier jour du mois de Mai
Fut le plus heureux de ma vie.
Le beau projet que je formai
Le premier jour du mois de Mai.
Je vous vis et je vous aimai,
Si ce dessein vous plut, Sylvie,
Le premier jour du mois de Mai,
Fut le plus heureux de ma vie.)

Eine andere Nachbildung eines Französischen Trioletts von R— l'Aveu, das Geständniß, ist folgende:

X 2

Holde Schwestern, welcher von Drei'n,
Soll ich mein Herz gefangen geben?
Noch ist es frei, doch soll es seyn,
Holde Schwestern, daß von Euch Drei'n
Der Einen es soll eigen seyn,
So wird's der Treu'sten sich ergeben.
Holde Schwestern, welcher von Drei'n
Kann anders sich mein Herz ergeben?

(Aimables soeurs, entre vous trois,
A qui mon coeur doit-il se rendre?
Il n'a fait encore aucun choix,
Aimables soeurs, entre vous trois;
Mais il se donneroit, je crois,
A la moins fière, à la plus tendre.
Aimables soeurs, entre vous trois,
A qui mon coeur doit il se rendre?)

Trioletts von Th. Abel (Almanach und Ta-
schenbuch zum geselligen Vergnügen; herausgegeben von G. W. Becker, 1800), Nr. 1., und von
H. Stieglitz (Berliner Musen-Almanach für
das Jahr 1830), Nr. 2.

1.

Freund, hoffe nicht zu viel hienieden;
Denn ach! das Leben täuscht so oft!
Ersehnest Du Dir süßen Frieden,
O hoffe nicht zu viel hienieden!
Oft flieht, was wir uns selbst beschieden,
Und wird uns, was wir nicht gehofft!
Freund, hoffe nicht zu viel hienieden;
Denn ach! das Leben täuscht so oft!

2.

Zum süßen Spiel der Liebe schuf
Das Triolett der Chor der Musen,
Sonst warst, Sonett, du, das mein Busen
Zum süßen Spiel der Liebe schuf,
Doch schöpft ich jetzt bei Arethusen,
Mir tönte sicherlich der Ruf:
Zum süßen Spiel der Liebe schuf
Das Triolett der Chor der Musen.

Diese Gedichtsgattung, des Versbaues wegen, als
eine Spielerey anzusehen, wäre zu hart, da sie sich
sehr gut als ein kleines Miniaturgemälde gedanken-
reicher Gegenstände, besonders aber auf Liebe und
Freundschaft und zarte Tändeleyen bezogen, wie die
oben angeführten Muster beweisen, in diesen Rahmen
fassen läßt, wie das Sonett, Rondeau, Madri-
gal rc. Die Trioletts stammen aus einer Periode,
wo in Frankreich der Rittergeist wieder auftauchte, oder
wo man wenigstens bewies, daß man dem zarten Geschlechte einige Rücksicht schuldet, und daher in der Galanterie oder feinen Lebensart gegen dasselbe nie zu
weit gehen zu können glaubte, und deshalb findet man
auch in dieser Dichtungsart bei den Franzosen die Anklänge derselben; daß man aber auch andere Lebensbe-
trachtungen darein kleiden kann, beweiset das Triolett
Nr. 1. Wie sehr die Franzosen von den Trioletts
eingenommen waren, beweiset Menage, welcher das
oben zuerst angeführte Triolett: le premier Mai, in
den Menagiana, Tom. II., p. 350, so anziehend
findet, daß er es: König der Trioletts nennt; und
ein anderer Schriftsteller findet nichts so einfach, edel
und zart, als das genannte Triolett; auch seyen alle
Schlußreime sehr glücklich in einander verwebt, eben
so müsse man auch das Natürliche in der Mitte so
großer Schwierigkeiten bewundern. Wenn nun auch
dieses Lob etwas übertrieben ist, so kann man doch die
Leichtigkeit des Versbaues in dem Geständnisse der
glücklich gewählten aufgestellten Miniature der Liebe
beider Französischen Trioletts, als sehr gelungen nennen. Daß sich aber auch der Deutsche Versbau zu
dieser Gattung von Gedichten sehr gut eignet, beweisen nicht nur die Deutschen Nachbildungen der eben
angeführten Französischen Trioletts, sondern auch die
Deutschen Originale, man wird darin eben so wenig
die Leichtigkeit in dem Versbaue vermissen, als die

glückliche Wahl in den Gegenständen. Dieses ist auch
die Veranlassung, die eben angeführten Trioletts als
Muster hier aufgestellt zu finden, da sie bei den Deut=
schen in der neueren Epoche der Dichtkunst zerstreuet
in Musenalmanachen und Taschenbüchern stehen, und
nur bei wenigen Dichtern in der Sammlung und Her=
ausgabe ihrer Gedichte gefunden werden. Auch schei=
nen alle die oben angeführten Dichtungsarten, außer
dem Sonette, bei den neueren Dichtern wenig An=
klang zu finden, und dieses vielleicht bei dem Trio=
lette, weil es Uebung erfordert, einen phantasierei=
chen Gegenstand in fünf Zeilen so auszumalen, daß
die drei sich wiederholenden Zeilen, welche den Vers
aus acht Zeilen bilden, so geschickt mit den übrigen
verwebt werden, daß sich keine Härte des Ausdrucks
bemerkbar macht, sondern die Wiederholungen mit
dem Hauptgedanken, gleichsam spielend, zu einem Gan=
zen verbunden werden.

Triomphante, in der Seidenweberey oder Sei=
denwirkerey, ein seidener Zeug, welcher Gros du
Tourgrund und Blumen wie Damast hat, jetzt aber,
als nicht modern, nicht mehr vorkommt. Er wird mit
einem Zampel und Harnisch, und Schaft und Fußtrit=
ten gewebt. Die Kettenfäden der Damastblumen wer=
den in die Harnischletzen eingelesen und mit dem Zam=
pel beim Weben gezogen, die Grundkettenfäden wer=
den aber in vier oder acht Schäfte eingelesen, und
diese machen beim Weben den Gros du Tourgrund.
S. auch unter Seidenwirkerey, Th. 152.

Triomphe, s. Triumph.

Triopium, bei den alten Griechen, eine ordentliche
Versammlung von sechs Griechischen Kolonien in
Klein=Asien, um sich wegen gemeinschaftlicher Gegen=
stände zu berathschlagen, wohin auch das Panio=
nium und Amphictyonium gehören.

Triopteris, Dreiflügel, Triopteris Linn., eine

Pflanzengattung, welche in die dritte Ordnung der
zehnten Klasse (Decandria Trigynia) des Linnéischen Pflanzensystems und zur Familie der Malpi-
ghien gehört. Diese Gattung soll mit Banisteria,
Hiraea und Tetrapteris zunächst verwandt seyn, sich
aber von der Letzteren durch die Honiglöcher am
Kelche, durch nicht gefranzte Kronenblätter und durch
die Frucht, von den Ersteren aber durch die dreiflüg-
ligen Samen, welche bei jener nur an der Spitze einfach geflügelt sind, unterscheiden. Der Charakter der
Pflanzengattung Triopteris ist ein fünftheiliger Kelch,
der außerhalb an der Basis zwei Honiglöcher hat;
fünf rundliche, mit Nägeln versehene Kronenblätter,
zehn Staubfäden, welche an der Basis zusammenhan-
gen, drei bis sechs Narben. Von den drei einsamigen
Flügelfrüchten ist jeder Same mit drei Flügeln versehen. Die hierzu gehörenden Arten sind größtentheils
Schlingsträucher und in Westindien zu Hause, daher sie anfangs nur in Treibhäusern gezogen werden
können. Die glänzende Triopteris, der glänzende Dreiflügel, Triopteris lucida, zeichnet sich
besonders durch die niedlichen blaßvioletten Blumen
aus, welche in Trauben gesammelt sind und reiche
Rispen bilden, und hinsichtlich ihrer Größe denen des
Prunus Padus gleichen. Das Vaterland ist die Insel
Cuba, wo dieser Schlingstrauch im März und April
blühet. Die übrigen Arten müssen hier übergangen
werden, da man sie nur in Treibhäusern erzieht. —
Zu Linné's Zeiten kannte man nur eine Art, die
Triopteris Jamaicensis, und seit dieser Zeit sind noch
sieben Arten hinzugekommen. S. Dietrichs Lexicon der Gärtnerey und Botanik, Th. 10, S.
189 u. f., und Nachträge dazu, Th. 9, S. 282 u. f.

Triosteum, Dreistein, Triosteum, eine Pflanzengattung, welche in die erste Ordnung der fünften Klasse
(Pentandria Monogynia) des Linnéischen Pflanzen-

fyſtems gehört, und folgende Gattungskennzeichen hat.
Der Kelch iſt fünfſpaltig, ungefähr ſo lang, als die
einblättrige, röhrige, fünflappige, faſt gleiche Blumenkrone; fünf Staubfäden und einen Griffel; die Beere
iſt dreifächerig, dreiſamig, und ſteht über der Blume.
Von den bekannten Arten verdient hier folgende eine
nähere Beſchreibung.

Das breitblättrige Trioſteum, der breitblättrige Dreiſtein, das Amerikaniſche ſtau-
bige Geisblatt, die Fieberwurzel, Bleich-
wurzel, der Knochenkern, das Tinkarskraut,
Trioſteum perſoliatum, floribus verticillatis seſſi-
libus. Linn. Spec. plant. Tom. 1. p. 250. Fr.
Trioſteum perſolié. Die Wurzel dieſer Pflanze iſt
dick, äſtig, und die ſich daraus erhebenden aufrechten,
1 bis 2 Fuß hohen Stengel ſind mit lanzettförmigen,
an der Baſis verwachſenen und gleichſam vom Stengel
durchbohrten, und an demſelben einander gegenüberſtehenden Blättern beſetzt. Die dunkelrothen Blumen ſtehen quirlförmig beiſammen und hinterlaſſen dreifäche-
rige Beeren; in jedem Fache derſelben liegt ein harter
Same. Das Vaterland dieſer Pflanze iſt Nordamerika.
Sie dauert ſehr gut in Deutſchlands Gärten im Freien,
und blüht im Sommer. Man kann ſie durch Samen und
durch Zertheilen der Wurzeln vermehren. Der Boden
muß etwas locker und feucht ſeyn. Die gepulverte Wurzel, welche einen bittern Geſchmack hat und Erbrechen
erregt, hat man zur Heilung der Wechſelfieber empfohlen. Die beiden andern Arten: das ſchmalblätt-
rige und das dreiblüthige Trioſteum (Dreiſtein), Trioſteum angustifolium et triflorum, zeichnen ſich nicht beſonders aus, und haben auch keinen
weitern Nutzen, als die Blumenflor zu vermehren.

Trip, ſ. Tripp.

Tripatinum, bei den Gelagen der Alten ein Gang
oder Aufſatz von dreierley Fiſchen: Neunaugen, Hech-

ten und Schleimaalen, welcher Gang für das delika-
teste Gericht damals gehalten wurde.

**Tripel, Trippel, gemeiner Tripel, Tripelerde,
Erde von Tripolis,** Terra tripolitana, Fr. Terre
de **Tripoli,** eine gelblichgraue, ins Gelbe und Weiße,
auch Aschgraue und Ochergelbe, übergehende Weich-
steinart, die sehr mürbe, mager, und etwas rauh anzu-
fühlen, ziemlich abfärbend, nicht an der Zunge hängend, von Gypshärte, auch darüber oder darunter,
derb und von erdigem Bruche ist. Im Großen ist sie
oft etwas schiefrig, dabei matt und undurchsichtig.
Das Gewicht ist $= 2$, nach **Klaproth** 1,807, nach
Buchholz von 1,850, und die Bestandtheile sind:
90 Prozent Kieselerde, 7 Prozent Thonerde, und 3
Prozent Eisenerde. Sie wird wegen ihres starken
Gehaltes an Kieselerde, auch zur Sippschaft dieser
Erde gezählt. **Klaproth** fand den Haupt= und Län-
genbruch schiefrig; den Querbruch uneben und grob-
erdig, und wenn der Tripel sehr eisenschüssig ist, soll
er auch eine röthlichbraune Farbe haben; auch grünlich und röthlichweiß soll er vorkommen; indessen ist
die gelblichgraue Farbe diejenige, die man am meisten
bei ihm findet, und die natürlich manchen Schimmer,
mehr ins Gelbe, mehr ins Aschgraue oder Silber-
graue erblicken läßt. S. auch unter **Stein,** Th. 171,
S. 411. — **Haase** in Erlangen hat mit dem Tripel aus der Gegend von Schillingsfürst, im Hohen-
lohischen in Bayern, wo er unweit dem Tauberflusse
in mächtigen Lagen unter der Dammerde bricht, folgende Versuche angestellt:

Es wurde von diesem Tripel, der eine blaßocher-
gelbe, auch weißliche Farbe hat, und dessen Theile so
fest zusammenhängen, daß sie durch bloßes Erweichen
im Wasser nicht auseinander gehen, sondern man sie
durch Zerstoßen von einander zu bringen suchen mußte,
1 Pfund zu 12 Unzen genommen, in Stücke zerschla-

gen, und mit Waſſer übergoſſen, welches ſehr begierig von
dem Tripel eingeſchluckt wurde; dann wurde er in einem Mörſer von Serpentinſtein vorſichtig zerdrückt,
das Waſſer mit den darin ſchwimmenden Erdtheilchen
von Zeit zu Zeit abgegoſſen, und dieſe Arbeit bei meh-
rerem Zugießen von reinem Waſſer ſo lange fortgeſetzt, bis das zugegoſſene Waſſer bei dem Reiben hell
blieb, und ſich gar nichts mehr durchs Abſchwemmen
abſondern ließ. Beide Erden, ſowohl die zurückgebliebene, als die durchs Schwemmen erhaltene feine,
wurden an der Sonne getrocknet, da dann die feine
10 Unzen 2 Drachmen, die gröbere aber 1 Unze
2 Drachm. und 20 Gran wog. Es waren alſo 3 Drachmen 40 Gran verloren gegangen. Die gröbere ſchien
von eben der Art, wie die feine, zu ſeyn, und war,
dem Anſcheine nach, durchaus nicht mit einem gewöhnlichen Sande zu vergleichen. — Von der durchs Abſchwemmen erhaltenen blauen Erde wurde 1 Unze mit
2 Unzen Waſſer und 2 Drachmen rectificirter Schwefelſäure übergoſſen, wobei kein Aufbrauſen zu bemerken war; durch die Digeſtion, welche zuletzt bis zum
Kochen verſtärkt worden, wurde die Tripelerde ganz
weiß. Nach dem Erkalten wurde die Miſchung aufs
Filtrum gebracht, die zurückgebliebene weiße Erde aus-
geſüßt, und die filtrirte Flüſſigkeit abgeraucht, und um
zu ſehen, ob ſich Kryſtalle bilden möchten, eine Zeitlang an einen kühlen Ort geſtellt; es kamen aber keine
zum Vorſchein; daher wurde die Auflöſung mit wein-
ſteinſaurem Kali (Weinſteinſalz, Sal tartari) niederge-
ſchlagen. Dieſer Niederſchlag war von gelbbrauner
Farbe, und wog nach dem Ausſüßen und Trocknen
32 Gran. Auf die nach der erſten Auflöſung zurückgebliebenen weißen Erde wurde noch einmal Schwefelſäure gegoſſen, und in Allem, wie vorher, verfahren, dadurch aber nach geſchehener Niederſchlagung
und Ausſüßung nicht mehr als 4' Gran einer ſehr
feinen, der erſten faſt an Farbe gleichen, nur etwas
ins Weiße fallenden Erde erhalten. Die unaufgelöſte
Erde wurde von Neuem mit Waſſer gekocht, um alle,
etwa noch darin befindliche, Schwefelſäure auszuziehen.
Das Waſſer wurde während des Kochens ganz weiß

gefärbt, als wenn man einige Tropfen Milch hätte
hineinfallen laffen. Diefe Farbe behielt das Waffer
noch nach dem Filtriren. Nach einigen Tagen wurde
es aber hell, und es fetzte fich ein wenig Erde ab.
Diefe Erde, mit Schwefelfäure gekocht, blieb ganz un=
verändert, und wurde daher zu der im Filtrum ge=
bliebenen Erde gebracht, die jetzt eine ganz weiße
Farbe bekommen hatte, und zufammen 7 Drachmen
7 Gran wog. Die bei dem erften Niederfchlage er=
haltene Erde, am Gewichte 32 Gran, wurde nun mit
Blutlauge auf Eifen verfucht. Zu dem Ende wurden
2 Unzen wohlgefättigte Blutlauge (welche aus drei
Theilen getrockneten Blutes und einem Theile wein=
fteinfaures Kali bereitet worden) über die 32 Gran
Erde gegoffen, die Mifchung eine Zeitlang digerirt,
und darauf noch fechs Stunden gekocht. Es ließ fich
aber auf keine Weife eine Auflöfung der Eifenerde in
der Blutlauge bewirken; daher wurde diefe Lauge,
nachdem fich die Erde vollkommen gefetzt hatte, ab=
und an deren Statt wiederum frifche darüber gegof=
fen. Aber auch bei diefem zweiten Verfuche konnte
man noch keine Veränderung der Farbe, alfo keine
Abnahme der darin befindlichen Eifenerde beobachten.
Diefe wurde daher auch ab= und zu der Erfteren ge=
goffen; dann wurde in die Blutlauge fo viele Schwe=
felfäure getröpfelt, bis fie ganz damit gefättiget zu
feyn fchien, und kein Aufbraufen mehr erfolgte. Hier=
bei verfpürte man einen ftarken Geruch, dem gleich
vom brennenden Schwefel. Der davon erhaltene Nie=
derfchlag war dunkelblau, aber fo wenig, daß es nicht
der Mühe werth war, ihn von der Flüffigkeit abzu=
fondern. Auf die durch die zweite Auflöfung mit der
Schwefelfäure und dem Niederfchlage mit dem Alkali
erhaltene 4½ Gran Erde wurde ebenfalls eine verhält=
nißmäßige Quantität Blutlauge gegoffen, und damit
wie oben verfahren. Man bemerkte hier, daß diefe
Erde die Farbe etwas verlor und blaffer wurde. —
Man nahm hierauf wieder eine Unze von der durchs
Abfchwemmen erhaltenen klaren Tripelerde, und kochte
fie mit Vitriolgeift, warf aber diefes Mal die Erde in
kleinen Stückchen in den Vitriolgeift, wobei kleine

Bläschen in ziemlicher Menge aufstiegen, welche Erscheinung man doch nicht eigentlich für ein Aufbrausen halten konnte, sondern vielmehr größtentheils für
die Wirkung der durch die einbringende Feuchtigkeit
ausgetriebenen atmosphärischen Luft ansah. Da nachher
die Mischung zu sieden aufgehört hatte, und Alles kalt
geworden war, hatte sich das darüber stehende Auflö-
sungsmittel, welches ganz hell und durchsichtig war,
etwas gelb gefärbt. Dieses wurde abgegossen, wieder
2 Unzen frischen Vitriolgeist darüber gegossen, und
wie vorher verfahren; man goß nun dieses, nebst dem
Aussüßwasser zu der Ersten. Jetzt wurde versucht,
ob man nicht eine Scheidung der in dem Auflösungs-
mittel zu vermuthenden verschiedenen Erdarten durch
den Niederschlag bewerkstelligen könnte. Zu dem Ende
ließ man die alkalische Lauge mit größter Vorsicht nur
Tropfenweise in die Auflösung fallen, und setzte das
Hineinträpfeln unter fleißigem Umschütteln so lange
fort, bis sich die erste Spur eines Niederschlags zeigte,
und sobald dieses bemerkt wurde, unterließ man alles
fernere Hineinträpfeln der Lauge. Als sich nun Alles auf den Boden des Glases gesetzt hatte, und die
Flüssigkeit ganz hell geworden war, so hatte dieser
Niederschlag eine weit dunklere Farbe, als die bei dem
ersten Prozesse erhaltene. Um nun zu erfahren, ob noch
mehr von dieser Erde in der Flüssigkeit enthalten sey,
goß man etwas Weniges davon in ein anderes reines Glas, und tröpfelte von der alkalischen Lauge etwas darein. Die erste Spur des Niederschlages erschien aber ganz weiß, woraus man schloß, daß nichts
mehr von der bereits daraus niedergeschlagenen Erde
in der Auflösung enthalten war. Man goß nun alle
Flüssigkeit von dem Niederschlage ab, und süßte denselben mit Wasser aus. Der hierauf getrocknete Niederschlag wog 16½ Gran. Die Auflösung wurde nun
gänzlich mit der alkalischen Lauge niedergeschlagen,
wobei sie eine den Molken ähnliche Farbe erhielt, und
einen thonartigen Geruch von sich gab. Der Niederschlag war fast ganz weiß, erschien, nachdem er sich
etwas zu Boden gesetzt hatte, wie eine Wolke, halb-
durchsichtig, und war von außerordentlicher Zartheit.

Als sich nun nach wiederholten Versuchen nichts mehr aus der Flüssigkeit niederschlagen ließ, so wurde der Niederschlag ausgesüßt und getrocknet, da er dann 20 Gran wog. — Der zuletzt erhaltene dunkelbraune Niederschlag, am Gewichte 16½ Gran, wurde im Vitriolgeiste aufgelöset. Die Auflösung gab mit dem Aufgusse von Galläpfeln eine vollkommene schwarze Farbe, woraus hinlänglich erhellt, daß es eine wahre Eisenerde war. Die übrige Auflösung wurde abgeraucht, und zur Krystallisation an einen kalten Ort gestellt. Da aber die Schwefelsäure das Uebergewicht hatte, so ging die Krystallisation nicht recht von Statten, doch zeigten sich endlich Krystalle, die aber undurchsichtig waren. Nach einiger Zeit erschienen auch einige völlig durchsichtige, und mit dem gemeinen Eisenvitriol mehr übereinkommende Krystalle. Weil nun die sich zuerst ansetzenden Krystalle nicht das gewöhnliche Ansehen eines schwefelsauren Eisens hatten, so wurde etwas davon im Wasser aufgelöset, und einige Tropfen Galläpfelaufguß hinzugethan, wovon die Mischung sogleich eine schwarze Farbe erhielt, wie von einem gemeinen Eisenvitriole, woraus denn der Schluß gezogen wurde, daß diese weißen Krystalle nichts anderes, als ein gemeiner Eisenvitriol seyn könnten. — Die andere weiße Erde, welche 20 Gran im Gewichte enthielt, wurde ebenfalls wieder in Schwefelsäure aufgelöset. Nachdem das Aufbrausen vorüber war, fand sich auf dem Boden des Glases ein weißer Satz, welcher das Ansehen von sehr zarten Krystallen hatte. Um nun diese Krystalle wieder gänzlich aufzulösen, setzte man das Glas in einen ziemlichen Grad von Hitze; es erfolgte aber keine Auflösung derselben; man erhielt daher die Mischung eine Stunde lang kochend, und der Satz befand sich hierauf gleichwohl noch unaufgelöset. Es wurde nun die darüber stehende durchsichtige Flüssigkeit ab=, und an deren Stelle etwas Wasser darauf gegossen und noch einmal gekocht, wodurch sich dann die Quantität dieses weißen Satzes etwas vermindert zu haben schien, aber keinesweges gänzlich aufgelöset worden war. Die ganze Menge desselben erlaubte nicht, seine Natur durch Versuche zu erfor=

Schweiz im Kanton Luzern; im Königreiche Neapel;
in Ungarn; in Deutschland, in Böhmen, bei Amberg
in Bayern, bei Ronneburg in Sachsen, bei Pforzheim
in Baden, bei Abtsgmünd und Mehrstetten in Würtemberg, im Herzogthume Bremen, im Fürstenthume
Halberstadt, im Saalfeldischen, und an andern Orten.
— Pallas fand einen weißen, ziemlich festen, aber
nicht sehr feinen Tripel in würfligen Stücken in einer
horizontalen 1 Fuß dicken Lage in Daurien an dem
Bache Altan; auch in anderen Gegenden des Russischen Reichs. In dem Handel erhalten wir den
feinen Tripel aus der Levante über Venedig und
Triest; er wird immer noch für den besten gehalten,
weil er etwas fettig ist; er fällt ins Gelbliche, ist selten blättrig, aber zuweilen ziemlich hart. Auch der
Böhmische, Sächsische und Halberstädtische Tripel, der
in den Handel kommt, wird geschätzt; der Neapoli-
tanische Tripel soll die Deutschen und Französischen
Tripelarten aber noch übertreffen, jener soll als der
vorzüglichste von dem in Europa vorkommenden Tripelarten gelten. Ein guter Tripel muß fein, zart, gar
nicht spröde, oder doch nur in einem geringen Grade,
und mit keinem Sande oder Unrathe vermischt seyn.
In den Gewerben wird er von Steinschneidern, Gold-
und Silberarbeitern, Spiegelmachern, Beckenschlägern,
Messing- und Kupferarbeitern ꝛc. gebraucht. Man
benutzt ihn hier zum Poliren der Metalle, der vergoldeten und messingnen Geräthschaften, der Steine ꝛc.
Mit Rotheisenstein verbunden dient er zur Politur
optischer Gläser, auch zu kleinen Formen, um manche
Metallwaren darin zu gießen. Reibt man den Tripel an Metallen, so nimmt er die Farben derselben
an. — Zum Poliren der Spiegel wird der Tripel auf folgende Weise bereitet: Man wähle hierzu
den leichtesten, zerreibe ihn ganz fein mit Kornbranntwein oder weißen Wein, und thue von diesem Tripel

eine gewiffe Menge in ein gut verschloffenes gläfer-
nes Gefäß. Nach Verlauf von vier bis fünf Monaten wird er fehr zart; man nimmt dann eine beliebige
Menge davon heraus, bildet daraus Kugeln, und läßt
fie im Schatten trocknen. Man bedient fich nun diefes getrockneten Tripels zum Poliren der Spiegel;
man könnte ihn auch dazu anwenden, fo wie er aus
dem Glafe herauskommt, ohne erft diefe Prozedur mit
ihm vorzunehmen. Man kann auch übereinander lu-
tirte Tiegel mit Tripel anfüllen, und das Lutum im
Schatten trocknen laffen, damit es keine Riffe bekommt.
Man feße nun diefe Tiegel in einem Backofen mitten in die Kohlen, und laffe fie wenigftens zwei Tage
darin ftehen, fo erhält man einen brauchbaren Tripel,
den man trocken und naß verarbeiten kann. Man
kann den Tripel zum Putzen und Poliren auch trocken
anwenden, wenn man ihn fein pulvert, und mit einem
Leder aufträgt. Man wählt dazu dann den geschie-
ferten Stückentripel. Vermuthet man, daß er Sand bei
fich haben könnte, fo schlemme man ihn vorher, das
heißt, man reibe ihn vorher mit Waffer ab, laffe das
Waffer in einem Gefäße darüber eine Nacht ftehen, gieße es dann in ein anderes Gefäß davon ab,
und laffe den Satz trocknen, fo wird man die Unreinigkeit, wenn man den getrockneten Tripel heraus-
nimmt, unten als Satz finden, den man dann abkra-
gen oder abreiben kann. So wie man überhaupt beim
Schlemmen mehrere Male die aufgelöfete Maffe
fleißig umrühren muß, damit fie fich gehörig auflöfen,
und die darin fich befindende Unreinigkeit gut aus-
scheiden und abfetzen kann; denn fie fällt, da fie
schwerer, als der Tripel ift, zuerft zu Boden, oder,
was fich an Unreinigkeit leichter darin befindet, bleibt
auf dem Waffer schwimmen, und kann dann abgenommen werden. — Von dem Gebrauche des Tripels und deffen Zubereitung zum Formen, um ge-

schnittene Edelsteine und Münzen in eine Glasmasse
oder einen Glasteig abzudrucken; s. unter Glas=
paste, Th. 18, S. 709 u. f. Die Benutzung des
Tripels zu Feuergeschirren, s. unter Schmelz=
tiegel, Th. 146, S. 681 u. f.

Tripel, ein nur in einigen Zusammensetzungen
übliches, und aus dem Lateinischen triplus entlehntes
Wort, welches dreifach, dreimal so viel, dreimal mehr
bedeutet. Die Tripelalliance oder Tripleall=
liance, ein unter drei Mächten aufgerichtetes oder
geschlossenes Bündniß, und der deshalb abgeschlossene
Vertrag, das Instrument oder Dokument dazu, wird
Tripelalliancetraktat genannt. Ein dergleichen
Bündniß wurde im Jahre 1668 zwischen England,
Schweden und Holland wider Frankreich geschlossen,
als dasselbe plötzlich einen Einfall in die Franche=
Comté gethan hatte. Dann 1673 zwischen dem Kai=
ser Leopold dem Ersten, dem Churfürsten von
Brandenburg, Friedrich Wilhelm, und den Hol=
ländern, gegen Frankreich; 1683 zwischen dem Kai=
ser Leopold dem Ersten, dem Könige von Polen,
Johann Sobiesky, und der Republik Venedig,
gegen die Türken; 1733 zwischen dem Könige von
Frankreich, Ludwig dem Funfzehnten, Spanien
und Sardinien, wider den Kaiser Karl den Sech=
sten ꝛc. ꝛc. — In der Landwirthschaft ist die Tri=
pelhufe in einigen Gegenden, z. B. in Pommern,
eine dreifache Hufe, welche aus drei Hakenhufen oder
fünfundvierzig Morgen besteht. — In der Musik
ist der Tripeltakt ein Takt von drei Gliedern, wo
also jeder Takt aus drei Viertelnoten besteht, und der
durch $\frac{3}{4}$ bezeichnet wird. Zum Tripeltakte zählt man
keine gerade getheilte Zahl, sondern die Zahlen sind
allemal ungerade oder ungleich getheilt.

Tripel (gemeiner), s. oben, S. 329 u. f.
— (Perl=), s. unter Stein, Th. 171, S. 412.

Tripel (Silber=), f. unter Stein, Th. 171, S. 412.
— (Tuff=), f. unter Stein, Th. 171, S. 412.
Tripelalliance, f. oben, unter Tripel, S. 338.
Tripelerde, f. daselbst, S. 329.
Tripelhufe, f. daf., S. 338.
Tripeliren, in der Zeugmanufaktur, wenn leichte
wollene Zeuge, z. B. Krepp, gewebt werden, und
die Wolle sehr reißt, so sucht der Weber das Reißen
der Kettenfäden dadurch zu hindern, daß er nicht die
Fäden in zwei Schäfte, wie bei dem leinwandartigen
Zeuge gewöhnlich ist, einpassirt, sondern in vier, und
auch das Weben mit vier Fußtritten verrichtet, damit
die Fäden der Kette weitläufiger bei dem Weben spie=
len, und sich nicht so scheuern. Die Kettenfäden wer=
den dann in die vier Schäfte auf folgende Weise ein=
gezogen: Der erste Faden wird in den ersten vorder=
sten Schaft, der zweite in den vierten oder hintersten
Schaft, der dritte in den zweiten Schaft, und der
vierte in den dritten Schaft eingezogen. Alle vier
Schäfte werden in ihrer natürlichen Ordnung mit den
vier Fußtritten vereiniget. Wenn nun der Weber Fach
zum Einschließen machen will, so sollte er billig zwei
Fußtritte zugleich treten, weil die Kette zur Hälfte
Fach machen soll, da der Zeug Leinwandgrund ent=
hält. Im Grunde tritt er auch zwei Fußtritte, aber
erst den einen, und kurz darauf den andern; dann den
ersten, und dann den vierten; wenn beide getreten
sind, hat die Kette zur Hälfte Fach gemacht, und der
Einschluß wird eingeschossen. Auf dieselbe Weise tritt
er hernach den zweiten, und gleich darauf den drit=
ten. Da nun durch dieses einzelne Treten nur alle=
mal ein Viertel der Kettenfäden gezogen wird, so kön=
nen sie sich nicht sehr scheuern und zerreißen, welches
man tripeliren heißt. Ein Mehreres hierüber wird
unter Zeugmanufaktur, in Z., vorkommen.

Tripelkalkstein, ein zerfallener Kalk, der als Tripel
benutzt wird; s. unter Kalk, Th. 32.

Tripelschiefer, s. Polierschiefer, Th. 114, S.
142 u. f.

Tripeltakt, s. oben, unter Tripel, S. 338.

Tripelthon, loser Thon, eine Thonart, welche ihre
Verbindungstheile verloren hat, das heißt, diejenigen
fetten oder klebrigen Theile, welche sie zusammenhalten, damit sie nicht zerfällt. Man kann diesen Thon,
wenn er angefeuchtet wird, zwar zu verschiedenen Bil-
dungen gebrauchen, wie die andern Thonarten; allein
wenn er ausgetrocknet ist, erscheint er mehlartig und
wenig zusammenhängend; daher steht er den andern
Thonarten nach.

Triphan, s. unter Stein, Th. 171, S. 426 u. f.

Triphasie, Triphasia, eine Pflanzengattung, welche in
die erste Ordnung der fünften Klasse (Pentandria
Monogynia) des Linnéischen Pflanzensystems und
zur Familie der Argumen gehört. Die bekannte
Art: Triphasia aurantiola, ist ein kleiner, fünf Fuß
hoher Baum, mit vielen abstehenden, gedrehten, fast
getheilten Aesten, wechselnden, dreizähligen Blättern,
winkelständigen geraden Dornen, einzelnen winkelständigen weißen Blumen, und rothen Beeren, welche
denen des gemeinen Kaffeebaumes gleichen, aber doppelt kleiner sind. Das Vaterland ist China und Cochinchina.

Triphon, in der Musik, ein Saiteninstrument, in der
Form eines aufrechtstehenden Flügels gebaut. Statt
der Tasten hat es bloße Holzstäbe. Diese werden
beim Spielen nicht angeschlagen, sondern nur gegen
den Spieler zu gestrichen. Zu diesem Behufe zieht
derselbe lederne Handschuh an, deren Fingerspitzen
mit Colophonium bestrichen sind. Die Saiten geben
durch diese Behandlung einen angenehmen Ton, welcher dem der Flöte an Wohllaut gleich kommt, von

sich. Aus der Art dieses Spielverfahrens geht schon
hervor, daß nur solche Musikstücke darauf gespielt
werden, die im langsamen Tempo geschrieben sind
und einen geringen Umfang haben, wie z. B. Cho-
räle, Adagios 2c. So hat denn das Instrument auch
wegen dieser, durch seine Technik bedingten Einseitig-
keit, nur wenig Verbreitung finden können, und nur
wenig Aufmerksamkeit im musikalischen Publikum erregt. Die Leipziger allgemeine musikalische Zeitung
vom Jahre 1810 liefert eine genaue Beschreibung
nebst den dazu gehörenden Zeichnungen. Der Erfinder des Instrumentes hieß Weidner. Er lebte zur
Zeit der Erfindung 1810 in Fraustadt.   H.

Triphonspath, s. Th. 171, S. 541.

Tripinnarie, Tripinnaria Persoon Syn. plant. 2. p.
137, eine Baumgattung, welche in die zweite Ordnung der vierzehnten Klasse (Didynamia Angiospermia) des Linnéischen Pflanzensystems gehört, und
Cochinchina zum Vaterlande hat. Die bekannte Art,
die Cochinchinesische Tripinnarie, Tripinnaria Cochinchinensis, ist ein ziemlich großer Baum mit
abstehenden Aesten, dreifach gefiederten Blättern, eyförmig langgespitzten Blättchen, und gelbrothen, in
Endtrauben gesammelten Blumen. In Hinsicht seiner Kultur pflanzt man ihn in Dammerde von verfaulten Vegetabilien, die mit etwas guter Grabelanderde oder lehmigem Erdreiche vermischt seyn kann,
und stellt ihn in die zweite Abtheilung eines Treibhauses. Den Samen säet man ins Mistbeet, oder in
Blumentöpfe, und setzt solche an einen warmen Ort,
z. B. in ein Lohbeet. Wenn die Pflänzchen zum Versetzen stark genug sind, so werden sie einzeln in Blumentöpfe gepflanzt.

Tripinnatum, in der Botanik, dreifach gefiedert,
wenn ein gemeinschaftlicher Stiel doppelt gefiederte
Blätter trägt.

wieder dem Beklagten zur Quadruplik mitgetheilt, und erst mit diesen Sätzen beschlossen.

Triplit, in der Mineralogie, eine Verbindung von Manganoxidul, Eisenoxidul und Phosphorsäure zu gleichen Theilen; sie ist schwarz, auch braun und grünlich, fettglänzend, und härter, als Opalit. Das Gewicht ist gleich 3,4 — 3,7. Man findet dieses Erz zu Bodenmais in Bayern, Limoyes in Frankreich, und in Pensylvanien.

Triplo, in, in dreimaliger Abschrift.

Triplum, das Dreifache.

Tripmadame, zurückgebogenes Sedum, Sedum reflexum, s. das kleine weiße Hauslaub, Th. 22, S. 392 u. f.

Tripoli, Tripolis, Staat in der Berberey, der von einem Dey, gleichsam unter Türkischer Oberherrschaft, regiert wird. Dieser Staat grenzt nördlich an das Mittelländische Meer, östlich an Barka, südlich an die Wüste Sahara, und westlich an Tunis, zwischen der großen und kleinen Syrte. Nach Einigen wird die Größe auf 7000, nach Andern auf 8837½ Quadratmeilen angegeben. Der Boden ist an der Küste ziemlich fruchtbar, und erhöhet sich bis zum Fissato = und Gharian=Gebirge, eine Fortsetzung des Atlas. Jenseits dieses Gebirges besteht das Land aus unwirthsamen Sandwüsten, worin man nur hin und wieder fruchtbare Oasen antrifft. Flüsse findet man nicht, nur Bäche und Quellen, und die 140 Meilen lange Küste ist sehr gefährlich wegen der Stömungen, Brandungen und heftigen Winde. — Das Klima ist durch die Seewinde sehr gemäßigt, und da es den Sommer über nur selten regnet, so ist das Land sehr dürre; dagegen machen die häufigen Regen im Winter das Land fruchtbar, welche Fruchtbarkeit sich in dieser Jahreszeit steigern würde, wenn man den Anbau fleißiger betriebe. — Produkte: Getreide, Mandeln,

Datteln, Oliven und andere Südfrüchte, Wein, Sennesblätter, Galläpfel, Safran, Salz, Baumwolle, Wachs, Gold, Perlen; Hausthiere, vorzüglich große Hammel, schöne Pferde, Kameele, Büffel, Bienen rc.; ferner Löwen, Tiger, Strauße, Schlangen rc. rc. — Die Einwohnerzahl beläuft sich auf 2 Millionen; sie besteht aus Arabern, Berbern, Türken, Negern, Juden und auch einigen Christen. Der größte Theil der Bewohner von Tripoli, außer in den Städten, sind Nomaden und Raubhorden. Die vornehmste Stadt und Hauptstadt des Landes ist Tripoli oder Tripoli di Barbaria, am Mittelländischen Meere, acht und dreißig Stunden westlich vom Vorgebirge Messurat; sie ist eine Meile groß, hat zwei Thore, einen guten Hafen, und 20,000 Einwohner, worunter über 2000 Juden und mehrere Franken. Die Stadt liegt unter dem 11° 8′ 30″ östlicher Länge von der Pariser Sternwarte, und unter dem 32° 56′ 39″ nördlicher Breite. Die Einwohner, das heißt, die Einheimischen, nennen die Stadt Tarables; sie hat ziemlich breite Straßen, und ziemlich regelmäßige und wohlgebaute Häuser, die alle einen fast blendend weißen Abputz haben. Auf diese Stadt concentrirt sich fast Alles, was einem Staate Leben und Ansehen giebt: Gewerbe, Künste, Handel rc.; also ist auch nur hier Wohlhabenheit und Reichthum zu finden; denn der größte Theil des Landes ist eine Wüste und nur von einer kleinen Anzahl armer Araber bewohnt, und da es der Landesregierung an Kraft fehlt, diese im Zaume zu erhalten, so kann auch Niemand Reisen im Lande unternehmen, als nur diese Araber, welche hin und her ziehen; denn jeder Andere würde sich, ohne eine starke Escorte bei sich zu haben, oder sich an eine Caravane anzuschließen, wenn gerade eine solche durch das Land zieht, der Plünderung, ja auch der Ermordung aussetzen; denn an sonst einen Schutz ist hier

nicht zu denken. Der Hafen von Tripoli, welcher durch
Batterien gedeckt ist, hat keinen hinlänglich tiefen Mee-
resgrund für große Kriegsschiffe, und ist den Nordost-
winden ausgesetz. Die Bauart der Häuser in Tripoli ist mehr Europäisch, als Arabisch, und die Portale sind größtentheils im Toskanischen Style. Die
Höfe haben steinerne Säulen, und völlig runde, statt
der spitzig zulaufenden, Bögen, wie man sie in Marokko antrifft. Die steinernen Gebäude findet man
häufig, ja sogar Höfe, Portale, Treppen und Moscheen von Marmor; auch haben die Häuser auf die
Straße gehende, jedoch immer mit dichten Jalousien
versehene Fenster, welches man in Marokko nicht antrifft, da man sonst große Aehnlichkeit im Baue der
Häuser und deren Verzierungen rc. in den Städten
der Berberey findet. Noch eine sonderbare Einrichtung in den Häusern von Tripoli muß hier angeführt
werden. Fast in allen Zimmern, die gewöhnlich lang
und schmal sind, findet man eine von Brettern errichtete, etwa vier Fuß hohe Estrade, auf welche man
durch enge Stufen gelangt. Diese Eſträden haben
ein Geländer und einige Verzierungen von Holz, und
den Zweck, daß in jedem Zimmer die ganze Haushaltung einer Frau untergebracht werden kann; denn
auf der einen Estrade steht das Bett, auf der andern
sind die Kinder und die Kleidungsstücke; unter der einen verwahrt man das erforderliche Tischgeschirr, und
unter der andern die übrigen Hausgeräthschaften.
Durch diese Eintheilung bleibt in der Mitte des Zimmers Raum für die Besuche, die man erhält, und
wenn man drei oder vier solche Zimmer hat, so kann
man mit Bequemlichkeit drei oder vier Frauen, die
von einander getrennt sind, unterhalten, ohne daß sie
in ihrem Hauswesen sich einander stören. Man geht
unter die Estraden vermittelst einer kleinen Thür.
Der Pascha oder Dey des Landes hat seine Resi-

denz im Kastel aufgeschlagen. — Da Tripoli keine
Springbrunnen hat, und auch kein Fluß daran vor=
bei fließt, so müssen sich die Einwohner mit Regen=
wasser zum Trinken behelfen, welches in Cisternen,
die in allen Häusern vorhanden sind, gesammelt wird;
zu den Bädern, den Abwaschungen, und zum sonsti=
gen Gebrauche nimmt man das Wasser aus Brun=
nen, welches aber salzig ist; sonst hat die Stadt auch
öffentliche warme Bäder. Die Zahl der Moscheen
beläuft sich auf zwölf, von denen sechs kleinere oder
Nebenmoscheen sind. Von den sechs Hauptmoscheen
mit ihren Minarets hat die große Moschee eine schöne
Bauart. Das Dach derselben besteht aus lauter klei=
nen Kuppeln, und ruht auf sechzehn gut construirten
Dorischen Säulen von grauem Marmor, welche sich
von einem christlichen Gebäude herschreiben sollen.
Ueberhaupt haben alle Hauptmoscheen in ihrem Um=
risse etwas Erhabenes, und in allen sind, wie in den
Europäischen Kirchen, Emporkirchen für Sänger an=
gebracht. Sie sind mit Teppichen belegt. Die Mina=
rets sind hohe runde Thürme, um welche oben ein zir=
kelförmiger Altan herumläuft, aus dessen Mittelpunkte
sich wieder ein kleiner Thurm erhebt. Von diesem Al=
tane aus ruft der Mudden die Einwohner zu den be=
stimmten Stunden zum Gebete. Die Christen ha=
ben eine Kapelle, bei welcher vier Römische Mönche
die gottesdienstlichen Handlungen verrichten. Die Ju=
den haben drei Synagogen. Die Stadt hat auch drei
Gefängnisse, eines für die Türken, und die beiden an=
dern für die Mauren; sie sind aber schlecht unterhal=
ten; denn die Gefangenen müssen entweder auf ihre
eigenen Kosten, oder von Almosen leben. Nicht weit
von der Stadt liegt das Dorf Neutripoli oder
Misisieh, mit vielen Lusthäusern und Gärten; die
Stadt Tagiura (Tabschura) mit 3000 Einwohnern,
Juden und Mauren, deren Gewerbe größtentheils in

Barankenweben und Palmenmattenflechten besteht. —
Zoara hat Salzwerke. — Der Flecken Mesurata
am Meerbusen Sidra; der Flecken Kapes oder Gaps
am Flusse gleichen Namens, der so warmes Wasser
hat, daß man es erst eine Stunde stehen lassen muß,
ehe man es trinken kann. — Zehn Stunden west=
wärts von Tripoli liegt Alt=Tripoli, ein nur für
kleinere Fahrzeuge brauchbarer Hafen. Vierundzwan=
zig Stunden davon ist die Rhede Souara. Tra=
boucca liegt auf der äußersten östlichen Spitze der
Küste; zwölf Stunden westwärts ist die Rhede Bomba
mit einem guten Ankerplatze; acht Stunden weiter der
Hafen Rasatian, in welchen nur kleine Fahrzeuge,
die gewöhnlich Salz daselbst laden, einlaufen können.
Dann sind noch zur Befrachtung von Schiffen Derna,
Bengassi in Barka ꝛc. zu bemerken; die Insel
Gerbi oder Dscherbi, mit 30,000 Einwohnern,
welche Tücher und Shawls fabriciren, Sidra ꝛc.
Dann stehen noch unter dem Dey von Tripoli die
Landschaft Fezzan oder Fessan und die Wüste
Barka; s. weiter unten. — Was die Abkunft der
Einwohner betrifft, so bestehen diese ursprünglich
aus Mauren oder Arabern, das heißt, so weit die Ci=
vilisation in einer neuern Zeit eingegriffen hat; denn
von den Carthaginensern, Römern ꝛc. kann hier nicht
die Rede seyn. Seit 1551 eroberten die Türken Tri=
poli, und machten das Reich zu einer Türkischen Pro=
vinz, und so haben denn die Araber und Türken An=
theil an der Bevölkerung; Christen und Juden sind
bloß Schutzverwandte; die meisten Einwohner sind
aber Araber und Nomaden, die in der Wüste umher=
ziehen. Ueber ihre Erziehung und Bildung zu
den Wissenschaften und Künsten läßt sich hier
nicht viel sagen, weil den Europäern noch zu wenige
Einblicke hierin vergönnt sind, indem der nähere Um=
gang mit den Mauren und Türken fehlt. Nach Ali=

Bey*) soll sich die Civilisation unter der ehemaligen
Türkischen Regierung sehr gehoben haben, ja sie hat
einen höheren Grad, als zu Marokko, erreicht; auch
geht ein nicht unbedeutender Grad der Erziehung und
Bildung daraus hervor, daß die Einwohner von Tri=
poli meistentheils verschiedene Europäische Sprachen
sprechen, selbst der damalige Pascha oder Dey von
Tripoli, Sidi Youssouf, sprach Italienisch. Auch
der Luxus, der sich immer im Gefolge der Kultur zeigt,
zeigt sich auch hier; denn man kleidet sich in Seide
und trägt Gold und Silber auf den Kleidern. Ihre
Baukunst zeigt Geschmack, welches einen Beweis giebt,
daß es ihnen an Kunstsinn nicht fehlt; obgleich sie von
der andern Seite auch wieder wirkliche Denkmäler
der Kunst verfallen lassen. So steht bei dem Hause
des Französischen Konsuls in Tripoli ein schöner von
den Römern erbaueter Triumphbogen, der aus einer
achteckigen Kuppel, welche auf vier Bogen und eben
so vielen Pfeilern ruht, besteht. Er ist ganz aus un=
geheueren Steinmassen, die sich durch ihre eigene
Schwere in ihrer Lage erhalten, ohne Kalk erbauet.
Dieses Denkmal war mit vieler Bildhauerarbeit, halb=
erhabenen Figuren, Festons, Trophäen von innen und
außen verziert; der größte Theil davon ist aber gegen=
wärtig zerstört; es sind nur noch einzelne unzusam=
menhängende Bruchstücke übrig, die aber noch jetzt
von der ehemaligen Schönheit dieses Denkmals ur=
theilen lassen. Auf der Nord= und Westseite erblickt
man noch die Ueberbleibsel einer Inschrift, die auf ei=
ner wie der andern einerlei gewesen zu seyn scheint.
Auch ist die Gegend um Tripoli sehr reich an alten
Denkmälern der Kunst. So findet man zwanzig Stun=

---

*) S. dessen Reisen in Afrika und Asien in den Jah=
ren 1803 — 1807. Aus dem Französischen. 1ste Abtheil.
Weimar, 1816. S. 225.

den von Tripoli die Ruinen des alten Leptis oder
Lebda, wo man viele Säulen, Kapitäler und andere
Bruchstücke gewahrt. In der Entfernung von einigen
Tagereisen findet man noch großartigere Ruinen von
andern alten Städten, mit Katakomben, Statüen und
Ueberbleibseln von Gebäuden aller Art. Für die
Archeologen und Künstler würde hier noch manche
reiche Ausbeute zu machen seyn; so bleiben diese Gegenstände aber unbenutzt und verfallen immer mehr,
da sich Niemand darum bekümmert. — Was die Religion anbetrifft, so ist die Mohamedanische die
herrschende. Der Mufti ist das Oberhaupt der Religion
und der Ausleger des Gesetzes; unter ihm stehen zwei
Kadis, der Eine für die Anhänger des Ritus Hhanefi,
und der Andere für die Anhänger des Ritus Maleki.
Das Gesetz erkennt nämlich vier Ritus als orthodox
an. Die Türken befolgen den Ritus Hhanefi, die
abendländischen Araber den Ritus Maleki; die übrigen beiden Ritus Schafi und Hhanbeli werden im
Oriente befolgt, jedoch sind die Kadis nur für die Gesetze bestimmt, für das Richteramt; für die Kirche, die
Imams oder Prediger, und die Mudden ru-
fen die Einwohner zu den bestimmten Stunden des
Tages zum Gebete. — Der Mufti und die Kadis
sollen Männer von unbestechlicher Redlichkeit seyn,
und alle unter ihnen stehende Beamten werden von
den Einkünften der Moscheen besoldet. Der Gottesdienst nimmt am Freitage des Mittags seinen Anfang,
indem mehrere Sänger Verse aus dem Koran anstim-
men. Der Imam geht auf seine eigene Tribüne, die
aus einer bloßen steinernen Treppe besteht. Er spricht
mit leiser Stimme ein Gebet gegen die Mauer der
Moschee; dann wendet er sich gegen die versammelte
Gemeinde und singt eine Predigt mit eben solchen Trillern oder Cadenzen ab, wie sie bei gewissen Spanischen Gesängen gewöhnlich, und unter der Benennung

Polo andalous bekannt sind. Ein Theil der Predigt
hängt von der Willkühr des Imams und den Verän-
derungen, die er anzubringen für gut findet, ab; er
singt denselben nach dem vor sich habenden Manuscripte;
der andere Theil bleibt zu jeder Zeit unverändert derselbe, und wird, so wie einige Gebete und andere gebräuchliche Formeln, gleichfalls auswendig abgesun-
gen. Am Ende der Predigt wendet sich der Imam
gegen den Mehereb oder die rechts von ihm befindliche Nische, und singt ein Gebet in einem höheren Tone
ab; dann drehet er sich links und wiederholt das nämliche Gebet; er steigt dann zwei oder drei Stufen von
der Treppe seiner Tribüne herab, und verrichtet für
den Sultan und die Gemeinde einige Gebete, und
beim Schlusse eines jeden derselben antworten die Anwesenden: Amin. Während des Gesanges des Chors
steigt der Imam zum Mehereb herab, und spricht mit
der versammelten Gemeinde das vorgeschriebene Gebet. Das Rufen oder Schreien von den Minarets,
um die Einwohner zum Gebete zu versammeln, ist in
Tripoli nicht so heftig und auffallend, als in andern
Mohamedanischen Staaten; denn bei einigen Moscheen verwalten sogar Kinder das Amt des Mudbens,
welches die Andacht eben nicht sehr anfeuern soll.
Während des Ramadans werden in den Nächten die
Altane der Minarets illuminirt, und die Mudbens
singen lange Gebete ab. Uebrigens sind auch hier,
wie in den andern Mohamedanischen Staaten: Glauben, Gebete, Reinigungen und Fasten die wesentlichsten
Stücke der Religion, obgleich sie nicht von Allen in
der Strenge ausgeübt werden, als es das Gesetz vor-
schreibt; auch üben die Imams keine Herrschaft über
die Gewissen aus; sie halten aber, so wie alle Moha-
medaner, die Verbreitung ihres Glaubens für ein sehr
verdienstliches Werk, und daher sieht man es auch hier
gern, wenn Christen zum Islam übergehen, ja sie

werden nach ihrem Uebergange sogar zu hohen Staats=
ämtern befördert, wenn sie Geschicklichkeit und Um=
sicht zeigen, das heißt, gewandte Köpfe sind; so war
der Admiral oder oberste Befehlshaber der Tripolita=
nischen Marine, zu Anfange dieses Jahrhunderts, ein
Engländer von Geburt, und hatte eine Anverwandte
des Paschas geheirathet; auch werden die Christen=
sklaven gut gehalten und dürfen in die Dienste von
Privatleuten gehen, nur müssen sie einen Theil ihres
Lohns oder Verdienstes an die Regierung abgeben. —
Die Moscheen besitzen Einkünfte von Häusern und
Grundstücken, die ihnen durch freiwillige Geschenke zu=
gefallen sind. Diese Einkünfte werden zum Unterhalte
der in den Moscheen fungirenden Personen verwendet.
Zwei Stunden südöstlich von Tripoli hat der g r ö ß t e
H e i l i g e oder M a r a b o u t im Lande seinen Wohn=
sitz; ein mit Mauern umgebenes Dorf, worin sich eine
Moschee befindet. Man nennt ihn den L ö w e n; seine
Heiligkeit ist ihm als Erbschaft zugefallen, und sein
Dorf ist eine unverletzliche Freistätte für Verbrecher, von
welcher Art sie es auch seyn mögen. Da es hierbei auf
ein Forterben ankommt, so ist auch bei der Heiligkeit
der Person kein Alter bestimmt, doch scheint man über
das Jünglingsalter hinaus seyn zu müssen, um zu die=
sem Ansehen zu gelangen.—Die schon oben erwähnte
christliche Kapelle wird von zufälligen Einnahmen,
von Schenkungen, und mittelst einer Pension unter=
halten, die von Rom aus bezahlt wird; auch ist hier
ein Franziskanerkloster mit einem Hospitale für kranke
Christensklaven. — Die Juden unterhalten ihre Sy=
nagoge und sonstigen Institute aus eigenen Mitteln.—
Zum Vergnügen und zur Erholung der Ein=
wohner giebt es K a f f e e h ä u s e r, worauf sich Kauf=
leute und Personen, die kein bestimmtes Geschäft ha=
ben, versammeln. Auch giebt es geringere Kaffeehäu=
ser für die niedrigen Volksklassen; in beiden Arten

von Kaffeehäusern trinkt man den Kaffee ohne Zucker.
Auch Wein= und Branntweinschenken findet
man in Tripoli, deren Wirthe Muselmänner sind, die
sich kein Gewissen daraus machen, gegen das Gesetz
ihres Propheten zu sündigen und Wein zu trinken.
Die Regierung bekümmert sich darum nicht; auch
scheint man wohl die Gründe zu kennen, warum der
Verbot des Weintrinkens gegeben worden, der Völle=
rey wegen, und daß diese Getränke, mäßig genossen,
keinen Schaden thun. Während des Aufenthalts des
schon oben erwähnten Ali=Bey in Tripoli, war
dieses Gewerbe für hunderttausend Franken verpach=
tet; man gewahrt hieraus, was es einbringen muß.
Auch die gesellschaftlichen Verhältnisse sind freier und
ungezwungener, als in den andern Staaten der Ber=
berey. Gegenseitige Besuche von Europäern und Mu=
selmännern fallen hier nicht auf; auch findet man hier
Großhändler, Schiffbaumeister, Aerzte, Uhrmacher ꝛc.,
welche Europäer sind. — Die Industrie der Ein=
wohner besteht 1) im Acker= oder Feld= und Garten=
baue, jedoch nur dürftig und für den eigenen Gebrauch.
Einige Artikel machen jedoch eine Ausnahme, wie die
Kultur der Oliven zum Dele, der Datteln und ande=
rer Südfrüchte, des Safrans, des Krapps, der Lotus=
bohnen, Kaffobsamen, des Flachses ꝛc. Da es kein
Quellwasser giebt, so werden die Gärten mit dem sal=
zigen Wasser aus den Brunnen begossen, welches
man mittelst Maschinen, die von Maulthieren getrie=
ben werden, herausschafft. Diese Maschinen bestehen
aus einem mit einer Rolle versehenen Hebezeuge, an
welchem sich ein Strick mit einem ledernen Eymer be=
findet. Die Grundstücke gehören z. B. in Tripoli, wie
in Marokko, Niemanden ausschließlich, wenn sie nicht
auf irgend eine Art eingezäunt sind; so besitzen einige
Einwohner funfzehn bis zwanzig geschlossene Meie=
reygüter, und der Pascha besitzt ein sehr schönes solches

Gut. Die Datteln dienen dem untern Volke als Nahrungsmittel, besonders den Arabern, welche in den
Gebirgen wohnen, wie z. B. denjenigen in dem Gebirge Gharian, die auch dem Dey ihren Zins in Datteln und Oliven liefern. Aus den Lotusfrüchten bereitet man Mehl und backt daraus eine Art kleiner Kuchen, welche unseren Honigkuchen gleichen und auch
einen ähnlichen Geschmack haben. Auch macht man
aus Mehl und Wasser den sogenannten Couscous-
sou, eine Art von Sago, der sowohl von den Armen
in Wasser mit Butter gekocht, von den Reichen und
Wohlhabenden aber auch mit Fleisch und Geflügel zur
Speise bereitet wird. Auch der Weinbau wird betrieben. — 2) In der Viehzucht tritt besonders die
Schaf- und Rindviehzucht hervor. Von der
Ersteren wird die Wolle, und von der Letzteren die
Butter, ja selbst Kühe nach Malta und anderen Gegenden ausgeführt. Dann folgt die Pferde- und
Eselzucht, und von beiden die Zucht der Maulthiere,
die Ziegenzucht, und die Zucht der Kameele und Dromedare, die Letztere besonders zum eigenen Gebrauche.
Die Federviehzucht wird nicht stark betrieben, dagegen giebt es viele wilde Tauben, Rebhühner und
anderes Geflügel, worauf Jagd gemacht wird, besonders auch auf Strauße, wegen der Federn; auch wird
auf wilde und reißende Thiere Jagd gemacht, theils
wegen der schönen Felle, theils auch wegen des Fleisches zur Speise; zu den Letzteren gehören Hasen, Ka-
ninchen, Hirsche, Antilopen ec. — Von Insekten
wird die Bienenzucht wegen des Honigs und Wach-
ses stark betrieben. Von schädlichen Insekten kommen
besonders die Heuschrecken vor, die oft in großen
Schaaren, als eine fürchterliche Landplage erscheinen,
aber auch als Speise dienen, indem die Araber sie gekocht, auch geröstet, verspeisen. — Im Meere wird der
Seefischfang und die Korallenfischerey, der Schildkrö-

tenfang ꝛc. betrieben. — 3) In der Waldnuhung, sowohl in Beziehung auf die Jagd, als auch auf die Baumnuhung, besonders in Gewinnung der Galläpfel und mehrerer Gummiarten, als auch der Potasche. Von Bäumen kommen vor: Cedern, Palmen, Eichen, Sennen oder Sennesblätterbäume, von denen die Sennesblätter, welche in den Apotheken vorkommen, gesammelt werden, und mehrere andere Baumarten, von denen auch das Holz als Ausfuhrartikel zu Möbeln ꝛc. dient. — 4) Im Bergbaue oder vielmehr aus dem Mineralreiche kommen vor: mehrere Salzarten, als See= oder Bay=, Quell= und Sobasalz oder Natron, Borax, Goldstaub, Eisen, Salpeter, Schwefel ꝛc. — 5) In Manufakturen und Fabriken zeichnet sich Tripoli, auch mehrere andere Städte, aus. Es gehen daraus hervor: Segeltücher, seidene und wollene Zeuge, besonders Kamelote, gefärbte Felle oder Corduan, Gold= und Silberwaaren, Seife, Fußdecken und andere Geflechte aus Binsen und Palmenblättern ꝛc. — Der Handel, sowohl der See= als der Karavanen= oder Landhandel, ist für diesen Staat sehr wichtig, indem die Bilanz sich für ihn günstig zeigt, das heißt, die Ausfuhr den Werth der Einfuhr um ein Drittheil übersteigt; allein der Handel mit der Levante und dem innern Afrika gleicht die Vortheile, welche Tripoli aus den Europäischen Handelsverhältnissen zieht, wieder aus. Der Haupthandel ist in den Händen der Juden, Franken, Mauren und Türken, und der bedeutendste Zweig desselben, durch den auch der Verkehr mit Europa und der Levante größtentheils seine Nahrung erhält, ist der mit dem Innern von Afrika durch die Karavanen von Fezzan und Gubbenes. Durch diese Karavanen werden jährlich ungefähr 1500 Neger, 10,000 Mitacali (zu 21 Gran) Goldstaub, 700 Ctr. Natrum, 1600 Ctr. Sennesblätter, für 16,000 Piaster Straußfedern, und etwas

Elfenbein eingeführt. Die Ausfuhr der eigenen Artikel besteht in Wolle, Safran, Sennesblättern in.Kör-
ben aus Binsen und Palmenblättern, Honig, Wachs,
Butter, Veilchenwurzeln, Potasche, Korduan, Krapp,
Olivenöl, Datteln, Perlen, Goldstaub, Kupfer, Soda,
Meersalz, Borax, Gummi, Elfenbein, Straußfedern,
getrockneten Früchten, wozu auch Weintrauben gehören, Segeltuch von Aegyptischem Flachse, Fußdecken
von Mesurata, Fellen, Lotusbohnen, Kassobsamen,
Schafen, Kühen, Geflügel 2c. 2c. Alle diese Waaren
werden auf Schiffen oder Kameelen fortgeschafft; die
ungleich schneller gehenden Dromedare werden nur
zu Botschaften gebraucht. So werden zu Derne Schiffe
für Alexandrien mit Butter, Wachs, Wolle befrachtet,
welche Waaren man gegen Baumwolle und Reis aus-
tauscht. In dem Hafen von Bengassi, welcher nur für
kleine Fahrzeuge zugänglich ist, werden viele Geschäfte
in Wolle, Butter, Honig, Wachs und Straußfedern
mit Marseille, Livorno, Venedig, Malta und Tripoli
gemacht; in der Rhede des Vorgebirges Messurat ladet man Datteln nach Bengassi. In dem Hafen von
Tripoli werden Schiffe mit Wolle, Datteln, Safran,
Krapp oder Färberröthe, Potasche, Sennesblättern,
Pelzwaaren, Straußfedern, Negerinnen für die schon
erwähnten Europäischen Seehäfen und für die Levante
befrachtet. In dem Hafen von Alttripoli für kleine
Fahrzeuge, wird Potasche für Tripoli geladen, und in
der Rhede von Souara holen kleine Fahrzeuge Salz
und eingesalzene Fische für die ganze Küste. — Die
Einfuhr besteht in Tüchern, seidenen Zeugen, Nessel-
tuch, Glasperlen, Korallen, Messing- und Eisendraht,
Gewehren und Munition, Zucker und Kaffee, Gewürzen, Holz, Eisen, Stahl, Pech, Theer 2c. 2c. Fast alle
nach Afrika handelnden Europäischen Nationen haben
in Tripoli ihren Konsul. Durch die Seeräuberey en,
womit sich die Einwohner des Tripolitanischen Staats

beschäftigen, wurde den Europäischen Handelsvölkern
ein ansehnlicher Schaden verursacht; denn noch in den
Jahren 1818 — 22 hatten die Korsaren des Pascha
von Tripoli 44 Schiffe und 34 Schiffsladungen genommen, obgleich der Dey in einem Credenzbriefe
vom 28sten November 1818 durch seine Minister an
den im Mittelländischen Meere befehligten Englischen
Admiral Maitland erklärte, nach dem Wunsche des
Prinz Regenten von England mit sämmtlichen ver-
bündeten Mächten Frieden zu schließen und auch versprach, bis zum Abschlusse der Verträge alle Feindse-
ligkeiten einzustellen und seinen Unterthanen keinen
Kreuzzug gegen irgend eine christliche Nation zu gestatten. Auch in der Convention mit dem Pabste vom
Jahre 1819, gestand der Dey den Römischen Staaten gleiche Rechte mit den begünstigten Nationen zu,
ohne dafür einen Tribut zu verlangen. — Im Innern
sind die Marktplätze in den Städten, besonders in
Tripoli, ziemlich gut mit Allem versehen, auch sind die
Lebensmittel nicht zu theuer, Brod und Fleisch sind
vortrefflich, das Gemüse ist dagegen sehr mittelmäßig.
— Die Münzen sollen sämmtlich sehr schlecht beschaffen seyn, besonders die silbernen, welche nur aus
versilbertem Kupfer bestehen; auch ist ihr Cours sehr
wandelbar, und hängt von veränderlichen, schnell
wechselnden zufälligen Umständen ab. Gewichte
und Maaße sollen eben so unzuverlässig und man-
gelhaft, als zu Marokko, seyn; denn sie sind nicht nur
unförmlich, sondern es fehlt ihnen auch an einem Ur-
oder Mustermaaße.
Was den Wohlstand des Volkes und dessen Abgaben betrifft, so kann der Erstere hier nur bei einzelnen Individuen in den Städten, hauptsächlich in
Tripoli, gesucht werden, im Ganzen ist das Volk arm,
und erhält sich größtentheils nur durch Räubereyen,
die es in den Gebirgen, auf den Landstraßen, auf dem

Meere ꝛc. verübt, und die nomadisirenden Araber
durch ihre Herden, die Jagd, Fischerey ꝛc. In der
Stadt Tripoli ist der Europäische Handel fast ganz in
den Händen der Juden, und man soll an dreißig ziem=
lich reiche darunter zählen können. Von den Mauri=
schen Kaufleuten, zu denen auch der erste Minister des
Paschas oder Deys, Sidi Mohamed Degaiz, in
dem ersten Decennium dieses Jahrhunderts, gezählt
ward, soll dieser 1 Million Franken im Umlaufe ha=
ben. Alle diese reichen und wohlhabenden Individuen
sind größtentheils Kaufleute, in den übrigen Gewer=
ben ist Wohlhabenheit seltener anzutreffen. Die Ab=
gaben an die Regierung bestehen: aus den Tributen
der Beys und der Arabischen Stämme im Innern,
den Abgaben der Kaufleute und Juden, der Verwilli=
gung jährlicher Monopole, den Abgaben von der Ein=
und Ausfuhr, den Erpressungen, den Geschenken oder
Tribut von einigen nach der Berberey handelnden Na=
tionen, wie z. B. von den Dänen, den Schweden, und
von der Beute der Seeräuber, welche zusammen an
90,000 Spanische Piaster betrugen, ohne die Ge=
schenke der Arabischen, Maurischen und Jüdischen
Kaufleute hinzuzurechnen; dann von den in Geldbuße
verwandelten Strafen, in dem confiscirten Eigenthume
aller angeblichen Verräther in der Beute von den
Seeräubern, 10 Prozent von allem Landertrage ꝛc.
Nach Blaquière belaufen sich die Einkünfte auf
308,750 Gulden, nach Andern auf 750,000 Guld.
Sollten sie sich wirklich so hoch belaufen haben, so sind
sie jetzt aber sehr herunter gekommen, indem die Ka=
perey zur See fast gänzlich eingestellt worden ist, oder
doch nicht mehr offen betrieben werden darf; eine An=
gabe von 1 Million Franken kommt der ersten An=
gabe am nächsten und ist wohl die richtigere. Das in
Umlauf gesetzte Geld wird im Kastell aus alten me=
tallenen Kanonen geschlagen, und mit Hülfe der Zoll=

einnehmer und jüdischen Mäkler gegen Zechinen und
Piaster umgewechselt, und im Schatze (Haspar) nie=
dergelegt. Ein Theil der Abgaben wird auch in
Viktualien geleistet, z. B. die Abgaben der Bergvöl=
ker, in Datteln und Oliven. Alle Bedürfnisse des
Paschas werden durch Tausch oder Erpressung herbei=
geschafft. — Die Vertheidigungsmittel des
Landes bestehen in einer Land= und Seemacht.
Die Landmacht ist jedoch ganz irregulair, und soll bei
der stärksten willkührlichen Aushebung nie über
15,000 Mann betragen. Die Reiterey soll gut geübt
und beritten seyn. Nach dem schon oben angeführ=
ten Ali=Bey besteht die Leibgarde des Paschas
aus 300 Türken und 100 Mameluken zu Pferde,
und außer dieser Garde soll der Pascha keine andern
regelmäßigen Truppen im wirklichen Dienste haben;
nur wenn derselbe einen Krieg führen muß, wozu
größere Streitkräfte erfordert werden, so soll er
die Arabischen Stämme zu sich entbieten, die sich
mit ihren Panieren oder Fahnen an der Spitze ein=
stellen, und diese entbotene Macht soll dann aus
10,000 Reitern und 40,000 Mann Fußvolk beste=
hen. Nach Andern soll die stehende Macht 3000
Mann betragen, aber selten Sold erhalten. — Die
Seemacht besteht nach Einigen aus 11, nach An=
dern aus 13 Kriegsfahrzeugen mit etwa 130 bis
150 Kanonen. Ueberhaupt wird die Seemacht sehr
verschieden angegeben. Nach Einigen besteht sie aus
2 Corvetten, 6 Schebecken, 3 Polaccas, und 3 be=
waffneten Nachen; nach Andern (1821) aus einer Fre=
gatte von 28, 1 Schebecke von 12 Artillerie=Stücken
und 12 Kanonierschaluppen, und außer diesen waren
noch 11 andere kleine Fahrzeuge in der Ausbesserung
begriffen, und 2 Schaluppen und 1 kleiner Schoner
auf dem Werfte. Die Kaper sind alle Eigenthum
des Paschas, und dieser daher auch der alleinige Theil=

haber der Prisen der Seeräuber unter Ottomanischer Flagge gegen Sicilische, Sardinische und Griechische Fahrzeuge; zuweilen auch gegen Oesterreichische und Spanische Schiffe. Für die Neapolitanischen vom Dey ausgelieferten Sklaven erhielt dieser nach der Uebereinkunft vom Jahre 1816 50,000 Piaster, so wie 4000 Piaster bei jeder Anstellung eines Neapolitanischen Konsul zu Tripoli. Das Lösegeld für jeden gefangenen Neapolitaner betrug 300 Dollars. Alle diese Erpressungen durch die Kaper sollen durch Englands Vermittelung für alle handeltreibende Nationen, wie auch schon oben angeführt worden, aufgehört haben; allein es läßt sich nicht vermuthen, daß die Kaperey gänzlich eingestellt worden, es müßte denn durch die Einnahme von Algier von den Franzosen 1830 geschehen seyn, welche Furcht unter die übrigen beiden Deys von Tripoli und Tunis gebracht hat; allein dagegen haben die Engländer gewirkt, um diese Reiche der Pforte zu erhalten; s. weiter unten. — Die Staatsverfassung ist rein despotisch, die Regierung geschieht durch einen Dey, Bey oder Pascha, der unter der Oberherrschaft des Türkischen Kaisers steht, und durch einen Firman desselben bestätiget wird. Er regiert an der Spitze eines Diwans. Dieser besteht aus den vornehmsten Beamten: aus dem Hasnadar oder Schatzmeister, dem Guardian-Bachi oder Ober-Hofintendanten, dem Kiahia oder Lieutenant des Pascha, welcher im Vorsaale einen prachtvollen Sopha hat, dem zweiten Kiahia, und fünf Ministern, die an der Spitze der verschiedenen Verwaltungszweige stehen, dem Aga der Türken, und dem Generale der Arabischen Reiterey. Die Entwickelung dieser Regierungsform ist kürzlich folgende: Nachdem dieses Reich eine Zeitlang unter der Botmäßigkeit der Araber gestanden hatte, auch eine kurze Zeit in der Gewalt der Sicilischen Normänner und

der Genueſer geweſen war, ſo eroberte Don Pe-
dro von Navarra, ein Befehlshaber des Königs
Ferdinand des Katholiſchen im Jahre 1503 die
Hauptſtadt, und führte den Arabiſchen Lehnsfürſten
nebſt den Einwohnern nach Palermo. Kaiſer Karl
der Fünfte erlaubte dieſem Fürſten ſeine bis auf
das Schloß zerſtörte Hauptſtadt wieder aufzubauen,
die er auch bis 1535 beſaß, als Schered in (Harea-
den), der Bruder des berühmten oder berüchtigten
Seeräubers Horuc Barbaroſſa ſie ihm abnahm.
Kaiſer Karl der Fünfte eroberte ſie zum zweiten
Male und übergab ſie den Maltheſerrittern; aber im
Jahre 1551 kam eine Türkiſche Flotte vereinigt mit
dem berüchtigten Seeräuber Dragut vor Tripoli
und belagerten die Stadt, welche durch Verrätherey
zweier Franzoſen, von denen der Eine der Kommandant
Caspar Jambale, ſelbſt war, an die Feinde überging. Tripoli wurde nun eine Türkiſche Provinz,
obgleich König Philipp der Zweite von Spanien
Alles verſuchte, um es wieder zu erobern, ſo litt doch
ſeine Flotte 1560 bei der am Eingange des Meer-
buſes von Tripoli liegenden Inſel Gerbe, welche die
Spanier erobert hatten, einen großen Verluſt, und die
Eroberung mußte dadurch aufgegeben werden. Im
Jahre 1598 wollte ein Arabiſcher Marabout die Stadt
und das Land wieder in die Hände der Chriſten bringen; allein ſein Anſchlag, der von den Chriſten nicht
unterſtützt wurde, ſchlug fehl. Die Pforte regierte
nun den Staat von Tripoli durch einen Sandſchak oder
Diſtriktsverwalter, der von dem Paſcha in Tunis abhängig war. Der Sandſchak Mahmed Beg, ein
Griechiſcher Renegat, aus dem Geſchlechte der Juſti-
niani, der 1600 zum Sandſchak von Tripoli erhoben wurde, machte ſich ſpäterhin unabhängig von dem
Paſcha von Tunis, obgleich Tripoli abhängig von der
Pforte blieb, und dieſes Verhältniß dauerte nun ab-

wechselnd fort, bis auf die neuere Zeit; auch erhielt
von der Zeit an der Sandschak die Paschawürde, wie
der Pascha von Tunis, unter dem er vorher stand.
Da nun dieses Land von einem alle drei Jahre vom
Großherrn abgeschickten Pascha regiert wurde, so be-
trachteten diese nur auf kurze Zeit von der Pforte
kommenden Befehlshaber die großherrlichen Bestal-
lungsfirmane als ein Privilegium die Einwohner un-
gestraft plündern zu dürfen.　Dieses empörte nun zuletzt die Einwohner dieses Reichs, und sie brachten
daher in einem Aufstande den letzten von der Pforte
abgesandten Pascha zu Anfange des vergangenen Jahrhunderts um, und seit dieser Zeit wählten sich die Lan-
deseingeborenen einen Fürsten in der Person des
Sibi Hhamel Caramanli, aus der Provinz Ka-
ramanien gebürtig, welcher der Stifter der neuen Dy-
nastie der Tripolitanischen Deys oder Paschas geworden ist.　Ein Abkömmling von ihm, Sidi Joussouf oder Jussuf, oder Herr Joseph, regierte
diesen Staat zu Anfange dieses Jahrhunderts als der
oben angeführte Ali-Bey Tripoli durchreisete. Nach
dem Urtheile dieses Schriftstellers war dieser Pascha
ein stattlicher vierzigjähriger Mann, nicht ohne Europäische Kultur, auch sprach er ziemlich geläufig Italienisch, liebte Kunst und Pracht, und besaß Haltung
und Würde, ohne stolz und anmaßend zu seyn; auch
sollen seine Unterthanen mit ihm sehr zufrieden gewesen seyn.　Nach diesen angeführten Vorgängen
hatte sich Tripoli von der Pforte losgerissen, obgleich
der Dey scheinbar die Oberherrschaft der Pforte aner-
kannte, um vielleicht deren Schutz nicht zu verlieren.
Dieser Zustand des Staats dauerte bis zum Jahre
1835, wo derselbe wiederum eine Umwälzung erlit-
ten, indem dieser Deystaat wieder in ein Paschalik
des Türkischen Reichs verwandelt wurde. Nämlich
der Dey Joussouf Pascha wurde durch die Forde-

rungen seiner Englischen Gläubiger, welche von dem
Konsul dieser Nation, dem Obersten Warrington,
sehr nachdrücklich unterstützt wurden, gedrängt, und
suchte sich durch Erpressungen zu helfen, in Folge
derselben brach ein Aufstand aus, der den alten
Joussouf Pascha nöthigte, da er demselben nicht
widerstehen konnte, zu Gunsten seines Sohnes Sidi
Ali abzudanken. Gegen diesen, der sich durch Grausamkeit und Geiz schon verhaßt gemacht hatte, dauerte
die Empörung fort, und sein Neffe Emhammed,
trat, wie es schien, aus fremdem Antriebe dazu vermocht,
an die Spitze. Der Krieg zog sich in die Länge,
Warrington begünstigte sichtlich die Empörer, schon
dadurch, daß er ihnen Gelegenheit gab, sich aus Malta.
Kriegszufuhr zu verschaffen. Sidi Ali sah sich endlich genöthiget, sich an den Sultan um Beistand zu
wenden; und es erschien hierauf eine Türkische Flotte
im May 1835; der Regent, Sidi Ali, ward hinter-
listigerweise auf eins der Schiffe gelockt, und daselbst
gefangen gehalten, während der Türkische Befehlshaber sich, als vom Sultan beauftragt, erklärte, die
Regierung zu übernehmen. Auch im Lager Emhammed's brach ein Aufruhr aus, dieser mußte entfliehn,
und tödtete sich selbst. Auch die Person des Paschas
ist seit der Zeit schon mehrere Male geändert worden,
indem man mit der Herrschaft derselben nicht zufrieden zu seyn schien. Auch scheinen die Vorgänge in
Algier mit den Franzosen, und die Proklamationen
Abdel Kaders, um die Araber zu insurgiren,
Einfluß auf die Stimmung der Arber in Tripoli zu
äußern; denn es brachen sehr ernstliche Aufstände der
Arabischen Bevölkerung aus, gegen die auch die nach-
gesandten Türkischen Verstärkungen nichts ausrichteten,
und die im Jahre 1838 mit einem Vertrage endeten,
welcher die Arabischen Stämme, wenn auch nicht den
Worten, so doch der That nach, als unabhängig an-

erkannte, mithin hat Tripoli jetzt eine mehr republi= kanische Verfassung erhalten. Die Türkische Herr= schaft besteht nur in einigen besetzten Küstenpunkten, wobei sich jedoch die Araber so feindlich gesinnt zeigen sollen, daß sie selbst den Verkehr mit denselben ver= meiden; man glaubt daher, daß von der Anarchie, die jetzt in Tripoli herrscht, so wie von dem Auflehnen der Araber gegen die Türkische Herrschaft, eine wich= tige Veränderung für diesen Staat zu erwarten steht. Unter der Regierung des Joussouf, als letzter unab= hängiger Herrscher von Tripoli, ist hier noch zu er= wähnen: daß derselbe zwei Frauen hatte, eine weiße, die seine Base war, und mit welcher er drei Söhne und drei Töchter, und eine schwarze, mit der er einen Sohn und zwei Töchter gezeugt hatte; auch besaß er mehrere Negersklavinnen — aber keine weißen. Den größten Aufwand und die größte Pracht verwandte er auf den Anzug seiner Frauen und auf die Verzie= rung ihrer Zimmer. Der innere Thürsteher vom Pal= laste des Pascha war ein schwarzer Sklave; allein in den Gemächern hatte er mehr als vierzig Christen= sklaven, lauter Italiener, zur Aufwartung. Der älteste Sohn führt als Thronerbe den Namen Bey, und Ali Bey, auch Joussouf, war der Thronerbe. Hof= ämter giebt es hier aber keine, als die schon oben, S. 360, angeführten, und die Pallastsoldaten machen die schon daselbst, S. 359, erwähnte Garde aus. Einen Orden zur Belohnung des Verdienstes hat die= ser Staat nicht. Der genannte Pascha hielt auch ein Orchester, welches aus vierundzwanzig Personen be= stand. Der Empfang von Fremden geschah in seinem Pallaste. — Was die Rechte und Verhältnisse der Staatsbürger anbetrifft, so existirt hier kein Unterschied in der Geburt, wie in der Türkey; jeder Staatsbürger, der sich auszeichnet oder ein hohes Amt zu verwalten versteht, kann, wenn er wirklich Musel=

mann ift, dazu berufen werden; nur die Verschieden=
heit der Aemter beſtimmt die Verſchiedenheit des Ran=
ges. Auch hier genießen die Geiſtlichen und Wiſſen=
ſchafter die größte Verehrung. Die übrigen nicht zur
Türkiſchen Religion gehörigen Einwohner genießen
eine vollkommene Duldung, und können Handel und
Gewerbe treiben; auch, wenn ſie zum Islam über=
gehen, zu den höchſten Stellen gelangen, wie es
ſchon oben angeführt worden. In der Kleidung zeich=
nen ſich dieſe vor den Muſelmännern dadurch aus,
daß ſie einen blauen Turban und ſchwarze Mützen
und Pantoffeln tragen, ſonſt aber eben ſo, wie dieſe,
gekleidet gehen. — In Hinſicht der auswärtigen
Verhältniſſe, ſo reguliren ſich dieſe nach der Pforte,
und nach ihren eigenen Handelsverhältniſſen. In
neueſter Zeit hat England einen großen Einfluß auf
Tripoli. Was die Staatsverwaltung anbetrifft,
ſo iſt auch hier der Divan die höchſte Stelle des
Reiches. Die Zuſammenſetzung deſſelben iſt ſchon
oben, S. 360, angeführt worden. Außer dieſem wir=
ken die Miniſter für die verſchiedenen Verwaltungs=
zweige des Reichs. Der Mufti und die Ulemas
und Kadis verwalten die Angelegenheiten der Reli=
gion und der Juſtiz. — Die Provinzialverwal=
tung führen Unterſtatthalter oder Beys mit den nö=
thigen Beamten für die Religion, Rechtspflege, Finan=
zen ꝛc. — Die Schutzſtaaten von Tripoli, das
heißt, die gleichſam unter der Oberherrſchaft der Re=
gierung von Tripoli ſtehen, ſind Fezzan und Barka.
Das erſtere Land ſteht unter einem Scherif oder Bey
aus dem Stamme der über Marokko herrſchenden
Scherifs, der dem Paſcha von Tripoli jährlich einen
Tribut von Sklaven und Goldſtaub entrichtet, wo=
für er von dieſem als Scheif von Fezzan anerkannt
wird.. Das Land bildet eine große von kahlen Ge=
bergen eingeſchloſſene Ebene, in welcher eine glühende

poli eingesetzt; ihm gehören auch die Stadt Kurru (einst Cyrene) mit einem Felsenschlosse, und die Häfen an dem 100 Deutsche Meilen langen Golf von Sidra, besonders Tajonne. Im Innern des Landes steht Augila, ein kleines republikanisches Gebiet, unter Oberherrschaft von Tripoli. Die Kaufleute der Städte Augila und Mojabra dieser Republik treiben Handel zwischen Aegypten und Fessan. Die Republik Schiwah, welche unter vier oder fünf vom Volke beschränkten Scheiks steht, die den Türkischen Kaiser für ihren Oberherrn erkennt, und seit 1819 10,000 Dollars und einen jährlichen Tribut von 300 Kameellasten oder 6000 Ctr. Datteln an den Pascha von Aegypten zahlt. Die Hauptstadt Schiwa (das alte Ammonium) hat über 6000 Einwohner, welche einen starken Dattelhandel treiben. Anderthalb Englische Meilen davon ist die Oase des Jupiter Ammon, dessen Tempeltrümmern, Umebéba genannt, zu dem Bau eines auch schon zum Theil verfallenen Tempels und zu dem Aufbaue der Häuser eines Dorfes verwendet worden sind, mit der schon vom Herodot angeführten Quelle, die früh und Abends warm, um Mitternacht sehr heiß, und um Mittag kalt fließt. Diese Oase ist von einer Bergkette umschlossen, in welcher der Kalkstein vorherrscht, und in der man Versteinerungen von Schnecken, Muscheln, Seesternen, Austern, Holz und großen Gypsstücken, in größter Unordnung durcheinander geworfen, überall gewahrt. Auch wird sie von Bächen nach allen Richtungen hin durchströmt, die sich in kleinen Seen verlieren. Die Vegetation ist sehr üppig und es wechseln Wiesen, Palmenwäldchen, Gebüsche von Sträuchen, Gärten und Saatfelder mit einander ab. Die ganze Bevölkerung soll 8000 Köpfe betragen, worunter 3000 Männer. Sie ist in sechs Stämme getheilt, die sich einander bekriegen. Nassim, mit versteiner-

tem Holze, Obstbäumen, Thieren und Menschen. —
Außer dem schon oben angeführten Werke von Ali-
Bey, sehe man nach: Narrative of a ten year's re-
sidence at Tripoli etc. (von der Schwägerin des
Brittischen Konsuls in Tripoli, Rich. Tully. 2te
Aufl. London, 1818.). — Della Cella Reise
von Tripolis an die Grenzen von Aegypten. Aus dem
Italienischen. Weimar, 1821. (Voyage à Tripoli
etc. trad. de l'Anglais p. J. Mac. Carthy. 2 Thle.
Paris, 1819.

Tripotage, in der Kochkunst, verschiedene Speisen
untereinder gekocht, die einzelne Gerichte abgeben
können. Hierher gehören die Salmigondi, mehrere
Potagen 2c.; s. diese Artikel in der Encyklopädie.

Tripp, Trip, in der Wollmanufaktur, ein
sammetartiger kurz geschorener Zeug, der wie Sammet oder Plüsch (s. diese Artikel, Th. 113, und
135) eingerichtet und gewebt wird. Der Grund ist
gewöhnlich leinen Garn, die Pohle besteht aber aus
roher Seide oder auch aus ganz feiner Merinowolle,
auch aus Ziegenhaaren. Man hat ihn glatt, gestreift,
gedruckt 2c., auch nach verschiedenen Mustern gewür-
felt, von verschiedenen Farben, einfarbig und geblümt,
die alle wie die verschiedenen Arten von Sammet gemacht werden. Er ist nicht völlig ¾ Ellen breit, und
wird in Deutschland: in Berlin, Wien, Hamburg,
Leipzig 2c.; dann in Frankreich, Belgien, Holland 2c.
gemacht. In den zuletzt angeführten Staaten wurde
der Tripp vorzüglich schön gemacht; allein auch in
Deutschland ist man darin nicht zurückgeblieben, nur
ist er in jetziger Zeit nicht mehr so gesucht, als noch
zu Anfange dieses Jahrhunderts, da ihn die wollenen
Zeuge verdrängt haben. Man bediente sich desselben
besonders zum Ausschlagen der Kutschen und Beziehen der Sopha, Stühle 2c. — Dann führt auch der

Turmalin oder Aschenzieher, eine Steinart,
diesen Namen; s. Turmalin.

Trippel, s. Tripel und Trüppel.

Trippeln, ein regelmäßiges Zeitwort der Mittelgattung, welches nur im gemeinen Leben üblich ist,
viele und kleine Schritte machen, sowohl im Gehen, als auch die Füße im Stehen kurz und oft
aufheben, ohne von der Stelle zu kommen. Wie
er dahin trippelt, dahin mit kurzen Schritten
läuft. Dieses Trippeln geschieht besonders im Winter, bei strengem Froste, weil man 'dadurch gleichsam sich erwärmt, wenn man 'mit den Füßen kurz
auftritt, gleichsam auf den Boden stößt, und dadurch das Blut mehr in Thätigkeit setzt. Das im
Deutschen nicht ganz unbekannte trippen, ist das
Verkleinerungswort von trappen, wovon trippeln wieder das Iterativum ist.

Tripper, Gonorrhoe, Gonorrhoea, der Name einer Krankheit, welche aus unreinem Beischlafe durch
Ansteckung entspringt. Der Name kommt von dem
anhaltenden Tröpfeln einer eiter- oder samenähnli-
chen Feuchtigkeit aus der Harnröhre her, nachdem
die Ansteckung erfolgt ist. Nach Adelung stammt
das Wort aus dem Niederdeutschen her, wo diese
Krankheit Drupper heißt, von druppen, tropfen, daher das Wort richtiger Trüpper geschrieben und gesprochen werden soll; indessen haben
auch das Dänische Drippert, der Tripper, und
das Angelsächsische drypan, tropfen, ein i. Im
Schwedischen heißt er Dröppel; die Holländer
nennen ihn Druipert; die Engländer in der Volks-
sprache Clap; bei den Franzosen heißt er Chaude
pisse, und bei den Italienern Calda pissa. Auch
Aerzte haben sich hier und da bemühet, für Gonorrhoea (Samenfluß), andere Benennungen einzuführen, wie Leucorrhoea, Medorhoea, Blennorr-

lugia, **Phallorrhoea** (von **Priaps** Göpenbilde und dem Phallusdienste), **Porroia** ꝛc., die aber die schon längst üblichen Namen nicht verdrängt haben. — Diese Krankheit theilt sich in den gutartigen und bösartigen Tripper; s. unter Franzosen der Menschen, Th. 14, S. 752 u. f., und unter Samenfluß, Th. 135, S. 359. — Hier nun noch Einiges über diese Krankheit, als Zusatz oder Ergänzung des am angeführten Orte darüber schon Gesagten; hauptsächlich, was die Geschichte derselben betrifft, und dann den Ausbruch oder die Zeichen der Ansteckung, um demselben so schnell als möglich zu begegnen, das Verhalten dabei zu ordnen, und die dienlichsten Mittel zur Hebung des Uebels anzuwenden, damit es keinen entzündlichen Charakter annimmt; sollte sich der Tripper aber im Verlaufe sehr schmerzhaft zeigen, so ist es am Besten, sich gleich an einen geschickten Arzt zu wenden. Die eigentliche Entstehung des Trippers, das heißt, seinen Ursprung, als ansteckende Krankheit oder Seuche, kennt man nicht genau, eben so wenig, wie weit er in die Geschichte hinauf reicht. Daß er zu Moses Zeiten schon da gewesen ist, sucht man aus der Bibel zu beweisen; denn im 15ten Kapitel des 3ten Buches heißt es vom 2ten Verse an: Daß wenn ein Mann an seinem Fleische einen Fluß hat, und derselbe eitert oder verstopft ist, so ist er unrein, wobei zugleich gewarnt wird, daß sich Niemand da halten soll, wo er gesessen hat, sey es Lager, oder Sattel auf dem Pferde; auch soll ein Jeder, der sein Fleisch anrührt, oder von seinem Speichel getroffen wird, sich mit Wasser baden und seine Kleider waschen; selbst die Gefäße, die er anrührt, sollen, wenn es thönerne sind, zerbrochen, sind es hölzerne, rein gewaschen werden ꝛc. Diese Stellen scheinen auch auf den Tripper zu deuten, und

dieses um so mehr, da, wie, bekannt, alle morgenlän-
dischen Völker sehr wollüstig sind, und dieser Krankheit wegen, überhaupt wegen der Krankheiten, die aus
dem unreinen Beischlafe entspringen und anstecken,
ist auch die Beschneidung bei den Juden eingeführt;
wohl nicht, wie man vorgiebt, wegen der talgartigen
Feuchtigkeit, die sich zwischen der Eichel und Vorhaut
aus einigen Drüsen sammelt, allein; denn diese hat
in ihrem natürlichen Zustande nichts Fressendes und
Bösartiges an sich, sie dient gleichsam hier als Schmiere,
damit keine Reibung zwischen den beiden genannten
Theilen entsteht, wohl aber wegen eines unreinen Ausflusses aus der Röhre, von welchem sich der Eiter oder
die scharfe Flüssigkeit unter die Vorhaut ziehen kann.
Auch ist deshalb die Beschneidung bei den Mohame-
danern eingeführt. — Auch den Griechen war diese
Krankheit bekannt; dieses beweiset der Name Go-
noirhoe, Samenfluß, worunter man nicht den wahren Samenfluß verstanden wissen will, sondern den
durch Ansteckung hervorgebrachten, obgleich die alten
Griechischen Aerzte, besonders Hippocrates, den Letzteren nicht geradezu nennen, sondern diese Krankheit
in ihren bis auf uns gekommenen Werken nur gleichsam umschreibend andeuten. Actuarius, ein berühmter Griechischer Arzt des dreizehnten Jahrhunderts, erwähnt sie wenigstens sehr deutlich in seiner
speciellen Therapie, welche im Jahre 1554, von
Mathisius übersetzt, zu Venedig unter dem Titel:
Methodi medendi, Libri VI., in Quart erschien;
denn er sagt darin, daß sich im Innern der männlichen Ruthe Puskeln erzeugen, welche, indem sie zer-
platzen, ein wenig reines Blut fahren lassen ꝛc., woraus doch eine Ansteckung der Harnröhre hervorgeht.
Auch Nicolaus Myrepsis *) hat ein Gegengift

*) Dessen Arzneybuch von Fuchs ins Lateinische über-

für diejenigen, welche in der Blase und in dem männ=
lichen Gliede Geschwüre haben. Auch noch bei andern
Griechischen Aerzten finden sich Stellen, welche auf
diese Krankheit hindeuten, indessen läßt ihre Undeut=
lichkeit, indem sie Mittel gegen den Ausfluß aus der
Scheide empfehlen, auch im Zweifel, ob es nicht der
gewöhnliche weiße Fluß ist. — Bei den Römern
kommen wenige Anzeigen der Kenntniß dieser Krank=
heit vor, doch scheint sie Celsus gekannt zu haben,
wenigstens deuten ein paar Stellen seines Werkes
darauf hin. Mehr als bei den Römern kommen An=
zeigen der Kenntniß dieser Krankheit bei den Ara=
bern vor, indem die Wissenschaften, nach dem Ver=
fall des Weströmischen Reiches, bei ihnen aufblühe=
ten. Es sind hier nur Buhahylyha, Bingezla,
Isaac, Mesue, Rhazes, Haly Abbas und
Avicenna zu nennen, welche in ihren Werken den
Tripper ziemlich genau charakterisiren. Von den Ara=
bern kehrten die Wissenschaften wieder nach Italien
zurück, und erhielten eine sorgsamere Pflege in den
christlichen Klöstern von den Mönchen; besonders leg=
ten sich diese auf das Studium der Medizin, wozu der
damalige häufige Verkehr mit dem Oriente noch mehr
Veranlassung gab, indem daher verschiedene anstek=
kende Krankheiten nach Europa kamen, die Aufsehen
machten, und die Mönche veranlaßten, dem Grunde der=
selben nachzuspüren, und Mittel dagegen aufzufinden.
Auch finden wir schon bei diesen Schriftstellern, daß
sie auf die Mittheilung dieser Krankheit durch den
Beischlaf aufmerksam machen. Mehrere Mitglieder
der Salernischen Schule, welche zu Ende des neun=
ten Jahrhunderts von Mönchen gestiftet wurde, be=
schreiben diese Krankheit deutlich genug; unter An=

---

letzt im Jahre 1549 unter dem Titel Medicamentorum
Opus zu Leyden erschien.

dern **Rogerius**, ein Salernitanischer Arzt des zwölf=
ten Jahrhunderts, in seiner Pract. magistri Roge-
rii Tract. 1. c. 56., wo er in Lateinischer Sprache
von dem Ausflusse aus der Ruthe handelt (de reu-
matizatione virgae); er sagt hier: daß aus den Röh=
ren der männlichen Ruthen Feuchtigkeiten flössen, welche
darin Pusteln und Geschwüre erzeugten, die einen hitzi=
gen Ursprung hätten, und an der Hitze, den Stichen,
der Röthe und der Entzündung des Gliedes zu er=
kennen wären; sey der Ausfluß aber ein kalter, so
würde er an dem Nichtvorhandenseyn der Stiche,
Schärfe und Röthe erkannt; in beiden Fällen aber
an dem schweren Harnen. Bei dem **Lanfrancus**,
der ein berühmter Arzt des dreizehnten Jahrhunderts
und Schüler des **Wilhelm de Salicet** war, kommt
schon die durch den unterdrückten Tripper entstandene
Hodenentzündung vor; und **Constantinus
Africanus**, ein berühmter Arzt und Mönch aus
dem eilften Jahrhunderte, empfiehlt in seinem Kapi=
tel von der **Strangurie** (de Stranguria — de
morb. cognoscend. et cur. I. V., 21), daß wenn
sich eine Geschwulst mit einem Ausflusse bildet, so
sey sie durch Umschläge und durch Klystiere von Frauen=
milch und Gerstenwasser in die Ruthe zu heben, und
so findet man noch mehrere Aerzte bis zu Anfange des
vierzehnten Jahrhunderts angeführt, welche diese Krank=
heit gekannt, und Mittel dagegen vorgeschlagen ha=
ben, wie **Michael Scotus**, der Leibarzt Kaiser
Friedrichs des Zweiten, Petrus Hispanus,
welcher mit dem Pabste Johannes dem Zwei=
undzwanzigsten eine Person seyn soll, **Joannes
Ardern, Guido de Cauliaco, Joannes de
Gabbesden, Valesius de Tharanta, Joan=
nes Arculanus** 2c. 2c. **Bekett** fand in einer
Handschrift von 1390 ein Rezept gegen das Brennen
in der männlichen Ruthe, und in einer funfzig Jahre

später geschriebenen Handschrift findet sich ein Rezept
gegen das Brennen in den weiblichen Geschlechts=
theilen *). — Auch mehrere medizinisch=poli=
zeiliche Verordnungen aus jenen Zeiten, setzen
das Ansteckungsvermögen ähnlicher Krankheiten der
Geschlechtstheile außer Zweifel. Die älteste Verord=
nung dieser Art theilt Bekett mit; sie ist von dem
Bischofe von Winchester für die Bordelle von Sout=
wark vom Jahre 1162; sie bestand schon früher, und
wurde nur erneuert. Sie verbietet den Bordellwir=
then Mädchen zu halten, welche die gefährliche Krank=
heit des Verbrennens haben. (Now Stewholder
to keep any Woman, that hath the perilous in-
firmity of burning). Unter der Krankheit des Ver=
brennens soll der Tripper verstanden werden. — Eine
zweite solche Verordnung hat Doglioni in seiner
Kronik: Cose notabili di Venetia, 1675, aufbe=
wahrt. Es wurde nämlich zu Venedig im Jahre
1302 ein Gesetz gegeben, daß wer einem Andern den
Vermocane, eine Krankheit, mittheilt, 20 Soldi
Strafe zahlen soll. Wenn gleich die Krankheit unter
dem genannten Namen nicht aufzufinden ist, so soll
die geringe Strafe (ungefähr 15 Kreuzer oder 5 Gr.
Cour.), die auf die Mittheilung derselben durch An=
steckung gesetzt ist, auf den Tripper vermuthen lassen,
weil man überall Beweise findet, daß derselbe in Ita=
lien, wie in allen warmen Ländern, sehr leicht ver=
läuft. — Die dritte, von Astruc aufbewahrte Ver=
ordnung, der sie in der provenzalen Originalsprache in
seinem Werke abdrucken ließ, ist von der Königin bei=
der Sicilien, Johanna, 1347 für ein Bordell zu
Avignon gegeben. Im 4ten Paragraphen heißt es

---

*) Siehe darüber John Howard in seinen prac-
tical observations on the natural history and cure of the
venereal disease. Lond., 1787.

darin, daß die Aufseherin alle Samstage mit einem
von der Regierung angestellten Wundarzte die Mädchen untersuchen solle; und wenn sich Eine durch Beischlaf eine Krankheit zugezogen habe, so solle sie von
den Andern getrennt werden, damit sie ihr Uebel nicht
verbreite, und damit Krankheiten vorgebeugt werden,
welche Jünglingen mitgetheilt werden könnten.. —
Die vierte und letzte bekannte Verordnung dieser Art
ist gleichfalls von Bekett mitgetheilt worden, der sie
als Manuscript fand.　Hierin heißt es nun in einem
der Artikel:　Von denjenigen, welche Mädchen halten, die mit einer abscheulichen Krankheit behaftet sind
(De his qui custodiunt mulieres habentes nefan-
dam infirmitatem): daß der Bordellwirth, welcher
Mädchen in seinem Hause hält, die an irgend einer
Krankheit des Brennens leiden, hundert Schillinge
Strafe zahlen soll. Auch diese Verordnung fand Bekett in der Verwahrung des Bischofs von Winchester in einem auf Pergament geschriebenen Buche,
welches Verordnungen, Vorschriften 2c. zur Beförderung des Seelenheils und zur Verhütung mancher
Unglücksfälle und Nachtheile, welche täglich vorfal-
len, oder dem Menschen begegnen, 2c. enthielt. —
Diese kurze Uebersicht von dem Zustande dieser Krankheit, vor dem eigentlichen Ausbruche der Lustseuche,
als Epidemie, gegen das Ende des funfzehnten Jahrhunderts (1494), zu welcher Zeit diese allgemein in
Europa bekannt wurde *), liefert den Beweis, daß die
Aerzte jener Zeit schon einen akuten und chemischen
Schleimfluß der Geschlechtstheile kannten, und beide
mehr oder weniger deutlich beschrieben, wenigstens
läßt das so häufig dabei erwähnte Harnbrennen, wel-

---

*) Gruners Almanach für Aerzte und Nichtärzte
auf das Jahr 1783: „Geschichte der Lustseuche.“
S. 285 u. f.

ches auch aus den eben angeführten Bordellverord=
nungen hervorgeht, keinen Zweifel über die Natur
der Krankheit übrig. Der Doktor Eisenmann *),
dem ich hier bei der Abfassung dieses Artikels größ=
tentheils gefolgt bin, sagt im ersten Bande seines un=
ten in der Note angeführten Werkes, S. 70 u. f.,
in Hinsicht der früheren Erscheinung des Trippers,
Folgendes:

Daß aber mehrere Autoren (jener Zeit) eine in=
nere und äußere Ursache annehmen, muß uns beleh=
ren, daß man damals, eben so gut, wie jetzt, einen
primären Tripper und sekundäre Blennorrhöe, zu un=
terscheiden wußte. Nicht kümmern darf uns der Um=
stand, daß man so viel von den Verderbnissen des
Samens sprach, und denselben die krankhaften Erschei=
nungen an den Geschlechtstheilen aufrechnete; hat man
ja noch viel später die beim Tripper ausfließende Ma=
terie für syphilitisch verdorbenen Samen gehalten;
eben so verhält es sich mit den vermeintlichen Apo=
stemen und Geschwüren in der Harnröhre, über welche
erst die neuere Zeit einiges Licht verbreitet hat. Was
den Einwurf betrifft, daß der von Moses bemerkte
Samenfluß, so wie jene im Mittelalter bekannten
Schleimflüsse, leprose Erscheinungen gewesen seyen, so
sey hier bemerkt, daß eine solche Verwandtschaft bei=
der Krankheiten den älteren Aerzten gewiß nicht ent=
gangen wäre, welche aber ganz still davon sind, und
daß es für Bordellwirthe jener Zeit gewiß keines Ver=
botes bedurft hätte, leprose Mädchen aufzunehmen, da
sie sich bei solchen Schönen wenig Besuch ihrer An=
stalt zu versprechen gehabt hätten. Uebrigens wollen
wir dadurch nicht im Allgemeinen absprechen, daß die
Lepra eben so gut wie Gicht, Herpes, Hämorrhoiden,
einen sekundären Schleimfluß der Geschlechtstheile er=

---

*) Der Tripper in allen seinen Formen und in allen sei=
nen Folgen, von Doktor Eisenmann. 2 Bde. Erlangen,
1830.

zeugen könne. Sehr für unsere Meinung spricht auch
die Mittheilung Beketts, daß damals die Aus=
wüchse auf der Schleimhaut der Arethra sehr häu=
fig vorkamen, was er den häufigeren Einspritzungen
von erweichenden öligen Mitteln zuschreibt. So er=
zählt uns Johannes Arbern ein Beispiel, daß ei=
nem Kranken Fleisch, wie eine Warze, in der Ruthe
wuchs, und sagt, daß sich dieses oft zutrage. Ein An=
derer hat nach seiner Aussage einen solchen Auswuchs
gehabt, so groß, als eine Erbse. — Aber so häufig
bei den ältern Aerzten die Stellen sind, welche sich
ohne allen Zwang auf den Tripper beziehen lassen,
so selten geschieht dieser Krankheit beim Ausbruche der
Lustseuche Erwähnung. Die neueren Aerzte suchten
sich diese Erscheinung auf eine doppelte Weise zu er=
klären; die Einen nämlich, welche die syphilitische Na=
tur des Trippers verfochten, glaubten mit Astruc,
daß der Tripper erst später als ein Symptom der
Lustseuche entstanden sey. Aber was fangen wir in
diesem Falle mit dem früher beschriebenen Tripper an,
und wenn wir ihn als eine andere Krankheitsform
betrachten wollen, als unsern jetzigen Tripper, so
bleibt immer die Frage: warum schwand diese eigene
Krankheitsform zur Zeit des Lustseuchausbruches,
oder warum erwähnten die Schriftsteller ihrer nicht
mehr? Andere Aerzte, wie Autenrieth, halten den
Tripper mit der Lepra näher verwandt, als mit der
Syphilis, und da bekanntlich ein feindliches Verhält=
niß zwischen beiden Krankheiten herrscht, so finden sie
es natürlich, daß zu einer Zeit, wo die Syphilis in
der höchsten Blüthe der Entwickelung stand, ihr An=
toganist, die Lepra, und mit ihr der Tripper, ver=
drängt wurde. Diese Sache ließe sich aber noch von
einer dritten Seite, und zwar von folgender, betrach=
ten: Bei der epidemisch contagiösen Entwickelung der
Syphilis, waren die Erscheinungen dieser Krankheit
der Art, daß sie die Aufmerksamkeit der Aerzte zu sehr
in Anspruch nahmen, um sich viel mit einer Krank=
heitsform zu beschäftigen, die man als längst bekannt
voraussetzte, und der man auch keine Verwandtschaft
mit der eben herrschenden Epidemie zudachte, was aus

den Schriften späterer Aerzte, besonders des Musa
Brasavolus, ganz deutlich hervorgeht. Daß aber
der Tripper doch zu jener Zeit, nehmlich zu Ende des
15ten, und am Anfange des 16ten Jahrhunderts, be=
obachtet wurde, und nicht erst 1550 als Gnadenquell
zu fließen begann, um die Bösartigkeit der Syphilis
zu mildern, wie dieses Astruc und Friend behaup=
ten; dafür finden sich bei den Schriftstellern jener
Zeit, wenn auch wenige, doch so deutliche Stellen, daß
man sich wundern muß, wie der sonst so gelehrte
Astruc dieselben übersehen konnte oder wollte.

Von den Schriftstellern, welche zu Ende des
funfzehnten und am Anfange des sechzehnten Jahr=
hunderts den Tripper beobachteten, werden Mar=
cellus Cumanus, Alexander Benedictus
oder Benedetti, und Johannes da Vigo an=
geführt, welcher Letztere den Tripper nicht für sy=
philitisch hält. Jakob von Bethencourt führt
deutlich einen vom Beischlafe erhaltenen Tripper in
seinem 1527 zu Paris erschienenen Werke von der
Franzosenkrankheit an. Paracelsus, welcher im
Jahre 1528 oder 1529 auftrat, soll den Tripper
zuerst für syphilitisch gehalten haben. Fracasto=
rius läßt die Gonorrhöe um das Jahr 1526 auf=
treten, und Musa Brasavolus, der Lehrer des
Fallopius, setzt die erste Erscheinung des Trip=
pers in das Jahr 1531. Gabriel Fallopius
unterscheidet zuerst genau einen syphilitischen und
nicht syphilitischen Tripper. Gegen die Mitte des
sechzehnten Jahrhunderts wurde die Gonorrhöe,
wenn auch nicht häufiger beobachtet, doch häufiger
beschrieben. Von den Schriftstellern dieser Zeit
sind hier zu nennen: Vidus Vidius, Maria=
nus Sanctus, und Franciscus Diaz. Seit
jener Periode verschwand der Tripper, nach Ei=
senmann, als selbstständige Krankheit aus den

nofologifch=therapeutifchen Handbüchern, und wurde
darin nur als Symptom der Syphilis aufgeführt;
und fo wurde auf einmal, fagt der oben erwähnte
Schriftfteller, eine Meinung aufgeftellt, die fich, troß
der allgemeinen Wandelbarkeit medizinifcher Theorien,
eine mehr als zweihundertjährige Herrfchaft und Unan=
taftbarkeit erwarb. Der Schotte Cockburne war der
Erfte (1715), welcher die fyphilitifche Natur des
Trippers läugnete. Nach ihm war es Fabre, wel=
cher den venerifchen Charakter des Trippers in Zwei=
fel zog; dann Balfour, welcher Syphilis und Trip=
per als zwei verfchiedene Krankheiten bezeichnete. Für
diefe Meinung erklärte fich auch der Engländer Ha=
les (1770) und Ellis (1771) in fliegenden Schrif=
ten. — Diefe Streitfrage blieb ohne großes Intereffe,
bis Tode 1774 mit feinem Werke: „Vom Trip=
per in Anfehung feiner Natur und Gefchichte"
auftrat, und 1777 feine „nöthige Erinnerun=
gen für Aerzte und Kranke, die den Trip=
per heilen wollen," herausgab, in welchen er
durch triftige Gründe die Meinung Balfours zu
beweifen, und die Nichtigkeit der älteren Theorie von
der fyphilitifchen Natur des Trippers darzuthun fuchte.
Diefe Werke erregten nun einen Meinungsftreit, und
die Partheyen reiheten oder fcharten fich zu beiden
Seiten. Für Tode erklärten fich Weickard, Cap=
pel und Clofius, welche die Unabhängigkeit des
Trippers von der Syphilis verfochten. Gegen Tode
traten John Andree, Baldinger, William
Harrifon, Cirillo, Richter, John Hunter,
Swediaur, Monteggia, Jeffe Foot und Meß=
ger auf, wobei diefer Streit nicht wiffenfchaftlich erör=
tert und geführt wurde, welches nur von Einigen ge=
fchah, fondern in die gemeinften Zänkereyen ausartete,
wobei jede Parthey die Gründe für ihre Meinung
aufftellte. Zu diefen beiden Partheyen gefellte fich nun

noch eine dritte, welche zwar die syphilitische Natur
des Trippers im Ganzen annahm, dagegen aber ver=
sichert zu seyn glaubte, daß dessen Ansteckung so er=
mäßiget und milde sey, daß sie für sich selten veneri=
sche Geschwüre oder die allgemeine Lustseuche erzeugen
könne. Die Repräsentanten dieser Meinung sind:
Bell, Duncan, Girtanner, Hecker, Reil,
Peter Frank, und Saint Marie. Nach Selle,
in der fünften Ausgabe seiner Medicina clinica, soll
es zwei Arten des Trippers geben, die eine von scro=
phulöser Schärfe, und die andere von wirklicher vene=
rischer. Auch in der neuern Zeit fing man wieder all=
gemein an, an die venerische Natur des Trippers zu
glauben, wie dieses die meisten Handbücher über diese
Krankheit beweisen, und auch mehrere Aerzte, wie
Fretau, Lisfranc, Terras, Reiche ꝛc., suchten
die Identität des Tripper= und Schankergiftes als
unbezweifelbar in Journalaufsätzen zu beweisen. Da=
gegen aber zeigte Matthey durch Untersuchungen,
daß sich zwischen beiden Krankheiten ein Unterschied
befinde; eben so Hernandez und Lafont=Gouzi.
Auch hat Astley Cooper durch seine Impfversuche,
Autenrieth und Ritter durch ihre Beobachtungen
über die von der Lustseuche so verschiedenen Folge=
krankheiten des Trippers (Tripperseuche) für die
Balfour=Tode'sche Ansicht einen hohen Grad von
Wahrscheinlichkeit erhalten. — Uebrigens ist das Trip=
per=Contagium jetzt über die ganze bekannte Erde ver=
breitet, jedoch hat das Klima sowohl auf das Conta=
gium selbst, so wie auf den Verlauf der Krankheit, Ein=
fluß. In den wärmeren Zonen verläuft diese Krank=
heit sehr gutartig und schnell, wie z. B. in Griechen=
land, Italien, Spanien; etwas schlimmer ist diese
Krankheit in nördlichen Ländern, wo die Entzündung
oft einen bedenklichen Grad erreicht; noch hartnäckiger
und zu Folgekrankheiten geneigt ist sie in feuchten Ge=

genden, wie z. B. in Holland; sehr bösartig soll sie, nach Desportes, auf St. Domingo seyn, wo sie leicht Scirrhus und Cacherie erzeugt, die sich mit erschöpfenden Diarrhoen oder Hydrops endigen. Selbst der durch unmäßigen Genuß des Bieres entstehende Schleimfluß der Harnröhre soll dort einen bösartigen Charakter annehmen, und schwer zu heilen seyn. Nach Dazille soll der Tripper in Westindien, z. B. auf Cayenne und Isle de France, viel gefährlicher und mit heftigeren Zufällen begleitet seyn, als bei uns. Ueberhaupt sollen atmosphärische und klimatische Einflüsse auf die Bösartigkeit dieser Krankheit mehr oder weniger Einfluß haben; auch wohl der Geschlechtsverkehr der Europäer mit Indianerinnen.

Was den Sitz des Trippers anbetrifft, so war man darin eben so im Dunkeln, wie über die Anstekkung, Qualität des Ausflusses, und Behandlung dieser Krankheit. Die älteste Meinung, daß der Tripper verdorbener Samen sey, brachte den Sitz dieser Krankheit auch auf die Samen absondernden und aufbewahrenden Organe, auf die Samengefäße (Hoden und Samenbläschen); später war die Prostata und die Cooper'schen Drüsen ihr Aufenthalt, und erst am Anfange des achtzehnten Jahrhunderts fand man ihren Sitz in der Harnröhre; denn bei Menschen, welche, während sie mit einem Tripper behaftet waren, starben, fand man nur Spuren der Entzündung in der Harnröhre und in den Schleimdrüsen derselben. Laurentius Terraneus, ein Italiener, war der Erste, welcher solches im Jahre 1709 bekannt machte. Einige Jahre später zeigte der Schotte William Cockburne, daß der Tripper eine Krankheit der Morgagnischen Schleimdrüsen sey, und seit dieser Zeit ist der Sitz dieser Krankheit daselbst allgemeiner angenommen. — Ueber den Sitz dieser Krankheit bei den Frauen, waren die Meinungen selbst berühmter

Aerzte noch in neuerer Zeit abweichend; denn man will
dieselbe in der weiblichen Harnröhre finden, wodurch
hier der Tripper vom weißen Flusse zu unterscheiden
sey; allein schon Charleton bestimmte denselben
1685 in seiner Schrift: de causis catameniorum etc.,
im vordern Theile der Mutterscheide. — Auch über
die Eigenschaft des Ausflusses war man verschiedener
Meinung, indem viele Aerzte den Ausfluß für verdor=
benen Samen hielten, bis man dahin gelangte, den in
der Harnröhre abgesonderten Schleim für den Beher=
berger des Ansteckungsstoffes zu halten. Schon Mar=
tineng stellte im Jahre 1730 in einer gerichtlichen
medicinischen Untersuchung die Behauptung auf, daß
der Ausfluß beim Tripper Schleim sey, und Ein=
spritzungen die sicherste Kurmethode gewährten; allein
er konnte seine Zeitgenossen von der Irrigkeit der bis=
her bestandenen Meinung nicht überzeugen. Besser
gelang es dem Engländer Thomas Gataker, ei=
nem Schüler Hunters; denn er zeigte in seinen 1754
erschienenen „Observations on venereal complaints,"
daß der Gonorrhoe kein Geschwür zum Grunde liege,
da oft Nasen, Augenlieder, Lungen eine dem Tripper=
schleime ganz ähnliche Materie aussondern; und da
durch Hodenentzündung der Ausfluß oft schnell ver=
schwinde, so erklärte er den Ausfluß nicht für Eiter,
sondern für Schleim. Morgagni, der 1761 sein
Werk: „de sedibus et causis Morborum etc."
herausgab, vertheidiget durch seine Sections=Resul=
tate diese Meinung, welche dann von Stoll, Foart
Simon, Plenk, Desault ꝛc. angenommen und
bald die allgemein gültige wurde. — Es müssen hier
die verschiedenen Arten der Schleimflüsse aus
den Geschlechtstheilen, die man mit dem Namen des
Trippers sehr unpassend belegt, übergangen werden,
indem hier nur von dem wahren Tripper (Go-
norrhöea virulenta), als ansteckende Krankheit, die

Rede seyn kann. — Die Urſachen dieſer anſteckenden
Krankheit liegen freilich in dem Chemismus des An-
ſteckungsſtoffes verborgen; indeſſen erfordert ſie auch,
wie jede andere Krankheit, eine Aufnahmsfähigkeit des
beſonderen Organismus, wenn ſie ſich in ihm entwickeln ſoll. Dieſe Prädispoſition iſt aber ſehr allgemein verbreitet; denn es ſchützt kein Alter gegen die
Anſteckung. Nach Stoll ſoll ſie ſogar bei Kindern
vorkommen, und es ſind Greiſe vorgekommen, die bis
an ihr Ende daran litten. Auch Caſtraten oder Ver-
ſchnittene haben durch Anſteckung dieſe Krankheit erhalten. Das Geſchlecht ſoll aber, nach Eiſenmann,
in Hinſicht der Prädispoſition zu dieſer Krankheit einen kleinen Unterſchied erzeugen; indem die Harn-
röhren-Schleimhaut bei Männern in der Regel eine
ſolche Empfänglichkeit in einem hohen Grade beſitzt,
dagegen ſcheint die weibliche Scheide dazu weniger
prädisponirt; ſo wie überhaupt zwiſchen der Empfindlichkeit der männlichen Harnröhre und der weiblichen
Scheideſchleimhaut eine große Differenz Statt findet.
Aber auch unter Männern ſcheint, nach der Erfahrung,
ein verſchiedener Grad von Prädispoſition für dieſe
Krankheit zu beſtehen, da bei mehreren Männern, die
zu gleicher Zeit ein und daſſelbe unreine Mädchen be-
ſuchten, häufig die Folgen ſehr verſchieden waren, indem Einige angeſteckt wurden, Andere nicht, und es
ſich ermittelte, daß das Mädchen angeſteckt war. Es
ſoll ſogar einzelne Individuen geben, auf welche die
Anſteckung nicht einwirkt. So erzählt Benkoe
(Ephem. meteorologico-medicae, ann. 1780—93,
Vol. V.), daß er bei einem Menſchen ſiebenmal Trippermaterie in die Harnröhre brachte, ohne daß dieſe
Krankheit entſtand; ſelbſt die Vorkehrung, daß er, vor
der Einbringung der Materie, die Harnröhre mit kau-
ſtiſchen Mitteln reizte, damit ſie das Gift um ſo leichter aufnehme, führte nicht zum Zweck. Diejenigen

Männer, welche ein sehr reizbares Nervensystem be=
sißen, und von schwächlicher Constitution sind, sollen
dieser Krankheit mehr unterworfen seyn. Auch sind
diejenigen, welche diese Krankheit überstanden haben,
weit empfänglicher für eine wiederkehrende Ansteckung
dadurch gemacht, indem die Geschlechtstheile geschwächt
worden. Ob übrigens die empfindbaren Frauenzim=
mer diesem Uebel weniger unterworfen sind, wie man
vorgiebt, bedarf noch einer genaueren Untersuchung.
Uebrigens kommen Tripper beim weiblichen Geschlechte
viel seltener zur Behandlung vor, als beim männli=
chen. Martens hat unter beinahe dreihundert syphi=
litischen Kranken nur sieben tripperkranke Frauenzim=
mer beobachtet. Auch bei andern Aerzten und auf
syphilitischen Stationen in den Krankenhäusern, sind
gleiche Beobachtungen gemacht worden, obgleich syphili=
tische Formen bei diesem Geschlechte nicht selten waren.
Man glaubt, daß viele Frauenzimmer durch Scham
zurückgehalten werden, sich dem Arzte zu vertrauen,
besonders bei leichten Ansteckungen dieser Art, die
durch Diät und fleißiges Waschen oder Baden der Ge=
schlechtstheile oft ohne Arzt gehoben werden können.
Auch soll ein tripperkrankes Mädchen wohl zehn und
noch mehr Männer anstecken können, was aber nicht
umgekehrt der Fall ist. Auch sind die vielen Ausson=
derungen von Schleim in der weiblichen Scham oder
Scheide wohl geeignet, weniger zur Einsaugung der
mitgetheilten Trippermaterie beizutragen, indem sie
dadurch umhüllt und leicht wieder durch Urin oder
beim Waschen oder Baden dieser Theile ausgeson=
dert wird, ohne sich einzuziehen und anzustecken, aber
diese Materie bleibt dennoch geeignet im Beischlafe
den Mann anzustecken. — Die Gelegenheitsursache
für diese Krankheit ist das Tripper=Contagium,
das, wie jedes Contagium, ein belebter Körper ist.
Harnröhre und Vaginalschleim sind der materielle Theil

desselben. Wenn man den Tripperschleim durch das
Mikroskop betrachtet, so entdeckt man davon nichts anderes, als was man bei jedem andern, nicht contagiösen Schleime auch findet, nämlich die bekannten
Schleimkügelchen. Die Farbe der Ansteckungsmaterie
hat verschiedene Schattirungen, welche sich vom Weißen ins Grünlichweiße, Grüngelbe und Gelbe ziehen,
dabei ist die Materie so consistent, wie eine dicke Milch,
sie wird aber gegen die Zeit der Krise weit dicker, und
zieht sich in Fäden. Der Geruch ist fade und, nach
Tode, zwischen Eiter- und Bocksgeruch. Man hat
angenommen, daß der Tripperschleim saurer Natur
sey, und die blauen Pflanzenfarben roth färbe; allein,
nach Eisenmann, ist er kalinischer Natur; er färbt
das Curcumeypapier braunroth, und das Lackmuspa-
pier apfelgrün; auch soll das Vermögen kalinisch zu
reagiren kein Gesetz für seine Dauer erkennen; denn
er fand es im kronischen Tripper eben so gut, als im
akuten; nur im Nachtripper entdeckte er keine Spur
mehr davon. Der genannte Schriftsteller glaubt daher, daß wenn er eine rothe Farbe hervorgebracht
habe, so sey dieses wahrscheinlich durch ein Paar Tropfen Harn geschehen, die dem Tripperschleime beigemischt waren. Die Tripperseuche ist in der Intensität
ihres Chemismus verschieden, und daher ist auch ihre
Wirkung, die sie auf zartere Theile des Organismus
in chemischer Hinsicht äußert, nicht immer dieselbe;
denn oft wirkt sie nicht ätzend, und oft ist sie wieder
sehr fressend, was der bei Frauen vorkommende, die
Schenkel aufätzende, scharfe Ausfluß und der die Wan-
gen wund machende bei der Ophthalmia gonorrhoica
abgesonderte Schleim zur Genüge beweiset. Auch
wirkt die Tripper-Ansteckung nicht immer mit gleicher
Kraft, sondern modificirt sich nach den Organen und
Temperamenten. Bei längerer Fortpflanzung unter
einem Volksstamme soll sich diese Krankheit immer

mehr mit dem menschlichen Körper assimiliren und
sehr mild werden; dagegen soll sie zur vollen Heftig=
keit wieder aufgeregt werden können, wenn Menschen
von verschiedenen Zonen sich dieselbe mittheilen, wie
es zum Beispiele mit dem schwarzen Tripper der
Russen der Fall sey, der keine Eigenthümlichkeit die=
ses Volkes, sondern nur durch den Geschlechtsverkehr
mit südlichen Nationen erzeugt worden ist. Die Deut=
schen und Franzosen hätten daher an dieser heftigen
Krankheit eben so viel Antheil, als die Russen. Wie
lange die Ansteckungsfähigkeit dieser Krankheit dauert,
ist noch nicht ermittelt worden, da Versuche mit dem
Ansteckungsstoffe schwerer anzustellen sind, als mit der
Pockenlymphe. Nach Schönlein sollen die Stoffe,
in denen das Contagium aufbewahrt wird, einigen
Einfluß auf die Dauer desselben haben, und daher
sollen auch die elektrischen Körper, wie Seide, Haare,
Wolle, als schlechte Wärmeleiter, geeigneter seyn, den
Ansteckungsstoff länger zu erhalten, als die nicht elek=
trischen Körper, z. B. Metalle, als Wärmeleiter.
Säuren, besonders Mineralsäuren, und unter diesen
vorzüglich das Chlor, ferner die kaustischen Kalien,
sollen das Leben des Contagiums schnell zerstören;
eben so ist auch ein hoher Grad von Wärme der län=
geren Existenz dieses Contagiums nicht günstig. —
Das Trippergift äußert, allen Erfahrungen zu Folge,
nur seine specifike Wirkung auf Menschen, nicht auf
Thiere, und wo eine Ansteckung durch Impfung die=
ses Giftes bei Thieren erfolgte, so geschah dieses nur
durch den Chemismus. Hunter hat Versuche dieser=
halb gemacht, und Eiter von einem Tripper in die
Mutterscheide von Hündinnen und Eselinnen ohne ei=
nigen Erfolg der Ansteckung gebracht; auch hat er den=
selben unter die Vorhaut der Hunde gesteckt, und keine
schlimme Folgen davon beobachtet. Hunter machte
Einschnitte, und brachte auf diese Weise das Gift unter

die Haut; allein es entstand bloß ein gemeines Ge=
schwür ohne weitere Ansteckung; und die Versuche an
Eseln gaben dasselbe Resultat. Die Versuche, die At=
tenhofer mit diesem Gifte bei einem Hunde gemacht
hat, dem er es in die Harnröhre strich, gaben einen,
wenige Tage dauernden tripperähnlichen Ausfluß, und
nach diesem Schriftsteller soll der Eiter in eine Wunde
gebracht, die Heilung derselben beschleunigen. — Wie
schon oben, S. 371, angeführt worden, kennt man
die Entstehung des Trippers nicht genau, daß
er aber oft genuin entstehe, soll nicht in Zweifel zu
ziehen seyn. Viele ältere Aerzte haben die monatliche
Reinigung der Weiber als Entstehungsgrund in Ver=
dacht gehabt, indem sie diese für höchst schädlich und
giftig in Hinsicht der Wirkung auf den männlichen
Körper, ja auch auf andere Körper, z. B. auf Thiere
und Pflanzen, hielten; auch hat sich die Meinung von
deren Schädlichkeit bis auf die neueste Zeit fortge=
pflanzt. Auch die Polizey in Italien verwendet hier=
auf ihre Aufmerksamkeit, indem es in den Bordellen
größerer Städte Gesetz ist, die Zimmer derjenigen
Mädchen, welche ihre Reinigung haben, von außen
zu bezeichnen oder zu verschließen, damit Niemand
hineingehe. Daß übrigens der specifike Geruch dieses
Blutes schon die seuchenartige Natur desselben anzeige,
muß doch wohl in Zweifel gezogen werden, da es bei
jungen gesunden, kräftigen, reinlichen und keuschen
Mädchen fast gar keinen oder doch nur sehr wenigen
Geruch hat, dagegen ist der Geruch desselben bei aus=
schweifenden und unreinlichen Frauenzimmern, und
dann auch, wenn sie schon ein gewisses Alter erreicht
haben, allerdings oft unangenehm, und läßt auf et=
was Miasmatisches schließen. Indessen bedürfen diese
Beobachtungen immer noch der unausgesetzten For=
schungen von Seiten der Aerzte, Chemisten und Na=
turforscher, um hierin aufs Reine zu kommen, ob die

Ausscheidung des monatlichen Geblüts bei den Frauen
wirklich etwas Ansteckendes besitze. Eisenmann
sagt: „Wenn sich aber im weiblichen Genital, viel=
leicht selbst mit Beihülfe des Chemismus, ein solcher
Ansteckungsstoff gebildet hat, so ist er noch keineswe=
ges das vollendete Trippergift, sondern dieses Conta=
gium vervollkommnet sich erst während seines Durch=
ganges durch den männlichen Organismus; da es
auch von andern Contagien bekannt ist, daß sie bei ih=
rer genuinen Entwickelung nicht so fürchterlich auftre=
ten, als wenn sie durch Mittheilung sich zur höchsten
Selbstständigkeit entwickelt haben. Diese genuin ent=
standenen Stoffe können daher nicht Contagien ge=
nannt werden; denn es sind eher Miasmen, indem
sie sich noch gar nicht bestimmt aussprechen, und es
bedarf der hierzu geeigneten Individualität des männ=
lichen Organismus, um sie aufzunehmen und zum
Tripper=Contagium zu entwickeln. Daher mag es zum
Theil auch kommen, daß Mehrere, die dasselbe Mäd=
chen besuchten, mit verschiedenem Glücke durchkamen;
auch mag daher der öfter bemerkte Fall kommen, daß
Ehemänner von ihren Frauen nicht angesteckt werden,
während Andere, die mit ihnen Umgang haben —
vielleicht wegen der größeren Zuneigung von Seiten
des Weibes und der dadurch sehr erhöheten Vitalität
im Genital — unreine Folgen bemerken." — Hier=
durch ist aber immer noch nicht ermittelt, wie sich diese
Krankheit bildet, obgleich es gewiß zu seyn scheint,
daß sie sich zuerst in dem weiblichen Zeugungstheile
entwickelt, und also in diesem ihren Ursprung hat,
nicht aber in dem männlichen; denn diesem wird sie
erst durch die Ansteckung während des Beischlafes mit=
getheilt, und deshalb kann man auch mit Gewiß=
heit annehmen, daß sie durch Unreinlichkeit in dem
weiblichen Zeugungstheile entsteht. Ob nun die
Menstruation dazu mit Veranlassung giebt, oder ob

gewiſſe Schärfen, die durch den männlichen Samen
verschiedener Individuen im Beischlafe dem weiblichen Genital mitgetheilt werden, und eine üble Beschaffenheit in den weiblichen Zeugungstheilen annehmen, wenn hier keine gehörige Reinigung erfolgt, dazu
beitragen, unterliegt genaueren Beobachtungen, die aber
hierin schwer anzustellen seyn mögen, und daher wird
man wohl sobald nicht auf den Grund der Erzeugung
des Trippers kommen. — Die Verbreitung des
Trippers geschieht nur durch den Beischlaf; wie aber
der Ansteckungsstoff in die Harnröhre des männlichen
Gliedes gelangt, darüber sind die Meinungen verschieden. Nach Cruikschank soll der Tripperschleim von
der Oberfläche der Harnröhre aufgesaugt, und auf die
Harnröhre wieder abgesetzt werden. Nach Nisbet
soll während des Beischlafs ein Theil des auszusprit-
zenden Samens an der Harnröhre zurückbleiben, sich
mit dem unreinen Schleime der weiblichen Scheide
vermischen, und bei der Erschlaffung des Gliedes in
die Harnröhre zurücktreten, welche Meinung aber für
unrichtig gehalten wird, weil man Beweise hat, daß
die Ansteckung schon vor der Samenergießung geschehen ist. Nach Weickard soll die Harnröhre durch die
ihr eigene Contraction oder Zusammenziehung den
im Beischlafe aufgenommenen Stoff bis zur Fossa
navicularis oder kahnartigen Grube gleichsam zurück-
schieben, welche Meinung auch das für sich haben soll,
daß die Harnröhre wirklich eine ähnliche, das Zurück-
bringen eingebrachter Substanzen möglich machende
Contraction äußert. — Hunter, Clossius und Ritter wollen, daß die Ansteckung an der Mündung der
Harnröhre geschehe. Dann wird noch angeführt, daß
die in dem Vaginalschleime bei Frauenzimmern einge-
hüllte Schärfe durch die Friktion beim Beischlafe frei
gemacht werde und sich als Gas entwickele. In dieser Gasgestalt dringe nun das Gift in die Harnröhre

ein, und diese Meinung hat das Meiste für sich; denn
sowohl durch die mechanische Reibung während des
Beischlafs, als auch durch den sich entwickelnden Hitze=
grad, sowie auch durch die beim Beischlafe gesteigerte
Vitalität des Genitals, welche diese Hitze hervor=
bringt, löset sich das Miasma auf, wird liquider, und
dringt in Gasgestalt in die Harnröhre, sowie über=
haupt leichter in die geöffneten Poren ein. Auch
Cruikschanks oben angeführte Meinung hat viel für
sich; denn man gewahrt, daß auch das schnelle Auf=
saugen des Trippergiftes, auch das schnelle Waschen
nach dem Beischlafe, nämlich bei einem verdächtigen
Frauenzimmer, überhaupt bei einem Freudenmädchen,
nicht immer gegen Ansteckung sichert. Mehr soll es
vor dem Beischlafe Citronensäure thun, wenn man
damit das Glied bestreicht, besonders an der Eichel
herum, weil durch die Säure im Beischlafe bei einem
Freudenmädchen 2c. leicht die Ansteckung entdeckt wird,
wenn sie nämlich bei dem Frauenzimmer schon zur
Ausbildung gekommen ist, durch den Schmerz, den
die Säure bei einer wunden Stelle erzeugt. — Was
den Zeitraum zwischen der Ansteckung und dem Aus=
bruche des Trippers anbetrifft, so soll sich diese nicht
mit Gewißheit bestimmen lassen; vor den ersten vier
und zwanzig Stunden nach der Ansteckung sollen noch
keine durch das Gift erzeugte Erscheinungen bemerkt
worden seyn. Soviel soll übrigens gewiß seyn, daß
die Qualität des Contagiums selbst, vorzüglich aber
die Individualität und das Temperament des Ange=
steckten, auf die Zeit des Keimens einen großen Ein=
fluß hat. — Bretschneider, welcher über den
Zeitraum, der zwischen der Ansteckung und dem Aus=
bruche des Trippers verläuft, bei seinen Beobachtun=
gen eine genaue Tabelle geführt hat, hat bei 195
Kranken folgende Zeitverhältnisse hinsichtlich des Aus=
bruchs der Krankheit gefunden:

Am 1ſten Tage nach der Anſteckung erſchien der
Tripper bei   1 Individuum,
am 2ten bei   1   =
am 3ten bei   80   =
am 4ten bei   30
am 5ten bei   21
am 7ten bei   25
am 10ten bei   19
am 14ten bei   9
Nicht genau zu beſtimmen war
   die Zeit bei   9   =

                      195 Individuen.

Uebrigens will er ein unbezweifeltes Beiſpiel beobachtet haben, wo der Tripper erſt fünf Wochen nach
dem Beiſchlafe entſtand. Duncan, und nach ihm
Swediaur, erzählt, daß ein junger Mann, der mit
anſcheinend guter Geſundheit von London nach Oſtin-
dien abgereiſet war, als er nach der Fahrt von vier
Monaten ſich dem heißen Klima näherte, ehe er noch
den Fuß ans Land ſetzte, einen bedeutenden veneri-
ſchen Tripper bekam. Da nun eine Anſteckung während der Reiſe unmöglich war, ſo muß ſolche doch vor
der Abreiſe erfolgt ſeyn, alſo hat das Trippergift über
vier Monate bis zur Entdeckung verborgen gelegen.
Andere Aerzte wollen dieſes aber nicht zugeben, und
wenn ſich eine ſolche Krankheit in dieſer Zeit bemerkbar mache, ſo ſey ſie nur rheumatiſcher Natur, oder
vielleicht durch die zu ſehr geſalzenen Speiſen auf
Schiffen erzeugt, mit einer Prädispoſition zu einem
Ausfluſſe aus der Harnröhre. — Im Allgemeinen ſoll
ſich der Tripper zwiſchen dem 3ten und 7ten Tage
nach der Anſteckung zeigen; krankhafte Ausflüſſe aus
der Harnröhre, die nach vierzehn Tagen eintreten, ſollen ihr Daſeyn von einer andern Urſache haben, oder
der Kranke hat ſich in Hinſicht der Zeit getäuſcht.

Was nun die Zeichen der Ansteckung betrifft,
so ist ein wesentliches Aufmerken darauf besonders nöthig, um gleich von einer Ansteckung überzeugt zu seyn.
Wie schon oben, S. 382, angeführt worden, hat der
Tripper bei Männern seinen Sitz in der Harnröhre,
aber hier nicht bloß in der Schleimhaut, sondern auch
in den Schleimhöhlen und in den Morgagnischen
Drüsen derselben; bei den Frauen sitzt er in der Va-
ginalschleimhaut, besonders an ihrer hintern Wand, und
in den Drüsen dieses Organs; er ergreift aber die
Harnröhre häufig consensuell, was aus dem Harnbrennen hervorgeht. Wenn nun diese Theile von einer Ansteckung ergriffen worden, das heißt, wenn der
ansteckende Stoff von der Frau dem Manne, oder
umgekehrt, mitgetheilt worden, und die Wirkung auf
den Organismus beginnt, so zeigt sich diese nicht selten durch eine fieberhafte Aufregung. Dieses ist ein
sicheres Zeichen von der Auffaugung des Giftes, daß
es sich in den Organen befinde und die Nerven und
Gefäße anrege. Um hier nicht weitläuftig zu werden,
da man den Tripper in drei Perioden theilt, nämlich in
die der Evolution oder der Entwickelung, in die der
Blüte, und in die der Involution oder Krise, und die
zweite Periode wieder in drei Abtheilungen bringt,
nämlich in den erethischen, synochalen und eri-
sypelatosen Tripper (s. weiter unten, am Schlusse
der verschiedenen Tripper), so sollen hier nur die
Symptome oder Zeichen bei dieser Krankheit im Allgemeinen zusammengefaßt werden, ohne die Stadien
im Einzelnen weiter durchzugehen. Die Zeichen der
Ansteckung bei Männern und deren Verlauf sind:
Kitzel in der Eichel, ohne unangenehmes Gefühl, und
eine erhöhete Neigung zum Beischlafe, als erste Erscheinungen; häufige Erectionen und nächtliche Pollutionen, häufigeres Uriniren, als gewöhnlich. Nach
dreien Tagen ändert sich das vorher nicht unangenehm

gewesene Gefühl in Schmerz, der besonders die Harn=
röhre und in dieser die kahnförmige Grube einnimmt;
Brennen und Schmerzen beim Harnlassen, Spannung
in der Harnröhre; die Lippen der Harnröhren=Mün=
dung röthen sich, schwellen an, werden empfindlich, ja
die Mündung selbst wird zuweilen mit einer Kruste
oder Borke verschlossen; dabei sondert sich ein wäs=
seriger, milchiger Schleim in der Eichel ab, der
im Verlaufe der Krankheit dicker wird, und einen
grünlichen Ton annimmt; auch zuweilen ins Gelb=
grüne spielt, und besonders des Morgens häufiger fließt,
zuweilen Geschwulst, angelaufene Leistendrüsen, im
Samenstrange und in den Hoden eine Art Krampf.
Im Verlaufe der Krankheit werden auch die Erec=
tionen und Pollutionen schmerzhafter, die Nächte bringt
der Kranke unruhig hin; durch die Anschwellung der
Harnröhre entsteht eine Verengung derselben, die zu
großen Urinbeschwerden und Krümmung des Gliedes
Veranlassung giebt; zuweilen bildet sich hinter einer
solchen Verengung ein kleiner Sack, welchen der da=
rin vorhandene Harn immer mehr ausdehnt, zuweilen
auch entzündet und in Eiterung setzt. Die Schmerzen
ziehen sich zuweilen von dem Mittelfleische bis über
die Oeffnung des Afters hinaus, auch an die Lenden
hin. Wenn nun der Tripper zwischen drei und vier
Tagen, auch wohl noch länger, nach der ersten Er=
scheinung desselben, wo er sich zwischen dem dritten
und siebenten Tage entwickelt, den Culminationspunkt
seines Verlaufs durchwandert hat, das heißt, die höch=
ste Blüte seines Entzündungsprozesses; so fängt dieser
allmählig an, sich zu mildern, die Geschwulst der Ei=
chel, der Vorhaut, der Drüsen, läßt nach, die consen=
suellen Erscheinungen nehmen ab, oder verlieren sich,
obgleich die Harnröhre noch nicht ganz schmerzfrei ist;
auch geht der Urin noch nicht ohne Brennen ab. Der
Ausfluß verliert aber den grünen Ton in seiner Farbe,

und seinen specifiken Geruch, wird dick, gallertartig, so
daß er sich in Fäden ziehen läßt; er hört auf kalinisch
zu reagiren; verändert, unter steter Abnahme der un=
angenehmen Empfindung, seine Quantität oder Menge,
und bleibt zuletzt ganz aus. Bei diesem Abnahme=
prozesse der Krankheit sind die Lippen der Harnröhren=
Mündung, nach Louvier, besonders zu beobachten,
indem sie als diagnostisches Zeichen von Werth sind;
denn der Tripper ist so lange seiner Heilung nicht
nahe, als diese Lippen noch angelaufen und geröthet
sind. Dieses ist die letzte Periode der Krankheit,
der Krise für den Organismus. Der kritische Aus=
fluß in dieser Periode darf, nach Eisenmann, nicht
unterdrückt, sondern muß befördert werden; denn was
der kritische Schweiß, Harn ꝛc. für das akute Fieber
ist, das ist hier die Ausscheidung des immer dicker
werdenden Schleimes für den Tripper; denn dieser
Schleim verhält sich, abgesehen von seiner Contagio=
sität, zum Genital, wie der kritische Auswurf nach
Pneumonien zur Lunge. Sind die kritischen Bemü=
hungen zu schwach, oder werden sie gestört, so ent=
stehen mannigfaltige Folgekrankheiten. Finden sich
in der Reconvalescenz Diätfehler, besonders Erkäl=
tungen, so entsteht oft ein Rückfall des Trippers; denn
man kennt mehrere Beispiele, daß Tripper=Reconva=
lescenten von neuem mit einem heftigen Harnröhren=
flusse befallen wurden, welche bei einer kühlen Jah=
reszeit ihr Wasser auf der Straße ließen, und sich da=
durch eine Erkältung zuzogen, wie dieses ja auch mit
dem Schnupfen der Fall ist. — Bei dem Tripper der
Weiber findet im Ganzen das vorher Gesagte eben
so Statt, wie bei dem männlichen Tripper. Die da=
bei vorkömmenden Modifikationen sind bedingt: 1)
durch den Umstand, daß das Genital= und Harnsy=
stem bei Frauen nicht so eng verbunden sind, als bei
Männern, und 2) in dem Unterschiede, der in Hin=

ſicht des organiſchen Baues und der Empfindlichkeit
zwiſchen der männlichen Urethra oder Harnröhre und
der Vagina oder Scheide der Weiber Statt findet.
Das einmal entwickelte Contagium iſt daſſelbe, der
Verlauf ähnlich, nur die Metaſtaſen bieten einige
Verſchiedenheit, theils wegen der Organe, die nur ei=
nem Geſchlechte zukommen, theils aus andern noch
unbekannten Gründen. Die erſte Periode des Trip=
pers bei Weibern zeigt ſich, wie bei Männern, durch
Reizung, Kitzel der Scheide, Anſchwellen der Lefzen
und der Schleimhaut, und vermehrten Drang zum
Beiſchlafe. Unter dieſen Umſtänden wird die Scheide
heiß, erweitert ſich unten, wird empfindlich gegen
Berührung, und ſondert eine ähnliche, eiterartige Ma=
terie ab, wie bei den Männern der Tripper in der
erſten Periode. In der zweiten vermehrt ſich die
Entzündung nach den verſchiedenen Charakteren des
Trippers. Die Scheide wird in dieſem Zeitraume mehr
oder weniger ſchmerzhaft, die Entzündung verbreitet
ſich nicht ſelten auf das Osteum cutaneum Urethrae,
welches ſich röthet, empfindlich und ſchmerzhaft wird,
dadurch Harnbrennen verurſacht, welches in heftigen
Fällen wegen der Kürze des Kanals oft gänzliche
Hemmung des Urinabganges erzeugt; auch ſondert
die Scheidenſchleimhaut, im Verhältniſſe zu ihrem
Flächenraume, eine weit größere Menge des ſtark=
riechenden weißgrünen Schleimes ab, als die Harn=
röhre der Männer, welcher, wenn auch nicht immer,
doch öfters eine ätzende Eigenſchaft annimmt, Scheide,
Schamlefzen, Schenkel, und bei ſeinem Abfluſſe in der
Rückenlage ſelbſt das Ende des Maſtdarmes zerfrißt,
wobei meiſtens Spannung und Schmerz in der Lei=
ſtengegend erſcheint, auch wird das Mittelfleiſch häufig
ſchmerzlich ergriffen, ſelten tritt die Harnblaſe in Mit=
leidenſchaft. Tritt die monatliche Reinigung in die=

ser Periode ein, die bei dieser Krankheit nicht aus=
bleibt, so vermehren sich sämmtliche synochale Er=
scheinungen. Fieber ist öfters zugegen, und nach dem
Charakter der Krankheit verschieden. In der dritten
Periode zeigt sich eben so, wie bei Männern, eine
allmählige Abnahme sämmtlicher Symptome, ein
Dicker=Seltenwerden des Ausflusses; allein zur voll=
kommenen Krise sind die Genitalorgane bei Frauen
zu schwach, und der Organismus bedarf einer ärzt=
lichen Hülfe; nur bei sehr kräftigen Frauen kann oft
die Unterstützung von Seiten der Kunst unterbleiben.
Der Tripper bei Frauen erreicht nie den Grad der
Heftigkeit, wie bei Männern, dagegen ist aber auch
der Verlauf desselben viel schleichender, als der des
männlichen, und schon Boerhave sagt: daß der
Frauentripper zwar weniger beschwerlich, aber desto
langwieriger und hartnäckiger sey. — Die Dauer
des Trippers läßt sich nicht genau bestimmen, da
diese von dem Contagium, von der Individualität des
Kranken, und von dem Klima abhängt; daher hängt
auch die Annahme, daß sich derselbe, selbst überlassen,
genau in einundzwanzig Tagen verlaufe, wohl nicht
von dieser genauen Bestimmung der Zeit, sondern
von jenen Verhältnissen ab. Im Durchschnitte währt
diese Krankheit zwischen vierzehn und einundzwanzig
Tagen, doch kann sie leicht durch ein zweckmäßiges
Verfahren um mehrere Tage früher geheilt werden.
Dauert sie länger, so gehört sie nicht mehr der akuten,
sondern der kronischen Form an. In dieser Form
bleibt immer noch ein fortbestehender mäßiger Reiz,
und ein geringes Harnbrennen, bei welchem immer
noch Tripperschleim abgesondert wird, statt bei der
Ersteren der Tripper in eine vollkommene Genesung
unter Abnahme aller schmerzhaften Gefühle rc., über=
geht. — Besondere Folgekrankheiten des Trip=
pers entstehen noch: 1) Wenn der Harnröhrenfluß

durch innere oder äußere Ursachen unterdrückt wird.
2) Wenn ein Nachtripper entsteht. 3) Wenn sich ein
gonorrhoisches Geschwür in der Harnröhre bildet.
4) Wenn örtliche Folgekrankheiten entweder das Genital oder den Geschlechtstheil als solches, oder einen
Theil desselben befallen. Unter die erstere Gattung
gehört das Schwinden der Hoden, geschwächte Energie im männlichen Zeugungstheile, öfters beobachtete
Unfruchtbarkeit im weiblichen. Unter die zweite Gattung gehört: eine fortbestehende Aufregung der Ge-
nitalnerven, die chronische Chorde, und die bekannten
Auswüchse, die außerhalb an der Eichel und Vorhaut,
bei Frauen an den Schamlippen, in seltenen Fällen
an der Urethra selbst ihren Sitz haben. 5) Verschiedene Formen der Tripperseuche, als Tripperflechten,
Trippergeschwüre und Trippertropheln. 6) In Zerstörung des Lebens durch Brand des Zeugungstheiles,
hauptsächlich aber durch Brand der Blase oder andere
böse Ausgänge der Entzündung dieses Organs.

Was nun die Behandlung des Trippers anbetrifft, so kann hier nur dasjenige über das Heilverfahren bei dieser Krankheit angeführt werden,
was sich mehr auf die eigene oder Selbstkur bezieht, wenn diese bei dem gutartigen Erscheinen dieser
Krankheit noch möglich ist, weil sonst ein Arzt zu Rathe
gezogen werden muß, wie auch schon oben, S. 371,
angeführt worden. Sobald sich Zeichen wahrnehmen
lassen, daß man angesteckt worden, und man solches
auch aus dem Umgange mit einem Frauenzimmer
von nicht gutem Rufe, welchen man vorher gehabt,
vermuthen muß, so richte man sogleich seine Lebensweise darnach ein. Man muß sehr diät leben, kein
Fleisch und keine Fleischsuppen essen, auch keine Eyer-
speisen, weder Bier, noch Branntwein, oder Wein,
überhaupt keine erhitzenden Getränke trinken, sondern
nur dünne schleimige Kost genießen, und viel Milch,

Hafergrütze oder Gerstenschleim trinken, welche letztern Schleimarten mit Zucker versüßt werden können.
In Frankreich trinkt man bei dieser Krankheit ziemlich allgemein kalten Leinsamenthee, ohne, oder mit einem Zusatze von Mandelsyrub; auch wissen daselbst,
besonders in Paris, die Layen von allen Ständen mit
der Behandlung dieser Krankheit sehr gut Bescheid;
sie brauchen Tisane mit etwas Salpeter, und bei ihrem einfachen Verlaufe kommt sie daher selten zur
Kenntniß des Arztes. Man kann auch in dieser Krankheit Mandelmilch, Zuckerwasser, Milch und Wasser,
Gerstenschleim, Eybischthee und Orgeade trinken. Auch
die trinkbaren Schwefelwasser, wie z. B. das Renn-
dorfer, lindern das Harnbrennen. Man kann auch
Milch in die Harnröhre spritzen, auch Molken mit
Veilchensyrub oder Gerstenwasser mit Honig. Man
bedient sich zur Einspritzung besonderer kleiner Trip-
perspritzen von Elfenbein. Vogel bediente sich dazu
eines kleinen runden Beutels von elastischem Harze,
woran eine feine elfenbeinerne Röhre befestigt ist.
Vermittelst dieses Instruments soll sich die Milch oder
jeder andere Liquor bequem und ohne Hinderniß, ohne
Gefahr einer Verletzung, sanft in die Harnröhre bringen lassen. Da aber hierbei oft Mißbrauch entsteht, so
haben mehrere Aerzte diese Methode verworfen, und
wollen dafür Klystiere in der Entzündungsperiode
von bloßem lauem Wasser oder Seifenwasser empfehlen, welche weit nützlicher seyn, und wesentlich zur
Minderung der entzündlichen Reizung beitragen sollen. — Zum Einspritzen bedient man sich auch des
Althee= oder Salapdekocts oder auch eines Leinsamen-
aufgusses, der mit Opium gehörig abgerieben und
durchgeseihet worden. Man nimmt 1 bis 2 Skrupel
Opium auf 4 bis 6 Unzen Flüssigkeit. Die Einspritzungen müssen alle zwei Stunden wiederholt werden. Auch kann man, ist der größte Schmerz et-

was befänftiget worden, oder ist die Entzündung
schon etwas älter, einen bis zwei Tropfen Bley=
extrakt unter die einzuspritzende Feuchtigkeit mischen.
Auch Einspritzungen von verdünntem Chlor wer=
den empfohlen. Man gießt ungefähr einen Theil
Chlor zu sechs Theilen lauwarmen Wassers, welche
Mischung bei jedem Gebrauche neu bereitet werden
muß, weil sich das Chlor leicht verflüchtiget Diese
Säure wird daher in einem gut verkorkten Glase auf=
bewahrt, wobei man das Glas in einen mit kaltem
Wasser angefüllten Topf stellt. Man kann das Chlor
zum Einspritzen auch mit einem schleimigen Dekoct
verbinden. Auch das sogenannte blaue Wasser
wird von einigen Aerzten zur Einspritzung empfohlen.
Siedendes Wasser wird nämlich in einem großen Kes=
sel mit birkenen Ruthen gepeitscht, daß es nicht zum
Aufbrausen kommt, bis es eine blaue Farbe erhält.
Bei der Einspritzung hebt man das männliche Glied
mit der linken Hand in die Höhe, und faßt die ge=
füllte Spritze mit der rechten Hand so, daß man den
untern Theil derselben so nah, als möglich, an die
Mündung mit dem Daumen und Mittelfinger hält,
und den Zeigefinger auf den Stempel der Spritze setzt,
mit welchem man denselben niederdrückt. Diese Art
des Haltens der Spritze zum Einspritzen der Flüssig=
keit in die Harnröhre soll die geeignetste seyn, um sich
nicht wehe zu thun. Sobald die Spritze in die Harn=
röhre entladen ist, so hält man die Mündung der
Harnröhre mit den Fingern zu, senkt das Glied, da=
mit die Flüssigkeit die schiffförmige Grube einige Zeit
bespüle, und läßt dann das Eingespritzte wieder aus=
laufen. Dieses Verfahren soll man auch einige Male
hintereinander wiederholen können. Da aber oft die
Empfindlichkeit der entzündeten Harnröhre so groß ist,
daß sie auch die sanftesten Einspritzungen nicht leidet,
so muß davon abgestanden werden, wie schon vorher

bemerkt worden; man muß sich dann bloß mit den übrigen äußeren Mitteln behelfen. Der Erectismus wird im Allgemeinen durch laue Bäder oder örtliche Milchbäder gemildert; eben so durch das Baden des Gliedes in warmem Baum= oder Mohnöl. Der Kranke füllt nämlich ein langes irdenes Gefäß mit Baum= oder Mohnöl an, läßt es gelinde erwärmen, und bähet damit das Glied so oft und lange, als es ihm die Zeit erlaubt. Es sollen sich dadurch die Schmerzen und krampfhaften Zufälle zusehends vermindern. Auch das Einhüllen des kranken Gliedes in weiche Leinwand, die an der Stelle, wo sie die Mündung der Harnröhre berührt, mit Oel angefeuchtet, oder auch ganz in Oliven= oder Mohnöl getaucht worden, lindert das Harnbrennen. Auch Umschläge aus Leinsamen, Schierling, Bilsenkraut, Opium ꝛc. (die Letzteren kommen bei der ärztlichen Behandlung vor), so auch Blutausleerungen, wo es nöthig erscheint, um den Entzündungsstoff zu vermindern. Auch leisten in der ersten Periode des Trippers kalte örtliche Bäder, anhaltend und fleißig angewendet, oft die schnellste Hülfe. Man hüte sich ferner vor Verkältung, lasse bei kaltem Wetter den Urin nicht auf der Straße oder sonst an kalten Orten, weil dadurch der Krankheitsverlauf entweder in seiner Heftigkeit gesteigert oder von der Harnröhre ganz verdrängt wird. Auch muß sich der Kranke eines Suspensoriums bedienen, damit die Hoden nicht so leicht in Mitleidenschaft gezogen werden; denn Penny *) hat die Beobachtung gemacht, daß unter acht Tripperkranken Bergschotten fünf Hodengeschwülste bekamen, und schreibt diese Erscheinung dem Mangel an Beinkleidern zu, welche bei den übrigen Europäern zum Theil den Tragbeutel ersetzen. — In der letzten Periode, wenn der Tripper

---

*) A Treatise on the venereal Disease. Lond., 1782.

abzunehmen anfängt, der Schmerz sich verliert, und das Harnbrennen geringer wird, so bleibt es eine Aufgabe des Arztes, wenn dieser nämlich einzu=schreiten genöthigt worden, die schädlichen Einflüsse abzuhalten, und die Krise zu unterstützen: Salmiak, Senegawurzel, Gummi ammoniacum, Terpentin, Co=paivbalsam, Peruvianischen und Canadaischen Balsam, Cubeben, schwarzer Pfeffer und das Ferrum ammo=niacale bilden eine Reihefolge von Mitteln, welche hier angewendet werden können, die aber in Hinsicht der Quantität und der Wahl unter diesen Mitteln hinsichtlich ihrer Intensität, mit der noch vorhandenen Reizbarkeit im umgekehrten Verhältnisse stehen. Auch kann man hier noch jene Narcotica zusetzen, welche die Reizbarkeit am Genitalsysteme beschränken, z. B. Extractum cicutae, Lactucarium, auch Kampher ꝛc. Eisenmann fand hier den Salmiak als ein vorzüg=liches Mittel. Er gab denselben zu einer Drachme mit einem schleimigen Dekoct von 5 bis 6 Unzen mit oder ohne Narcoticis, und ließ dann alle Stunden einen Eßlöffel voll nehmen. Naht der Tripper bei dieser Behandlung seinem Ende, ist das Harnbrennen beinahe verschwunden, dann gab er den Copaivbal=sam in folgender Mischung:

    ℞ Balsam. copaivae ℥ß
       Ol. Menthae pip. gtt. jv.
       — cariophyl. gtt. j.
      Tincturae opii Spl. ℨij
    D. S. des Tages dreimal 30 Tropfen auf Zucker
      zu nehmen.

Diese Mischung mit dem Balsam ist darum hier an=geführt worden, weil derselbe, für sich gegeben, sehr nachtheilig auf die Verdauung wirkt, und häufige Durchfälle macht. — Bei weniger Reizbarkeit und größerer Unthätigkeit der Natur, welche sich besonders durch einen mehr dünnflüssigen Ausfluß zu erkennen

giebt, soll man mit den Mitteln hinsichtlich ihrer Qualität steigen, oder es werden folgende Substanzen gewählt:

Rc Ferr. amoniac gr. v.
℥ Gummi ammoniac. gr. jjj.
— rad. polyg. Seneg. gr. v.
— succi rad. liquir. ℨj.
M. fiat pulvis D. tales Dos. XII.
S. Alle 3 — 4 Stunden ein Pulver zu nehmen.

Auch die Cubeben zu einer halben bis ganzen
Drachme pro Dosi dreimal des Tages genommen,
sollen hier von guter Wirkung seyn. Doch zieht
Eisenmann den Balsam den Cubeben vor. Was
das Verhalten des Kranken in diesem letzten Stadium anbetrifft, so muß derselbe Acht auf den Tem-
peraturwechsel haben, weil die Krisen durch kaltes
und feuchtes Wetter leicht unterdrückt oder verzögert werden, auch zuweilen heftige Recidive entstehen; denn mancher Tripper geht trotz aller Aufmerksamkeit des Arztes in den kronischen Verlauf
über, weil der Kranke durch sein Verhalten alle
Bemühungen des Arztes vereitelt. Die Diät kann
in diesem Zeitraume etwas nahrhafter seyn; alle
geistigen Getränke sind aber noch zu vermeiden, so
auch die ermüdenden Anstrengungen, besonders auch
Gemüthsbewegungen. — Gegen den Nachtripper, den Schleimfluß aus der Harnröhre, der, nach
gehobener Entzündung, oft mehrere Monate lang
schmerzhaft fortdauert, wird starker Wachholderbeer-
thee zu trinken empfohlen. Auch Wachholderbeer-
mus, zwei Eßlöffel voll auf eine Bouteille Wasser, theilt dem Urine die Eigenschaft mit, den brennenden Schmerz zu mildern. Cubeben in Pulver,
dreimal des Tages zu einem halben Eßlöffel voll
genommen, macht oft, daß der Ausfluß schon nach

drei bis vier Tagen vergeht; auch soll der Harn
davon den Geruch annehmen, das heißt, den Geruch der Cubeben. Einige Purganzen aus Magnesia und Rhabarber leisten zur Heilung des Nachtrippers oft mehr, als alle balsamischen Mittel.
Die zurückgebliebenen dumpfen Schmerzen in der
ganzen hypogastrischen Gegend, am Damm und
andern Theilen, werden durch Dampfbäder sehr
vermindert, welche man am leichtesten bereitet, indem man ein Gefäß mit kochendem Wasser und
Kamillenblumen in den Nachtstuhl stellen läßt, worauf sich der Patient, als wenn er zu Stuhle gehen wollte, setzt, und diese warmen Dämpfe an das
Mittelfleisch ziehen läßt. Diese Dampfbäder müssen oft wiederholt werden. Zur Abkürzung eines
sehr langwierigen Schleimflusses, empfiehlt man in
England das Reiten, kalte Flußbäder, und örtliche
kalte Bäder. Besonders das fleißige Waschen des
Mittelfleisches und Hodensackes, indem man sich über
ein Becken mit kaltem Wasser hockt, und so das
kalte Wasser mit der hohlen Hand an das Mittelfleisch und die übrigen Theile spült. — Nach
Heyfelder soll der Copaivbalsam allein, oder mit
bittern Tropfen, zu 12 bis 15 derselben gemischt,
gleich beim Anfange des Trippers gebraucht, dieses Uebel sehr abkürzen, und die heftigen Schmerzen lindern. Dann thut ein Glas Wein, neben
nahrhafter Fleischkost und Bewegung in der freien
Luft bei trockenem, heiterm Wetter, zur Abkürzung
des Nachtrippers gute Dienste. Man versäume
übrigens in dieser Krankheit nicht, den Leib offen
zu erhalten, aber nicht mit Salzen, sondern mit erweichenden Klystieren, Calomel, Magnesia ꝛc.; dann
muß Alles innerlich und äußerlich vermieden werden, was das Glied drückt, zu sehr erwärmt, reizt,
erhitzt, und Erectionen veranlaßt; deshalb sind zu

warme Bedeckungen, auch alle eigentlich sogenannten Diuretica und Salpeter, gährende Getränke ꝛc. hier nachtheilig. — Diese Behandlungsart des Trippers gehört eigentlich für die Männer, da aber die Behandlungsart des Weiber= oder Frauentrippers in vielen Stücken mit jener übereinkommt, so kann auch das oben angegebene Verfahren mit Berücksichtigung der weiblichen Natur hier Anwendung finden. Auch hier ist Reinigung der Genitalien nach dem Beischlafe zu empfehlen, besonders Einspritzungen mit verdünnter übersaurer Salzsäure. Der erste Zeitraum verläuft bei Weibern fast eben so, wie bei Männern, ohne ärztliche Hülfe, auch bleibt hier, die Einspritzung mit Chlor vielleicht ausgenommen, nichts zu thun übrig. In der zweiten Periode ist das Heilverfahren sehr analog mit dem beim männlichen Tripper, lauwarme Waschungen und Bäder, warme Dämpfe von Emollientiis und Narcoticis, die mittelst eines Schwammes angebracht werden können; Einspritzungen von Eibischdekoct oder lauem Wasser mit Chlor ꝛc. Innerlich die Salzsäure mit einem schleimigen Dekoct, dabei schleimige ölige Getränke, Mandelmilch, Hanfsamendekoct; auch kann man bei Frauen Salpeter geben, und bei großer Entzündung Blutegel ins Mittelfleisch setzen. Man sorge ferner für Offenhaltung des Unterleibes durch die oben angeführten Mittel; auch ist hier Reinlichkeit ein vorzügliches Bedürfniß, damit der Tripperschleim nicht ätzend auf die übrigen Theile einwirke; denn es ist häufig der Fall, daß der abfließende Schleim Mittelfleisch und Schenkel aufätzt, und zuweilen Geschwüre erzeugt, die mit syphilitischen verwechselt werden. Zum Theil schützen gegen ein solches Aufätzen die Einspritzungen mit Chlor, weil dadurch der Schleim neutralisirt wird. Man kann aber auch die Schenkel und andere nahe

arten, sind nur gesteigerte Grade des wahren Trippers. So ist der erethische Tripper der unterste
Grad, also der gelindeste Verlauf des wahren Trippers; es ist die Grundform, die ohne ärztliche Hülfe,
bei einem gehörigen Verhalten, gehöriger Diät, dünnen schleimigen Getränken, wie oben angeführt worden, verläuft. Nimmt diese Art einen mehr entzündlichen Charakter an, so tritt der synochale Tripper
ein, bei dem schon der Arzt nöthig ist, da seine Behandlung weit complicirter ist, auch blutausleerende
Mittel gebraucht werden müssen, auch warme Dämpfe
von erweichenden und narkotischen Kräutern durch einen Nachtstuhl an die Geschlechtstheile geleitet re. Bei
dieser Form des Trippers kommen die meisten und
heftigsten sekundären Erscheinungen, als Phimosis,
Paraphimosis, Chorda, Anschwellung der Leistendrüsen und der Hoden, Harnverhaltung re. vor. Der
erisypelatose Tripper offenbart sich durch den
Rothlauf; er hat eine rothläufige Complikation, die
erst bei der Behandlung beseitigt werden muß; denn
ist diese entfernt, so hat man es nur mit dem gemeinen Tripper zu thun. — Der Lungentripper
kann nur durch einen unterdrückten Tripper entstehen,
der sich auf die Lungen wirft; nämlich durch eine mittelst Einsprizungen von Goulard'schem Wasser bewirkte Unterdrückung kann oft eine Entzündung der
Lungen entstehen, wie solches Forcade (Annales de
la société de médecine pratique de Montpellier,
1806, Bd. 7, Februar) beobachtet hat. Diese Entzündung wich nicht der antiphlogistischen Methode; allein auf Einsprizungen von einer Auflösung des flüch-
tigen Laugensalzes in die Harnröhre, wodurch der
Tripper wieder hergestellt wurde, verschwand sie in
acht Tagen. Also auch durch jede andere Unterdrük-
kung oder Stopfung dieses ansteckenden Schleimflusses. Die Dauer des Lungentrippers richtet sich nach

der Behandlung, da er ohne Einschreiten der Kunst,
also des Arztes, einen kronischen Verlauf annimmt,
und mit der Phthysis verwechselt werden kann. —
Der schwarze Tripper soll schon, nach Eisen=
mann, im siebzehnten Jahrhunderte vorgekommen
seyn; denn Valentin Andreas Moellenbrock
sagt schon 1688 vom Tripper: Materia colorem os-
tendit interdum nigricantem. Von dieser Zeit an
hörte man nichts mehr von demselben bis auf Tode,
der nur beiläufig denselben erwähnt. Gegen Ende
des vorigen Jahrhunderts (1798) ließ ein praktischer
Arzt in Hannover in die medizinische National=
zeitung für Deutschland (Jahrgang 1, S. 29)
eine Anfrage an Hamburgs Aerzte, den schwarzen
Tripper betreffend, einrücken, der nach Aussage eines
Layen in Hamburg häufig vorkommen sollte; allein
die Angabe war falsch; denn die Hamburger Aerzte
wollten keinen schwarzen Tripper beobachtet haben.
Im Jahre 1807 kommt diese Krankheit wieder in
Hufelands Journal, Bd. 26, St. 4, S. 79, vor.
Der Professor Hecker theilt nämlich darin mit: „Un=
ter die pathologischen Seltenheiten, die wir während
des letzten Jahres hier gesehen haben, gehört denn
auch der sogenannte schwarze Tripper, von welchem
man vor mehreren Jahren allerlei seltsame Sagen
verbreitete. Auch hier erzählte man sich, wie das Uebel,
das in der Farbe der Unschuld schon schlimm genug
ist, nun gar in der Livrée des Teufels erscheine. Was
an der Sache, die ich sehr genau untersucht habe, wahr
ist, ist Folgendes: Entweder nimmt der gelbgrüne
Ausfluß, wenn er sich mehrere Tage lang in der
schmutzigen Wäsche sammelt und trocknet, wirklich eine
schwärzliche Farbe an, besonders wenn ihm etwas
Blut beigemischt war, oder die kranken Theile ent=
zünden sich von einem zu oft wiederholten brutalen
Beischlafe bis zu dem Grade, daß sie dunkelroth bley=

farbig aussehen, und daß wirklich eine braun-schwärz-
liche Jauche ausfließt. Wenn junge, der Ausschweifung überhaupt, oder doch der höhern Grade noch un-
gewohnte Mädchen, vom Abende bis zum Morgen
einem wilden Haufen zur Befriedigung des brutalen
Geschlechtstriebes dienen, dann bekommen sie unfehl-
bar, selbst ohne alle venerische Ansteckung, einen solchen schwarzen Tripper. Bei Mannspersonen kann
dieser Fall nur bei der heftigsten Entzündung der Eichel und der Vorhaut eintreten; ein Ausfluß von dunkler Farbe ist daher eben nicht selten bei einer vernach-
lässigten Phimosis oder Paraphimosis." — Seit dem
genannten Jahre 1807 kam der schwarze Tripper
wieder in Vergessenheit, bis man ihn im Jahre 1813
bis 1814 wieder gesehen haben wollte, wo er aus
Rußland gekommen, und der Armee bis Paris über
Berlin gefolgt seyn soll; indessen ist darüber nichts
Bestimmtes bekannt geworden, und daher soll dasjenige, was Hecker oben darüber mittheilt, wohl das
Gewissere über diese Erscheinung seyn. Mit Rußland
oder dem Russischen Klima hat aber dieser Tripper
nichts gemein; denn er kann überall vorkommen, besonders in Kriegszeiten, wo sich große Armeen in
Ländern aufhalten, und die Soldaten mancherlei us-
schweifungen begehen, besonders dem Geschlechtsgenusse übermäßig opfern. — Der kronische Tripper. Er entsteht, wenn der akute Tripper die zu seiner Entscheidung nöthigen örtlichen Krisen nicht durch-
führen kann, wenn der ausfließende Schleim nicht sehr
dick und consistent wird, und unter Ausbleiben der
übrigen Trippersymptome allmählig ganz verschwindet, so geht die akute Form des Trippers in eine kronische über. Es ist also ein Stehenbleiben des Trip-
perprozesses im dritten Stadium seines akuten Ver-
laufes. Der Ausfluß verhält sich bei dieser Form sehr
verschieden, und giebt daher kein diagnostisches Zei-

chen; denn bald behält er eine grünliche Farbe, bald
ist er gelb oder weiß. Eben so verhält es sich mit
der Consistenz und der Quantität, welche Letztere oft
so unbedeutend ist, daß der Kranke nur des Morgens
die Spuren dieser abnormen Secretion noch findet.
Anders dagegen verhält es sich mit den übrigen Erscheinungen, die sich gewöhnlich beim Tripper finden,
welche aber mit geringer Intensität bei dieser kronischen Form fortwähren. Der Kranke fühlt, besonders
beim Urinlassen, an einer oder mehreren Stellen der
Harnröhre ein Brennen, ähnlich dem, welches im
akuten Verlaufe die Urinaussonderung schmerzlich
macht. Zuweilen stellen sich auch des Nachts Erectionen ein, welche die Kranken diesem Leiden zuschreiben. Diese Symptome sind sich aber nicht zu jeder
Zeit an Intensität gleich; denn öfters bewirken äußere
Einflüsse eine größere Aufregung des leidenden Theils,
dagegen tritt wieder bei Ruhe und zweckmäßiger Diät
eine bedeutende Verminderung des Uebels ein. Junge
Leute werden seltener mit diesem kronischen Tripper
befallen, mehr ältere; besonders aber diejenigen, welche
an Cachexie jeder Art und an Scropheln leiden; dann
auch Personen, die schon öfter am Tripper gelitten haben, und deren Geschlechtstheile geschwächt sind. Die
Gelegenheits-Ursachen sind eine zu weit ausgedehnte
Antiphlogose während des entzündlichen Stadiums,
und von Seiten des Kranken ein unzweckmäßiges
Verhalten zur Zeit der Krisen, wodurch die Bemühungen der Natur zur Heilung der Krankheit wohl
nicht ganz unterdrückt, aber doch gestört werden. Besonders gehört hierher die Verkältung der Geschlechtstheile, vorzüglich bei Frauenzimmern, bei denen sich
diese Krankheit leicht in die Länge zieht. Wenn nun
diese Krankheit auch nicht lebensgefährlich ist, so ist sie
doch oft sehr hartnäckig, und schwächt die Kräfte des
Kranken noch mehr, besonders bei langer Dauer.

Rheinischen Jahrbüchern für Medizin von Harleß.
IV. 1. 1821. — Derselbe, über die Anwendung
der Oelbähungen beim akuten Stadium des Trip=
pers, an dem angeführten Orte. Bd. IV., St. 1.,
S. 206. (1821.)

Ueber den Gebrauch der Cubeben bei dem Trip=
per haben mehrere Schriftsteller in verschiedenen me=
dizinischen Journalen geschrieben, wie Klatsch in
Rust's Magazin, Bd. XII., H. 2, S. 271. (1822). —
Krause, daselbst, Bd. XV, H. 1, S. 57. (1823.)
— Michaelis, in von Gr. u. v. W. Journal, Bd. V.,
H. 2, S. 370. (1823.) — Adams, daselbst, Bd. VI,
H. 1, S. 184. (1824.)

Delpech, Mémoire sur l'emploi du piper cubeba dans
le traitement de la Gonorrhoea; Revue médicale.
Mai, 1822, pag. 1, et Juin, 1822, p. 129.

J. M. Churchill, Bemerkungen über die Verschiedenheit
in der Behandlung des Trippers. Im London Me-
dical' Repository, now edited by Copland. Vol.
XVIII, 1822. Septb.

v. Wedekind, Bemerkungen über das Wesen und das
diagnostische Merkmal des ächten Trippers. Rust's
Magazin, Bd. 16, S. 336.

Büchon, Beobachtungen über den Tripper beim männ=
lichen Geschlechte, zunächst zur Beleuchtung eines
neuen Criteriums zwischen dem ächten und unäch=
ten Tripper angestellt, nebst Folgerungen über das
eigenthümliche Wesen des Trippers überhaupt, zur
Begründung einer sichern Heilmethode dieses Uebels.
In Harleß rhein. westphäl. Jahrb. Bd. X, St. 3,
S. 27. (1825.)

Morel, der Selbstarzt in allen galanten Krankheiten,
aus dem Französischen von Reinhard. Ilmenau,
1826.

Kopp, Copaiva=Balsam im Tripper specifisch. Hufelands Journal, 1827, St. 4, April, S. 82.

J. Thorn, Observations on the treatment of gonorrhoea
by a new preparation from the balsam of copaiva,
with illustrative cases. London, 1827.

Malenfout, Heilung langwieriger Tripper durch ein

Blasenpflaster im Mittelfleische (Archives générales, 1827).

Fr. Alex. Simon jun. Vom Tripper, seiner Natur und seinen Tücken ꝛc. Hamburg, 1828.

Eine große Anzahl von älteren, so wie von neueren Werken über den Tripper ꝛc. findet man in Eisenmann's „Tripper in allen seinen Formen" (s. oben, S. 377), Bd. 1, S. 1 — 32, Bd. 2, S. 1 u. f., angeführt.

Tripper (Augen=), s. oben, unter Tripper, S. 407.
— (Eichel=), s. daselbst.
— (erethischer), s. das., S. 393 und 408 u. f.
— (erisypelatoser), s. das., S. 393 und 408 u. f.
— (Frauen=), s. Tripper (Weiber=).
— (fronischer), s. daselbst, S. 410 u. f.
— (Lungen=), s. oben, S. 407, 408.
— (Männer=), s. daselbst, S. 393 u. f., und S. 398 u. f.
— (Mastdarm=), s. das., S. 407.
— (Nach=), s. das., S. 403 u. f.
— (Nasen=), s. das., S. 407.
— (Ohren=), s. daselbst.
— (schwarzer), s. das., S. 387 und 409 u. f.
— (synochaler), s. das., S. 393 und 408.
— (wahrer), s. das., S. 383 und 406.
— (Weiber=), Frauentripper, s. das., S. 395 u. f., und S. 405 u. f.

Trippercontagium, Tripperseuche, der ansteckende Stoff einer Krankheit, die sich im oder durch den Beischlaf erzeugt, und sich bei Männern in der Harnröhre und bei Weibern in der Scheide entwickelt und solches in dem sich absondernden Schleime dieser Geschlechtstheile. S. oben, unter Tripper, und unter Tripperseuche, weiter unten.

Tripperflechte, Tripperflechten, kleine Bläschen, welche auf kreisrunden, von der Haut wenig unterschie= denen, rosenrothen, zuweilen auch mehr bläulich ge= färbten Inseln, von der Größe eines Kreuzers bis zu der eines Groschens, erscheinen, etwas jucken, zeitig platzen, eine scharfe wässerige Feuchtigkeit ausschwitzen, und schnell eine gelbe, stark hervorragende glänzende, selten schuppige, Kruste bilden, die mehr oder weniger tiefe Risse hat, aus denen noch immer eine scharfe, jauchigte, kalinisch reagirende Feuchtigkeit ausschwitzt, die oft ein unerträgliches Jucken erregt. Diese Flech= ten erscheinen an verschiedenenen Stellen des Körpers, besonders an den Extremitäten. Man hat sie an den Schenkeln, den Beinen, dem Hintern, und an den Rücken der Hände gefunden, und wenn gleich einige Aerzte vorgeben, daß Brust und Gesicht davon ver= schont bleiben sollen, so haben andere sie doch am Kinn beobachtet, wo sie, wegen des Bartes, noch hart= näckiger, als an andern Stellen seyn sollen, indem sich hier mehrere Borken zu einer großen Kruste vereini= gen, welche das Gesicht entstellt. Wenn die Extremi= täten von den Tripperflechten befallen werden, so schwellen zuweilen die ergriffnen Theile bedeutend an; auch selbst Anschwellungen der Leisten= und Ach= seldrüsen hat man in ihrem Gefolge beobachtet. Diese Flechten entstehen bald kürzere, bald längere Zeit nach dem Aufhören des kronischen Trippers, aber auch während des Tripperverlaufs können sie erscheinen. Die Dauer dieser Krankheit ist nicht zu bestimmen, sie kann viele Jahre, oft lebenslänglich dauern, und wenn es ja der Kunst gelingt, sie zu verscheuchen, so ist diese Hülfe nicht von Dauer, da die Flechten meist im Früh= jahre wiederkehren, und verlieren sie sich wirklich, so kommen sie unter einer andern Gestalt wieder hervor, z. B. als Gelenkgeschwulst, oder als Geschwüre; denn

es ist hier gleichsam ein Auswurf, an den sich die Natur im Körper gewöhnt hat, ihn immer wieder an derselben Stelle in gleicher Gestalt, oder unter einer andern an einer andern Stelle auszutreiben. Die Kur,
wenn sie möglich ist, bleibt einem Arzte überlassen.
Man soll hier alle Mercurialia, alle Caustica vermeiden, und nur erweichende Umschläge oder das Em-
plastrum emolliens anwenden. Innerlich wird von
Eisenmann Arsenik in sehr kleinen Dosen zu einem
20stel Gran früh und Abends, und eine concentrirte
Ptisane von Saffaparille und Guajak empfohlen; auch
noch einige andere Mittel werden von andern Aerzten
hier empfohlen. S. auch den Art. Tripperseuche,
weiter unten.

Trippergicht, Gelenkschmerzen, welche Folge des Trippers sind. Diese Gicht erscheint unter verschiedenen
Formen, die man in dem oben, S. 377, angeführten
Werke von Eisenmann, Bd. 2, S. 191, aufgezeichnet findet. Diejenige Form, welche der wandelbaren Tripperseuche angehört, wird durch die
Wiederherstellung des Trippers nicht geheilt, und hat,
wenn sie verschwindet, wieder eine andere Form der
angeführten Seuche zur Folge. Die Form der Tripperseuche befällt seltener das Sprung-, meistens das
Kniegelenk, und zum Unterschiede von der metastati-
schen Form, nur ein Knie, während dort zuweilen beide
Knien ergriffen werden; nur selten wählt diese Krankheit den Ellenbogen zur Verlaufsstelle. Befällt sie
das Knie, welches gewöhnlich geschieht, so entstehen
darin plötzlich Schmerzen, die zuweilen weniger heftig, häufig aber mit fürchterlicher Intensität auftreten;
denn das Gelenk schwillt mehr oder weniger an, ohne
daß dadurch der Schmerz gemildert würde Der
Schmerz selbst ist anhaltend, macht kaum eine Remis-
sion; die Geschwulst droht oft in Eiterung überzuge-

hen, und zeigt mitunter Spuren heftiger Bewegung.
Die äußere Haut ist normal, Fieber ist nicht zugegen.
Die Ausgänge dieser Krankheit, wenn sie nicht durch
die Kunst radikal gehoben wird, sind folgende: 1) die
Schmerzen mindern sich, die Geschwulst fällt ein, und
es tritt eine andere Form der Tripperseuche auf, deren
Entwickelung mit dem Verschwinden der Trippergicht
in geradem Verhältnisse steht. 2) Bildet sich wirk=
licher Eiter, und der Knochen wird necrotisch. 3)
Geht die Entzündung in Desorganisation der Gelenk=
köpfe und Bänder über, und es entsteht die weiße
Kniegeschwulst. Die ärztliche Behandlung bei dieser
Krankheit beschränkt sich auf Blutegel, erweichende
narkotische Umschläge, besonders warme Bäder; in=
nerlich auf Arsenik und Holztränke. S. Tripper=
seuche, weiter unten.

Trippergift, ein nur dem Menschen eigenes oder sich
bei ihm entwickelndes Gift von einer eigenthümlichen
Natur, welches sich durch den Beischlaf erzeugt, aber
nicht angeführt werden kann, auf welche Art diese
Krankheit entsteht. Der unreine Beischlaf ist jetzt die
Entstehungsursache der Ansteckung bei Andern, oder
vielmehr die Ursache der jetzigen Fortpflanzung, in=
dem das Gift gleichsam durch angesteckten Schleim in
der Harnröhre bei Männern und in der Scheide bei
Weibern auf eben diese Theile bei andern unangestek=
ten Personen geimpft wird. Da dieses Gift entzünd=
licher Natur ist, ein heftiges Brennen in der Harn=
röhre bei Männern erzeugt, so scheint es, wie die mei=
sten thierischen Gifte, durch eine Ueberreitzung der
Genitalien im Beischlafe entstanden zu seyn, oder viel=
mehr durch eine gleichsam wüthende Begierde nach
langer Enthaltsamkeit bei sehr wollüstigen, ja vieh=
schen Menschen, in deren Körper schon mancherlei Un=
reinigkeiten, durch andere Ausschweifungen erzeugt,
versteckt liegen, und die hier gleichsam in der Begat=

tungswuth sich mit entwickeln, und sich auf diesen in
Aktion befindlichen Theil werfen, es ist ein modifizir=
tes Wuthgift; denn so wie sich dieses durch Speichel
mittheilt, und die fürchterlichsten Destruktionen im
Körper verursacht, so auch dieses Gift durch die
Schleimabsonderung, und in so fern wäre dieses Gift
schon längst in Europa vorhanden gewesen, und
wahrscheinlich aus Asien und andern warmen Län=
· dern den Europäern überkommen, wenn es sich nicht
auch bei den südlichen Europäern schon erzeugte, wie
dieses aus der oben, unter Tripper, schon angeführ=
ten Geschichte des Trippers hervorgeht, wohin ich ver=
weise, da dort die weiteren Beobachtungen der Ent=
wickelung dieses Giftes in verschiedenen Perioden be=
schrieben worden.

Trippergeschwür, Geschwüre, welche sich bei länge=
rem Anhalten des Trippers in der Harnröhre und
Scheide erzeugen, also beim kronischen Tripper. Bei
Männern war man in Zweifel über diese Geschwüre,
ja man läugnete ihr Daseyn in der neueren Zeit ganz
ab, indem sie Hunter, Gataker und Morgagni
bei Sectionen nicht gefunden haben; dagegen wollen
sie John Andree, Bayfort und Foart Sim=
mons gesehen haben. Diese Geschwüre entstehen
häufiger bei Frauenzimmern, als bei Männern. Sie
entstehen bei den Ersteren in der Scheide, an den
Schamlippen, im Mittelfleische, und selbst im After,
sind flach, zuweilen auch hoch aufgelaufen, nicht in die
Tiefe fressend, und unterscheiden sich von den syphili=
tischen Geschwüren durch ein verschiedenartiges Aus=
sehen und durch ihre Hartnäckigkeit, mit der sie der
Anwendung eines gegen antisyphilitischen Apparats
trozen. Die Harnröhren=Geschwüre der Männer un=
terscheiden sich von jeder andern Krankheit der Ure=
thra durch den äußerst spärlichen Ausfluß, durch dessen
eiterähnliches, oft gauchigtes Ansehen, durch das bei=

gemischte Blut, und durch die Untersuchung vermittelst
der Sonde, da sie auf ein Hinderniß stößt. Die ärztliche Behandlung bei diesen Geschwüren soll schwer
seyn, da sich wegen der Ungewißheit über ihre Natur
keine sichere Kurmethode aufstellen läßt. Eisenmann
giebt einige Kurversuche in seinem oben, S. 377, angeführten Werke, Bd. 2, S. 341, 342, an.

Trippermetastasen, der Uebergang des Trippergiftes
im Körper zu andern Organen, um andere Krankheiten zu bilden; oder daß, durch die Ansteckung, andere
Organe in Mitleidenschaft treten. Ueber die Art der
Mittheilung des Trippergiftes, um Metastasen hervorzubringen, sind die Aerzte nicht einig; denn Einige
wollen sie durch Consens, Andere durch Auffaugung
des Trippergiftes und Absetzung desselben aufs Auge,
und wieder Andere durch unmittelbare Uebertragung
des Tripperschleims auf die Conjunctiva entstehen
lassen. Man will den Grund dieser großen Mei-
nungsverschiedenheit darin finden, daß einzelne akute
Folgekrankheiten des Trippers auf eine doppelte Art
sich entwickeln können, nämlich durch Metastase, und
durch unmittelbare Uebertragung des Trippergiftes,
wie dieses z. B. bei der Augenentzündung vom Tripper der Fall ist. Es giebt keine Krankheit, die so viele
verschiedene Krankheitsformen in ihren Prozeß ver-
wickeln kann, als der Tripper; denn das Gefäß- und
Nervensystem, die Oberhaut, die Schleim-, serösen
und fibrösen Häute, die Drüsen und drüsigen Gebilde,
Gelenke und Knochen, Herz und Lunge können in
diese Krankheit mit hineingezogen werden. Wie jede
einzelne Krankheitsform, so haben auch die Trippermetastasen innere oder prädisponirende, und
äußere oder Gelegenheitsursachen. Zu den
Ersteren gehört in gewisser Beziehung das Geschlecht,
da bei Männern die Trippermetastasen viel häufiger
vorkommen, als bei den Frauen. Autenrieth giebt

das Verhältniß wie 23 : 7 an, nach den Beobachtungen anderer Aerzte sollen diese Metastasen bei Frauen noch seltener vorkommen. Die Letzteren oder Gelegenheitsursachen beziehen sich auf alle jene Einflüsse, welche den Tripperprozeß von der Harnröhre verscheuchen können. Das Heilverfahren der Metastasen beruhet auf zwei Indikationen, nämlich den Tripperfluß auf der Genitalschleimhaut wieder herzustellen, und die Metastase nach ihrem Charakter und mit Rücksicht des ergriffenen Organs zu behandeln. Die einzelnen Arten von Trippermetastasen sind: 1) Metastasen aufs Nervensystem; 2) aufs Gefäßsystem; 3) auf Schleimhäute; 4) auf seröse Häute; 5) auf fibröse Häute und Gebilde; 6) auf Drüsen und drüsige Organe; 7) auf parenchymatöse Gebilde. So gehären z. B. zu den Trippermetastasen auf das Nervensystem, die Neurosen; zu den Trippermetastasen auf das Gefäßsystem, die Arterienentzündungen; zu den Trippermetastasen auf die Schleimhäute, der Mastdarm-, Lungen-, Augen-, Nasen-, Ohren- ꝛc. Tripper ꝛc. Ein Mehreres über die Trippermetastasen, s. das oben, S. 377, angeführte Werk von Eisenmann, Bd. 2, S. 17 u. f.

Tripperneurosen, die Nervenleiden durch den Tripper, wenn nämlich derselbe unterdrückt worden; man will sie aber häufiger als eine Wirkung der Tripperdyscrasie ansehen, wo sie dann eine Form der wandelbaren Tripperseuche bilden; auch gehen sie nicht selten in andere Erscheinungen der wandelbaren Tripperseuche über. Hierbei kann aber nun das ganze Nervensystem leiden; denn durch Dyscrasien wird entweder nur ein Nervencirkus in den krankhaften Prozeß besonders verwickelt, oder nur eine physiologische Sphäre dieses Systems alienirt. Eisenmann führt hier (Bd. 2, S. 195, seines oben angeführten Wer-

kes) an: „So wie schon im gesunden Zustande die
Geschlechtsfunktion mit dem Gangliensysteme im in-
nigsten Nexus steht, und die Folgen von Excessen im
Geschlechtsgenusse besonders dieses. System treffen, so
treten auch beim Tripper vorzüglich jene Nerven in
pathischer Thätigkeit auf, die dem gangliösen Systeme angehören, welche Meinung durch den Umstand
unterstützt wird, daß so häufig beim Tripper und seinen Folgekrankheiten jene Stimmung des Gemüths
beobachtet wird, welche die Aerzte durch eine Affektion
des Gangliensystems bedingt glauben. So wie aber
die Leiden des Gangliensystems sich überhaupt leicht
auf andere Nervenparthien verbreiten oder sich in andern Nerven reflectiren, so mag dieses auch bei den
Tripperneurosen der Fall seyn, und es ist denkbar, daß
die im Gangliensysteme angesammelte gonorrhoeische
Reizbarkeit, entstanden durch gehinderte Entladung
vermittelst tripperhafter Absonderungen, sich auf andere Nerven verbreitend, dort jene Erscheinungen her-
vorrufe, die man von mehreren Aerzten aufgezeichnet
findet 2c." — Die Störungen im Nervensysteme durch
Veranlassung eines unterdrückten Trippers, findet man
in dem oben angeführten Werke, Bd. 2, S. 197 u. f.,
beschrieben, wohin ich verweisen muß, und dann auf
den unten folgenden Artikel Tripperseuche.

Tripperschleim, der nach der Ansteckung im Beischlafe
aus der Harnröhre und der weiblichen Scheide ausfließende erst weiße, und dann grünlich-gelbliche
Schleim, der den Ansteckungsstoff enthält. S. oben,
unter Tripper.

Tripperscropheln, eine Benennung der Trippertuberkeln, s. diesen Artikel, weiter unten.

Tripperseuche, alle chemischen Krankheiten, welche nach
einem vernachläßigten oder schlecht behandelten Tripper auftreten, im Gegensatze zu den Trippermetastasen, die zu den akuten Tripperformen gezählt werden

müssen. Der kronische Tripper ist daher die Quelle
der Tripperseuche. Dieser Tripper braucht nicht unter=
drückt zu werden, um eine oder die andere Form der
Tripperseuche hervorzurufen; denn mannigfache Be=
obachtungen, unter diesen besonders jene von Ritter
über die Entstehung der von ihm sogenannten Trip=
perseuche, und jene von Ducamp über die Entwicke=
lung der Harnröhrenstrikturen, setzen es außer allem
Zweifel, daß der Tripper, sobald er kronisch gewor=
den ist, auch sein Gift auf den Gesammtorganismus
verbreitet, er mag nun örtlich unterdrückt werden oder
nicht. Das bloße, von Ritter sogenannte, Verschlep=
pen des Trippers ist hinreichend, die mannigfachen,
zum Theil heillosen Krankheitserscheinungen zu be=
gründen, zu deren Entwickelung es keiner Verkältung,
keiner abstringirenden Einspritzungen bedarf; nur der
Umstand, daß der Kranke oder der Arzt, häufig aus
Ungeduld, zu örtlichen Mitteln bei der Behandlung
des Trippers ihre Zuflucht nehmen, hat zu dem Glau=
ben Veranlassung gegeben, als entwickele sich die
Tripperseuche auf dem Wege der Metastase. Ritter
giebt für die Entwickelung der Tripperseuche zwei
Fälle an, indem er sagt: „sie entsteht durch Einsau=
gung am Ende der Entzündungsperiode eines Trip=
pers, der durch verkehrtes Verhalten oder schädliche
Mittel in die Länge gezogen, verschleppt worden ist,
von der Oberfläche der Harnröhre, die sich im Zu=
stande kronischer Entzündung befindet, und dieses ist
der geringste und unbedeutendste Grad, oder sie ent=
steht aus sogenannten Trippergeschwüren in der Harn=
röhre rc." — Zur Bildung der Tripperseuche können
auch klimatische und endemische Einflüsse mitwirken;
auch vorhandene krankhafte Stimmung eines Organs
kann das Trippergift anziehen oder wenigstens sehr
geneigt zur Aufnahme machen. Alle sekundären Er=
scheinungen bilden sich aber sehr langsam und oft erst

nach Jahren aus, und widerstehen äußerst hartnäckig
allen Arzneymitteln. Schon Fabre führt in seinem:
„Traité des maladies vénériennes" hartnäckige
Flechten, Schmerzen in den Gelenken, hartnäckige
Augenentzündungen, angeschwollene lympatische Drü=
sen, Schwindel= und Quartaufieber als Tripperfor=
men mit diesen Bemerkungen auf. Man kann die
Tripperseuche theilen: 1) in die erworbene,
welche auf einen in demselben Organismus verlaufe=
nen Tripper folgt; 2) in die angeborene, die durch
die Ansteckung bei der Geburt erzeugt wird; und 3)
in die ererbte, wenn sich die Tripper=Dyscrasie von
den Eltern auf die Kinder forterbt. Sonst theilt man
auch die Tripperseuche in die wandelbare und in
die fixe Seuche. Die wandelbare hat den Namen
daher, weil sie in einem und demselben Individuum
bald Flechten und Geschwüre, bald Gelenkschmerzen,
bald Neurosen und selbst Vereiterung und Desorgani=
sation innerer Organe zu Tage bringt, während die
fixe Tripperseuche das einmal befallene Organ nicht
wieder verläßt. Die wandelbare Tripperseuche ent=
steht immer aus dem kronischen Tripper, wenigstens
ist bis jetzt kein Beispiel bekannt, daß sie schon als
solche von einem Individuum auf ein anderes durch
Ansteckung übertragen worden sey. Die wandelbare
Tripperseuche tritt unter den schon oben angedeuteten
Krankheitsformen auf. Es läßt sich keine Ordnung
feststellen, in welcher diese einzelnen Krankheitserschei=
nungen zu Tage kommen oder sich ablösen. Gewöhn=
lich fangen die Flechten an; allein es sind auch Fälle
bekannt, wo Neurosen und Trippergicht unmittelbar,
wenn auch nach einiger Zeit, auf das Verschwinden
des kronischen Trippers folgten. — Was das Heil=
verfahren bei dieser Seuche anbetrifft, so beruht
dieses auf einer genauen Kenntniß dieser Krankheit,
ob dieser nämlich ein ähnliches Gift zum Grunde

liegt, als der Syphilis, und wenn dieſes der Fall iſt,
ſo muß man gegen dieſelbe ein ähnliches Specifikum
ſuchen, wie man es gegen die Syphilis gefunden hat.
Ein ſolches iſt aber bis jetzt noch nicht gelungen. Alle
bisher eingeſchlagenen Kurmethoden der wandelbaren
Tripperſeuche ſind entweder bloß empiriſch, oder be=
zwecken theils die Wiederherſtellung des Trippers auf
der Genitalſchleimhaut, theils Ausſtoßung des Giftes
durch forcirte Kriſen durch Haut und Nieren. Au=
tenrieth, welcher unter allen Aerzten, nach dem Ur=
theile des Doktors Eiſenmann, die über die ver=
ſchiedenen Formen der wandelbaren Tripperſeuche Be=
obachtungen angeſtellt und mitgetheilt haben, die meiſte
Autorität hat, ſcheint durch erzwungene ſtarke Schweiße
und durch Hervorrufung eines Schleimfluſſes auf der
Genitalmucoſa, durch den Gebrauch ſolcher Mittel, die
vom Magen aus wirken, noch einigermaßen ſeinen
Heilplan erreicht zu haben. Er empfiehlt beſonders
die Schwefelbäder, und wo dieſe nicht zu Gebote ſte=
hen, folgende Formel:

> ℞ Baryt. Muriat. Ɜj
> Laud. liquid. Sydenb. Ɜß
> Aquae cinnam. vinos. Ʒjß

M. D. S. Alle Stunden oder alle zwei Stunden
vierzig Tropfen zu nehmen.

Auch von einem ſtarken Saſſaparillbekocte ſoll eine
günſtige Wirkung zu erwarten ſeyn. Er verband zu=
weilen die Diaphoretica mit den Diureticis, z. B. in
folgender Formel:

> ℞ Balsam. copaivae Ɜj
> Naphtae vitrioli Ʒjß
> Syrup. altheac Ʒjj
> Baryt. Muriat. Ə… ß

M. D. S. Alle zwei Stunden einen Eßlöffel voll.

Diefer Mifchung wurde noch zuweilen das Lan-
danam liquid. Sydenhami mit günftigem Erfolge bei-
gefeßt. Er mußte aber zu dem erftgenannten aus
falzfaurer Schwererde und Opiumtinktur bereiteten
Diaphoreticum zurückkehren, um feinen Zweck zu erreichen. Die einzelnen Erfcheinungen der wandelbaren
Tripperfeuche find: Tripperflechten, Tripper-
gefchwüre, Trippergicht, Tripperneuro-
fen ꝛc., die fchon oben in befonderen Artikeln abgehandelt worden. — Die fixe Tripperfeuche hat,
nach Eifenmann, die Genefis mit der wandelbaren
gemein, unterfcheidet fich aber von jener durch die
fchon im Namen angedeutete Beftändigkeit der einmal
erzeugten Produkte, welche zu jenen Krankheitsformen
gerechnet werden dürfen, die man mit der Benennung
organifche Fehler bezeichnet. Die fixe Tripperfeuche
hat ferner noch die Eigenthümlichkeit, daß ihre Gebilde nur wenig Neigung zur Eiterbildung und Ver-
fchwärung zeigen, daß ihnen die Fähigkeit dafür von
einigen Pathologen ganz abgefprochen wird. Zur
fixen Tripperfeuche gehören die Stenofen oder Verengerungen und die Tuberkeln. Die Erfteren
betreffen die einzelnen mit Schleimhäuten ausgekleideten Kanäle, und find, als die häufigften kronifchen
Folgekrankheiten des Trippers, noch zu wenig in ihrer Entftehung, Fortbildung und Behandlung bekannt.
Den Metaftafen follen fie nicht angehören, fondern
der wahren Tripperfeuche, indem ihnen die noch fortlebende Tripper-Dyscrafie zum Grunde liegt. Bei
diefer Krankheit verdicken fich die Schleimhäute auf
eine dem Scirrhus ähnliche Weife; das unter ihnen
liegende Zellgewebe, und felbft die fie umgebende
muskulöfe Haut, ziehen fie mehr oder weniger in ihren Prozeß, und verengen auf diefe Weife den Kanal,
den fie auskleiden, fo, daß deffen phyfiologifche Funk-
tion dadurch geftört oder ganz aufgehoben wird. Diefe

scirrhöse Entartung soll aber eine andere bei jenen
Kanälen seyn, welche dem Respirationssysteme ange=
hören, eine andere dagegen bei dem des chylopoeïschen
Apparats; denn dort wird die Mucosa verdickt, hart
bis zur knorpelichen Consistenz, wobei sich ein ziemlich
gleichförmiges Gewebe zeigt, und eine geringe Richtung
zum Schwären, obgleich diese nicht ganz fehlt. Im
Schlund und Darmkanal nähert sich dagegen der pa=
thische Prozeß mehr der Tuberkelbildung; und endiget
häufig mit jauchigter krebsartiger Vereiterung. Uebri=
gens soll diesen Verengerungen, in welchem Kanale sie
auch ihren Sitz haben, immer eine specifike, gonorr=
hoïsch=catarrhöse Affektion der treffenden Schleimhaut
vorangehen, wobei diese Membran entweder aus Man=
gel gehöriger Energie, oder wegen intensiver Beschaffen=
heit dieses catarrhösen Prozesses, nicht durch Krise sich
in Integrum restituiren kann. Verengerungen, die sich
an Schleimhäuten bilden, auf welchen der Tripper
nicht den primären Verlauf macht, z. B. von der
Schleimhaut des Larynx, der Trachea, des Oesopha=
gus ꝛc., fordern zu ihrer Entwicklung eine vorherge=
hende Metastase. Der kronische Tripper muß durch
nachtheilige Einflüsse von der Harnröhrenschleimhaut
verscheucht worden seyn, ohne daß er radikal geheilt
war, und dadurch nähern sich diese Folgekrankheiten
scheinbar mehr den Metastasen; die Strikturen der
Harnröhre haben dagegen mit den Metastasen gar
nichts gemein, und nähern sich mehr der Tripperseuche,
weil sie ohne Störung des Tripperverlaufes aus ver=
schleppten, lange dauernden kronischen Trippern sich
entwickeln. Die Strikturen der übrigen Kanäle ent=
wickeln sich im Ganzen ähnlich wie jene der Harn=
röhre; nur muß der Tripper zuvor von der Urethral=
schleimhaut vertrieben seyn, was am häufigsten durch
Injektionen bewirkt wird. In welchem Zeitraume der
Tripper unterdrückt wird, ist hier nicht gleich, da im

entzündlichen Stadium durch Unterdrückung desselben
die oben beschriebenen akuten Metastasen entstehen;
nur wenn er zur Zeit der Krise gestört wird, wirft sich
die krankhafte Schleimabsonderung, welche plötzlich in
der Harnröhre aufhörte, auf einen andern, mit einer
Schleimhaut ausgekleideten Kanal, und um so sicher-
rer, wenn ein solcher durch irgend eine Veranlassung
sich schon in einem Zustande der Aufregung befindet.
Beim Mangel der Energie dauert die krankhafte Ab-
sonderung, ohne bedeutende Störungen zu verursachen, selbst ohne von Kranken bemerkt zu werden,
kürzere oder längere Zeit, oft Jahre lang, fort, bis sie
in den Zeitraum der Degeneration übergeht; finden
sich aber im Organismus noch anderweitige Dyskrasien,
so wird die ergriffene Schleimhaut auch für diese zum
Focus, und es bilden sich gemischte Krankheitsprodukte,
welche im carcinomatösen Geschwüren ihre Gegensätze
ausgleichen. Unter diesen Umständen tritt öfters Degeneration ein, weil das leidende Organ relativ zu
ohnmächtig ist, gegen die, durch ihre neue Verbindung
intensiver gewordene Krankheit mit Erfolg zu reagie-
ren, und daher soll es auch kommen, daß Strikturen
des Larynx, der Trachea und des Oesophagus sich
häufig und schnell nach einer vorangegangenen Durch-
näffung und Erkältung der Haut bemerklich machen,
weil der durch zerstörte Hautfunktion neu erzeugte
pathische Prozeß sich mit dem latenten Trippergifte
verbindet, und in dem bereits afficirten Organe eine
krankhafte Thätigkeit setzt, über welche die Naturkräfte
des Organismus nicht mehr Herr werden können,
während das nur noch schwach fortlebende Trippergift vielleicht längere Zeit als unbemerkbare Blennor-
hoe allein fortbestanden hätte, oder durch eine zufällige
energische Aufregung des leidenden Organs, z. B. durch
ein Wechselfieber, ganz eliminirt worden wäre. Nach
dieser Ansicht von der Natur und der Entwicklung der

Verengerungen, wäre die Behandlung derselben un=
gefähr folgende. Die Verengerungen, die an
der primären Verlaufsstelle des Trippers
entstehen, die Harnröhren=Verengerungen,
fordern in ihrem ersten Stadium solche Mittel, welche
eine erhöhete Vitalität in der Harnröhrenschleimhaut
herbeiführen, und die kritischen Bemühungen der Natur
unterstützen, dahin gehören Salmiak in großen Dosen,
Eisensalmiak, ein saturirtes Dekoct aus Sassaparille
und Guajak in großen Gaben und anhaltend gebraucht.
Auch der örtliche Reiz, den die Bougie durch Druck
erzeugt, reicht oft hin, die beginnende Entartung zu
schmelzen, und eine Krise hervorzurufen. Im zwei=
ten Stadium ist vor allem Entfernung der degenerir=
ten Parthien nöthig; dann tritt die Behandlung des
ersten Zeitraumes ein. Komplikationen müssen ent=
fernt, die Hautkultur bethätiget werden. Die Ver=
engerungen, die in anderen Kanälen ihren
Sitz haben, wohin sie auf dem Wege der Metastase
gelangten, fordern im Gange genau dieselbe Behand=
lung; ja man ist noch nicht einmal einig, ob Wieder=
hervorrufung des Trippers auf seine normale Ver=
laufsstelle nöthig ist; indessen soll doch jede Krankheit
in jenen Organen dem normalsten und weniger ge=
fährlichen Verlauf, nämlich für das Organ, machen,
in welchem sie normal vorkommt, und so ist hier wohl
die Wiederherstellung des Trippers nöthig. Im zwei=
ten Stadium dieser Verengerung wird oft dem Arzte
die Befriedigung der dringendsten Indikation, um
nämlich die entarteten Parthien zu entfernen, oft un=
möglich, wie solches bei Stenosen des Larynx und der
Trachea der Fall ist, und aus diesem Grunde möchte
im zweiten Zeitraume bei diesen Formen von Veren=
gerungen von Heilung wohl nicht die Rede seyn.
Die einzelnen Species der Verengerungen sind: 1)
Harnröhrenverengerung, Urethro=Stenosis.

2) Verengerung des Kehlkopfs, Laryngo-
Stenose; 3) Verengerung der Luftröhre, Tra-
cheo-Stenose; 4) Schlundverengerung, Dys-
phagia gonorrhoica; 5) Maſtdarmverengerung,
Recto-Stenosis scirrhosa; 6) Kothbrechen, En-
terostenosis Scirrhosa, Ileus; 7) Gastrostenosis,
cardialgia scirrhosa. Sowohl die Kennzeichen, als
die verſchiedenen Behandlungen dieſer Krankheiten, fin=
det man in dem oben, S. 377, angeführten Werke
des Dr. Eiſenmann, Bd. 2, S. 230 — 340 be=
ſchrieben. — Die Trippertuberkeln, welche die
zweite Gattung der fixen Tripperſeuche bilden, ſind
auch unter den Namen Tripperſcropheln und
Tripperſeuche bekannt. Die erſtere Benennung
nach Autenrieth, die zweite nach Ritter. Trip=
pertuberkeln nennt ſie Eiſenmann, weil ſie mit
den Tuberkeln große Aehnlichkeit haben. Um die ge=
nauere Beobachtung und Mittheilung dieſer Krank=
heit haben ſich Morgagni, Desportes, Auten=
rieth und Ritter, alſo ein Italiener, ein Franzoſe
und zwei Deutſche verdient gemacht, indem ſie ſchon
bei älteren Aerzten, einen Aetius, Laubius, Fon=
tanus, Wharton ꝛc. vorkommt. Dieſe Tuberkeln
ſind knollige, bald mehr runde, bald mehr ovale Ge=
bilde, von einer eigenen fibröſen Membrane. Die
Subſtanz ſelbſt zeigt nicht immer dieſelbe Beſchaffen=
heit, ſowohl nach ihrer Farbe, als nach ihrer Conſi=
ſtenz. Morgagni ſah ſie theils weiß, theils röthlich
und, von geronnenem Blute, auch ſchwarz, ſo daß ſie
mit dem Scirrhus der Weiberbruſt von ihm verglie
chen wurden. Desportes Beſchreibung trifft damit
überein. Der erſtere Schriftſteller fand ſogar in den
Zwiſchenräumen dieſer Tuberkeln Jauche, Eiter; in
anderen gelbes Serum; andere Pathologen bezweifeln
dagegen die Fähigkeit zu vereitern bei dieſen Tuberkeln. Authenrieth fand in dieſen Gebilden viele

Zellen-Höhlen, die eine dicke, röthliche Flüssigkeit enthielten; abgewaschen erschien die Masse ganz weiß,
grobfaserig, und an mehreren Stellen knollig, und
was den Grad der Derbheit betrifft, in der Mitte stehend zwischen bloßer polypöser Gerinnung farbloser
Lymphe und weichem Knorpel. Nach Ritter sind
es speckige Concremente von weißlicher oder gelblicher
Farbe, und bald derberer, bald weicherer unt gallert-
artiger Consistenz, in Membrane eingeschlossen, von
denen zuweilen eine oder die andere in Eiterung übergeht, wenn sie mehr unter der Haut liegen. Die Größe
dieser Tuberkeln ist sehr verschieden; denn man findet
sie von der Größe eines Nadelkopfes bis zu jener eines Mannskopfes und darüber; jedoch haben andere
Aerzte die Beobachtung gemacht, daß, wenn die
Krankheit, wie meistens, von den Hoden oder Eyerstöcken ausgeht, die Größe dieser Tuberkeln mit der
Entfernung von ihrer ersten Entwicklungsstelle verhältnißmäßig abnimmt, so, daß man im Unterleibe
Massen von 6 bis 10 Zoll im Durchmesser findet, während sie im Thorax nicht die Größe einer kleinen Wall-
nuß, und im Gehirne die eines Stecknadelknopfes oder
einer Linse erreichen. Diese Tuberkeln besitzen ein eigenes Fortpflanzungs-Vermögen im kranken Individuum selbst, ähnlich den Knollengewächsen, z. B.
der Gattung Orchis; denn in jenen Theilen, die mit
einem solchen Knollen in Berührung kommen, erzeugen sich dieselben Tuberkeln. Sie kommen an allen
Stellen und in allen Organen des Organismus vor;
in den Hoden, in den Eyerstöcken, am Netze, am Ge-
kröse, in der äußeren Haut der Gedärme, besonders
des Dickdarms, in der Nierensubstanz, in der Leber,
in der Milz, am Zwerchfelle, in der Lunge, auf der
Pleura, in der Substanz des Herzens, besonders in
der Gegend zwischen den Vorhöfen und Kammern,
auf den Hirnhäuten, an und um den Gehirnnerven

und unter der Oberhaut. Die Trippertuberkeln kommen bei Männern öfterer vor, als bei Weibern. In Bezug auf das Lebensalter kommen sie in den kräftigern Jahren, die zum Tripper geneigt machen, vor. Ursache zu diesem Uebel ist der Tripperprozeß selbst, daß aber bei der großen Anzahl von Tripperkranken diese Krankheit verhältnißmäßig so selten ist, wird von Aerzten nicht angeführt. Klimatische Verhältnisse sollen dazu Veranlassung geben, besonders eine feuchte Luft. Eine von den Eltern ererbte Tripper-Cachexie soll die Bildung dieser Tuberkeln sehr begünstigen. — Was die Heilmethode dieser Krankheit anbetrifft, so soll bis jetzt noch kein Mittel bekannt seyn, welches dem langsamen, aber sichern Fortschreiten der Krankheit Einhalt gethan hätte. Die äußeren Trippertuberkeln sollen, wenn gleich ominös, nicht so gefährlich seyn, als die in innern Theilen erzeugten, da ihre Entfernung durch Schneiden möglich ist, nicht so mit den inneren. Hier soll der Arsenik in Verbindung mit starken Abkochungen von Sassaparille und Guajak vielleicht den krankhaften Prozeß aufhalten; doch haben diese und ähnliche Mittel oft keinen günstigen Erfolg gehabt, und an einem Specifikum fehlt es bis jetzt gegen dieses Uebel. — Ein Mehreres hierüber s. Eisenmann, dessen Werk oben, S. 377, angeführt worden, Bd. 2, S. 340 u. f.

Trippertuberkeln, s. unter Tripperseuche, S. 432.

Trippschwefel, im Hüttenbaue, oder Hüttenwerke, derjenigen Schwefel, welcher beim Rösten des Bleyerzes aus dem Erze tröpfelt, und sich wie Eiszapfen an dem Roste zusammensetzt.

Tripsakum, Löchergras, **Tripsacum,** s. Löchergras, Th. 80, S. 62 u. f., woselbst zwei Arten beschrieben stehen.

Tripterelle, Tripterella Michaux, Fl. bor. amer., eine Pflanzengattung, welche in die erste Ord-

nung der dritten Klasse (**Triandria Monogynia**) des
Linnéischen Pflanzensystems gehört. Es sind da=
von ein Paar Arten bekannt: die kopfblütige
Tripterelle, Tripterella capitata, Mich., mit
weißen Blumenköpfchen von der Größe einer Erbse,
und die blaue Tripterelle, Tripterella coerulea,
Mich., mit blauen Blumen.   Da diese beiden Arten
aber nichts Ausgezeichnetes haben, so muß eine wei=
tere Beschreibung davon hier übergangen werden.
Sie gehören in Karolina und Virginien zu Hause.

Triptilion, Salatdistel, Triptilion, Ruiz et Pa-
von Flor. peruv. p. 102 t. 22; s. Th. 130, S.
710, 711.

Triptolemus, in der Mythologie, der älteste Sohn
des Celeus, der von der Ceres aus Dankbarkeit,
daß der Vater desselben sie in sein Haus aufgenom=
men, einen Wagen mit fliegenden Drachen bespannt
erhielt; und um die Menschen zu lehren Getreide zu
bauen, schenkte sie ihm den Weizen, damit er ihn mit
vollen Händen auf der ganzen Erde ausstreue, und
Segen überall seine Spur begleiten, er also zum
Wohlthäter der Menschen werden sollte.

Tripudium, Tripudium, eine Art der Wahrsagerey
bei den Römern.   Man sperrte nämlich einige junge
Hühner unter einen Hühnerkorb, streuete dann etwas
Futter hin, und ließ sie heraus, gab aber dabei genau
Acht, wie sie das Futter verzehrten.   Wollten sie
z. B. nicht aus dem Behältnisse heraus, obgleich
das Futter vor ihnen lag, so hielt man dieses für eine
traurige Vorbedeutung; fraßen sie so, daß ihnen et=
was wieder aus dem Schnabel fiel, so wurde solches
pavire terram, genannt, und man deutete es auf etwas
Gutes oder Glückliches. — Dann war Tripudium
auch ein besonderer Tanz der Alten; den Andere aber
lieber Tripedium, von tres und pes, genannt wis=
sen wollen, indem man bei Ausführung desselben alle=

Ee2

mal mit dem dritten Tritte derber, als mit den andern zweien auftrat. Dieser Tanz soll aber mehr bei
den Landleuten, als bei den Städtern beliebt gewesen
seyn. Auch noch jetzt will man dergleichen Tänze bei
den Landleuten in der Wallachey wahrgenommen haben, die sie von den alten Römern, von denen
eine Kolonie nach dem alten Dacien gekommen, er-
lernt haben sollen.

Tripus, Tripus, ein goldener Dreifuß, der in dem
Tempel des Apollo zu Delphis stand, und auf dem
die Pythia weissagete. Dieser Dreifuß stand auf
einer dreiköpfigen Schlange von Erz, und war dem
Apollo geheiliget, entweder wegen der Vollkommenheit der Zahl 3, oder wegen der drei Zirkel des Himmels, welche die Sonne besonders berührt, nämlich des
Aequators und der beiden Sonnenwendezirkel. Er
soll auch von Lorbeerholz gewesen seyn, weil der Baum
dieses Holzes dem Apollo vor andern Bäumen gewidmet war. Ueber die eigentliche Gestalt des Dreifu-
ßes sind die frühern Schriftsteller nicht einig; daß er aber
drei Füße gehabt hat, darüber scheint man einig zu seyn,
und daher rührt auch die Benennung; ob er aber die Gestalt eines Tisches, oder eines Stuhls, oder eines Gefäßes
gehabt, darüber ist man nicht einig; denn Einige wollen ihm gar die Gestalt eines Nachtstuhls geben, und
wiederum Andere alle genannten Gestalten vereinigen.
— Tripodes hießen bei den Römern überhaupt alle
Möbel und Gefäße, die drei Füße oder Beine hatten,
besonders die Bänke oder Sessel, Tische, und die Drei-
füße von Eisen, worauf man die Kessel über Feuer
setzte; auch eine andere noch zierlichere Art, worauf der Wein geläutert wurde. Diese letzteren Drei-
füße erhielten auch eine Stelle im Zimmer; sie wurden zwischen die zierlichen Möbel gesetzt, und hier, als
ein dem Bacchus gewidmetes Gefäß betrachtet. Bei

den Kampffspielen wurden sie oft den Siegern als Belohnung ertheilt.

Triqueballe, Schleppwagen, welcher Artikel von
dem Th. 145 hierher verwiesen worden, gehört zu den
Maschinen der Artillerie, und dient dazu, um schwere
Lasten auf Wällen und in Laufgräben von einer Bat-
terie zur andern zu bringen. Dieser Wagen besteht aus
einer Achse a, Fig. 9254, mit einem hohen Achsen-
schemel b, zwei 7 bis 7¼ Fuß hohen Rädern, einer
14 bis 15 Fuß langen Deichsel r, oder vielmehr Langbaume, und zwei Deichselarmen d. Alle diese Stücke
erhalten, in Hinsicht der großen Last, die mit der Maschine weggeschafft werden soll, eine ansehnliche Stärke
und dauerhafte Beschläge. Auf dem Langbaume werden mehrere Ringe e, mit durchgehenden Bolzen, wie
Protzringe gestaltet, angebracht, um Hebebäume durch-
zustecken, an denen vier Mann schieben, drücken oder
heben können.

Triqueter und **Triquetrus**, in der Botanik,
dreiseitig oder dreischneidig, mit drei ebenen
Seitenflächen und drei scharfen Kanten, z. B. der
Halm von Scirpus maritimus, und Cyperus longus,
das Nüßchen bei dem Letztern und bei Cyperus fus-
cus. Es wird meist synonym mit trigonus genommen, welches jedoch auch einen dreiseitigen Theil mit
stumpfen Kanten bezeichnen kann.

Triquetra ossa und **Ossa Wormiana**, kleine Knochen, welche zwischen den Nähten des Hirnschädels
befindlich sind.

Triquetrum, die Benennung eines jeden Dreiecks.
— Auch ein südliches Gestirn, welches Amerikus
Vesputius entdeckte, führt diesen Namen.

Triradiata umbella, eine dreistrahlige Dolde, wenn
ein Blumenschirm nur aus drei Strahlen besteht.

Triraphis, Triraphis, eine Pflanzengattung, welche in
die zweite Ordnung der dritten Klasse (Triandria

Digynia) des Linnéiſchen Pflanzenſyſtems, und zur Familie der Gräſer gehört. Die Blüten bilden Riſpen. Der Kelch iſt zwei oder einblumig, davon die obern unfruchtbar ſind. Die untern Korollenklappen an der Spitze ſind mit drei zarten Grannen verſehen; die obern ohne Grannen. Die Narben ſind fieder=förmig. Es giebt davon zwei Arten, welche in Neu=Holland zu Hauſe gehören. Man zieht dieſe Gräſer nur in botaniſchen Gärten. Bis jetzt ſind ſie nur we=nig bekannt.

Triregnum, eine Benennung der koſtbaren dreifachen Krone des Pabſtes, womit er nach ſeiner Erwählung gekrönt zu werden pflegt.

Triremis, eine Art Galeeren der Alten, die auch als Kriegsſchiffe benutzt wurden. Dieſe Galeere hatte drei Reihen Ruder; wie dieſe aber darauf angebracht wa=ren, iſt unbekannt, da unſere jetzigen Galeeren eine ganz andere Bauart haben ſollen. Nach der Lage der Ruder ſcheinen ſie über einander angebracht geweſen zu ſeyn; denn man unterſchied auch die Ruderknechte nach denſelben in die Unterſten, Mittelſten und Ober=ſten. Die Erſtern hatten die kürzeſten Ruder, und die Letztern die längſten, und dieſe bekamen daher auch mehr Lohn, weil ſie die ſchwerſte Arbeit zu verrichten hatten. Wenn ſich nun auch hierdurch die Anbringung der Ruderbänke bei drei Reihen ermitteln ließe, ſo iſt es aber ſchwer zu begreifen, wie ſie zehn bis funfzehn Reihen haben anlegen können, und noch ſchwerer, wie die Galeere eingerichtet geweſen ſeyn mag, die Ptolemäus Philopator hatte bauen laſſen, die vierzig Reihen Ruder und dazu 4000 Ruderknechte beſaß, wobei ſie 280 Fuß lang, und 48 Fuß am Hin=tertheile hoch war, und, ohne die Ruderknechte, noch 400 Schiffsleute und 3000 Soldaten barg.

Trisagium, Gr. Trishagion, Τρισάγιον, ein Hym=nus oder Geſang bei den Griechen, worin das Wort heilig dreimal wiederholt wurde, welcher Gesang: Sanctus, Sanctus, Sanctus (Heilig, Heilig, Heilig! Jes. 6, 3)! auch noch jetzt bei der Römisch=katholischen Messe Statt findet.

Trisanet, s. **Trisenet.**

Trischaken, s. **Treschak, Th.** 187, S. 553.

Trischel, s. **Dreschtenne, unter Dreschen, Th.** 9.

Trischere, Trichere, Trichera Schrad., eine Pflanzengattung, welche von der **Skabiose, Scabiosa Linn.**, getrennt worden, und in die erste Ordnung der vierten Klasse (Tetrandria Monogynia) des **Linnéischen** Pflanzensystems (Familie der **Aggregaten**) gehört, und mehrere Arten zählt, die größtentheils bei uns in Deutschland im freien Lande gezogen werden. S. die **Erziehung der Skabiosen** oder **Scabiosen,** in diesem Artikel, **Th.** 138, S. 108 u. f.

Trischilie. Trichilie, Trichilia, eine Pflanzengattung, welche in die erste Ordnung der zehnten Klasse (Decandria Monogynia) des **Linneischen** Pflanzensystems, und zur Familie der **Milieen** gehört. Die Gattungskennzeichen sind folgende: Ein fünfzähniger Kelch, fünf Kronenblätter, eine cylindrische, gezähnte Safthülle, welche acht bis zehn Antheren trägt. Die Kapsel ist rundlich, dreifächerig, dreilappig, dreisamig, der Same ist mit einem häutigen Umschlage versehen, also beerenartig. Die bekannten Arten, die sich über funfzehn belaufen, kommen in warmen Außereuropäischen Ländern vor, und sind in Deutschland nur sehr wenig bekannt, und wo sie vorkommen, da ist solches nur in botanischen Gärten. Auch scheinen sie sich nicht besonders als Zierpflanzen auszuzeichnen, weil sie sonst längst bekannter seyn würden, da schon **Linné** in seiner Species plantarum von 1764 drei Arten anführt. Sie verlangen eine Stelle im Treib= und Glashause, welches auf den wärmern Stand der Pflanzen in ihrem Vaterlande ankommt. Den Sa-

Digynia) des Linnéischen Pflanzensystems, und zur Familie der Gräser gehört. Die Blüten bilden Rispen. Der Kelch ist zwei oder einblumig, davon die obern unfruchtbar sind. Die untern Korollenklappen an der Spitze sind mit drei zarten Grannen versehen; die obern ohne Grannen. Die Narben sind fiederförmig. Es giebt davon zwei Arten, welche in Neu-Holland zu Hause gehören. Man zieht diese Gräser nur in botanischen Gärten. Bis jetzt sind sie nur wenig bekannt.

Triregnum, eine Benennung der kostbaren dreifachen Krone des Pabstes, womit er nach seiner Erwählung gekrönt zu werden pflegt.

Triremis, eine Art Galeeren der Alten, die auch als Kriegsschiffe benutzt wurden. Diese Galeere hatte drei Reihen Ruder; wie diese aber darauf angebracht waren, ist unbekannt, da unsere jetzigen Galeeren eine ganz andere Bauart haben sollen. Nach der Lage der Ruder scheinen sie über einander angebracht gewesen zu seyn; denn man unterschied auch die Ruderknechte nach denselben in die Untersten, Mittelsten und Obersten. Die Erstern hatten die kürzesten Ruder, und die Letztern die längsten, und diese bekamen daher auch mehr Lohn, weil sie die schwerste Arbeit zu verrichten hatten. Wenn sich nun auch hierdurch die Anbringung der Ruderbänke bei drei Reihen ermitteln ließe, so ist es aber schwer zu begreifen, wie sie zehn bis funfzehn Reihen haben anlegen können, und noch schwerer, wie die Galeere eingerichtet gewesen seyn mag, die Ptolemäus Philopator hatte bauen lassen, die vierzig Reihen Ruder und dazu 4000 Ruderknechte besaß, wobei sie 280 Fuß lang, und 48 Fuß am Hintertheile hoch war, und, ohne die Ruderknechte, noch 400 Schiffsleute und 3000 Soldaten barg.

Trisagium, Gr. Trishagion, τρισάγιον, ein Hymnus oder Gesang bei den Griechen, worin das Wort heilig dreimal wiederholt wurde, welcher Gefang: Sanctus, Sanctus, Sanctus (Heilig, Heilig, Heilig! Jef. 6, 3)! auch noch jetzt bei der Römisch=katholischen Meffe Statt findet.

Trifanet, f. Trifenet.

Trifchaken, f. Trefchak, Th. 187, S. 553.

Trifchel, f. Drefchtenne, unter Drefchen, Th. 9.

Trifchere, Trichere, Trichera Schrad., eine Pflanzengattung, welche von der Skabiofe, Scabiosa Linn., getrennt worden, und in die erste Ordnung der vierten Klaffe (Tetrandria Monogynia) des Linnéifchen Pflanzenfystems (Familie der Aggregaten) gehört, und mehrere Arten zählt, die größtentheils bei uns in Deutschland im freien Lande gezogen werden. S. die Erziehung der Skabiofen oder Scabiofen, in diefem Artikel, Th. 138, S. 108 u. f.

Trifchilie, Trichilie, Trichilia, eine Pflanzengattung, welche in die erste Ordnung der zehnten Klaffe (Decandria Monogynia) des Linnéifchen Pflanzenfystems, und zur Familie der Milieen gehört. Die Gattungskennzeichen find folgende: Ein fünfzähniger Kelch, fünf Kronenblätter, eine cylindrifche, gezähnte Safthülle, welche acht bis zehn Antheren trägt. Die Kapfel ist rundlich, dreifächerig, dreilappig, dreifamig, der Same ist mit einem häutigen Umfchlage verfehen, also beerenartig. Die bekannten Arten, die fich über funfzehn belaufen, kommen in warmen Außereuropäifchen Ländern vor, und find in Deutschland nur fehr wenig bekannt, und wo fie vorkommen, da ift folches nur in botanifchen Gärten. Auch fcheinen fie fich nicht befonders als Zierpflanzen auszuzeichnen, weil fie fonst längst bekannter feyn würden, da fchon Linné in feiner Species plantarum von 1764 drei Arten anführt. Sie verlangen eine Stelle im Treib= und Glashaufe, welches auf den wärmern Stand der Pflanzen in ihrem Vaterlande ankommt. Den Sa=

men der verschiedenen Arten säet man ins warme
Mistbeet, oder auch in Blumentöpfe in lockere Erde,
und stellt solche in ein Lohbeet. S. Dietrichs'allgemeines Lexicon der Gärtnerei und Botanik, Th. 10,
S. 105 u f. — Einige ausgezeichnete Arten mögen
hier einen Platz finden:

1) Die bisambuftende Trischilie oder Trischilie, Trichilia moschata. Swartz Fl. ind. occid.
2, p. 735, eine perennirende Pflanze mit wechselsweise gefiederten Blättern, winkelständigen Trauben,
fast zehnfädigen, einblättrigen Blumen, und einsamigen Kapseln. Sie wächst im nördlichen Jamaika in
Wäldern. Man pflanzt sie in Dammerde, und stellt
sie den Winter über in die zweite Abtheilung eines
Treibhauses, oder ins Glashaus.

2) Die ansehnliche Trischilie oder Trichilie, Trichilia spectabilis. Forst. prodr. Nr. 188.
Dieser perennirende Zierstrauch ist in Neuseeland einheimisch, hat gefiederte Blätter, lanzettförmige, spitzige
Blättchen, und winkelständige, vielfach zusammengesetzte Blumentrauben. Er wird im Glashause durchwintert.

3) Die verschiedenblättrige Trischilie oder
Trichilie, Trichilia heterophylla Willd. Die Blätter dieser perennirenden Art sind theils gefiedert, theils
dreizählig, die Blättchen eyförmig, langgespitzt, unbehaart, an der Spitze mit einer Mucrone versehen.
Die Blumen bilden winkelständige Trauben, haben
einen kleinen vierzähnigen Kelch, vier bis fünf Kronenblätter, acht Antheren, welche inwendig an den
Einschnitten der Safthülle sitzen, eine kopfförmige
Narbe, und hinterlassen eine zottige, lederartige, zweifächerige Kapsel. Diese Art verlangt einen Stand im
Treibhause, wenigstens in der zweiten Abtheilung desselben, da sie in Madagaskar einheimisch ist.

4) Die bleiche Trischilie oder Trichilie, Tri-

chilia pallida. Swartz Fl. ind. occid. 2. p. 733.
Die Blätter dieser perennirenden Trischilie sind un=
gleich gefiedert, und die Blättchen eyförmig. Die Blu=
men bilden geknaulte Trauben, welche in den Blatt=
winkeln und an den Spitzen der Zweige entspringen.
Der Kelch ist vierzähnig, und die Krone hat meisten=
theils nur vier gegen einander gebogene Blätter; an
den Einschnitten der Safthülle sitzen acht Antheren.
Die Kapsel ist zottig, lederartig, zweifächerig, zwei=
klappig, zweisamig; deshalb hat Cavanilles diese
Art und die vorhergehende verschiedenblättrige
Trischilie (Trichilia heterophylla) unter dem·Gat=
tungsnamen Potesia Jussi aufgeführt. Die bleiche
Trischilie wächst im Gesträuche, an Bergen in St.
Domingo, und kann daher, in Ansehung des Stand=
ortes, wie die vorhergehende Trischilie behandelt
werden.

Trischilie (ansehnliche), Trichilia spectabilis, s.
oben, S. 440.

— (bisamduftende), Trichilia moschata, s. da=
selbst.

— (bleiche), Trichilia pallida, s. daselbst.

— (verschiedenblättrige), Trichilia heterophylla,
s. daselbst.

Trischinium. Trichinium, Trichinium Rob. Brown,
eine Pflanzengattung, welche in die erste Ordnung
der fünften Klasse (Pentandria Monogynia) des Lin=
néischen Pflanzensystems und zur Familie der Che=
nopodien gehört. Die Arten derselben gehören alle
in Neu=Holland zu Hause. Sie tragen wechselnde
Blätter, und kopf= oder ährenständige Blumen, die
unter dem fünftheiligen Kelche mit drei trockenen glän=
zenden Bracteen versehen sind. Sie sind noch wenig
in Europa bekannt, und daher auch nicht bei uns in
Deutschland. Dietrich giebt daher in den Nachträ=
gen zu seinem „Lexicon der Gärtnerei und Botanik,"

Th. 9, S. 223 u. f., keine Kultur und Behandlung derselben an.

Trischodesma, Trichodesma Rob. Brown, eine Pflanzengattung, die Linné zum Boretsch (Borago) zählt, der genannte Botaniker aber davon getrennt hat. Die neuentdeckten Arten gehören in Ostindien, Aethiopien und Neu-Holland zu Hause. Diese Gattung unterscheidet sich vom Boretsch durch den nackten Schlund, durch die Einschnitte der Korolle, welche an der Spitze pfriemenförmig sind, durch die auf dem Rücken mit Zottenhaaren besetzten begrannten Antheren, und durch die Gestalt und Beschaffenheit der Samen. Die neuern Arten findet man in dem Nachtrage zu Dietrichs „Lexikon der Gärtnerei und Botanik," Bd. 9, S. 237 u. f., beschrieben. — Nach der neuern Eintheilung der Pflanzen gehört diese Gattung zur Familie der Asperifolien. Der eben genannte Botaniker hat ihre Kultur weiter nicht beschrieben, da sie in den botanischen Gärten Deutschlands noch wenig gezogen werden, überhaupt in Europa nur wenig bekannt sind.

Trischodium, Trichodium, Michaux, Schrad., Pers., eine Pflanzengattung, welche in die zweite Ordnung der dritten Klasse (Triandria Digynia) des Linnéischen Pflanzensystems und zur Familie der Gräser gehört. Diese Gattung unterscheidet sich vom Windhalme, Agrostis Linn., größtentheils nur durch die einzelnen Korollenklappen (Spelze); genaue Beobachtungen haben aber gelehrt, daß oft die zweite der Klappen sehr klein und versteckt ist, also in diesem Falle nicht fehlt. Da diese Gräser bis jetzt nicht zum Zwecke der Landwirthschaft kultivirt worden sind, so werden sie auch hier weiter nicht beschrieben. Die in Europa einheimischen Arten werden unter Windhalm, in W., vorkommen, wie das Hundstrischodium, Trichodium caninum Schrad., das Alpentrischodium, **Trichodium alpinum Shrad.** Man behandelt diese Gräser in botanischen Gärten, hinsichtlich der Standörter, Fortpflanzung und Vermehrung, wie die Arten der Gattung **Agrostis.** S. Dietrichs „Lexicon der Gärtnerei und Botanik," Th. 10, S. 110 u. f., und die Nachträge dazu, Th. 9, S. 239 u. f.

Trischokarpus. Trichocarpus, Haarfrucht, **Trichocarpus Gen. plant. ed. Schreb.**, eine Baumgattung, welche in die zweite Ordnung der dreizehnten Klasse (**Polyandria Digynia**) des Linnéischen Pflanzensystems gehört, und wovon eine Art, die lorbeerblättrige Haarfrucht, **Trichocarpus laurifolia Willd.**, bekannt ist, ein Baum, der in den Wäldern in Gujana 40 bis 50 Fuß hoch wird, und in unsern Gärten eine Stelle im Treibhause verlangt. Er hat zerstreut stehende gestielte Blätter, die lederartig, länglich-gespitzt, ganzrandig, geadert, und unbehaart sind. Die Blumen sind seitenständig, fast zweitheilig, und nur wenig blumige Doldentrauben gesammelt. Man pflanzt den Baum, nach Dietrich, in lockere, kräftige Erde, und vermehrt ihn durch die Aussaat des Samens und auch durch Stecklinge in warmen Beeten.

Trischokladus, Trichocladus, **Trichocladus Pers. Syn. 2. p. 597,** eine Pflanzengattung, welche in die erste Ordnung der zweiundzwanzigsten Klasse (**Dioecia Monandria**) des Linnéischen Pflanzensystems gehört. Es ist bis jetzt davon nur eine Art bekannt, welche strauchartig wächst und auf dem Kap der guten Hoffnung angetroffen wird, nämlich der haarblütige Trischokladus, **Trichocladus crinitus,** welcher eine Durchwinterung im Glashause verlangt, aber sonst nichts Ausgezeichnetes hat, und auch nur in botanischen Gärten vorkommt. S. Dietrichs „voll-

ständiges Lexicon der Gärtnerei und Botanik," Th.
10, S. 109 u. f.

Trischokloa, Trichocloa, Trichocloa, eine Pflanzengattung, welche in die zweite Ordnung der dritten
Klasse (Triandria Digynia) des Linnéischen Pflanzensystems gehört, und zur Familie der Gräser. Die
meisten von den bekannten Arten gehören in Süd-
Amerika und in Mexiko zu Hause; andere im nördlichen Amerika, und verlangen eine Stelle im Treibhause. Auch können die Samen der drei einjährigen
Arten, die aus Mexiko stammen, und die Nordameri-
kanischen in den wärmeren Gegenden Deutschlands
ins freie Land ausgesäet werden. Der Charakter dieser Grasgattung besteht in einem zweiklappigen ein-
blümigen Kelche, der viel kürzer, als die zweiklappige
Korolle ist, und Korollenklappen, die an der Basis
nackt sind; die innere ist zusammengerollt, wird rin-
denartig, und umgiebt den Samen; die Grannen sind
nicht gegliedert. Die Arten findet man in Dietrichs Nachträgen zu seinem „Lexicon der Gärtnerei
und Botanik," Th. 9, S. 227 u. f., verzeichnet.

Trischomanes, Trichomanes, Trichomanes Linn.,
f. Ziprellfarn, unter Z.

Trischozeros, Trichozeros, Trichoceros, Hmb.
et Bonpl., eine Pflanzengattung, welche in die Familie der Orchiden, und nach dem Linnéischen Systeme zu Gynandria monandria gehört. Die paar bis
jetzt davon bekannten Arten sind krautartige, schma-
rotzende und zwiebelartige Pflanzen, die in den Deutschen Gärten noch größtentheils unbekannt sind. Da
sie in Süd-Amerika zu Hause gehören, so sollen sie
wie andere in den Tropenländern einheimische schma-
rotzende Orchiden behandelt werden. S. Dietrichs
Nachträge zu seinem „Lexicon der Gärtnerei und
Botanik," Th. 9, S. 225.

Trisectus, in der Botanik, dreischnittig, wie z. B. die untern Blätter von Ranunculus repens.

Trisekus, Trisecus, eine Pflanzengattung, welche in die dritte Ordnung der fünften Klasse (Pentandria Trigynia) des Linné ischen Pflanzensystems, und zur Familie der Kaprifolien gehört. Man findet davon nur eine Art angezeigt, die aber nichts Ausgezeichnetes hat, um sie als Zierpflanze zu empfehlen.

Trisenet, Trisanet, in der Pharmacie, ein gröblich zerstoßenes Pulver. In der Kochkunst, ein aus Gewürzen bestehendes Pulver zu gerösteten Semmelschnitten, wozu man auch den gerösteten Zwieback gebrauchen kann, welcher mit Wein übergossen, und mit Zucker und Gewürzen überstreuet wird. Man pflegt sie bei gebratenen Truthühnern, Kapaunen ꝛc. mit auf die Tafel zu setzen. Man nimmt zu 1½ Pfund klein zerstoßenem Zucker 1 Loth Ingber oder Ingwer, 1 Loth Zimmet, 1 Quentchen Macisblüte, und etwas, jedoch nur sehr wenig, Kardamom, welche Ingredienzien zusammen sehr fein zerstoßen und mit dem Zucker zusammengemengt werden. Hierauf schneidet man Milchbrod oder Semmel in Scheiben oder Würfel, bähet sie auf dem Roste goldgelb, legt sie in eine tiefe Schüssel oder in einen Napf, streuet von dem zubereiteten Trisenetpulver darauf, gießt guten Wein darüber, damit die Semmelscheiben aufquillen, und läßt sie eine Weile liegen. Dann wird eine Schüssel mit diesem Pulver bestreut, darauf eine Lage von den eingeweichten Semmelscheiben gelegt, diese werden mit dem Pulver bestreuet, auch Citronenscheiben darauf gelegt, und damit so lange fortgefahren, als noch Semmelscheiben und Trisonetpulver vorhanden sind. Hierauf gießt man den übriggebliebenen Wein, worin vorher die Semmelscheiben geweicht worden sind, darüber, und setzt es auf die Tafel. Man kann auch eine Lage Semmelscheiben mit in Scheiben geschnittenem

Trisetum tenue Schult.; **Avena tennis** Schrad.
Fl. germ. I. p. 375; Avena striata Lam. **Illust.
p. 200 etc.** Die Halme dieses einjährigen Grases
werden 1 bis 2 Fuß hoch, sind knotig, unten gestreckt,
dann aufrecht, scharf; die Blätter lang gespißt, zuletzt,
wenn sie trocken geworden, eingerollt, zuweilen mit
zartem Filze bekleidet, die Scheiden glatt; sie haben
verlängerte, gespißte, fein geschlißte Blatthäutchen.
Die Aeste der Rispe stehen zwei= bis dreifach, sind
lang, fadenförmig, die Aehrchen lanzettförmig, rund=
lich, die Kelchklappen lanzettförmig, die äußern an der
Spiße zweigrannig; die Rückengranne ist mit einem
Gelenke oder Knoten versehen. Eine Varietät ist in
allen Theilen kleiner, und die untern Scheiden sind
purpurröthlich. Das Vaterland ist Europa, wo man
sie an Bergen und an trockenen, unfruchtbaren, son=
nenreichen Orten findet.

5) **Behaartes Trisetum, behaarte Drei=
borste,** Trisetum pilosum Schult. Die Halme die=
ses einjährigen Grases sind aufrecht, und tragen eine
einseitige, fast ästige Rispe. Die Blätter und Schei=
den sind mit etwas steifen Haaren bedeckt; die Aehren
dreiblumig, doppelt kürzer, als die Aeste der Rispe,
die wechselnd stehen. Die Spindel sind behaart; die
Kelchklappen glatt, sehr ungleich, die äußern Korol=
lenklappen über der Mitte zweitheilig, dreigrannig;
die Rückengranne ist länger, als die seitenständigen,
und mit einem Gelenke versehen. Das Vaterland ist
Spanien. Hier findet sich auch

6) **Einjähriges Pourretisches Trisetum,
Pourretische Dreiborste,** Trisetum Poarr., dessen
knotiger Halm 3 bis 6 Zoll hoch wird, in gutem Bo=
den noch höher. Die Blätter sind linienförmig, glatt,
die untern 1 Zoll, die obern kaum ½ Zoll lang, mit
einem lanzettförmigen, verlängerten, gespaltenen Blatt=
häutchen versehen. Die anderthalb Zoll lange Rispe

hat ausgebreitete, scharfborstige Aeste. Die Kelchklappen sind ungleich, die äußern auf dem Rücken, unter der Spitze, scharfborstig, die äußere Korollenklappe an der Spitze fast dreizähnig, dreigrannig, die innere lanzettförmig, doppelt kürzer, als die äußere, und eingerollt.

7) **Fennigartiges Trisetum, fennigartige Dreiborste, Trisetum paniceum, Pers.; Avena panicea, Link,** in Schrab. Journ., 1799, St. 4, S. 314. Die Blätter dieses einjährigen Grases sind flach, die Scheide rauhhaarig, mit einem kurzen Blatthäutchen versehen; die Rispe zusammengezogen. Der Kelch ist zwei- bis dreiblumig; die Korollenklappe zweispaltig, und hat drei Grannen, davon die Rückengranne doppelt länger, als das Blümchen ist. Nach Link soll diese Art dem Trisetum oder Avena Loeflinganum sehr ähnlich sehen, aber doch davon verschieden seyn. Das Vaterland ist Portugal, wo man dieses Gras um Lissabon, Oporto rc. an sandigen Orten antrifft.

8) **Braunes Trisetum, braune Dreiborste, Trisetum fuscum, Avena fosca Schult.** Die Wurzel dieses perennirenden Grases ist faserig, mehr oder weniger kriechend, der Halm ungefähr zwei Fuß hoch, mit gefranzten Blättern bekleidet, deren Scheiden zusammengedrückt, behaart, und mit länglichen Blatthäutchen versehen sind. Die Rispe ist verlängert, zusammengesetzt, fast traubenartig, gelblich, oder schwärzlichbraun, oft dreiblumig. Die Kelchklappen und Grannen sind gefranzt. Diese Art hat zwei Varietäten, und ist in Oesterreich und auf den Karpathen zu Hause.

9) **Steifes Trisetum, steife Dreiborste, Trisetum rigidum Bieb., Avena sesquitertia.** Diese am östlichen Kaukasus in grobsandigem Boden vor-

kommende Art ist perennirend; aus der kriechenden Wurzel entwickeln sich kriechende Halme, die mit steifen, oft eingerollten, zweireihigen Blättern besetzt sind; das Blatthäutchen ist umfassend, gefranzt und zerschlitzt; die Rispe ästig, glänzend und weißlich. Die Kelche sind zweiblumig, die Klappen ungleich, gespitzt; der Fruchtboden mit Wolle oder Barthaaren bekleidet. Die Varietäten dieser Art erscheinen nach der Verschiedenheit des Standortes und des Bodens in allen Theilen größer oder kleiner.

10) Pensylvanisches Trisetum, Pensylvanische Dreiborste, Trisetum pensylvanicum Pal. de Beauv., Avena pensylvanica Linn. Die Blätter dieses einjährigen Trisetums sind ungefähr 1 Zoll lang, steif, am Ende mit Barthaaren bekleidet. Der Halm trägt eine verdünnte, mehr oder weniger übergebogene Rispe, deren Kelche zweiblumig sind. Die Kelchklappen sind doppelt kürzer, als die Grannen; die Samen mit Zottenhaaren bekleidet. Das Vaterland ist Nord-Amerika, Neu-England und Karolina.

Außer den hier angeführten Arten des Trisetums oder der Dreiborste giebt es noch über zwanzig Arten, die aber hier übergangen werden müssen. Man findet sie alle in dem Nachtrage zu Dietrichs „vollständigem Lexikon der Gärtnerei und Botanik," Bd. 9, S. 291 u. f., angeführt. Es scheint aber noch manche Verwirrung unter den Arten zu herrschen, da sie mit andern Gräsern nahe verwandt, und vielleicht nur Varietäten davon sind, wie z.B. mit Avena oder dem Hafergrase; oder es haben auch mit diesen Gräsern Verwechselungen Statt gefunden, welches sich erst Alles mehr enthüllen muß. — Man zieht übrigens diese Gräser aus Samen, und vermehrt die perennirenden durch Zertheilung der Wurzeln. Die Standörter werden nach dem Vaterlande einer jeden

Art bestimmt. Von den oben angeführten, so wie überhaupt von diesen Gräsern, können mehrere als Futtergewächse zur Verbesserung der Wiesen angepflanzt werden.

Trisetum (alpenliebendes), Trisetum alpinum, s. oben, S. 446.

— (behaartes), Trisetum pilosum, s. daselbst, S. 448.

— (braunes), Trisetum fuscum, s. das., S. 449.

— (dünnes), Trisetum tenue, s. das., S. 447.

— (fennigartiges), Trisetum paniceum, s. das., S. 449.

— (filziges), Trisetum pubescens, s. das., S. 447.

— (Pensylvanisches), Trisetum pensylvanicum, s. das., S. 450.

— (Pourretisches), Trisetum Pourreti, s. das., S. 448.

— (schmelenartiges), Trisetum airoides, s. das., S. 447.

— (steifes), Trisetum rigidum, s. das., S. 449.

Trishagion, s. Trisagium.

Trismegist, Trismegistus, ein Beiname des Aegyptischen Hermes oder Merkur; s. auch den Art. Merkur, Th. 89, S. 74 u. f., und den Art. Scheidekunst, Th. 141, S. 559 u. f.

Trismegistus, s. den vorhergehenden Artikel.

Trisseley, Trésorerie, bei dem Deutschen Orden die Schatzkammer, auch das Amt, wo ausbezahlt wird. Der Beamte darüber heißt Trésorier oder Schatzmeister.

Tristachel, beim Fischer, ein eisernes Instrument, aus drei mit Widerhaken versehenen Spitzen an einer langen Stange bestehend, woran es mit zwei eisernen Federn befestiget ist, womit die Aale, Aalraupen ꝛc.

Pflanzengattung, welche in die erſte Ordnung der zehnten Klaſſe (Decandria Monogynia) des Linnéiſchen Pflanzenſyſtems und zur Familie der Melaſtomen gehört. Es ſind davon einige Arten bekannt, die aber hier keine Beſchreibung weiter nöthig machen, da ſie nur in botaniſchen Gärten gezogen werden. — Der Charakter der Gattung iſt ein glockenförmiger Kelch, welcher fünftheilig, auswendig am Rande mit einer doppelten gewimperten bleibenden Haut verſehen iſt. Ferner hat ſie fünf Korollenblätter, zehn Staubfäden und einen Griffel. Die Beere hat fünf Fächer.

Triſtiche, Tristicha, Aub. du Petit Thonar, eine Pflanzengattung, welche in die dritte Ordnung der erſten Klaſſe (Monandria Trigynia) des Linnéiſchen Pflanzenſyſtems und in die Familie der Najaden gehört. Sie zählt mehrere Arten, die aber hier weiter keine Beſchreibung nöthig machen. — Es ſind Waſſerpflanzen, die in Madagaskar in ſtehenden Gewäſſern angetroffen werden. Sie gleichen in Anſehung ihres Wuchſes den Lycopodien und Laubmooſen. — In den botaniſchen Gärten werden ſie in waſſerhaltigen Gefäßen gezogen, die auf dem Boden mit Schlamm bedeckt ſind.; man ſtellt ſie in das Treibhaus.

Triſtichon, ein Gedicht, das aus drei Zeilen beſteht. Hier einige dieſer Gedichte als Muſter von Haug*).

Vergleichung.

Liſandern fehlt das Wollen nur
Zum Biedermann, und dir, Obscur,
Zum Böſewicht das Können nur.

Ueber Kakus.

Was er auf der Kanzel ſpricht,
Von der Chriſtusjünger-Pflicht,
Macht er nicht, und thut er nicht.

---

*) Epigramme und vermiſchte Gedichte von Joh. Chriſt. Fried. Haug. Th. 1. Berlin, 1805.

Schade!

Bei deiner Lampe düster'm Schein
Soll Bacchus dein Begeist'rer seyn.
Verloren ach! sind Oel und Wein!

An Vernünftler.

Wo Amors Unterthanen sind,
Sprichst du, Vernünftler, in den Wind!
Ihr König selbst ist Kind und blind.

Auf den König von Preußen.

In Friedrich, Mars geliebtem Sohn,
Schmückt ein Virgil den Königsthron,
Und ein August den Helicon.

Das Tristichon wird bei Stachelgedichten oder
Epigrammen, auch bei anderen kleinen Gedichten, die
einen Hauptgedanken in drei Zeilen ausdrücken können, gebraucht, wie das Distichon nur in zwei Zeilen, z. B.:

Edel wird Niemand geboren, veredlungsfähig ein
Jeder.
Wer dich veredelt, erwirbt hohes Verdienst um den
Geist.

Wie in dem Lenze der Thau die welkenden Blumen
erquicket,
So belebet Gesang lieblich das menschliche Herz.

Man gewahrt hieraus, daß diese Einkleidung keinem
Zwange unterliegt, sowohl in dem Tristichon, von
dem eigentlich hier die Rede ist, wie in dem Distichon, welches hier nur beiläufig mit erwähnt wird,
da es unter D übergangen worden, weil es damals
nicht in dem Plane der Encyklopädie lag, auch Gegenstände aus der Aesthetik hier aufzunehmen, die
doch eigentlich mit zur Kunstgeschichte gehört, und wäre
dieses auch im strengen Sinne hier nicht der Fall, da
hier unter Kunstgeschichte nur die plastischen oder bil-

benden Künste verstanden und beschrieben werden sollen, so ist doch schon der Artikel Musik mit hineingezogen worden, mithin darf auch die Dichtkunst, als
Schwester der Musik, hier nicht fehlen, da beide in
das öffentliche und häusliche Leben, besonders jetzt,
bei dem Stande der Kultur, so wichtig eingreifen;
auch ist die Erstere, die Dichtkunst, schon in mehreren
Artikeln berücksichtiget worden, und dieses rechtfertiget
daher ihre Aufnahme. Das Tristichon ist bei Epigrammen besonders an seinem Orte, wie die oben angeführten drei ersten beweisen werden; aber auch als
eigentliches Sinngedicht, wie das Letzte zeigt, eignet
es sich vorzüglich, nur darf der Gedanke nicht matt
oder abgenutzt seyn, sondern in voller Frische pran-
gen, wie eine eben aufblühende Rose ihre Schönheit,
in Blättern, Farbe und Geruch darbietet.

Tristichus, in der Botanik, dreizeilig.

ristis, der Traurige, ein Beiname des Pluto, der
nicht lacht. Diesen Namen gab man auch dem Cras-
sus, dem Großvater desjenigen, der von den Par-
thern erschlagen wurde; denn dieser hatte in seinem Leben nur ein einziges Mal gelacht, da er einen Esel
Disteln fressen sah; hierüber sagte er: „similem ha-
bent labra lactucam“ und lachte über seinen Einfall:

Tritavus, des Atavi pater, der Oberurältervater.

Triternatisectus, in der Botanik, dreifach-
dreischnittig, = triplicato — trisectus.

Triternatum folium, daselbst, ein dreifach gedrehe-
tes Blatt. So z. B. ist ein dreitheiliger Blattstiel an
jedem Aste wieder dreimal getheilt, und an jedem
Ende stehen drei Blättchen, z. B. bei Paullinia tri-
ternata etc.

Triternatus, in der Botanik, dreifach-dreizäh-
lig = triplicato — ternatus.

Triterne, bei den Buchdruckern und Buchhänd-

lern, drei so gedruckte Bogen, daß sie in einander gesteckt werden müssen, wenn sie nachher geheftet werden sollen. S. auch Dritterne und Duerne,
Th. 9, S. 637.

Tritheisten, Tridciten, eine sich gebildete Sekte aus
dem sechzehnten Jahrhunderte, welche an drei verschiedene Götter, von denen immer Einer höher, als der
Andere, gestellt wurde, glaubten. Daher der Tri-
theimus.

Tritia, eine Tochter des Triton, s. diesen Artikel, weiter unten.

Triticum, s. Weizen, in W.

Triton, in der Mythologie oder Götterlehre, ein
Gott oder vielmehr Halbgott des Meeres, Sohn des
Neptuns und der Amphitrite. Andere wollen ihn
nicht von der Gemahlin des Neptuns entstehen lassen, sondern von der Celäno, wiederum Andere von
der Salacia oder Venilia. Nach dem Hesio-
bus in seiner Theogonie, wird aber Neptuns
Gemahlin, die Amphitrite, als seine Mutter angegeben. Der Irrthum kann daher kommen, da es mehrere Meergottheiten seines Namens giebt; denn das
ganze Gefolge Neptuns wurde so genannt. Man bildet ihn so ab, daß der obere Theil seines Körpers bis
zum Geschöße oder zu den Lenden menschlich war, der
übrige Theil endete sich aber in einen Fischschwanz,
der sich zirkelförmig theilte. Er blies auf einem Horne
vor dem Wagen des Neptuns, und zeigte jedesmal
dessen Ankunft an. Im Titanenkriege erschreckte er die
Feinde so sehr mit seinem Horne, daß sie zu fliehen
begannen, da ihnen der Ton des Hornes etwas Unge-
wöhnliches hatte; auch that er großen Schaden am
Aegäischen Meere, wo er, nach dem Pausanias,
vom Bacchus im Schlafe erlegt wurde. Man findet
ihn, außer der schon erwähnten Abbildung, noch abgebildet: 1) auf einem Horne blasend; 2) auf einem

Wagen von Seepferden gezogen; 3) mit Pferdefüßen,
sträubigem Haare, Fischohren, weitem Munde, klei=
nen Schuppen, kleinen blauen Augen, und starken
Floßfedern; was ihn aber besonders von den übrigen
Tritonen unterscheidet, sind kleine Hörner. Man fin=
det ihn auch mit Korallen gekrönt. Er verliebte sich
in die Nereide Cymodoce, ohne jedoch wieder ge=
liebt zu werden. Er hatte eine Tochter, welche Tri=
tia hieß, von welcher Mutter sie aber stammt, findet
man nicht angegeben. Nach Winkelmann, in sei=
ner „Geschichte der Kunst des Alterthums"
(Wien, 1776), S. 293, findet man in der Villa Al=
bani zwei kolossale Köpfe von Tritonen. Diese Köpfe
sind mit einer Art von Floßfedern bezeichnet, welche
die Augenbraunen bilden, und den Augenbraunen des
Meergottes Glaucus, beim Philostratus, ähn=
lich sind; solche Floßfedern gehen über die Backen und
über die Nase, auch um das Kinn herum. Eben so
finden sich die Tritonen auf verschiedenen Begräbniß=
urnen gestaltet, von welchen eine in dem Museo Ca=
pitolino steht. Man glaubt mit einigem Grunde, daß
die Fabel von den Tritonen, von den See = oder
Meermenschen, die Reisende, sowohl im Alter=
thume, als auch neuere Reisende zur See gesehen ha=
·ben wollen, entstanden ist, davon aber bis jetzt noch
kein Exemplar aufzuweisen ist; man scheint andere
Seethiere, z. B. den Seelöwen, die Seekuh rc. dafür
gehalten zu haben, wenigstens schweigen darüber die
Naturforscher.

Triton, die Gattungsbenennung der Molche, s. Th.
93, S. 11 u. f. Nach der neuen Eintheilung dieser
Amphibien gehören sie in die dritte Familie der Lurche
oder Frösche, und machen hier die geschwänzten
Lurche oder Molche aus, die sich in mehrere Gat=
tungen theilen, wozu auch der Salamander, der
Olm rc. gehören.

Tritonia, zuweilen bei den Dichtern die Minerva oder Pallas.

Tritonis, eine Nymphe, mit der Neptun, nach dem Vorgeben der Lybier die Cäsia (ein Beiname der Minerva) und den Byzas, welcher die berühmte Stadt Byzantium in Thracien im Jahre der Welt 3292 erbauete, erzeugte.

Tritonium, f. Trompetenschnecke.

Tritonshorn, eine Schneckenart, f. unter Murex, Th. 98, S. 124.

Tritonus, Tritono bei den Italienern, in der Musik, der nicht harmonische Dreiklang, welcher aus der Terze, Quinte und Octave besteht.

Tritopatreus, ein Sohn des Jupiters und der Proserpina.

Tritt, von dem Zeitworte treten. 1. Die Handlung des Tretens, jede einzelne Bewegung der Füße im Treten. Ich höre seine Tritte. Einen Tritt thun. Einen falschen Tritt thun; f. Fehltritt. Auf dem Eise hat man keinen gewissen Tritt. Ingleichen die Entfernung der beiden Füße von einander im Treten, so wie der Schritt von schreiten. In diesem Verstande ist der Tritt im gemeinen Leben eine Länge von zwei bis drei Schuhen, da denn zwei Tritte auf einen Schritt gehen. Zuweilen auch collective von der Art und Weise, wie man im Gehen auftritt. Einen leisen, schweren, harten Tritt haben. — 2) Die zurückgebliebene Spur des Trittes, der Eindruck des Fußes in dem Boden: der Fußtritt, die Spur, die Fußspur, die Fußstapfe, bei den Jägern die Fährte, die aber auch das Wort Tritt von dem Hirsche brauchen. Daher der Schlußtritt, Kreuztritt, Beitritt und Blendetritt, lauter Arten der Fährte des Hirsches, wo Tritt auch im Singular oder der Einheit collective gebraucht wird.

—3) Dasjenige, worauf man tritt, doch nur in einigen Fällen. Eine kleine Erhöhung über dem Fußboden, um darauf zu treten, z. B. vor einem Fenster, heißt ein Tritt, und hier Fenstertritt. Eben diesen Namen führt auch ein bewegliches Werkzeug von zwei oder mehreren Stufen, um darauf zu treten, und etwas aus der Höhe herunter zu langen, oder etwas auf eine Höhe zu legen, oder auch Gegenstände, z. B. Möbel ꝛc. abzustäuben, Fenster und Thüren zu reinigen ꝛc. Ferner der Theil an einem Tischgestelle, worauf man die Füße setzt; der Theil an einem Wagen, worauf man tritt, um aus= oder einzusteigen: der Fuß= oder Steigetritt an dem Untergestelle einer Kutsche, s. Th. 57, S. 281, 290, 384 u. f., und 402 u. f.; so auch der Tritt hinten am Wagen, wo die Bedienten aufsteigen, der Bediententritt, s. Th. 57, S. 288 und 341. Ein Brett, worauf man tritt, eine Maschine dadurch in Bewegung zu setzen, z. B. wie die Tritte an dem Weberstuhle, an einer Drehbank, an einem Spinnrade, Schleifsteine ꝛc.—Die figürlichen Bedeutungen dieses Wortes findet man unter Abtritt, Antritt, Auftritt, Austritt, Beitritt, Eintritt, Zutritt ꝛc. ꝛc. S. das folgende Register von Tritt.

Tritt (Ab=), das Abtreten von einem Gegenstande in verschiedener Beziehung. So z. B. der Abtritt bei der Einkehr auf einer Reise. Einen Abtritt bei Jemanden nehmen, einkehren. Dann beim Richter, wenn die Partheyen abtreten sollen. Der Richter befahl den oder ersuchte die Partheyen einen Abtritt zu nehmen, so auch bei andern Kollegien, so lange abzutreten, bis eine Berathung über den vorgetragenen Gegenstand erfolgt sey. — Der Abtritt der Geschwornen, bei einem öffentlichen oder Geschwornengerichte, um über das Schuldig oder

Nichtschuldig zu berathen.—In der Begebung eines Rechts: hundert Thaler für den Abtritt ge=ben, das heißt, um zu einem Rechte zu gelangen, woran ein Anderer auch Antheil hat. Dann auch der Abtritt von einer Gesellschaft, einer Reli=gion, von einer Meinung ꝛc.—In der Schau=spielkunst geschieht der Abtritt von der Bühne von einem Schauspieler, wenn seine Rolle beendiget ist, er nichts mehr in der Scene zu sagen hat. So auch, wenn von mehreren Personen die Bühne ver=lassen wird; denn durch einen Abtritt wird allemal ein Auftritt oder eine Scene geendiget und ein neuer an=gefangen. Wenn aber alle Personen von der Bühne auf einmal weggehen sollten, so würde kein neuer Auftritt, wenigstens nicht unmittelbar, folgen, die dra=matische Handlung würde also unterbrochen werden. Hierauf gründet sich die Regel: daß die Bühne vom Anfange bis zum Ende eines Aufzuges nicht leer wer=den darf. Eine Regel, die zwar oft verletzt wird, aber selten so, daß die Abweichung davon entschuldiget wer=den kann. — Ein höherer Ort oder Absatz, von dem man abtritt. Der Abtritt vor einer Thür. Falle nicht, hier ist ein Abtritt. — In den Bergwerken sind die Abtritte kleine Sitze in den Schächten zum Ausruhen, welche auch Absätze und Wechselbühnen genannt werden. S. auch Abtre=ten, Th. 1, S. 166. — Der Abtritt, das geheime Gemach, zur Erleichterung des Leibes, s. Th. 1, S. 168 u. f. — Bei den Jägern wird dasjenige junge Getreide oder Gras, welches der Hirsch mit seinen Schalen abgetreten hat, der Abtritt genannt.

Tritt (An=), von dem Zeitworte antreten, die Hand=lung des Antretens. S. Th. 2, S. 273. Dann ist der Antritt noch 1) bei den Fechtern der Eintritt oder Anfang des Fechtens. — 2) Bei Geschäften, der Anfang derselben, als auch eines Besitzes und ei=

ner Zeit; daher der **Antritt einer Reise, eines Amtes, der Regierung, des neuen Jahres ꝛc.**; daher die **Antrittsrede, die Antrittspredigt, der Antrittsschmauß,** den man beim Antritte eines Amtes giebt, oder bei der Beziehung eines neuen Hauses, einer neuen Wohnung ꝛc. — 3) Beim **Militair,** wenn beim Exercieren die Leute nach einem Stillstande oder einer Ruhe wieder antreten müssen, um die Uebungen oder den Marsch fortzusetzen. Hier ist also der **Antritt,** wenn sich die Leute beim Kommando: „antreten!" wieder in Reihe und Glied stellen. — 4) Das **Eisen** vor den Eingangsthüren nach den Zimmern eines Hauses, um sich den Schmutz abzutreten, führt auch den Namen des **Antritts,** so auch die haarige Haut von einem wilden Schweine, oder die aufgestellten Bürsten von Schweinsborsten, um sich den Schmutz abzutreten. — 5) An den **Buchdruckerpressen** ist der **Antritt** ein schräge auf dem Fußboden angenageltes Brett, worauf der Drucker seinen Fuß anstämmt, wenn er den Preßbengel an sich zieht. — 6) In einigen Gegenden Deutschlands führt auch der **Vorsaal** in den Häusern den Namen **Antritt,** weil man ihn zuerst betritt, ehe man in das Zimmer geht. — 7) Bei den **Vogelstellern** heißen die mit Aesten ausgeputzten Stangen um den Vogelherd, auf welchen die Vögel antreten oder sich bei ihrer Ankunft setzen, **Antritte.**

Tritt (Auf=), von dem Zeitworte **auftreten,** die Handlung des **Auftretens,** besonders der **Auftritt eines Redners, eines Schauspielers.** 1) Der **Auftritt eines Redners** auf die Kanzel, den Katheder; in einer Versammlung ꝛc., um eine Rede zu halten, wie auch z. B. in constitutionellen Staaten in den Deputirtenkammern. — 2) In der **dramatischen Dichtkunst** ist der **Auftritt** derjenige Theil eines Schauspiels, der ununterbrochen von denselben

Schauspielern behandelt wird; er endiget sich, und ein neuer Auftritt beginnt (indem ein Aufzug in mehrere Auftritte getheilt ist), so oft eine oder mehrere Perso=nen von der Bühne abtreten, oder wenn eine oder mehrere Personen zu denen, die schon aufgetreten sind, hinzukommen. Keine Person darf aber ohne hinrei=chenden in der Handlung liegenden Grund weggehen oder auftreten; sie muß genau dem Dichter folgen, wie er solches in jeder Scene angeordnet hat, und wo etwa derselbe gefehlt haben sollte, da muß der Schau=spieldirektor oder der Regisseur in den Proben den Fehler abändern; denn die Bühne darf vom Anfange eines Aufzuges bis ans Ende desselben niemals leer werden. Selbst wenn ein einzelner Schauspieler in einer Scene, nach der Handlung des Stücks, das Zimmer oder den Ort, wo er sich allein beschäftigte, verläßt, so muß gleich wieder ein Anderer, oder Meh=rere, hereintreten, der in die kurze Unterbrechung ein=fällt, also die Handlung fortsetzt; denn jeder Auftritt muß mit dem folgenden in genauer Verbindung stehen. —Die doppelten Auftritte entstehen daher, wenn von zwei handelnden Personen die Eine die Andere nicht gewahr wird; oder wenn zwei Partheyen auf=treten, von denen jede für sich handelt, als wenn die Andere sie oder sie die Andere noch nicht bemerkt hätte, welches jedoch nur auf großen Bühnen auszuführen ist; denn auf kleinen, wo sich die Schauspieler sehr nahe stehen, würde es unwahrscheinlich erscheinen, daß Personen, die einander so nahe sind, sich nicht hören oder bemerken sollten. Diese doppelten Auftritte müs=sen daher von dem Dichter sehr behutsam angebracht werden. Denn da eine Person vorn auf der Bühne wohl ein Selbstgespräch halten kann, ohne eine andere weiter hinten stehende Person, die hinzugekommen ist, zu bemerken, so sind auch dergleichen Auftritte nicht zu mißbilligen, besonders wenn es die Aufgabe, die sich

der Dichter dabei gestellt hat, und der auf keine andere
Art abzuhelfen ist, es erheischt.— Auch stumme Auftritte kommen vor, bei welchen die handelnden Personen sich nur durch Blicke und Geberden verständi-
gen, ohne zu reden, sie sind aber selten. — Alle Auftritte in einem Stücke müssen auf eine geschickte Art
mit einander verbunden werden, und der Grund dazu
in der Handlung liegen; denn durch diese Anknüpfung
oder Anreihung der einzelnen Beweggründe des Handelns in der ganzen Begebenheit des Stückes gewinnt das Ganze an Wahrscheinlichkeit und Interesse;
beides würde verloren gehen, wenn man die Anknü-
pfungspunkte oder Uebergänge von einem Auftritte
zum ändern fallen ließe. — Die Griechen und Römer nannten einen solchen Auftritt Scena, welcher
Ausdruck auch noch von Einigen im Deutschen beibehalten wird; denn man sagt, ein Stück hat so oder so
viel Scenen, Auftritte, wenn nämlich ein Stück nur
einen Aufzug hat. Georg Greflinger wollte in
seiner Uebersetzung des Cid, welche 1679 gedruckt
worden, dafür den Namen Auskunft einführen; allein
Niemand ist ihm hierin gefolgt. — 3) Jede Begebenheit, wenn sie Aufsehen erregt, führt auch den Namen
Auftritt. Wenn im Hause unter den Bewohnern
oder in einer Familie Streit und Zank entsteht, so
sagt man gewöhnlich: wir haben einen schönen
Auftritt gehabt, so auch bei einer Prügeley oder
sonst einer Begebenheit auf der Straße vor den Fenstern einer Wohnung ꝛc. — 4) In den Befesti-
gungswerken, die Stufen hinter der Brustwehr,
worauf der Soldat tritt, um über dieselbe ins Feld
oder in die vom Feinde eroberten Außenwerke feuern
zu können. Nachdem nämlich der Wallgang mehr
oder weniger erhoben ist, nachdem muß die Brustwehr
eine geringere oder größere Höhe haben, wenn sie die
auf jenem stehende Mannschaft gehörig gegen den

feindlichen Schuß decken soll. Wenn aber die Brust=
wehr höher ist, und der Soldat nicht recht über dieselbe
hinwegfeuern kann, so müssen hinten, nach der Höhe der=
selben, eine, zwei oder drei Stufen angelegt werden,
bis der Kamm der Brustwehr nur 4½ Fuß höher liegt,
als die oberste Stufe, und diese Stufen führen nun
den Namen Auftritte.   Diejenige, auf welcher die
feuernden Soldaten stehen sollen, muß, damit sie Raum
genug haben, 4 Fuß breit, und, wenn Pallisaden dar=
ein eingesetzt worden, wie auf dem Banquette hinter
dem Glacis zu geschehen pflegt, noch breiter seyn. Die
andern Stufen werden 1½ bis 2 Fuß breit gemacht.
Die Höhe läßt sich nicht vorschreiben, sondern muß sich
nach der Höhe der Brustwehr richten. Man macht sie
aus Mauerwerk, auch aus Erde; in jenem Falle be=
deckt man sie mit Steinplatten, in diesem giebt man
ihnen eine starke innere Böschung, weil sie ohne solche,
sowohl bei trocknem, als sehr nassem Wetter, leicht zer=
treten würden. Diese starke Böschung macht auch, daß
man bequem hinaufsteigen kann, sie mögen so hoch
seyn, als sie wollen, und nicht nöthig hat, sie absatzweise
von einander zu legen. — 5) An ländlichen Ge=
bäuden, diejenige Stufe vor den Thüren, worauf
man tritt, Auftritt. — 6) An den Stühlen der
Bortenwirker oder Posamentirer wird die Auf=
trittsbank, unter welcher die Enden aller Tritte mit=
telst einer eisernen Stange beisammen gehalten wer=
den, auch Auftritt genannt.

Tritt (Aus=), wird sowohl von dem böslichen Aus=
treten eines Schuldners (s. unter Austreten,
Th. 3, S. 306), als auch von dem Austreten aus
einem Geschäfte gesagt; der Austritt aus dem
Staatsdienste, entweder in den Ruhestand, oder
um in andere Dienste zu gehen; der Austritt aus
der Handlung, das heißt, aus einer Kompagnie=

der Dichter dabei gestellt hat, und der auf keine andere
Art abzuhelfen ist, es erheischt.—Auch stumme Auftritte kommen vor, bei welchen die handelnden Personen sich nur durch Blicke und Geberden verständi-
gen, ohne zu reden, sie sind aber selten. — Alle Auftritte in einem Stücke müssen auf eine geschickte Art
mit einander verbunden werden, und der Grund dazu
in der Handlung liegen; denn durch diese Anknüpfung
oder Anreihung der einzelnen Beweggründe des Handelns in der ganzen Begebenheit des Stückes gewinnt das Ganze an Wahrscheinlichkeit und Interesse;
beides würde verloren gehen, wenn man die Anknü-
pfungspunkte oder Uebergänge von einem Auftritte
zum andern fallen ließe. — Die Griechen und Römer nannten einen solchen Auftritt Scena, welcher
Ausdruck auch noch von Einigen im Deutschen beibehalten wird; denn man sagt, ein Stück hat so oder so
viel Scenen, Auftritte, wenn nämlich ein Stück nur
einen Aufzug hat. Georg Greflinger wollte in
seiner Uebersetzung des Cid, welche 1679 gedruckt
worden, dafür den Namen Auskunft einführen; allein
Niemand ist ihm hierin gefolgt. — 3) Jede Begebenheit, wenn sie Aufsehen erregt, führt auch den Namen
Auftritt. Wenn im Hause unter den Bewohnern
oder in einer Familie Streit und Zank entsteht, so
sagt man gewöhnlich: wir haben einen schönen
Auftritt gehabt, so auch bei einer Prügeley oder
sonst einer Begebenheit auf der Straße vor den Fenstern einer Wohnung. ꝛc. — 4) In den Befesti-
gungswerken, die Stufen hinter der Brustwehr,
worauf der Soldat tritt, um über dieselbe ins Feld
oder in die vom Feinde eroberten Außenwerke feuern
zu können. Nachdem nämlich der Wallgang mehr
oder weniger erhoben ist, nachdem muß die Brustwehr
eine geringere oder größere Höhe haben, wenn sie die
auf jenem stehende Mannschaft gehörig gegen den

feindlichen Schuß decken soll. Wenn aber die Brust=
wehr höher ist, und der Soldat nicht recht über dieselbe
hinwegfeuern kann, so müssen hinten, nach der Höhe der=
selben, eine, zwei oder drei Stufen angelegt werden,
bis der Kamm der Brustwehr nur 4½ Fuß höher liegt,
als die oberste Stufe, und diese Stufen führen nun
den Namen Auftritte. Diejenige, auf welcher die
feuernden Soldaten stehen sollen, muß, damit sie Raum
genug haben, 4 Fuß breit, und, wenn Pallisaden dar=
ein eingesetzt worden, wie auf dem Banquette hinter
dem Glacis zu geschehen pflegt, noch breiter seyn. Die
andern Stufen werden 1½ bis 2 Fuß breit gemacht.
Die Höhe läßt sich nicht vorschreiben, sondern muß sich
nach der Höhe der Brustwehr richten. Man macht sie
aus Mauerwerk, auch aus Erde: in jenem Falle be=
deckt man sie mit Steinplatten, in diesem giebt man
ihnen eine starke innere Böschung, weil sie ohne solche,
sowohl bei trocknem, als sehr nassem Wetter, leicht zer=
treten würden. Diese starke Böschung macht auch, daß
man bequem hinaufsteigen kann, sie mögen so hoch
seyn, als sie wollen, und nicht nöthig hat, sie absatzweise
von einander zu legen. — 5) An ländlichen Ge=
bäuden, diejenige Stufe vor den Thüren, worauf
man tritt, Auftritt. — 6) An den Stühlen der
Bortenwirker oder Posamentirer wird die Auf=
trittsbank, unter welcher die Enden aller Tritte mit=
telst einer eisernen Stange beisammen gehalten wer=
den, auch Auftritt genannt.

Tritt (Aus=), wird sowohl von dem böslichen Aus=
treten eines Schuldners (s. unter Austreten,
Th. 3, S. 306), als auch von dem Austreten aus
einem Geschäfte gesagt; der Austritt aus dem
Staatsdienste, entweder in den Ruhestand, oder
um in andere Dienste zu gehen; der Austritt aus
der Handlung, das heißt, aus einer Kompagnie=

schaft, einer Handelsverbindung ꝛc. — Dann auch der
Ort, zu welchem man austritt; z. B. an einigen Orten
diejenigen Stufen einer Treppe, von wo aus man in
das Zimmer tritt, und wo die Treppe mehrentheils
eine Wendung hat. — In der Baukunst nennt man
auch jeden Platz und Gang außer dem Fenster eines
Gebäudes Austritt. Dergleichen Austritte findet man
gewöhnlich über der Hauptthür angelegt. Ein nicht
bedeckter Austritt, der nicht breiter als ein Fenster,
und mit einem Geländer versehen ist, wird ein Balkon genannt; ist solcher aber bedeckt, so heißt er ein
Erker: Nimmt der nicht bedeckte Austritt aber mehrere Fenster zugleich ein, und läuft vor solchen mit
seiner Brüstung hinweg, so nennt man ihn eine Fen-
steraltane; wenn er aber bedeckt und vor dem auffallenden Regen geschützt ist, eine Fenstergallerie.

Tritt (Bedienten-), an einem Wagen (Kutsche,
Chaise ꝛc.), welcher auch das Lackeyenbrett genannt wird, das hinten an dem Hintergestelle desselben angebrachte Brett, worauf sich die Bedienten stel-
ten; s. oben, unter Tritt, S. 460.

— **(Bei-),** die Handlung des Beitretens, besonders in
der zweiten Bedeutung des Zeitwortes nach Adelung. Jemanden zum Beitritte bewegen.
Eines Beitritts versichert seyn. Der Beitritt
zu einer Versammlung, zu einem Vereine; zu einer Handelsverbindung. In der Politik der Beitritt zu einer Alliance, wenn sich gekrönte Häupter oder Mächte
zusammen verbinden, entweder zum Schutze ihrer
Staaten gegen andere Mächte, oder wegen des freien
Handelverkehrs unter einander. — Bei den Jägern
heißt Beitritt, wenn der Hirsch mit seinem Hinter-
laufe neben den andern tritt, so daß beide Füße neben
einander stehen. Dieses ist eines von den sieben
Hauptzeichen, wodurch ein Hirsch von einem andern
Thiere an der Fährte erkannt werden kann.

Tritt (Blenden=), bei den Jägern, f. oben, S. 459, und Th. 5, S. 726.

—, an der Drehbank, f. Tritt (Fuß=).

— (Ein=), die Handlung des Eintretens in verschiedener Bedeutung: der Eintritt in das Zimmer, in die Stadt, in ein Amt, in den Staatsdienst, der Eintritt der Sonne in das Zeichen des Krebses 2c. Der Eintritt des Frühlings, des Sommers, des Herbstes und des Winters. Der Eintritt der Hundstage. Der Eintritt in eine Versammlung, in das Gotteshaus. Der Eintritt als Rekrut bei einem Regimente, als Landwehrmann 2c.

—, in der Fechtkunst, f. oben, Tritt (An=). Ueberhaupt muß die Fortsetzung der Füße oder eines Fußes vom Fechter immer durch einen hörbaren Tritt markirt werden.

— (Fenster=), Fensterbank, ein Tritt oder eine Bank von Kiefern oder Kienholz, welche nach der Breite des Fensters breit, 1 Fuß 9 Zoll bis 2 Fuß 3 Zoll tief, und 6 bis 8 Zoll hoch ist. Die größte Tiefe und Höhe erhält dieser Fenstertritt, wenn sich ein Schubkasten darunter befindet, der 3 Fuß breit, 4 bis 5 Zoll hoch, und 2 Fuß tief ist, wenn nämlich der Tritt eine Breite von 4½ Fuß hat, welches schon die größte Breite eines Fensters ist, wobei aber der Tritt noch über die Fensteröffnung zu beiden Seiten etwas hinausgeht, indem er Einschnitte erhält, die in die Oeffnung passen, also diese ausfüllen; der übrige Theil reicht dann zu beiden Seiten in das Zimmer hinein. Man muß auf den Tritt einen Stuhl bequem stellen können, und dessen Sitz noch so tief unter der Fensterbrüstung seyn, daß beim Sitzen auf dem Stuhle man nicht über das Fensterbrett hinwegragt; denn der Zweck des Trittes ist bei einer hohen Brüstung bis zu dem Fenster, den Stuhl am Fenster so zu erhöhen, daß man bequem im Sitzen durch das Fenster auf die Straße sehen kann, weil man ohne diesen Tritt zu niedrig sitzen würde, um dieses zu können. Wenn, wie oben bemerkt worden, ein Schubkasten darunter oder darin ist, so ist der Tritt ringsherum mit Brettern verkleidet, ist dieses nicht der Fall, so geht die Bekleidung nur bis zur Hälfte, und der Tritt steht auf vier Füßen. Uebrigens sind die Bretter des Tritts nur glatt behobelt und ohne weiteren Anstrich, welches jedoch auf den Liebhaber ankommt, die Aussenseite des Trittes nach den Möbeln des Zimmers beizen und poliren, oder mit dergleichen Oelfarbe anstreichen zu lassen. Der Kasten dient zur Aufbewahrung der Schuhe, Pariser, Schuhbürsten und anderer Geräthschaften zur Fußbekleidung.

Tritt (Fuß=), s. Th. 15, S. 573, auch Fußbank, daselbst, S. 531. — Der Fußtritt an Maschinen, um diese dadurch in Bewegung zu setzen, der also ein Hebel ist, ein schmales durch Schnüre ꝛc. befestigtes Brett, welches durch Treten mit dem Fuße die Maschine in Bewegung setzt, findet man bei diesen Maschienen, z. B. beim Weberstuhle, dem Spinnrade, Tretspinnrade, den Schleifmaschinen ꝛc. erklärt. Diese Fußtritte sind gewöhnlich mit der Maschine durch eine hölzerne oder eiserne Stange, die mit der Kurbel des Rades der Maschine in Verbindung steht, und bis zum Fußtritte hinabgeht, verbunden, welche Stange, nach dem Gebrauche und der Größe der Maschine, durch eine starke Schnur oder einen starken Bindfaden durch Löcher des Fußtrittes oder Hebels, oder vermittelst eines eisernen Hakens und eines eisernen Kettchens durch einen Ring an den Fußtritt befestiget ist, so wie auch der Fußtritt selbst durch einen starken Riemen unten mit der Maschine zusammenhängt, der ihm zur Bewegung Spielraum läßt, wenn man mit dem Fuße darauf tritt, um das Rad in Umlauf zu setzen.

Tritt. (Garten=), uneigentlich, ein terrassenartiges, hölzernes Gestell, gleich den Stubentritten zum Herablangen von Gegenständen, das aber mehrere Stufen zählt, worauf Töpfe mit blühenden Gewächsen oder Pflanzen gesetzt werden. Man hat diese Tritte auch von halbrunder Form. Man streicht sie gewöhnlich mit grüner Oelfarbe an, nicht allein um dem Holze eine größere Dauer durch diesen Anstrich zu geben, sondern auch zur Zierde, weil das Grün dem Auge sehr wohl thut, und sich auch die Töpfe darauf sehr gut ausnehmen. Die Breite und Höhe eines solchen Gartentrittes, läßt sich nicht bestimmen, da es von jedem abhängt, wie er es nach dem Orte, wo er zu stehen kommt, und nach der Anzahl der Töpfe, die darauf placirt werden sollen, für gut findet. In den Zimmern (wo man auch halbrunde in den Ecken zur Seite der Fenster aufstellt) ist ihre Höhe etwas über 3 Fuß, und die Breite verhält sich nach den Fenstern, vor die sie zu stehen kommen, damit die Gewächse Licht und Luft erhalten. Ein solcher Gartentritt kann vier, fünf auch sechs Stufen erhalten; in den Zimmern nur höchstens vier Stufen.

—, im Gehen, s. oben, S. 459.

— (Hahnen=), s. Th. 21, S. 198, und unter Huhn, Th. 26, S. 23.

—, beim Jäger, s. oben, S. 459.

— (Kreuz=), beim Jäger, s. Th. 49, S. 266.

— (Küchen=), s. Tritt (Stuben=).

— (Kutschen=), s. oben S. 460.

— (Lackeyen=), s. Tritt (Bedienten=).

—, ein Längenmaaß, s. oben, S. 459.

— (Maschinen=), s. das., S. 460, u. Tritt (Fuß=).

—, beim Militair, die gleichförmige Bewegung der Beine und Füße aller Soldaten eines marschirenden Truppentheils. Der Tritt ist bei der Ausführung aller geschlossenen Evolutionen der Infanterie höchst nöthig, weil ohne ihn in der Bewegung derselben

bald Unordnung einreißen würde; es gehört dazu
nicht nur ein gleichmäßiges Tempo der Bewegung,
sondern auch die Bewegung eines und desselben Bei=
nes aller einzelnen Leute, welches Letztere besonders
die Erhaltung der so nöthigen Fühlung begünstiget.
So geschieht der Aufmarsch im Stehen ruhig und im
Tritt, mit geschlossenen Sectionen; der Aufmarsch im
Marsch mit rasch aufgenommenem Tritte; das Ab=
schwenken mit Zügen geschieht im ruhigen Tritte.
Beim vor= und rückwärts Durchziehen darf kein Mann
aus dem Tritte kommen, und nach dem Wiederauf=
marsch muß gleich Tritt und Richtung wieder eintre=
ten. Beim Abbrechen einzelner Züge, sowohl im
Avanciren, als Retiriren, muß der Zug geschlossen tra=
ben, und den Tritt gleich wieder aufnehmen. Bei den
Paradevorbeimärschen müssen die Bataillone einen
gleichen Tritt halten, und die Flügelunterofficiere
müssen diesen, so wie die richtigen Distanzen unterein=
ander erhalten. Ueberhaupt gehört hierher gleiches
und vorschriftsmäßiges Gewehrtragen, richtiger und
gleichmäßiger Tritt, ungezwungene Haltung, und das
freie Anblicken des Vorgesetzen.

Tritt, (Rück=), das Zurücktreten von einer Handlung,
von einem Geschäfte. Der Rücktritt aus einem
Vereine, einer Gesellschaft, wofür man jedoch
lieber Austritt gebraucht; eben so auch bei dem
Rücktritte aus dem Staatsdienste, aus einem Privat=
dienste 2c. Mehr ist es jedoch an seiner Stelle bei
Beziehungen auf Staats= und Zeitbegebenheiten. Der
Rücktritt der Kultur in einem Staate; der
Rücktritt der Wissenschaften und Künste,
wenn sie nicht mehr nach den Prinzipien des Fortschrei=
tens in der Zeit betrieben werden, sondern mit sicht=
barer Nachlässigkeit, besonders in Auffassung des Zeit=
gemäßen; so auch bei den Gewerben. Es ist nicht nur ein
gewisser Stillestand, sondern ein wirklicher Rücktritt

in Abweichung von dem Schönen, welches eine höhere Kultur, ein fesselloses, oder freigeistiges Aufschwingen nach den Vorbildern der Natur in richtiger Wahl bedingt; selbst bei idealen Bestrebungen, noch über das Bestehende hinauszugehen, in Festhaltung schöner Formen. Jede Vernachlässigung des geistigen Strebens nach Vollendung, jede Huldigung beschränkter Formen ist ein Rücktritt in der Zeit. Der Zeitgeist will nicht alte edle Formen vernichten, alte ehrwürdige Gebräuche verwischen, sondern sie mehr veredeln, sie der Vollendung näher zu bringen suchen; sie also klarer an das Licht stellen; wo aber dieses nicht geschieht, wo man das Vergangene und Bestehende nicht einer steten Läuterung unterwirft, da begeht man Rückschritte, also einen Rücktritt gegen die Anforderungen der Zeit, und der Kultur in derselben.

Tritt, beim Sattler, die Tritte an einer Kutsche, Chaise ꝛc.; s. Kutschentritt, oben unter Tritt, S. 460,

—, am Schleifsteine, s. unter Tritt (Fuß=).

— (Schloß=), s. den folgenden Artikel

— (Schluß=), Schloßtritt, beim Jäger, s. unter Schloß, Th. 146, S. 136.

—, am Spinnrade, s. oben, Tritt (Fuß=), und unter Spinnrad, Th. 159.

—, (in der Sprachkunst), s. oben S. 459, u. f.

— (Stuben=), Küchentritt, ein hölzerner Tritt, von einigen, gewöhnlich von drei, Stufen, um beim Reinigen der Zimmer zu den darin hoch angebrachten Gegenständen gelangen zu können, theils um sie abzustäuben, theils auch um Büsten, Statuen, von den Oefen, Sekretairen, Konsolen ꝛc., und die eingerahmten Portraits, Kupferstiche, von den Wänden, die Gardinen, von den Fenstern, herabnehmen und wieder hinaufstellen und hängen zu können. In den Küchen wird dieser Tritt gleichfalls zum Herabnehmen und Hinaufsetzen des Küchengeschirres auf die über dem Heerde angebrachten Küchenbretter, benutzt.

—, in der Tanzkunst, s. unter Tanz= und Tanz= kunst, Th. 179 und 180.

—, am Tische, s. oben, S. 460.

— (Thür=), der Tritt an einer Hausthür, oder auch im Hause vor einer Parterrethür.

— (Vor=), s. diesen Artikel.

— (Wagen=), der Tritt an einer Kutsche, Chaise ꝛc., s. oben, unter Tritt, S. 460.

—, am Weberstuhle, s. diesen Artikel unter W.

— (Zu=), s. diesen Artikel unter Z.

Tritteisen, s. Tellereisen, Th. 181, S. 648.

Tritthebel, s. Trethebel, Th. 187, S. 611.

Trittrad Trittspinnrad, s. Th. 187, S. 616, und unter Spinnrad, Th. 159.

Trittradhaspel, siehe Tretradhaspel, Th. 187, S. 613.

Trittschlüssel, an der Windbüchse, beim Büchsen= macher, eine eiserne Stange, die durch den Ring der Pumpenstange horizontal gesteckt wird, und auf welche man tritt, wenn man die Luft in die Büchse pumpen will, indem man das Kreuz des Pumpenrohres anfaßt, und mit demselben das Rohr auf der Pumpenstange hinauf und hinabzieht, und dadurch die Luft in die Kugel oder Flasche der Windbüchse zieht.

Trittsgabel, beim Strumpfstricker, ein Werkzeug, womit die wollenen Strümpfe aufgekratzt oder gerau= het werden. Es ist von Eisen und gabelartig mit drei Spillen oder Zacken. Auf jede Spille wird eine Karde gesteckt, so daß die Spille den Kern der Karde durchbohrt, und die Karde auf der Spille umläuft.

Trittspinnrad, s. Trittrad.

Tritze, in Niederdeutschland, eine Rolle, Scheibe oder ein Rad, um eine Last darüber in die Höhe zu ziehen,

auch wohl eine Winde, um Laften daran hinaufzuzie=
hen; daher trißen, vermittelft einer Scheibe oder
Rolle etwas in die Höhe ziehen.

Triumfette, Triumfetta Linn., eine Pflanzengattung,
welche in die 1. Ordnung der 11. Klaffe (Dodecandria
Monogynia) des Linnéifchen Pflanzenfyftems ge=
gehört und folgenden Gattungscharakter hat. Der
Kelch und auch die Krone find fünfblätterig: fie hat
fechzehn Staubfäden und einen Griffel mit zwei Nar=
ben. Die Kapfel ift rund, ftachlig, vierfächerig; im
erften Fache liegen zwei Samen. Folgende Arten
derfelben empfehlen fich als Treibhaus= und Zimmer=
pflanzen.

1) Die großblumige Triumfette, Triam-
fetta grandiflora Vahl. eclog. 2 p. 34.; Engl. Great-
flower'd, Triumfetta. Diefe Art wächft auf Mont=
ferrate, einer der Caraibifchen Infeln. Sie hat herz=
eyförmige, ungetheilte, gefägte, etwas behaarte Blät=
ter; davon die oberft, welche nahe den Blumen ftehen,
lanzettförmig find; dann behaarte fcharfe Zweige, und
große Blumen.

2) Die kelchlofe Triumfette, Triumfetta Lappula Linn. Lapupla Bermudensis Pluk. alm. t.
245, f. 7. Agrimonia lappacea inodora. Sloan.
jam. 92; Fr. Triumfetta herissée, Engl. Prickly-
seeded Triumfetta. Diefe Triumfette hat rund=
liche, an der Bafis ausgerandete, gezähnte Blätter,
kelchlofe Blumen, und runde Kapfeln, die mit fteifen,
an der Spiße hakenförmigen Stacheln befeßt find.
Diefe ftrauchartige Pflanze aus Jamaika und Brafi=
lien, blüht in den Gärten Deutfchlands im July und
Auguft, und gedeihet am Beften im Treibhaufe. Sie
varirt zuweilen mit größeren Blumen, und mehr oder
weniger gezähnten Blättern.

3) Die drüfige Triumfette, Triumfetta glan-
dulosa Torsk. cat. arab. Nr. 297. Die Zweige

dieser Art sind holzig, cylindrisch, und mit weichen Haaren bekleidet. Die Blätter stehen wechselsweise auf kurzen Stielen, sind eylanzettförmig, ungefähr 3 Zoll lang, unten mit grauen, sternförmigen, geaderten Haaren besetzt, an der Basis ganzrandig; die unterste drüsig gezähnt. Die Afterblätter pfriemförmig. Die Blumen entspringen in Blattwinkeln. Sie verlangt Durchwinterung im Treibhause, wenigstens in der zweiten Abtheilung desselben, da sie im glücklichen Arabien und Indien einheimisch ist. — Diese Gewächse verlangen, um sie zu erziehen, nahrhafte Erde, z. B. Laub= oder Mistbeeterde, die vor dem Gebrauche mit ein wenig Lehm oder guter Grabelanderde gemischt wird, und eine Stelle im Treibhause, aber in der zweiten Abtheilung desselben. Man vermehrt sie durch die Aussaat des Samens und durch Stecklinge im Mistbeete. Im Sommer, wenn sie im kräftigen Wachsthume stehen, und ihre niedlichen Blumen entwickeln, begieße man sie reichlich, im Winter aber weniger.

Triumph aus dem Lateinischen **Triumphus**, 1) ein hoher Grad frohlockender Freude, besonders diese Freude über einen erfochtenen Sieg. Die Entdeckung ihrer Liebesverhältnisse, war für ihn oder sie ein Triumph.—2) Ein wichtiger herrlicher Sieg, besonders in der höhern und dichterischen Schreibart. — 3) Das feierliche Gepränge des Siegers nach einem erfochtenen Siege oder einer vollbrachten rühmlichen Handlung. Einen Triumph halten; im Triumph in die Stadt ziehen. Daher der Triumphbogen, ein Ehrenbogen oder eine Ehrenpforte, durch welche der Sieger seinen Zug hält; der Triumphwagen, worauf er sitzt. — Der Triumph war ursprünglich ein Etrurisches Bacchusfest (Bacchanal); denn Bachus triumphirte, als Held, zuerst über die Indier. Alle Bacchischen

Prozessionen waren eigentliche Triumphzüge. Die
Römer nahmen auch diese Ceremonie, wie ihr ganzes
Ritual, von den viel früher gebildeten Tyrrheniern
oder Etruriern an, und modificirten sie nach und nach
immer mehr auf ihre Weise. Der Römische Triumpha=
tor nahm sich aber lieber den Jupiter auf dem Kapitol,
als den Bacchus zum Vorbilde. Selbst der Indische
Lingam, um welchen sich aller Bacchusdienst dreht,
fehlte nicht, nämlich der Faunus. Die Satyren
gingen als Possenreisser vor dem Wagen des Trium=
phirenden. — Bei den Römern war der Triumph
oder Triumphzug, der sieghafte Einzug eines Feld=
herren, die höchste Ehrenbezeugung, die ihm wieder=
fahren konnte, er ging noch über den erhabenen Titel
Imperator und die Danksagung des Senats; denn er
brachte ihm den höchsten Ruhm. Nicht jeder Feld=
herr konnte zu dieser Ehre gelangen, indem sich daran
noch gewisse Bedingungen knüpften, die ihm erst die
Fähigkeit dazu ertheilten, z. B. die Erlegung von
5000 Feinden durch die ihm zugetheilten Legionen, mit
welchen er den Sieg unter seinem Kommando errun=
gen, welches er vor den Quästoren der Stadt beschwören
mußte. Dann mußte es auch ein Feind seyn, den der
Senat dafür erklärt hatte; daher konnte Niemand tri=
umphiren, der einen Krieg wider Römische Bürger in
einem Bürgerkriege geführt hatte. In den ersten Zei=
ten wurde noch erfordert, daß ein solcher Feldherr
eine Magistratsperson: Bürgermeister (Konsul) oder
Stadtrichter, oder ein Diktator, war; dann mußte er
das höchste Kommando haben, daher kam ein Prätor,
wenn der Bürgermeister General war, nicht dazu,
wenn er gleich den Feind mit seinen Truppen geschla=
gen hatte, welches aber späterhin wegfiel, indem Pom=
pejus mehr als einmal triumphirte, obgleich er nicht
einmal Rathsherr, sondern ein bloßer Ritter war.
Ferner mußte er den Krieg in seiner Provinz geen=

diget haben, und die gesiegte Armee als Zeuge seiner
Thaten mit zurück nach Rom nehmen können, welches
zugleich als Beweis des geendigten Krieges galt;
auch mußte er die Grenzen des Reichs erweitert,
nicht bloß vertheidiget, oder etwas wieder erobert ha=
ben. Dieses waren die früheren Bedingungen in den
Zeiten der Republik, die aber nachher die oben ange=
führten Abänderungen erfuhren. Hatte es nun mit
den Bedingungen, die von dem Feldherren gefordert
wurden, seine Richtigkeit, so konnte der Triumph ge=
schehen; das heißt, der Feldherr kam nach Rom, be=
gab sich aber nicht in die Stadt, sondern ließ den Senat
in den Tempel der Bellona, des Apollo ꝛc. vor der
Stadt kommen, trug ihm seine Thaten vor, und bat
um die Erlaubniß zu triumphiren. Fand nun der
Senat dessen Gesuch nach den Bedingungen richtig, so
trug er es dem Volke vor, und willigte auch dieses ein, so
bekam er noch an demselben Tage gleichsam sein Kom=
mando wieder. Der Triumphzug selbst geschah nun
an einem vom Senate bestimmten Tage. Der ganze
Zug ging vom Aventinischen Berge an bis ans
Kapitol, und durch das Triumphthor, welches nur
zu den Triumphen geöffnet wurde, in die Stadt.
Voran ging der Senat, nebst einer großen Begleitung
weiß gekleideter Bürger; hierauf folgten die Opfer,
welche den Göttern gebracht wurden, die Abbildungen
der eroberten Städte, das rohe erbeutete Metall, die
von den Feinden eroberten Siegeszeichen, Waffen,
Kriegskassen, kostbaren Gefäße, welches Alles von
jungen geschmückten Leuten getragen wurde. Zunächst
vor dem Feldherren gingen die überwundenen und ge=
fangenen Könige nebst ihren Familien, Generalen,
Obersten ꝛc.; dann kam der Feldherr selbst, als Trium=
phator in einer gestickten Toga auf einem elfenbeiner=
nen Wagen mit vier Pferden, oft auch Elephanten,
bespannt, in der Rechten einen goldenen Scepter mit

dem Adler, in der Linken aber einen Palmzweig haltend; an der Hand hatte er einen eisernen, statt eines
goldenen Ringes, und neben dem Wagen gingen die
Liktoren mit den Fasces, die mit Lorbeerzweigen umwunden waren. Hinter ihm auf dem Wagen stand
eine Victoria (nach Andern ein Sklave oder öffentlicher Diener) und hielt ihm einen Lorbeerkranz (Co-
rona triumphalis) über das Haupt, wobei sie dann
und wann zu ihm sagte: Respiciens post te, ho-
minem mememto te. Nach Einigen soll es der Nach-
richter gewesen seyn, der dieses Krönungsamt verrichtete, welches jedoch von Andern widersprochen
wird. Auch soll am Wagen eine Glocke und Peitsche
gehangen haben, die ihn gleichfalls daran erinnern
sollten, daß er sich durch dieses Siegesgepränge nicht
zu sehr zu überheben habe, indem er auch wieder zum
Sklaven herabsinken und gegeisselt, oder auch als
Verurtheilter verwiesen werden könne. Nach dem
Wagen folgten die Flaminen mit angezündetem Rauch-
werke, welches die Luft mit Wohlgerüchen erfüllte.
Dann folgten die Anverwandten des Feldherrn mit
Lorbeerkränzen und Zweigen, und den Beschluß machte
die triumphirende Armee mit Lorbeeren und allen em-
pfangenen Belohnungen und Ehrenzeichen geschmückt.)
Die Soldaten sangen Sieges- und andere erheiternde
Lieder auf den Triumphator, und riefen: Jo Triumphe!
Auch Schmählieder auf ihren Feldherren wurden an
solchem Tage ohne weitere Rüge durchgelassen. So
z. B. sangen sie hinter dem Cäsar:

Gallias Caesar subegit, Nicomedes Caesarem,
Ecce Caesar nunc triumphat, qui subegit Gal-
lias,
Nicomedes non triumphat, qui subegit Caesarem.

So ging nun der Zug durch die Hauptstraßen, die
mit Blumen bestreuet waren, und durch prachtvoll

errichtete Triumphbogen bis ins Kapitol. Die Lik=
toren machten mit ihren Stäben Platz, damit das
andrängende Volk nicht den Zug hindern konnte;
auch waren hin und wieder Altäre aufgestellt, von
denen Wohlgerüche die Luft erfüllten. Alle Tem=
pel waren geöffnet, und das Volk erschien dabei
größtentheils in saubern Kleidern. In dem Ka=
pitole wurden dem Jupiter von dem Feldherren
weiße Ochsen geopfert; auch legte derselbe ihm ei=
nen Lorbeerkranz in den Schooß; dann befahl er
die Gefangenen, welche den Zug verherrlichten, ins
Gefängniß zu führen, oder sie zu tödten. Nach
vollendeter Feierlichkeit wurde die Triumphmahlzeit
gehalten, bei welcher der Triumphator seine Ar=
mee und die sämmtliche Bürgerschaft an verschiede=
nen Orten traktirte, auch einige Geschenke an Geld
austheilte. Die Gewalt eines solchen Triumpha=
tors erstreckte sich an diesem Tage über alle Obrig=
keiten. In folgender Gebetsformel stattete der Feld=
herr seinen Dank im Tempel des Jupiters ab:
Gratias tibi Jupiter optime maxime tibique Ju-
noni reginae et caeteris hujus custodibus habita-
tionibusque arcis dii lubens laetusque ago re romana in hanc diem et horam per manus quod
voluisti meas servata bene gestaque eandem et
servatae ut facitis sovete protegite propitate sup-
plex oro. Nach der Mahlzeit wurde der Trium=
phator am Abende bei Fackeln und Musik von den
Bürgern nach Hause begleitet. Dieses ist eine un=
gefähre Beschreibung des Triumphzuges bei den
Römern zu den Zeiten der Republik. Unter den
Kaisern sind manche Neuerungen hinzu gekommen,
die oft die Grenzen des Schicklichen überschritten, in=
dem der Triumphzug einem Lustspiele glich, und
den ernsten erhabenen Charakter, den er unter der
Republik hatte, verlor. — Nach dem gehaltenen

Triumphe trugen die Triumphatoren gemeiniglich
Palmen zur Erinnerung des erlangten Sieges;
dann folgten darauf auch noch wichtige Geschenke,
Ehrenämter, Medaillen und andere Belohnungen.
Eine besonders wichtige Art solcher Belohnungen
waren die sogenannten Bildsäulen, die man solchen
triumphirenden Feldherren zu Ehren errichtete, wenn
sie die Grenze des Reiches außerordentlich erweitert
hatten. Man führte sie im Triumphe auf einem
mit zwei, drei, auch vier Pferden bespannten Wagen mit auf, und stellte sie nachher an öffentlichen
Orten zum beständigen Andenken auf. Diese Gewohnheit hatten die Römer von den Griechen ent-
lent, welche eine solche Ehre ihren siegenden Ath-
lethen zu erweisen pflegten. Bei minder wichtigen
Siegen hatten zwar die Feldherren ebenfalls Triumphe, aber mit Weglassung vieler Feierlichkeiten,
und besonders des elfenbeinernen Wagens, indem
der Triumphator hier nur reitend, oder auch zu Fuß
seinen Einzug hielt. Man richtete den Zug ebenfalls nach dem Kapitol. Der Feldherr opferte aber
daselbst statt eines weißen Ochsen, wie es bei dem
großen Triumphe gewöhnlich war, nur ein Schaf,
woher sich auch die Benennung Ovatio schrieb (s.
Ovation, Th. 105, S. 714). Statt des Lor-
beerkranzes trug er nur eine Krone von Myrthen,
und statt des Senats gingen vor ihm nur die Ritter her, und die Musik bestand nicht aus Hörnern,
sondern aus kleinen Pfeifen. Uebrigens war auch
der Sieg nicht so bedeutend, als bei der Zuerken-
nung des großen Triumphzuges. Er konnte weniger als 5000 Feinde erlegt haben, und es konnten auch nur Knechte gewesen seyn. Auch konnte er
die Sache bloß in der Güte beigelegt haben, oder
der Krieg war nicht gehörig angekündigt worden;
genug, es war hinreichend, wenn nur der Republik

ein ziemlicher Vortheil durch ihn erwuchs. Postu=
mius Tubertus war der Erste, welcher zu Rom
einen solchen weniger feierlichen Triumph (Ovatio)
hielt. — Dem Triumphe und der Ovation ging
auch noch ein den Feldherren ehrender Akt vorher.
Die Römer errichteten nämlich gleich nach der ge=
wonnenen Schlacht von dem Eroberten und von
den Waffen der Feinde ein Siegeszeichen an
dem Orte, wo das Treffen geschehen war, wobei
man auf folgende Weise verfuhr. An einer Säule
oder einem Stamme von verschiedenen Materien be=
festigte man oben einen Helm; dem mittleren Theile
zog man einen Panzer an, wie an einem Körper,
und hing zu beiden Seiten Spieß und Schild auf,
oft auch Pfeile, Schwerter rc. Nachher wurden
diese Siegeszeichen besondern Göttern geweiht. Bei
glücklichen Seetreffen fügte man auch noch die
Schiffsschnäbel hinzu. Beide Gattungen wurden
mit Aufschriften verziert. — So wie diese Trium=
phe wegen eines Sieges zu Lande gehalten wur=
den, eben so hielt man auch Triumphzüge wegen
eines Sieges zur See. Derjenige Feldherr oder
Admiral, welcher das Kommando der Schiffe ge=
habt, und den Sieg erfochten hatte, schickte erst ein
mit Lorbeerkränzen ausgeschmücktes Schiff nach Rom,
und ließ dem Senate seinen Sieg melden. Dann
kam er selbst mit seinem Schiffe oder dem eroberten
größten Schiffe, das mit Palmenzweigen verziert war,
und einen Theil der eroberten Beute trug, nach Rom,
brachte auch die andern mit Kränzen verzierten
Schiffe mit, und bat den Senat um einen Tri=
umph. Sobald er solchen erhalten hatte, kamen
1) die Liktoren, welche den Platz von dem Volke
frei hielten; 2) die Musiker; hierauf folgten 3)
die Vorstellungen der Meere, Seen, Flüsse und
Schlachten; die eroberte Beute, die Waffen, und

selbst die abgeschnittenen Schnäbel der feindlichen Schiffe auf Wägen; 4) die Tafeln, worauf die eroberten feindlichen Schiffe verzeichnet waren, und was für Beute gemacht worden; 5) das erbeutete Geld und andere Schätze, nebst den Kronen, welche verehrt worden; 6) die zur See gemachten Gefangenen; hierauf kam 7) der Triumphator in der Triumphtoga auf seinem hohen Wagen; diesem folgten 8) die Schiffssoldaten, Schiffsleute ꝛc. — Dieser Zug bewegte sich nun ebenfalls in dieser Ordnung fort, und in das Kapitol, wo dann eine gleiche Ordnung ꝛc. Statt fand, wie oben angeführt worden; auch wurden einige oder mehrere Schiffsschnäbel den Göttern gewidmet. — Die Triumphzüge fingen schon unter den Königen an, und endeten mit demjenigen, den Belisar hielt. Es sollen überhaupt mit den Ovationen bis auf den Vespasian dreihundertundzwanzig gehalten worden seyn, und dann etwa noch zwanzig bis auf den Letzten. S. auch den Art. Triumphator. — In den neuern Zeiten sind dergleichen Triumphzüge nicht mehr gehalten worden; denn wenn auch siegreiche Armeen bei ihrer Rückkehr in das Vaterland in den Städten, und namentlich in den Haupt- und Residenzstädten, vom Volke jubelnd begrüßt oder empfangen wurden, wenn man Ehrenpforten, Triumphbogen, Trophäenthürme ꝛc. ꝛc. bauete, wo die Regimenter den Durchzug hielten, man die sie begleitenden Feldherren hochleben! ließ, sie auch mit Lorbeer- und Eichenkränzen ꝛc. bewillkommnete, sie bewirthete, ihnen Dankadressen, Bürgerbriefe ꝛc. votirte, so sind doch diese Empfangsfeierlichkeiten keine solche Triumphzüge, wie sie oben, bei den Römern geschildert worden; es sind dankbare Huldigungen, die man den vaterländischen Helden bringt, aber ohne jenes Gepränge, jene An-

spielungen auf einen zu besorgenden Uebermuth des
Feldherren, jenen barbarischen Zug in Ausstellung
und Tödtung der Gefangenen ꝛc., es ist ein Triumph der Kultur, der Menschenwürde, die in dem
Kriege oft die Nothwendigkeit menschlicher Spal-
tungen und Zerwürfnisse durch dieses Mittel zu beseitigen erblickt, aber keine Entwürdigung der Menschheit durch Tödtung der Gefangenen ꝛc. Und wenn
auch der Russische Kaiser Peter der Erste einen
ähnlichen Triumphzug in Moskwa, der damaligen
Haupt- und Residenzstadt der Czaren, nach dem
1709 bei Pultawa erfochtenen Siege über die
Schweden hielt, indem er die Schwedischen Kriegs-
gefangenen, sowohl Offiziere, als Gemeine, am ersten Januar 1710 öffentlich mit großem Gepränge
im Triumphe in der genannten Stadt aufführte,
so war doch die Behandlung der Gefangenen eine
andere. —

Triumphalis, ein Beiname des Herkules. Unter
diesem Namen stellte ihm Evander eine Säule
auf einem öffentlichen Platze auf.

Triumphator, derjenige, welcher einen Triumphzug
hält; bei den Römern, derjenige Oberfeldherr,
dem nach einem glücklich beendigten Kriege, vom
Senate und dem Volke in Rom einen Triumphzug zu halten erlaubt wurde; s. oben, unter Triumph. — Die größten Triumphatoren Roms zu
den Zeiten der Republik waren Pompejus und
Cäsar; denn der Erstere hielt an seinem sieben-
undvierzigsten Geburtstage einen Siegeseinzug in
Rom, nachdem er einige Monate vorher in den
Vorstädten Roms, nach den vaterländischen Gesetzen, verweilt hatte, der an Pracht, an Beute, an
Zahl der eroberten Länder, und auch an manchen
sich auszeichnenden Nebenumständen, ohne Gleichen
in den Geschichtsbüchern war, und nur durch den Tri-

umph von Cäsar, dem Besieger des Pompejus, übertroffen wurde. Den von Plinius (VII., 26) aufbehaltenen Inschriften zu Folge triumphirte Pompejus damals wegen Beendigung eines dreißigjährigen Krieges, wegen Erlegung und Gefangennehmung oder Besiegung von 2,083,000 Menschen, wegen Erbeutung oder Versenkung von 846 Schiffen, wegen Eroberung von 1538 Städten und festen Schlössern, wegen Befreiung aller Meerufer und Wiedereroberung Römischer Oberherrschaft zur See, wegen Unterwerfung von Asien, Pontus, Armenien, Paphlagonien, Cilicien, Syrien, Iberien, der Insel Creta, der Scithen, Juden, Albaner, Bastarnier, alles Landes vom See Mäotis bis zum rothen Meere. — In seiner Rede rühmte er sich, daß er des Römischen Gebietes sonst äußerste Grenze zum Mittelpunkte des Reichs gemacht habe, und seine Anhänger bemerkten: daß er der erste Römer sey, der drei Triumphe, und zwar jeden über einen andern Welttheil, gehalten habe. — Cäsar hatte seine Triumphe verschoben, und stellte daher vier zu gleicher Zeit an. Die schaulustigen Römer konnten daher im Verlaufe eines und desselben Monats vier Tage lang die Pracht der Siegeszüge anstaunen, die der Triumphator mit den Namen und den Gegenständen von Gallien, Aegypten, Pontus und Afrika verherrlichte, und damit Alles an Triumphen überstrahlte, was bis dahin gesehen worden war. In Hinsicht der überwundenen Völkerschaaren, so wie der Größe der Kriegsthaten, verdient der Gallische die erste und vornehmste Stelle; denn man erblickte hier goldene Abbildungen des Rhodanus, des Rheins und des gefesselten Oceans, so wie des bezwungenen Massilia. Diese Abbildungen wurden dem Sieger vorangetragen, und an den Triumphwagen gekettet, war der unglückliche Arvernerfürst Vercingetorix, welcher sechs Jahre bis zu diesem

Triumphe hatte im Kerker schmachten müssen, und dann nur losgekettet wurde, um ein gleiches Schicksal mit den übrigen Gefangenen zu haben. Am zweiten Triumphtage erschien zum ersten Male eine in Ketten aufgeführte Königin, die junge und schöne Arsinoe, welche Cäsar zur Ausschmückung seines Alexandrinischen Prunkzuges mit sich geführt hatte. Zur Seite dieser Prinzessin wurden bei diesem Aufzuge die Bilder des Nils und des hohen Pharus mit seiner flammenden Leuchte, so wie zwei andere Gemälde, den Tod der Verräther Pothinus und Achillas darstellend, getragen. Um den Triumph über den Pharnaces am dritten Tage vor den übrigen auf eine denkwürdige Weise auszuzeichnen, genügten des Siegers eigene glücklich gewählte drei Worte: veni, vidi, vici, die, auf einer Tafel, in großen Lettern lesbar, vor seinem Viergespanne prangten. Am stattlichsten war der Afrikanische Siegeszug durch den Reichthum der schaugetragenen Beute bis in die Dunkelheit des Abends, wo der Triumphator die Stufen des Kapitols beim Scheine von vierzig Kronenleuchtern bestieg, welche von eben so vielen Elephanten getragen wurden. Unter den Gefangenen dieses letzten Triumphzuges befand sich der unmündige Sohn des Juba. Der Unfall, der sich am ersten Tage seines Siegeszuges in der Nähe des Tempels der Fortuna zutrug, indem die Achse seines Triumphwagens zersplitterte, gab, so unbedeutend er auch zu seyn schien, dennoch bei Manchem zu unheilweissagenden Betrachtungen Veranlassung. Auch der Muthwille seiner Veteranen, die seinem Zuge folgten, gab bei dieser Gelegenheit dem Weltüberwinder manches übelklingende Wort zu hören, welches er an diesen Tagen der Freude nicht verhindern konnte, da sie dieses Vorrechtes sich bedienen durften, um auch ihren Feldherren, den die Menge vergötterte, in seiner Menschlichkeit se-

hen zu laffen, die fie in der engeren Gemeinfchaft des
Feldlagers beobachtet hatten. Auch wurden beißende
Spottlieder gefungen, und die Liebfchaft mit der Cleo=
patra dabei nicht vergeffen. Aerger konnte fich der
Sarkasmus wohl nicht Luft machen, als durch den
allgemeinen Zuruf der Legionen: „Thue nach dem
Gefetze, fo wartet Dein Strafe; doch tritt es
mit Füßen, und Dein ift die Krone!" — Man
kann keinen beffern Begriff von diefer prachtvollen
Feierlichkeit erhalten, als die Angabe: daß Cäfar
dabei 60,000 Talente gemünzten Geldes (gegen
72 Millionen Thaler), und 2822 goldene Kronen
(an Gewicht von 20,414 Römifchen Pfunden, und
an Werth von 5 Millionen) zur Schau aufführen,
und dann in den öffentlichen Schatz bringen ließ.
Auch ift bei den Triumphen noch zu bemerken, daß
die Fußgeftelle der aufgeführten Standbilder und an=
dere Geräthfchaften des Zuges am erften Tage von
dem damals noch feltenen Citronenholze (man foll
ex citro, vielleicht auch ex cedro, lefen können, alfo
von Cedernholze); am zweiten von Schildpatt (wo=
gegen Florus auf Lorbeer zu deuten fcheint); am
dritten von Akanthusholz, am vierten von Elfenbein
gefertiget worden. — Man will darin Anfpielun=
gen auf die befiegten Landftriche finden. Auch die
Soldaten wurden von Cäfar für ihre treuen Dienfte
belohnt. Jeder erhielt, außer einer Anzahl hier und
da zerftreuten Ländereyen, die zu Anfange des Krie=
ges zugefagten 2000 Seftertien, aber mit einem Ge=
fchenke von zehnfachem Werthe vermehrt (677 Tha=
ler 12 Gr. Cour.). Der doppelte Lohn ward dem
Centurio, fo wie das Vierfache dem Kriegstribunen.
Einer noch umfaffenderen Freigebigkeit hatte fich aber
der Römifche Pöbel der Hauptftadt zu erfreuen, welchem,
Mann für Mann 400 Seftertien, nebft reichen Gaben
an Oel, Fleifch und Getreide ausgetheilt wurden, und

woran an 150,000 Menschen Theil nahmen. Außerdem veranstaltete der Diktator für diese Menschenklasse ein allgemeines öffentliches Gastmahl, wobei 22,000 Trinklinien mit wenigstens 200,000 Gästen besetzt wurden. An diese Feste reiheten sich zugleich in ununterbrochener Folge glänzende Spiele im Cirkus und in dem zu den Thiergefechten neu erbaueten Amphitheater; Gladiatoren- und andere Kämpfe zu Fuß und zu Roß, in ganzen gegen einander fechtenden Scharen, wozu sich meist Gefangene oder Verbrecher hergeben mußten, aber auch Römische Ritter, aus erniedrigender Gefälligkeit gegen den Diktator sich entschlossen; streitende Elephanten mit ihren Kriegsthürmen; eigends auf dem Marsfelde zu dieser kurzen Lust ausgegrabene Naumachien, worin die Vorstellungen von Seetreffen gegeben wurden, und wobei überall Tausende von Zuschauern unter ausgespannten seidenen Decken vor den Sonnenstrahlen gesichert saßen. Unter der Fülle dieser Genüsse und mitten im Taumel der Lust ließen sich einzelne Stimmen vernehmen, welche sowohl die Verschwendung des Goldes, als des Menschenlebens beklagten; dessen ungeachtet war fast ganz Italien zu diesen Volkslustbarkeiten zusammen geströmt; selbst Rom konnte die Menge nicht fassen. Auch ereigneten sich häufige Unglücksfälle in diesem wogenden Getümmel, wobei sogar zwei Senatoren niedergerissen wurden, unter die Füße kamen, und tödtliche Wunden erhielten. — Den letzten Triumphzug, den dieser Triumphator nach den vier gehaltenen feierte, war der Spanische, der jedoch den andern nachstand, obgleich die Abbildungen der eroberten Spanischen Städte aus Spanischem Silber ihm vorgetragen wurden, und der noch die Merkwürdigkeit mit sich führte, daß der Triumphator diese Ehre auch noch seinen beiden Legaten und alten Kriegsgefährten, dem Q. Fabius Maximus und dem

D. Pedius, widerfahren ließ, indem er auch sie, gleich nach dem seinigen, einen Spanischen Triumph halten ließ. Das Befremden über eine solche Ehren=bezeugung, auf die nie zuvor ein Unterfeldherr, auch bei den wichtigsten Siegen, Anspruch gemacht hatte, und die nur durch den Willen und die Dankbarkeit des Diktators gerechtfertigt wurde, löfete sich in einen ziemlich laut werdenden Spott über die Geringfü=gigkeit der Zurüstungen auf, durch welche diese Auf=züge verherrlicht werden sollten; denn die Standbil=der, die ihnen vorangetragen wurden, waren aus Holz geschnitzt, und der Volkswitz gefiel sich darin, sie für die Gußmodelle der Cäsarischen auszugeben. Dieser Triumphator erndtete noch bei diesem Triumphe be=sondere Zeichen der großen Gunst der Staatsgewalt ein; denn Cäsars Diktatur sollte auf seine Lebens=dauer hinaus verlängert seyn; der Titel eines Impe=rators ward ihm in einem bisher ungewöhnlichen Sinne, und in so weiter Ausdehnung beigelegt, daß dadurch der unbedingte Oberbefehl der gesammten Römischen Kriegesmacht auf ihn überging, und das Konsulat blieb für die nächsten zehn Jahre mit seiner Person verbunden. Bloß diese letzte Würde, die ei=gentlich der schon in ihm vereinigten Macht nichts zu=legte, ließ Cäsar, als einen ehrenvollen Titel, nach=dem er sie, zur Verherrlichung seines Triumphs, nur wenige Tage zur Schau getragen, für den kurzen Rest des Jahres auf seine Freunde Q. Fabius und C. Trebonius übergehen. Ferner durfte Cäsar den Namen „Vater des Vaterlandes‟ auf Münzen führen; sein Geburtstag wurde als ein Staatsfest ge=feiert; die Fasces seiner Liktoren waren stets mit Lor=beerzweigen umwunden; auch konnte er selbst überall mit Lorbeer bekränzt erscheinen; auch erhielt er das Recht, bei allen Spielen, auf einem vergoldeten Ses=fel sitzend, mit einer goldenen Krone auf dem Haupte,

zugegen zu seyn; auch wurde durch ein Dekret des
Senats festgesetzt, daß selbst nach seinem Tode immer
der erwähnte Sessel mit der Krone bei allen öffentli=
chen Schauspielen, um seinen Namen zu verewigen,
einen Platz darin erhalten sollte. Dann wurde noch
votirt, daß ihm der beständige Gebrauch der festlichen
Triumphkleidung, als Vorrecht, zustehen; daß ihm in
allen Städten Italiens, und in allen Tempeln der
Hauptstadt, Bildsäulen, mit Bürger= und Belage=
rungskronen geschmückt, errichtet werden, und daß der
Monat Quintilis, ihm zu Ehren, seinen Namen in
Julius umwandeln solle. Alles dieses war aber
noch wenig gegen die Verordnungen: daß es erlaubt
seyn solle, bei Cäsars Glücke zu schwören; daß, sei=
ner göttlichen Abstammung zu Ehren, je nach fünf
Jahren ein Fest begangen, und den Priestern des
Pan eine dritte Klasse beigefügt werde, nämlich zu
den Brüderschaften der Quintiliani und Fabiani,
auch noch die Juliani, um die dabei bestimmten re=
ligiösen Gebräuche zu begehen; daß er selbst den Ti=
tel des „Julianischen Jupiters" führen, wodurch
seine Person geheiliget und unverletzlich seyn sollte,
und daß ihm, gemeinschaftlich mit der Dea Clementia,
ein Tempel errichtet, und M. Antonius zum Priester
dieses neuen Heiligthums geweiht werden solle. Die=
ses waren aber noch lange nicht alle Privilegien, die
er erhielt; denn über eine Hälfte derselben ist hier
übergangen worden, die man bei Dio Cassius (B.
43, K. 44, 45, und B. 44, K. 4—7) findet. Im
„Leben des Julius Cäsar" von A. G. Meiß=
ner, Th. 4 (Berlin, 1812), fortgesetzt von J. C. L.
Haken, heißt es S. 467 u. f. in Beziehung auf
diese Titel, Privilegien rc.: „Wer vermöchte zu läug=
nen, daß eine ernstliche Ablehnung dieser zu=
dringlichen Begünstigungen die Erfinder derselben gar
bald zum Verstummen gebracht haben würde? Al=

lein wenn auch die Staatsklugheit dem Diktator es nicht als zuträglich erscheinen ließ, selbst durch solche pomphafte Geringfügigkeiten, die Kluft zwischen sich und jedem andern Staatsbürger, bis zur Unmöglich= keit des Ueberspringens zu erweitern, so wird sein Bild durch das, was er hierdurch am Ideal verliert, nur um so mehr an Menschenähnlichkeit gewinnen, wenn wir annehmen, daß auch ihn selbst wohl zuwei= len auf seiner erreichten Höhe ein Schwindel beschlich, und daß ihm dann gerade dieser unächte Schimmer als begehrenswerther Lohn seines Strebens erschien. Wenigstens verläugnete sich der bessere Sinn in ihm doch nicht so ganz, daß er des öffentlichen Geständnis= ses unfähig geworden wäre: „Die ihm gewährten Ehren möchten eher einer Einschränkung, als einer Erweiterung bedürfen." Ja, in einzelnen Augenblicken dünkten sie ihm wohl gar so drückend, daß er, in der Uebertreibung der Ungeduld und mit abgeworfener Toja, seine Hausfreunde versicherte: „Gerne wolle er Jedem, dem nach seinem Platze gelüste, die Kehle hin= strecken." Abgesehen jedoch von diesen ihm von An= dern aufgedrungenen Schwächen, muß ihm die Ge= rechtigkeit widerfahren, daß er, mit seltenem Miß= brauche dieser falschen Größe, einen desto treffliche= ren und wohlthätigeren Gebrauch von der wahren zu machen mußte, die sich in seinen Händen verei= nigte 2c."—So viel über die Triumphatoren bei den Römern. — Auch ein Beiname des Jupiters und des Herkules wegen der errungenen Siege.

Triumphbogen, Arcus triumphalis, in der Baukunst, eine Art Ehrenpforte, welche von Holz, Ziegel= steinen, Werkstücken, auch von Marmor, mit einem Haupt= und zwei Nebenportalen aufgeführt, und mit Bildhauerarbeit, Gemälden, Schnitzwerken, Inschrif= ten 2c. verziert wird. Die Errichtung geschieht zu Eh= ren eines Sieges, Triumphzuges 2c. Die von Stein

aufgeführten Triumphbogen dienen, das Andenken an
ruhmvolle Heldenthaten zu verewigen. Die aus Holz
aufgeführten in neuerer Zeit dienen bloß beim Ein=
zuge hoher Personen, besonders bei Vermählungs=
feierlichkeiten, und werden nach dem Einzuge der ho=
hen Braut oder der Neuvermählten, überhaupt nach
Beendigung der Feierlichkeit, wieder abgebrochen. Die
Römer errichteten ihren triumphirenden Feldherren zu
den Zeiten der Republik und mehreren Kaisern der=
gleichen Triumphbogen von Marmor; auch hielten die
triumphirenden Sieger durch solche ihren Einzug. Zu
Rom hatte man deren sechsunddreißig, von denen
nur noch einige stehen, nämlich: die Triumphbogen
des Titus, des Septimus Severus und des
Constantin. Der Triumphbogen des Titus,
welcher diesem Kaiser wegen des Jüdischen Feldzuges
vom Marmor errichtet worden, steht in der fünften
Region der Stadt Rom, und nach der Eintheilung
der Stadt vom Pabste Sixtus dem Fünften in
vierzehn Rioni oder Gegenden, in der Rione de
Monti, an der jetzigen Kirche S. Maria nuova oder
S. Francesta romana, am Ende des Campo Vaccino
(Kuhfeld). Er besteht nur aus einem Bogen, ist zwar
schadhaft, doch ist die Inschrift auf einer Seite noch
ganz vorhanden; sie lautet: Senatus. Popolusque.
Romanus. Divo. Tito. Divi. Vespasiani. F! Ves-
pasiano. Augusto. Der auf dem Fries dargestellte
Triumphzug in Basrelief, erinnert an die Eroberung
von Judäa und die Zerstörung Jerusalems durch Ti=
tus, als er noch Konsul war (70 n. Chr.). Man
erblickt unter andern hier den Jordan, einen der sie=
benarmigen Leuchter des Tempels, und einen Tisch mit
Schaubroden rc. in Triumph tragen. Oben in der
Wölbung des Bogens ist seine Vergötterung durch ei=
nen Adler, welcher ihn davon trägt, vorgestellt. Hier=
aus geht hervor, daß dieses Denkmal erst nach seinem

Tode errichtet worden. Der ganze Bau, obgleich
Ruine, zeugt aber von der Pracht der Römischen Bau=
art. — Der Triumphbogen des Septimus
Severus, aus drei Bogen von Marmor bestehend,
steht unmittelbar vor dem Kapitole auf einem freien
Platze, in der achten Region der Stadt, oder in
der Rione di Campitelli, nicht fern von der schö=
nen St. Markuskirche, und ist beinahe die unterste
Hälfte unter Schutt begraben. Vor ungefähr funfzig
Jahren ließ ein Schwede im Forum graben, und fand
erst das Pflaster von weißem Marmor, als man drei=
ßig Palmen oder Spannen tief gegraben hatte. Pabst
Gregor der Funfzehnte hatte die Absicht, eine
Straße hindurchführen zu lassen, wodurch alle Erde
hinweggeräumt worden wäre, so daß man ihn hätte
ganz sehen können; allein das schon begonnene Werk
wurde wieder zugeschüttet, weil man vermuthete, daß
die Gegend herum ein Sammelplatz von Wasser und
Sumpf werden möchte. Er enthält kriegerische Sce=
nen, und die Inschrift auf einer, wie auf der andern
Seite lautet: Imp. Caes. Lucio. Septimio. M.
Fil. Severo. Pio. Pertinaci. Patri. Aug. Patriae.
Parthico. Arabico. Et. Parthico. Adiabenico. Pontif. Max. Tribunic. Potest. XI. Imp. XI. Cos.
III. Procos. Et. Imp. Caes. M. Aurelio L. Antonino. Augusto. Pio. Felici. Tribunic. Potest. V.
Cos. Procos. P. P. Optimis. Fortissimisque. Prin-
cipibus. Ob. Rcrmpublicam. Restitutam. Impe-
riumque. Populi. Romani. Propagatum. Insigni-
bus. Virtutibus. Eorum. Domi. Forisque. S. P.
Q. R. Die Buchstaben sind vormals mit Erz ausge=
gossen gewesen, welches mit der Zeit herausgefallen
ist. — Der Triumphbogen des Constantin, nach
der alten Eintheilung in der zehnten Region, nach der
neuern, von Sixtus dem Fünften, in der Rione
de Monti, nicht fern vom Kolifeo oder Kolosseum.

Er besteht aus einem großen Mittel = und zwei klei=
neren Bogen aus Marmor, und ist mehrentheils mit
Bildsäulen und Basreliefs geschmückt. Die Säulen
sind korinthisch und kanelirt. Nach dem Urtheile der
Kenner sollen die Basreliefs aus den Zeiten Con =
stantins den Triumphbogen verunzieren, die Bild=
säulen ihn aber zieren; unter den Letzteren sind vier
große Statuen von überwundenen Feldherren der
Feinde. Unter den Basreliefs ist auch dasjenige, wo
Trajan, nach seinen Siegen über die Dacier, den
Triumph ausschlug, vor der Stadt vom Pferde stieg,
und mit dem ihm entgegenströmenden Volke in Rom
einzog. Hier wird er nun vorgestellt mit dem Volke,
geführt von der Göttin Roma, ihm folgt die Victoria
und kränzt ihn. Oben sind schöne Figuren in Altore=
lievo, aus der Zeit des Markus Aurelius, die Tha=
ten seines Vaters Antonius Pius vorstellend. Die
Inschrift des Bogens ist folgende: Imp. Caes. Fl.
Constantino. Maximo. P. F. Augusto. S. P. Q. R.
Quod. Instincta. Divinitatis. Mentis. Magnitudine.
Cum. Exercitu. Suo. Tam. De. Tyranno. Quam.
De. Omni. Ejus. Factione. Uno. Tempore. Justis.
Rempublicam. Ultus. Est. Armis. Arcum. Trium-
phis. Insignem. Dicavit. — Von mehreren andern
Triumphbogen hat man nur noch Ueberbleibsel in der
Erde gefunden, bei der Grundlegung von Pallästen,
z. B. von dem Claudius'schen Triumphbo-
gen 2c. Auf den Römischen Triumphbogen stand im=
mer oben der Held als Sieger aus Erz gegossen auf
einem einspännigen Wagen.

Bei den neuern Völkern findet man mehrere
Triumphbogen in Frankreich und in England oder
Großbritannien. In dem erstern Staate zu Paris die
Triumphbogen von St. Denis und St. Mar=
tin, zu Ehren Ludwigs des Vierzehnten errich-
tet. Der Erstere ist 73 Fuß hoch und 72 Fuß breit.

Beide Triumphbogen sind eigentlich Thore, nur ha=
ben sie diese Einrichtung erhalten. Dann die Tri=
umphbogen auf dem Carousselplatze und an
der Barrière von Neuilly. Der Erste, auch
l'Arc de Triomphe de l'Etoile genannt, wurde auf
Befehl Napoleons auf dem Carousselplatze zu Pa=
ris errichtet, und hat die Verherrlichung der Siege
und Waffenthaten der Französischen Armee zum Zweck.
Die Legung des Grundsteins geschah am 15. August
1806, dem Geburtstage dieses Herrschers. Er ist
nach dem Muster des Triumphbogens des Septi=
mus Severus zu Rom gebildet, und übertrifft an
Größe den des Constantin daselbst, oder das Thor
St. Denis zu Paris um das Doppelte; seine Höhe
beträgt 161, die Breite 146, und die Tiefe 72 Fuß.
Der große Thorweg allein ist 67 Fuß hoch und 47
Fuß breit; jeder Seiteneingang hat 60 Fuß Höhe.
Acht Jahre lang, bis zum Jahre 1814, wurde unun=
terbrochen daran gearbeitet, und es sollte das riesen=
hafteste Gebäude in dieser Art werden, das jemals
aufgeführt worden. Am 1. April 1810, beim Ein=
zuge der Kaiserin Marie Louise in Paris, wurde
von Holz und bemalter Leinwand der Triumphbogen
so dargestellt, wie er bei der Vollendung aussehen
würde, und schon dieses Gerüst gewährte nicht nur ei=
nen großartigen, sondern auch prachtvollen Anblick.
Im Jahre 1814 wurden die Arbeiten daran unter=
brochen, im Jahre 1823 unter der Restauration auf
Befehl Ludwigs des Achtzehnten wieder begon=
nen, und er sollte zum Andenken an den Feldzug des
Herzogs von Angoulème in Spanien vollendet
werden, als die Revolution von 1830 unter Karl
dem Zehnten eintrat. Dieser Monarch trat von der
Regierung ab, und unter seinem Nachfolger, dem Kö=
nige Ludwig Philipp, aus dem Hause Orleans,
wurde der Bau fortgesetzt. Fig. 9255 zeigt die Vor=

Triumphbogens mit den geschmackvollen Anlagen des
Gartens von Hyde=Park=Lodge, ihm ziemlich gegen=
über, und man wird sich wundern, wie die Bewohner
seiner (des Triumphbogens) Zimmer dem Fremden eine
Gelegenheit geben können, uns wegen Mangels an
Geschmack zu tadeln." Dieser Triumphbogen scheint
keine weitere Bedeutung auf irgend einen Sieg zu ha=
ben, sondern nur eine Zierde Londons zu seyn. In
R. Pocockes Beschreibung des Morgenlan=
des und einiger andern Länder, 3 Thle. (neue
Ausgabe, nach dem Englischen, Erlangen, 1791 —
92), findet man in den beiden letzten Theilen mehrere
Abbildungen von dergleichen Bauwerken, jedoch größ=
tentheils nur Ruinen. — In Rußland ist der
Triumphbogen merkwürdig, welchen der Kaiser
Alexander der Erste im Jahre 1817 seinen Waf=
fengefährten aus Gußeisen zu Gatschina errichten ließ.
— So wie in Paris einige Thore triumphbogenartig
erbauet worden, so findet man dergleichen Thore auch
in Berlin und Potsdam. In Berlin hat das Ora=
nienburger und Rosenthaler Thor eine dergleichen
Bauart; sie wurden von dem Könige Friedrich
Wilhelm dem Zweiten erbauet, und in Potsdam
erbauete Friedrich der Große das Brandenburger
Thor nach dem Muster des Trajanischen Tri=
umphbogens in Rom rc. — S. auch den Artikel
Monument, Th. 93.

Triumphiren, ein regelmäßiges Zeitwort der Mittel=
gattung: 1) Ueber einen erhaltenen Vortheil froh=
locken. Ueber etwas triumphiren. Mit trium=
phirendem Hohne auf Jemandes Unglück
herabsehen. Besonders über einen erfochtenen Sieg
frohlocken. — 2) Siegen, einen herrlichen und wich=
tigen Sieg erlangen. Ueber den Feind trium=
phiren. S. auch oben, unter Triumph und unter
Triumphator.

Triumphkrone, s. Th. 58, S. 640.

Triumphmahl, die Festmahlzeit, welche der Triumpha=
tor, nach dem Triumphzuge, seiner Armee und der
Bürgerschaft Roms gab; s. oben, unter Triumph.

Triumphsäule, eine Säule, welche einem Triumpha=
tor wegen seiner Siege errichtet worden. Sie kom=
men besonders bei den Römern vor; auch bei den
neueren Völkern, namentlich bei den Engländern,
Franzosen, Russen rc. — Da die Römer immer auf
Mittel sannen, ihre Thaten nicht nur zu verewigen,
sondern sie auch dem Volke anschaulich zu machen,
um solches zu ähnlichen Thaten anzufeuern, dessen
Muth zu beleben, so verfielen sie auch auf die Errich=
tung von einzelnen Säulen, außer den Triumphbo=
gen. Von diesen Säulen, welche Römischen Kaisern
gesetzt worden, hat man noch einige in Rom erhalten,
welche eine Zierde dieser ehemaligen Weltstadt sind.
Die vornehmste dieser Säulen ist die Trajans=
säule, Columna Trajani, Fig. 9257, die diesem
Kaiser auf dessen Forum oder Platz aufgerichtet wor=
den. Der Schaft besteht aus drei und zwanzig gro=
ßen Stücken. Eine Wendeltreppe führt von innen bis
auf ihren Gipfel; sie besteht aus 185 hohen Stufen.
Der inwendige Pfeiler, die Treppe, und die äußere
Seite jedes Stückes sind aus demselben Marmor ge=
hauen. Der Boden umher ist durch den Schutt einge=
stürzter Häuser so hoch geworden, daß das ganze Pie=
destal in der Tiefe steht, so daß man 23 Stufen bis
zum Fuße der Säule hinabsteigen muß. Auf dem
Piedestal sind Trophäen ausgegraben, und die Bas=
reliefs auf dem Säulenschafte stellen Trajans sieg=
reichen Feldzug gegen die Dacier vor. Die mensch=
lichen Gestalten sind drei Palmen (Spannen) hoch,
und es werden darauf an 2500 gezählt, ohne die vie=
len Elephanten, Rosse, Trophäen rc. Auf dem Gipfel
der Säule stand auf einem Piedestal, welches die Ge=

stalt eines stumpfen Kegels hat, die kolossale Statue
des Trajan, aus Erz gegossen und vergoldet. Six=
tus der Fünfte ließ aber 1588 die gleichfalls ko=
lossalische Statue des Apostels Petrus, mit dem
Schlüssel in der emporgehobenen rechten Hand, an
jene Stelle setzen. Oben von der Gallerie der Säule,
die mit einem eisernen Geländer eingefaßt worden,
genießt man die Aussicht über die ganze Stadt mit
den umliegenden Gegenden. Der Senat ließ folgende
Inschrift daran setzen: Senatus Populusque Romanus Imp. Caesari, Divi Nervae, F. Nervae Tra-
jano, Aug. Germ. Dacico, Pontif. Maxim. Trib.
Pot. XVII. Imp. VI. Cos. VI. P. P. ad decla-
randum, quantae altitudinis mons et locus tantis
ex collibus sit egestus. Um die viereckige Platte,
die statt des Kapitäls auf der Säule liegt, steht die
Inschrift: Sixtus V. Pont. Max. B. Petro Apost.
Pont. Ann. IV. — Die Antoninische Säule,
Colomna Antonini, welche vom Senate dem Kaiser
Markus Aurelius Antoninus errichtet worden.
Sie steht an der Strada del Corso, ist innerhalb
hohl, und mit einer Treppe von 206 Stufen verse=
hen, sie selbst ist aber 175 Fuß hoch, und hat 56 kleine
Fenster, um die Treppe zu erleuchten. Auch diese
Säule ist mit Basreliefs geziert, welche die Thaten
dieses Kaisers gegen die Markomannen und Quaden,
Völker, welche Böhmen und Mähren bewohnten, vor=
stellen. Der Künstler soll bei diesen sonst schön ge=
arbeiteten Basreliefs das weise Gesetz antiker Mäßi=
gung überschritten haben, indem man sie wegen ihrer
Erhabenheit fast für Altireliefs hält; sie nehmen sich
daher minder schön aus, als die Gestalten an der Tra=
janssäule; dazu kommt noch, daß die Antoninische
Säule viel vom Feuer gelitten hatte, welcher Schaden
aber auf Befehl des Pabstes Sixtus des Fünf=
ten wieder ganz ausgebessert worden, der auch die

Bildfäule des Apostels Paulus mit dem Schwerte in
der linken Hand von Erz und stark vergoldet, statt der
Statue des M. Aurelius, darauf setzen ließ. Merk=
würdig ist die Vorstellung der großen Begebenheit ei=
ner Schlacht, in welcher das Heer der Römer, in Ge=
fahr vor Durst und Hitze zu verschmachten, durch ein
wunderbäres Gewitter gerettet worden, das die Soldaten
mit Regen kühlte, und zugleich mit Hagel und Blitz die
Feinde fürchterlich heimsuchte. Sowohl Dio Cas=
sius, als der Dichter Claudinus und der Ge=
schichtsschreiber Kapitolinus, schreiben dieser wun=
derbaren Rettung des Römischen Heeres einer über=
natürlichen Hülfe zu. Dio Cassius erwähnt einer
Sage, nach welcher ein Aegyptischer Zauberer, Ar=
nuphis, den in der Luft herrschenden Merkur
nebst anderen Dämonen herbei gerufen haben soll;
die beiden Andern geben aber die Frömmigkeit des
Kaisers als Ursache dieses Wunders an. Aus den
Schriften des Kaisers Markus Aurelius geht je=
doch hervor, daß er die Zauberey nur geringe achtete,
mithin wäre die erste Behauptung nicht anzunehmen,
wohl aber sey es der Frömmigkeit und dem Gebete
eher zuzuschreiben, daß ein solches Wunder geschah.
Nach dem Kirchenvater Eusebius soll man es aber
einer christlichen Legion, welche die Melitenische
hieß, und nachher die blitzende Legion genannt
wurde, zugeschrieben haben; denn der genannte Kir=
chenvater beruft sich hierbei auf das gleichzeitige Zeug=
niß des Apollinarius und Hieropolis; und
Tertullian, dessen Apologie des Christenthums
wenige Jahre nach dieser Begebenheit geschrieben
wurde, (ungefähr ums Jahr 174 nach Christi Ge=
burt) beruft sich zur Bestätigung dieses Wunders auf
einen andern vorhandenen Brief des Kaisers Mar=
kus Aurelius, in welchem dieser freimüthig be=
kannte, daß er dem Gebete der Christen den Sieg

verdankte. — Der Regen, welcher das Heer erquickte,
iſt nun auf der Säule durch den Jupiter Pluvtus,
welcher in der Geſtalt eines alten Kopfes mit triefen-
dem Barte und langen triefenden Fittichen über dem
Heere der Römer ſchwebt, angedeutet. Auch dieſe
Säule hat, gleich der vorhergehenden, anſtatt des Kapitäls eine viereckige Platte, gleich einer Gallerie, mit
einem eiſernen Geländer. Mitten auf der Platte erhebt ſich ein rundes Poſtament, worauf Paulus
ſteht. Um die Platte ſteht noch an den vier Seiten:
1) Sixtus V; 2) S. Paulo; 3) Apost.; 4) Pont.
A IIII. Auf dem Würfel des Säulenſtuhles ſteht,
und zwar auf der erſten Seite: Sixtus V. Pont.
Max. Columnam banc ab omni impietate expur-
gatam S. Paulo Apostolo aenea ejus Statua in-
aurata a summo vertice posit. D. D. Anno
MDLXXXIX. Auf der andern: Sixtus V. Pont.
Max. columnam banc cochlidem Imp. Antonino
dicatam misere laceram ruinosamque primae for-
mae restituit An. M. D. LXXXIX Pont. IV.
Auf der dritten: M. Aurelius Imp. Armenis, Par-
this Germanisque bello maximo devictis triam-
phalem hanc columnam rebus gestis insignem Imp.
Antonino Pio patri dicavit. Und auf der vierten:
Triumphalis et sacra nunc sum Christi vere pium
discipulumque ferens, qui per crucis praedicatio-
nem de Romanis Barbarisque triumphavit. —
Lange Zeit glaubte man, daß dieſes die Säule ſey,
welche M. Aurelius Antoninus dem Antoninus
Pius errichten ließ; allein dieſe Säule wurde vor
ungefähr hundert Jahren gefunden. Sie hatte keine
Basreliefs, und zerfiel durch einen Zufall, als man ſie
wieder aufrichten wollte. Sie wurde auf Befehl des
Pabſtes Klemenz des Eilften ausgegraben, und war
von rothem oder rothgeflecktem Marmor, 55 Fuß hoch,
und der Schaft enthielt da, wo er am dickſten iſt, im

Durchschnitt 6 Fuß, im Umkreise an 20 Fuß. Das Postament war von Parischem Marmor aus einem Stücke, 12 Fuß auf einer Seite breit, und 11 Fuß hoch, dabei sehr künstlich gearbeitet. Sie hatte auf der einen Seite die Ueberschrift, welche ehemals mit Erz ausgegossen gewesen: Divo. Antonino. Augusto. Pio. Antoninus. Augustus. et. verus. Augustus filii. Auf der andern Seite war die Vergötterung des Antoninus in erhabener Arbeit, und auf der dritten und vierten Leichenspiele zu Fuß, zu Pferde und mit Wagen zu sehen. Die letzten Gegenstände haben die beiden Söhne erst darauf anbringen lassen, da der Vater schon gestorben war, weil sonst diesem der Senat diese Säule wohl zwanzig Jahre vor seinem Tode, wie gewisse noch vorhandene Münzen zeigen, hat aufrichten lassen. Nach Einigen, die sie haben ausgraben sehen, hat sie bis drei Viertel tief in der Erde gesteckt, und soll mehr als 40,000 Thaler an Ketten und andern Werkzeugen gekostet haben, ehe man sie an den Ort hat bringen können, wo sie hat aufgestellt werden sollen, aber verunglückt ist. — Die Cäsars=Säule, welche auf dem Foro Romano oder Römischen Platze stand, und zu Ehren des Julius Cäsar mit der Ueberschrift: Parenti Patriae, aus Numidischem Marmor 20 Fuß hoch war, aufgerichtet worden, und von dem Volke so hoch verehrt wurde, daß es dabei opferte; Gelübde that, seine Streitigkeiten ausmachte, und bei dem Cäsar zu schwören pflegte. Nach der Ermordung Cäsars wurde sie von Dolabella umgestürzt, welches Cicero als ein gutes Werk rühmt. Nach Einigen soll es nur ein Altar gewesen seyn, welcher dem Cäsar von dem Volke oder von dem falschen Marius aufgerichtet worden, auf den nacher Antonius noch die Säule habe setzen lassen; auch soll die Aufschrift nicht Parenti Patriae, sondern Parenti optimo me-

und nach dem Muster der Trajansäule in Rom,
deren Verhältnisse sie jedoch weit übertrifft, aus 425
eroberten Kanonen gegossen, ist 155 Fuß 7 Zoll hoch,
und enthält 12 Fuß im Durchmesser. Der Schaft
enthält 425 Platten mit Basreliefs, welche die Bege=
benheiten des Feldzuges von 1805 darstellen. Oben
auf der Säule steht jetzt die Friedensgöttin, wo vor=
her Napoleons Bildsäule, von Canovas Mei=
sterhand verfertiget, stand, die aber von einem Theile
des Pariser Volkes im Jahre 1818 herabgestürzt
wurde. In den Nachrichten und Bemerkungen
aus den Feldzügen des Jahres 1813 u. 1814,
aus dem Tagebuche eines Feldgeistlichen in dem Preu=
ßischen Heere (Berlin, 1814), wird hierüber, S. 236
u. f., Folgendes mitgetheilet: Noch muß ich eines
Vorfalles erwähnen, der sich an dem Tage unseres
Durchzuges durch Paris ereignete. Ein Theil des
gegen Napoleon aufgebrachten Pöbels stürzte zu
der Bildsäule des Kaisers auf dem Vendôme=Platz,
die von Canovas Meisterhand verfertiget worden,
um sie niederzureißen. Sie steht auf einer 130 Fuß
hohen Säule aus Kanonenerz und trägt die Sieges=
bilder des Jahres 1802 (1805). Der Kaiser Ale=
xander, vorbeireitend, soll gesagt haben: „Mich
würde schwindeln, wenn ich so hoch stände.“
Unzählige Menschen aus allen Ständen hatten sich
versammelt, um dieses Schauspiel anzusehen. Auf
einigen Gesichtern herrschte Zweifel und Ungewißheit
— auf andern sichtbare Freude, auf noch andern aber
stumme Unzufriedenheit, und heimlicher Unwille da=
gegen. Einige flüsterten sich gar ins Ohr: Napo=
leon sey schon in Anmarsch, und werde Morgen die
Stadt entsetzen. Ich war begierig, das Ende dieses
Auftrittes abzuwarten, und blieb bis um sieben Uhr
in der Stadt. Man hatte um den Hals der Bild=
säule ein dickes Seil, gleich einem Ankertaue, ge=

schlagen, und zwölf Pferde vorgespannt, um dieselbe
niederzureißen (Welch ein schneller Uebergang von
höchster Verehrung bis zur tiefsten Erniedrigung ei=
nes Menschen von seinen eigenen Landesgenossen!).
Unter dem lautesten Hurrahgeschrei trieb man die
Pferde an, hunderte von Händen griffen selbst das
Seil an — aber die Statue regte und bewegte sich
nicht, so fest stand sie auf der Säule. Endlich gelang
es nach wiederholten Versuchen der Ziehenden der
Statue das Genick zu beugen, daß sie mit gesenktem
Haupte dastand. Ein allgemeines Gelächter erscholl
von allen Seiten über diese sonderbare Stellung, die
einem Sträubenden ähnlich war, der sich nicht so
leicht bezwingen läßt. Da man vergessen hatte, die
Füße und Schenkel zu durchfeilen, und das Eisen·zu
durchsägen, welches die Statue fest hält, so kam man
diesen Abend nicht weiter, als ihr den Kopf zu beu=
gen, und ließ vom Niederreißen ab. Erst am folgen=
den Tage hatte das Volk die Freude, die Bildsäule
zertrümmert und niedergestürzt zu sehen." — Die in
Rußland errichteten Triumph= oder Siegessäulen
zur Erinnerung an die Siege Russischer Feldherren,
s. unter Monument, Th. 93, S. 707 u. f. An=
dere Triumphsäulen in andern Staaten, außer den
schon angeführten, müssen hier übergangen werden.
S. auch den Art. Monument, Th. 93. Die Tri=
umphsäule in der Magie, die Pinettische
Säule, s. Th. 137, S. 642 u. f.

Triumphspiel, welches unter Spiel (Triumph=),
Th. 158, S. 128, hierher verwiesen worden, ist ein
Spiel, welches ehemals in Venedig unter dem niedern
Volke, und auch in Privathäusern sehr stark gespielt
wurde, aber nicht in vornehmen Zirkeln Eingang fand.
Es wird mit dem ganzen Französischen Kartenspiele
von 52 Blättern gespielt. Es können zwei, drei und
vier Personen daran Theil nehmen. Bei zwei·und

auch von der Regierung entfernt hatte; denn von dem
Befehle über die Truppen war er schon dadurch ge=
kommen, daß ihn die Soldaten in seinem eigenen La=
ger verließen, und dieses auch auf eine geheime An=
stiftung des Octavian, da er, wie oben schon be=
merkt worden, die Achtung der Soldaten nicht genoß.
Dieser Triumvir führte von der Zeit an ein Privat=
leben, aber so unglücklich, daß er ein Gegenstand des
Mitleids selbst seiner größten Feinde wurde. Octa=
vian, der Sieger und Alleinherrscher, befolgte im
Geheimen seinen Plan, sich zum Herren der Welt zu
machen, und hierzu besaß er auch ganz die Eigenschaf=
ten, obgleich er nicht im Stande war, mit kaltem
Blute die geringste Gefahr zu bestehen, und er sich da
immer zu entfernen suchte, wo sich diese ihm zeigte;
dagegen zeigte er sich muthig im Rathe, so wie über=
haupt da, wo das Leben nicht auf dem Spiele stand.
Bei einer großen Genialität war er fähig die größ=
ten Entwürfe zu machen, und daß ihm diese durch eine
glückliche Aneignung fremder Kräfte gelangen, bewei=
set sein errungenes Ziel. So war der Charakter die=
ser Dreiherren beschaffen, und so die Triumviralre=
gierung, die sich nur bei solchen Elementen und unter
solchen Wirren, wie sie nach dem Tode Cäsars ent=
standen, in eine Alleinherrschaft auflösen konnte, also
zum Ruine der Republik. — In neuerer Zeit fin=
den wir in der Französischen Republik ein ähnliches
Beispiel, jedoch unter andern Elementen; denn hier
war erst nicht lange vorher ein Königthum vernichtet
worden, auf das schnell ein Wechsel republikanischer
Regierungsformen folgte, bis zu dem Konsulate, wel=
ches scheinbar auch eine Triumviralregierung
seyn sollte, indem drei Konsule als Oberhaupt der
Regierung gewählt wurden, wobei aber Bonaparte,
als erster Konsul, der noch dazu die Liebe der Solda=
ten besaß, und auch nur, im Verein mit seinem Bru=

der Lucian, der Präsident des Raths der Fünfhundert war, durch die Bajonette der Grenadiere die neue Verfassung am 18ten Brumaire 1799 herbeigeführt hatte, das Ganze leitete. Man gewahrte aus dem fein angelegten Plane Bonapartes und seines Bruders Lucian, um einen Regierungswechsel zu Gunsten des Ersteren hervorzubringen, daß sie die Römische Geschichte genau studiert hatten, und die Fehler, die damals in der Feststellung eines Triumvirats begangen wurden, oder wegen der Umstände, die Cäsars Tod herbeiführte, haben begangen werden müssen, auf jede Weise zu vermeiden suchten, nur damit Bonaparte schneller zur Alleinherrschaft, zum Kaiser Napoleon gelangte; denn die durch ein Dekret des Raths der Fünfhundert (der aber faktisch in der Nacht vom 18ten auf den 19ten Brumaire nur aus dreißig Personen bestand, die sich um Lucian versammelt hatten, um über eine provisorische Regierung zu berathen) geschaffene provisorische Kommission, aus drei Mitgliedern bestehend, die den Titel Konsuln der Republik führen sollten, und wozu Sieyes, Roger Ducos und Bonaparte gewählt wurden, wußte sich der Letztere, der sogleich die Macht oder Gewalt in sich zu vereinigen suchte, sehr bald zu entledigen, um Männer nach seiner Wahl und seinen Ansichten, die ihn in der Obergewalt der Regierung nicht störten, sich beizuordnen, und seine Wahl traf auf Cambaceres und Lebrün, und so nahm er am 25sten December 1799 den Titel erster Konsul an, und dann folgten die beiden andern eben genannten ihm ganz unschädlichen Konsuln, die sich nur mit den Civilangelegenheiten beschäftigten, und seinem Trachten nach dem Throne nicht hinderlich waren, welches aber leicht bei den beiden andern, namentlich bei Sieyes, hätte geschehen können, obgleich Letzterer in den Memoiren des Herren von Bourrienne eben nicht

verwandeln, meisterhaft, und mit eben der Feinheit,
als Octavian. Er selbst wollte sich nicht des Thro-
nes bemächtigen, sondern er sollte ihm von Seiten
des Senats angetragen werden, und der Tribun Cu-
rée erhielt den Auftrag, die Umwandlung der konsularischen Regierung in ein Kaiserthum und Bonapartes Erhebung zum Kaiser mit den Rechten der
Erbfolge zuerst officiell in Vorschlag zu bringen, und
dieser trug seinen Vorschlag dem Tribunate in der
Sitzung am 30sten April des Jahres 1804 vor.
In seiner Rede sagte er unter anderm zum Schluß:
„Wir wollen uns beeilen, auf die Erblichkeit der
höchsten Magistratur anzutragen; denn wenn wir,
wie Plinius zu Trajan sagte, für das Erbrecht eines Chefs stimmen, so hindern wir die Rückkehr eines
Gebieters. Doch zu gleicher Zeit laßt uns einer großen Gewalt einen großen Namen geben; wir wollen
der höchsten Magistratur des größten Volkes der Welt
die Achtung übertragen, die eine erhabene Benennung
ihr verleihen kann. Laßt uns diejenige wählen, welche,
während sie die ersten bürgerlichen Funktionen bezeichnet, zugleich glorreiche Erinnerungen zurückrufen, und
der Souverainität des Volkes keinen Abbruch
thun wird. Ich weiß für den Chef der Nationalge-
walt keinen Titel, welcher des Glanzes der Nation
würdiger wäre, als der Kaisertitel. Wenn er bedeutet: siegreicher Konsul, wem kam er denn je mit
größerem Rechte zu? Welches Volk, welche Armeen
waren jemals würdiger, daß ihr Chef diesen Titel
führe. Ich trage also darauf an, dem Senate einen
Wunsch vorzulegen, welcher der ganzen Nation eigen
ist, und zum Gegenstande hat: 1) daß Napoleon
Bonaparte, gegenwärtig erster Konsul, zum Kaiser
ernannt werde, und in dieser Eigenschaft ferner mit
der Regierung der Französischen Republik beauftragt
bleibe. — 2) Daß die Kaiserwürde für erblich in sei-

ner Familie erklärt werde. — 3.) Daß diejenigen un=
ferer Inftitutionen, die nur erft im Umriffe entworfen
find, eine fefte Einrichtung erhalten." — Diefer Rede
ging aber fchon zehn Tage vorher eine heimliche Dis=
kutirung im Staatsrathe über die Gründung des Kai=
ferthums und die Einführung des Erbfolgrechtes zu
Gunften der Familie Bonapartes voran, worin be=
fonders derjenige Konful (Cambaceres), der fich
am meiften den Anmaßungen Bonapartes hätte
widerfetzen follen, dafür ftimmte, und nicht nur hier,
fondern auch im Senate, wodurch fich auch Bona=
partes Wahl bei der Wählung feiner beiden Kolle=
gen rechtfertigte; er hatte von ihnen bei feinen ehrgei=
zigen Abfichten nichts zu fürchten, wohl aber bei den
beiden Erften, welche ihm gleich ftanden, und er noch
nicht diefes entfchiedene Vorrecht befaß, als bei den
Letztern. Der Vorfchlag Curées wurde nun vom
Tribunate angenommen, und als der Senat fich fügte,
fo wurde am 18. May Napoleon zum erften Male
von feinem Erkollegen Cambaceres an der Spitze
des Senats, als Kaifer, durch Ueberreichung des or=
ganifchen Senatskonfults hinfichtlich der Gründung des
Kaiferthums, und mit dem Name Sire begrüßt.
Napoleon, als nunmehriger Kaifer, antwortete:
„Alles, was zum Beften des Vaterlandes beitragen
kann, ift wefentlich an mein Glück gebunden. Ich
nehme den Titel an, den fie für den Ruhm der Na=
tion glücklich erachten. Ich unterwerfe das Erbfolgge=
fetz der Sanktion des Volkes. — Ich hoffe, es wird
Frankreich nicht gereuen, meine Familie mit Ehren=
ftellen bekleidet zu haben. Auf alle Fälle würde mein
Geift nicht mehr mit meiner Nachkommenfchaft feyn,
fobald fie aufhören würde, die Liebe und das Ver=
trauen der großen Nation zu verdienen." Der Er=
konful Cambaceres wurde nun zum Erzkanzler, und
der Erkonful Lebrün zum Erzfchatzmeifter des Reichs

erhoben, außer den übrigen Erhebungen in seiner Familie ꝛc., und hiermit war die Französische Republik
vernichtet, und auf deren Ruinen das Kaiserreich erbauet. Aber auch dieser Schlußakt der großen Nation
durch ihre Repräsentanten konnte nicht eher vollendet
werden, als bis zur Einleitung dieses großen Dra-
mas, um der Nation Glauben zu machen, daß der
Schritt geschehen müsse, um die Freiheit vor einer
Anarchie zu bewahren, erst Verschwörungen unterdrückt werden, und Opfer fallen müssen, und so gingen
die Erschießung des Herzogs von Enghien und die
Verschwörung Pichegrü's und dessen Tödtung im
Gefängnisse dem Kaiserreiche voran. — Aus diesen
Thatsachen ergiebt sich nun die zur Monarchie füh-
rende Triumviralregierung einer Republik besser, als
durch jedes andere Raisonnement, und die Feststellung
von Grundsätzen, wie sie befestiget werden könnte;
denn wer die bewaffnete Macht auf seiner Seite hat
und zu intriguiren versteht, wird leicht zu diesem Ziele
gelangen, besonders bei langen fortdauernden Unru-
hen und Kriegen, welche die Nation ermüden, ihre
Subsistenzmittel erschweren, überhaupt die National-
kraft schwächen, wenn sie gleich durch mannigfache
Siege der Armeen gestärkt erscheint; denn gerade ist
dieses der Zeitpunkt, wo die ehrgeizigen Wünsche eines nach dem Zügel der Regierung Strebenden gekrönt werden, wenn er nämlich die ihm dargebotenen
Mittel, bei der Zerrüttung seines Vaterlandes, zu seinen Zwecken geschickt benutzt, wie dieses von Octavian Augustus und Napoleon Bonaparte geschehen ist.

Triumvirat, ein aus drei Mitgliedern bestehendes Kollegium. In dem alten Rom findet man mehrere dergleichen Kollegien. Hier mögen folgende einen Platz
finden: 1) Triumviri s. Tresviri agrarii s. agris
dandis s. Assignandis; aut Triumviri agris divi-

dandis coloniisque dedncendis. Diese Dreiherren, welche die Kolonisten oder neuen Eingewanderten auf die zu bebauenden Plätze in den Provinzen des Staats zu vertheilen hatten, wurden von dem Konsul oder von dem Stadtrichter erwählt. Wenn so viele Kolonisten beisammen waren, um eine neue Stadt zu begründen, so wurde ihnen von diesen Dreiherren der Plan zur Stadt und der Riß der Häuser vorgelegt, nach welchen die Stadt erbauet werden sollte, damit sie regelmäßige Straßen und bequem gebauete Häuser erhielt; dann wurden sie während und nach der Erbauung auch mit den nöthigen Gesetzen, Magistratspersonen, kurz mit Allem durch diese Dreiherren versehen, worüber sie in Rom Bericht erstatten mußten; sie waren gleichsam verantwortlich für das Gedeihen einer solchen Pflanzstadt gemacht, und da dieses eine sehr mühsame und undankbare Verrichtung war, die manche Verantwortlichkeiten nach sich zog; so blieben sie deshalb oft selbst in der Kolonie, ehe sie nach Rom zurückkehrten, um von ihrem Wirken, besonders vor den Volksvertretern, Rechenschaft abzulegen; weniger mühsam und der Verantwortung ausgesetzt, war die bloße Ertheilung des Feldes zum Ackerbaue, welches einzelne Kolonisten betraf. Dieses Amt wurde aber nicht immer von Dreiherren verwaltet, sondern auch wohl von Fünf=, Sieben=, Zehn= und Zwanzigmännern oder Herren (Quinqueviri, Septemviri, Decemviri bis Vigintiviri), die aber bloß in der Anzahl verschieden waren, nicht in den Amtsverrichtungen, welche dieselben blieben.

2) Triumviri s. Tresviri Capitales, waren Dreiherren, welche die Aufsicht über die Nichtbürger, über die Sklaven, Gefangenen rc. führten, und auch den Hinrichtungen der Gefangenen, welche der Prätor zum Tode verurtheilt hatte, beiwohnten; auch hatten sie die Aufsicht über die öffentlichen Gefängnisse. Von

ihnen rührt die Benennung triumviralia flagella (Horat. epod. 4, v. 11) her, da sie Diebe, Knechte, auch fremde strafbare Personen an der Mänischen Säule (Columna Maenia) geißeln und durch einen Ausrufer (praeco) das Verbrechen des Bestraften bekannt machen ließen. Auch alle tumultuarischen Auftritte gehörten vor ihr Tribunal. Sie hatten acht Liktoren zur Ausführung ihrer Befehle.

3) Triumviri monetales, Dreiherren, welche die Besorgnng des Münzwesens hatten, damit die Münzen in richtigem Gehalte ausgeprägt wurden; daher findet man auf den konsularischen Münzen so oft die Buchstaben III. Viri A. A. A. F. F. (triumviri auro, argento, aere flando, feriundo). Cäsar ordnete vier an, und daher trifft man Münzen von jenen Zeiten mit den Buchstaben an: IIII. Vir. A. P. F. (Auro vel Argento Publico Feriundo). Augustus schränkte die Anzahl dieser Münzaufseher wieder auf drei Personen ein.

4) Triumviri aedibus sacris reficiendis, Dreiherren, welche auf die öffentlichen geheiligten Gebäude und Tempel die Aufsicht führten, damit solche im baulichen Zustande erhalten wurden. Sie sollen im Jahre der Stadt 540 verordnet worden seyn, damit sie die ein Jahr vorher abgebrannten Tempel der Fortuna, Matris Matutae und der Hoffnung wieder erbauen lassen sollten, und so scheint dieses Kollegium der Dreiherren zur Aufsicht über diese Art Gebäude fortgedauert zu haben.

5) Triumviri, qui conquirerent juvenes idoneos ad arma ferenda militesque facerent, Dreiherren zur Rekrutenlieferung, welche in der Stadt Rom die jungen Leute musterten und diejenigen auswählten, welche sie zum Kriegsdienste für tüchtig erachteten, wenn sie gleich das sonst dazu erforderliche Alter noch nicht hatten. Dieses Amt entstand im Jahre 541 der Stadt,

zur Zeit des zweiten Punischen Krieges. Außer dem
Livius (B. 25) giebt kein Schriftsteller von diesen
Dreimännern einige Nachricht.

6) Triumviri mensarii, nach dem Livius (B.
23), Dreiherren, welche zur Zeit des zweiten Puni=
schen Krieges im Jahre 537 erwählt wurden, um dem
Wucher Einhalt zu thun. Auch sollen sie beim öffent=
lichen Geldmangel, wie z. B. 542 der Stadt, das
Geschäft gehabt haben, alles Gold, Silber und Erz,
welches jeder Einwohner der Stadt, bis auf etwas
Weniges, welches festgesetzt war, zusammenbringen
mußte, in Empfang zu nehmen, und durch die dazu be=
stimmten Schreiber in die öffentliche Verzeichnisse ein=
tragen zu lassen, damit ein Jeder die eingeschossene
Summe, wenn der Geldmangel gehoben war, wieder
erhalten konnte. Dergleichen Kassirer oder Einneh=
mer, jedoch fünf an der Zahl, wurden auch schon im
Jahre 402 der Stadt eingesetzt, um die Schulden der
Plebejer zu reguliren. Sie setzten sich mit ihren Ti=
schen und den dazu bestimmten Geldsummen auf den
öffentlichen Markt, und suchten durch gütliche Ver=
gleiche der Gläubiger und Schuldner eine ansehnliche
Schuldenlast zu tilgen. Diese Mensarii dürfen aber
nicht mit den Wechslern oder Banquiers verwechselt
werden, welche den Namen Argentarii hatten; denn
dieses waren bloße Privatleute, die Geldgeschäfte in
ihrem eigenen Interesse machten, die Mensarii waren
aber öffentliche Beamte, die zum Besten des gemeinen
Wesens bestimmt waren. Uebrigens wurden von ih=
nen auch die Gelder der Wittwen und Waisen, die
Sklaven von ihren Herren ꝛc. angenommen, um Al=
les bei einer günstigeren Zeit wieder zu erstatten.

7) Triumviri nocturni, Dreiherren, welche die
Aufsicht über die Nachtwachen zu Rom hatten, und
von dem Volke gewählt wurden. Nicht bloß wegen
des Unfugs, der bei Nacht von jungen Leuten getrie=

ben wurde, sondern auch wegen der Diebe, und der
nächtlichen Feuersbrünste, damit gleich Anstalten zur
Abhülfe getroffen werden konnten. Ihr Ansehen war
zur Zeit der Republik eben nicht groß, wohl aber
wurde dieses Amt unter dem Augustus ansehnlich,
der an ihre Stelle einen Nachtwachenvorsteher, Praefectum vigilum, einsetzte, welcher die sämmtlichen sieben Cohorten der Stadt= und Schaarwächter, die Au=
gustus einsetzte, befehligte. In Hinsicht seiner Würde
folgte er auf den Stadtvorsteher oder Praefectum
Urbis.

8) **Triumviri** Valetudinis, Dreiherren, welche zur
Pestzeit oder bei andern ansteckenden Krankheiten die
Aufsicht über die Gesundheitspolizey führten, daß
schleunige Maaßregeln getroffen wurden, um diesen
Uebeln Einhalt zu thun.

9) **Triumviri** Senatus legendi, Dreiherren, welche
von dem Augustus eingesetzt wurden, um den Rath
oder Senat wieder mit tüchtigen Männern nach ihrer
Einsicht und Wahl zu ergänzen, indem solches vorher
von den Censoren geschah.

Triumviri, Dreiherren oder Dreimänner; s.
den vorhergehenden Artikel. Man nennt auch die drei
ersten oder ältesten Rathsglieder Dreiherren oder
Triumviri. In Nürnberg, als freie Reichsstadt, wur=
den sie die drei ältesten Hauptleute genannt.

Trivia, bei den Dichtern die Diana.

Trivial, alltäglich, gemein, schlecht; daher auch Tri-
vialität.

Trivialschule, s. Th. 149, S. 443 u. f., und unter
Schule (Dom=), daselbst, S. 278.

Trivium, ein Kreuzweg; dann in den sieben freien
Künsten die Musik, Arithmetik und die Geometrie.

Tripis, Trixis, Gen. plant. edit. Schreb. Nr. 1336,
eine Pflanzengattung, welche in warmen außereuro=
päischen Ländern: Ostindien, Gujana, Jamaika rc.,

einheimiſch iſt, und daher bei uns eine Treibhauser=
ziehung verlangt. Die bekannten Arten davon müſſen
hier übergangen werden.

Trizeraſe. Triceraia, Humb. et Bonpl., eine Baum=
gattung, welche in die erſte Ordnung der fünften
Klaſſe (Pentandria Monogynia) des Linnéiſchen
Pflanzenſyſtems gehört. Die bekannte Art, Triceraia
tiuifolia Humb. et Bonpl., iſt ein ſehr hoher Baum,
mit gegenüberſtehenden länglichen, langgeſpitzten, faſt
ſägerandigen Blättern, die lederartig und glatt ſind,
riſpenſtändigen Blumen, welche einen fünfblättrigen
Kelch und fünf Korollenblätter, die mit Nägeln ver=
ſehen ſind, haben, fünf Staubfäden mit eyförmigen
Antheren, fünf Nectardrüſen, die mit den Staubfäden
wechſeln. Der Griffel iſt gefurcht, und die Narbe ein=
fach. Die Beere iſt eyförmig, dreiſpitzig, dreifächrig,
vielſamig. Das Vaterland iſt Südamerika. Die
Kultur im Treibhauſe. S. Dietrich's Nachträge
zum Lexicon der Gärtnerei und Botanik, Th. 9, S.
213 u. f.

Trizere, Dreikorn, Tricera, Gen. plant. edit.
Schreb., Nr. 1416, eine Pflanzengattung, deren Ar=
ten Sträucher bilden, und die in die vierte Ordnung
der einundzwanzigſten Klaſſe (Monoecia Tetrandria)
des Linnéiſchen Pflanzenſyſtems gehört, und fol=
gende Gattungskennzeichen hat: Die männliche Blüte
hat einen viertheiligen Kelch, keine Krone und vier
Staubfäden. Der Kelch der weiblichen Blüte iſt fünf=
blättrig; die Krone fehlt; drei kegelförmige Griffel.
Die Kapſel iſt dreihörnig, dreifächerig; zwei Samen.
Die Blumen der drei bekannten Arten ſind klein und
traubenförmig oder gebüſchelt. Das Vaterland iſt
Oſt= und Weſtindien. Die Erziehung geſchieht im
Treibhauſe. S. Dietrich's vollſtändiges Lexicon
der Gärtnerei und Botanik, Th. 10, S. 104 u. f.

Trizeros, Triceros Lour. Fl. Cochinch., eine Baumgattung, welche in die dritte Ordnung der fünften
Klasse (Pentandria Trigynia) des Linnéischen
Pflanzensystems gehört, und nahe an Euphorbia
grenzt. Die bekannte Art: Triceros cochinchinensis
Loureir», ist ein Baum mittlerer Größe, mit abstehenden Aesten, mit ungleich doppelt-zweipaarig gefiederten Blättern, und eyförmigen, langgespitzten sägeran-
digen harten Blättchen. Die Blumen sind weiß und
in schlaffe Trauben gesammelt. Der Kelch ist fünf-
blättrig, bleibend, und hat gespitzte abstehende Blätter. Die Korolle besteht aus fünf länglichen abstehenden Blättern, die länger, als der Kelch sind; fünf
haarförmige Staubfäden, die mit den Korollenblättern
gleiche Länge haben, drei kurze Griffel, mit einfachen
Narben. Die Beere ist lederartig, an der Basis gerundet, an der Spitze dreiknöpfig, dreifächerig, zweisamig, der Same gerundet und langgespitzt. Das
Vaterland ist Cochinchina, an Bergen. S. Dietrich's Nachträge zum Lexicon der Gärtnerei und
Botanik, Th. 9, S. 214.

Trocar, s. **Trokar.**

Trochäus, Trokäus, Fr. Trochéo, in der Proso-
die, oder Lehre von der Länge und Kürze der Syl-
ben, ein Fuß, der aus einer langen und einer kurzen Sylbe besteht; hier geht also die lange Sylbe
voran und die kurze tönt nach. Ein Trochäus würde
seyn:

Der Ge | rechte. Ach, ver | zeihe! Wenn aus dunk-

ler Ferne. Wenn die Donner rollen.

Bei der ersten Sylbe verweilt die Stimme etwas länger, um sie bei der zweiten schnell sinken zu lassen,
die dann auch bei einiger Länge doch kürzer wird, in-

dem nicht der Accent darauf ruht, wie auf der ersten
Sylbe, wie z. B.:

Wahrheit zu verkünden ꝛc.

Trochiliten, versteinerte Kreiselschnecken, die wie ein
Zuckerhut geformt sind, und sich schon in den älteren
Gebirgen, die meisten aber im Oolithgebirge vorfin-
den. Im älteren Gebirge sind Trochus cingulatus,
scalaris und andere; im Muschelkalke Trochus Al-
bertinus; im Glaskalk Trochus gracilis, rugosus etc.;
im Oolith Trochus duplicatus, abbreviatus, decora-
tus und viele andere einheimische. Aus der Gattung
Ampullaria kommt Ampullaria gigas im Oolithgebirge vor.

Trochiscus, Trochisci, Trochisques, Kügelchen;
Pastillen, auch Abführungspillen; s. die Art.
Pastille, Th. 108, S. 98, und Pille, Th. 113,
S. 55 u. f. — Die Trochisci oder Trochisken,
wie sie in den Apotheken vorzukommen pflegen, sind
ein Gemenge von Pulvern und schleimigen klebrigen
Substanzen, denen man nicht bloß die Gestalt von Kügelchen giebt, wie eigentlich der Griechische Name
Trochiscus (Kügelchen) andeutet, sondern auch andere Gestalten, z. B. platte, pyramidenförmige, dreieckige, würfelförmige, haferkornartige, rautenförmige ꝛc.
Wenn nämlich die Masse, woraus man sie bereitet
noch weich ist, so giebt man ihr die angeführten Gestalten durch Formen, die man in den Teig drückt, sie
also gleichsam aussticht. Man wählt diese Gestalten,
um gewisse Arzneymittel auf eine solche Art verschrei-
ben zu können, daß man sie nach und nach im Munde
zergehen lassen und so von da allmählig in den Magen bringen kann. Man hat einfache und zusammengesetzte. Sie kommen mit den Pillen überein, unterscheiden sich nur in der Gestalt und in der Wirkung.
So macht man z. B. von Cachou- oder Japanische

Erde Trochisken mit Veilchenwurz. Man nimmt pul-
verisirte Japanische Erde 2 Unzen, Süßholzextrakt
und pulverisirte Florentinische Veilchenwurzel, von je-
dem 1½ Quentchen, pulverisirten Zucker 12 Unzen.
Man macht daraus mit einer hinlänglichen Menge
Gummi Tragantschleims, mit Wasser bereitet, eine
Masse, die man, wie oben gedacht worden, in kleine
Trochisken eintheilt. Diese Trochisken sind magen-
stärkend und zusammenziehend. Man hat nun noch
Purgirtrochisken, Trochisken für äußerliche Schäden ꝛc.

Trochiten, Troschiten, eine Art versteinerter
Haarsterne oder Crustaciten (Krustenwürmer
oder Strahlwürmer), die auch unter dem Namen Rä-
dersteine bekannt sind. Es sind eigentlich die einzelnen Gelenkstücke der Säule der Encrinirten oder
Liliensterne, so genannt, weil das Thier auf einem
runden Stiele einen Stern trägt. Gewisse Arten des
Kalksteins, worin sie in großer Menge vorkommen,
werden deshalb Trochitenkalk genannt.

Trocken, Bei- und Nebenwort, welches dem feucht
und naß entgegensteht.—1. Eigentlich, auf der Oberfläche der Feuchtigkeit beraubt, nicht naß. Trockene
Hände haben, die nicht so transpiriren, daß sie sich
feucht anfühlen lassen, keinen Schweiß beim Anfühlen
zeigen. Die Erde ist sehr trocken, nicht feucht
oder naß, welches man von einer Erde sagt, die durch
die Wärme, Sonnenhitze, oder durch die Luft sehr ausgetrocknet ist, so daß geringe Feuchtigkeiten, ein geringer Regen, ein geringes Begießen mit Wasser sie
nicht feucht macht, sondern gleich einzieht oder einsin-
tert, und ist eine so trockene Erde in Blumentöpfen,
gleich durchläuft, ohne eine sonderliche Wirkung der
Nässe zu hinterlassen, und nur durch starkes Begießen
erst ganz durchnäßt wird. Das Geschriebene
trocken werden lassen, wenn die Dinte auf dem
Papiere trocknet, sich fest ansetzt, in das Papier zieht,

so daß die Schreiberey nicht wieder davon vermischt
werden kann, außer mit ätzenden Mitteln oder durchs
Radiren. Ein trockner Weg, der nicht kothig ist.
Trockene Farben, zum Unterschiede der flüssigen, entweder mit Oel oder mit Wasser abgeriebenen.
Gebraucht man trockene Farben ohne einen flüssigen Körper, so müssen es Stifte seyn, Farbenkreiden,
wie z. B. die schwarze Kreide, rothe Kreide oder der
Rothstein, die braune Kreide 2c. Man hat auch Farben in allen Schattirungen, die trocken gebraucht
werden, allein man hat sie vermittelst Flüssigkeiten erst
in die Form von Stiften gebracht, um sie dann trocken
anwenden zu können, wie die Pastellfarben; s.
diese, Th. 107, S. 751. Trockene Witterung,
da es nicht regnet, schneyet oder nebelig ist, im Gegensatze der feuchten oder nassen. Eine trockene
Luft, im Gegensatze der nebeligen oder feuchten.
Ein trockener Sommer, der nicht naß oder feucht
ist. Ein trockener Winter, bei dem es stets friert,
der Boden immer mit Eis bedeckt ist, so daß man
ganz trocken darüber hingehen kann. So auch ein
trockener Frühling, ein trockener Herbst.
Trockene Zimmer, die nicht feucht sind, worin es
nicht stockt, kein Wasser die Wände entlang läuft; daher auch ein trockenes Haus, welches keine Feuchtigkeiten enthält, nicht auf einen feuchten oder moorigen Grund erbauet worden, und auch sonst gehörig
nach dem Aufbauen ausgetrocknet ist. Ein trockenes Haar, welches keine Feuchtigkeit enthält, nicht
vom Schweiße durchdrungen ist, sich daher nicht fettig
anfühlt. Ein trockener Mund, figürlich, der nicht
viel zu verzehren hat, nur schmale Bissen bekommt.
Ein trockener Schlund, eine trockene Kehle,
die nicht viel Feuchtigkeiten erhält, in die nicht viel
Flüssigkeiten gegossen werden. Daher sagt man auch
die Kehle zum Singen, zum Deklamiren erst anfeuch-

ten, sie mit irgend einer Feuchtigkeit benetzen, weil sie zu trocken ist, und daher nicht anspricht, keinen reinen Ton von sich giebt. Uneigentlich sagt man auch ein trockener Bogen von einem Streichinstrumente, wenn er erst mit Geigenharz oder Kolophonium bestrichen werden muß. Trockener Schwamm, Zündschwamm, zum Unterschiede des Waschschwammes, welcher nur im Wasser gebraucht wird. Trocken sitzen, im Trockenen sitzen, vor der Näße bedeckt seyn. Ein trockener Graben, der kein Wasser hat. Hinter den Ohren noch nicht trocken seyn, figürlich und im gewöhnlichen Leben, noch ein Kind, noch nicht mannbar seyn. Ein trockenes Hembe anziehen, wenn man das vom Schweiße durchnäßte auszieht oder mit dem trockenen wechselt. Trockene Wäsche, zum Unterschiede der nassen, noch nicht getrockneten, die noch auf der Leine hängt. — In einigen engeren Bedeutungen. Mit trockenen Augen, ohne Thränen. Trockenes Brod essen, ohne Butter oder Schmalz. Eine trockene Mahlzeit, die sowohl aus trockenen Gerichten besteht, als auch, wobei wenig getrunken wird. Ein trockener Husten, der mit keinem Auswurfe verbunden ist. Ein trockenes Geschwür, welches nicht eitert, sondern ohne Eiter wieder abtrocknet. Ein trockener Schnupfen, wobei man wenig Feuchtigkeit aus der Nase verliert, das Schnupftuch wenig gebraucht. — Trocken bezieht sich zunächst auf die äußere Fläche, dürre dagegen, welches ohnehin einen sehr hohen Grad der Beraubung der Feuchtigkeit bezeichnet, auf die innere Beschaffenheit. Trockene Luft, trockene Witterung gehören mit zu den Ausnahmen. — 2. Figürlich. (1) Trockenes Vieh, in der Landwirthschaft und Viehzucht, welches keine Milch giebt, geltes, güstes Vieh, im Gegensatze des Melkviehes. Eine Kuh steht trocken, wenn sie keine Milch giebt. — (2) In vielen Fällen ist trocken ein Fehler des gesellschaftlichen Umganges, der dem munter, aufgeweckt, angenehm entgegensteht. Sehr trocken in der Gesellschaft seyn, nicht unterhaltend. Eine trockene Unterhaltung. Ein trockener Mensch. Eine trockene und langwierige Erzählung. Wie oft erweckt man uns in den ersten Jahren durch trockene und langweilige Erklärungen einer Glaubenslehre, einen Ekel an der Religion (Gellert). Ein trockener Roman, der nichts Anziehendes hat, bei dem man beim Lesen einschläft. Oft ist trocken auch so viel, als ernsthaft, jedoch in verschiedenen Beziehungen. (1) Jemanden trocken die Wahrheit sagen, ohne gefällige Einkleidung, gerade zu. (2) Braucht man trocken bei Scherzen, wenn Jemand bei einem Scherze eine ernsthafte Miene oder Stellung annimmt. Bei einem Spaße sehr trocken aussehen. Ein trockener Scherz, der mit einer ernsthaften Miene angebracht wird. Ein trockener Witz, ein hausbackener Witz, der ganz trocken vorgebracht wird, ohne eine Verziehung der Gesichtsmuskeln, von demjenigen, der ihn spendet, aber doch die Umstehenden zum Lachen reizt. — In einer andern Einschränkung ist trocken der freundschaftlichen Gefälligkeit beraubt. Jemanden sehr trocken begegnen, kalt und ohne Freundschaft. Ein trockener Empfang, ein trockenes Kompliment, welches man gleichsam nur gezwungen thut, ohne dabei etwas zu empfinden. — Bei den Malern ist trocken, Fr. Sec, Sechement, im Kolorit, die Härte des Ueberganges von dem Lichte zum Schatten, wenn nämlich die Lichter und Schatten zu nahe neben einander stehen, oder keine Halbschatten gebraucht werden, welche sie verbinden. Man gebraucht diesen Ausdruck auch von den harten Umrissen,

welche zu stark angegeben sind; dann auch von einem
Kolorite, dessen Töne nicht genug vereiniget oder gehörig in einander getrieben worden, noch zu einzeln
dastehen oder auf einander gesetzt sind, ohne in einander sanft vertrieben worden zu seyn, so daß sie zusammen stimmen und den Uebergang nicht merken lassen.
In der Bildhauerey bezeichnet man ein Werk als
trocken, wenn ihm das Zarte, Weiche und Markige
fehlt, welches man auch am Marmor bemerken muß,
wenn man der Arbeit eine Art von Leben geben will.
Nach Adelung soll es den Schein haben, daß diese
ganze Figur von trocknen Speisen hergenommen ist,
die einer schmackhaften Brühe beraubt sind. Dürre
wird in einigen ähnlichen figürlichen Fällen gebraucht.
Nach Adelungs Anmerkung zu diesem Worte in seinem großen Wörterbuche der Deutschen Mundart, bei
dem Notker truchen, und im Oberdeutschen noch
jetzt trucken, truchen. Es soll der Form nach
ein Intensivum von dem noch im Niederdeutschen üblichen dröge, im gemeinen Leben der Obersachsen
treuge, trocken, womit auch das Angelsächsische dra-
goth und das Englische drought, und noch einfacher
dry, verwandt sind. Es scheint von einem veralteten
Zeitworte drogen, drögen, oder ohne Präfix, regen, abzustammen, welches reiben, wischen, bedeutet
hat, und mit der nicht ungewöhnlichen Versetzung des
r noch in dem Lateinischen tergere, üblich ist Im Griechischen ist τερχειν, gleichfalls trocknen. Das Lateinische
siccus, stammt von siegen, in versiegen her. S. auch
Trocknen. — Hier sind nun noch folgende auf
trocken sich beziehende Artikel, die oben keinen Platz
gefunden, zu beschreiben.

Trockner Fall, im Mühlenbaue, der Fall des
Wassers bei dem unterschlächtigen Wasserrade, von
der Oberfläche des Fachbaums bis auf den Spiegel
des Wassers unter dem Rade, im Gegensatze des

naſſen Falles. — Trocknes Holz, im Ge=
genſatze des naſſen oder feuchten, hier beſon=
ders in Beziehung auf das Bauholz, welches nur
gehörig ausgetrocknet zum Häuſerbaue, und zu den
Möbeln gebraucht werden kann, damit es nicht
reißt oder Riſſe erhält, wenn es erſt in den Ge=
bäuden und in den Möbeln zuſammentrocknet, alſo
feucht verarbeitet worden. Auch das Eintrocknen des
Holzes verurſacht bei den Fenſtern, Thüren 2c., nicht
allein Riſſe, ſondern auch Höhlungen, die das Schlie=
ßen verhindern. S. auch den Art. Holz, Th. 24.
— Trockne Kräuter, in den Apotheken und
Droguereyhandlungen, getrocknete Arzney= und
Färberkräuter, welche als Arzneymittel und als Far=
beſtoffe benutzt werden. Wie das Einſammeln und
Trocknen dieſer Kräuter geſchieht, ſ. unter Kraut,
Th. 48, S. 33 u. f., und den Art. Trocknen
der Pflanzen und Pflanzentheile. — Trock=
nes Obſt, das gedörrte oder gebackene Obſt; ſ.
unter Obſt, Th. 103, S. 464 u. f. — Trockne
Trauben, getrocknete Weintrauben oder Roſi=
nen. — Trockne Speiſen, trockne Küche, im
Gegenſatze der naſſen und ſaftigen Speiſen.
Unter trocknen Speiſen verſteht man nicht nur alle
Brod= und Kuchenarten, ſo wie alles Gebackene,
welches trocken und kalt genoſſen wird, ſondern
auch alle geräucherten Speiſen, z. B. geräucherte
Fleiſcharten, Fiſche, Würſte 2c., überhaupt Alles,
was trocken und kalt genoſſen wird; dagegen ſind
alle naſſen und ſaftigen Speiſen, alle gekochten, die
warm, und mit der eigenen Brühe oder dem ei=
genen Safte, oder mit dazu bereiteten Brühen oder
Saucen genoſſen werden, wie die Suppen, das
Gemüſe, die warmen Fleiſchſpeiſen, Braten 2c. —
Trocknes Fleiſch, Rauchfleiſch oder geräuchertes
Fleiſch, auch gebökeltes oder gepökeltes Fleiſch, wel=

ches kalt und trocken genossen wird, wozu der ge=
räucherte Schinken, das geräucherte Hamburger
Rindfleisch, die geräucherten Gänsebrüste, der kalte
Kalbs=, Wild= und Schmorbraten rc. gehören, über=
haupt alles kalte, gekochte, gebratene, geräucherte
oder gepökelte Fleisch, welches auf Butterbrod ge=
legt, oder auch kalt vom Teller mit Pfeffer und
Salz rc. genossen wird. Hierher kann man auch
die geräucherten Würste rechnen, welche trocken ge=
nossen werden, wie die Braunschweiger Schlack=,
geräucherte Leber= rc. Wurst, die geräucherten und
gepökelten Ochsenzungen rc. — Trockne Fische,
zum Unterschiede der gekochten, die mit Brühen
oder Saucen warm genossen werden. Zu den trock=
nen Fischen gehören alle geräucherten, eingesalze=
nen und gebratenen Fische, welche kalt genossen
werden, wie der Lachs, die Neunaugen, Heringe,
Sardellen, geräucherten Heringe oder Bücklinge,
Sprotten und viele andere Fluß= und Seefische.
— Trocknes Bad, in der Chemie, ein Sand=
bad, s. Th. 136, S. 78. Auch in der Chirur=
gie kommt es vor, s. daselbst, in dem eben er=
wähnten Theile. — Trockner Weg, in der Che=
mie, eine chemische Arbeit, wozu keine Feuchtigkeit
kommt. Wenn z. B. Gold und Silber nicht durch
Scheidewasser, sondern durch Schmelzung mit Spieß=
glas im Tiegel von einander geschieden werden.
— Trockne Vergoldung, beim Gold= und
Silberarbeiter, eine leichte Vergoldung, die
bald wieder vergeht. Es wird nämlich Gold durch
Königswasser in einem gläsernen Kolben aufgelö=
set, und in diese Auflösung reine weiße leinene Lap=
pen gelegt, worein sich das Königswasser mit dem
Golde einzieht. Dann werden diese Lappen in ei=
nem Schmelztiegel zu Pulver gebrannt. Soll nun
hiermit vergoldet werden, so nimmt der Arbeiter

ein Stück Kork, macht es mit Salzwaffer naß,
taucht es in das Pulver, und reibt damit die
Stelle, die er vergolden will, und wenn es trok=
ken geworden, so wird es mit einem Stahle po=
lirt. Man bedient sich dieser Vergoldung nur
bei Kleinigkeiten; vorzüglich aber um kleinen Feh=
lern, die beim Vergolden im Feuer entstanden sind,
dadurch abzuhelfen. S. auch Vergoldung, unter
V. — Trockne Galvanische Säule, welche
der Physiker Zamboni zu Verona erfand. Man
hat diese Säule mit einem Uhrwerke in Verbin=
dung gebracht. Sie zeigt an beiden Enden elektri=
sche Kraft genug, um ein leicht bewegliches Pen=
del, wenigstens dem Anscheine nach, ganz gleichför=
mige und beständig dauernde Schwingungen zu er=
theilen. Einige tausend Scheiben von ungeleim=
tem Silberpapiere sind auf der Papierseite mit ei=
nem Gemenge aus Honig und Braunstein dünn
bestrichen, und dann sind sie in einer außen und
innen mit Siegellack überstrichenen Glasröhre gleich=
förmig übereinander gepreßt. Die Röhre ist oben
und unten in eine messingene mit den äußersten
Scheibchen durch einen Draht in Verbindung ste=
hende Kappe eingefaßt. Oben trägt sie einen wohl
abgedreheten Knopf von Messing. Von solchen Glas=
röhren mit Scheibchen stehen nun zwei in einer Ent=
fernung von ein Paar Zollen neben einander. In
der einen Röhre ist die Silberseite, in der andern
die Braunsteinseite aller Papierscheibchen oben. In
der Mitte zwischen ihnen ist auf einem kleinen Sta=
tive, das mit den Säulen eine gemeinschaftliche Ba=
sis hat, eine dünne messingene Nadel, die Schwin=
gungsnadel, in perpendikulärer Lage so ange=
bracht, daß sie sich um dünne Zäpfchen in pfan=
nenförmigen polirten Unterlagen (ungefähr wie ein
Wagebalken um seinen Zapfen) sehr leicht hin und

... Ihr oberes, in einen Ring ge=
bündet sich in einerlei Höhe mit
... der messingenen Säulenköpfe.
... unter dem Umdrehungspunkte (den Zäpf=
in den Pfannen) ist fast eben so groß, als
demselben. Unten ist ein verschiebbares Ge=
gengewicht angebracht, um die Nadel in senkrech=
ter Richtung zu erhalten, und die Geschwindigkeit
der Schwingungen zu reguliren. Wenn man nun
den Ring der Nadel mit einem der Knöpfe in Be=
rührung bringt, so wird er augenblicklich abgesto=
ßen, aber auch sogleich von dem gegenüberstehenden
bis zur Berührung angezogen, wieder bis zum entge=
gengesetzten Knopfe abgestoßen ꝛc. Auf diese Weise
kommt die Nadel in ähnliche Schwingungen, wie ein
Pendel, und diese Schwingungen dauern ununterbro=
chen fort. Ist Alles sehr kräftig eingerichtet, so kann
man einem verlängerten Zapfen der Schwingungs=
nadel einen Hemmungshaken geben, der in ein Steig=
rad greift, und solches in Bewegung setzt. Die
Welle des Steigrades kann man dann mittelst an=
derer Räder und Getriebe auf Zeiger hinwirken las=
sen, welche auf einem Zifferblatte die Zeit (Stunden,
Minuten ꝛc.) angeben müssen. Alle Hindernisse der
Bewegung, hauptsächlich die Reibung, müssen von
den Wellzapfen, Rädereingriff ꝛc., auf das Beste ent=
fernt seyn. Man hat zwar gefunden, daß die Gleich=
förmigkeit der Bewegung einer solchen elektrischen
Uhr nicht recht der Erwartung entsprochen hat; indes=
sen will man doch glauben, daß zum gewöhnlichen
Gebrauche ihre Anwendung nicht zu verwerfen sey.
— Trockner Wechsel, in der Handlung, beson=
ders im Wechselhandel, ein eigener Wechsel, wodurch
der Aussteller sich selbst zur Bezahlung einer ge=
wissen Summe gegen den Gläubiger verbindlich oder
anheischig macht, zum Unterschiede der trassirten

ober gezogenen Wechſel, die auf einen Dritten
lauten; ſ. unter Tratte, Th. 187, S. 93 u. f.
Trockne Wechſel werden die eigenen Wechſel deshalb genannt, weil ſie nicht über das Meer gehen.
Ueber dieſe Wechſel, ſ. dieſen Artikel, unter W.,
nach. — Trockne Waaren, zum Unterſchiede der
naſſen oder feuchten, welche in Eſſig, Wein, Franzbranntwein, Salzwaſſer oder Lake ꝛc. aufbewahrt werden; zu dieſen gehören die Kapern, Oliven, Pfeffer-
gurken, die eingemachten Früchte, die Heringe, Brat-
heringe, Sardellen, Neunaugen ꝛc. ꝛc.; dann noch
die ganz flüſſigen Waaren, wie der Syrub, Moh-
rübenſaft, Wachholderbeerſaft, die Weine, Branntweine ꝛc. ꝛc. Zu den trockenen Waaren gehören alle
übrigen Material-, Spezerey-, Droguerey- und Ita-
lienerwaaren, die Farbewaaren, die auch im flüſſigen
Zuſtande verkauft werden, wie die Oel- und Aqua-
rellfarben ꝛc. ꝛc. Auch rechnet man hierher die Landesprodukte, als Erbſen, Linſen, Bohnen, Hirſe, Grau-
pen, Mohn ꝛc. ꝛc. — Quincaillerie-, Galanterie-,
Schnitt-, Eiſen- und andere Waaren gehören nicht
hierher, wenn ſie gleich zu den trockenen gezählt werden; denn bei dem Handel mit dieſen Waaren kommen keine flüſſigen vor; ſie ſind an und für ſich trok-
ken, und dienen nicht zum Genuſſe, zur Malerey, zum
Anſtriche, zur Färberey ꝛc., ſondern zu Kleidern, zum
Putz und zur Zierde, zum Haus- und Küchengeräth ꝛc.
Wenn man daher ſagt: es handelt Jemand mit trok-
kenen Waaren, ſo verſteht man nur die Erſtern darunter, nicht die Letztern, weil es ſich bei dieſen ſchon
von ſelbſt verſteht, daß ſie trocken ſind; dann ſind
es auch Fabrikate und Manufakte, und die Erſtern
größtentheils, bis auf die chemiſch zubereiteten Farben
und die Deſtillate, Naturprodukte. — Trockner
Graben, in der Kriegsbaukunſt, ein Graben
um eine Feſtung, beſonders um den Hauptwall, worin

kein Wasser ist. Ein solcher Graben ist besser zu be-
schützen, als ein Wassergraben; denn die Besatzung
kann darin, wie im Felde, stehen, und den Feind ab-
wehren; auch kann sie leichter und bequemer Ausfälle
machen, und sich zurück ziehen. Man kann auch zur
Zeit der Belagerung verschiedene Werke darin aufrichten. S. auch Graben, Th. 19, S. 607. —
Trocken mauern, im Bergbaue, eine Arbeit in
den Gräben, da die Stollen, Strecken und Schächte
statt des Zimmerholzes oder der Zimmerung, zur Er-
sparung des Holzes, ausgemauert werden, wozu man
aber die Steine besonders vorrichtet; auch werden zu
dieser Arbeit Grubenmaurer genommen, oder solche
Arbeiter, die genau mit dieser Mauerung Bescheid
wissen. — Trocken machen, in der Baukunst,
wenn man eine Krippe oder Wasserstube, oder sonst
einen wässerigen oder moorigen Grund vermittelst
verschiedener Schöpfwerke leer macht, damit man einen Grund legen kann.

Trocken, in der Baukunst, s. oben, S. 530, und
oben.
—, im Bergbaue, trocken mauern, s. oben.
—, in der Bildhauerey, s. das., S. 530.
—, in der Landwirthschaft und Viehzucht, s. das.,
S. 528.
—, bei den Malern, s. das., S. 529.
—, in der Sprachkunst, s. das., S. 526 u. f., und
S. 530.
—, in der Unterhaltung und dem Umgange, s.
das., S. 529.
—, in der Viehzucht, s. das., S. 528.

Trockenboden, ein Boden, auf welchem Wäsche getrocknet wird; ein Hausboden, der über das ganze

Hauptgebäude geht, zum Unterschiede der Nebenbö=
den, die über die Seitengebäude gehen. Er bildet den
Raum auf dem Hause, welchen das Dach einschließt.
In den Städten, besonders großen Städten, in wel=
chen die Wohnungen in den Häusern größtentheils
von den Eigenthümern vermiethet werden, weil sie die
Häuser selten ohne fremde Kapitalien oder Hypothe=
ken besitzen, damit sie die Zinsen zahlen können, um
wo möglich, wenn nicht noch an den Miethen zu ge=
winnen, doch frei zu wohnen, ist auch in solchen Häu=
fern ein gemeinschaftlicher Trockenboden nö=
thig, worauf wenigstens die Hauptmiether, welche das
Vorderhaus oder Hauptgebäude bewohnen, ihre Wä=
sche trocknen können; auch befindet sich deshalb in je=
dem Miethskontrakte eine Klausel, welche den gemein=
schaftlichen Trockenboden angeht. Es wird darin be=
stimmt, daß der Miether es jedesmal acht Tage vor=
her dem Vermiether oder Wirthe anzuzeigen hat, wenn
bei ihm gewaschen wird, und er dann den Boden für
seine Wäsche in Anspruch nimmt, damit keine Reibun=
gen mit den übrigen Miethern entstehen, die gleiche
Ansprüche auf den Trockenboden haben. Er erhält
dann den Schlüssel dazu von dem Vermiether, und
muß ihn nach geschehener Trocknung wieder unge=
säumt zurückliefern. Gewöhnlich kommen die Mie=
ther, die kontraktlich Theil an dem Trockenboden ha=
ben, wegen der Wäsche überein, zu welcher Zeit sie
waschen wollen, damit solches nach der Reihe geschieht,
oder doch so, daß keiner behindert wird, den Boden für
seine Wäsche zu benutzen. In vielen Häusern ist auch
das Trocknen der Wäsche bei schönem Wetter auf dem
Hofe gestattet, welches gleichfalls im Kontrakte be=
merkt worden, und wobei dieselbe Ordnung Statt fin=
det, wie bei dem Trockenboden. Hierbei wird nun
noch oft im Kontrakte bemerkt, daß die geöffneten oder
herausgenommenen Bodenfenster jedesmal nach dem

Trocknen wieder gehörig eingehängt und geschlossen
werden müssen. Auch wenn ein starker Regen im
Sommer oder ein starkes Schneegestöber im Winter
während des Wäschetrocknens eintreten sollte, so müssen
fen die Fenster von der Seite, wohin der Wind den
Schnee oder Regen treibt, auch so lange geschlossen
werden, als das böse Wetter dauert, damit der Fußboden nicht durchnäßt wird; auch würde die den Fenstern nahe hängende Wäsche ein Gleiches erfahren.
Dieses Schließen ist besonders da nöthig, wo der Boden große Dachluken besitzt, aber auch bei kleineren,
von dem Klempner verfertigten Dachluken von Eisenblech ist es erforderlich. Ein zum Trocknen der
Wäsche bestimmter Boden muß gehörig gedielt, und
mit mehreren Dachluken von beiden Seiten versehen
seyn, damit die Zugluft gehörig den Boden durchstreichen kann, und wenn ein Spitzboden darüber ab-
geschlagen seyn sollte, so müssen die Dielen desselben
sehr dicht aneinander gelegt werden, damit kein Sand
oder Staub auf die Wäsche fallen kann. Dann müssen die gehörige Anzahl Haken oder Ringe vorhanden seyn, an oder durch welche die Leinen zum Aufhängen der Wäsche gezogen und befestiget werden.
Auch müssen auf dem Boden ein Paar Schemel vorhanden seyn, damit die Wäsche gehörig auf die Leinen
gehängt und mit Klammern befestiget werden kann.
Die kleinern oder geringeren Miether, die im Keller
oder in den Seitengebäuden auf dem Hofe wohnten,
und keinen Theil an dem gemeinschaftlichen Trockenboden haben, trocknen gewöhnlich ihre Wäsche auf den
kleinen abgeschlagenen Böden, die zu ihren gemiethe-
ten Wohnungen gehören, und zur Aufbewahrung ihrer Brennmaterialien dienen. — Die Trockenböden der Gewerbetreibenden, z. B. der Loh-, der
Sämisch- und der Weißgerber, s. unter Leder,
Th. 68, an verschiedenen Stellen; der Bierbrauer,

f. unter Bier, Th. 5, an verschiedenen Stellen; der Papiermacher, f. Th. 106, S. 680; der Stärkemacher; f. unter Stärke und Stärkefabrikation, Th. 169, S. 721, 723; der Tabaksfabrikanten; f. unter Tabak, Th. 179, S. 127, und an einigen anderen Stellen 2c. 2c.; mehrere andere Trockenböden kommen unter den Gewerben vor, wo sie nöthig sind.

Trockenbrett, Trockenbretter, in verschiedenen Gewerben diejenigen Bretter, worauf geformte Gegenstände getrocknet werden. So z. B. in den Tabakspfeifenfabriken, Bretter, worin die geformten Pfeifen ihr Lager haben, damit sie sich nicht krümmen; f. unter Pfeifenbrennerey, Th. 109, S. 598; in den Ziegelscheunen, worauf die gekneteten oder geformten Ziegel getrocknet werden, und so bei vielen andern ähnlichen Gewerben, wo die geformten Gegenstände erst getrocknet werden müssen. Gewöhnlich sind es lange, theils schmale, theils breite Bretter, die auf einem Gestelle ruhen, und übereinander angebracht sind.

Trockene, die, ohne Mehrzahl, ein im Hochdeutschen nur selten gebräuchliches Abstraktum des Wortes Trocken, für Trockenheit; im Oberdeutschen auch die Trockene. Die Trockene des Erdreichs.

Trockenfeuer, in den Eisenhütten, wenn das Feuer, besonder beim Blechschmieden, wenn die Bleche abgeglichen werden, nicht mehr im Safte geht, und weder Koth den Kohlen zugesetzt wird, noch solche mit dünnem Lehm befeuchtet werden, sondern mit harten büchenen Kohlen geheizt wird, damit die Heizung recht wirkend geschehe.

Trockenkammer, f. unter Trockenstube.

Trockenhaus, Trockenhäuser, Trockenscheunen, eigens dazu errichtete Gebäude bei großen Manufakturen und Fabriken, um Manufakte und Fabrikate darin zu trocknen. S. z. B. das hohe Trocken-

haus, worin das Trocknen der Leinwand geschieht.
Es hat fensterartige Luftlöcher, die verschlossen wer=
den können, und inwendig viele hölzerne Stangen,
15 bis 20 Fuß vom Boden und 6 Zoll von einander
entfernt; zwischen diesen Stangen hängen die Lein=
wandblätter wie Fahnen herab. Um ihr Zusammen=
kleben zu verhüten, und sie straff zu spannen, legt
man in jede der untern Umbiegungen eine dünne höl=
zerne Walze; auch beschleuniget man das Trocknen
sehr durch Ausringe= und Auspreßmaschinen. — Bei
den Pulverfabriken wird das gekörnte Schießpul=
ver in Trockenhäusern, Darrhäusern, meistens
durch Ofenwärme getrocknet, welches auf Tischen ge=
schieht; dan auch mittelst heißer Wasserdämpfe, wobei
das Pulver auf Kupfertafeln oder andern Metallta=
feln geschüttet wird, welche die Decke eines verschlosse=
nen Raumes bilden, woran dann die Dämpfe geleitet
werden. S. unter Schießpulver, Th. 142, S.
611, 643 u. f. In großen Zeug= und Papier=
fabriken hat man auch eigene Trockenhäuser mit
verschlossenen Luftlöchern oder Fenstern. — Im Hüt=
tenwerke ist das Trockenhaus ein Gebäude, darin
die ausgelaugte Asche zum Treiben der Metalle in
Klumpen getrocknet und aufbewahrt wird. — Trok=
kenscheunen und Trockenschauer kommen bei
thönernen, irdenen Waaren vor, bei Ziegeln, gewöhn=
lichem Töpfergeschirre, Fayance, Steingut, Gesund=
heitsgeschirr, Porzellan, rc., die vor dem Brennen erst
getrocknet oder wasserhart, oder windtrocken
gemacht werden müssen, wozu man diese Trockenscheu=
nen und Trockenschauer nöthig hat, wo diese Waaren
aufgestellt werden, und damit sie nicht zu schnell trock=
nen, wird der Luftzug vermittelst des Oeffnens und
Verschließens der Luftlöcher regulirt. In den Trok=
kenscheunen für Ziegeleyen muß beim Trocknen
der Mauerziegel die Luft frei durchstreichen können,

weil hier ein rascheres Trocknen nöthig ist; die Dach=
ziegel müssen aber langsamer, folglich bei einem ge=
ringeren Luftzuge trocknen, weil sie sonst Risse bekom=
men würden. Wie die Trockenschauer für Zie=
geleyen erbauet werden, s. unter Ziegelbrenne=
rey und Ziegeley in Z. nach.

Trockenheit, die Mehrzahl ist nicht gebräuchlich, der
Zustand eines trocknen Gegenstandes in allen Bedeu=
tungen dieses Wortes. Die Trockenheit des
Erdreichs, der Witterung, der Luft. Eine
Trockenheit im Halse empfinden. Die Land=
leute klagen über Trockenheit, und zuletzt
gar über Dürre. Auch in figürlicher Bedeutung
kommt es vor. Jemanden mit vieler Trocken=
heit begegnen, mit Kaltsinn, Gleichgültigkeit ꝛc.

Trockenloch, im Bergbaue, ein Loch im Gesteine,
welches gerade in die Höhe geht, nnd von den ein=
oder zweimännigen Bohrern zum Sprengen der Ge=
steine gemacht wird.

Trockenmaschine. Trockenmaschinen, Maschinen,
sowohl zu Mousselinen oder Musselinen, als zu Kat=
tunen, worin die Zeuge über polirte und erhitzte hohle
Stahlcylinder gezogen werden. Man heizt diese
Cylinder entweder durch hineingelegte heiße Stähle
oder auch durch hineingeführte heiße Dämpfe. Auch
die kleinen Fasern, welche aus den bestgesponnenen
Baumwollen = Fäden hervorstehen, und den Stoff,
wenn Musselin daraus gewoben wird, verunzieren, kön=
nen einzeln nicht abgeputzt werden; allein man schafft
sie leicht dadurch fort, daß man den Musselin schnell
über eine in schwacher Rothglühhitze erhaltene eiserne
Walze laufen läßt. Die Zeit während welcher jedes
Theilchen des Musselins auf dem glühenden Eisen
verweilt, ist zu kurz, um ihn bis zum Anbrennen zu
erhitzen, aber die vielen feinen Fasern, welche auf das
heiße Metall dort aufgedrückt werden, versengen.

Noch nöthiger ist diese Wegschaffung der Fasern vom
Pettnet. Hier wird sie am wirksamsten durch schnel-
les Hindurchziehen durch eine Gasflamme erreicht.
Unter Kattun und Musselin, Th. 36 u. Th. 99,
sind diese neueren Methoden noch nicht erwähnt
worden.

Trockenplatz, ein freier Platz, auf dem Wäsche getrocknet wird, wenigstens kommt das Wort in diesem
Sinne hauptsächlich vor; denn auch bei den Weißger-
bern wird die mit Stangen zum Aufhängen des Le-
ders versehene Trockenkammer Trockenplatz genannt. Es wird hier das Leder mit Kalk zubereitet.
— Der Trockenplatz zum Aufhängen der Wäsche ist
ein freier Platz in einer Stadt oder vor den Thoren
derselben, auf dem man Pfähle in verschiedenen Distanzen aufrichtet, mit Haken und Ringen versieht, um
daran die Waschleinen zum Aufhängen des Zeuges
zu befestigen. Dergleichen Trockenplätze werden nun
von Seiten des Magistrats verpachtet, wenn der Boden Stadtgut ist, oder es sind Plätze, welche Privat-
personen gehören, und die solche zu diesem Zwecke
haben einrichten lassen. Man bezahlt für jede Stunde
etwas Gewisses. Er wird daher stundenweis vermiethet, und wo Mehrere Antheil nehmen können, da
ein solcher Platz ziemlich groß ist, so bringt er auch etwas ein. Wer Waschleinen, Stützen, Schemel und
Klammern nicht selbst mitbringt, erhält sie auf dem
Trockenplatze, muß aber dafür Etwas entrichten, welches auf die ganze Dauer des Trocknens geht. Da
nun an schönen Sommertagen die Wäsche sehr schnell
trocknet, und der Trockenplatz schon von des Morgens
um fünf Uhr an benutzt werden kann, so kann auch
darauf viel Wäsche getrocknet werden, besonders in einer großen Stadt, mithin ist ein solcher Platz, wenn er
weiter nicht besser benutzt werden kann, immer lukra-
tif genug.

Trockensaal, Trockenstube, Trockenkammer, ziemlich gleichbedeutende Wörter in Beziehung auf das Trocknen von Manufakten, oder Fabrikaten darin; nur daß der Trockensaal, wenn er wirklich als solcher verstanden wird, einen größeren Raum umfaßt, als eine Trockenstube und Trockenkammer enthält; oft werden sie aber auch in Hinsicht des größeren oder geringeren Raumes für gleichbedeutend gehalten. So ist der Trockensaal in den Spielkarten= fabriken, ein im oberen Stockwerke mit vielen Fenstern, nebst Fensterläden, versehener Saal, um hinlänglich Luft zum Durchstreichen zu erhalten, die geleimten Bogen zu den Karten darin zu trocknen. Die Läden dienen, um neblige Luft und starken Wind von dem Saale abzuhalten; denn der Letz= tere würde den Staub in dem Saale aufjagen und die Blätter verunreinigen, weshalb dieser Ort auch oft vor dem Aufhängen der Bogen gefegt werden muß. S. unter Spielkarte, Th. 158, S. 225, 227. — In den Zuckersiedereyen ist die Trok= kenstube oder Trockenkammer, auch Darr= kammer genannt, eine Stube oder ein Gemach, worin oft 20,000 Zuckerhüte zum Trocknen Platz haben. Sie ist gewöhnlich viereckig, massiv gebauet, und an den Wänden mit Absätzen oder Schichten von Brettern bekleidet, worauf die Zuckerhüte ge= stellt werden. Der Ofen steht gewöhnlich in der Mitte der Stube und wird sehr stark geheizt, wel= ches aber mit Genauigkeit geschehen muß, dabei muß das Feuer des Ofens so regiert werden, daß die Hitze möglichst gleichförmig nach allen Zucker= hüten hindringen kann. Geht das Trocknen zu Ende, so wird die Wärme der Stube immer mehr gemäßiget, damit die Zuckerhüte nach und nach völ= lig erkalten. — In einigen Zuckersiedereyen ist die Trockenstube ganz finster, und die einzige Oeffnung

Trockne Wäsche, s. oben, S. 528.

— **Witterung,** s. daselbst, S. 527.

— **Zimmer,** s. daselbst.

Trocknen, eigentlich trocknen, ein regelmäßiges Zeitwort, welches in doppelter Gestalt gebraucht wird.
1. Als ein Neutrum oder Zeitwort der Mittelgattung, trocken werden, das heißt, die auf der Oberfläche habende Nässe und Feuchtigkeit verlieren, in sofern solches durch das Ausdünsten derselben geschieht.
Bei feuchtem Wetter will nichts trocknen.
Der Wind hat die Straßen und Gassen schon
wieder getrocknet. Eine gescheuerte Stube
trocknen laffen. In den zusammengesetzten Zeiten
kommt es seltener vor; s. Abtrocknen, Austrock-
nen, Eintrocknen, Vertrocknen, ꝛc. 2. Als ein
thätiges Zeitwort, ein Activum, trocken machen, das
heißt, die auf der Oberfläche befindliche Nässe oder
Feuchtigkeit wegschaffen, es geschehe; auf welche Art
es wolle, durch das Ausdünsten, Abwischen ꝛc. Die
Sonne trocknet die Erde, Sir. 43, 3. Sie
fing an, seine Füße mit den Haaren ihres
Hauptes zu trocknen, Luc. 7, 38. Jesus trock-
nete ihre Füße mit dem Schurz, Joh. 13, 5.
Die Wäsche trocknen, Kräuter, Pflanzen
trocknen. Nasse Kleider am Feuer, an der
Sonne trocknen. Leinwand, gefärbte Zeuge,
Seide ꝛc. trocknen. Dieses Zeitwort bezieht sich
auf die äußere Fläche, so wie dörren und darren
auf das Innere. — Das Trocknen feuchter Körper durch Wärme geschieht gewöhnlich in einer von
der Sonne oder von einem erhitzten Ofen erwärmten Luft, auf welche Weise man in Haushaltungen,
in Baumwollen=, Wollen=, Leinen= und Seidenmanufakturen, in Papiermühlen, in Färbereyen, in Buch-
druckereyen und Buchbinderwerkstätten, Buntpapier-

Trockenschrank, beim Konditor, ein Behältniß, worin derselbe seine kandirten Waaren und Tragantarbeiten trocknet. Es ist ein Schrank, der einen gewöhnlichen Stubenofen umgiebt, und dem nach dem Ofen zu die hintere Wand fehlt. Er ist mit Brettern ausgestattet, worauf die Zuckerbäckereyen gesetzt werden, die trocknen sollen.

Trockenstube, s. Trockensaal.

Trockentrommel. beim Perrückenmacher oder Friseur, ein Fäßchen ohne Boden mit einem Deckel, welches innerhalb mit einem Netze versehen ist, worauf die Kräuselhölzer getrocknet werden.

Trockenwein, ein Ungarischer Wein, welcher aus fast trocknen Beeren gepreßt wird, und daher die beste Art des Ungarischen Weines ist. Man macht ähnliche Weine in Italien, welche man Secco oder Sekt nennt. S. den Art. Wein, unter W.

Trockne Erde, s. oben, S. 526.
— Erzählung, s. daselbst, S. 529.
— Farben, s. das., S. 527.
— Fische, s. das., S. 532, und Th. 13, S. 505, 520 u. f.
— Galvanische Säule, s. das., S. 533 u. f.
— Jahreszeiten (Frühjahr, Sommer, Herbst, Winter), s. Witterung (trockne).
— Kehle, ein trockner Schlund, s. oben, S. 527.
— Kräuter, s. das., S. 531.
— Luft, s. das., S. 527.
— Mahlzeit, s. das., S. 528.
— Messe, s. Th. 89, S. 101.
— Mittel, trocknende Mittel, s. unten, S. 551.
— Speisen, s. oben, S. 531.
— Trauben, s. daselbst.
— Vergoldung, s. das., S. 532 u. f.
— Waaren, s. das., S. 535.

Trockne Wäsche, s. oben, S. 528.
— **Witterung,** s. daselbst, S. 527.
— **Zimmer,** s. daselbst.

Trocknen, eigentlich trocknen, ein regelmäßiges Zeit=
wort, welches in doppelter Gestalt gebraucht wird.
1. Als ein Neutrum oder Zeitwort der Mittelgat=
tung, trocken werden, das heißt, die auf der Ober=
fläche habende Nässe und Feuchtigkeit verlieren, in so=
fern solches durch das Ausdünsten derselben geschieht.
Bei feuchtem Wetter will nichts trocknen.
Der Wind hat die Straßen und Gassen schon
wieder getrocknet. Eine gescheuerte Stube
trocknen lassen. In den zusammengesetzten Zeiten
kommt es seltener vor; s. Abtrocknen, Austrock=
nen, Eintrocknen, Vertrocknen 2c. 2. Als ein
thätiges Zeitwort, ein Aktivum, trocken machen, das
heißt, die auf der Oberfläche befindliche Nässe oder
Feuchtigkeit wegschaffen, es geschehe, auf welche Art
es wolle, durch das Ausdünsten, Abwischen 2c. Die
Sonne trocknet die Erde, Sir. 43, 3. Sie
fing an, seine Füße mit den Haaren ihres
Hauptes zu trocknen, Luc. 7, 38. Jesus trock=
nete ihre Füße mit dem Schurz, Joh. 13, 5.
Die Wäsche trocknen, Kräuter, Pflanzen
trocknen. Nasse Kleider am Feuer, an der
Sonne trocknen. Leinwand, gefärbte Zeuge,
Seide 2c. trocknen. Dieses Zeitwort bezieht sich
auf die äußere Fläche, so wie dörren und darren
auf das Innere. — Das Trocknen feuchter Kör=
per durch Wärme geschieht gewöhnlich in einer von
der Sonne oder von einem erheizten Ofen erwärm=
ten Luft, auf welche Weise man in Haushaltungen,
in Baumwollen=, Wollen=, Leinen= und Seidenma=
nufakturen, in Papiermühlen, in Färbereyen, in Buch=
druckereyen und Buchbinderwerkstätten, Buntpapier=

völligen Trocknung gar nicht umgewandt werden, we=
niger von ihrer natürlichen Farbe, als wenn sie wäh=
rend des Trocknens oft eine andere Lage erhalten ha=
ben. Auf die oben angeführte Weise müssen nun alle
und jede Kräuter, Wurzeln, Rinden, und Blumen
getrocknet werden. Gleich nachdem die Pflanzen trok=
ken geworden sind, sind sie zerreiblich, und haben ei=
nen schwachen Geruch; aber bald darauf, nachdem sie
in einem Kasten verwahrt worden, ziehen sie etwas
Feuchtigkeit aus der Luft an, werden davon weicher,
und bekommen, nach der Beschaffenheit der Pflanze,
einen mehr oder minder starken Geruch wieder. Beim
Trocknen muß man die gehörige Reinlichkeit beobach=
ten; auch um das Verwechseln oder Vermischen eines
Krautes oder einer Wurzel mit einer andern zu ver=
hüten, darf man sie nicht neben einander streuen, son=
dern jede Art von der andern durch einen Zwischen=
raum abtheilen, und den Namen der Pflanze mit
Kreide anschreiben. Die Kräuter und Blätter bin=
det man entweder in Bunde zusammen, oder streuet sie
an einem von der Sonne durchwärmten Orte aus.
Die Blumenblätter müssen in offenen papiernen
Kapseln in die Sonne gesetzt oder auf einem Bleche
über Kohlen getrocknet werden. Da die Sammlung
der Samen in ihrer Reife geschieht, so dürfen sie nicht
weiter getrocknet, sondern nur geradezu an einem trok=
kenen Orte verwahrt werden. Die Früchte sind zum
Trocknen dann am geschicktesten, wenn sie nicht völlig
reif sind. Die Blumen, worunter gemeiniglich nur
die Blumenblätter verstanden werden, sammelt man
kurz vorher bei trockenem Wetter, nachdem sie aufge=
brochen sind. Es soll noch besser seyn, wenn man sie
gerade dann abpflückt, wenn sie eben im Aufschließen
begriffen sind; denn wenn sie schon eine Weile geöff=
net gestanden haben, und ihre Blätter bald abfallen
wollen, so taugen sie nicht mehr zum medizinischen

Gebrauche, weil dann schon der Geruch fast gänzlich
vergangen ist. Bei den Pflanzen, wo der Geruch
oder die wirksamen Kräfte in den Blumenblättern
enthalten sind, muß man diese sauber von dem Kelche
absondern, als Veilchen, Silken rc. Von den Blu=
menblättern der Essigrosen und Nelken schneidet man
auch den weißen Nagel ab. Bei den Pflanzen, wo
der Geruch nicht in den Blumenblättern, sondern in
dem Kelche enthalten ist, muß die ganze Blume ab=
gepflückt werden, wie z. B. Roßmarin, Lavendel,
Isop, Salbey rc. Blumen, die zu klein sind, als daß
sie einzeln abgepflückt werden können, trocknet man
mit einem Theile des Krauts, und nennt sie Summi=
tates, als Wermuth, Schafgarbe, Majoran, Thy=
mian rc. Man trocknet sie überhaupt wie oben ange=
führt worden, nur mit großer Vorsicht. Einige Blu=
men behalten ihren Geruch viele Jahre lang, wie die
Zuckerrosen, andere verlieren ihn schon unter dem Trock=
nen, als die weißen Lilien, Lindenblüten rc. S. auch
unter Kraut, Th. 33. — Das Trocknen der
Pflanzen zum Einlegen geschieht auf folgende
Weise. Man nehme einige Buch Löschpapier oder
Makulatur, und etwa halb so viel weißes Schreibpa=
pier von derselben Größe, welches ziemlich stark und
gut geleimt seyn muß, weil sonst die Pflanzen in dem
Löschpapiere faulen, oder doch die Blumen ihre Farbe
verlieren würden. Auch ist eine Presse von der Größe
des Papiers erforderlich, oder doch wenigstens zwei
Bretter, zwischen welche die Bogen gelegt, und mit
Steinen und andern schweren Körpern gepreßt wer=
den können; auch kann man sich eines Folianten dazu
bedienen. Zu dem Zwecke eines Herbariums ist das
Sammeln der Pflanzen, wenn sie in der höchsten
Blüte stehen, ja wenn schon einige Blüten abzufallen
anfangen und der Frucht Platz machen, am besten, weil
dann alle Blütentheile am ausgezeichnetsten sind. Wie

nun hier das Trocknen geschieht, sehe man unter Kräuterbuch, Th. 48, S. 44 u. f., nach. — Trock= nende Mittel, Sikatise, Sicatises, in der Staf= fiermalerey, Substanzen, die man den mit Oel abgeriebenen und angerührten Farben zusetzt, damit solche schneller trocknen sollen. Man nimmt dazu die Silberglätte (Bleyglätte), s. Th. 5, S. 696 u. f., und unter Glätte, Th. 18, S. 575; den weißen Vitriol (schwefelsaures Zink), s. unter Vitriol und Zink, in B. und Z., und das trocknende Oel (Leinölfirniß oder gekochtes Leinöl, huile grasse ou sicatise), s. unter Firniß, Th. 13, S. 440 u. f. Dieses Oel ist nur Leinöl, welches mit einem Achtel= theile seines Gemisches Bley= oder Silberglätte ge= kocht worden. Man nimmt zu diesem Zwecke acht Theile Leinöl, die man mit einem Theile sehr feiner Bleyglätte mischt, läßt diese Mischung bei gelinder und gleichmäßiger Wärme in einem kupfernen Kessel zwei Stunden lang kochen, und rührt dabei häufig um, damit das Oel nicht schwarz werde. Wenn die Flüssigkeit zu stark wallt, muß man sie vom Feuer nehmen, damit sie nicht über= und ins Feuer laufe. Man nimmt den sich bildenden Schaum ab, und wenn der= selbe anfängt sich seltener zu zeigen und eine braun= rothe Farbe annimmt, so ist dieses ein Zeichen, daß das Oel hinlänglich gekocht hat. Man überläßt es nun vierundzwanzig Stunden lang der Ruhe, und wenn, nach Verlauf dieser Zeit, sich noch kein Häutchen auf der Oberfläche des Oels gebildet hat, so kann man daraus schließen, daß es noch nicht hinlänglich ge= kocht hat; man muß dann den Kessel nochmals über das Feuer bringen. Hat das Oel gehörig gesotten, so überläßt man es abermals der Ruhe, gießt es dann sachte ab, und wirft den Bodensatz fort. Je älter das trocknende Oel geworden ist, um so besser ist es; denn durch die Ruhe wird es immer heller. — Man setzt

Gebrauche, weil dann schon der Geruch fast gänzlich
vergangen ist. Bei den Pflanzen, wo der Geruch
oder die wirksamen Kräfte in den Blumenblättern
enthalten sind, muß man diese sauber von dem Kelche
absondern, als Veilchen, Silken ꝛc. Von den Blumenblättern der Essigrosen und Nelken schneidet man
auch den weißen Nagel ab. Bei den Pflanzen, wo
der Geruch nicht in den Blumenblättern, sondern in
dem Kelche enthalten ist, muß die ganze Blume abgepflückt werden, wie z. B. Roßmarin, Lavendel,
Isop, Salbey ꝛc. Blumen, die zu klein sind, als daß
sie einzeln abgepflückt werden können, trocknet man
mit einem Theile des Krauts, und nennt sie Summi-
tates, als Wermuth, Schafgarbe, Majoran, Thy-
mian ꝛc. Man trocknet sie überhaupt wie oben angeführt worden, nur mit großer Vorsicht. Einige Blumen behalten ihren Geruch viele Jahre lang, wie die
Zuckerrosen, andere verlieren ihn schon unter dem Trocknen, als die weißen Lilien, Lindenblüten ꝛc. S. auch
unter Kraut, Th. 33. — Das Trocknen der
Pflanzen zum Einlegen geschieht auf folgende
Weise. Man nehme einige Buch Löschpapier oder
Makulatur, und etwa halb so viel weißes Schreibpapier von derselben Größe, welches ziemlich stark und
gut geleimt seyn muß, weil sonst die Pflanzen in dem
Löschpapiere faulen, oder doch die Blumen ihre Farbe
verlieren würden. Auch ist eine Presse von der Größe
des Papiers erforderlich, oder doch wenigstens zwei
Bretter, zwischen welche die Bogen gelegt, und mit
Steinen und andern schweren Körpern gepreßt werden können; auch kann man sich eines Folianten dazu
bedienen. Zu dem Zwecke eines Herbariums ist das
Sammeln der Pflanzen, wenn sie in der höchsten
Blüte stehen, ja wenn schon einige Blüten abzufallen
anfangen und der Frucht Platz machen, am besten, weil
dann alle Blütentheile am ausgezeichnetsten sind. Wie

nun hier das Trocknen geschieht, sehe man unter
Kräuterbuch, Th. 48, S. 44 u. f., nach. —Trocknende Mittel, Sikatife, Sicatifes, in der Staf-
fiermalerey, Substanzen, die man den mit Oel
abgeriebenen und angerührten Farben zusetzt, damit
solche schneller trocknen sollen. Man nimmt dazu die
Silberglätte (Bleyglätte), f. Th. 5, S. 696 u. f.,
und unter Glätte, Th. 18, S. 575; den weißen
Vitriol (schwefelsaures Zink), f. unter Vitriol
und Zink, in V. und Z., und das trocknende
Oel (Leinölfirniß oder gekochtes Leinöl, huile grasse
ou sicatife), f. unter Firniß, Th. 13, S. 440 u. f.
Dieses Oel ist nur Leinöl, welches mit einem Achtel-
theile seines Gemisches Bley= oder Silberglätte gekocht worden. Man nimmt zu diesem Zwecke acht
Theile Leinöl, die man mit einem Theile sehr feiner
Bleyglätte mischt, läßt diese Mischung bei gelinder
und gleichmäßiger Wärme in einem kupfernen Kessel
zwei Stunden lang kochen, und rührt dabei häufig
um, damit das Oel nicht schwarz werde. Wenn die
Flüssigkeit zu stark wallt, muß man sie vom Feuer
nehmen, damit sie nicht über= und ins Feuer laufe. Man
nimmt den sich bildenden Schaum ab, und wenn derselbe anfängt sich seltener zu zeigen und eine braun-
rothe Farbe annimmt, so ist dieses ein Zeichen, daß das
Oel hinlänglich gekocht hat. Man überläßt es nun
vierundzwanzig Stunden lang der Ruhe, und wenn,
nach Verlauf dieser Zeit, sich noch kein Häutchen auf
der Oberfläche des Oels gebildet hat, so kann man
daraus schließen, daß es noch nicht hinlänglich gekocht hat; man muß dann den Kessel nochmals über
das Feuer bringen. Hat das Oel gehörig gesotten,
so überläßt man es abermals der Ruhe, gießt es dann
sachte ab, und wirft den Bodensatz fort. Je älter das
trocknende Oel geworden ist, um so besser ist es; denn
durch die Ruhe wird es immer heller. — Man setzt

die trocknenden Mittel erst in dem Augenblicke zur
Farbe, wo diese zum Anstriche benutzt werden soll;
denn geschieht es zu frühzeitig, so ist eine Verdickung
der Farbe die Folge. Man muß auch die Quantität
des trocknenden Mittels in ein richtiges Verhältniß
zum Grade der Trockenheit der Farbe bringen. Die
am wenigsten trocknenden Farben verlangen ein Sech-
zehntel ihres Gewichts Bleyglätte, oder ein Achtel ihres Gewichts trocknendes Oel. In die hellen Farben
thut man ein Funfzigstel ihres Gewichts weißen Vitriol. Diese Gaben können vermehrt werden, wenn
man im Winter oder bei feuchter Witterung anstreicht.
Wenn die Farben mit trocknendem Oele (Leinölfirniß oder gekochtes Leinöl) angerieben worden, so muß
man dieselben mit reinem, wesentlichen Terpentinöl,
ohne Zusatz von Leinöl, anrühren; denn Letzteres würde
die Mischung zu teigig machen, und dem Trocknen
nachtheilig seyn. Ueberhaupt besitzt das Terpentinöl
schon eine trocknende Eigenschaft. Zu den Farben,
welchen Bleyweiß oder Schieferweiß beigemischt worden, darf man das trocknende Oel gar nicht, oder doch
nur sehr wenig davon nehmen, weil diese beiden Substanzen, zumal mit Terpentinöl angerührt, schon an
sich selbst eine sehr trocknende Eigenschaft besitzen.
Bei dem Gebrauche dunkler Oelfarben, besonders
des Umbras, des gebrannten Ochers, der Kölnischen
Erde 2c. 2c., mischt man beim Einrühren auf jedes
Pfund Farbe nur eine halbe Unze Silberglätte darunter; sind es lichte Farben, als Weiß und Grau,
welche durch Silberglätte dunkler werden, so mischt
man auf jedes Pfund Farbe, die mit gebleichtem Lein-
öle abgerieben worden, ein Viertelloth weißen Vitriol, der mit gebleichtem Lein-, Nuß- oder Mohnöle
abgerieben worden, darunter; denn da dieser Vitriol
keine fremde Farbe hat, so verdirbt er auch keine Farbe
durch die Beimischung. Bei gelben und gemischten

grünen Farben kann man sich, auch statt der Silberglätte oder des weißen Vitriols, des trocknenden Oels
bedienen, man mischt auf ein Pfund der Farbe ein
Achtelquart des Oels darunter, und rührt das Ganze
mit reinem Terpentinöle ein. Weil dann die Farbe
leicht den Firniß annimmt. Wollte man den Firniß
zum bloßen Oele mengen, so würde man zu dicke
und fettige Farben erhalten. — Hat man die Absicht
zu lackiren, so darf man keine trocknende Mittel anwenden; die letzten Anstriche werden mit einer Farbe
gemacht, die mit reinem wesentlichen Terpentinöle angerührt ist, und trocknen deshalb schon von selbst.
Die Bley= oder Silberglätte ist das beste trocknende
Mittel, und zugleich mit den wenigsten Unannehmlich-
keiten verbunden, nur hat sie den Fehler, daß sie, wie
fein sie auch präparirt worden, auf der Oberfläche eines Anstriches immer Körner bemerken läßt. Wird
das trocknende Oel in zu starker Gabe angewendet, so
macht es die Farbe gelb, bewirkt, daß sie rissig wird,
und verbreitet lange Zeit einen unangenehmen Geruch. Auch der weiße Vitriol bewirkt, daß die Farben
rissig und gelb werden, man muß ihn deshalb vorher
reiben, ehe er den Farben zugesetzt werden darf. Farben, die sehr schwer trocknen, kann man zugleich Bley=
glätte und trocknendes Oel zusetzen. — Das Trocknen der Wäsche, s. unter Wäsche, in W. — Das
Trocknen der Tücher, beim Tuchmacher, s. diesen Artikel. So wie man überhaupt das Trocknen
der Manufakten und Fabrikate unter denjenigen Artikeln in der Encyklopädie findet, wo solches
nöthig ist, wie z. B. das Trocknen der Leinwand,
unter Leinwand, das Trocknen der Hüte, unter
Hut, das Trocknen des Holzes, unter Holz ꝛc.

Trocknen der Pflanzen, s. oben, S. 550 u. f.
Trockner Bogen, s. daselbst, S. 528.

Trockner Fall, s. oben, S. 530.

— Graben, s. daselbst, S. 535, und Th. 19, S. 607.

— Husten, s. daf., S. 528, und Th. 27, S. 13, 17.

— Mund, s. daf., S. 527.

— Roman, s. daf., S. 529.

— Schlund, s. daf., S. 527.

— Schnupfen, s. daf., S. 528.

— Schwamm, s. daselbst.

— Wechsel, s. daselbst, S. 534.

— Weg, s. daf., S. 527.

— Witz, s. daf., S. 529.

Trocknes Bad, s. oben, S. 532.

— Brod, s. daf., S. 528.

— Fleisch, s. daf., S. 531.

— Geschwür, s. daf., S. 528.

— Haar, s. daf., S. 527, und unter Perrücke, Th. 108, S. 637 u. f.

— Haus, s. oben, S. 527.

— Holz, s. daf., S. 531.

— Obst, s. daselbst.

— Pochwerk, s. unter Pochen, Th. 113, S. 508, 514.

— Vieh, s. oben, S. 528.

Troddel, Troddeln, beim Bortenwirker oder Posamentirer, zusammengedrehte Fäden, welche von einem Bande oder einer Schnur x. frei herabhangen und eine Quaste bilden; oder von einem schmalen Gewebe von Gold-, Silber-, Seiden-, Wollen- und Kameelgarnfäden, an deren einer Seite freie Fäden hängen bleiben; zusammengewickelte oder gedrehte Quasten, wie z. B. die Quasten an den Portépées, Hutkordons x. Bei dem Weben des schmalen Bandes zu dergleichen Troddeln wird der Einschlag nicht völlig durchgeschlagen, sondern man läßt ihn nach der

Länge, welche die Trobdeln haben sollen, vorstehen. Das Band wird um ein Hölzchen oder eine Eichel gewickelt und mit Seide befestiget. S. auch unter Posamentirer, Th. 115, S. 641 u. f. — So werden bei den Webern einiger Gegenden die Fäden am Weberstuhle von dem am Ende abgeschnittenen Gewirke, woran der Aufzug des künftigen Gewebes geknüpft wird, Trobdeln genannt. Die hervorstehenden langen Fäden an mehreren Arten des Gewirkes, z. B. an Mützen und Strümpfen, werden gleichfalls Trobdeln genannt. Die Trobdelmütze, Trobdelstrümpfe. So werden auch eigene Trobdeln aus Goldfäden oder Seide gemacht, und an die Spitzen der Mützen befestiget; so hat man Trobdeln an langen Schnüren an Mänteln, Sackpaletots der Herren und an verschiedenen Damenkleidungsstücken. — Beim Militair kommen die Trobdeln nur beim Säbel der Unteroffiziere und Gemeinen vor, weil die silbernen Trobdeln der Officiere, Feldwebel, Wachmeister, Stabshoboisten und Stabstrompeter am Degen Portépée genannt werden. Die Feldwebel und Wachmeister bei der Preußischen Armee erhalten jährlich ein Portépée in Natura, oder dasselbe wird bei den Garde-Regimentern mit 2 Rthlrn., bei den andern Truppen mit 1 Rthl. 22½ Sgr. vergütiget. Für die Unteroffiziere werden jährlich, für die Gemeinen alle drei Jahre Säbeltrobdeln gegeben, die einen Staatpreis von 5 Sgr. haben. Die Säbeltrobdel wird so durch das Gefäß geschlungen, daß der Quast auf der äußeren Seite herabhängt und 2 — 3 Zoll vom Gefäße entfernt bleibt. Ein längeres Band muß verkürzt werden. Am Czako werden bei einigen Armeen, wo diese Kopfbedeckung noch getragen wird, auch an den Cordons und Geflechten wollene Trobdeln von den Unteroffizieren und Gemeinen getragen. Die Officiere haben sie von Silber. Die Ehrentrödel erhalten die Soldaten bei der Preußischen Armee, welche nach der gesetzlichen dreijährigen Dienstzeit sich zum Fortdienen im stehenden Heere oder bei den Landwehrstämmen verpflichten, die Kapitulanten. Dann beurlaubte Leute der Landwehr, obgleich zum Uebertritt in das zweite Aufgebot berechtiget, doch im ersten Aufgebote noch sechs Jahre freiwillig bleiben. Die Versetzung in die zweite Klasse des Soldatenstandes zieht jedesmal den Verlust der Ehrentrodbel nach sich. Bei der Zurückversetzung in die erste Klasse wird sie wieder ertheilt. — Der Grund der Benennung soll, nach Adelung, in der Beweglichkeit liegen, so daß man dieses Wort als einen Verwandten von rütteln ansehen kann; es soll aber auch das in einigen gemeinen Sprecharten übliche ausdrötteln, für ausdrieseln, die Fäden eines Gewirkes auszieben, mit in Betrachtung kommen. Die Schreibarten Trottel oder Drottel, sind wider die Hochdeutsche Aussprache.

Trödel, der, ein Ort oder ein öffentlicher Platz, wo die Trödler oder Trödelleute alte abgetragene Kleider, altes abgenutztes Leinenzeug und Küchengeschirr in Zinn, Messing, Kupfer und Eisen, alte Möbel, Instrumente und Handwerkzeug, Schildereyen, Bücher ꝛc. ꝛc. zum öffentlichen Verkaufe ausstellen. Noch im verwichenen Jahrhunderte waren die berühmtesten Trödelmärkte in Wien, Paris, Amsterdam, Nürnberg ꝛc. Auch in Berlin gab es um diese Zeit, wenn auch nicht dazu bestimmte Marktplätze, doch in gewissen Straßen, deren eine Seite noch unbebauet und mit Gartenmauern und Zäunen besetzt war, ganze Reihen von Buden mit dergleichen Trödelkram, so auch an den Brücken, und die Spree entlang an der Kaie oder dem Geländer; dann auf einigen Plätzen, wie am Spittelmarkte ꝛc. Diese Buden sind hier in neuester Zeit größtentheils verschwunden, weil an der Seite

der Straßen, wo sie standen, schöne Gebäude aufgeführt worden; auch die Geländer an der Spree, an
der Friedrichsgracht und am Kupfergraben, sind davon
befreiet worden. Da nach einer neuen Verordnung
keine Buden an den erwähnten Orten, so wie überhaupt in der Stadt, mehr geduldet werden sollen, und
wo dergleichen concessionirte Buden sich noch befinden, wie am Spittelmarkte 2c., da hört mit dem Tode
des Besitzers die Concession auf, und die Bude muß
abgebrochen werden. Hiermit ist aber das Trödeln
nicht aufgehoben, sondern die Trödler sollen ihren
Kram in Läden oder Gewölben in den Häusern halten, so auch in den Hallen, die an gewissen Orten in
der Stadt zu diesem Zwecke erbauet worden. Nach
dem Reglement vom 21sten October 1788 soll Niemand mit dem Trödelkramhandel sich befassen, der
nicht vom Polizeydirektorium dazu besonders conces-
sionirt ist, sonst keine Profession oder bürgerliches Gewerbe treibt, und ein Vermögen von wenigstens 100
Rthlrn. besitzt. Ihre Anzahl wurde auf sechzig festgesetzt; sie dürfen nur mit alten Sachen, als alten Kleidungsstücken, Wäsche, Mobilien, Eisengeräthschaf-
ten 2c. 2c. handeln, und von irgend verdächtigen Personen keine alten Sachen einhandeln, weder in Tausch,
noch Kauf, ja sie sind sogar verpflichtet, wenn ihnen
verdächtige Sachen zum Kaufe angeboten werden, und
es sich thun läßt, sogleich der nächsten Polizeybehörde,
z. B. dem Polizeykommissarius des Reviers, davon
Anzeige zu machen. Bei der Einführung der Gewerbefreiheit im Jahre 1810, ist unter den Gewerben, bei deren ungeschicktem Betriebe gemeine Gefahr
obwaltet, oder welche eine öffentliche Beglaubigung
oder Unbescholtenheit erfordern, die erst einen Nach-
weis der dazu erforderlichen Eigenschaften 2c. nothwendig machen, ehe der Gewerbeschein ertheilt werden kann, das Trödlergewerbe nicht mitbegriffen, ob-

gleich es wegen des Ankaufs inficirter Kleidungsstücke
und gestohlener Gegenstände wohl eine solche Berück=
sichtigung verdient hätte, nämlich, daß wenigstens sich
nur Leute damit beschäftigen können, die in dieser Be=
ziehung gewissenhaft sind, und die nöthige Umsicht zei=
gen. Wenn sie indessen gleich völlige Gewerbefreiheit
genießen, so stehen diejenigen doch unter der Kon=
trolle der Polizey, die mit solchen alten Sachen han=
deln, die einige Gefahr veranlassen können, wie Hem=
den, Bettzeug, Kleider ꝛc., und mit Sachen, die einigen
Werth besitzen und leicht gestohlen seyn können, wie
Uhren, Dosen, Ringe ꝛc. ꝛc.; denn hier muß der Ver=
käufer ein glaubhafter ansäßiger Mann seyn. — Wenn
nun gleich dieser Trödelkram im Allgemeinen den
Nutzen hat, daß ein Armer um ein geringes Geld sich
noch ein gutes brauchbares Stück, sowohl an Klei=
dung, als in der Wirthschaft kaufen kann; auch an
manchen Orten solche Trödler, sowohl Männer, als
Frauen, zur gerichtlichen Taxirung alter Kleidungs=
stücke, gebrauchten Haus= und Küchengeräths ꝛc. ge=
braucht werden, so bleiben sie doch ins Besondere der
Polizey, wegen des oben, S. 557, schon Ange=
führten, unterworfen. Daher findet man auch in
mehreren Staaten Trödelordnungen, vermöge wel=
cher ein Jeder, der trödeln will, sich bei dem Magi=
strate oder bei der Polizey melden, Bürger seyn, sich
deshalb einschreiben lassen, und nachher ernstlich hüten
muß, daß er, besonders auf öffentlichen Auktionen, die
Bürger nicht muthwillig überbiete oder sonst ihnen
zum Nachtheile handle; dann nicht mit gestohlenen
Sachen Unterschleife treibe, oder von Seuchen infi=
cirte Sachen in die Städte bringe und verkaufe. —
Man will es jedoch nicht ganz unrecht finden, wenn
die Trödler auf öffentlichen Auktionen die zu verauk=
tionirenden Sachen zum Vortheile der Erben em=
por zu treiben suchen, weil sie doch dabei riskiren, da

es auf den Mitbietenden ankommt, bei jedem aufge-
rufenen Stücke so hoch mitzugehen, als er es für sich
ersprießlich findet, und es dann dem Ueberbietenden,
d'em Trödler, zu überlassen. Denn wer Auktionen
in der Absicht: Gegenstände wohlfeil zu kaufen, besucht, muß Kenntniß von den Preisen derjenigen Haus-
und Küchengeräthe, oder der Kleidungsstücke, Wäsche ꝛc., im neuen Zustande besitzen, die er alt anzukaufen gedenkt, also auf der Auktion erstehen will;
denn wer dieses auf das alte, schon genutzte Geräth ꝛc.
nicht zu schätzen weiß, muß Auktionen nicht besuchen,
da ihm hier leicht Sachen so in die Höhe getrieben
werden können, als er sie neu kaufen kann. Dann
muß er auch mit allen Fehlern, die oft dergleichen
Sachen an sich haben, bekannt seyn, um hierauf aufmerksam zu machen, wodurch sie nicht so hoch getrieben werden können, oder doch Wenige ihn wegen eines Fehlers überbieten werden, und so wird es ihm
oft zugeschlagen, also ihm gelingen, ein Stück wohlfeil zu erstehen, welches er, eines Fehlers ungeachtet,
dennoch gut brauchen kann. — Daß man ehemals den
Trödlern nicht recht gewogen war, ihre Beschäftigung
als geringe, ja verächtlich ansah, lag wohl mit in ihrem Gewerbe, mit alten Sachen zu handeln; dann
auch wohl, und hauptsächlich, darin, daß Mehrere unter ihnen oft die Hehler von gestohlenen Sachen waren, und deshalb immer bei Entdeckung der Diebstähle
der Diebe mit in den Strafprozeß verwickelt wurden, und so trug man dieses von den Schuldigen auch
zu den Unschuldigen über. Dieses hat sich jedoch in
neuerer Zeit gelegt, wo dergleichen Vergehen von
Seiten der Trödler auch wohl noch vorkommen mögen, jedoch unterscheidet man den Schuldigen von dem
Unschuldigen, wo wirklich ein Verbrechen in Hehlung
der gestohlenen Sachen begangen worden; denn auch
oft können Nachsuchungen bei ihnen geschehen, auch

gestohlene Sachen vorgefunden werden, ohne daß man
sie für schuldig erkennen kann, weil sie solche auf dem
gesetzlichen Wege, das heißt, nach ihrer Vorschrift, er=
kauft haben.

Trödelbude, Taberna Scrutaria, eine Bude, worin
ein Trödler feil hat, seinen Trödelkram verkauft,
sowohl auf dem Trödelmarkte in einer Stadt, als
auch in gewissen Theilen der Stadt, wo Plätze
dazu eingeräumt worden. Gewöhnlich bestehen der=
gleichen Buden auf Concessionen, und das Geschäft
erbt auf die Kinder fort, weil sie unumschränkt auf
die Nachkommen gegeben worden; s. auch oben,
unter Trödel. Dergleichen Buden sind feststehend.
Man hat aber auch wandernde Trödelbuden,
die an jedem Abende wieder abgebrochen werden
müssen, wie z. B. auf den Trödelmärkten.

Trödeler, Trödler, derjenige, welcher trödelt. 1) Von
trödeln, herumziehen, ist Trödler derjenige, welcher
auf der Straße, Stadt= oder Landstraße, herum=
zieht, und solches mit oder ohne bestimmten Zweck. —
2) Von trödeln, zaudern, ist der Trödler, Cunc-
tator, die Trödlerin, im gemeinen Leben einiger
Gegenden, eine Person, welche in ihren Verrichtungen auf eine fehlerhafte Art zaudert oder zö-
gert; im Niedersächsischen Dröteler, in andern
Gegenden Tändler, Trändler, in Meissen Tem-
perer. — 3) Von trödeln, mit alten Geräthschaften handeln, ist der Trödler, Scruta-
rius, Französisch Fripier, eine Person männlichen Geschlechts, deren Geschäft in diesem Handel
besteht; auch der Trödelmann, und für das
weibliche Trödlerin, sagt man in dieser Bedeutung lieber Trödelfrau, oder im verächtlichen
Verstande Trödelweib. Im Oesterreichischen
heißt der Trödler Tändler, von Tand, Trödelwaare, eine unerhebliche, niedrige oder geringe

Waare. Von diesem Tand hat auch der Nürn=
berger Tand, ein Spielzeug, seinen Namen.
Dann Grampler für Grempler oder Gerüm=
peler, kleiner Kramhändler; weiblich Gremple=
rin, Grempelweib. In Nürnberg Altge=
wandter, und an andern Oberdeutschen Orten
Sonnenkrämer, weil sie oft unter freiem Him=
mel an einem offenen Tische oder auf der Erde
feil haben; im Niedersächsischen Plunkenkrämer,
von Plunken, Lumpen, Plunder. — In großen
Städten, wo sich diese Krämer über die nie=
drige Klasse des Volkes zu erheben suchen, und
wo ihnen der Name Trödler oder Trödel=
mann zu geringe ist, nennen sich Viele jetzt Mo=
bilienhändler, Effektenhändler; und da sie
oft die alten Sachen aufzuputzen und auszubessern
verstehen, sie wieder in brauchbaren Stand selbst
setzen oder setzen lassen, so führen sie auch den Na=
men Ausbesserer, Kleider= und Möbelauf=
putzer, Lat. Interpolatores. Wahrscheinlich kommt
der Name Trödler von 1) her, auf den Stra=
ßen oder Gassen mit Trödelkram herumziehen, ihn
so zu verkaufen suchen, von Haus zu Haus da=
mit handeln, auch andere Sachen dafür eintauschen;
wie noch jetzt Juden umhergehen und alte Sachen,
besonders Kleidungsstücke, einhandeln oder einscha=
chern. Wahrscheinlich hat diese Art Handel mit
dem von Haus zu Haus Gehen angefangen. Ge=
wandte und erfahrene Trödler gebraucht man bei
den Gerichten auch zum Abschätzen der Geräthschaf=
ten rc. beim Nachlasse zur Regulirung der Erb=
schaften, theils wegen des Erbschaftsstempels, theils
auch wegen der Minorennen; und so auch Trödel=
frauen zu einem gleichen Geschäfte bei den weib=
lichen Kleidungsstücken. Sie werden entweder für
ihre Bemühungen Tageweise bezahlt, oder sie genießen

vom Hundert einige Prozente. Ein Mehreres hierüber, s. den Art. Trödel.'— Ein gewandter und
erfahrener Trödler hat sich in seinem Gewerbe die
nöthigen Kenntnisse erworben, um die alten Sachen
nichtmit Schaden anzukaufen oder auf den öffentlichen
Auktionen zu erstehen; er weiß daher von allen
den alten Sachen, mit denen er zu handeln gedenkt, die Preise, was sie neu gekostet haben, und
kennt ihren noch besitzenden Werth, um von einem Gegenstande, den er sehr billig erkauft oder
erstanden hat, noch einen höheren Gewinn zu ziehen, als er sonst bei der Unkunde seines Werthes
ziehen würde, um mit dem Ueberschusse auch wieder einen Ausfall decken zu können, der auch bei
diesem Krame vorkommen kann, wenn man Sachen
auf dem Halse behält, sie nicht so bald wieder los
wird, als man glaubte; solche Sachen brauchen oft
Raum und verzehren die Zinsen des darein gesteckten kleinen Kapitals. Durch die Umsicht in diesem Handel, bekommt man auch die Kenntniß von
denjenigen Gegenständen, welche gehen, und die man
leicht wieder anbringen kann, damit man sich nicht
Trödelkram auf den Hals ladet, der wie Ballast
liegt, wenn er auch gleich noch mehr Werth, als dieser, hat. Der erfahrene Trödler kauft oder ersteht
nur alte Sachen, die gehen, von deren Absatz er
Gewißheit hat, und nimmt die andern, deren Absatz
sehr ungewiß ist, gleichsam nur für ein Billiges oben-
ein in den Kauf, und stellt sie nur auf, um seinen
Kram auszuschmücken. Wird er einige Stücke davon
los, so hat er vielleicht den Vortheil, daß sie, gut bezahlt,
die andern mit bezahlt machen; er hat also keinen
Schaden bei dem Kaufe, wohl aber den Gewinn, daß
ihn die andern nichts kosten, er ihnen bloß eine Stelle
gönnt; und verkauft er sie auch, so hat er keinen Gewinn; auch kann er die Preise, da sie ihm schon ko-

stenfrei geworden sind, sehr billig stellen, wenn er sie
zu verkaufen wünscht, und nicht warten will, bis sich
eine bessere Gelegenheit, sie los zu werden, darbietet.
Wer einen Trödelkram anlegen will, muß einige hun=
dert Thaler Geld in Händen haben, wenn er so kau=
fen will, daß es ihm Gewinn bringt; denn so wohl=
feil auch alte Mobilien, überhaupt altes Haus = und
Küchengeräth ꝛc., fortgehen, so gehört doch mancher
Thaler dazu, um sich ein kleines Lager von die=
sen Gegenständen anzuschaffen, und besonders sind
messingene und kupferne Geräthe nicht wohlfeil; dann
alte Stutzuhren, Möbel, Handwerkszeug, Instru=
mente ꝛc. ꝛc.; denn hier kommt es immer auf eine
größere Auswahl, und einen reichhaltigeren Kram an,
um Käufer anzuziehen, indem vielleicht von den Ein=
sprechenden ein Jeder etwas für sich findet; auch muß
der Verkäufer schon auf eine höhere Miethe rechnen,
da er ein größeres Lokal gebraucht. Schwieriger ist
jetzt der Stand der Trödeler, als früher, da fast alle
Effekten, womit er handelt, außer den Geräthschaften
aus Metallen, schon neu sehr im Preise gesunken sind,
und deshalb schon genaue Kenntnisse von ihrem Wer=
the oder den Preisen erfordern, um hier nicht selbst
bei dem Ankaufe auf Auktionen Schaden zu leiden,
vielleicht Sachen theurer zu erstehen, als sie selbst neu
kosten, wie dieses auch mit vielen alten Sachen des
Eisenkrams der Fall ist. Ferner muß der Trödler
auch verstehen, alten Effekten, Möbeln ꝛc. wieder ein
gutes Ansehen zu geben, sie zu restauriren, wodurch
er mit Wenigem den Preis steigern kann, und wäre die=
ses auch nicht, so bringt er sie doch schneller zum Verkaufe,
weil sie besser in die Augen fallen.—Gewöhnlich sind
es Handwerker, die sich mit diesem Krame beschäfti=
gen, z. B. Schneider, Schuhmacher, Tischler ꝛc.,
welche gleich Reparaturen und Umwandlungen, wenn
es nöthig ist, damit vornehmen können; aber auch an=

dere Leute beschäftigen sich damit, und lassen dieses
Geschäft von Andern besorgen, sie verdienen dann
freilich nicht so viel dabei, als wenn sie Manches selbst
machen können, indessen haben sie bei sehr billigem
Einkaufe immer noch Gewinn, oder sie müssen mit
andern Sachen handeln, die keiner Umwandlung bedürfen.

Trödelfrau, Trödelweib, Tröblerin, s. den vorhergehenden Artikel. Der Trödelkram mit Küchengeräth, alten weiblichen Kleidungsstücken, alten Putz-
sachen ꝛc. ꝛc., gehört für die Frauen, weil sie den
Werth und die Preise solcher Sachen, wenn sie nämlich viel mit solchen Sachen umgegangen sind, am besten kennen. Man nimmt daher auch bei Erbschafts-
regulirungen von Seiten des Gerichts solche erfahrene Tröblerinen, zu Taxatricen.

Trödelhaft, Bei- und Nebenwort, von 2) Trödeln,
zaudern, im gemeinen Leben für zauderhaft.

**Trödelhandel, Trödeley, Grempeley, Kleider-
sellerey,** der Handel mit alten Kleidern, Möbeln ꝛc.;
s. Trödelkram.

Trödeljude, ein Jude, welcher mit alten Sachen handelt. Besonders bezeichnet man aber damit diejenigen
Juden, welche von Haus zu Haus gehen, und alte
Kleidungsstücke, auch andere Sachen, einhandeln, um
sie dann wieder, wie sie sind, oder umgeändert, zu
verkaufen. Auch kaufen sie solche oft für andere Juden, die damit einen Handel nach andern Städten, ja
Ländern treiben. S. auch den Art. Jude, Th. 31,
S. 461 u. f.

Trödelkram, 1. der Kram, das ist, der Handel mit alten Geräthschaften. 2. Trödelwaare, alte Geräthschaften, als ein Gegenstand dieses Handels; als ein
Collectivum. In diesem letzteren Verstande eignen
sich alle alten Effekten zum Trödeln, das heißt, alte
getragene Kleider, zur Kopf-, Leib- und Fußbeklei-

dung, alte Betten, Matratzen, Wäsche, benutzte Gold-
und Silbergeräthe, Glaswaaren, alle alten oder schon
benutzten Möbel, alles alte Küchengeräth, altes Handwerkzeug, alte Instrumente, alte schon benutzte Eisen-,
Quincaillerie- und Galanterie-Waaren, deren Mannigfaltigkeit zu groß ist, um sie zu specificiren, die aber
unter den Nachlaßeffekten häufig mit vorkommen, auch
sonst alt bei Trödlern zum Kaufe angeboten werden,
alte Bücher, Schildereyen, Gypsbüsten und Figuren,
Naturalien, gebrauchte Waffen ꝛc. ꝛc. Ueberhaupt gehören zu den Trödelwaaren alle schon gebrauchten und
verarbeiteten Fabrikate und Manufakten, Kunstsachen
und diejenigen Naturalien, welche in Naturalienkabi-
netten vorkommen und keiner schnellen Zerstörung unterworfen sind, und schon oben in den angezeigten
Waaren angedeutet worden, daher gehören alle Ma-
terial-, Specerey-, Italiener ꝛc. Waaren nicht zum
Trödelkram, so auch die rohen Landesprodukte, außer
Flachs, Hanf, Federn, Baumwolle ꝛc., wenn sie ver-
einzelt, das heißt, nicht in Massen oder großen Quan-
titäten auf Auktionen vorkommen, sondern so wie sie
auf Handrädern versponnen oder sonst in der Wirthschaft angewendet werden können. Denn der Trödler
muß auch beim Kaufen und Erstehen seiner Waaren
oder seines Krams dahin sehen, daß sie nicht schon mit
dem Keime der Zerstörung behaftet sind, z. B. sich
schon Insekten ꝛc. darin festgesetzt haben, deshalb muß
er die Effekten beim Erstehen auf Auktionen oder beim
Ankaufe aus der Hand gehörig besehen und untersuchen; denn dieses vermindert sehr den Preis einer alten oder gebrauchten Waare. Auch müssen angekaufte
oder erstandene Kleidungsstücke gehörig ausgeklopft
und gelüftet werden, ehe man sie zum Verkaufe aus-
hängt, ausstellt oder auslegt. Wenn der Wurm, das
heißt, holznagende Insekten in die Möbel gekommen
seyn sollten, so muß er solche darin zu tödten suchen,

indem er die Stellen, worin sie sich befinden, schnell
mit einem Pinsel mit heißem oder siedenden Wasser
überfährt, und solches einige Male thut, wodurch diese
Insekten, wenn sie noch darin stecken, getödtet werden;
sollte der Glanz der Möbel dadurch etwas gelitten
haben, so kann eine kleine Nachhülfe mit Politur diesen Nachtheil hindern. Große, durch den Holzwurm
verursachte Löcher, können mit Schellack ausgefüllt
werden, indem man solchen über einem angezündeten
Lichte oder über einem Löffel mit brennendem Spiritus so flüssig macht, daß man ihn in die Löcher tropfen kann, um sie dadurch gleichsam zu verkitten, und
dergleichen mehr. Man gewahrt hieraus, daß derjenige, der sich mit dem Handel der Trödelwaaren beschäftiget, nicht ohne mannigfaltige Kenntnisse, die in
dieses Geschäft hineinschlagen, seyn darf, wenn er es
nämlich mit Vortheil betreiben will. — Der Handel mit den genannten Waaren gehört zu dem
Kleinhandel; er erfordert ein kleines Einlagekapi-
tal, um auf Auktionen und auch aus freier Hand dergleichen alte, schon gebrauchte Effekten ersteben und
ankaufen zu können, und die gehörige Umsicht, um sowohl diejenigen Sachen anzukaufen, welche Absatz
finden, als auch Sachen, die in einer großen Stadt
keinen Käufer finden, nach kleinen Städten durch passende Gelegenheiten zu befördern, wo sich Liebhaber
finden. Daher ist es gut, wenn Trödler mit hausiren-
den Juden in Verbindung treten, die dergleichen Gegenstände (aus der Mode gekommener Galanterie-
kram) mit einer geringen Provision abzusetzen suchen,
so daß dem Trödler immer noch ein Gewinn bleibt.
Feste Preise kann er bei seinem Krame nicht stellen,
sondern er verkauft solchen nach dem mehr oder weniger günstigen Einkaufe, und nach dem Verhältnisse
des Werthes, was er neu gekostet hat. Er ist auch genöthiget vorzuschlagen, wobei er den Liebhaber zu ei-

nem Stücke berücksichtiget; denn dieses muß ihm seine Menschenkenntniß geben. Es giebt Leute, die auf irgend eine Sache versessen oder erpicht sind, sie gern besitzen wollen. Hier kann er bei dem vorgeschlagenen Preise beharren, wo dieses aber nicht der Fall ist, da kann er so viel ablassen, als er sich den Preis gestellt hat, um daran noch zu gewinnen. In großen Städten ist der Handel mit alten Effekten von einiger Wichtigkeit, weil es hier viele Käufer und Verkäufer giebt. Denn wer dergleichen Kram als überflüssig und nutzlos in seinem Haushalte besitzt, sucht ihn an einen Trödler zu verkaufen, und so findet diese Waare hier wieder ihren Käufer, der ihrer bedarf, und hier wohlfeil dazu kommt. — Der Handel mit Trödelkram theilt sich in mehrere Zweige, in Beziehung auf die Waaren. Es giebt Trödler, die bloß mit alten Kleidungsstücken, Wäsche, Schuhen und Stiefeln, Pantoffeln c. handeln; Andere handeln mit alten Büchern, Naturalien, Schildereyen, Gypsbüsten c.; wiederum Andere mit Haus- und Küchengeräth; dann mit alten Eisenwaaren, gebrauchten Quincaillerie- und Galanteriewaaren c. Einige umfassen alle diese Zweige, handeln mit allen Gegenständen, die sich ihnen preiswürdig darbieten, und dieses sind die eigentlichen Großhändler in diesem Handel, die schon ein größeres Kapital darauf verwenden können.

Trödelmann, die Benennung eines Trödlers, und in der Mehrzahl **Trödelleute,** welches von beiden Geschlechtern gilt, und da vorkommt, wo man sie vereint antrifft, auf Auktionen und auf den Trödelmärkten.

Trödelmarkt, Drödelmarkt, Grempelmarkt, Tändelmarkt, Forum scrutarium s. antiquarium; Franz. Friperie; Engl. Frippery, Frippery-market, derjenige Ort in einer Stadt, wo die Trödler ihren Kram feil haben; s. oben, unter Trödel. Ob Trödelmärkte oder nur bestimmte Oerter, wo die Trödler

feil haben dürfen, für sie selbst wünschenswerth sind,
ist zu bezweifeln, da der Absatz ihres Krams sich nicht
nur sehr theilt, sondern auch auf Einzelne nachtheilig
wirkt, da sie doch größtentheils mit gleichen Sachen
handeln, oder wenn auch ihr Handel sich in verschie=
dene Zweige theilt, doch Mehrere einen und denselben
betreiben, je mehr sie aber denselben in der Stadt zer=
streuet treiben dürfen, um so mehr Absatz kann der
Einzelne sich von der Gegend versprechen, in der er
feil hat. Bei einem Trödelmarkte kann der Trödler
nur auf bestimmte Kunden rechnen, oder auf diejeni=
gen, die Dieses oder Jenes suchen, oder denen Etwas
im Vorübergehen gefällt oder sie anspricht, wohnt er
aber isolirt von andern Trödlern, so wird er immer
auch diejenigen anziehen oder anlocken, um Dieses
oder Jenes zu kaufen, was sie gerade ausgestellt se=
hen und ihnen gefällt, er wird sich hier wirkliche Kun=
den erwerben, die bei ihm immer einsprechen, um sich
nach Diesem oder Jenem, was sie wohl zu haben
wünschten, zu erkundigen, und er auch oft Gelegenheit
haben, es ihnen durch die Auktionen oder auf andere
Weise anzuschaffen. Durch die Aufhebung der Trö=
delbuden in Berlin und die Verweisung des Trödel=
krams in die Gewölbe der Häuser, wie schon unter
Trödel angeführt worden, ist in diesen Handel da=
selbst mehr Ordnung gekommen. Auch können Dieb=
stähle durch Hehlung des gestohlenen Gutes, wie es
oft in den Buden geschah, nicht mehr so begünstiget
werden, obgleich sie sich dadurch nicht vermindert ha=
ben, und ihre Hehler auf andere Weise finden. Das
Leben hat in den Theilen der Stadt zwar aufgehört,
wo diese Buden standen, jedoch nicht zum Nachtheile
der Trödler, weil daselbst noch besondere öffentliche Ver=
käufe Statt fanden, von denjenigen Verkäufern von
Kleidungsstücken rc., die mit den angebotenen Kauf=
preisen der Trödler nicht zufrieden waren, dadurch die

Vorübergehenden zum Kaufe anlockten, und auch man=
ches Stück noch besser bezahlt erhielten, als beim Tröb=
ler. Daher war es hier zu gewissen Tagesstunden,
besonders aber am Mittage, sehr mit Handwerkern
und andern Arbeitern belebt, die hier aus freier Hand
etwas zu kaufen suchten oder etwas zu verkaufen be=
absichtigten, welcher augenblickliche Handverkauf na=
türlich dadurch aufgehört hat; allein auch der Verkauf
von gestohlenen Sachen, die hier schneller abgesetzt
werden konnten, als auf eine andere Weise, und ohne
den Dieb zu ermitteln, wie dieses eher bei den Tröb=
lern der Fall ist, die den Verkäufer genauer fixiren,
wodurch ein Dieb, oder derjenige, der gestohlene Sa=
chen verkauft hat, leichter wieder entdeckt werden
kann.

Tröbeln, 1) ein regelmäßiges thätiges Zeitwort, ziehen,
herumziehen, jedoch nur in einigen Gegenden ge=
bräuchlich. — 2) Ein Zeitwort der Mittelgattung,
welches nur im gemeinen Leben in manchen Gegen=
den für zaudern, zögern gebraucht wird, Niedersächs.
dröteln, in andern Hochdeutschen Gegenden trän=
deln, tändeln, tempern. Wachter leitet es von
trotten, trotteln, langsam gehen, her, welches eine
unmittelbare Onamatopöie des Gehens ist; es scheint
vielmehr von dem vorigen tröbeln, treibeln, zie=
hen, eine Figur zu seyn, so wie zögern und zau=
dern von ziehen abstammen. — 3) Tröbeln, ein
regelmäßiges Zeitwort der Mittelgattung, mit alten
Geräthschaften handeln. Scruta vendere, scruta
venalia habere; Fr. faire le métier de Fripier; s.
oben Tröbel. In vertröbeln hat es auch eine
thätige Bedeutung. Im Oberdeutschen tändeln,
tänbeln, treibeln, grämpeln. In Adelungs
Anmerkung leiten es viele Sprachlehrer von tra=
gen her, da es dann Krämer bedeuten würde, welche
ihren Kram herum tragen oder damit herum ziehen.

die Trödler unter den namentlich aufgeführten Ge=
werben, bei deren ungeschicktem Betriebe gemeine
Gefahr obwaltet, oder welche eine öffentliche Beglau=
bigung oder Unbescholtenheit erfordern, um einen Ge=
werbeschein zur Betreibung eines Geschäftes zu lösen,
nicht mit begriffen, mithin auch in anderer Hinsicht frei;
allein in Rücksicht des Ankaufs gestohlener Sachen sind sie
gebunden, und müssen den dieserhalb erlassnen Vorschrif=
ten folgen. Auch in Westpreußen erschien zu Danzig
wegen der Trödler und deren Handel am 20. Sep=
tember 1795 ein Reglement, und eben so auch zu El=
bingen ꝛc. In dem Berliner allgemeinen Wohnungs=
anzeiger findet man unter Trödler nur vierundzwan=
zig angeführt, die sich mit diesem Geschäfte beschäftigen;
allein die weit größere Zahl hat eine andere Benen=
nung gewählt, um nicht als Trödler zu erscheinen, und
so kommen sie als alte Kleiderhändler, Eisenkramhänd=
ler, Möbelhändler Effektenhändler ꝛc. ꝛc. vor.

Trödelwaare alte schon getragene Kleider, Hausgeräth,
Fr. Friperie; s. Trödelkram.

Trödelweib, s. Trödelfrau.

Tröblerin, Conchylienträger, Trochus lithopho=
rus s. conchyliophorus; Fr. la Fripière, la Ma=
çonne, eine Conchylie, welche nach Schröters
Conchylienkenntniß, zu dem Geschlechte oder der
Familie Trochus, Kräusel, gehört, und in West=
indien, hauptsächlich auf St. Domingo, angetroffen
wird. Sie ist 2½ Zoll breit und 2 Zoll hoch, hat
eine gedrückte Mundöffnung, die bräunlich gefärbt ist;
die Mündungslefze ist scharf, die Basis aber vertieft und
concav; sie hat ferner concentrische unregelmäßige
Runzeln, die bis an die Mündungslefze laufen, und
daselbst einen runzelichen Saum bilden. Der Schlund
hat eine dunkelbraune Farbe. Die sechs Windungen
sind gewölbt; die erste ist bräunlich, die obern sind
schmutzig weiß, und fallen nur hin und wieder ins

Bräunliche. — Eine zweite Conchylie, die genabelte
Tröblerin, soll mit der ungenabelten, vorher be=
schriebenen, Conchylie in mehreren Theilen überein=
kommen, in andern sich auch wieder davon entfernen,
und dem Westindischen Sonnenhorne nahe
stehen.

Trog. Trögelchen, Tröglein, im gemeinen Leben
Trögel. 1) Im weitesten Verstande, in welchem
es ehemals einen jeden Kasten, eine Kiste, einen
Schrank bedeutet zu haben scheint, und in einigen
Oberdeutschen Gegenden noch bedeutet. Alle ge=
schlossene Gemächer und Tröge öffnen, alle
Schriften daraus zu nehmen (Wurstisen beim
Frisch). Gewandtrog, bei dem Pictorius, ein Klei=
derkasten. Ein Reisetrog, ein Koffer oder Reiseka=
sten, Stettler. Im Hochdeutschen ist diese Bedeutung
veraltet, im Oberdeutschen ist dafür in den meisten
Gegenden auch Truhe üblich. — 2) In engerer Be=
deutung, ein längliches Behältniß, gemeiniglich halb
rund, oft aber auch ins Gevierte, gemeiniglich aus ei=
nem Stücke gehauen, oft aber auch aus mehreren zu=
sammengesetzt. Im Bergbaue werden die Mulden,
worin man Erz und Kohlen herbeiträgt, noch Tröge
genannt. In anderen Fällen ist der Trog nur ein
sehr langes Behältniß dieser Art, es sey übrigens halb=
rund ausgehöhlt, oder auch ins Gevierte gearbeitet, es
bestehe aus einem Stücke, oder aus mehreren; daher
der Backtrog, Waschtrog, Lohtrog, Stampf=
trog, Wassertrog, Viehtrog, der in manchen
Fällen auch die Krippe heißt, Fischtrog, Stoß=
trog, Tränktrog, Kühltrog, Walktrog ꝛc.
Ein Mehreres über die verschieden Tröge,
siehe das folgende Register. — Nach Adelung
im Niders., Angels. und Schwed. gleichfalls Trog;
im Angels. auch Troc und Trige, im Ital. Truogo,
Truogolo, Trogolo; im Isländischen Thro, im Engl.

die Tröbler unter den namentlich aufgeführten Gewerben, bei deren ungeschicktem Betriebe gemeine
Gefahr obwaltet, oder welche eine öffentliche Beglaubigung oder Unbescholtenheit erfordern, um einen Gewerbeschein zur Betreibung eines Geschäftes zu lösen,
nicht mit begriffen, mithin auch in anderer Hinsicht frei;
allein in Rücksicht des Ankaufs gestohlener Sachen sind sie
gebunden, und müssen den dieserhalb erlassnen Vorschriften folgen. Auch in Westpreußen erschien zu Danzig
wegen der Tröbler und deren Handel am 20. September 1795 ein Reglement, und eben so auch zu El-
bingen ꝛc. In dem Berliner allgemeinen Wohnungs-
anzeiger findet man unter Tröbler nur vierundzwanzig angeführt, die sich mit diesem Geschäfte beschäftigen;
allein die weit größere Zahl hat eine andere Benennung gewählt, um nicht als Tröbler zu erscheinen, und
so kommen sie als alte Kleiderhändler, Eisenkramhänd-
ler, Möbelhändler Effektenhändler ꝛc. ꝛc. vor.

Trödelwaare alte schon getragene Kleider, Hausgeräth,
Fr. Friporie; s. Trödelkram.

Trödelweib, s. Trödelfrau.

Trödlerin, Conchylienträger, Trochus lithopho-
ras s. conchyliophorus; Fr. la Fripière, la Ma-
gonne, eine Conchylie, welche nach Schröters
Conchylienkenntniß, zu dem Geschlechte oder der
Familie Trochus, Kräusel, gehört, und in Westindien, hauptsächlich auf St. Domingo, angetroffen
wird. Sie ist 2½ Zoll breit und 2 Zoll hoch, hat
eine gedrückte Mundöffnung, die bräunlich gefärbt ist;
die Mündungslefze ist scharf, die Basis aber vertieft und
concav; sie hat ferner concentrische unregelmäßige
Runzeln, die bis an die Mündungslefze laufen, und
daselbst einen runzelichen Saum bilden. Der Schlund
hat eine dunkelbraune Farbe. Die sechs Windungen
sind gewölbt; die erste ist bräunlich, die obern sind
schmutzig weiß, und fallen nur hin und wieder ins

Bräunliche. — Eine zweite Conchylie, die genabelte
Tröblerin, soll mit der ungenabelten, vorher be=
schriebenen, Conchylie in mehreren Theilen überein=
kommen, in andern sich auch wieder davon entfernen,
und dem Westindischen Sonnenhorne nahe
stehen.

Trog. Trögelchen, Tröglein, im gemeinen Leben
Trögel. 1) Im weitesten Verstande, in welchem
es ehemals einen jeden Kasten, eine Kiste, einen
Schrank bedeutet zu haben scheint, und in einigen
Oberdeutschen Gegenden noch bedeutet. Alle ge=
schlossene Gemächer und Tröge öffnen, alle
Schriften daraus zu nehmen (Wurstisen beim
Frisch). Gewandtrog, bei dem Pictorius, ein Klei=
derkasten. Ein Reisetrog, ein Koffer oder Reiseka=
sten, Stettler. Im Hochdeutschen ist diese Bedeutung
veraltet, im Oberdeutschen ist dafür in den meisten
Gegenden auch Truhe üblich. — 2) In engerer Be=
deutung, ein längliches Behältniß, gemeiniglich halb
rund, oft aber auch ins Gevierte, gemeiniglich aus ei=
nem Stücke gehauen, oft aber auch aus mehreren zu=
sammengesetzt. Im Bergbaue werden die Mulden,
worin man Erz und Kohlen herbeiträgt, noch Tröge
genannt. In anderen Fällen ist der Trog nur ein
sehr langes Behältniß dieser Art, es sey übrigens halb=
rund ausgehöhlt, oder auch ins Gevierte gearbeitet, es
bestehe aus einem Stücke, oder aus mehreren; daher
der Backtrog, Waschtrog, Lohtrog, Stampf=
trog, Wassertrog, Viehtrog, der in manchen
Fällen auch die Krippe heißt, Fischtrog, Stoß=
trog, Tränktrog, Kühltrog, Walktrog ꝛc.
Ein Mehreres über die verschieden Tröge,
siehe das folgende Register. — Nach Adelung
im Niders., Angels. und Schwed. gleichfalls Trog;
im Angels. auch Troc und Trige, im Ital. Truogo,
Truogolo, Trogolo; im Isländischen Thro, im Engl.

Trog, im Böhm. **Truh.** Beim **Willeram** ist **Trogelin,** ein Kanal. Es soll ehemals den allge=
meinen Begriff des Behältnisses, des hohlen Raumes
gehabt haben, so daß es mit dem Französischen **Trou,**
ein Loch, sehr nahe verwandt ist. — Ob die **Fleisch=,**
Stampf=, Wasser= und **Tränktröge** bei dem
Lehne gelassen werden müssen, oder ob sie den Allo=
dialerben zuerkannt werden sollen, ist früher ein Streit=
punkt gewesen, den man zu Gunsten der Lehne ent=
schieden hat, und aus folgenden Gründen. Man
trifft fast in allen nur etwas wichtigen Landwirthschaf=
ten eigene Fleischtröge an, die von einem starken
Stammstücke einer Eiche verfertiget zu seyn pflegen,
worin das für die Haushaltung eingeschlachtete Fleisch
eingesalzen wird. Eben so hat man auch an den Or=
ten, wo starke Kuhmelkereyen sind, und besonders die
Brühfütterung eingeführt ist, dergleichen große Tröge
oder Kumme, um darin das aufzubrühende Kohl= und
Wurzelwerk mit Stampfen klein zu zerstoßen. Beide
Arten von Trögen pflegen nur selten befestiget zu seyn,
da ihre natürliche Schwere ihnen schon an und für sich
eine Art der Unbeweglichkeit giebt, und es nicht wenig
Mühe macht, wenn man sie von einem Orte zum an=
dern bringen muß. Der Gebrauch, den man von ih=
nen macht, weiset auf ihre einzige Bestimmung hin,
und deshalb hat auch derjenige Lehnsbesitzer, der sie
hat verfertigen lassen, gewiß keine andere Absicht da=
bei gehabt, als daß sie beständig bei dem Gute blei=
ben sollen, und dieses sey genug, um solche dem Le=
hen= und nicht den Allodialerben zuzuerkennen, indem
diese sie zu keinem andern Zwecke verwenden würden,
als zu Brennholz, oder es müßten sich Käufer dazu
finden, die aber einen solchen schon längst benutzten
Trog schlecht bezahlen würden, nicht viel über den
Werth als Brennholz. — Auf Landgütern, wo Röhr=
brunnen befindlich sind, trifft man auch bei denselben

die zur Anschaffung des Wassers nöthigen Wasser=
tröge an, dann ist es auch an einigen Orten gewöhn=
lich, wo nur Röhr= oder Brunnenwasser vorhanden
ist, daß man das Vieh auf dem Hofe aus eigenen
dazu verfertigten Trögen zu tränken pflegt. Sowohl
diese Tränktröge, als auch die bei den Röhrbrun=
nen zur Auffangung des Wassers nöthigen Wasser=
tröge pflegen selten besonders befestiget zu seyn, weil
solches ihre natürliche Schwere verhindert. Sie ge=
hören daher im eigentlichen Verstande zu den beweg=
lichen Dingen, deren sich sonst die Allodialerben anzu=
maßen befugt sind. Da aber auch bei diesen Trögen
ihre immerwährende Bestimmung bei dem Gute zu
bleiben vorliegt, so ist es auch nicht zweifelhaft, ob
solche zum Lehne oder zum Erbe gehören; und so müs=
sen sie also eben so gut, wie die Fleisch= und Stampf=
tröge, auf dem Gute verbleiben.

Trog (Back=), s. Th. 3, S. 400 u. f.
— (Berg=), Trog im Bergbaue, ein ausgehöhl=
tes Holz oder eine Mulde, in welche die Bergleute
das Erz oder die Zwitter füllen, um es daraus mit
mehrerer Bequemlichkeit in die Karren und Kübel
stürzen zu können.
—, im Bergbaue, s. den vorhergehenden Artikel, und
oben, unter Trog, S. 573.
——, beim Dachdecker, ein länglich = viereckiger Kasten,
worin der Handlanger dem Dachdecker den Mörtel
auf dem Kopfe zuträgt. Er ist oben weiter, wie
unten.
— (Druck=), Preßtrog, zur Bereitung des Obst=
weines, s. unter Obstwein, Th. 103, S. 573
und 582 u. f., wozu auch eine Abbildung, 6059, ge=
liefert worden. Im Würtembergischen wird der
Druck= oder Preßtrog zur Bereitung des Obst=
weines, gleichfalls aus einem dicken Eichenstamme ver=

fertiget, der bis auf einen Boden ausgehöhlt wird, den man 5 bis 6 Zoll dick läßt. Die Seitenwände bleiben 2 bis 3 Zoll dick, und der obere und untere Kopf hat eine zehnzöllige Dicke. Zwischen jedem Kopfe und dem Mitteltheile des Troges, in welchen das gemahlene Obst noch nachgeschüttet wird, wird ein Raum von 3 bis 4 Zoll weit gelassen, und oben und unten ein Stück von einer Eichendiele eingelassen, und solches bis auf den Boden. Jedes Stück wird mit einem dicken Rechenbohrer durchlöchert, damit der Most durchlaufen kann. Unten werden an dem leeren Raume an beiden Seiten stärkere Löcher in den Boden des Mosttroges gebohrt, damit der Most entweder über Eisenbleche, oder durch besondere dazu verfertigte Holzzapfen in die untergesetzte Gefäße ablaufe. Der ganze Trog kann 2 bis 3 Fuß dick, 8 Fuß breit, und 7 Fuß lang seyn. In einem Troge von mittlerer Größe können 6 bis 8 Würtembergische Imi oder 60 bis 80 Maaß ausgepreßt werden. Uebrigens kommt Vieles auf die vollsaftige Beschaffenheit des Obstes an.

Trog (Fisch-), in der Haushaltung, ein Trog, um Fische darin lebendig zu erhalten. Er hat eine gewisse Tiefe, ist viereckig, und wird mit Flußwasser angefüllt und darein die Fische gesetzt. Man überzieht ihn mit einem Netze, damit die Fische nicht heraushüpfen können.

— (Freß-), s. Trog (Vieh-).

— (Gewand-), s. oben, unter Trog, S. 573.

—, im Hüttenbaue oder Hüttenwerke, die Waschscheidebank, Fr. Patouillet, das Behältniß oder der Kasten, worein man das Erz wirft, um solches von dem Unrathe zu scheiden. Dieser Trog besteht aus zwei oder vier Rahmen von Holz. Die beiden äußersten stehen 6, 7 bis 8 Fuß von einander ab, sind 3 bis 4 Fuß hoch, halten unterwärts durch starke Quer-

hölzer zusammen, die sich auch daselbst in einer run=
den Einfassung endigen. Man bringt darin einen tiefen
Falz an, damit man 2, 3 bis 6 Zoll dicke Bohlen,
die gut passen, oder auch gegossene Eisenplatten da=
ran befestigen kann. Auf dieselbe Weise faßt man
die Ränder des Troges ein, und setzt so den ganzen
Trog zusammen. Dieser Trog wird an einem Flusse
angebracht, da das Waschen und Scheiden vermittelst
einer Welle geschieht, die durch ein Wasserrad getrieben
wird. Ueber dem Troge, also von der Seite des Flusses,
bringt man auch an der Seite, die der Seite des Rades
entgegengesetzt ist, eine kleine Rinne an, welche 4 Zoll
im Durchschnitte hat; sie kann von Holz oder Stein,
viereckig oder rund seyn, und versieht aus dem Wasser=
halter den Trog mit Wasser. Sollte das Wasser
nicht so hoch getrieben seyn, daß es zureicht, so
läßt man es durch die Schöpfrinnen, die am Rade
angebracht sind, darauf gießen. Mitten und unter=
wärts dem Troge, auf die der Rinne entgegengesetzte
Seite, macht man eine Oeffnung von 6 Zoll ins Ge=
vierte, die auswärts mit einem Schutzbrette verschlos=
sen ist. Dieses Schutzbrett muß einen langen Griff
haben, damit es um so besser gestellt werden kann.
Es drückt gegen die Oeffnung des Troges vermittelst
zweier Leisten, zwischen welchen es läuft, auch vermit=
telst eines Stück Holzes, welches oberwärts über die
kleine Abzugsröhre des Troges geht, und dessen
Nutzen darin besteht, zu verhindern, daß der Schie=
ber nicht zurücklaufe. Auf der Seite des Flusses, der
dem Rade Wasser giebt, und höher als der Trog ist,
bringt man eine Oeffnung im Troge an, die wohl
zweimal weiter, aber nicht so hoch, als die Oeffnung ist,
durch welche das Wasser in den Trog hineingelassen
wird, damit eben so viel, als hereingekommen, auch
herauslaufen könne; doch muß dieses auf geringerer
Höhe geschehen, damit nicht etwa das Erz selbst beim

Umrühren, mit dem Wasser zugleich fortfließe.
Quer über den Trog geht eine hölzerne Welle, die
man den Baum nennt, und an beiden Enden mit Zapfen von gegossenem Eisen versehen ist, die in die Haken oder Zapfenlager passen. Durch diese Welle gehen die Arme eines Rades, das gerade ins Wasser
fällt. Sie ist gerade über dem Troge mit drei krummen eisernen Stäben besetzt, die zwei Arme haben,
deren Enden in den Bohrer des Baumes, durch welchen sie gehen, befestiget sind. Der Theil dieser eisernen Stangen, welcher zwischen den beiden Krümmungen, die sie haben, befindlich ist, muß in seinem
Umfange 1 Zoll kleiner seyn, als der Trog. Diese
Stangen stehen nach dem Durchschnittspunkte eines
Dreiecks im Baum dergestalt, daß, wenn eine davon herauskommt, die andere hineingeht, und die dritte folgt,
indem man immer wieder von Neuem anfängt und
herumdreht, wodurch man das Erz sowohl auf dem
Boden, als auf den Seiten in einer beständigen Bewegung erhält. Die Oeffnung unten an dem Troge,
die zum Ablaufen des Wassers dient, ist auswendig
mit einer hölzernen, etwa 3 Fuß langen Röhre. versehen, welche Röhre etwas schief gehen; und sich gegen
den Waschtrog, der neben dem Troge, aber etwas
niedriger liegt, und 6 Fuß ins Gevierte groß ist, sen-
ken muß. Ueber diesem Waschtroge, an der Seite,
die nach dem ersten Troge hingeht, ist eine weite, aber
nicht tiefe, Oeffnung befindlich, die aber hinreicht, um
das Wasser laufen zu lassen, wenn man das Erz in
den Waschtrog läßt. In eben diesem Waschtroge,
auf der einen Seite, und von dem Strome des Wassers in einer gewissen Entfernung, wird eine zweite
Oeffnung angebracht, die durch einen Schieber, der
zwischen zwei Falzen läuft, verschlossen ist. Es soll
sehr gut seyn, wenn man hinter diesem Waschtroge
noch einen zweiten hat, welcher das Erz, so etwa durch

die Gewalt des Wassers fortgeriffen wird, noch
sammelt.   Die Wirkung dieser Maschine besteht darin, daß sie das Wasser durch die erste Röhre in den
ersten Trog läßt.   Wenn nun die untere Oeffnung
mit ihrem Schieber verschlossen ist, so füllt sich der
Trog mit Wasser an, bis es der oberen Oeffnung
gleich steht; dann werden ⅔ des Troges mit Erz angefüllt, wenn es nämlich kleinkörnig ist, und viel Erde
hat, sind aber die Stücken groß und hart, so nimmt
man weniger.   Wenn nun das Rad einmal durch
den Fluß in Bewegung gesetzt wird, so geht die erste
Stange des Baumes, deren oben gedacht worden, in
den Trog, kommt wieder in die Höhe, hebt die auf ihrem Wege antreffenden Erze in die Höhe, und treibt
sie nach Verhältniß ihrer Größe fort; so macht es auch
die zweite, und die dritte; auf diese wieder die erste, und
so geht es immerwährend fort.   Durch diese wiederholte und beständige Bewegung, die man der bei dem
Erze befindlichen Erde giebt, wird das Wasser trübe,
und geht durch die obere Oeffnung des Troges heraus, so wie wieder frisches Wasser durch die erste
Oeffnung hineinfließt.   In kurzer Zeit wird die dem
Erze anklebende Erde, die sich beständig abspült, los,
und das Wasser führt dieselbe ab; das Erz, welches
viel schwerer zu bewegen ist, bleibt beständig auf dem
Grunde, und was ja mit fortgegangen ist, sammelt
sich im zweiten Waschtroge, und wenn noch ein dritter
vorhanden ist, auch in diesem.   Man kann leicht beurtheilen, ob das Erz gehörig gewaschen worden ist,
weil dann die Stangen des Baumes schwerer eingreifen, indem das gereinigte Erz stark zusammenfällt, da
es, vom Sande befreiet, kein Hinderniß findet; auch
die Bewegung des Rades wird bei einerlei Wasser-
menge schwächer.   Man zieht dann den Schieber auf,
und hat Acht, daß die Schieber der untern Tröge zu
sind.   Das Erz, welches nun im Troge ist, geht dann

durch die Gewalt des neuen hinzukommenden Waſſers,
und durch Hülfe der ſich bewegenden Eiſen des Well=
baumes mit dem Waſſer zugleich in den erſten
Waſchtrog. Hier bleibt es wegen ſeiner Schwere lie=
gen, da indeſſen das Waſſer durch die Oeffnung des
erſten Waſchtroges herausläuft. Daſſelbe findet auch
mit dem zweiten Waſchtroge Statt, welcher nur bei
dem Verwaſchen ſehr feiner Erze deshalb angebracht
wird, damit er das, was dem erſten entgangen iſt,
ſammeln möge.   Wenn alles Erz aus dem Troge
heraus iſt, ſo wird der Schieber geſchloſſen, derſelbe
aufs Neue mit Erz gefüllt, und ſo wird die Arbeit
fortgeſetzt.

Trog (Fleiſch=), ſ. oben unter Trog, S. 574.

— (Kalk=), wird von Einigen der Kalkkaſten oder
die Kalkbank genannt, worin der Kalk gelöſcht
wird.

— (Kühl=), ſ. Th. 54, S. 719.

—, beim Kupferſtecher, ein hölzerner Trog, zum
Auffangen des Scheidewaſſers, wenn ſolches beim
Aetzen über die Kupferplatte gegoſſen wird. Siehe
den Artikel Kupferſtecher=Kunſt, Th. 56, Seite
398 u. ſ., und die dazu gehörende Fig. 3383.

— (Loh=), in den Lohmühlen, Tröge, worin die Lohe
von den Stampfen zerkleinert wird.   S. den Artikel
Leder, Th. 68, S. 126 u. ſ.

— (Löſch=), ſ. Th. 80, S. 708.

— (Mahl=), beim Obſtweine, ein Trog, worin das
Obſt vermittelſt eines runden Mühlſteines, der an ei=
ner langen Stange umläuft, klein gemahlen wird.
Der Trog wird aus einem runden Stücke Eichenholz
ausgehauen, und zu einem Halbzirkel, welcher hinten
und vorn noch einen unausgehauenen Kopf haben muß,
gebildet. Die Stange, welche etwa 10 Fuß lang iſt,
und rund ſeyn muß, wird hinten an einem in die Erde
gegrabenen Pfoſten mit einem Wirbel verſehen, damit

ſie ſich ohne Hinderniſſe frei und leicht bewegen kann; oder man legt ſie hinten auf zwei in die Erde gegrabene Pfoſten; ſie geht eben ſo leicht darin, wenn ſie wie ein Ordenskreuz in die Quere gegen einander geſchlagen, und unten mit einer Weidenruthe gebunden wird. Man pflegt auf einmal einen halben Scheffel Obſt zu nehmen.

Trog (Maſt=), ſ. Trog (Stoß=).

— (Preß=), ſ. Trog (Druck=).

— (Reiſe=), ſ. oben, unter Trog, S. 573.

— (Röhr=), ſ. Trog (Waſſer=).

—, zum Saffianfärben, ein Trog von Tannenholz, worin die Saffianhäute gefärbt werden. Er iſt 30 bis 40 Zoll lang, 13 bis 25 Zoll breit, und etwa 9 Fuß tief. Man ſoll einen ſolchen Trog mit Zinn oder Bley im Innern ausfüttern oder überziehen, da die Häute in einem bloßen Troge von Holz, zumal wenn er von Eichenholz iſt, braun und fleckig werden.

— (Schleif=), ſ. Th. 145, S. 426.

— (Stampf=), Stoßtrog, ein Trog, worin gewiſſe Materialien zerſtampft oder zerſtoßen werden, wie z. B. der Lohtrog, worin die Lohe geſtampft wird. — In der Landwirthſchaft, ſ. oben, unter Trog, S. 574, und Th. 169, S. 544, und Th. 174, S. 684.

— (Stoß=), Maſttrog, in der Landwirthſchaft, ſ. den vorhergehenden Artikel.

—, eine Tortur, ein ehemals bei der Tortur vorgekommenes Marterwerkzeug.

— (Tränk=), ein Trog, aus welchem das Vieh getränkt wird. S. oben unter Trog, S. 574, und Th. 186, S. 707 u. ſ. Es giebt auch kleine Tränktröge zum Tränken des Federviehes: der Hühner, Tauben, Enten ꝛc.; ſie ſind nur ſchmal und in der Mitte getheilt.

— (Vieh=), ſ. dieſen Artikel, unter V.

Trog, zum Wachsbändern, s. Bändern des Wach=
ses, unter Wachs, in W.

— (Walk=), s. unter Walke und Walken, in W.

— (Wasch=), s. diesen Artikel, unter W., und oben,
S. 576 u. f.

— (Wasser=), s. oben, unter Trog, S. 573, 574
und Wassertrog, unter W.

Troglodyt, Troglodyten, Höhlenbewohner,
Höhlenkriecher, kamen bei den Alten (Griechen
und Römern) vor; denn diese erwähnen unter die=
sem Namen eines Volkes, welches in Aethiopien,
nahe bei Aegypten, Höhlen bewohnte, und Linné,
welcher zuerst mehrere Menschengattungen an=
nahm, stellte in seinem Systeme einen Homo troglodytes auf, der ein Gemisch vom Kakerlaken und
Orang=Outang ist, aber bei der jetzigen Aufklä=
rung in der Naturgeschichte längst, als ungereimt,
daraus verschwunden ist. Nachher nannte man den
Schimpanse, oder Chimpanze (Büffons
Jocko) Troglodyt (Simia troglodytes). — Auch
eine Vögelgattung, welche zu der Familie der
Singvögel gehört, führt den Gattungsnamen:
Troglodytes, Schlüpfer, wozu der Zaunkönig,
das Goldhähnchen ꝛc. ꝛc. gehören. S. Zaun=
könig, unter Z. — Uebrigens versteht man unter
Troglodyten, in der Völkergeschichte, diejenigen Ab=
gesonderten gewisser Völker, welche zu ihrem Auf=
enthalte Höhlen wählten, wie schon oben ange=
führt worden; auch in Bulgarien, auf Malta, bei
Viterbo im Kirchenstaate, und in vielen anderen
Gegenden Europas fand man dergleichen Höhlen=
bewohner, die auch Fossarii genannt werden. So
suchten sich auch die Hussiten, nachdem ihre Unter=
nehmungen ein unglückliches Ende erreichten, vor
ihren Verfolgern in Höhlen zu verbergen, daher
sie auch Grubenheimer genannt werden. Ein

Gleiches fand vor ihren Verfolgern auch noch hin und
wieder mit den Zigeunern Statt, die ſich beſonders
früher, wo ſie in mehreren Staaten verfolgt und hin=
ausgejagt wurden, in den Wäldern in Höhlen ver=
bargen, und dieſes noch jetzt in der Türkey und an
andern Orten thun, wenn auch nicht der Verfolgung
wegen, doch weil ſie die Abgeſchloſſenheit lieben, gern
unter ſich verkehren, wenn ſie gleich, ihrer Nahrung
wegen, mit andern Völkern verkehren müſſen, ſie belu=
ſtigen, ihnen wahrſagen, ſich mit Feuerarbeiten, mit
der Goldwäſche, mit der Abdeckerey und mit andern
Arbeiten beſchäftigen, und auch dabei diejenigen nicht
gebotenen Gewerbe treiben, welche eine Folge der her=
umziehenden Lebensart ſind. S. unter Zigeuner,
in Z.

Trogmuſchel, Mactra, eine Benennung der Gattung
Korbmuſchel; ſ. unter Muſchel, Th. 89, S.
268 u. f.

Trogon, der Gattungsname des Kuruku oder Na=
gevogels.

Trogosita, der Gattungsname der Getreidekäfer,
Fr. Trogossites.

Trogſcharre, beim Bäcker, ein breites, nach einem
rechten Winkel gebogenes Eiſen, mit einem kurzen ei=
ſernen Stiele, womit von der Beute und dem Beu=
tendeckel der fertig gewirkte Teig abgekratzt wird.

Trogſtecher, in der Zuckerſiederey, ein übers Kreuz
eingeſtieltes Werkzeug, womit die Erde, die zum Dek=
ken der Hüte gebraucht wird, mit dem Waſſer im
Troge umgerührt wird. S. unter Zucker und Zuk=
kerſiederey, in Z.

Trogulus, Gattungsname der Sonnenſpinne,
von welcher der Mund ſich in einer Vertiefung des
Bruſtſtücks befindet.

Troillumme, ſ. den folgenden Artikel.

Troiltaucher, Troillumme, auch das dumme

Taucherhuhn genannt, Uria troile, f. unter Tau=
cher, Th. 181, S. 146 u. f.

Troisgewicht, beim Goldarbeiter, auch in den
Gold= und Silberhandlungen, ein Gold= und
Silber= oder Markgewicht, welches in England, Frank=
reich, Holland und in der Schweiz angenommen wor=
den, und schwerer, als das Deutsche oder Kölnische
ist. Man rechnet neunzehn Mark Trois oder Nieder=
ländische Marke zwanzig Kölnischen Marken gleich.
Es beträgt ein halbes Pfund, und ist das schwerste
Gold= und Silbergewicht.

Troisquart, f. Trokar.

Trojak, Trejak, eine Polnische Scheidemünze, die
nach unserm Gelde drei Kreuzer gilt.

Trojanisches Spiel der alten Römer, f. Th. 72,
unter Leibes=Uebungen.

Trokar, Trocar, Troikar, Troisquart, beim
Wundarzt und chirurgischen Instrumenten=
macher, ein Instrument, um bei der Bauchwasser=
sucht das Wasser dadurch abzuzapfen. Fig. 9260
zeigt dasselbe: a ist der Handgriff, b die dreieckige
Spitze, cc das silberne Röhrchen, worin die Nadel
mit der dreieckigen stählernen Spitze steckt. A zeigt
die bloße Nadel mit der dreieckigen Spitze und den
Handgriff, und B das silberne Röhrchen allein, worein
die Nadel A gesteckt wird, um das Instrument Fig.
9260 zu bilden. An der Röhre B ist unten eine
Scheibe aa, und in deren Mitte ein Loch b, wo=
durch die Nadel mit der Spitze hineingesteckt wird,
wenn das ganze Instrument in den Leib gestochen
wird. Man zieht dann die Nadel heraus, und läßt
die Röhre in dem Leibe stecken, damit das Wasser dar=
aus ablaufen kann, das heißt, durch das Loch b. Der
Stich mit dem mit Oel bestrichenen Trokare geschieht
etwas schief oberwärts und behutsam in den Bauch,
und eben so behutsam zieht man auch die Nadel wie=

der heraus, damit, wie schon bemerkt, das Wasser
durch das Loch b ablaufen kann, wobei man durch ge=
lindes Drücken mit den Händen und Zuziehen der
Binde, die um den Leib gelegt worden, und die zwei
Gehülfen zu beiden Seiten halten, damit sie solche,
wenn es nöthig wird, anziehen können, den Abgang be=
fördert. Wenn der Leidende übel wird, so muß man
nicht alles Wasser auf einmal herauslassen, sondern
das Röhrchen mit einem Pfropfen, einer kleinen Kom=
presse, einem Pflaster und Bande, oder einer Serviette
bedecken und verbinden. Man kann auch das Röhr=
chen herausziehen, und die folgenden Tage, wenn es
Noth thut, daneben oder an der andern Seite, weil
es nicht wehe thut, mit dem Trokar eine neue Oeff=
nung machen, bis alles Wasser nach und nach ab=
gezapft worden ist. Sollte sich beim Abzapfen et=
was vor das Röhrchen setzen, so muß man es mit
einem stumpfen Sucher zurückzustoßen bemühet seyn.
Ein Mehreres hierüber, s. unter Wassersucht, in
W. — Man hat in der Wundarzneykunst auch noch
einen kleinen Trokar, um in der Bräune die
Luftröhre zu öffnen. Fig. 9261 zeigt diesen Trokar.
a ist der Handgriff der spitzigen Nadel b, welche in
dem Röhrchen c steckt, welches unten unter c auf den
Seiten durchlöchert ist; d d ist die Scheibe, welche
im Bogen gebeugt und mit zwei kleinen Löchern an
den Seiten versehen ist, wodurch man ein Band
zieht, um es um den Hals befestigen zu können. Bei
dieser Operation mit dem Trokar in der Halsbräune
wird der Patient auf einen Stuhl gesetzt, der Kopf
wird zurückgebogen, den eine Person halten muß.
Der Arzt schneidet nun mitten auf der Luftröhre, unter
dem Adamsapfel oder Schildknorpel und der Glan-
dula thyroidaea die Haut, das Fett und die daselbst
liegenden dünnen Muskeln bis auf die Luftröhre mit
einem länglichen Schnitte durch. Man kann dann die

knorpelichen Ringe der Luftröhre, nachdem das Blut vorher mit einem Schwamme abgewischt worden, sehen, oder mit dem Nagel des Fingers leicht fühlen. Zwischen zweien von diesen knorpelichen Ringen' sticht man nun mit dem angeführten Trokar so weit, als nöthig ist, hinein, und läßt dann das Röhrchen in der Oeffnung stecken. Das Blut muß gut abgewaschen werden, damit nichts in die Luftröhre komme. Durch das Röhrchen kann die Luft frei aus= und einströmen. Man legt darüber ein Stück dünne Leinwand oder einen mit warmem Weine angefeuchteten Schwamm, damit nichts Unreines in die Lunge komme, welches Husten verursachen könnte. Die Wunde wird nun oben und unten mit Charpie oder Karpey ausgefüllt, und das Ganze mit einem über dem Röhrchen durchlöcherten Pflaster bedeckt. Man fährt dann mit der üblichen Heilungsmethode dabei fort. Läßt die Entzündung nach, und die Geschwulst verliert sich, so zieht man das Röhrchen heraus, und heilt die Wunde mit Wundbalsam und Pflaster zu. Man kann auch mit dem kleinen Trokar, ohne vorher einen Schnitt zu machen, sogleich in die Luftröhre, wie oben angeführt worden, stechen, welches schneller geht, nicht so schmerzhaft ist, und das Röhrchen darin stecken lassen, und auf die oben angeführte Weise befestigen. Die Anwendung des Schnitts und Trokars geschieht nur in dem Falle, wenn äußere und innere angewendete Mittel nicht helfen wollen, wie auch solche schon unter Bräune, Th. 6, S. 331 u. f., angeführt worden. Man bedient sich jetzt auch anderer Mittel, als Umschläge ꝛc. in dieser Krankheit.

Auch in der Viehzucht kommt der Trokar vor, und solches bei dem Pansen= oder Flankenstiche bei dem aufgebläheten Rindviehe und bei Pferden. Bei dem Rindviehe entsteht das Aufblähen oder die Trommelsucht durch ein sehr saftreiches,

nahrhaftes Futter, besonders durch Klee, wenn solcher
sehr gierig von demselben gefressen wird, und sich da=
durch Gasarten entwickeln, die den Magen und den
Darmkanal aufblähen und ausdehnen, und wenn den
damit befallenen Thieren nicht gleich Hülfe geleistet
wird, so unterliegen sie diesem Uebel. Zu der Ope=
ration bedient man sich nun eines runden Trokars mit
hölzernem Hefte, dessen Röhre sechs bis acht Zoll
lang, drei Achtelzoll im Durchmesser hält, und mit
mehreren Seitenöffnungen versehen ist, wie Fig. 9262
zeigt. Der Trokar selbst besteht in einer starken eiser=
nen oder stählernen Nadel oder einem Stilette mit ei=
ner dreieckigen scharfen Spitze, wie schon oben, S 584,
angeführt worden. Diese Nadel wird nun vermittelst
ihres Handgriffes oder Heftes durch die messingene,
eiserne oder blecherne Röhre gesteckt, die enge anschließt,
und unten eine Scheibe hat, wie oben, S. 584, an=
geführt worden, damit sie nicht in den Leib dringen
kann. Riem führt in seiner Schrift: „Vollständige
praktische Anleitung das aufgeblähete Vieh durch un=
trügliche innerliche und äußerliche Mittel zu retten ꝛc.,"
den Trokar an, und giebt der Röhre desselben zwölf
Seitenöffnungen. Weise, in seiner Schrift: „Ge=
brauch des Trokars bey dem Aufschwellen des Rind=
viehes ꝛc." (Leipzig, 1789) giebt ihr sechzehn Seiten=
öffnungen. Dietrichs, in seinem „Handbuche der
Veterinair=Chirurgie" (Berlin, 1841, 5te Aufl.), S.
579, giebt ihr auch mehrere Seitenöffnungen, ohne
die Zahl dabei zu bestimmen. Weise sagt in seinem
eben angeführten Werkchen, S. 11, hierüber: „Ich
ließ nach dem Riem'schen Modelle Trokare verferti=
gen, aber mit vier bis sechs Löchern mehr, als Herr
Riem angegeben, so daß die Riem'schen Trokare
zwölf, die meinigen aber sechzehn Löcher haben, —
und ich bin fest überzeugt, daß ich auf diese Art etwas
zur Verbesserung des Trokars beigetragen habe, und

kann mich auf den Beifall vieler verständiger und erfahrener Hauswirthe berufen. Der Beweis dieser
Verbesserung ist nun folgender. Es geschieht sehr
leicht, daß sich, wenn der Stich mit dem Trokare angewendet worden, verschiedene Löcher desselben versto-
pfen; wenn nun alle zwölf Löcher der im Wanste
steckenden Trokarröhre verstopft sind, so daß keine Luft
mehr heraus kann, so wird die Anwendung des Trokars unnütz, und die gewünschte und gehoffte Hülfe
erfolgt nicht, und dieses heilsame Instrument wird ver-
schrien und verworfen. In dem von mir besorgten
Trokar bleiben doch noch vier bis sechs Löcher offen,
wenn auch zwölf derselben verstopft sind. Es kann
sich aber auch zuweilen zutragen, daß alle Löcher des
Trokars, so viel ihrer sind, verstopft werden, nämlich
wenn der Wind zu heftig und das Vieh zu aufge-
schwollen ist, so ziehen sich leicht Blätter von dem noch
unverdaueten Klee (bei der Kleefütterung, wo dieses
Aufblähen leicht geschieht) vor die Löcher, und es kann
kein Wind mehr durch die Röhre. Man muß dann
den Trokar wieder in die Röhre stecken, die Röhre etwas umdrehen, damit die Löcher dadurch wieder geöffnet werden, und wenn dieses nicht helfen sollte, so
muß die Röhre ganz wieder herausgezogen, die Löcher gereiniget, und sie dann wieder behutsam in die
Oeffnung bis an die Scheibe gesteckt werden." — Der
eben erwähnte Schriftsteller räth auch an, weil das
Vieh, welches vom zu häufigen oder gierigen Klee-
fressen aufschwellen kann, nicht von einerlei Größe ist,
man auch Trokare von verschiedener Größe haben
müsse, und deshalb sollte ein jeder Hauswirth, dem
die Gesundheit seines Viehes am Herzen liege, drei
Trokare haben, einen großen, einen mittlern, und einen kleinen; denn bei einem kleinen Stücke Vieh ist
nicht so viel Wind vorhanden, mithin braucht auch die
Oeffnung nicht so groß zu seyn. — Die Zeichen des

Aufblähens oder Ausspannens des Bauches, Trommelsucht (Tympanitis) genannt, zeigen sich, nach Dieterichs, bei einem Stücke Rind, z. B. bei einer Kuh, Fig. 9263, bei a, durch die starke Spannung oder Ausdehnung des Bauches, und auch der Hungergruben; klopft man an dieselben oder an andere gespannte Theile des Bauches, so erfolgt ein dumpfer Ton. Hierbei ist der Mastdarm öfters ausgetrieben, öfters steht aber auch nur die Mündung des Mastdarms (der After) etwas hervorgedrängt und offen, wobei das Rind den Schwanz ab- und seitwärts gebogen hält. Die Halsblutadern, so wie die sogenannten Milchvenen, sind stark aufgetrieben und angefüllt; dabei ist das Athemholen sehr beengt, das Vieh zittert, und ist bei Zunahme der Krankheit ängstlich und unruhig; es kann sich nur mit Mühe bewegen, blickt starr um sich, und wird demselben, wenn es sich niederlegt, nicht bald geholfen, so ist der Tod nicht fern. — Bei der Operation setzt man die dreieckige scharfe Spitze des oben angeführten Trokars, der in seiner Röhre steckt, in die Mitte der ausgedehnten linken Hungergrube von oben nach unten, von hinten nach vorn, von der linken zur rechten Seite gerichtet (als wenn man die Spitze unten zur rechten Seite der Brust wieder herausstoßen wollte), an, drückt das Instrument nun schnell und mit voller Kraft an der bezeichneten Stelle, Fig. 9263, n, durch die Bauchwandungen, bis in die Abtheilung des Magens, welche man Pansen nennt, ein (welcher bei den Wiederkäuern bis hierher reicht), und zieht dann das Stilett aus seiner Röhre, welche Letztere man so lange stecken läßt, bis die Luft durch dieselbe ausgeströmt ist. — Man hat auch flache oder zweischneidige Trokare, die sich leichter einstoßen lassen, als die runden, indessen zieht Dieterichs den runden einem flachen vor, weil Ersterer sich nicht so leicht

verstopft, als der flache, und weil auch die Oeffnung, welche mit dem Ersten gemacht wird, sich
viel leichter wieder verschließt. Da das Einstoßen
nicht so leicht geschieht, so ist es gut, die Trokar-
spitze vorher mit Oel oder Fett zu bestreichen; man
setzt sie dann in der angegebenen Richtung mit der
linken Hand an, und führt durch einen starken
Schlag mit der rechten auf das Heft des Trokars
das Stilett sicher und schnell durch die Bauchwan-
dung bis in den Pansen; dann wird das Stilett
oder die Nadel aus der Röhre gezogen, damit die
Luft durch dieselbe entweichen kann. Beim Herausziehen der Nadel oder des Stiletts muß man
sich wohl vorsehen, daß auch die Röhre nicht zugleich mit herausgezogen wird, welches man dadurch verhindern kann, daß man mit dem Daumen
der linken Hand auf die Scheibe an der Röhre
drückt, wodurch sie festgehalten wird, wenn man
die Nadel auszieht. Damit man von dem Thiere
während der Operation nicht geschlagen werde, soll
man es gegen einen Block, Hügel, Schwelle ꝛc.
stellen, oder wenn es nicht von der Stelle geht,
so stellt sich der Operateur zur rechten Seite des
zu operirenden Thieres, und verrichtet von jener
Seite aus die Operation, jedoch in der angegebenen Art. Man kann auch die Röhre, wenn sie
durch Futter oder durch andere Stoffe sich verstop-
pfen sollte, vermittelst einer Sonde, welche der
Länge der Röhre angemessen seyn muß, reinigen,
indem man diese durch die Röhre auf- und nieder-
fährt, wodurch der verstopfende Körper entfernt
wird, und die Luft frei ausströmen kann, welches
gewöhnlich mit einem Geräusche geschieht. — Es
giebt aber auch Fälle beim Rindviehe, wo dasselbe
so stark aufgeblähet ist, daß man keine Hungergrube wahrnehmen kann. Um nun hier den Ein-

stichpunkt zu finden, ist es nöthig, sich folgende Re=
geln zu merken, durch welche man denselben rich=
tig auffinden kann. Sollte das Thier auch noch so
stark aufgetrieben seyn, so kann man doch die Rück=
gratslinie, theils durchs Gefühl, theils durchs Ge=
sicht erkennen; eben so verhält es sich mit der Spitze
der Hüfte oder mit dem Kamme des Hüftbeins.
Hat man sich nun durchs Gefühl von derselben
überzeugt, so denke man sich von da aus eine mit
der Rückgratslinie parallel laufende Linie, und stoße
den Trokar in dieser Richtung, vier bis fünf Zoll
von der Hüfte, und wie es schon oben, S. 589,
angegeben worden, ein, so wird man nie fehlen;
denn nach der Regel, daß man eine Hand breit
hinter den falschen Rippen, eine Hand breit vor
dem Kamme des Hüftbeins, und eine Hand breit
vor den Spitzen der, im gesunden Zustande fühl=
baren, Seitenfortsätze der Lendenwirbelbeine einsto=
ßen solle, kann man sich nicht richten, wenn das
Thier stark aufgeblähet ist, weil dann weder die
falschen Rippen, noch die Seiten= oder Querfort=
sätze der Lendenwirbelbeine gefühlt, noch gesehen
werden. S. auch den Art. Auflaufen des Rind=
viehes, Th. 2, S. 745 u. f., und unter Rind=
viehzucht, Th. 124, S. 716 u. f., nach. —
Bei den aufgebläheten Schafen und Zie=
gen bedient man sich ebenfalls der Trokare, aber
nur von vier bis fünf Zoll Länge und einem Vier=
telzoll Weite. Man verfährt bei der Operation
nach denselben Regeln, wie beim Rindviehe. —
Dietrichs empfiehlt sowohl den Thierärzten, als
Landwirthen, daß sie sich zu einem Trokare mehrere
Röhren machen lassen, damit sie im Falle der Noth
mehrere Thiere zugleich operiren können, weil man
mit der Operation eines andern Stückes so lange
würde warten müssen, bis aus dem Magen des Er=

stern die Luft entfernt ist. — Von einigen Oekonomen wird auch angerathen, sich bei dem Besitze von
nur einer Trokarröhre, bei dem Anschwellen von mehreren Stücken Vieh, eines dicken Federkiels oder einer
Hohlunderröhre, oder sonst etwas Hohlen zu bedienen. Man stecke also einen von der Fahne abgeschnittenen Federkiel einer Gans, oder ein Hohlunderröhrchen in die mit der Trokarnadel gemachte Oeffnung,
lasse sie aber ja nicht hineinfahren, daher es besser ist,
wenn das Röhrchen von einer zuverlässigen Person
mit der Hand gehalten wird; dann kann man zu dem
zweiten, dritten rc. Stücke Vieh eilen, es trokariren,
und es auf dieselbe Weise machen. Wenn sich der
Federkiel oder das Hohlunderröhrchen verziehen sollte,
so nehme man eine glatte Ruthe, welche ohne Drang
hineingeht, und fahre damit vorsichtig hin und her.
Hat man in der Geschwindigkeit gar nichts bei der
Hand, so steche man das Vieh bloß mit dem Trokar,
und öffne die Wunde mit einer glatten Ruthe oder einem Stückchen Holze, damit der Wind sich herausbe-
geben kann. Man hat auch vorgeschlagen, in armen
Dörfern einige Trokare auf gemeinschaftliche Kosten
anzuschaffen, und solche bei dem Schulzen des Dorfes aufzubewahren, jedoch an einer solchen Stelle, damit sie gleich gefunden werden können; so auch bei
jedem Besitzer eines Gutes, damit alle Leute im Hause
in Abwesenheit des Gutsherren gleich dazu kommen
können, wenn sie gebraucht werden sollen. — Auch
bei den Pferden kommen starke Aufblähungen nach
dem Genusse saftreicher und stark nährender Nahrungsmittel vor; allein die sich dadurch entwickelnden Gasarten sind bei ihnen in den dicken Gedärmen enthalten, daher hat man bei starken Aufblähungen der
Pferde, nach Dieterichs, die Punktion dieser Gedärme öfters unternommen; allein noch nicht die Punktion des Magens; aber auch die Punktion oder der

Stich der dicken Gedärme soll nur höchst selten mit günstigem Erfolge gemacht worden seyn; indessen muß diese Operation doch vorgenommen werden, weil, wenn das Thier sehr stark aufgebläht ist, und daher zu sterben drohet, nichts zu verlieren, aber viel zu gewinnen ist, indem man vielleicht das Thier noch vom sichern Tode rettet. Man verfährt hierbei auf folgende Weise. Wenn das Pferd liegt, so wird es in der Lage festgehalten, und demselben dergestalt Fesseln angelegt, daß man alle vier Füße zusammenbinden kann. Ist dieses geschehen, so muß man einen Moment der Ruhe des Pferdes abwarten; dann den Trokar nebst der Röhre, mit seiner Spitze in gleicher Linie mit dem Nabel, ungefähr einen Fuß von ihm entfernt, nach der Flankengegend hin, im rechten Winkel ansetzen, und ihn, mittelst eines kräftigen Druckes, durch die Bauchwandungen in den Darm eintreiben; dann ziehe man das Stilett zurück, und lasse die Röhre so lange stecken, bis keine Luft mehr durch dieselbe entweicht. Man trifft hier jedesmal den Grimmdarm; aber es ist ein Uebel, daß die dicken Gedärme der Pferde sehr empfindlich sind; daher bleibt auch die Punktion oder der Stich der Gedärme für die Privatpraxis immer eine gewagte Operation. Man kann auch fünf bis sechs Zoll vom Nabel entfernt, zu dessen Seite, einstoßen; allein dieses ist unsicherer, weil, wenn die dünnen Gedärme mit Luft angefüllt und ausgedehnt worden sind, sie sich zwischen den dicken Gedärmen durchdrängen, und man daher auf einen dünnen Darm stoßen könnte, welcher, wenn er straff und gespannt ist, dem Stiche sehr leicht ausweicht, und dann der Zweck verfehlt ist. — Die äußern Wunden, welche nach einem Einstiche, sowohl beim Rindviehe, als bei Pferden, entstehen, bedürfen wenig Behandlung; man muß nur die Umgebung derselben rein halten, die mit dem

Trokar hineingedrückten Haare aus derselben ziehen, und im Sommer die Umgebung anfangs mit etwas Del, späterhin mit etwas Theer bestreichen, damit sich die Insekten der Wunde nicht nähern. Dergleichen Wunden heilen gewöhnlich sehr bald, ohne besonderes Hinzuthun. Die Wunde des Pansen selbst pflegt sternförmig zu vernarben. — Bei den Pferden wird der Trokar auch bei der Brustwassersucht angewendet, von erfahrenen Thierärzten jedoch unter die bedenklichen Operationen gezogen. Dieterichs sagt in seinem oben angeführten Werke, S. 575 u. f.: „Der Bruststich ist eine unsichere, in ihren Folgen undankbare Operation. Man macht ihn, um in die Brusthöhle ergossenes Wasser auszuleeren, welches sich darin, als Folge von Entzündungen der Lunge und des Rippenfelles ergossen und angesammelt hat. Da aber in diesem Falle gewöhnlich noch das eine oder das andere Organ selbst krank ist, und daher ein Mißverhältniß zwischen Sekretion und Resorption stattfindet, so wird nicht allein der Bruststich mehrentheils zur unrechten Zeit gemacht werden, weil das vorhandene Wasser nicht bloß als fremder Körper anzusehen ist, welcher gesunde Körper drückt und ihnen nachtheilig wird, sondern die von dem fremden Körper begrenzten und bedrängten Theile sind ebenfalls krankhaft, und das Mißverhältniß zwischen Resorption und Sekretion wird durch die Entleerung des Wassers allein nicht gehoben, sondern dauert dennoch fort, und die Krankheit der Organe sammt jenem Mißverhältnisse wird nur durch eine unzeitige Entleerung gefördert. — Auch ist dabei zu berücksichtigen, daß durch den Einstich nicht allein der Einstichort, durch das Rippenfell, entzündet und noch mehr gereizt wird, sondern daß, durch den im mindesten unvorsichtigen Gebrauch des Instruments, auch die Lunge selbst verletzt werden kann. — Ich kenne keinen Fall, wo der Bruststich mit

günstigem Erfolge ausgeführt worden wäre, weil bei
Thieren, besonders bei Pferden, die Brustwassersucht
wohl höchst selten, als solche, rein vorkommt, sondern
es ist gewöhnlich eine verkannte oder vernachlässigte
Lungen- oder Rippenfellentzündung mit Ausschwitzung
eines lockern, sadigen Wesens, und Ergießung von
Wasser in die Brusthöhle, welche Krankheit gewöhnlich sehr bald zum Tode führt. Daher könnte der
Bruststich nur dann von günstigem Erfolge seyn, wenn
der ursprünglichen Krankheit Einhalt gethan ist, und
Mittel angewandt werden, welche jenes Mißverhältniß zu heben im Stande sind." — Bei der Operation mit dem Trokar in dieser Krankheit wird das
Pferd nicht geworfen, sondern es wird mit der einen
Seite gegen eine Wand gestellt, und dann, ohne die
äußere Brustvene (Spornader) zu verletzen, quer unterhalb der Vereinigung der Rippen mit ihrem Knorpel, zwischen der achten und neunten Rippe, gleichviel
zu welcher Seite, mit einem Trokare, denselben etwas
von vorne nach hinten haltend, eingestoßen; das Stilett oder die Nadel zieht man nach geschehenem Ein-
stoße aus der Röhre, und läßt solche in der gemachten Oeffnung so lange zurück, bis das vorhandene
Wasser durch dieselbe ausgeflossen ist. Damit aber
die Lunge beim Einstoßen des Trokars nicht verletzt
werde, so darf der Trokar ungefähr nur zwei Zoll
lang seyn, und in Ermangelung eines solchen kann
man einen gewöhnlichen Trokar so bewickeln, daß er
nicht tiefer, als ungefähr zwei Zoll eingestoßen werden kann. — Der Trokar wird auch noch bei der
Harnblase, in der Harnverhaltung, um den Blasen-
stich zu vollführen, angewendet. Das Pferd wird
hierbei nicht geworfen, sondern ihm wird der linke
Hinterfuß mit einer Spannleine (Beigurt) etwas nach
vorn gespannt, damit es mit demselben während der
Operation weder auftreten, noch schlagen kann; auch

kann man zu größerer Sicherheit dem Pferde noch
eine Bremse anlegen, weil solche Thiere, troß des
Schmerzes, welchen sie durch die Verhaltung des Har=
nes haben, doch während des Einstiches zuweilen
schlagen. Beim Ruhigstehen des Thieres geht man
mit der geölten linken Hand durch den After, fühlt
nach der ausgedehnten Blase, die, wenn sie wirklich
durch Harn ausgedehnt ist, sehr leicht entdeckt wird.
Indem man so in den Mastdarm fühlt, muß man
auch den darin enthaltenen Mist wegnehmen, wenn
dieser durch vorhergegebene Klystiere noch nicht ent=
fernt seyn sollte. Unter der gehöhlten linken Hand, die
auf die gewölbte Blase, nämlich mit den Spißen der
Finger gestellt ist, führe man mit der rechten Hand ei=
nen zwölf bis funfzehn Zoll langen, etwas gekrümm=
ten Trokar, nebst der Röhre ein, setze die Spiße des=
selben mitten auf der Wölbung, so viel es sich thun
läßt, dem rechten Winkel am meisten nähernd, an,
drücke dann den Trokar mit Kraft durch die untere
Wandung des Mastdarms und durch die Blasenwan=
dung in die Blase tief ein, entferne dann das Stilett,
und lasse durch die Röhre den Harn ausströmen.
Nachdem der Harn durch die Röhre auszufließen auf=
hört, entferne man auch die Röhre, und die Opera=
tion ist als beendiget anzusehen; denn die Heilung ist
gänzlich der Natur überlassen, weil hierbei im Allge=
meinen nur örtliche Mittel angewendet werden kön=
nen, welche die Entzündung, die entstehen könnte,
vorbeugt, oder sie doch wenigstens herabstimmt. —
Bei Stuten, bei denen diese Operation nur selten zu
machen ist, kann man den Einstich durch die Scheide
eben so machen, wie solches vorher angegeben wor=
den. Wenn man den Einstich nicht durch den After
und Mastdarm machen will, so mache man, wenn das
Pferd auf die angegebene Art gefesselt worden ist, ei=
nen Einschnitt unterhalb zur Seite des Afters bis zur

Sißbeinfügung, ungefähr anderthalb bis zwei Zoll
lang, trenne dann neben der Harnröhre das Zellge=
webe bis zum Blasenhalse, theils mit den Fingern,
theils mit dem Skalpel, los. Ist man nun bis zum
Blasenhalse gekommen, so kann man die durch den
Harn ausgedehnte Blase fühlen, durch deren fühlbare
Wandung man nun den Trokar auf der angegebenen
Weise stößt, und den Harn durch die Röhre ausflie=
ßen läßt. Die innere Wunde zieht sich dann sogleich
zu, und die äußere bedarf weiter keiner Behandlung,
als sie nur rein zu halten; wenn die Krankheitsur=
sache selbst gehoben ist, so entsteht nicht einmal eine
Harnfistel, die, wenn sie hier entstehen sollte, wohl
schwer zu heilen seyn würde.

Trokariren, die Operation des Stiches mit einem Tro=
kare vornehmen.

Trokiren, troquiren, bei den Kaufleuten, so viel
als barattiren, tauschen, Waaren gegen Waaren ge=
ben; die Differenzen werden dann gewöhnlich mit
baarem Gelde ausgeglichen, weil der Werth der ge=
genseitig vertauschten Waaren doch nicht derselbe ist,
und also hier oder da ein Ueberschuß verbleibt.

Trollblume, Engelblume, Kloßblume, Dotter=
blume, Trollius Linn., eine Pflanzengattung, welche
in die vierte Abtheilung der dreizehnten Klasse (Po=
lyandria Polygynia) des Linnéischen Pflanzensystems
und zur Familie der Ranunkeln gehört, und fol=
genden Charakter hat: Der Kelch fehlt, die Blumen=
krone hat ungefähr eilf bis vierzehn Blätter, und im
Grunde einen Nektarkranz, der aus neun, zuweilen
auch aus mehrern oder wenigern linienförmigen Blätt=
chen besteht. Viele eyförmige, vielsamige, nach innen
aufspringende Kapseln. Die nächste Verwandtschaft
haben die Trollblumen mit den Ranunkeln oder dem
Hahnenfußgeschlechte. Die bekanntesten Arten davon
sind folgende:

1) Die Europäische Trollblume, Engelblume, Dotterblume, Kloßblume, Kugel-
blume, Alphahnenfuß, Bergranunkel, Knob-
lenblume; Trollius europaeus, corollis conni-
ventibus, nectariis longitudine staminum, Linn.
Spec. plant. Tom. l. p. 782; Trollius altissimus
Crantz austr. p. 134. Fr. Trollus d'Europe;
Engl. European Globe Flower. Diese Trollblume,
welche in Europa einheimisch ist, hat eine ästige, fa-
serige Wurzel, einen aufrechten, einen Fuß hohen,
nach Verschiedenheit des Standortes auch höhern oder
niedrigern Stengel. Die Wurzelblätter sind lang gestielt, in fünf Theile getheilt, die Theile dreilappig,
eingeschnitten = gezähnt, die Stengelblätter fast unge-
stielt. Die Blumen sind goldgelb, ziemlich groß und
von schönem Ansehen; sie stehen einzeln auf glatten
gefurchten Stielen, und die Kronenblätter sind ein-
wärts gebogen, wodurch die Blume eine rundliche,
fast kugelförmige Gestalt bekommt. Wegen dieser
schönen Gestalt, indem die vielblättrigen, gleichsam gefüllten Blumen sich rosenartig schließen, eignet sie sich
auch zur Verschönerung der Gärten, und gedeiht auch
in denselben beinahe in jedem Boden, am besten an
feuchten, etwas schattigen Stellen. Durch die Kultur
erhält man größere Blumen, die gegen das angenehme
Grün der glänzenden gelappten Blätter sehr gut ab-
stechen. Man hat diese Trollblume für giftig gehalten, allein dieses soll nicht der Fall seyn; denn das
Vieh soll sie fressen, obgleich dieses nicht allgemein
behauptet wird. Man findet diese Blume auf Alpen,
in Wäldern, und auf feuchten, sumpfigen Wiesen, wo
sie vom May bis Juny blüht. Da es eine perennirende Pflanze ist, so läßt sie sich, außer dem Samen,
auch durch Zertheilung der Wurzeln vermehren. —
Die Wurzel soll zuweilen statt des schwarzen Nies-
wurz eingesammelt und verkauft worden seyn. Den

Blätterabſud hat Kalm wider den Scharbock empfohlen.

2) Die Aſiatiſche Trollblume, **Trollius
asiaticus**, corollis patentibus, nectariis longitudine
petalorum. **Linn. Spec. plant. Tom. I, p. 782.**
Engl. Asiatic Globe Flower; **Fr.** Trollus asia-
tique. Dieſe Art iſt in Sibirien einheimiſch, perennirt in unſern Gärten im Freien, und dient zur Verſchönerung der Rabatten ꝛc. Die Blumen entwickeln
ſich im Juny, zuweilen auch früher oder ſpäter; ſie
unterſcheiden ſich von der vorhergehenden Art größtentheils durch abſtehende dunkelgelbe Kronenblätter,
und durch rothgelbe oder feuerrothe Nectarblätter,
welche länger, als die Staubfäden ſind. Auch dieſe
Trollblume wird auf gleiche Weiſe, wie die vorhergehende behandelt und fortgepflanzt. Sie iſt in unſe-
ren Gärten noch heimiſcher, als die Europäiſche ſelbſt,
wahrſcheinlich wegen der ſchönen orangegelben Blumen, die oben offen ſind; auch übertreffen die Honig-
behältniſſe die Staubfäden an Länge.

3) Die Amerikaniſche Trollblume, **Trol-
lius americanus Mühlenb.**, **Trollius laxus Salisb.**,
Trollius pentapetalus Banks. Das Vaterland dieſer Trollblume iſt Penſylvanien; auch ſoll ſie in
Deutſchland wachſen, wobei Dietrich ein Fragezei-
chen geſtellt hat. Sie gleicht der Europäiſchen Trollblume, iſt aber in allen Theilen kleiner, hat wie jene
eine perennirende, äſtige Wurzel, und findet ſich in
einigen botaniſchen Gärten Deutſchlands, z. B. in
dem Berliner. — Noch eine eiſenhutblättrige
Trollblume, **Trollius napellifolius Roep.**, welche
Herr von Röpert in der Flora oder botaniſchen
Zeitung beſchreibt, iſt noch zu wenig bekannt; auch
ſcheint es dem Zweifel zu unterliegen, ob ſie wirklich
zur Gattung **Trollius** gehört. Dietrich verweiſet

deshalb auf die erwähnte botanische Zeitung, Nr. 7, vom 21. Februar 1820.

Trollblume (Amerikanische), Trollius Americanus, s. oben, S. 599.

— (Asiatische), Trollius Asiaticus, s. daselbst, S. 599.

— (eisenhutblättrige), Trollius napellifolius, s. daselbst.

— (Europäische), Trollius europaeus, s. das., S. 598.

Trolle, eine nur in den niedrigen Sprecharten übliche verächtliche Benennung einer groben, plumpen Weibsperson. Eine faule oder grobe Trolle, von trollen, plump einher traben.

Trollen, ein regelmäßiges thätiges und ein Zeitwort der Mittelgattung. Es ist eine Onomatopöie eines rollenden oder trollenden Lautes, und wird daher in allen den Fällen gebraucht, in welchen dieser Laut Statt findet. — 1. Eine Art widerwärtigen Geschreies erheben, in welcher Bedeutung es nur in einigen gemeinen Sprecharten vorkommt, in welchen trölen auch zanken, hadern ist; als ein Neutrum mit haben. Im Griechischen ist θευλλος, Gemurmel, und θρυλλιζειν, murren. Daher bedeutet im Schwedischen wahrscheinlich trolla, behexen, bezaubern, nach dem mittlern Lateinischen incantare, Franz. enchanter, eigentlich beschreyen, berufen, und Troll, eine Hexe, ingleichen ein Gespenst. — 2. Hin und her wackeln und wanken, eine veraltete Bedeutung, wovon Troll in Bayern für Trodbel üblich ist. — 3. Wälzen, einen schweren runden Körper durch Umdrehen fortbewegen, nur in einigen gemeinen Sprecharten. Niederf. trulen, Engl. trowl, Fr. rouler, im Deutschen zuweilen auch rollen. Daher soll das in einigen gemeinen Mundarten übliche troll, groß,

Trollbirn, eine große Birn, ein Trollmaul, ein
großes herabhangendes Maul, bedeuten. Ob Troll,
der Kamm an den Weintrauben, in einigen Gegenden,
in andern Trapp, Grappe, auch hierher gehört,
bestimmt Adelung nicht. — 4. Mit kurzen plum=
pen Schritten einhertraben, eine Onomatopöie dieses
Ganges, besonders auf einem hohlen Raume, als ein
Neutrum mit seyn. In dieser Bedeutung ist es im ge=
meinen Leben noch sehr häufig, wo es gemeiniglich
im verächtlichen Verstande für gehen gebraucht wird.
Er kommt daher getrollt. Er ist fortgetrollt.
Ingleichen als ein Reciprokum sich trollen, wo es
zunächst eine Figur der vorigen Bedeutung seyn soll,
sich gleichsam fortwälzen. Trolle dich! packe dich
fort! Sich forttrollen. Beim Hagedorn kommt
es zum öftern vor. Er trollte sich mit vielem
Pochen (Hag.), er machte sich fort. So, daß sich
Wirth und Gast urplötzlich trollen müssen.
(ders.) Trolle dich von hinnen, mein Freund,
mache, daß du fortkommst. Ach! wenn er sich doch
trollen wollte, fortbegeben wollte ꝛc. — Auch die
Jäger brauchen trollen für kurz einher traben, und
brauchen es sowohl vom Wolfe, als von dem Hirsche.
Der Wolf trollt, trabt. Im Englischen ist troll,
herumgehen.

Trollhätta, ein Wasserfall in Schweden, in West=Gö=
thaland, welcher durch die Götha=Alf oder Gothische
Elbe, 7½ Meile von ihrem Auslaufe in die Nordsee,
gebildet wird. Der Wassersturz zwischen zwei Klippen
in drei Absätzen ist ungefähr von 300 Ellen aus der
Höhe in die Tiefe. Nach Andern beträgt die Höhe
der Wasserfälle nur 130 Fuß. Der merkwürdige Ka=
nal (Trollhätta=Kanal), der dabei angelegt worden,
ist ¼ Meile lang, 22 Fuß breit, und 9 Fuß tief, und
hat an 36,000 Thaler gekostet. Er ist angelegt wor=
den, um die Wasserfälle in der Gotha=Elf von We=

nersburg nach Gothenburg zu umgehen. — Bei den
Wasserfällen liegt auch das Dorf Trollhätta, von
300 Einwohnern bewohnt, mit Schiffswerften an der
Gotha-Elf.

Tromba, f. Trompete.

Tromben, Trompen, Wasserhosen, f. Wasser-
hofe, unter W.

Trombona, die Italienische Benennung der Posaune,
f. diese, Th. 115, S. 651 u. f.

Trombone, in Italien, eine Art kleiner leichter Gewehre, welche nach ihrer, sich gegen das Ende erwei-
ternden Oeffnung Tromboni (Posaunen) genannt werden. Der König von Sardinien hat den Gebrauch
derselben verboten und alle, die im Lande waren, auf-
gekauft.

Trommel, in der Sprachkunst, ein Werkzeug, auf
welchem derjenige dumpfige und zitternde Laut hervorgebracht werden kann, welcher die Interjection
trom ausdrückt, deren es dann verschiedene giebt.
Die Maultrommel oder das Brummeisen, ein
kleines eisernes Instrument, dessen elastische Zunge,
durch Haltung des Instruments zwischen den Zähnen,
und Anschlagen der Zunge mit dem Finger diesen
Laut hervorbringt. S. Maultrommel, Th. 85,
S. 663 u. f. — So führt die Pauke in einigen Gegenden den Namen Kesseltrommel, weil sie einem
Kessel gleicht; f. unter Pauke, Th. 108, S. 169.
— In engerer und gewöhnlicherer Bedeutung ist die
Trommel ein kriegerisches Instrument, welches aus
einem hohlen Cylinder besteht, dessen offene Enden
mit einem scharf gespannten Pergament überzogen werden, worauf man mit Klöppeln oder Trommelstöcken
schlägt, da es dann einen starken, dabei aber dumpfen
und zitternden Ton von sich giebt. Die Trommel
schlagen oder rühren. Der Trommel oder
dem Kalbsfelle folgen müssen, Soldat werden

müſſen. Sprichwort: Er bleibt bei ſeinen Wor=
ten, wie der Haſe bei der Trommel, welches
von einem Menſchen gilt, welcher bei der geringſten
Veranlaſſung von ſeinen Worten und Verſicherungen
abweicht. — In der Anatomie iſt die Trommel
eine Höhle des Ohrs, welche mit einem dünnen trock=
nen Häutchen überzogen iſt, und vermittelſt des dazu
gehörigen Hammers die Empfindung des Gehörs
verurſacht. S. unter Ohr, Th. 104. — In weiterer
und theils figürlicher Bedeutung werden verſchiedene
hohle cylinderförmige Behältniſſe Trommeln ge=
nannt, beſonders wenn ſie in der Handthierung einen
ähnlichen Laut von ſich geben. So heißt im nörd=
lichen Deutſchland eine jede große blecherne Büchſe
eine Trommel. Eine cylinderförmige Büchſe
von Blech, grün angeſtrichen und lackirt, mit einer
Klappe, welche beim Botaniſiren oder Kräuterſuchen,
zum Einlegen der Kräuter gebraucht wird, heißt eine
Kräuter= oder Botaniſirtrommel. Auch führt
dieſen Namen diejenige blecherne Röhre, welche das
Waſſer von den Dächern ableitet. In den Küchen
iſt die Trommel ein blechernes Gehäuſe um den Bra=
ten, die Hitze zuſammen zu halten. — Ein blecherner
hohler Cylinder mit einem Schieber zum Oeffnen und
Verſchließen, den Kaffee darin zu brennen, wird die
Kaffeetrommel (ſ. dieſen Artikel, Th. 32, S. 160),
von Einigen auch die Kaffeepauke genannt. — Bei
den Uhrmachern iſt die Trommel ein kleiner ho=
rizontaler Cylinder, über welchen die Gewichtſchnur
auf= und niedergeht. Bei der Taſchenuhr iſt die
Trommel eine cylindriſche Büchſe, in welcher ſich die
Uhrfeder, als in einem Gehäuſe, befindet, und um die
Trommel von außen windet ſich die Kette; ſ. unter
Taſchenuhr, Th. 180, S. 375, und den Artikel
Uhr, unter U. — Bei den Siebmachern iſt es der
hölzerne Reif oder Rand, der das Sieb einſchließt, und

auch der **Lauf** genannt wird. **S. unter Sieb** und
Siebmacherkunst, Th. 153. Nach einer noch
weitern Figur führt bei den Jägern sowohl der
Garnsack, worin die Stahre des Nachts mit einem
Lichte auf den Teichen gefangen werden, als auch derjenige leinene **Sack**, mit einem Reifen auf dem
Boden, damit er ausgespannt bleibt, und worein die
Jäger die gefangenen Hühner setzen, und sie nach
Hause tragen, den Namen **Trommel**. Nach **Ade-**
lungs Anmerkung zu **Trommel** in seinem großen Wörterbuche der **Hochdeutschen Mund-**
art, klingt dieses Wort in den gemeinen **Mundarten**
Trummel. Die Endsylbe ist kein Zeichen einer Verkleinerung, wie Viele glauben, sondern das **Suffixum**,
welches ein **Werkzeug**, ein **Subjekt** bezeichnet. Die
Trommel bedeutet ein Ding, welches den Laut **trom**
oder **trum** hervorbringt. Andere Mundarten und
Sprachen haben andere **Suffixa** oder lassen sie gar
weg, wie das Oberdeutsche **Tromme, Trumme,**
das Niedersächsische **Trumme**, das Schwedische
Trumma, welches **Trommel** und **Trompete** bedeutet,
das Englische **Drum**. Da dieses Instrument von
jeher von verschiedener Gestalt und Einrichtung gewesen ist, so hat auch der Laut, den es hervorbringt, seine
Abänderungen erfahren, und daher hat es auch verschiedene andere Namen erhalten, welche aber alle den
starken, dumpfigen und zitternden Laut ausdrücken.
Dahin gehört das alte Oberdeutsche **Tamber**. Mich
freuet niht der **Tamber** noch dia **Gige**, **Herr**
Ulrich von **Winterstetten**, wovon das **Französische**
Tambour, und das Italienische **Tamborro** abstammen;
das Griechische und Lateinische **Tympanum** kommt damit genau überein, s. **Tambur**. Bei dem **Horne**
heißt die **Trommel Sumpper**, und noch in einigen
Oberdeutschen Gegenden **Sumber**, im Niedersächsischen aber **Bunge**. Da die Trompete einen ähn-

lichen Laut von sich giebt, so hat sie auch einen ähn=
lichen Namen bekommen. Figürlich hat hernach dieses
Wort dazu dienen müssen, in vielen Fällen den Be=
griff des hohlen Raumes, der Kürze und Dicke ꝛc.
auszudrücken, weil solche Körper in der Behandlung
einen ähnlichen dumpfigen Laut von sich geben. S.
Trumm.

Die **Trommel, Trummel, Heerpauke,** Tympanum, Fr. Tambour, Engl. Drum, ist wahrschein=
lich das älteste musikalische Werkzeug, besonders für
den Krieg, welches die Spanier bei der Entdeckung
von Amerika sogar bei den dasigen Wilden antrafen,
wenn auch nicht von gleicher Einrichtung, wie unsere
Europäische Trommel, doch derselben ähnlich. Auch
bei den ältesten Völkern kommen ähnliche Instrumente
vor. So bei den Hebräern die Handtrommel oder
Handpauke, die schon unter Musik (Instrumen=
tal=), Th. 98, S. 597, und unter Tambourin,
Th. 179, S. 592 u. f., beschrieben worden, und die
auch noch jetzt unter dem Namen Tambourin vor=
kommt, und bei dem genannten Volke von Frauen=
zimmern geschlagen wurde, wie es auch noch jetzt
zum Theil zur Begleitung der Drehorgel geschieht.
Auch die Griechen und Römer gebrauchten wahrschein=
lich diese Handtrommel beim Bacchusdienste, auch bei
dem Dienste der Cybele. Bei den Morgenländern ist
dieses Instrument auch geblieben (s. Th. 98, S. 604).
Bei den Türken und Persern kommen auch die gro=
ßen Trommeln vor; es sind diejenigen, welche zur
Feldmusik der Türken, der sogenannten Janitscha=
renmusik, gehören, die auch bei den Europäischen
Kriegern eingeführt worden, und von ungewöhnlicher
Größe sind. Mit einem dazu gehörigen Trom=
melstocke, dessen rundgedreheter Knopf mit Leder
überzogen ist, welches ausgefüttert worden, wird das
nach oben gehaltene Trommelfell geschlagen, von un=

ten geschieht es mit einer Ruthe oder Gerthe. Die kleineren Trommeln werden nach Art der Pauken, oder wie unsere Trommeln beim Militair geschlagen. Die Trommeln sind daher aus dem Morgenlande zu uns gekommen, und haben überall beim Militair, sowohl als eine Art Musik, in Begleitung der Querpfeife, als auch zum Signalgeben, ihre Stelle gefunden. Die Verfertigung der Trommeln geschieht in den Trommelfabriken oder von eigenen Trommelmachern, auch von Blaseinstrumentenmachern. Eine Trommel besteht aus einem messingenen Cylinder oder aus einem walzenförmigen hohlen Körper, der an beiden Enden offen ist, und worüber zu beiden Seiten ein Kalbfell gespannt wird, welches mit hölzernen Reifen und mit Leinen angezogen und befestiget wird. Die Reifen, woran nämlich das Fell befestiget ist, haben Löcher, und durch diese Löcher werden die Leinen, nach einem Zickzack oder kreuzweise, von einem Reifen zum andern gezogen, und folglich beide Reifen mit ihren Fellen angezogen und gespannt. Vermittelst eines an dem Bleche der Trommel angebrachten Stellschlüssels, der aus einer Schraube mit einem Bügel besteht, und vermöge der Trommelschleifen, können die Leinen angezogen und gespannt werden, wodurch das Fell gleichsam gestimmt wird. Diese Schleifen sind schmale, aber starke lederne Riemen, die um zwei Endleinen des Zickzacks geschleift und zusammengesteckt werden. Wenn nun die Schleife von dem zugespitzten Ende der beiden zusammenstoßenden Leinen herunter nach der breiten Seite gezogen wird, so werden die Leinen straffer, und daher auch das Fell besser gespannt; und umgekehrt werden sie schlaffer, wenn die Schleifen auf den Leinen nach dem spitzen Faden gezogen werden, und das Fell wird auch dadurch weniger gespannt. Wenn die Trommel nicht gebraucht wird, so sind die Schleifen zurückgezogen,

und wenn sie geschlagen werden soll, werden die Lei=
nen angezogen. — Die beiden Trommelstöcke, wo=
mit die Trommel geschlagen oder gerührt wird, sind
von Holz, schwarz lackirt, und an dem Ende, wo sie
angefaßt werden, mit Messing beschlagen. Zu jeder
Trommel gehört ein Kniefell, welches über die Hüfte
um den Leib, um die linke Lende und das linke Knie
gebunden wird. Die Trommel wird über die rechte
Schulter und über das Säbelgehenk an dem Haken
des Trommelbandeliers getragen, dergestalt, daß Er=
steres davon bedeckt wird. Man hatte ehemals, das
heißt, noch zu Anfange dieses Jahrhunderts, bei den
Truppen in Deutschland und auch in anderen Staa=
ten, sehr große Trommeln, welche den Trommlern bis
auf die Schienbeine hinabreichten, und daher im Tra=
gen und Schlagen sehr beschwerlich waren. Bei den
Französischen Truppen hatte man in neuerer Zeit klei=
nere Trommeln eingeführt, die kaum bis an das Knie
reichen, und weit bequemer zum Tragen und Schla=
gen sind, und diese Trommeln hat man jetzt auch bei
den Preußischen und anderen Truppen eingeführt.
Wenn diese Trommeln auch nicht so stark beim Schla=
gen derselben rasseln, so ist ihr Ton doch stark und
angenehm. — Die Trommel gehört, als ein musika=
lisches Feldinstrument, der Infanterie an, und ehemals
hatten auch die Dragoner und die Fußartillerie Trom=
meln. Bei den Ersteren sind sie längst abgekom=
men, weil dieser Truppentheil nicht mehr zu Fuße ge=
braucht wird, sondern nur als Reiterey; bei der Ar=
tillerie ist solches in der Preußischen Armee erst seit ein
Paar Jahren geschehen, indem dafür Hornisten einge=
führt worden. — Die Trommel dient hauptsächlich
den Soldaten zum Marschiren, damit sie Takt halten
lernen, nicht aus dem Schritte kommen, daher werden
Märsche, beliebte Tanzstücke, Nationallieder ꝛc., nach
welchen sich gut marschiren läßt, darauf eingeübt und

geschlagen, und da die Querpfeife zum Trommelschlage geblasen wird, so marschirt der Soldat auch nach der Trommel mit Lust, weil sie ihn munter und im Takte hält. Dann müssen die Trommler General marsch, Fahnenmarsch, Parademarsch, Appell, Wacht, Feuerlärm, Reveille, Retraite oder Zapfen= streich, und auch die Märsche fremder Völker zu schlagen verstehen.—Die Trommeln sollen bei den Preußischen Truppen zehn Jahr halten, und der Etats= preis beträgt 10 Thlr. 5 Sgr. Die Reparaturen der= selben werden aus dem Gewehrgelderfond bestritten; Felle, Leinen, Saiten, Kniefelle und Stöcke werden aus den Kompagnie=Unkosten beschafft. Die Trom= melfelle werden niemals angestrichen, weil sie dadurch leiden. Das Messing an der Trommel wird aber, wie der Beschlag an den Trommelstöcken, mit Tripel oder Englischer Erde, Branntwein und einem wolle= nen Lappen geputzt. — Bei jedem Infanterie=Regi= ment ist ein Regimentstrommelschläger oder Tambour Major, und jedes Bataillon des Regiments hat seinen Bataillonstrommler. Der Regiments= trommler steht bei der Leibkompagnie des Regiments, und hat den Rang des ältesten Unterofficiers, also des Feldwebels oder Sergent Major. Bei der Fran= zösischen Armee, unter Napoleon, zeichnete sich der Tambour Major jedes Infanterie=Regiments ganz besonders durch seine Montur und seine Größe aus. Er trug einen mit bunten Federn besteckten Helm oder Czakot; die Montur war mit Treffen reich besetzt, die Epauletts mit silbernen, auch goldenen Franzen=Start verziert; kurz er zeichnete sich als der Anführer der Trommler des Regiments vorzüglich aus, und rückte auch zum Officier hinauf; denn er war eben so wahl= fähig, wie die übrigen Combattanten oder Kämpfen= den, die sich ausgezeichnet hatten, und auch nach seiner Dienststellung. Mit dem Signalstocke, der mit einem

vergoldeten Knopfe und mit goldenen Trobbeln verziert ist, machte der **Tambour** major bei den Franzosen, außer den Zeichen zur Veränderung der Märsche, zum Generalmarsch-, Lärm- ꝛc. Schlagen, auch
noch das Kunststück, ihn in die Höhe zu werfen, und
im Marschiren wieder aufzufangen. Auch die gracieuse
Haltung seiner Person, mit dem linken Arme in die
Seite gestützt, wobei er mit der rechten Hand den
Stock auf und nieder bewegte, besonders bei Para-
den, im Vorbeimarschiren, gehörte zu den Eigenschaften dieses graduirten Trommlers. Auch bei den Preußischen und anderen Deutschen Truppen wurde dieses
von den Regiments- und Bataillons-Trommelschlä-
gern in der ersten Zeit nach dem Befreiungskampfe,
1813 bis 1815, nachgeahmt, welches sich aber nachher immer mehr verlor, und jetzt ist das in die Höhe-
werfen des Stockes und mehrere andere Verzierungen und Stellungen mit demselben, und die zierliche
Körperhaltung so ziemlich verschwunden, und nur noch
die nothwendigen Zeichen übrig geblieben, so wie die
Auszeichnung in der Montur und Körpergröße; auch
auf die Letztere wird nicht mehr so gesehen, besonders
bei dem Bataillonstrommelschläger, mehr auf seine
Brauchbarkeit als Lehrer der Trommler, also auf eine
gewisse Virtuosität im Trommeln und Horn- und
Querpfeifeblasen. Indessen ist wohl nicht in Abrede
zu stellen, daß sich zu einem Regimentstrommelschläger, der den Zug vor einem Regimente mit seinen
Trommlern eröffnet, eine große und schöne Gestalt
gut schickt, eben so eine gracieuse Haltung des Körpers und Bewegung mit den Armen, und daher auch
eine reich verzierte Montur und Kopfbedeckung, die
den Körper noch mehr heben oder auszeichnen. Und
wenn hierin die Franzosen unter Napoleon vielleicht
zu weit gingen, indem sie den **Tambour** major mit

Schmuck überladeten, so beweisen wir hier diejenige
Einschränkung, die der Würde des Kriegerstandes
angemessen ist. — Wenn ein Bataillon in Waffen
ist, so stehen die Trommler auf den Flügeln, und
wenn es defilirt, so marschiren sie theils vor, theils
zwischen den Divisionen und theils hinten. Der
Trommler wird oft mit schriftlichen Aufträgen an
den Kommandanten einer feindlichen Festung ge=
schickt; er muß dann auf vier= bis fünfhundert
Schritte vor der Festung halten, die Trommel
schlagen, ein weißes Schnupftuch in die Hand neh=
men und über den Kopf schwingen, es dann an
den Czakot oder die Pickelhaube binden, und nun
so lange warten, bis er von einigen dazu komman=
dirten Soldaten abgeholt wird. Diese verbinden
ihm die Augen, führen ihn in die Festung, bis in
die Wohnung des Kommandanten, wo ihm die
Binde gelöset wird. Nach der Abfertigung wird
er wieder mit verbundenen Augen aus der Festung
geführt, an die vorige Stelle gebracht, und entlas=
sen. Man vergleiche mit diesem Artikel auch den
Art. **Tambour,** Th. 179, S. 587 u. f., wo
auch von der Trommel Erwähnung geschehen.

Trommel, in der Anatomie, die Ohrtrommel
oder die mit einem gespannten Felle (Trommelfelle) bedeckte Höhle im Ohre; s. oben, S. 603.

—, eine Blechbüchse, s. daselbst.

— (Botanisir=), Kräutertrommel, s. daselbst.

— (Chaisen=), Wagentrommel, s. Th. 57,
S. 377.

—, eine Dachröhre, s. oben, S. 603.

— (Hand=), Tambourin, s. daselbst, S. 605.

—, beim Jäger, s. das., S. 604.

—, zur Janitscharenmusik, eine große und eine
kleinere Trommel, deren Cylinder aus Holz besteht,

und einen rothen, blauen ꝛc. Anſtrich · hat. Sie dienen beide zur Begleitung der übrigen Holz= und Blechinſtrumente dieſer Muſik. S. oben, unter Trommel, S. 605.

Trommel (Kaffee=), ſ. daſelbſt, S. 603.

— (Keſſel=), ſ. daſ., S. 602.

— (Kinder=), kleine Trommeln, deren Cylinder größtentheils aus Span (Holzſpan) beſteht, deſſen beide Oeffnungen mit Pergament oder Kalbfell überzogen worden, wie oben bei den Kriegs= oder Soldatentrommeln, S. 606, beſchrieben ſteht. Die Cylinder haben einen gelben, blauen oder ro= then Anſtrich, der mit farbigen Schnörkeln, die dazu paſſen, verziert iſt. Die Trommelſtöcke ſind von Holz. Dieſe kleinen Kindertrommeln, die zum Spielzeuge dienen, und gewöhnlich mit anderen Spielſachen am Weihnachts= oder Chriſtabende den Kindern beſcheert werden, ſind Nachbildungen der Soldatentrommeln, und daher hat man ſie auch von Meſſing. Man verfertiget ſie in den Perga= mentfabriken, und findet ſie zum Verkaufe auch bei den Spielzeughändlern in den großen Städten. Man hat ſie im Preiſe bis zu 4 Gr. herab.

— (Kräuter=), ſ. Trommel (Botaniſir=).

— (Kriegs=), ſ. Trommel (Soldaten=).

—, in der Küche, zur Umſtellung des Bratens, ſ. oben, S. 603.

—, in der Landwirthſchaft, eine Art Maſchine, welche die Geſtalt einer Trommel hat, und mit zwei bis drei Gittern von Draht verſehen iſt. Der Draht liegt wie die Saiten eines Klaviers neben einander, und zwar ſo dicht, daß das gute Korn beim Umſchütten darauf liegen bleibt, die übrigen Körner aber durch die andern Gitter herunterfallen, je nach der Weite, die man den Gitterſtäben oder

Drahtstäben von einander giebt. Diese Trommel kann unten mit einem ledernen Boden versehen werden, um gewisse Körner zu sammeln, die sich unter dem Getreide befinden, und auch noch zu gewissen Bereitungsarten nützlich seyn können; denn warum will man die Samen mancher Pflanzen, die sich unter dem Getreide befinden, und als Unkraut betrachtet werden, wegwerfen, da sie doch noch in der Arzneykunst oder in den Gewerben ꝛc. von Nutzen seyn können?

Trommel (magische), Zauber= oder Wahrsagertrommeln der Lappländer, s. Th. 64, S. 803 u. f.

— (Maul=), Brummeisen, s. oben, S. 602.

—, in den Messingwerken, ein cylinderförmiges Werkzeug oder Gerüste mit einem Haarsiebe umspannt, wodurch bei stetem Umdrehen der nach und nach hineingezogene Galmey zum Messingmachen gebeutelt wird.

—, im Mühlenbaue, s. unter Walze und Walzenrad, in W.

— (musikalische), die Trommeln, welche bei den Truppen oder im Kriegsheere und zur Janitscharenmusik als tönende Instrumente gebraucht werden, zum Unterschiede derjenigen Werkzeuge in den Gewerben, welche auch diesen Namen wegen der walzen= oder cylinderförmigen Gestalt führen, also Aehnlichkeit mit den Trommeln haben.

— (Ohr=), s. oben, S. 603.

—, beim Sattler, die Wagen= oder Chatsentrommel.

—, in den Seidenmanufakturen, s. unter Seidenwirkerey, Th. 152, S. 469 u. f.

—, beim Siebmacher, s. oben, S. 603 u. f.

—, beim Soldaten, die Kriegstrommel, s. daselbst, S. 602 und 605 u. f.

Trommel, in der Sprachkunst, s. oben, S. 602.

—, beim Uhrmacher, s. daselbst, S. 603.

—, beim Wachslichtzieher, eine Art Winde, welche die Gestalt einer Trommel oder einer hölzernen Walze und an beiden Enden einen Rand hat. Sie liegt auf einem Bocke oder Gestelle, und wird an der daran angebrachten Kurbel umgedrehet. S. auch unter Licht, Th. 78, S. 217 u. f. Eine solche Trommel ist 4 Fuß lang und ungefähr 1¼ Fuß dick. Man braucht sie nicht bloß zum Aufwinden des Dochtes, sondern auch beim Aufwinden des Wachsstockes selbst, wo dann zwei dergleichen Trommeln zu beiden Seiten des Werktisches gestellt werden, da der Docht von der einen Trommel, wenn er durch das Wachs gezogen und in Wachsstock verwandelt worden, auf die andere Trommel gewunden wird. Man sehe übrigens die oben angeführte Stelle, Th. 78, nach.

— (Wagen-), s. Trommel (Chaisen-).

— (Wahrsager-), s. Trommel (magische).

— (Zauber-), s. daselbst.

—, in der Zwirnmühle, eine runde starke Walze in den Zeugmanufakturen, die eine eiserne Spille durchbohrt; wodurch die Maschine der Zwirnmühle statt einer Welle in Bewegung gesetzt wird.

Trommelblech, in den Messingwerken, Messingtafeln, woraus die Trommeln verfertiget werden. Diese Bleche sind von verschiedener Dicke, nach der Größe der Trommeln, obgleich sie jetzt bei allen Truppentheilen, welche Trommler haben, so ziemlich von einer Größe gemacht werden. Ehemals waren die Trommeln für die FeldinfanterieRegimenter stärker, als für die Dragoner, und diese wieder dicker, als für die Garnison-Regimenter, weil diese drei Arten in der Größe verschieden waren. Jetzt hat in der Preußischen Armee nur noch die In-

fanterie Trommeln, und hier die Garde-, Feld- und
Landwehr-Regimenter von gleicher Größe. Die Bleche
zu den Trommeln werden gut planirt und polirt, rund
gebogen, dann zusammengelöthet und das Wappen
des Landesherren oder Kriegswaffen darauf getrieben,
welches aber nicht bei allen Armeen der Fall ist. Bei
der Preußischen Armee waren die Trommelbleche ehemals glatt; jetzt haben sie ein Schild mit dem Na-
menszuge des Königs.

Trommelfell, Trommelfelle, bei den Pergament-
machern, diejenigen Felle von den Eseln oder den
Kälbern, welche über die beiden Oeffnungen der Trommel gezogen oder gespannt werden. Die Felle werden
zu diesem Behufe mit Kalk abgehaart, auch mit Asche;
hierauf werden sie auf dem Schabebaume gegerbt,
und um sie geschmeidig zu machen, steckt man sie in
ein Faß mit Wasser und Asche, bis die Asche zu einer
Art Brey geworden. Hierin bleiben sie nun einige
Tage liegen, bis sie abhären. Das grobe Fleisch wird
mit dem Fleischmesser abgenommen. Dann werden
sie mit Wasser begossen, in die Sonne gelegt, getrocknet, über einen Rahmen gespannt, wodurch das Fell
stärker, durchsichtig und schallend werden soll. Im
Rahmen wird es auf beiden Seiten trocken geschabt,
jedoch mit Vorsicht, daß es nicht zu dünn wird, weil
Trommelfelle stark genutzt werden. Ein Mehreres
hierüber siehe auch den Art. Pergament, Th. 108,
S. 484 u. f., und die Zubereitung der Kalbfelle dazu,
S. 453 u. f. — Trommelfell, in der Anatomie, f. Trommelhäutchen.

Trommelfellerschlaffer, zwei Ohrmuskeln: der grö-
ßere Erschlaffer des Trommel- oder Pau-
kenfells, Laxator tympani major, und der kleine
Erschlaffer des Trommel- oder Paukenfells,
Laxator tympani minor. Der Erstere kommt vom
Dornfortsatze des Keilbeins mit einem länglichen

Bauche, und läuft mit seiner langen Sehne durch die Spalte zwischen der Gelenkhöhle und dem Gehörgange, und setzt sich an den langen Fortsatz des Hammers. Seine Wirkung ist: den Hammer vorwärts gegen den Gehörgang zu ziehen, und dadurch das Trommelfell zu erschlaffen. Der Letztere kommt vom obern und hintern Rande des Gehörganges, an welchem das Trommelfell sitzt, wird allmählig schmäler, und setzt sich in= und vorwärts absteigend an den Griff des Hammers, nicht fern von seinem kurzen Fortsatze; er ist der kleinste Muskel des Hammers; er steigt auch mit seiner Sehne im Trommelfelle parallel hinter dem Griffe des Hammers herunter, und setzt sich unfern von seiner Spitze an den Hammer fest, welches jedoch eine Abweichung ist. Seine Wirkung ist: indem er den Griff des Hammers vorwärts hinaufzieht, erschlafft er das Trommelfell.

Trommelfellspanner, Tensor tympani, ein Ohrmuskel, der sehnig von dem obern Theile des Knorpels der Ohrtrompete dicht am Kielbeine, oder auch vom Kielbeine selbst kommt, und in einem halb knöchernen, halb bandartigen Kanal der Pyramide liegt; er ist spindelförmig, und setzt sich mit seiner aus diesem Kanale tretenden Sehne, die nun, wie über eine Rolle geleitet, eine andere Richtung nimmt, an die gegen die Trommelhöhle gerichtete Fläche des Hammers unter dessen spitzerem Fortsatze. Die Wirkung ist: daß dieser Muskel mittelst des Hammers das Trommelfell in die Trommelhöhle zieht, und es dadurch so sehr spannt, daß es sich von außen her vertieft. Wahrscheinlich drückt er zugleich mittelst des Ambosses den Steigbügel von vorn her in den Vorhof des Labyrinths.

Trommelhäutchen, Trommelfell, in der Anatomie, das dünne, trockene Häutchen, welches die Trommelhöhle des Ohrs bedeckt. S. Trommel, in der Anatomie, oben, S. 610.

Trommelhöhle, diejenige Höhle im Ohre, welche von dem Trommelfelle bedeckt wird, und die Ohrtrommel bildet; s. unter Ohr, Th. 104, S. 767.

Trommelleinen, beim Seiler, mittelmäßig dicke und stark gedrehete Leinen, womit die Trommelfelle an den Trommeln ausgespannt, und die Reifen derselben befestiget werden.

Trommeln, ein regelmäßiges Zeitwort der Mittelgattung, mit dem Hülfsworte haben, denjenigen starken und zitternden Laut hervorbringen, welchen die Sylbe trom bezeichnet. Auf den Tisch trommeln, wenn man mit beiden Fäusten schnell hinter einander auf den Tisch schlägt, oder auch solches mit den Fingerspitzen der beiden Hände thut; auch wenn man diese schnell abwechselnden Schläge auf andere Körper macht, so nennt man solches gleichfalls trommeln, wenn gleich kein dumpfer zitternder Schall hervorgebracht wird, sondern nur der Ton eines Marsches oder sonst eines Trommelstücks nachgeahmt wird. So trommelt der Hase, wenn er auf den Hinterläufen sitzend, die Vorderläufe auf und nieder bewegt. Im eigentlichen Verstande trommelt eine Art Tauben, wenn sie mit der Kehle einen trommelnden Laut hervorbringen; s. Trommeltaube. — Im engsten Verstande ist trommeln, das unter dem Namen der Trommel bekannte musikalische Werkzeug schlagen, welches mit zweien Stöcken, Trommelstöcken, geschieht. Es wird getrommelt. Man gebraucht es hier als ein thätiges Zeitwort. Feuerlärm trommeln, wofür das Zeitwort schlagen üblicher ist. Den Zapfenstreich, Appell, Generalmarsch, Fahnenmarsch, Feuerlärm ꝛc. schlagen. Dagegen sagt man wieder: Etwas austrommeln, vermittelst des Trommelschlages bekannt machen. Wenn z. B. bei einigen Truppen die Strafe, welche

über Deserteurs von den Regimentern verhängt wor=
den, öffentlich auf den Hauptplätzen und an den
Hauptstraßen=Ecken abgelesen wird, so geschieht vorher
die Zusammenberufung des Publikums durch den
Trommelschlag, welches man austrommeln
nennt. Es gehen nämlich mit dem Verkündiger der
Strafe zu den genannten Orten, außer dem dazu be=
orderten Militaire, noch ein Paar Trommelschläger
mit, welche an jedem Orte, wo das Urtheil bekannt
gemacht wird, vorher die Trommel rühren. — Auf
Universitäten kommt auch hier und da noch das
Austrommeln vor, welches die alten Burschen thun,
wenn sie den angekommenen Füchsen, nach ihrer Ankunft,
und wenn sie das erste Mal ins Kollegium gehen,
eine Musik mit den Stöcken bringen, indem sie solche
zum Verdruß dieser noch schüchternen Burschen takt=
mäßig auf die Erde stoßen. — Auch Schauspieler
werden zuweilen vom Publikum ausgetrommelt;
so auch Stücke, die nicht den Beifall des Publikums
erhalten; indem dasselbe mit den Füßen und Stöcken
so lange auf die Erde stößt, bis der Vorhang fällt. Nach
Adelung in den gemeinen Sprecharten trummeln.
Es soll das Intensivum oder Iterativum des im
Hochdeutschen veralteten trommen oder trummen
seyn, das noch in den gemeinen Mundarten üblich ist.
S. Trommel. Dieses Zeitwort und der Schall,
welchen es bezeichnet, sind mit rummeln und rum=
peln sehr nahe verwandt. Das vorgesetzte t drückt
die Intension des r oder des zitternden Lautes aus.

Trommelschlag, 1) ein Schlag auf die Trommel,
welcher mit dem Trommelstocke geschieht; 2) Collective und ohne Mehrzahl das Rühren oder Schla=
gen der Trommel. Nach dem Trommelschlage,
nachdem die Trommel gerührt worden. Etwas
bei öffentlichem Trommelschlage bekannt

machen. Siehe Trommeln und Trommel=
schläger.

**Trommelschlägel, Trommelstäbe, Trommel=
stöcke,** diejenigen Schlägel oder Stäbe, womit die
Kriegstrommel, Soldatentrommel geschla=
gen wird, so auch jede ander Trommel, als musi=
kalisches Instrument, wenn sie auch nicht von den
Trommelschlägern bei den Truppen gebraucht wird.
Die Trommelstöcke werden von den Drechslern ab=
gedrehet, und theils schwarz gebeizt und polirt, theils
auch von der Natur des Holzes gelassen. Sie
haben vorn, nach der Spitze zu, einen ovalen Knopf,
in der Gestalt einer Eichel, womit die Trommel
geschlagen wird. Die Trommelschlägel der Tromm=
ler bei den Truppen sind am Griffe mit Messing
beschlagen. Siehe auch oben, unter Trommel,
S. 607.

**Trommelschläger, Trommler, Fellraßler, Tam=
bour,** Fr. **Tambour,** derjenige, welcher die Sol=
datentrommel zu schlagen versteht, Feldsignale, Mär=
sche (General=, Fahnen=, Parade= ꝛc. Marsch) be=
liebte Tänze, Arien, Feuerlärm, Reveille und Re=
traite ꝛc. ꝛc., sowohl nach den, als ohne Noten darauf
schlägt, und diese Kunst auch Andere lehrt. Eine
besondere Kunst des Trommlers besteht darin, einen
guten Wirbel zu schlagen, der rein und langaus=
haltend geschlagen wird, und dabei angenehm tönt,
wie bei einem Triller im Gesange die Stimme sich
wendet und den Ton schnell wechselnd lange anhält. S.
auch oben, unter Trommel. Die Garde= und
die Linien = Infanterie, die Landwehr, die Stadt=
soldaten, die Schützengilde ꝛc. haben ihre Trommel=
schläger. Bei den Regimentern der Kriegsheere
hat jedes Bataillon, außer der bestimmten Anzahl
Trommler, auch noch einen Bataillonstrommelschlä=
ger, welcher die angehenden Trommler das Schla=

gen lehrt und sie auch einübt, bei neuen Märschen,
Tänzen ꝛc. Der Regimentstambour steht an
der Spitze sämmtlicher Trommler und hat den Rang
des ältesten Unterofficiers; siehe auch oben, unter
Trommel, S. 608, u. f.

Trommelschraube, einige Conchylien, welche unter
diesem Namen in einigen Werken der Conchylien=
kunde, besonders in Schröters Einleitung in die
Conchylienkenntniß, nach Linné, vorkommen.
Eine dieser Conchylien ist unter Murex, Th. 98,
S. 130, schon angeführt worden. Angeführt werden
von Schröter noch von der Familie Murex: 1) Die
braune Trommelschraube, Buccinum fuscum,
Lister, wegen ihrer Farbe so genannt. Die ersten
Windungen haben eine starke erhabene Leiste, die fol=
genden kleine Dornen in ordentlichen Reihen. — 2)
Die Afrikanische Trommelschraube, Bucci=
num fasciatum, List., mit durchgängigen Querstreifen
und auf jeder Windung eine Reihe scharfer Knoten.
Sie gehört zu den Flußconchylien. — 3) Die Afri=
kanische dunkelbraune Trommelschraube,
Buccinum fuscum striatum et muricatum, List.,
mit starken knotigen Rändern in der Mitte der Ge=
winde, und einer weiten Mündung. Sie kommt in
den Afrikanischen Flüssen vor. — 4) Die knotige
braune Trommelschraube, die knotige chine=
sische Pyramide, Buccinum fuscum nodosis striis
distinctum, List., diese braune Trommelschraube hat
eine weit ausgebogene Mündung. Sie soll zu den
Flußconchylien gehören. — 5) Die braune, an den
ersten Gewinden gezackte, an den folgenden knotige
oder gekörnte, Trommelschraube, Buccinum Fuscum,
primis orbibus muricatum, caeterum striis nodosis
exasperatum, List. Die Rundung tritt stark hervor
und ist am Rande scharf ausgeschweift. Sie wird
zu den Flußconchylien gezählt. — Auch in der Fami=

lie: Mondschnecke, **Turbo**, kommen einige Trom=
melschrauben vor; s. unter Mondschnecke, Th. 93,
S. 430, 431, 432, 434.

Trommelstab, Trommelstäbe, siehe Trommel=
schlägel.

Trommelstock, Trommelstöcke, (s. Trommel=
schlägel.) Auch eine Conchylie führt den Namen
Trommelstock, s. Mondschnecke, Th. 93, S. 433.

Trommelstuhl, Maschinenstühle zu fassonnirten und
brochirten Zeugen, bei welchen keine Ziehjungen nö=
thig sind. Bei dem Trommelstuhle verrichtet nämlich
eine langsam um ihre Achse gehende Trommel das
Ziehen der Litzen. Die Trommel hat nämlich auf
ihrer krummen Seitenfläche erhabene Theile, welche
nach dem Muster oder Dessein vertheilt sind, das ge=
webet werden soll. Diese erhabenen Theile ziehen
nun an hakenförmigen Absätzen eigene mit den Litzen
verbundene Stäbe, wodurch denn auch die zugehöri=
gen Kettenfäden in die Höhe gehen. Die Trommel
ist daher mit einer Walze in Spieluhren, Spieldo=
sen rc. zu vergleichen, welche auf ihrer krummen Sei=
tenfläche nach den Noten Stifte hat, die etwa klingende
Stahlfedern in Thätigkeit setzen. Zu jedem beson=
deren Muster im Weben ist eine eigene Trommel nö=
thig. S. auch Weberstuhl, unter W.

Trommelsucht, Tympanitis, eine Art der Windsucht
bei Menschen und Thieren, wobei der Unterleib we=
gen des darin eingeschlossenen Windes, wie eine Trom=
mel gespannt ist. Auch die Wassersucht wird von Ei=
nigen hierher gezählt, weil sie gleichfalls den Leib aus=
dehnt oder spannt, und da auch oftmals bei dieser
Krankheit Winde und Wasser mit einander vereinigt sind,
so wird diese Krankheit, wo nämlich dieses Statt fin=
det: Windwassersucht genannt. Wegen der
Trommel= oder Windsucht bei Menschen,
s. den Art. Windgeschwulst und Windsucht un=
ter W. — Was die Trommelsucht bei Thieren

und namentlich beim Rindviehe anbetrifft, so sehe man
die Artikel Auflaufen des Rindviehes, Th. 2,
S. 745 u. f.; Aufblähen, Padde, Trommel=
sucht, unter Rindviehzucht, Th. 124, S. 716 u.
f., und oben, unter Trokar, S. 584, u. f., nach.
Hier noch Einiges zur Ergänzung der Trommelsucht
in den schon abgehandelten eben angeführten Artikeln.
Wie schon oben unter Trokar bemerkt worden, rührt
die Trommelsucht oder das Aufschwellen des Viehes
von zu saftreichen frischen Kräutern her, wenn solche
von dem Rindviehe auf der Weide zu gierig verschlun=
gen werden, und besonders geschieht solches beim ha=
stigen Verschlingen des Klees, so daß unter dem Fres=
sen Luft mit in den Wanst kommt, und die Gährung
desselben im Wanste befördert, wodurch das Vieh auf=
schwellt. Ein Stück Vieh, welches stets satt gefüttert
wird, ist der Gefahr, die Trommelsucht zu bekommen,
nicht so sehr ausgesetzt, als Eines, das vorher hat
Mangel leiden müssen; denn dieses fällt dann begie=
rig über den Klee her und überfrißt sich. Auch lehrt
die Erfahrung, daß das Vieh, wenn es viele Wochen
hintereinander nichts als grünen Klee zu fressen be=
kommen, solchen nach einiger Zeit nicht mehr gern
frißt, besonders wenn er noch jung ist; es zieht dann
das Gras dem Klee vor; und ist er zu alt, so fressen
ihn wieder die Kühe wegen der Härte nicht gern; auch
ist er dann nicht so nutzbar; wenn er anfängt Blüthen=
knospen zu treiben, ist er am nutzbarsten. Der alte
Klee, der schon völlig blühet, muß abgehauen oder
zum Samen stehen gelassen werden. Frischer Klee
muß daher mit großer Vorsicht gefüttert werden, da=
gegen kommt der getrocknete Klee, den Winter hin=
durch gefüttert, dem Viehe sehr gut, und der Land=
mann hat Samen zum Frühjahre; auch kann er aus
demselben noch ein Ansehnliches lösen. Ueberhaupt
muß das Vieh zum Futter so gewöhnt werden, daß

es sich nicht überfrißt. Einige halten es für nachtheilig, wenn der Klee, noch naß vom Thaue, gehauen
wird, und wollen, daß derselbe nicht eher gehauen
werde, als bis der Thau abgetrocknet ist; allein hierauf soll gar nichts ankommen; denn viele erfahrene
Landwirthe haben viele Fuder Klee täglich früh Morgens, wenn der Thau noch darauf liegt, oder auch
wenn es geregnet hatte, naß eingefahren und verfüt-
tert, ohne nachtheilige Folgen daraus zu verspüren.
Er muß nur in den Gebäuden nicht zu dick aufeinan-
der geworfen werden, und an einem kühlen Orte liegen, weil er sich sonst erhitzt, bitter wird, so daß ihn
das Vieh nicht gern frißt, besonders gutgefüttertes
Vieh. Man hat auch das Aufblähen von weißem
und rothem Rübenkraute, von Kartoffeln, Erd-
äpfeln zc. herleiten wollen, allein andere Oekonomen,
die sich des angeführten Futters bedienten, haben dieses nie bemerkt, und einer derselben während seiner
langjährigen Praxis nie. Indessen kann es beim
grünen Futter, bei Weizenblättern, jungem Hafer,
Gerste, Wicken- und Erbsenkraute zc., wenn es zu
häufig und gierig genossen wird, eben so gut entstehen,
wie vom Klee. Es muß den Hirten da, wo das Vieh
auf die Weide getrieben, oder auf den Klee gehütet
wird, ernstlich anbefohlen werden, wohl Acht zu haben, daß, wenn ein Stück Vieh nicht mehr frißt,
aufzuschwellen anfängt, sich zusammenkrümmt und zittert, es schnell von der Weide nach Hause zu treiben,
und solches mit Gewalt und durch Schläge, damit es
sich stark bewegt; denn durch das heftige Jagen, oder
die starke Bewegung geschieht es zuweilen, daß sich die
Winde im Wanste zertheilen, und das Vieh Luft bekommt, wodurch das Aufschwellen sogleich nachläßt.
Indessen ist dieses Mittel nur im äußersten Nothfalle,
wenn man kein anderes Hülfsmittel sogleich zur Hand
hat, anzurathen, weil das Vieh dadurch mehr abge-

mattet wird, als man glaubt, und es eine geraume
Zeit braucht, ehe es sich wieder erholt, und zur Nut=
zung so gut wird, als vorher. Fällt ein aufgeschwol=
lenes Stück Vieh plötzlich, oder ehe man es gewahr
wird, und giebt kein Lebenszeichen mehr von sich, so
muß man schnell mit einem Messer Gurgel, Kehle und
Schlund entzweischneiden, damit es ausblute; dann
einen Schlächter schnell herbeiholen, der es ausschlach=
tet, weil sonst das Fleisch und die Eingeweide einen
Kleegeschmack an sich ziehen, der sehr widrig ist, und
von vielen Menschen verabscheut wird. Die Kenn=
zeichen der Trommelsucht beim Rindviehe sind:
1) Wenn dem Viehe die Eßlust vergeht; 2) wenn
ihm der Leib und Wanst aufschwillt; 3) wenn es zu
keichen und ängstlich zu thun anfängt, als wenn es
ersticken wollte; 4) wenn ihm viel heißer Dunst aus
dem Rachen fährt, wenn es denselben aufhält; 5)
wenn die Haut am ganzen Leibe wie ein Trommelfell
angespannt ist, und 6) wenn das Vieh nicht mehr ste=
hen will, sondern sich niederlegt; hier ist die Gefahr
aufs Höchste gestiegen, und das Vieh kann nur noch
durch schleunige Anwendung des Trokars geheilt wer=
den, so auch, wenn die Haut schon sehr ausgespannt
ist, wie unter 5). Sonst hat man noch einige andere
Mittel, die man nicht ohne Nutzen angewendet hat.
½ Loth zerstoßenen Rhabarber, ¼ Loth Sennesblätter,
1 Loth Potasche auf einem Teller zusammengemischt,
dazu 2 Löffel voll Honig gethan, gemischt, und das
Ganze in ein Krautblatt gethan, solches zusammenge=
wickelt und dem Vieh so tief als man kann, in den
Schlund gesteckt, damit es herabgeschluckt werde.
Merkt man, daß es hinunter ist, so gieße man ihm ein
Quart oder Maaß warm gemachtes Braunbier ein.
Dieses Mittel hilft anfangs allein; man kann aber
noch folgendes als eine Beihülfe nehmen: Man tauche
ein Tuch in warmes Wasser und fahre damit dem Vieh

über den Rückgrad, oder vielmehr wasche es damit
über die besagte Stelle und auf den ganzen Leib ein=
mal über das andere. Dieses wiederhole man nun
von Minute zu Minute, bis die Aufblähung sich zu
verlieren anfängt; dabei muß man dem Vieh den Ra=
chen mit einem Strohseile offen halten, damit der sich
im Wanste angehäufte Wind hinausziehe. Um aber
auch die Mistung, welches nöthig ist, zu befördern,
stecke man ein langes Talglicht in den After hinein,
und fahre damit oft hin und her, so wird die Auslee=
rung bald erfolgen. Man darf nur das Strohseil
fest zusammen drehen, durch den Rachen des Viehes
scharf anziehen, und entweder hinter den Hörnern zu=
sammenbinden, oder mit der Hand zusammen halten.
Dann wird das Vieh anfangen, das Strohseil zu zer=
käuen, sich bewegen, und dadurch die Luft vom Wanste
durch den offenen Schlund herausbefördern. Damit
sich das Vieh etwas mehr bewege, kann man es auch
hin und her treiben lassen. Ein sicheres Hülfsmittel,
welches ein Oekonom, der funfzig Jahre die Viehzucht
betrieben hat, anführt, besteht darin, daß man dem
kranken Viehe den Rachen aufmachen und aufhalten
läßt, mit der Hand die Zunge herauszieht und sie wie=
der zurück läßt, damit sich das Vieh bewege. Hat
man dieses mehrere Male nacheinander gethan, und
ist die Gefahr noch nicht sehr groß, so wird sich gewiß
Hülfe zeigen. — Man nehme einige gewöhnliche Kuh=
käse, je speckiger sie sind, desto besser, schäle das Aeu=
ßere oder den Rand davon ab, bis man auf das In=
nere, das Weiße, des Käses kommt. Man nehme
von dem Abgeschälten 8 Loth, schneide es ganz klein,
vermische es mit 2 Schoppen oder 1 Maaß lauem
Wasser, lasse dem aufgeschwollenen Viehe den Rachen
aufhalten, und schütte es ihm ein, damit es dasselbe
herunterschlucken muß, so wird man einen guten Er=
folg davon haben. — Man nehme ¼ Pfund Leinöl

ober in Ermangelung deffelben so viel Butter ober
Schweinschmalz, vermenge solches mit einem Schoppen (¼ Maaß) lauer Milch, und gieße es dem Viehe
ein. — Man nehme einen lebendigen Frosch, laffe
dem Viehe den Rachen aufhalten, ergreife mit der linken Hand die Zunge deffelben, ziehe sie heraus, so
daß der Schlund keinen Zwang mehr hat, nehme hierauf den Frosch mit der rechten Hand, und stecke ihn
in den Rachen des Viehes, so weit, als es nur gehen
will, und laffe ihn fahren, so springt er in den Schlund
hinab, arbeitet sich durch den Schlund in den Wanst,
und das Vieh wird Luft bekommen; denn der Wind
drängt sich durch den Schlund heraus. Dieses Mittel ist durch häufige Erfahrung bewährt. Nur kommt
es darauf an, daß der Frosch auch lebendig in den
Wanst hinunter kommt; stirbt er eher, so hilft es nichts,
und man muß einen andern Frosch nehmen. Je größer der Frosch ist, um so besser ist die Wirkung. Man
kann, wenn man den Frosch hineingesteckt hat, dem
Viehe den Rachen immer noch offen halten, die Zunge
herausziehen, und wieder hinein laffen, damit demselben Bewegung verschafft werde. Nach einer Viertel-
stunde wird dem Viehe etwas gutes Heu oder Gras,
auch gutes Wasser gegeben. Auch dieses Mittel muß
zeitig gebraucht werden, ehe sich das Vieh legt, sonst
hilft es nicht, und der Trokar muß angewendet werden. Ein sehr gutes Mittel, welches Rohlwes in
seinem „Vieharzneybuche" ꝛc. (9te Aufl. Berlin, 1820), S. 170, angiebt, soll diese Krankheit
schnell heben. Jeder Hirte soll nämlich in einer
Flasche ein Loth rothes Steinöl und ein halbes
Pfund Branntwein zusammengemischt bei sich tragen, und sobald er bemerkt, daß ein Stück Vieh nicht
frißt, und aufschwellt, so soll er sogleich dem Viehe
dieses Mittel eingeben, es einige Male herumjagen,

und die Krankheit werde sich sogleich legen. Dieses Mittel sey schon von vielen Landleuten mit Erfolg angewendet worden. Der Hirte müßte aber auf der Weide ein größeres Quantum dieser Mischung bei sich haben, damit er es, wenn mehrere Thiere von der Pabbe befallen würden, auch auf diese vertheilen könnte, denn sonst würden die andern ohne Hülfe bleiben.

Trommeltaube, Columba tympaniata Linn., Columba domestica Dasypus, eine Taubenart, welche wegen ihrer dem Trommelschlage ähnlichen Stimme diesen Namen erhalten hat; sie zeichnet sich auch noch durch die starke Haube am Hinterkopfe, und durch den Büschel, der über dem Schnabel liegt, aus. S. unter Taube, Th. 180, S. 524 u. f.

Trompen, s. Tromben.

Trompete. Diminut. Trompetchen, Trompetlein, in Hinsicht der Sprache, ein musikalisches Instrument zum Blasen, welches aus einer langen, mehrfach zusammengelegten messingenen Röhre besteht, welche sich unten erweitert oder mit einer weiten Oeffnung endiget. Auf der Trompete oder besser die Trompete blasen. In die Trompete stoßen; der Trompetenstoß. Mit Pauken und Trompeten. — In den Orgeln ist die Trompete oder das Trompetenwerk ein eigenes Register und Schnarrwerk, welches wie eine Trompete klingt. Figürlich, wegen einiger Aehnlichkeit in der Gestalt, werden in der Anatomie gewisse Gänge der Gebärmutter Muttertrompeten genannt. — Nach Adelungs Anmerkung zu Trompete in seinem großen Wörterbuche der Hochdeutschen Mundart, im Oberdeutschen Trummet, in Luthers Bibel Drommete, im Niedersächsischen Trumpette, im Englischen Trumpet, im Isländischen Trameta. Die Verlegung des Tons auf das Suffixum zeigt schon, daß dieses Wort fremden Ursprungs ist. Es ist aus dem Französischen

Trompette entlehnt, welches das Verkleinerungswort
von Trompe ist, welches jetzt nur noch figürlich den
Rüssel des Elephanten bezeichnet. Trompe, im Deut=
schen ehemals Trumbe, in Lipsii Glossen Triumbo,
Drambo, im Tatian Trumba, war ehemals ein
ähnliches, aber allem Anscheine nach größeres Instru=
ment, welches von seinem starken schmetternden und
zugleich dumpfen Tone, wie die Trommel, den Na=
men hatte. Im Italienischen heißt daher die Trom=
pete noch Tromba, im Englischen Trump, im Bre=
tagnischen Trumpil, im Schwedischen Tramma, wel=
ches aber auch eine Trommel bedeutet. Weil dieser
dumpfige zitternde Ton ehemals mehreren musikali=
schen Werkzeugen gemein war, so bedeutete Trumpe
ehemals auch eine Laute, und Trumper einen Laute=
nisten. Die Trombe ist ein Saiteninstrument, wel=
ches jetzt nicht mehr überall vorkommt; es besteht aus
einer starken, auf einer besondern Lade ausgespannten
Saite, welche mit Trommelstöcken geschlagen wird,
und wie eine verdeckte Heerpauke lautet. Die Trom=
pette marine ist ein ähnliches Instrument mit einer ein=
zigen großen Darmsaite, die mit einem Bogen gestri=
chen wird, und dann wie eine Trompete schnarrt. Sie
soll aus dem Trummscheit entstanden seyn.
Alle diese Werkzeuge haben, so wie die Trommel, ih=
ren Namen von dem Laute trom, welchen sie her=
vorbringen. Der Laut, welchen die Trompete in meh=
reren Fällen hervorbringt, lautet schon bei dem Eu=
nius Taratantara. — Wer die Trompete (Tuba,
Fr. Trompette, Engl. Trumpet) erfunden hat, ist
unbekannt, da sie schon bei den ältesten Völkern, den
Juden, Aegyptiern, Griechen und Römern im Ge=
brauche war. Daß alte Schriftsteller sie von den Göt=
tern herleiten wollten, z. B. von der Minerva und
dem Osiris, war natürlich, weil eine Erfindung
in jener fast fabelhaften Zeit wohl keine sicherere Ent=

stehung, als daher haben konnte. Nach dem Pausanias soll die Erfindung der Trompete von Tyrrhenus, einem Sohne des Herkules, herrühren, und
von dessen Sohne Hegesilaus sollen die Dorier den
Gebrauch der Trompete kennen gelernt haben; so soll
sie auch bei den Tyrrhenern oder Tusciern, von deren
General Meleus erfunden worden seyn. Plinius
nennt den Erfinder Piseus, und so scheint der eigentliche Erfinder sich darunter zu verlieren. Auch ist
es möglich, daß dieses Instrument bei verschiedenen
Völkern zugleich, ohne Ueberlieferung, erfunden worden ist, daher die verschiedenen Angaben der Erfinder.
Auch die alten Deutschen bedienten sich derselben in
ihren Kriegen. Ein Mehreres über die Trompeten
bei den verschiedenen Völkern, s. unter Kriegs= oder
Feldmusik, Th. 51, S. 448 u. f., und unter Kriegssignale, Th. 53, S. 271 u. f. — Ehemals unterschied man die Trompeten in Deutsche, Französische,
Englische und Italienische. Die Deutsche war die gewöhnliche Trompete, die Französische war einen Ton
höher, die Englische übertraf die gewöhnliche in der
Höhe des Tons um eine ganze Tertie, und die
Italienische unterschied sich durch die mehrmaligen
Windungen. Die eigentlichen Trompeten, wie sie bei
der Cavallerie oder Reiterey vorkommen, sind von
Silber oder Messing, und bestehen aus drei geraden
Röhren (Spillen) und zwei Bogen. Sie geben für
die Reiterey ein tiefes Dis an, und steigen durch zwei
Oktaven hindurch. Ihr Ton wird mit den Lippen und
der vollen Lunge durch einen verdichteten Wind oder
Luftzug herausgebracht. Da das runde Mundstück sehr
enge ist, so stürzen sich die stets gedrängten Wellen
der Luft zuletzt durch das weite Schallloch mit einem
Stoße hervor, den das bebende Metall unterhält.
Die Trompeten erhalten durch die Setzstücke den verschiedenen Ton, nachdem man viele oder wenige vorn

auf die Röhre steckt; auf das letzte Setzstück wird das
Mundstück gesteckt, wodurch man in die Trompete
bläßt. Die Trompete bei der Infanterie ist die E-
oder F-Trompete von sechs Stücken, deren jedes ei=
nen ganzen oder halben Ton angiebt. Das Noten=
zeichen ist mit dem des Hautbois oder Hoboe einerlei,
und der Gang der Töne drei Oktaven. Man hat
große und kleine Trompeten. Die silbernen haben
den schönsten Klang. Die Verfertigung geschieht von
den Blase = Instrumentenmachern. Das geschlagene
Silber= oder Messingblech wird über lange bleyerne
Stöcke, wie es die Länge der Trompete erfordert, zak=
kenweise zusammengelöthet, ausgearbeitet, und, nach
der bekannten Gestalt derselben, gewunden oder gebo=
gen, das Bley über dem Feuer ausgeschmolzen, dann
die Verzierungen getrieben und polirt. Die Trom=
petenmacher, als Metallarbeiter, stammen von dem
Gelbgießer ab, indem sie nach den Handgriffen dessel=
ben arbeiten. Sie verfertigen Trompeten, Posaunen,
Wald= und Posthörner, überhaupt Blaseinstrumente
von Metall, und machten zu Nürnberg und Furth,
wo sie ehemals häufig angetroffen wurden, ein eige=
nes Gewerk aus. Man fand und findet sie aber auch
in andern großen Städten, z. B. in Berlin, Wien,
Leipzig, Dresden rc. rc., an welchen Orten sie sich jetzt
Blase=Instrumentenmacher nennen, und alle
Blaseinstrumente von Metall verfertigen. — Von den
hölzernen Trompeten, ein Kinderspielzeug, hat in
Nürnberg in manchen Jahren des verwichenen Jahr=
hunderts, nach Nicolai (Reise 1, Beilage, S. 96),
eine einzige Drechslerwerkstatt 30,000 Dutzend ver=
fertiget. Auch die Drechsler in Sachsen, Preußen rc.
haben dergleichen Trompetchen verfertiget, wenn gleich
nicht in so großer Anzahl, als die Nürnberger, weil
das Spielzeug dieser Stadt längst bekannt und so zu
sagen berühmt war. Jetzt werden dergleichen Trom=

prachtvollen Auf- und Einzügen einen ansehnlichen
Theil der dabei herrschenden Pracht aus. Ihre Kleidung war, wie schon oben bemerkt worden, sehr reich
und glänzend. Jeder hatte jährlich 223 Thlr. Gehalt,
und zusammen erhielten sie noch auf 50 Pferde Futter. König Friedrich Wilhelm der Erste, der
kein Freund des Prunkes war, hob sie bei Hofe auf,
und brachte sie bei den neu errichteten Reiterregimen-
tern unter, und seit dieser Zeit werden zu allen Hof-
festen die Trompeter von den in Berlin und Potsdam
garnisonirenden Garde-Kavallerie-Regimentern genommen. — Die Trompeter bei der Reiterey haben
im Kriege dieselben Freiheiten und Rechte, wie vor
Alters die Herolde, daß sie nämlich von einer Armee
zur andern geschickt, und wenn sie ihr Signal gegeben haben, durch die feindlichen Truppen an den bestimmten Ort frei und sicher gebracht werden. —
Nach der ehemaligen Deutschen Reichsverfassung standen sämmtliche Trompeter und Pauker des heiligen
Römischen Reiches, nicht nur bei den Reichsversamm-
lungen und Reichsarmeen, sondern auch an den Kurfürstlichen und Fürstlichen Höfen, unter dem Protek-
torate oder dem hohen Richteramte des Kurfürsten von
Sachsen, als Erzmarschalls, und der Sächsische Ober-
hoftrompeter und seine Kollegen waren das Haupt
oder der Schöppenstuhl aller Trompeter in Deutschland. Alle Kurfürsten und Fürsten des Reiches ließen
es daher in streitigen Fällen bei ihren Feld- und Hoftrompetern auf die Erkenntniß des Trompeterschöp-
penstuhls oder der Oberkammerabschaft und Ober-
kasse zu Dresden ankommen, auch deren Privilegien
sowohl von dem Kaiser, als von dem Kurfürsten von
Sachsen erneuern und bestätigen. Vermöge dieser
Privilegien waren die Trompeter befugt, den Thürmern, Stadtpfeifern und Hausleuten zu wehren, sich
der Trompeten bei Hochzeiten und Gelagen, und auch

in andern Fällen, als nur auf ihren Thürmen, zu bedienen; und ihnen selbst war verboten, mit Thürmern,
Gauklern und Glücksspielern zu blasen, bei Verlust
ihrer Kunst. Schon vor der Auflösung des Deutschen Reiches 1806 hörten diese Privilegien auf; denn
sie wurden, als dem Zeitgeiste nicht mehr gemäß, nicht
nachgesucht. — Uebrigens scheinen die Fürsten wohl
nicht immer auf den Trompeterschöppenstuhl
in Dresden Rücksicht genommen zu haben, wenn sich
Fälle bei ihren Hoftrompetern ereigneten, die zur
Bestrafung derselben Veranlassung gaben. So z. B.
wurde im Jahre 1694 ein Hoftrompeter in Berlin
enthauptet, weil er einen andern seiner Kollegen zu
der Zeit, da sie Beide zur Kurfürstlichen Tafel blasen
sollten, mit einem geladenen Terzerol bedrohete. Und
wenn er ihn gleich damit nicht wirklich anfiel, sondern
es nur auf den Unteroffizier, welcher ihn in Arrest
nehmen sollte, ohne Wirkung losdrückte; und er auch
als Virtuose in seiner Kunst beim Kurfürsten beliebt
war, so geschah doch seine Hinrichtung des verletzten
Burgfriedens wegen *). Hier stand es wohl dem
Trompeter nicht frei, sich wegen des vielleicht zu harten Urtheils an den Trompeterschöppenstuhl in Dresden zu wenden, weil dieses ein specieller Hof- und
zugleich Kriminalfall war, und der Trompeterschöppenstuhl sich wohl nur mit Allem, was sich auf die
Kunst bezieht, befaßte, also alle Klagen, wenn sie vor
ihn gebracht wurden, schlichtete, welche Eingriffe in
die Trompeterblasekunst enthielten, und die Personal-

---

*) Die erwiesene göttliche Zornmacht, in Offenbah-
rung und Heimsuchung heimlicher Sünden, sonderlich des
ehelichen Raubes auf dem Königl. Preuß. Schlosse zu
Berlin, von zwei frechen und untreuen Bedienten 2c. 2c.,
von And. Schmid, Pred. zu St. Nikolai. Berlin, 1719.
S. 408.

rechte, welche ſich nach den Geſetzen eines jeden Staats
geſtalten, davon ausſchloß, ſo konnte auch dieſer Fall
zur weitern Entſcheidung, als eine Art Appellation,
nicht dahin gebracht werden, obgleich dieſer Schöppen=
ſtuhl eine Kaiſerliche Einrichtung, umb der Kurfürſt
von Sachſen, als Erzmarſchall des Deutſchen Kaiſer=
reiches, deſſen Vorgeſetzter war.

Trompete (Deutſche), ſ. oben, unter Trompete,
S. 628.

— **(Engliſche)**, ſ. daſelbſt.

—, eine Fiſchart, ſ. Trompetenfiſch.

— **(Franzöſiſche)**, ſ. oben, unter Trompete,
S. 628.

—, bei den Griechen und Römern, ſ. Th. 53, S.
271 u. ſ.

— **(Holz=)**, ſ. Trompete (Kinder=).

—, bei der Infanterie, ſ. oben, unter Trompete,
S. 629.

— **(Italieniſche)**, ſ. daſelbſt, S. 628.

—, bei den Juden, ſ. Th. 51, S. 448 u. ſ.

— **(Kinder=)**, hölzerne Trompete, Holztrom=
pete, ſ. oben, unter Trompete, S. 629. Die
Kindertrompete wird nicht allein von Holz verferti=
get, ſondern auch von Blech. Sie hat die Geſtalt der=
jenigen Trompete, welche bei den Römiſchen Armeen
gebraucht wurde, und Tuba hieß, und unter Kriegs=
zeichen, Th. 53, S. 275, beſchrieben, und Figur
3071 daſelbſt abgebildet worden iſt. Das in der
Mitte dieſer Trompete angebrachte dünne Stückchen
Meſſingblech, welches den Ton verurſacht, hat wahr=
ſcheinlich zur Erfindung der Mundharmonika in
jetziger Zeit Veranlaſſung gegeben, weil dieſes auch
in Holz gefaßte dünne Meſſingplättchen oder Strei=
fen ſind, die durch das Hineinblaſen der Luft harmo=
niſche Töne von ſich geben, und die dann zur weitern

Ausbildung der Harmonika (Ziehharmonika) wohl geführt haben. In den kleinen hölzernen Trompeten steckt in der Nähe des Ausganges derselben eine kleine Höhlung von Eisenblech, gleichsam eine kurze, oben bedeckte Rinne bildend, worauf das Messingplättchen als eine Zunge liegt. Bläßt man nun durch den Aufsatz mit dem Mundstücke, der auf das erwähnte Stück gesteckt wird, so giebt diese Zunge den schnarrenden oder Trompetenton.

Trompete (Marine-), Trompetengeige, Tromba marina, Fr. Trompette marine, s. Th. 84, S. 445, und oben, S. 627. Der Körper dieses Instrumentes ist aus Brettern dreieckig zusammengesetzt, und hat einen langen Hals. Die Saite liegt auf einem Stege, der auf der einen Seite auf einem Fuße steht, auf der andern aber mit seinem Fuße, der nicht aufsteht, nur den Resonnanzboden oder das oberste Brett berührt. Wenn nun die Saite, die einzige dieses Instrumentes, gestrichen wird, so verursacht sie ein solches Schnarren, wie der Ton einer Trompete. Man führt mit der rechten Hand den Geigenbogen, mit der linken drückt man an die Saite, in welchem Tone man spielen will. Dieses Instrument wurde ehemals auf den Schiffen geführt, und sowohl daher, nämlich von der See, als auch von seinem Tone, ist der Name Trompette marine oder Seetrompete entstanden.

— **(Meer-),** Seetrompete, s. den vorhergehenden Artikel; auch eine Conchylie; s. Trompetenschnecke.

— **(messingene),** die gewöhnliche Trompete, Feldtrompete, die von Messingblech angefertiget worden; s. oben, unter Trompete.

— **(musikalische),** Fr. Trompette harmonieuse,

eine kleine silberne, auch messingene Trompete, die in Konzerten, auch bei der Janitscharenmusik gebraucht wird.

Trompete (Mutter=), Tuba fallopiana, in der Anatomie, s. Th. 99, S. 430.

—, in der Orgel, s. unter Orgel, Th. 105, S. 384.

—, bei den Römern, s. Trompete bei den Griechen und Römern.

— (See=), s. Trompete (Meer=).

— (silberne), eine aus Silber verfertigte Trompete, die man sowohl bei dem Trompeterchore einiger Kavallerie = Regimenter, besonders des Leib=kavallerie=Regiments (Garde du Corps), findet, als auch bei den Trompetern in den Fürstlichen Kapellen ꝛc. Sie geben einen sehr reinen, klangvollen Ton.

— (Wasser=), eine trompetenförmige oder umgekehrt kegelförmige Wolke oder Dunstsäule, die mit einem heftigen Wirbelwinde vergesellschaftet ist, Wasser und Fische aus dem Meere in die Höhe zieht, die Masten, und auch wohl die Schiffe zerstört, und wenn sie auf das Land tritt, Häuser, Bäume, kurz Alles vernichtet, was sie auf ihrem Wege antrifft. S. auch den Art. Wasserhose, unter W.

Trompeten, ein regelmäßiges thätiges, und ein Zeitwort der Mittelgattung, im letzten Falle, nach Adelung, mit dem Hülfsworte haben. Auf der Trompete blasen; in die Trompete stoßen. Wenn ihr trommetet, so sollen die Läger aufbrechen, 4. Mos. 10, 5 u. f. Und ließ trommeten, 1. Macc. 5, 33, und so an andern Stellen mehr. Trommeten ist veraltet, dafür ist trompeten im Hochdeutschen zwar noch üblich, wird aber doch selten in Schriften gebraucht; man sagt daher lieber: auf der Trompete blasen, in die Trompete stoßen. Trompeten wird nur noch theils im Scherze, theils auch von einem ungeschickten Blasen auf diesem Instrumente gebraucht. Das ist ein Mann, der gar nicht trompeten kann, zum Blasen der Trompete gar keinen Ansatz, oder mit einem Französischen Ausdrucke: embouchure, hat. Einen Marsch trompeten, oder besser: Einen Marsch auf der Trompete blasen. Figürlich sagt man auch: Er trompetet überall, stößt überall in die Trompete, weiß überall Neuigkeiten anzubringen oder zu erzählen.

Trompetenafterpolyp. Verticella stentatoria, Fr. la Verticelle trompette, eine Polypenart ohne Stiel, aber in einen Schwanz verlängert; er ist einfach, und gleicht einer Trompete mit ausgeschnittener Mündung. S. auch den Art. Polyp, Th. 114, S. 625.

Trompetenbaum, Kanonenbaum, Cecropia Linn., eine Baumgattung, welche in die zweite Ordnung der zweiundzwanzigsten Klasse (Dioecia Diandria) des Linnéischen Pflanzensystems gehört, und folgenden Charakter hat: Die männlichen und weiblichen Blüten stehen gänzlich getrennt auf zwei besonderen Stämmen. Beide Arten von Blüten bilden Kätzchen, wovon mehrere in einer abfallenden Scheide stehen. Die Schuppen der männlichen Blumen, welche kräuselförmig und fast viereckig sind, enthalten zwei Staubgefäße; die weiblichen Blüten bestehen aus schuppig übereinander liegenden vierseitigen Fruchtknoten, mit einfächerigen, einsamigen Beeren. Die bekannteste Art ist der schildförmige Trompeten- oder Kanonenbaum, Cecropia peltata, Linn. Spec. plant. Tom. II., p. 1449. Coilotapalus ramis excavatis, foliis amplis peltatis lobatis, Brown jam. 111. Ficus surinamensis, Pluk. alm. 146. t. 243. f. 5.; Fr. Bois-trompette. Dieſer in Jamaika und auf den Karaibiſchen Inſeln wild wachſende Baum erreicht eine Höhe von 30 bis 40 Fuß. Der Stamm und die Aeſte ſind mit Ringeln gegliedert, inwendig hohl, und bei den Gliedern durch häutige Wände abgeſondert. Wegen dieſer ſonderbaren Bildung des Stammes hat der Baum von den Engländern den Namen Trompetenbaum, und von den Franzoſen Kanonenbaum erhalten. Die Blätter ſind groß und rundlich-ſchildförmig; ſie dienen dem Faulthiere zur Nahrung. Die Beeren werden von den Negern gegeſſen. Die hohlen knottigen Aeſte werden von den Amerikanern zur Hervorbringung des Feuers durch ſchnelles Aneinanderreiben derſelben benutzt; auch ſoll das Holz wegen der Leichtigkeit zu Zunder gebraucht werden. Der ausfließende Saft des Baumes liefert ein elaſtiſches Harz oder Federharz, welches dem bekannten elaſtiſchen Harze aus der Jatropha elastica ſehr ähnlich ſeyn ſoll.

Trompetenblume. Bignonie, Bignonia, eine Pflanzengattung, welche in die zweite Ordnung der vierzehnten Klaſſe (Didynamia Angiospermia) des Linnéiſchen Pflanzenſyſtems gehört, und den Namen Bignonia von dem Abte Bignon, der Bibliothekar des Königs Ludwigs des Vierzehnten von Frankreich war, erhalten hat. Er war ein großer Beförderer der Künſte und Wiſſenſchaften, und um dieſe in ihm zu ehren, gab Tournefort der genannten Pflanzengattung deſſen Namen. Der Charakter der Gattung iſt: der fünfſpaltige becherförmige Kelch; die fünfſpaltige, unten

bauchige Blumenkrone mit ihrem glockenförmigen
Schlunde; die zweifächerige Hülse, und die perga=
mentartig geflügelten Samen. Man zählt weit über
funfzig Arten. Da diese Pflanzengattung sehr zahl=
reich ist, so wird sie von den Botanikern nach der
Form und sonstigen Beschaffenheit der Blätter in sie=
ben Geschlechter oder Sippen eingetheilt. Hiernach
giebt es nun **Bignonien mit einfachen, gepaar=**
ten, dreifachbeisammenstehenden, gefinger=
ten, gefiederten, doppeltzusammengesetzten,
und mit doppeltgefiederten Blättern. Hier
mögen nun folgende Arten eine Stelle finden.

1) **Die gemeine Trompetenblume** oder der
Katalpabaum, die Karolinische Trompeten=
blume, Bignonia Catalpa, foliis simplicibus cor-
datis ternis. Jacq. amer. 25; Hort. cliff. 317;
Roy. lugdb. 289. Bignonia arborea. Brown.
jam. 264. Fr. Bignonia à feuilles de Roucou,
Catalpa d'Amerique. Diese Baumart, welche in Ka=
rolina, Florida, Virginien, auf Jamaika und in Ja=
pan wild wächst, erreicht nach Catesby, durch den
dieselbe zuerst in Europa bekannt wurde, in seinem
Vaterlande ungefähr eine Höhe von 20 Fuß; man
hat ihn aber schon im nördlichen Deutschlande bis auf
25 Fuß gezogen, und deßhalb ist es zu vermuthen,
daß er in seinem wärmeren Vaterlande weit höher
werden muß, als von Catesby angeführt worden.
Der aufgerichtete Stamm hat eine glatte hellbraune
Rinde, ein weißliches, schwammichtes Holz, und eine
weite Markröhre. Die vielen Aeste und Zweige, die
er treibt, bilden eine schöne Krone, und die gestielten,
einfachen, zu dreien am Stengel beisammenstehenden
Blätter sind herzförmig, zugespitzt, am Rande unge=
zähnt, auf der Oberfläche glatt, unten aber behaart.
Die Länge und Breite beträgt bei Einigen 10 bis 12
Zoll. Im Juny und July kommen die Blüten in

großen Rispen an den Spitzen der Zweige hervor.
Sie haben einen zweitheiligen Kelch, und eine weiße,
kurze, und am untern Einschnitte und innerhalb dun=
kelroth geaderte Blumenkrone. Nur zwei Staubfäden
tragen ausgebildete, also fruchtbare Staubbeutel, die
beiden andern sind unfruchtbar. Die Samenschote ist
fingersdick, an 14 Zoll lang, aschfarbig, und mit vie=
len geflügelten Samen versehen, die bei uns selten
reif werden, und daher müssen sie zur Fortpflanzung
dieses Baumes aus Amerika verschrieben werden; auch
kann man diese Art durch Stecklinge oder abgeschnit=
tene Zweige vermehren, welches aber nicht immer ge=
lingt. — In den Englischen Gärten wird diese Art
wegen ihrer schönen großen und wohlriechenden Blü=
tensträußer häufig gezogen. Auch in den Gärten
Deutschlands, selbst im nördlichen, wird die gemeine
Trompetenblume zur Zierde gezogen, da man sie sonst
nur in Botanischen Gärten zog. Sie muß im nördlichen
Deutschlande eine geschützte Lage haben, und in einem
etwas trocknen, nicht zu fruchtbaren Boden stehen,
wenn sie strenge Winter aushalten soll; auch muß sie
vor der Kälte in ihrer Jugend beschützt werden, wenn
sie kräftig gedeihen und sich daran gewöhnen soll.
Man hat auch die Erfahrung gemacht, daß sie da, wo
sie der Mittagssonne zu sehr ausgesetzt ist, auch sie
kalte Nord= und Ostwinde zu sehr bestreichen, und
dann auch in einem feuchten und fetten Boden, wo sie
bis tief in den Herbst hinein üppig wächst, größten=
theils zu Grunde geht; und tödtet sie dann auch nicht
der Winter, so ist ihre Dauer doch nur wenige Jahre,
weil sie zu schnell emporschießt, und ihr Holz zu
schwammig ist; dieserhalb muß auch der Stamm zur
Stütze einen Pfahl haben, sonst wird sie von Stür=
men leicht zerbrochen. Man gewahrt hieraus, daß
dieser Baum eine eigene Behandlungsart verlangt,
wenn er gedeihen und öfters blühen soll, da er sehr

weichlich ist; denn von einem üppigen oder zu gerade
emporgeschossenen Baume wird man selten Blüten se=
hen, dagegen mehrere und öfters bei einem sparsamen
Wuchse. Die Blätter und Wurzeln haben einen un=
angenehmen Geruch und sollen giftig seyn.

2) Die wurzelnde Trompetenblume, die
Karolinische kleine hochrothe Trompeten=
blume, die scharlachfarbene Bignonie, Big=
nonia radicans, foliis pinnatis, foliolis incisis, caule
geniculis radicatis. Linn. Spec. plant. Tom. II,
pag. 871. Bignonia fraxini foliis, coccineo flore
minore. Catesb. car. 1, p. 65, t. 65. Gelse=
minum hederaceum indicum. Corn. can. 102.
Franz. Bignonia à feuilles de Frene, Jasmin de
Virginie; **Engl.** Scarlet Trumpet-Flower, Scarlet Jasmine. Diese Trompetenblume hat das nörd=
liche Amerika zum Vaterlande, wo sie in den wärme=
ren Theilen desselben, in Virginien, Florida und Ka=
rolina, angetroffen wird; sie wird aber auch bei uns in
den Gärten, weil sie strauchartig wächst, und wegen
ihrer rankenden Eigenschaft die Wände der Gärten 2c.
deckt, auch wegen ihrer schönen großen hochrothen Blu=
men gezogen. Der rankende Strauch hat lange,
schlanke Aeste, die in gewissen Zwischenräumen Wur=
zel treiben. Die Blätter stehen einander gegenüber,
sind ungepaart und gefiedert, und bestehen aus sieben
bis funfzehn aufsitzenden, eyförmigen, langzugespitz=
ten, am Rande gezähnten, und auf beiden Seiten ganz
glatten Blättchen. Die zu Ende September bei uns
in Deutschland erscheinenden Blumen sind in End=
bündchen gesammelt. Der fünfzähnige lederartige
Kelch ist $\frac{3}{4}$ Zoll lang, und die trichterförmige, leder=
artige, außerhalb blaß= und innerhalb dunkelrothe
Blumenkrone ist wohl dreimal so lang, also $2\frac{1}{4}$ Zoll,
auch darüber. Außer der Bekleidung der Wände und
Mauern in den Gärten, giebt dieser Strauch auch

schöne Lauben, und wegen der schönen Blumen nimmt er sich auch, frei im Garten umherlaufend, sehr gut aus; er muß aber vor dem Winter unseres Klimas geschützt werden, denn ein etwas strenger Frost tödtet ihn oft bis auf die Wurzel. Daher ist es gut, wenn man die Stengel an den Wänden im Winter entweder stark mit Stroh umhüllt, oder sie niederlegt und mit trockenem Laube bedeckt. Frei umherlaufend sollen sie sich an geschützten Orten, selbst ohne Bedeckung, ziemlich gut erhalten. Man vermehrt diese Art theils durch Samen, den man aus Amerika kommen läßt, theils durch Stecklinge oder Ableger. Letztere blühen bei guter Behandlung schon im dritten Jahre; bei den aus Samen gezogenen Sträuchern muß man weit länger warten. Auch diese Gattung soll giftig seyn.

3) Die immergrüne Trompetenblume, der gelbe Jasmin, Bignonia sempervirens, foliis simplicibus lanceolatis, caule volubili. Linn. Spec. plant. Tom II, p. 869. Gelseminum s. Jasminum luteum odoratum virginianum scandens sempervirens. Catesb. car. I, p. 53, t. 53. Fränz. Jasmin jaune de Virginie. Diese Trompetenblumenart hat Virginien und Südkarolina zum Vaterlande, woselbst sie sich in den Wäldern in beträchtlicher Höhe an Bäumen hinanwindet. Der Stengel dieser Art ist daher rankend, und hat an den Gelenken der Zweige einander gegenüberstehende, einfache, lanzettförmige, immergrüne Blätter, und einblumige Blumenstiele, die zur Seite des Stempels aus den Blattwinkeln hervorkommen. Es stehen zwei bis vier beisammen. Die Blumen sind gelb und riechen sehr angenehm. Die Schoten sind herzförmig. Diese Art hält unsern Winter nicht im Freien aus, und verlangt eine Stelle im Gewächs= oder Treibhause.

4) Die filzige Trompetenblume, Bignonia tomentosa, welche in Japan wildwachsend angetroffen

wird. Sie hat einen baumartigen Stamm, der eine mehrjährige Dauer hat; gestielte einander entgegenstehende einfache Blätter, wovon die untern herzförmig, die obern eyförmig zugespitzt, alle völlig ganz, oberhalb etwas behaart, und unten filzig sind. Die untern Blätter kommen an Größe einer flachen Hand gleich; die obern sind kleiner. Die Blüten erscheinen zur Seite der Rispen. Die Japaner gewinnen aus den Früchten dieser Trompetenblume ein feines Oel, welches in ihrer Sprache Tot heißt, und in geringer Quantität zu den Japanischen Firnissen kommt; ein gröberes oder dickeres Oel führt den Namen Jacko. Letzteres wird bei den Japanern zu den Zeugen, die aus der Rinde des Papiermaulbeerbaumes verfertiget werden, gebraucht.

5) Die aufrechtwachsende Trompetenblume, Bignonia stans, foliis pinnatis; foliolis serratis, caule erecto firmo, floribus racemosis. Mill. dict. Nr. 4. Bignonia arbor, flore luteo, fraxini folio. Plum. Spec. 5. ic 54. Diese Art, welche in Amerika zu Hause gehört, hat einen aufrechten, baumartigen Stamm, gefiederte Blätter, sägeartig gezähnte Blättchen, und traubenförmige Blüten oder Blumen, welche groß sind, eine schöne gelbe Farbe, und einen angenehmen Geruch besitzen. Wegen der großen, dicken und glänzend grünen Blätter, und der jährlich in Menge sich zeigenden schönen gelben Blumen, die aber nur von kurzer Dauer sind, wird diese Trompetenblume von Liebhabern gezogen; sie muß aber wegen ihrer zarten Natur in einem Glashause überwintert werden. Man pflanzt sie durch Samen und auch durch Stecklinge fort, und bei der letztern Art der Fortpflanzung, wenn sie gehörig in ihrer Behandlung bewacht wird, schlagen die Stecklinge bald Wurzel. Ehe man sie aber einsetzt, müssen sie vorher zwei oder drei Tage in einem Glashause an

einen schattigen und trockenen Ort gelegt werden, damit sich der milchichte Saft darin erst setzt und die verletzten Theile heilen. Dann kann man sie in Töpfe mit frischer und leichter Erde setzen, und solche in ein temperirtes Mistbeet eingraben. Anfangs halte man sie im Schatten und gieße sie zuweilen etwas an, hüte sich aber, sie zu sehr zu begießen, damit die verletzten Theile nicht faulen.

6) Die fünfblättrige Trompetenblume, die Tulpenblume, der wohlriechende Karolinische Jasmin, Bignonia pentaphylla, foliis digitatis, foliolis integerrimis obovatis. Linn. Spec. plant. Tom. II, pag. 870. Bignonia arbor pentaphylla, flore roseo, major et minor, siliquis planis. Plum. spec. 5. Catesb. car. 1, p. 37, t. 37. Brown. jam. 263. Nr. 1.; Fr. Jasmin odoriférant de la Caroline. Diese Trompetenblumenart wächst baumförmig in die Höhe, hat gefingerte, große, dicke und glänzend grüne Blätter, ganzrandige verkehrt eyrunde Blättchen, und große rosenrothe Blumen. Das Vaterland ist Jamaika und die Karaibischen Inseln. Die Behandlung und Fortpflanzung dieser Art ist dieselbe, wie sie bei Nr. 5. angeführt worden.

7) Die kreuzfaserige Trompetenblume, Bignonia crucigera, foliis conjugatis cirrhosis, foliis cordatis, caule muricato. Linn. Spec. plant. Tom. II, p. 869. Wenn man den Stengel dieser Pflanze in der Quere durchschneidet, so zeigt er ein Kreuz. Der rauhe rebenartige Stengel dieser perennirenden Pflanze windet sich, mit Hülfe der Gäbelchen am Ende der Blätter, die höchsten Bäume hinan. Die Blätter sind gepaart, die untern dreifach; die Blättchen sind eyrund herzförmig und zugespitzt. Die Blumen kommen zur Seite der Zweige in Trauben hervor, sind unterwärts weißlich, oberwärts aber blaßgelb oder schwärzlich. Die flachen Schoten sind 1 Fuß

lang. Auch diese Art verlangt im Winter einen Stand
im Gewächshause. Sie erreicht, aus Samen gezogen,
eine Höhe von 20 Fuß. Sie soll mehr Gift enthal=
ten, als die übrigen Arten ihrer Gattung.

Alle oben beschriebenen Trompetenblumen, mit
Ausnahme Nr. 5. und 6., sind sehr dauerhafte Pflan=
zen, und tragen viel zur Verschönerung der Gärten
bei; nur müssen sie an einem beschützten Orte und in
einem mäßig trocknen und nicht fetten Boden stehen,
und gegen den starken Frost durch eine leichte und
trockene Bedeckung verwahrt werden. Gebraucht man
diese Vorsicht bei ihrer Erziehung, so halten sie die
Kälte unter freiem Himmel aus; sie treiben dann auch
viel besser, und blühen gewisser und schöner, als wenn
sie in Töpfen stehen, und im Winter in das Treib=
haus gebracht werden. Man kann die Zweige der
jungen Pflanzen entweder an einem Geländer aus=
breiten, oder sie an Stäben oder auch an einer Mauer
in die Höhe ziehen. Die Meisten dieser Pflanzengat=
tung fangen zu Ausgange des Augusts zu blühen an,
und stehen in der Blüte bis fast zum Ausgange des
Septembers. Die Vermehrung geschieht durch Sa=
men, doch kann man auch mehrere Arten durch Steck=
linge vermehren, welche bei gehöriger Wartung in
Zeit von drei bis vier Monaten sehr gut Wurzel schla=
gen. Der Same, den man aus Amerika kommen
läßt, geht selten auf, weil er entweder unreif abgebro=
chen und eingepackt wird, oder schon zu lange gelegen
hat. Er muß, gleich nach der Reife, mit den Schoten
in ein Geschirr mit trockenem Sande eingepackt wer=
den; geschieht solches nicht, so verliert er auf der Reise
seine Kraft zum Aufgehen. Sobald man den Samen
erhält, muß er ausgepackt, und wäre es auch beim
einbrechenden Winter, und in Töpfe mit frischer und
leichter Mistbeeterde gelegt werden, welche Töpfe man
dann in ein altes Loh=Mistbeet eingräbt. Im Winter

verwahrt man die Pflanzen bis in März durch eine Decke vor Frost und starker Näſſe. Hierauf ſetzt man ſie in ein Miſtbeet von mäßiger Wärme, und begießt ſie dann und wann, jedoch nur ſehr mäßig. Bei einer ſolchen Wartung werden die jungen Pflanzen im May erſcheinen. Man gewöhnt nun die harten Arten nach und nach an die freie Luft; die zarten behandelt man wie die andern Glas- oder Treibhauspflanzen. — In Schriften ſehe man noch nach: B e ch ſt e d t's vollſtändiges Niederſächſiſches Land- und Gartenbuch, Th. 3. — W i l d e n o w s Berliner Baumzucht. — D u R o i harbk. Baumzucht, 1ſte Aufl., Th. 1. — D i e t r i ch's vollſtändiges Lexicon der Gärtnerei und Botanik, Th. 2, 2te Aufl.

Trompetenblume (a u f r e ch t w a ch ſ e n d e), Bignonia stans, ſ. oben, S. 643.

— (f i l z i g e), Bignonia tomentosa, ſ. daſelbſt, S. 642 u. f.

— (f ü n f b l ä t t r i g e), Bignonia pentaphylla, ſ. daſ., S. 644.

— (g e m e i n e), Karoliniſche Trompetenblume, Bignonia catalpa, ſ. daſ., S. 639 u. f.

— (h o ch r o t h e), kleine Karoliniſche, ſ. Trompetenblume (w u r z e l n d e).

— (i m m e r g r ü n e), Bignonia sempervirens, ſ. oben, S. 642.

— (K a r o l i n i ſ ch e), ſ. Trompetenblume (g e m e i n e).

— (k r e u z f a ſ e r i g e), Bignonia crucigera, ſ. oben, S. 644.

— (w u r z e l n d e), hochrothe, kleine Karoliniſche Trompetenblume, Bignonia radicans, ſ. daſelbſt, S. 641.

Trompetenfest, bei den Juden. Dieſes geſchah zur Erinnerung des Jahrestages der Schöpfung. Es war

bis zu den Zeiten des Moses kein eigentliches He=
bräisches Fest gewesen, nur durch Moses sollte es
dazu erhoben werden. Es heißt in der Bibel (Moses,
Buch 3, Kap. 23, V. 23—25): Und der Herr re=
dete mit Moses, und sprach: Am ersten Tage des sie=
benten Monats sollt ihr den heiligen Sabbath
des Blasens zum Gedächtniß halten, da ihr
zusammen kommt. Da sollt ihr keine Dienstarbeit
thun, und dem Herrn opfern. Der Dr. Gill bemerkt
bei dieser Stelle: „Da das Fest der Trompeten auf
den Neujahrstag fiel, so scheinen die damit verbunde=
nen Feierlichkeiten bestimmt gewesen zu seyn, Freude
und Dankbarkeit für die von Gott empfangenen Wohl=
thaten und Segnungen auszudrücken, und zwar um
so mehr, weil zu dieser Zeit des Jahres sämmtliche
Früchte der Erde, nicht bloß Gerste und Weizen, son=
dern auch Oliven und Trauben eingeerndtet waren.
Mit dieser dankbaren Anerkennung vereinte man wahr=
scheinlich Gebete für die Zukunft. Ueberdies glaubten
sowohl die Juden, als andere Völker, daß zu besagter
Zeit des Jahres die Welt erschaffen worden sey, und
dieses Blasen der Trompeten sollte das Jauchzen
der Söhne Gottes, als die Erde gegründet war, ver=
sinnlichen. Hierzu kommt noch, daß der siebente Mo=
nat den Versöhnungstag und das Laubhüttenfest in
sich schloß, welchen beiden das Fest der Trompeten
gleichsam zur Einleitung dienen mochte, um das Volk
darauf vorzubereiten, und die Gemüther zur Feier
und Andacht zu stimmen." — Viele der frommen Ju=
den feiern noch jetzt das Fest der Trompeten, und
bringen nach ihrer Rückkehr aus der Synagoge, wo
das Blasen der Trompeten Statt findet, den Rest des
Tages mit religiösen Andachtsübungen zu. Der sie=
bente Monat der Juden, in welchem das Fest der
Trompeten gefeiert wird, entspricht unserm Septem=
ber, und galt damals als der erste Monat im Jahre,

zum Andenken an die Schöpfung der Welt. Die
Trompete wird in der Synagoge von einem Rabbiner geblasen, und solches in der Versammlung der
ganzen Gemeinde, wobei sich die Rabbiner, Aeltesten,
Vorbeter und die Almosensammler befinden.

Trompetenfisch, die Trompete, Syngnathus acus,
Franz. l'Aiguille de mer, eine Fischart, welche zu
den Nadelfischen gehört; er wird auch Spitzna-
bel genannt. Dieser Fisch führt den Namen Trompete, wegen seines außerordentlich langen und dünnen Körpers, welcher sieben Ecken und keine hervor-
springende Höcker hat. In einigen neuen Werken der
Zoologie findet man ihn unter dem Namen Meer-
nadel angeführt; er ist braun, mit Messingglanz;
die Afterflosse hat drei Strahlen. Seine Länge beträgt 9 Zoll bis 1 Fuß. Man findet ihn in der Ost-
und Nordsee.

Trompetengeige, s. Trompete marine.

Trompetenkäfer, eine Art Raubkäfer; s. Raubkäfer,
Th. 121, S. 19.

Trompetenkürbis, Cucurbita oblonga, flore, albo,
folio molli; Fr. Citrouille de la trompette; s. unter Kürbiß, Th. 56, S. 691. Die Kürbiskerne dieser Art werden in der ersten Woche des Mayes an
die Gartenseiten in die Länge 4 Fuß von einander und
1 Zoll tief gelegt; sie gehen nach acht Tagen auf, und
dauern drei Jahre. Wenn ein später Nachtfrost diese
Kürbissaat zerstören sollte, so ist es nöthig, in der letzten Woche die Pflanzung zu wiederholen.

Trompetenmacher, s. oben, unter Trompete.

Trompetenschall, Trompetenton, der Schall oder
Laut der geblasenen Trompete. Etwas bei Trompetenschall bekannt machen, im gemeinen Leben
es austrompeten. Hier kommt die Trompete mit der
Trommel überein, indem sie dazu dient, das Publikum, gewisser Bekanntmachungen wegen, besonders in

kleinen Städten, die kein öffentliches Tagesblatt besitzen, herbeizuziehen. So werden z. B. auch die Leute
bei Kunstreitern und andern Equilibristen durch die
Trompete herangezogen oder doch aufmerksam gemacht, daß von der Gesellschaft Vorstellungen an dem
Tage, wo die Trompete sich hören läßt, gegeben werden; und so bei anderen Fällen mehr.

Trompetenschnecke, s. unter Schnecke (Trompe-
ten=), Th. 147, S. 286. — Unter dem Namen
Trompetenschnecke, Buccinum, bezeichnete man
ehemals ein sehr zahlreiches Geschlecht, daß auch
Kinkhorn genannt wird, welcher Name auch bei einigen neuern Conchyliologen geblieben ist. Dieses zahlreiche Geschlecht zeichnet sich dadurch aus, daß die
Schale einfach gewunden, an der ersten Windung sehr
bauchig, die Oeffnung meist eyrund und mit einer rin-
nenförmigen Spalte versehen ist, und die Spindel
keine Falten hat. Das in dem Gehäuse wohnende
Thier ist eine Schnecke mit zwei fadenförmigen Fühl-
hörnern, die an der äußeren Seite mit Augen besetzt
sind. Es giebt unter diesen Thieren männliche und
weibliche, welcher Unterschied sich schon an dem Gehäuse offenbart, indem das männliche Schneckenhaus
weniger gewölbt und mit wenigeren Knoten besetzt ist,
als das weibliche. Man theilte die bekannten Arten,
die sich über 170 beliefen, in acht Familien, die
auch schon unter Kinkhorn, Th. 37, S. 901 u. f.,
angeführt worden, nämlich in: 1) Schellenschnek-
ken, 2) Sturmhauben, 3) Bezoarschnecken,
4) Schwielenschnecken, 5) Harfenschnecken,
6) glatte Kinkhörner, 7) eckige Kinkhörner
und 8) Nabelschnecken. — Nach einer neueren
Eintheilung der Bauchfüßer oder Schnecken,
Gasteropoda, werden sie zur zweiten Familie: Kamm-
kiemer, Ctenobranchia, und hier zu denen, deren
Rand des Mantels in einen Kanal verlängert ist, ge-

zählt. Die Trompetenſchnecke, Tritonum, bildet hier eine eigene Gattung, die ſich unterſcheidet: durch einen kurzen Schnabel, warzige Wülſte, welche nie in einer bis zur Spitze des Gehäuſes gehenden Reihe fortlaufen, ſondern alterniren oder wechſeln. Das Kinkhorn, Buccinum, bildet eine beſondere Gattung, die ſich dadurch unterſcheidet, daß das Gehäuſe ungenabelt, eyförmig, meiſt rauh, mit mäßig langem, ſpitzem Gewinde verſehen iſt. Die Spindel iſt etwas gebogen und durch einen tiefen Ausſchnitt vom Rande getrennt; der Kanal fehlt.

Trompetenſchwamm, trompetenförmiger Becheſchwilz, Spongia aculeata, ſ. unter Schwamm, Th. 150, S. 114.

Trompetenſtock, eine Benennung des Trompeten= baumes.

Trompetenthierchen, eine Art der Trichterpolypen, ſ. dieſe, unter Polyp, Th. 114, S. 748 u. ſ.

Trompetenton, ſ. Trompetenſchall. — Um einen Trompetenton auf der Violine hervorzubringen, wird ein hölzerner Violinenſteg, nach der Fig. 9264 verfertiget, und neben dem gewöhnlichen auf die Violine geſetzt, ſo daß derſelbe nun einen Ton höher, als die Quinte und Quarte angiebt. Wenn man nur mit dem Bogen darauf ſtreicht, ſo wird der Ton ebenſo ſchnarrend, wie ihn die Trompete macht. Auf eine andere Art kann man dieſen Ton hervorbringen, wenn man die Quart= und die Quintſaite unter den Steg legt, und ſolche aufzieht, bis daß ſich der Steg an der rechten Seite erhebt. Wenn nun nach Vorſchrift der Noten, Fig. 9265, geſpielt wird, ſo glaubt man das Schnarren der Trompete durch die Hand des Violiniſten zu hören.

Trompetenvogel, Psophia, eine Vögelgattung oder Sippe, welche zu den Sumpfvögeln gezählt wird. Linné bringt dieſe Gattung in die vierte Ordnung

und unter die Sumpfvögel; er, giebt ihr eine Stelle
zwischen die Gattung der Schneideschnäbel und der
Hohlschnäbel. Latham bringt sie unter die soge=
nannten Hausvögel, und setzt sie zwischen die Reb=
und Waldhühner auf der einen und zwischen die Trap=
pen auf der andern Seite. Blumenbach setzt sie
ans Ende seiner achten Ordnung (Sumpfvögel) nach
den Rallen; und auch Cuvier setzt sie unter die
Sumpfvögel mit kurzem dicken Schnabel. — Die Ge=
schlechtskennzeichen sind: ein mäßig langer ke=
gelförmiger, etwas gewölbter Schnabel, dessen obere
Kinnlade erhaben und länger ist; die offenen Nasen=
löcher sind eyförmig und tiefliegend. Die am Ende
gefranzte Zunge ist knorplich und platt; Hals und
Füße oder Beine sind lang, und Letztere bis etwas
über die Knie hinauf nackt, weshalb man auch diese
Vögelgattung zu den Sumpfvögeln rechnet; die Füße
sind vierzähig und gespalten; der Kopf ist fast nackt
oder kahl; die Flügel haben keine Stacheln, und der
Schwanz ist kurz und hat zwölf Federn. Man führt
davon zwei Arten an:

1) Der goldbrüstige Trompetenvogel, der
Agami, Makukawa, das Knarrhuhn, Blä=
hungshuhn, Knochenhuhn, die Karakara und
der Trompeter, Psophia crepitans,; Fr. l'Agami.
Dieser Vogel kommt an Größe dem Haushuhne gleich,
wenigstens einem großen Bauerhuhne, aber sein Hals
ist länger und so auch seine Beine. Das Gefieder
ist in der Hauptfarbe schwarz oder dunkelgrau; der
Schnabel hat eine matte gelblich grüne Farbe, mit ei=
ner dunklern Spitze, die bei Einigen ganz schwarz ist.
Die Kopffedern sind kurz und flaumartig, daher der
Kopf fast kahl aussieht; der Augenstern ist gelbbraun;
die röthlichen Augenkreise sind kahl; die Federn am
Vorderhalse und am obern Theile der Brust glänzend
goldgrün mit blauem Wiederscheine in einem gewissen

wie eine Gans, hat einen dunkelblauen Schnabel, und
ist auf dem Oberleibe hellröthlichbraun und schwarz
gewellt, beinahe wie der große Trappe. Die Federn
am Hinterkopfe bilden einen herabhängenden Feder-
busch. Unter den Ohren entspringt ein schwarzer
Saum, der an beiden Seiten des Halses herabläuft,
dann breiter wird, und sich vorn am Halse erweitert. Hier sind die Federn sehr lang, und hängen
herab, fast wie bei der Numidischen Henne die Brustfedern. Außer den Brustfedern ist der ganze Unterleib weiß; die Beine sind fast wie der Schnabel. Das
Vaterland dieses Vogels ist das nördliche Afrika, vielleicht kommt er auch in andern Theilen dieses Welt-
theiles vor. — An Schriften sehe man nach: Lathams Uebersicht der Vögel durch Bechstein, Th.
2, S. 748. — Büffons Vögel, Bd. 5, S. 309,
Bd. 13, S. 203. — Pallas, Naturgeschichte merk-
würdiger Thiere, Th. 4, S. 5. — Fermin, Beschreibung von Surinam, Th. 2, S. 141. — Cu-
viers elementarischer Entwurf der Naturgeschichte
der Thiere, aus dem Französischen übersetzt von Wie-
demann, Bd. 1, S. 403.

Trompeter, derjenige Musiker, der die Trompete nach
den Regeln der Kunst zu blasen versteht, und sie auch
zu seinem Berufe erwählt hat; daher auch die Benennungen: Feldtrompeter, oder auch nur Trompeter schlechthin, der bei einem Reiterregimente steht;
(auch gehört hierher der Stabstrompeter, welcher
beim Stabe des Regimentes steht, oder zum Stabe
gehört, und der Kapellmeister des Trompeterchors beim
Regimente ist, die Märsche und andere Musikstücke
im Beisein des Regimentsadjutanten einübt, die Si-
gnale zur Uebung blasen läßt, so wie alle Stücke, die
im Dienste vorkommen); Hoftrompeter, der bei
der Kapelle eines Fürsten steht; Stadttrompeter,
der von dem Stadtthurme bläst, oder auch sonst in ei-

ner Stadt zum Ausblasen von gewöhnlichen Verkaufs= und anderen Gegenständen dient, und vom Magistrate besoldet wird. — Die Trompeter bei den Regimentern haben an der Montur und Kopfbedeckung gewisse Auszeichnungen. So z. B. bei der Preußischen Armee haben sie auf der Montur, auf beiden Seiten des Oberarmes, Schwalbennester, so genannt, weil sie die Form dieser Nester haben. Sie bestehen aus farbigem Tuche und haben goldene oder silberne Tressen nach den Knöpfen des Regiments, und die Kopfbedeckung hat rothe Federbüsche. Der Stabstrompeter hat als Auszeichnung einen Offizierssäbel mit silbernem Portepee; auch muß derselbe, wenn nicht selbst Komponist, doch Ordner von Musikstücken seyn, also Musikstücke von einem anderen Instrumente auf die Trompete zu übertragen verstehen, sie arrangiren. Der Hoftrompeter muß ein ausgezeichneter Virtuose auf seinem Instrumente seyn, und sowohl ein Solo darauf blasen, als auch in Konzerten accompagniren können. S. auch oben, unter Trompete.

Trompeter (Aus=), ein Trompeter, welcher durch die Trompete gerichtliche oder andere Sachen bekannt macht; nämlich: daß Auktionen an dem Tage abgehalten werden, Versammlungen zu gewissen Zwekken Statt finden sollen ꝛc.; der Stadttrompeter. Auch wenn Kunstreiter, Equilibristen in kleinen Städten Vorstellungen geben wollen, und ihnen solches von dem Magistrate erlaubt wird, so reitet an dem Tage, wo solche Statt haben sollen, ein Trompeter in Galla durch die Straßen der Stadt, und stößt in die Trompete. — Figürlich wird auch ein jeder Neuigkeitskrämer, der das, was er gehört hat, schnell unter die Leute bringt, ein Austrompeter genannt. S. auch Trompetenschall.

Trompeter (Feld-), s. oben, unter Trompete und Trompeter.

—, eine Gebirgsart in Deutschland; so führt ein 1560 Fuß hoher Berg im Nassauischen den Namen Trompeter.

— (Hof-), s. oben, unter Trompete und Trompeter.

— (musikalischer), s. daselbst. Unter dieser Benennung versteht man einen Trompeter, der sein Instrument als Virtuose bläst, überhaupt eine musikalische Ausbildung erhalten hat, Stücke für die Trompete komponirt und arrangirt.

— (Stabs-), s. oben, unter Trompete und Trompeter.

— (Stadt-), s. daselbst.

Trompetergang, ein kleiner Gang vor einem Gebäude, oder auch um einen Thurm, von welchem die Trompeter bei gewissen Feierlichkeiten auf der Trompete blasen. An Höfen wurde von einem solchen Gange aus zur Tafel geblasen. An einem Hause ist es daher der Balkon, und an Thürmen die Gallerie um einen Thurm.

Trompeterschöppenstuhl, s. unter Trompete, S. 632 u. f.

Trompeterstückchen, ein jedes Stück, welches auf der Trompete geblasen werden kann. Ueberhaupt kurze musikalische Stücke, welche eigends für die Trompete gesetzt oder arrangirt worden.

Trompetervogel, Buceros Africanus, eine Art Nashornvogel, welcher in Afrika angetroffen wird, und ein ganz schwarzes Gefieder und die Größe eines Truthahnes hat. Da diese Vögelgattung schon unter Nashornvogel, Th. 101, S. 358 u. f., ist charakterisirt, und einige Arten davon beschrieben worden, so muß dahin verwiesen werden.

Trompeterzug, ein Nebenzug der Orgeln, um die Trompeterstimmen spielen zu lassen.

Trompeuse, Trompöse, ein Stück eines ehemaligen weiblichen Schmuckes.

Trona oder das **Urao,** ein kohlensaures Natron, aber mit weniger Wasser, als das gemeine Natron. Es kommt in nadelförmigen Krystallen und derben Massen von strahligem Gefüge vor, verwittert nicht an der Luft, und ist härter als Soda. Auch einige Aegyptische Natronseen enthalten die Trona, mit Kochsalz wechselnd; vorzüglich aber findet sie sich im Innern der Berberey, namentlich in der Provinz Sukina, und im Thale Lagumilla von Südamerika, und hier ebenfalls in Seen. Es scheint dieses Salz vorzugsweise das Nitrum der Alten gewesen zu seyn, und die Aegypter scheinen es zum Beizen der Leichen um sie zu Mumien vorzubereiten, gebraucht zu haben.

Trono. Tronk, ein Fränzösisches kleines Fahrzeug, mit einer Decke und einem viereckigen Segel.

Tropden, s. Trophäen.

Tropaeolum, nach Linné, der Gattungsname der Indianischen oder Türkischen Kresse, s. unter Kresse, Th. 48, S. 636 u. f.

Trope, s. Tropus.

Tropf. 1, ohne Mehrzahl, auch der Tropfen, ein im Hochdeutschen veraltetes, und nur noch im Oberdeutschen übliches Wort, welches daselbst diejenige Krankheit bezeichnet, welche unter dem Namen des Schlages oder Schlagflusses am bekanntesten ist. Nach Frisch soll diese Krankheit von gewissen Tropfen, guttis, herrühren, die von dem Gehirne fallen; allein diese Ableitung ist, nach Adelung, falsch, obgleich das Italienische Gotta und mittlere Lateinische Gutta, der Schlagfluß, aus einer ähnlichen Mißdeutung entstanden zu seyn scheint. Es ist das Intensivum von treffen, schlagen, wie Schlag von schlagen abstammt. Im

Schwedischen ist Dryp gleichfalls ein Schlag/ν S. Treff und Treffen.

Tropf, 2, Mehrzahl die Tropfen, eine gleichsam mitleidige Benennung eines armen einfältigen Menschen, der sich in einer Verlegenheit weder zu rathen, noch zu helfen weiß. Einige führen Tropf als Schimpfnamen an, und bezeichnen damit einen liederlichen Menschen. Dieses könnte vielleicht in einigen Orten Statt haben; allein die erstere Bezeichnung ist wohl die richtigere; denn immer verbindet sich mit der Anwendung dieses Wortes auf ein Individuum ein gewisser Grad des Mitleides, mithin wäre der hier ausgesprochene Schimpf nur ein gutmüthig gemeinter, der dasjenige Fassungsvermögen eines Menschen betrifft, der bei jeder ihn berührenden Angelegenheit, gleich verblüfft dasteht, und nicht weiß, was er anfangen soll. Auch drückt sich dieser Seelen- oder Geisteszustand schon in den Mienen und Gebärden, ja in der ganzen Körperhaltung und durch die Sprache aus. Man sagt: ein armer, ein elender Tropf. Gleich weint er mit, der arme Tropf (Weiße). — Im Oberdeutschen ist auch das weibliche Geschlecht Tröpfin üblich, welches aber im Hochdeutschen ungangbar ist. Die faule Tröpfin. — Nach Adelungs Anmerkungen zu diesem Worte in seinem großen kritischen Wörterbuche der hochdeutschen Mundart, sehen die meisten Wortforscher diese Bedeutung als eine Figur des vorigen Wortes an, und Frisch erklärt es sehr seltsam und gezwungen von einem Menschen, der sich eher nicht rührt, als bis er nach der Schwere, wie ein Tropfen abfällt. „So künstlich, sagt Adelung, pflegen die Erfinder der Sprachen das Vergleichungsmittel niemals aufzusuchen. Da indessen der Begriff, welchen man mit diesem Worte verbindet, noch nicht so ausgemacht ist, so läßt sich auch die Abstammung nur muthmaßlich bestimmen.

Ist es der Begriff der Faulheit, der Unbehülflichkeit, so kann es ein Intensivum von Traube seyn, so fern es überhaupt eine Masse bedeutet. Kloß, Klotz und andere ähnliche Wörter werden in ähnlichen Figuren gebraucht. Ist aber der Begriff eines leidenden, hülflosen, trübseligen Menschen, der herrschende, so scheint es zu trüben in betrüben, zu dem alten allemannischen thruwen, leiden, dulden, im Angels. throvian, wo auch Trowere, ein Märtyrer ist, zu gehören, von welchem es gleichfalls das Intensivum seyn würde." Im Böhmischen ist Traup, ein Narr, dropet, aber wenig.

Tropfbad, Gießbad, Embrocatio, Stillicidium, in der Arzneykunde, ein Bad, welches man von einer gewissen Höhe tropfenweise herabfallen läßt. Dieses Bad kann nun aus kaltem oder warmem Wasser bestehen, oder auch aus gewissen Abkochungen, z. B. von Kamillen, Flieberblüthen, ꝛc.; s. den Artikel Douchebad und Douchebad, Th. 186, S. 478 u. f.; unter Lähme, Th. 58, S. 837 u. f., und unter Lauchstädt, Th. 65, S. 774 u. f.

Tropfbernstein, Bernstein in Tropfen, oder in kleinen runden Stücken, welche den Tropfen nahe kommen. S. unter Bernstein, Th. 4, S. 243 u. f.; und unter Stein, Th. 181, S. 595 u. f.

Tropfbrunnen, s. Tropfquelle.

Tröpfelgradirung, auf Salzwerken, die Gradirung des Salzes durch lange hohe Dornwände, die in eigenen aus Balken aufgeführten Gebäuden (Gradirhäusern) emporgeschichtet sind, indem man das Salzwasser durch diese Wände heruntertröpfeln läßt. S. unter Salz und Salzsiederey, Th. 132 und 133.

Tröpfeln, ein regelmäßiges Zeitwort, welches das Verkleinerungswort von dem Zeitworte tropfen ist, und, so wie dieses, in doppelter Gestalt gebraucht wird.

Schwedischen ist **Dryp** gleichfalls ein **Schlag**. S.
Treff und Treffen.

Tropf, 2, Mehrzahl die Tropfen, eine gleichsam
mitleidige Benennung eines armen einfältigen Men=
schen, der sich in einer Verlegenheit weder zu rathen,
noch zu helfen weiß. Einige führen Tropf als
Schimpfnamen an, und bezeichnen damit einen lieder
lichen Menschen. Dieses könnte vielleicht in einigen
Orten Statt haben; allein die erstere Bezeichnung ist
wohl die richtigere; denn immer verbindet sich mit der
Anwendung dieses Wortes auf ein Individuum ein ge
wisser Grad des Mitleides, mithin wäre der hier aus=
gesprochene Schimpf nur ein gutmüthig gemeinter,
der dasjenige Fassungsvermögen eines Menschen be=
trifft, der bei jeder ihn berührenden Angelegenheit,
gleich verblüfft dasteht, und nicht weiß, was er anfan=
gen soll. Auch drückt sich dieser Seelen= oder Gei=
steszustand schon in den Mienen und Geberden, ja in
der ganzen Körperhaltung und durch die Sprache
aus. Man sagt: ein armer, ein elender Tropf.
Gleich weint er mit, der arme Tropf (Weiße).
— Im Oberdeutschen ist auch das weibliche Geschlecht
Tröpfin üblich, welches aber im Hochdeutschen un=
gangbar ist. Die faule Tröpfin. — Nach Ade=
lungs Anmerkungen zu diesem Worte in seinem gro=
ßen kritischen Wörterbuche der hochdeutschen Mundart,
sehen die meisten Wortforscher diese Bedeutung als
eine Figur des vorigen Wortes an, und Frisch er=
klärt es sehr seltsam und gezwungen von einem Men=
schen, der sich eher nicht rührt, als bis er nach der
Schwere, wie ein Tropfen abfällt. „So künstlich,
sagt Adelung, pflegen die Erfinder der Sprachen
das Vergleichungsmittel niemals aufzusuchen. Da
indessen der Begriff, welchen man mit diesem Worte
verbindet, noch nicht so ausgemacht ist, so läßt sich
auch die Abstammung nur muthmaßlich bestimmen.

Herabfallens eines Tropfens selbst. Mit andern in= tensiven Suffixis kommt bei dem Willeram troffe= zen, und in einigen Oberdeutschen Gegenden noch jetzt tropfnen für tropfen vor.

Tropfen, Diminut. Tröpfchen und Tröpflein, ein kleiner Theil eines flüssigen Körpers, welcher die Ge= stalt einer Kugel, öfters aber die einer Weinbeere an= nimmt, das heißt, etwas ins Ovale sich zieht. Alle flüssigen Körper zertheilen sich in Tropfen, oder bil= den Tropfen, wenn sie sich an irgend einen Gegen= stand anhängen und von demselben langsam abfallen, so bilden sie, ehe sie herab fallen, Tropfen; so z. B. von den Zweigen der Bäume, von Grashalmen ꝛc. Fallen diese Tropfen auf Gegenstände, die eine etwas rauhe Oberfläche haben, oder auch mit feinem zarten Staube bedeckt sind, so erhalten sie sich, wie z. B. auf Kohlblättern, oder auf mit dem Samen des Bärlapp (Semen Lycopodii) bestreueten Körpern, weil hier das Zusammenhängen mit einem andern Körper verhin= dert wird, wird aber das Blatt abgewischt, oder der Staub herabgefegt, so zerfließt der Tropfen, weil er dann mit dem Blatte oder dem Körper, worauf er ge= fallen ist, inniger zusammenhängt, als seine Theile unter sich zusammenhängen. Woher die Rundung des Tropfens kommt, oder dessen Zusammenhalten zu ei= nem runden Körper, darüber sind die Meinungen der Naturforscher lange getheilt gewesen; denn Einige wollten sie von dem Drucke der Luft, die jeden Kör= per umgiebt, Andere von dem Zusammenhange der Theilchen zu einander, und von der Anziehung herlei= ten, und diese Letztern haben das Feld behalten. Die kugelförmige Gestalt ist auch, nach der Erfahrung, die vortheilhafteste zum Zusammenhalten der Theile, in= dem sich in solcher die Punkte einander am wenigsten berühren, und auch auf allen Seiten gleich viel Ma= terie angetroffen wird. Man hat auch mit Wasser und

1) Als ein Neutrum mit dem Hülfsworte haben, in kleine Tropfen herunterfallen. Das Blut tröpfelt aus der Wunde. Es wird regnen, denn es tröpfelt schon. — 2) Als ein thätiges Zeitwort, in Gestalt kleiner Tropfen fallen lassen. Eine Arzney auf Zucker tröpfeln. Sie tröpfelte Hoffmannstropfen auf Zucker. Mit Fett beträpfeln. So auch das Tröpfeln. Im Niederf. druppeln, drüppeln, im Engl. dribble. Es ist das Intensivum von träufeln, wie tropfen von traufen. S. diese Wörter.

Tropfen, ein regelmäßiges Zeitwort, welches in doppelter Gestalt vorkommt. 1) Als ein Neutrum oder Zeitwort der Mittelgattung, mit dem Hülfsworte haben. In Gestalt der Tropfen herabfallen, von flüssigen Körpern. Das Blut tropft aus der Wunde. Es wird regnen, denn es tropfet schon. Sprichw. Wenn es auf die Herren regnet, so tropft es auf die Knechte. Es wird auch nach einer gewöhnlichen Figur von dem Körper gesagt, von welchem der flüssige tropft. Die Dächer tropfen. Ihm tropft die Nase, oder die Nase tropft ihm. Die Reben tropfen. Die blutende Wunde tropft noch am geschossenen Wilde. Die Rinne tropft von dem zerschmelzenden Schnee. — 2) Als ein Activum oder thätiges Zeitwort, in Gestalt der Tropfen fallen lassen oder Tropfen fallen lassen. Arzney auf Zucker, in Wasser tropfen. Fett auf den Braten tropfen. Flüssigkeiten auf leidende Glieder des Körpers tropfen lassen; beim Tropfbade. So auch das Tropfen. — Bei dem Notker tropheo, im Niedersächs. druppen, im Schwed. drypa, im Isländ. dropa, im Angelf. drypan. Es ist, nach Adelung, das Intensivum von traufen und triefen, und mit denselben eine Onomatopöie des

Herabfallens eines Tropfens selbst. Mit andern intensiven Suffixis kommt bei dem Willeram trollezen, und in einigen Oberdeutschen Gegenden noch jetzt tropfnen für tropfen vor.

Tropfen, Diminut. Tröpfchen und Tröpflein, ein kleiner Theil eines flüssigen Körpers, welcher die Gestalt einer Kugel, öfters aber die einer Weinbeere annimmt, das heißt, etwas ins Ovale sich zieht. Alle flüssigen Körper zertheilen sich in Tropfen, oder bilden Tropfen, wenn sie sich an irgend einen Gegenstand anhängen und von demselben langsam abfallen, so bilden sie, ehe sie herab fallen, Tropfen; so z. B. von den Zweigen der Bäume, von Grashalmen 2c. Fallen diese Tropfen auf Gegenstände, die eine etwas rauhe Oberfläche haben, oder auch mit feinem zarten Staube bedeckt sind, so erhalten sie sich, wie z. B. auf Kohlblättern, oder auf mit dem Samen des Bärlapp (Semen Lycopodii) bestreueten Körpern, weil hier das Zusammenhängen mit einem andern Körper verhindert wird, wird aber das Blatt abgewischt, oder der Staub herabgefegt, so zerfließt der Tropfen, weil er dann mit dem Blatte oder dem Körper, worauf er gefallen ist, inniger zusammenhängt, als seine Theile unter sich zusammenhängen. Woher die Rundung des Tropfens kommt, oder dessen Zusammenhalten zu einem runden Körper, darüber sind die Meinungen der Naturforscher lange getheilt gewesen; denn Einige wollten sie von dem Drucke der Luft, die jeden Körper umgiebt, Andere von dem Zusammenhange der Theilchen zu einander, und von der Anziehung herleiten, und diese Letztern haben das Feld behalten. Die kugelförmige Gestalt ist auch, nach der Erfahrung, die vortheilhafteste zum Zusammenhalten der Theile, indem sich in solcher die Punkte einander am wenigsten berühren, und auch auf allen Seiten gleich viel Materie angetroffen wird. Man hat auch mit Wasser und

Quecksilber mehrere Versuche dieserhalb angestellt.
Bringt man zum Beispiel einen Tropfen Quecksilber
auf eine Glasscheibe, oder einen Wassertropfen auf
eine Talgscheibe, so wird sowohl der Quecksilbertropfen, als der Wassertropfen rund bleiben, und Ersterer sich nicht an die Glasscheibe, so wie Letzterer sich
nicht an die Talgscheibe anhängen.   Man darf aber
hieraus nicht den Schluß machen, daß sich zwischen
dem Quecksilber und Glase, so wie zwischen dem Wasser und Talge, keine Zusammenhangskraft befinde,
ja sich sogar eine zurückstoßende Kraft offenbare; denn
das Benetzen des festen Körpers geschieht bloß deshalb in diesen Fällen nicht, weil die Theile der Flüssigkeit mit einander mehr zusammenhängen, als mit
den Theilen des festen Körpers; folglich können sie
auch nicht durch ihren Zusammenhang mit festen Körpern aus dem stärkern Zusammenhange ihrer eigenen
Theile untereinander gebracht werden; denn hat gleich
das Glas, wie das Fett, etwas Abstoßendes gegen
die genannten Körper, so trägt es doch nichts zu der
Kugelgestalt derselben bei; denn jeder Tropfen könnte
eben so leicht zerfließen, wenn er sich auch nicht mit der
Masse vermischt, auf der er sich bewegt, und hier einen
Widerstand findet. Wenn ein Wassertropfen nicht auf
einem mit Fett bestrichenen Holze zerfließt, so wenig
ein Quecksilbertropfen auf Glas, Stein oder Holz,
so rührt dieses von dem innigen Zusammenhange ihrer Theile her, die eine stärkere Anziehung zu einander haben, als zu der Materie, worauf sie sich bewegen.   Dasselbe ist der Fall mit dem schon oben angeführten Samen des Bärlapp, auch Hexenmehl genannt; denn man bestreuete ein Brett ganz mit diesem Mehle, und brachte einen Tropfen Wasser darauf; er zerfloß nicht, behielt seine runde Gestalt, ohne
das Brett zu benetzen, und lief darauf hin und her,
wie eine feste Kugel.   So bleiben Wassertropfen, die

man auf Schreibpapier vermittelst der Fahne einer
Federspule bringt, stehen, ohne sich zu zertheilen; ja
wenn man die mit Wasser benetzte Fahne der Feder
darauf ausschlägt, so bilden sich darauf mehrere kleine
Tropfen, gleich Perlen, und dieses Alles vermöge ih=
res innigern Zusammenhanges zu sich selbst, als zu
dem Papiere, worauf sie gebracht worden, und dann
auch wegen der Abstoßungsfähigkeit der entgegenge=
setzten Masse rc. — Thautropfen, wenn sich die
Feuchtigkeit des Thaues in kleine Kugeln auf den Ge=
wächsen vereiniget. Ein Tropfen Wasser, Wein,
Oel. Es regnet große Tropfen. — Figürlich
braucht man dieses Wort, 1. eine sehr geringe Quan=
tität eines flüssigen Körpers zu bezeichnen. Ich habe
heute noch keinen Tropfen getrunken, noch
gar nichts getrunken. Es ist kein gesunder Tro=
pfen Blut in ihm; auch es ist kein Tropfen
Blut in ihm, wenn Jemand eine blasse Gesichts=
farbe hat, oder am Obertheile des Körpers ganz kalt
ist. Ein Tröpfchen Wein trinken, ein wenig. —
Die Tropfen im Plural oder in der Mehrzahl bezeich=
nen nicht nur eine flüssige Arzney, sondern auch Li=
queure oder gebrannte Wasser führen diesen Namen,
wenigstens mehrere derselben; wahrscheinlich, weil
man sie früher auch tropfenweise, wie eine Arzney,
einnahm. Daher Tropfen einnehmen, Magen=
tropfen, Brusttropfen, Lebenstropfen rc. —
Man giebt gewöhnlich allen flüssigen Arzneyen, die
zum innerlichen Gebrauche in geringen Dosen oder
tropfenweise verordnet werden, überhaupt den Na=
men der Tropfen, daher begreift derselbe nicht bloß
die Tinkturen, Essenzen und Elixire, sondern auch die
Spiritus rc., die der Arzt tropfenweise einzunehmen
befiehlt, und daher haben auch einige Liqueure und
Branntweine den Namen der Tropfen erhalten, wie
z. B. bittere Magentropfen, Kurfürstliche

Magentropfen rc., weil sie nur in Spitzgläschen, gleichsam tropfenweise, zur Stärkung des Magens, genommen, also nicht wie andere Liqueure und Branntweine getrunken werden. Man zeichnet in der Arzneykunde jedoch einige Flüssigkeiten aus, die man vorzugsweise Tropfen nennt, z. B. Hoffmannstropfen (Liquor anodynus mineralis Hoffmanni), deren Bereitung unter Naphtha, Th. 101, S. 229 u. f. angeführt worden; s. auch Schwefeläther, Th. 150, S. 574, und schmerzstillender Liquor, Th. 146, S. 711 u. f., wo noch einige Bereitungsarten dieser Tropfen vorkommen; de la Mottische Tropfen, s. unter Schwefeläther, Th. 150, S. 575 u. f., und unter Tinktur, Th. 185, S. 55 u. f.; Rabels Tropfen, aus Vitriolöl oder Schwefelsäure und Weingeist bestehend; s. Rabel's Liqueur oder Wasser, Th. 120, S. 226 u. f.; Hallers saure Tropfen, Elixir Vitrioli acidum Halleri, s. daselbst, S. 227. Der Leibmedikus Zimmermann hat diese Tröpfen zu Anfange des 1770ger Jahre in den Apotheken Hannövers eingeführt, und sich bei dem Gebrauche derselben in seiner Praxis immer des besten Erfolges zu versprechen gehabt, besonders bei Nervenübeln des zweiten Geschlechts. Er gab in Wasser zwölf, funfzehn, auch mehrere Tropfen Schwefelsäure (Vitriolöl), mit gleichen Theilen Alkohol gehörig vermischt, zweimal am Tage. Dieses Mittel mußte anhaltend gebraucht, und dabei viele Bewegung gemacht werden. Die Kur glückte bei mehreren Frauenzimmern, sowohl bei Matronen, als jungen Mädchen, auch insbesondere in der Schwermuth. Bei einer äußerst empfindsamen Dame, welche die schrecklichsten Kopfschmerzen litt, auch bei andern Frauenzimmern aus der untersten Klasse des Volks, wurden diese durch den Gebrauch dieser Tropfen gehoben. „Man hat diese Tropfen, sagt ein Schriftstel-

ler, sehr verläumdet; es ist wahr, sie können Löcher in
die Manschetten fressen, aber gewiß keine in den Magen." — Auch die Dippelschen Tropfen bestehen aus einem Theile Schwefelsäure, und sechs bis
acht Theilen Weingeist, welcher mit Safran oder
Scharlachkörnern gefärbt worden. Diese Tropfen
werden nicht nur in Gicht und Verstopfung der Mo-
natszeit, sondern auch als ein fäulnißwidriges, küh-
lendes, harn= und griestreibendes Mittel empfohlen;
s. auch Th. 120, S. 227. Magentropfen, s. unter Magenarzney, Th. 82, S. 225. In so weit
die Tinkturen, Essenzen und Elixire in der
Medizin tropfenweise zu nehmen vorgeschrieben worden, kann man auch diese hierher zählen. S. den
Art. Tinktur, Th. 185, S. 46 u. f. Hierher kann
man nun auch noch verschiedene destillirte oder gebrannte Wasser zählen, die auch mit dem Namen
Tropfen belegt worden sind, weil sie arzneyliche Eigenschaften besitzen, und in gewissen Krankheiten als
Heil= oder Präservativmittel dienen sollen. Hier
einige dieser Tropfen und deren Bereitungsart. —
Bittere Tropfen von der stärksten Art. Man
nehme vier Hände voll Wermuthsknospen, zehn Hände
voll Tausendgüldenkraut; Kardobenedikten, Lachen-
knoblauch und Fieberklee, von jedem zwei Hände voll;
acht Loth Enzianwurzel, zwei Loth Angelika und zwölf
Loth bittere Pomeranzen. Die Kräuter werden zerhackt, und die übrigen Ingredienzien zerstoßen, und so
in zehn bis zwölf Quart Spiritus vier bis fünf Wochen lang geweicht; dann durchfiltrirt, sieben bis acht
Quart Spiritus nachgegossen, und mit acht Quart
reinen kalten Brunnenwassers gestellt. Will man nun
diesen Tropfen eine schöne rothe Farbe geben, so mische man unter obige Ingredienzien vor der Digerirung ein Pfund Blaubeeren oder Besinge. Diese
Tropfen bleiben ohne Zuckerzusatz, und werden nur

bei Uebelkeiten, Koliken, und selbst im Fieber, mit
Nutzen empfohlen, wobei man andere Getränke nach-
trinken kann. — Bittere Tropfen oder Lübbensche Magenessenz. Man nehme Wermuth, Tausendgüldenkraut, Karbobenediktenkraut, Lachenknob-
lauch, Wasserklee, von jedem fünf Hände voll, sechs
Loth Enzianwurzel, sechs Loth Fieberrinde, sechs Loth
Angelika, fünf Loth Pomeranzenschalen und vier Loth
Citronenschalen; Alles zerhackt und zerstoßen, in zehn
bis eilf Quart Spiritus geweicht, drei Wochen digeriren lassen, durchgeseihet, und zwanzig Quart Spiritus zugegossen, gut untereinander geschüttelt, und
bis zur Lieblichkeit gesüßt, welches mit einer Auflösung von Zucker in Wasser geschieht. Das Verhältniß des Zuckers zum Wasser ist auf zwei Pfund Zuk-
ker drei Quart Wasser, und des Zuckerwassers zum
Spiritus, der hier abgezogen worden, ein halbes
Quart Zuckerwasser zu einem Quarte Spiritus. Sie
haben den Namen von der Stadt Lübben im Regie-
rungsbezirke Frankfurt an der Oder, wo sie zuerst bereitet wurden. — Wermuthstropfen. In eine
Phiole thue man sechzehn Loth klein zerschnittenen grünen Wermuth, das heißt, nur die obersten Spitzen
davon, acht Loth kleine unreife Pomeranzen, vier Loth
Kalmus, zwei Loth Gewürznelken, zwei Loth Zim-
metblüte, und ein halbes Loth Macisnüsse; zerschneide
und zerstoße Alles, gieße vier Maaß Spiritus vini
darauf, setze die Phiole in eine Sandkapelle, und lasse
sie in Digestion vierundzwanzig Stunden stehen. Man
lasse nun das Ganze durch ein flanellenes Colatorium
laufen, setze dann sechs Pfund braunen Farin (Zucker),
in vier Maaß Wasser aufgelöset, hinzu, und lasse es
sich gehörig mischen. Diese Tropfen werden spitzgläschenweise getrunken. — Magensilbertropfen.
Man nehme Enzian, Teufelsabbiß, Angelika, Gal-
gantwurzel, von jedem zwei Loth; Zittwer, Kalmus,

von jedem ein Loth; Alles klein zerschnitten und zer=
hackt, vier Wochen in Spiritus geweicht, mit zwölf
Quart Spiritus destillirt, und, nach der Schärfe des
Spiritus, vier Quart kaltes Brunnenwasser hinzuge=
than. Von diesen unversüßten Tropfen giebt man al=
ten Personen vierundzwanzig bis dreißig Tropfen in
Branntwein, Kindern aber nur zwölf Tropfen auf
Zucker; sie sind gegen Fieber und sonstige kränkliche
Anfälle sehr gut. — Magentropfen. Man nehme
zwei Loth Kalmuswurzel, ein Loth Galgant, ein Loth
Veilchenwurzel, zwei Loth Krausemünze, zwei Loth
Wermuth, vier Loth Wachholderbeeren, zwei Loth Fen=
chelsamen, acht Loth grüne Pomeranzen, zwei Loth
Macisnüsse, zwei Loth Gewürznelken, zwei Loth Zim=
metblüte, und eine Hand voll Salz. Alles wird zer=
schnitten und zerstoßen, in eine Blase gethan, sechs
Maaß des stärksten Spiritus (Spiritus vini rectifi-
catissimus s. dephlegmatissimus), und zwei Maaß
Wasser darauf gegossen, und abgezogen. Der abge=
zogene Spiritus wird mit zwei Pfund Zucker, der in
einem Maaße Rosenwasser, einem halben Maaße
Orangen=, und in anderthalb Maaßen Quellwas=
ser aufgelöset worden, vermischt, und dann filtrirt.
Diese Tropfen werden spitzgläschenweise getrunken,
und sind ein gutes Magenmittel. — Grunewald=
sche Tropfen. Man nehme zwölf Loth trockene
kleine Pomeranzen, vier Loth dünn ausgeschnittene
trockene Pomeranzenschalen, ein Loth Gewürznelken,
zwei Loth Kardobenediktenkraut, ein Loth Galgant=
wurzel, ein Loth Ingber oder Ingwer, ein Loth En=
zianwurzel, ein halbes Loth weißen Pfeffer, und ein
Loth Cascarille. Diese Species werden zerschnitten und
zerstoßen in eine gläserne Glocke gethan, welche vier
Quart und darüber Flüssigkeit faßt, und darauf zwei
Quart Spiritus vini gegossen. Man läßt das Ganze
nun vier Wochen lang digeriren, welches an der Sonne

oder auf einer warmen Stelle des Herdes geschehen
kann, wobei es öfters geschüttelt werden muß, damit
die Digerirung durch den Spiritus um so besser geschehen könne. Nach der bestimmten Zeit wird der
Spiritus in eine andere Glocke durch ein flanellenes
Colatorium abgegossen, noch zwei Quart frischen Spiritus, und ein Loth Hoffmannstropfen dazu gethan,
und ein Paar Tage an der Sonne oder auf einer
warmen Stelle des Herdes stehen gelassen; hierauf
gieße man anderthalb Quart Zuckerwasser dazu. Man
koche nämlich zwei Pfund Zucker mit anderthalb Quart
Wasser, und thue von diesem abgekochten Zuckerwasser, nachdem es durchgegossen worden, anderthalb
Quart zu dem abgeklärten Spiritus. Diese Tropfen
dienen den Magen zu erwärmen, und auch bei feuchtem Wetter gegen rheumatische Uebel 2c.

In der Conchylienkunde führen mehrere Conchylien den Namen Tropfen; so einige Porzel-
lanen (Cypraea), z. B. das Weltauge, Cypraea
stercoraria, wird auch der Wassertropfen genannt,
so auch mehrere Abänderungen der Tieger-Por-
zellane (Tigris); s. unter Porzellane, Th. 145,
S. 572 und 577 u. f.; dann eine Art Voluten
(Voluta), wie z. B. die blauen Tropfen und die
schwarzblauen Tropfen mit violetter Mündung.

Tropfen (balsamische), nicht nur Tropfen, welche
eine den Balsamen gleichende Eigenschaft haben, sondern auch die Balsame selbst, welche tropfenweise zu
nehmen vorgeschrieben werden, wie der Peruvianische
und der Copaivbalsam. Die balsamischen Tropfen
kommen in den Apotheken vor, werden in denselben
bereitet, und dienen als Arzney oder Magen stärkende
Elixire; s. unter Balsam (künstlicher), Th. 3,
S. 468 u. f.

Tropfen (Bestuscheff'sche Nerven=), s. unter Schwefeläther, Th. 150, S. 575.

— (bittere), s. oben, S. 665 u. f.

— (blaue), eine Conchylie, s. das., S. 668.

— (Bluts=), s. das., S. 663.

— (Brust=), Brustelixir. Man nehme ein Quentchen Benzoeblumen, eben so viel Mohnsaft, zwei Skrupel Kampher, und ein halbes Quentchen Anisöl, gieße darauf zwei Pfund von gereinigtem Weingeiste (Spiritus vini rectificat.), lasse ihn vier Tage lang in einem verschlossenen Gefäße bei gelinder Wärme darüber stehen, und seihe ihn durch. Ein sehr gutes Mittel in Brustkrämpfen, das in jedem Lothe beinahe ein Gran Mohnsaft enthält. — Anistropfen. Man nehme Aland, Citronenschalen und Süßholz, von jedem zwei Loth; drei Loth Fenchel, und vier Loth Anis, zerschneide und zerkleinere Alles, und lasse es vierzehn Tage lang mit zwei Quart Spiritus digeriren; dann ziehe man den Spiritus in eine andere große Flasche (Glocke) ab, gieße sechs Quart frischen Spiritus dazu, und destillire es noch vier und zwanzig Stunden im Sandbade. Man koche nun sechs Pfund feinen Zucker mit neun Pfund Wasser, seihe es durch, und mische es zu dem Spiritus; dann noch vier Pfund kaltes Wasser. Diese Tropfen werden spitzgläschenweise getrunken, und sind ein gutes Lösungsmittel des Schleimes von der Brust, wenn man sie langsam herunterschlürft. — Auf eine andere Art, wie sie in Chemnitz fabricirt werden. Man nehme weißen Andorn, Isop, Salbey und Majoran, von jedem eine Hand voll; Kruzianwurzel, Alandwurzel und Huflattigwurzel, von jeder eine halbe Hand voll; Engelsüß, Violenwurzel, Süßholz, Wachholderbeeren, Lorbeeren, rothe Brustbeeren, dergleichen schwarze, präparirte Meerzwiebeln, Römischen Nesselsamen und Basiliensamen, von jedem eine halbe Hand voll; Fenchelsamen, Datteln und Feigen, von jedem drei Loth; süße Mandeln und Zimmet, von jedem ein Loth; Kardamom, Nelken, von jedem ein halbes Loth; weißen Zucker, viertehalb Loth. Dieses Alles wird klein zerschnitten, gehackt und zerstampft; dann drei Wochen, wie gewöhnlich, geweicht, und mit sechzig Quart Spiritus destillirt; hierauf nach dem vorigen Verhältnisse mit Zucker versüßt, und mit kaltem Wasser gestellt. Die Behandlungsart im Fabriciren ist, wie bei dem vorhergehenden angeführt worden; so auch der Gebrauch. — Danziger Brusttropfen. Nimm vier Loth Isop, acht Loth Engelsüß, acht Loth Fenchel, acht Loth Anis, sechs Loth Coriander, eine Hand voll Salz, vier Maaß Spiritus vini, und ein Maaß Wasser, und lasse dieses Alles im Sandbade destilliren; dann wird es mit drei Pfund in vier Maaß Wasser aufgelösetem Zucker versüßt, mit dem abgezogenen Spiritus vermischt, und filtrirt.

Tropfen (Churfürstliche Magen-), ein Liqueur, welcher einen angenehmen bittern Geschmack hat, und zur Erwärmung des Magens dient; daher gleichsam nur tropfenweise aus Spitzgläschen getrunken oder genossen wird.

—, in der Conchylienkunde, s. oben, unter Tropfen, S. 668.

— (Dippelsche), s. daselbst, S. 665.

— (Grunewaldsche), s. das., S. 667.

— (Hallersche saure), s. das., S. 664.

— (Hoffmanns-), s. daselbst.

— (Lebens-), Lebenselixir, Magentropfen, von erwärmender, ja erhitzender Eigenschaft, die zur Verlängerung des Lebens dienen sollen. Sowohl Paracelsus, als Cagliostro, haben dergleichen Lebenstropfen oder Lebenselixire erfunden, und damit

zu ihrer Zeit viel Aufsehen erregt; allein die Wirkun=
gen dieses Mittels sind eher lebensverkürzend,
als lebensverlängernd; denn beide Erfinder der
Lebenstropfen oder Elixire haben ihr Alter nicht hoch
gebracht; Ersterer starb im funfzigsten Jahre seines
Alters, und der Letztere im zweiundfunfzigsten im Ge=
fängnisse zu St. Leo im Kirchenstaate; mithin haben
die Erfinder dieser Tropfen es durch die eigene Kürze
ihres Lebens bewiesen, daß ihre Erfindung kein Ver=
längerungsmittel des Lebens ist.   Diese Tropfen sol=
len ein den Hoffmannstropfen ähnlicher Liquor seyn.
S. auch unter Leben, Th. 66, S. 785.

Tropfen (Lübbensche bittere), s. oben, unter Tro=
pfen, S. 666.

— (Magen=), s. daselbst, S. 663, 665 und 666.

— (Magensilber=), s. daf., S. 666.

— (de la Mottische), s. daf., S. 664.

— (Nerven=), s. Tropfen (Bechtuscheff'sche
Nerven=).

— (Nabels=), s. oben, unter Tropfen, S. 664.

— (Reben=), s. daselbst, S. 663.

— (Regen=), s. daselbst.

— (saure), s. daf., S. 664.

— (schmerzstillende), s. daselbst.

— (schwarzblaue), s. daf., S. 668.

—, in der Sprachkunst, s. daf., S. 661.

— (Thau=), s. daf., S. 663.

— (Ward's), Ward's weiße Tropfen, D. Ward's
white drops, welche aus den Krystallen bestehen, die
aus der Auflösung von vier Unzen Quecksilber in sech=
zehn Unzen eines sehr starken, höchst reinen, und durch
sieben Unzen von flüchtigem Alkali in eine Art von
flüssigem salpetrichten Ammoniakalsalze verwandelten
Scheidewassers, nach geschehener Erhitzung, durch Ab=
kühlen im Keller erhalten werden, wenn man näm=

lich ein Pfund von denſelben in drei Pfund Roſen-
waſſer auflöſet.

Tropfen (Waſſer-), ſ. oben, unter T r o p f e n,
S. 662.

— (weiße), ſ. Tropfen (Hoffmanns-), und
Ward's weiße; oben, im Regiſter.

— (Wermuths-), ſ. oben, unter T r o p f e n,
S. 666.

Tropfendattel, eine Conchylie, die zu den Voluten gezählt wird; ſ. oben, S. 668.

Tropfenſchwamm, Tropfenſchwämme, Hydro-
phori, ſ. unter S ch w a m m, Th. 150, S. 98.

Tropfgläſer, Vexiergläſer, ſ. Th. 18, S.
762 u. ſ.

Tropfhahn, in den Salzwerken, auf den Gradirwerken, ein' Hahn mit ſeinem Tropfzapfen in dem
Tropftroge, aus welchem die Soole, welche gradirt
werden ſoll, abtröpfelt; ſ. unter Salz und Salzſiederey, Th. 132 und 133.

Tropfkaſten. Tropftrog, in den Salzſiedereyen,
der Behälter, Sumpf, oder vielmehr Kaſten, der auf
der oberſten Gradirwand in einem Gradirwerke ſteht,
mit Hähnen und mit Rinnen, die Einſchnitte haben,
verſehen iſt, aus denen die von den Pumpen oder
Saugwerken hinaufgebrachte Soole abtröpfelt, und
durch die Wand des Gradirwerks in den obern Sumpf
fällt, welcher zugleich der Tropfkaſten für die untere
Wand iſt, und deshalb gleichfalls Rinnen vor ſich hat.
S. auch unter Salz und Salzſiederey, Th. 132
und 133.

Tropfkraut, ſ. Engelſüß, Th. 11, S. 13 und 14.

Tropfnaſe, ein Stichelwort, womit man Jemanden bezeichnet, deſſen Naſe immerwährend tropft, aus welcher immer Waſſer rinnt, beſonders eine Schnupfta-

backsnase, von der braune Tropfen, gleich dem Kaffeewasser an Farbe, herabfallen.

Tropfpfanne, im Hüttenwerke, eine von Blech verfertigte Pfanne, die bei einer neuen Zinnpfanne, um solche zu probiren, untergesetzt wird. Es ist ein längliches Viereck, an dem einen Ende mit einem hohlen aufgebogenen Schwanze, und rundherum mit einem 2 Zoll hohen Rande versehen.

Tropfpunkt, Coccinella guttatopunctata, eine Art Marienkäfer, dessen Flügeldecken mit tropfenartigen Punkten besetzt sind.

Tropfquelle, eine Quelle, welche tropfenweise rinnt, wie es z. B. mehrere Quellen der Art in England giebt, die zugleich die Gegenstände, die das Wasser berührt, mit einer steinernen Rinde umziehen oder incrustiren, indem das Wasser aufgelösete Kalk- oder Gypstheile enthält. Eine der merkwürdigsten Quellen von dieser Beschaffenheit ist in England die Tropfquelle zu Knäresborough (Marktflecken in Yorkshire, neun Meilen von Harwood). Sie entspringt am Fuße eines Kalksteinfelsens, in geringer Entfernung von den Ufern des Flusses Nid, läuft etwa 60 Fuß weit, dann theilt und verbreitet sie sich über den Gipfel des Felsens, von welchem sie an 30 bis 40 Stellen in einen zu diesem Zwecke gemachten Kanal fällt. Jeder Tropfen giebt einen musikalischen Ton, was, den Vermuthungen nach, daher rühren soll, daß der Felsen oben ungefähr 15 Fuß weiter hervorragt, und eine Höhlung bildet. Dieser Felsen, der ungefähr 30 Fuß hoch, 48 Fuß lang, und zwischen 30 bis 50 Fuß breit ist, trennte sich im Jahre 1704 von dem Felsenlager durch eine 5 bis 9 Fuß breite Kluft, über welche das Wasser jetzt durch eine für diesen Zweck errichtete Wasserleitung geführt wird. Er ist mit Immergrün und allerlei Gesträuchen bewachsen, was sehr viel zur Ver-

schönerung dieses reizenden Naturspiels beiträgt. Dieser Quell wird auch Tropfbrunnen (dropping-
well) genannt.   Vogelnester und dergleichen Gegenstände, in das ausgehöhlte Becken gelegt, versteinern
sehr bald, oder vielmehr es zieht sich eine steinartige
Kruste durch das herabtröpfelnde Wasser herum.

Tropfrinnen, welche sich in den Gradirhäusern auf
Salzwerken in dem Gradirtroge oder Kasten in ziemlicher Anzahl eine neben der andern befinden, und in
ihrem Boden viele kleine Löcher oder Ritzen haben,
wodurch die Soole, die in den Kasten oder Trog gelassen worden, durch diese Löcher zwischen die Dornen
tröpfelt. S. Tropfkasten und Tropftrog.

Tropfschwefel, Schwefeltropfen, im Hüttenbaue, derjenige Schwefel, welcher bei dem Rösten
des Bleyerzes am Roste zusammentropft, verderbt
Tripschwefel, Triebschwefel.

Tropfstein, Wallstein, Kalksinter, faseriger
Kalk, Stalactit, Stalagmit, Stalactites, Sta-
lagmites, Stiria fossilis, Stiria lapidea; Fr. Sta-
lactite; s. unter Stein, Th. 171, S. 577 u. f.
Den Namen Tropfstein hat er daher erhalten, weil
ihn das in einzelnen Tropfen herabtröpfelnde Wasser
gleichsam erzeugt, und da dieses Wasser durch die
Ritzen der Felsen hindurchdringt oder sintert, und dabei noch viele Kalktheilchen enthält, so wird er Sinter und von Lesser Steinsinter genannt, von den
neueren Mineralogen Kalksinter. Der Name
Wallstein, den schon von Boodt als ein bekannter
Deutscher Name angeführt wird, weiset darauf hin,
daß er sich auch in alten Mauern, wie die Wälle an
den Festungen sind, zu bilden pflegt. Die Namen
Stalactit und Stalagmit kommen von dem
Griechischen Worte σταλαω, ich tröpfle oder träufle, her,
also ein Stein, der sich tropfenweise erzeugt, ein
Tropfstein. Die andern Benennungen erklären sich

von selbst, indem sie von seinen Bestandtheilen ge=
nommen worden. Der Tropfstein kommt auch unter
dem Namen Rindenstein vor, weil er sich auch wie
eine Rinde anzulegen pflegt. Der Unterschied, den
man in früheren Schriften unter Stalactiten und
Stalagmiten findet, nämlich, daß die Ersteren die
Gestalt eines Zapfens, die Letzteren aber eine runde
Gestalt annehmen, ist unwesentlich; auch wußten die
Alten davon nichts; denn Plinius berichtet (Hist.
natur. Lib. 34, Cap. 32) als eine bekannte Sache,
daß diejenigen Körper, die wie Eiszapfen gebildet
wären, Stalagmia genannt würden. Die neueren
Mineralogen haben diesen Unterschied auch von kei=
ner Erheblichkeit gefunden, indem der Tropfstein sich
nach der Beschaffenheit des Ortes bilde, und daher
diese oder jene Gestalt annehmen könne, ohne da=
durch aufzuhören, dasselbe Gebilde in Beziehung auf
seinen Gehalt zu seyn, es ist immer Kalksinter; denn
in den Höhlen, worin sich der Tropfstein bildet, sind
die Figuren größer bei häufigeren Tropfen, die herab=
fallen, dagegen kleiner, wo sie nur sparsam fallen.
Die Entstehung der Tropfsteine ist folgende: In Ge=
genden, wo über unterirdischen Klüften und Höhlen
Kalkflöße oder große Lagen von kalkartigen Erden und
Steinen liegen, wo sich das Regenwasser und andere
Flüssigkeiten von oben in den Erdboden einziehen und
auf die Kalkflöße kommen, werden von diesen mehr
oder weniger aufgelöset, und diese mit Kalktheilen ge=
schwängerten Auflösungen dringen dann, vermöge ih=
rer Schwere, durch die Spalten, Ritzen und andere
Oeffnungen der Kalklager, bis sie die Decken der dar=
unter befindlichen Höhlen erreichen. Hier hängen sie
sich in Gestalt der Tropfen an, welche, wenn sie durch
den ferneren Zufluß vermehrt werden, von Zeit zu
Zeit herabtröpfeln oder auch an den Wänden der
Höhlen herabfließen. Das Wasser, den Luftzügen in

den Höhlen ausgesetzt, verdunstet nun allmählig, und
die aufgelöseten Kalktheilchen bleiben zurück, und ver-
härten zu einer Art von sehr festem Steine, der sich
an dem Boden und an den Wänden der Höhlen in
tausend verschiedenen Gestalten nach und nach gerade
so ansetzt, wie Eiszapfen an den Dächern gebildet und
vergrößert werden. An Stellen, wo das Durchsintern
dieses mit Kalktheilen geschwängerten Wassers sehr
stark ist, und solches häufig auf den Boden herab-
tröpfelt, bilden sich in kurzer Zeit große Säulen und
Pfeiler von dem Boden der Höhle bis zur Decke derselben, die diese gleichsam zu stützen scheinen; dann
bilden sich auch andere Formen, die mit Menschen,
Thieren und anderen Kunstgebilden eine nähere oder
entferntere Aehnlichkeit haben, und wobei die Einbildungskraft, wie sich ein Schriftsteller sehr richtig ausdrückt, das Fehlende ersetzt, welches in den schon
Th. 171, S. 578, angeführten Höhlen der Fall ist,
besonders aber in der berühmten Baumannshöhle,
und noch mehr in der bewunderungswürdigen Tropf-
steinhöhle bei Slains in Nordschottland, in welcher
die Säulen und Figuren, die der Sinter gebildet hat,
einen erstaunenswürdigen Anblick darbieten. — Man
kann die kalkartige Natur des Tropfsteins sehr leicht
daran erkennen, wenn man Scheidewasser oder Sal-
petersäure darauf tröpfelt, wodurch sehr bald ein Aufbrausen entsteht, woran sich die angeführte Natur zeigt.
Nach Bergmann enthält derselbe in 100 Theilen
64 Theile Kalkerde, 34 Theile Kohlensäure und 2
Theile Wasser. Wenn man Holztheile, Knochen oder
andere feste Körper in ein mit Kalktheilen geschwän-
gertes Wasser legt, so setzen sich Letztere bald daran
an und incrustiren diese Körper, wie solches auch schon
oben, unter Tropfquelle, angeführt worden.
Wenn man Kalkwasser (Aqua calcis vivæ) macht, so
gewahrt man, wie sich der Kalk nach und nach auf der

Oberfläche des Wassers als eine Haut ansammelt, und hernach, wenn diese Haut geborsten ist, als ein blättriger Bodensatz niederfällt. Dieses dauert zwar lange, aber geht gut von Statten, wenn gleich das Kalkwasser filtrirt worden ist. Wie sich dieses nun hier künstlich hervorgebracht zeigt, eben so verfährt gewiß auch die Natur bei ihrem Bilden. Auch in künstlichen Höhlen und Grotten findet man, wenn ihre Decke aus Steinen besteht, wovon das Regenwasser einige Theile auflösen und mit sich fortführen kann, sehr oft Tropfstein, der hier eben so entsteht, wie in natürlichen Höhlen. — Auch der Filtrirstein und ein daraus bereitetes Gefäß, das Wasser zum Trinken dadurch zu filtriren, wird in einigen Gegenden Tropfstein genannt. — Ein Mehreres über den Tropfstein und diejenigen Höhlen, in denen er gefunden wird, findet man in Schröters vollständiger Einleitung in die Kenntniß und Geschichte der Steine und Versteinerungen (Altenburg, 1776), Th. 2, S. 75 u. f. Bei den neueren Mineralogen findet man diesen Stein unter Kalkfinter.

Tropfsteinarten, die verschiedenen Bildungsarten des Tropfsteins, wie sie oben, unter Tropfstein, erwähnt worden.

Tropfsteinartiger Stein, s. unter Stein, Th. 171, S. 281.

Tropfsteinhöhlen, Höhlen, in welchen sich der Tropfstein durch das Herabsintern des mit Kalk geschwängerten Regenwassers erzeugt. Es giebt eine Menge dergleichen Höhlen, die durch den Tropfstein berühmt geworden sind, wie die Baumannshöhle auf dem Unterharze im Blankenburgischen, die Höhlen im Bayreuthischen, die Schwarzfeldische Höhle auf dem Unterharze, die Höhlen im Herzogthume Krain; einige Höhlen in Frankreich, z. B. auf dem Montmartre bei Paris, zu St. Germain bei Lion, zu Burjols, Be-

fançon, de Val ꝛc. ꝛc., in Schottland die Höhle bei
Schlains ꝛc.

Tropftrog, in den Salzwerken, ein Trog in den
Gradirhäusern, aus welchem die Soole auf die Dorn-
wände tropft; s. unter Salz und Salzsiederey,
Th. 132 und 133, und Tropfkasten.

Tropfvitriol, Fr. Vitriol vierge, der in den Bergge-
bäuden herabtröpfelnde, und wenn das Wasser davon
abgelaufen ist, nach und nach sich wie Eiszapfen an-
setzende Vitriol (schwefelsaures Eisen), der auch ge-
wachsener Vitriol genannt wird; s. unter Vitriol,
in V.

Tropfwasser, Wasser, welches in Tropfen herabrinnt,
oder vielmehr in einzelnen Tropfen herabsintert; dann
auch diejenigen Wassertropfen, welche mit Kalk ge-
schwängert, in den unterirdischen oder Felsenhöhlen
Figuren bilden; s. Tropfstein.

Tropfwein, Wein, welcher aus dem Hahne oder Zapfen eines Fasses tropft: Leckwein, in einigen Gegenden Ausbruch, in Oesterreich Spänwein; s.
unter Wein, in W.

Tropfwurz, eine Benennung der knolligen Spir-
staude, Spiraea Filipendula, s. Th. 159, S. 142,
Nr. 5.

Tropfzapfen, in den Salzwerken, der Zapfen in
dem Tropfhahne, durch welchen das Soolwasser
auf den Gradirwerken aus dem Tropftroge tröpfelt.

Tropfzinn, im Hüttenwerke, sehr reines Zinn, welches aus dem Zinnerz auf den Brennörtern tröpfelt,
und von Einigen als gediegenes Zinn ausgegeben
wird; s. unter Zinn, in Z.

Trophäe, Trophäen, Tropäen, Siegeszeichen,
Tropaeum, s. Siegeszeichen, Th. 154, S. 86
und 87. Man hat verschiedene Trophäen, welche auch
schon an dem oben angeführten Orte benannt worden
sind, nämlich Kriegstrophäen, wozu auch die

Seetrophäen gehören, Trophäen der Wissenschaften und freien Künste, Trophäen der
Religion, Maurerische 2c., welche sinnbildlich an=
gedeutet werden, das heißt, theils durch die dabei ge-
bräuchlichen Instrumente und Werkzeuge, theils auch
durch reine Sinnbilder; es sind gleichsam Verherr=
lichungszeichen und Repräsentanten der reli=
giösen und profanen ausübenden Wissenschaften und
Künste. So wird die Religion oder Theologie
verherrlicht und vertreten: durch die Bibel, das
Kreuz, das Taufbecken und den Kelch. Die
Rechtswissenschaft: durch Wage, Schwert und
Codex oder Gesetzbuch; die Medizin: durch
Schlangenstab, Kräuterbuch und Stunden=
glas; die Philosophie: durch Globus, Him=
melskarte und Meßstab; die Handelswissen=
schaft: durch den Caduceus oder Merkurius=
stab, Anker und Waarenballen; die Landwirth=
schaft: durch Pflug, Säemaschine und Sichel;
die Kriegskunst zu Lande: durch Standarten,
Fahnen, Kanonen, Gewehre, Säbel, Helme,
Kürasse, Trommeln, Trompeten 2c.; zu Wasser,
auch die Schifffahrt: durch Schiffschnäbel, Kom=
paß, Flaggen, Kanonen, Seekarte; die Mu=
sik: durch Trompeten, Posaunen, Pauken,
Harfen, Geigen, Flöten, Waldhörner und ein
aufgeschlagenes Notenbuch; die Malerey: durch
Staffeley, Palette, Malstock und Pinsel; die
Bildhauerey: durch Zirkel, Meissel, Knüp=
pel 2c.; die Baukunst: durch Meßstock, Zirkel,
Bauriß 2c.; die Freimaurerey: durch eine sich in
einen Kreis windende Schlange, Winkelmaaß,
Zirkel 2c. Auch die Regierungskunst, Staats=
kunst, wird durch Scepter, Schwert, Krone,
Reichsapfel 2c. repräsentirt. So können über=
haupt alle Gewerbe durch die Werkzeuge, womit die

Arbeiter ihre Arbeit verrichten, ihr Werk gleichsam krönen, indem es dadurch vollendet wurde, verherrlicht werden, so z. B. die Buchdruckerkunst: durch Druckballen, Druckform und ein gedrucktes Buch; die Schmiedekunst: durch Amboß, Hammer und Zange; die Tischlerey: durch Zollstock, Hobel, Säge und Stämmeisen 2c. Man gewahrt hieraus, daß auch jedes Gewerk seine Attribute hat, also symbolisch durch Zeichen, die aus dem Gewerbe genommen worden, dargestellt werden kann. — Im engeren Verstande versteht man unter Trophäen nur die bei einem Siege in einem Feldzuge eroberten Kriegsgeräthschaften, besonders Waffen, die man auch, als besondere Ehrenzeichen, großen Helden an ihren Bildsäulen zum Zeichen ihrer Siege aus Marmor aufrichten, oder sie in Basreliefs an dem Fußgestelle darstellen läßt; auch auf den Gräbern, den Epitaphien. Es sind hier also Zeichen zur Verherrlichung der Thaten eines Helden; aber auch zugleich Zeichen, welche die Wissenschaft oder Kunst bezeichnen, in welcher er sie erworben hat, gleichsam das Handwerkzeug, womit die Siege ausgeführt wurden; und in diesem Sinne rührt die Erweiterung des Verstandes Trophäen her, so daß sie nicht allein beim Militair vorkommen, sondern auch in allen Wissenschaften und Künsten des Friedens durch die darauf Bezug habenden Sinnbilder, wie sie oben angeführt worden. Dem ausgezeichneten Richter, Arzte, Philosophen 2c. werden die Trophäen seiner Wissenschaft, Kunst 2c. an seiner Büste oder auf seinem Grabhügel errichtet, die ihm die Verherrlichung nach seinem Wirken gewähren, wie dem Helden die seinigen; auch sie siegten, und die Sinnbilder ihrer Wissenschaft und Kunst sind ihre Trophäen, wodurch sie sich den Ruhm erwarben. Als Trophäen betrachtet, sind es nicht bloß Zeichen, welche die Wissenschaft, Kunst, überhaupt das Gewerbe be-

zeichnen sollen, sondern es sind Sieges= oder Ver=
herrlichungszeichen, welche die Größe des Mannes
andeuten, dessen Fußgestell oder dessen Epitaphium sie
zieren, da nur ausgezeichneten Männern Denkmale
errichtet werden. S. auch den Artikel Sinnbild,
Th. 154, S. 452 u. f., und den Artikel Symbol,
Th. 178, S. 549 u. f. — In geschichtlicher Hinsicht,
in Beziehung auf die Kriegstrophäen, als Zusatz zu
dem oben, Th. 154, angeführten Artikel, errichteten
schon die Römer, und vor ihnen die Griechen, zur
Ehre der auf den Schlachtfeldern Gebliebenen Denk=
male des Sieges. Sie hingen nämlich an einem ab=
gestutzten Eichbaume Schilder, Pfeile, Bogen ꝛc. auf,
und um denselben machten sie ein Gestell von Küras=
sen, Helmen und anderen den Feinden abgenomme=
nen Zeichen des Sieges. Diese Art der Verherr=
lichung des Sieges blieb bei den neuern Völkern fast
ganz ohne Beispiel; denn man stellte die bei einem
Siege oder vielmehr bei der Beendigung eines sieg=
reich geführten Krieges eroberten Waffen in den Zeug=
häusern auf, und die eroberten Fahnen und Standar=
ten in den Garnison= oder Militairkirchen, weil sie
hier durch ihren Anblick die Siege gleichsam bei den
Kriegern erneuerten. Nur ein Beispiel der Errichtung
von zwei Waffenthürmen, als Ehrenpforte, geschah in
Preußen in der Haupt= und Residenzstadt Berlin beim
Einzuge des Monarchen Friedrich Wilhelms des
Dritten, als derselbe im Jahre 1814, nach der glück=
lichen Beendigung des Befreiungskampfes von Deutsch=
land, von Paris und London am 5. July unvermu=
thet nach Berlin zurückgekehrt war. Die Feier dieser
Rückkehr, wozu diese Thürme errichtet worden, geschah
jedoch erst am 7. August. Beide runde Trophäen=
thürme standen zu beiden Seiten der Brücke am Opern=
hause, waren 75 Fuß hoch, und mit Waffen aller Art:
Kürassen, Helmen ꝛc., verziert, die rund herum daran

befestiget waren, so daß beide Thürme von unten bis
oben von eroberten Waffen, die in dem Befreiungskriege von dem Feinde geführt worden, glänzten.
Auf jedem dieser Thürme stand eine kolossale Sieges-
göttin.   Diese Thürme wurden nach dem Feste des
Einzuges wieder abgebrochen, und die Trophäen in
das Zeughaus gebracht. — Die Trophäen der Griechen und Römer sind nun späterhin als Zierrathen
von den Künstlern benutzt worden.   Die Baumeister
brachten sie an schicklichen Gebäuden an, z. B. an den
Stadtthoren, Zeughäusern, Wachhäusern, Schlössern
der Könige und Fürsten, Pallästen großer Generale,
Ehrenpforten, Epitaphien ꝛc.   Sie werden theils wie
Statuen aus Marmor und anderen Steinen, namentlich Sandsteinen, ausgehauen, und des bessern Anse-
hens halber auf Postamente gesetzt, theils in Giebel-
feldern, und auch an andern Stellen der Gebäude als
Basreliefs verfertiget.   Sowohl wegen der vielerlei
Arten alter, als neuer Kriegsinstrumente, als wegen
der verschiedenen Verbindungen und Zusammensez-
zungen derselben, kann man in die Zusammenstellung
dieser Trophäen unendlich viele Abwechselungen bringen.   Sie kommen aber darin größtentheils überein, daß in der Mitte ein starker Pfahl oder eine
Keule vorgestellt wird, der mit einem Harnisch bekleidet, und oben mit einem Helme bedeckt ist; vor
ihm liegen einige kreuzweis übereinander gelegte
Kanonen, Flinten, Säbel, alte Mauerbrecher ꝛc. ꝛc.,
hinter ihm ragen kreuzweis in die Erde gesteckte
Fahnen, Standarten, Römische Adler, Hellebarden,
Morgensterne ꝛc. hervor, und die leeren Plätze auf
dem Boden werden mit Mörsern, Bomben, Kugeln, Pauken, Trommeln ꝛc. ausgefüllt.   Zuweilen
findet man auch einige mit Ketten gefesselte nackte
Personen oder Gefangene dabei angebracht, welches
jedoch in neuerer Zeit nicht mehr geschieht, so wie

auch die Gruppirungen größtentheils mit den neuen
Waffen, Bekleidungsgegenständen ꝛc. geschehen, die
man im Gebrauche findet, wozu jetzt Gewehre,
Büchsen, Karabiner, Pistolen, Kanonen, Säbel,
Degen, Pallasche, Lanzen, Kürasse, Helme, Pa-
trontaschen, Säbeltaschen, Orden, Fahnen, Standarten, Trommeln, Trompeten ꝛc. ꝛc. gehören, wie
man dergleichen Verzierungen mit Trophäen jährlich in den Festsälen, worin die Freiwilligen und
die Landwehrmänner aus dem Befreiungskriege von
1813 — 15 in Preußen das Andenken dieser Begebenheit feiern, findet, und worin sich in Berlin
in schöner oder geschmackvoller Gruppirung der Siegeszeichen der Hoftapezierer Hiltl auszeichnet.

Trophis, Trophis, eine Pflanzengattung, welche in
die vierte Ordnung der zweiundzwanzigsten Klasse
(Dioecia Tetrandria) des Linnéischen Pflanzensystems gehört, und folgende Gattungskennzeichen
hat: Die Geschlechter sind getrennt; die männliche
Blume hat keinen Kelch, sondern eine vierblütige
Krone und vier Staubfäden; der weiblichen Blüte
fehlt der Kelch und die Krone. Der Fruchtknoten
trägt einen zweitheiligen Griffel, und hinterläßt
eine einsamige Beere.

1) Die Amerikanische Trophis, das Och-
senhorn, Trophis Americana Linn., Engl. Red-
fruited Bucephalon; Franz. Trophise d'Amérique.
Diese Art wächst im südlichen Amerika, vornehm-
lich auf der Insel Jamaika ꝛc., an sonnigen trocknen Orten. Die Zweige sind dornenlos, die Blätter stehen wechselsweise auf sehr langen Stielen,
sind glatt, länglich eyförigm, ganzrandig. Die
Blumen bilden längliche, seitenständige Büschel. Die
männlichen Blumen haben eine vierblättrige Krone
und vier zarte Staubfäden, welche länger sind, als
die Kronenblätter. Die weiblichen Blüten liefern

rundliche, einsamige rauche Beeren. Eine Varietät trägt eyförmige, langgespitzte Blätter, und einzelne seitenständige Blumenähren. Sie verlangt einen Stand im Treibhause, wenigstens in der zweiten Abtheilung desselben.

2) Die scharfblättrige Trophis, Trophis aspera, Retz. obs. 5, p. 30. Dieser in Ostindien in den Wäldern und Vorhölzern wachsende Baum hat runde braune unbewehrte Aeste. Die Blätter stehen wechselweise auf kurzen Stielen, sind umgekehrt eyförmig oder ovalrund, mehr länglich, langgespitzt, ungleich stumpfsägezähnig, auf beiden Seiten scharf, unten geadert, 2 Zoll und darüber lang. Die männlichen Blumen bilden kugelrunde, gestielte Köpfchen, welche einzeln in den Blattwinkeln und an den Seiten entspringen, und aus sechs bis acht Blümchen bestehen. Sie haben vier eyförmige, ausgehöhlte stumpfe Kronblätter, und vier längere fadenförmige Staubfäden, mit eyrunden gefurchten Antheren gekrönt. Die weiblichen Blumen, welche zu 2—3 in den Blattwinkeln entspringen, sind bei dieser Art mit zwei langen bleibenden Kelchblättchen und vier eyrundlichen bleibenden Kronblättern versehen. Der eyförmige Fruchtknoten trägt einen zweitheiligen Griffel, und hinterläßt eine pomeranzenfarbige einsamige Beere. Der Same ist kugelrund, von der Größe einer Erbse. — Außer diesen beiden beschriebenen Arten, giebt es noch zwei Arten: die lorbeerblättrige Trophis, Trophis laurifolia. Humb. et Bonpl. Engl. Laurelleav'd Trophis, welche in Südamerika, vornämlich in Quito, wächst, und die dornige Trophis, Trophis spinosa, Roxb., welche in Ostindien zu Hause gehört. Da nun alle diese Trophisarten in warmen Ländern einheimisch sind, so verlangen sie eine Stelle in den Treibhäusern der Gärten Deutsch-

lands. Die dritte Art soll mit Durchwinterung im Glashause vorlieb nehmen. Sie lieben eine gute Erde, z. B. Dammerde von verfaulten Vegetabilien mit etwas lehmigem Erdreiche und Sande gemischt. Den Samen legt man in Blumentöpfe ringsum am Rande derselben in lockere Erde, und senkt die Töpfe dann bis an den Rand in ein Lohbeet, befeuchtet es gehörig, und so lange der Same im Keime begriffen ist, hält man sie im Schatten. (Dietrichs vollständiges Lexicon der Gärtnerei und Botanik, Th. 10, und Nachtrag dazu, Th. 9.)

Trophis (Amerikanische), Trophis Americana Linn., s. oben, S. 683.

— (dornige), Trophis spinosa Roxb., s. daselbst, S. 684.

— (lorbeerblättrige), Trophis laurifolia, Humb. et Bonpl., s. daselbst.

— (scharfblättrige), Trophis aspera Retz, s. daselbst.

Tropici, tropische Kreise, Wendezirkel oder Wendekreise, Sonnenwendezirkel, werden die zwei Zirkel oder Kreise genannt, welche mit dem Aequator in einer Entfernung von 23 Graden und 30 Minuten parallel um die Erdkugel laufen. Der obere, zwischen dem Aequator und dem Nordpole, heißt der Wendezirkel des Krebses (Tropicus cancri), oder der Sonnenwendekreis, der untere zwischen dem Aequator und dem Südpole, der Wendezirkel des Steinbocks (Tropicus capricorni), oder der Winterwendekreis. — Tropici heißen auch diejenigen Theologen, welche in den Einsetzungsworten der Sakramente einen Tropus suchten, und Alles figürlich erklärten.

Tropiker, s. den folgenden Artikel.

Tropikvogel, Tropiker, Phaëton, Fr. le Pailleen-quce, eine Gattung der Vögel, welchen zu den Schwimmvögeln gehört, und zwischen den Anhingas und Tauchern, oder, nach Blumenbach, zwischen jenen und den Sturmvögeln stehen, Es sind drei Arten von diesen Vögeln bekannt. Sie haben einen dünnen, spitzigen wagerecht plattgedrückten, leicht gezahnten Schnabel; die Nasenlöcher sind offen. Die vier Zehe sind durch eine Schwimmhaut verbunden. Ihre sehr langen Flügel kreuzen sich über dem Schwanze, welcher keilförmig ist, und dessen beiden mittelsten Steuerfedern schmal und so lang sind, als der ganze Körper, so daß sie von weitem nur wie Strohhalme aussehen. Sie haben die Größe einer Taube und ein weißes Gefieder. Diese Vögel haben die Aufmerksamkeit der Schiffer daher erregt, weil sie, mit wenigen Ausnahmen, sich nur innerhalb der Wendekreise aufhalten und ihnen folglich den Eintritt in den heißen Erdgürtel anzeigen, und deshalb haben sie auch den Namen Tropikvögel erhalten. Sie nisten auf den einsamen Inseln des Weltmeeres. Der merkwürdigste Vogel dieser Gattung ist der gemeine Tropikvogel Phaëton Aethereus, den man gewöhnlich den fliegenden Phaëton, den Tropiker, die Tropikente, und die weiße Spielart davon die Erdgürtelmeve oder Tropikmeve nennt. Die Größe dieses Vogels reicht noch nicht an die unserer gemeinen wilden Ente; denn er mißt in seiner ganzen Länge bis zum Ende der langen Schwanzfedern nur 2 Fuß und 10 Zoll. Der Schnabel ist etwas über 2 Zoll lang und roth; Kopf, Hals und Unterleib sind weiß; an der Wurzel der oberen Kinnlande entsteht ein schwarzer Streif, der sich um den oberen Theil des Auges krümmt. Rücken, Steiß und Schulterfedern sind weiß; einige derselben schwarz in der Quere gezeichnet. Die großen Schwungfedern sind schwarz mit weißen Rän-

dern; die Seiten über den Schenkeln schwarz oder
dunkelbraun und weiß melirt. Von den vierzehn
Schwanzfedern sind die beiden mittelsten über 20 Zoll
lang, weiß, auf ein Viertel von der Wurzel an aber
schwarz, und in eine Spitze auslaufend; von den übrigen zwölf, die völlig weiß aussehen, messen die längsten nur 5½ Zoll. Die Beine sind dunkelgelb, und
die Nägel schwarz. Man findet ihn, wie schon oben
bemerkt worden, innerhalb des Wendekreises am häufigsten, allein er beschränkt sich nicht bloß darauf, sondern überschreitet auch denselben, obgleich Förster
ihn auf seinen Reisen nie über den 28sten Grad der
Breite nord- und südwärts hinaus gesehen haben will.
Andere Naturforscher und Seemänner fanden diese
Vögel, jedoch nicht gewöhnlich, unter dem 32sten,
38sten, 40sten, ja einmal sogar über den 47sten Grad
nördlicher Breite herauf. Man hält dieses für Ver-
irrungen und Streifzüge; denn alle Seeleute kommen
darin überein, daß sie sich am häufigsten innerhalb der
Wendekreise aufhalten, und ihnen anzeigen, daß sie sich
in den tropischen Gegenden befinden. Man trifft
sie hier, nicht wie man sonst glaubte, acht bis zehn
Meilen, sondern weit vom Lande entfernt auf dem
unermeßlichen Oceane an, und daher sind sie auch
keine sicheren Anzeiger oder Vorboten des Landes. Den
Namen Phaëton haben sie daher erhalten, weil sie
sich hoch in die Luft erheben, und gleichsam dem
Auge entschwinden; sie fliegen aber auch niedriger
und streichen in Gesellschaft der Fregattenvögel, Töl-
pel und anderer Wasservögel aus dem Geschlechte
der Pelikane dicht über das Meer hin, um die aus
dem Wasser gejagten fliegenden Fische zu erhaschen.
Bei stillem Wetter lassen sie sich auch auf das
Wasser nieder, und ruhen gleichsam darauf aus,
oder schwimmen; auch setzen sie sich, wie der Töl-
pel, auf den Rücken großer Schildkröten, und las-

ſen ſich von denſelben tragen. Hier ſoll man ſie
leicht lebendig fangen können. Im Südmeere findet man den gemeinen Tropikvogel au verſchiedenen Küſten, auf Bäumen, z. B. bei der Oſterinſel,
bei St. Helena, St. Mauritius, Otahiti, Neu-
holland, am häufigſten, aber auf der Palmerſton-
inſel, wo man ſie mit den Fregattenvögeln in ſolcher Menge fand, daß ſie die Bäume belaſteten;
dabei waren ſie ſo zahm, daß man ſie mit der
Hand greifen konnte. In den Wäldern ſollen ſie
auf der Erde brüten. Die Südſeeinſulaner benutzen die Schwanzfedern des gemeinen Tropikvogels
zum Schmucke, und machen daraus auch Kleidungs-
ſtücke. An den Trauerkleidern der Otahiter waren ſie ein weſentliches Stück. Das Fleiſch wird
nicht gegeſſen oder doch nur im Nothfalle von den
Seeleuten. Lathams Ueberſicht der Vögel, Bd. 3,
S. 527. Büffons Vögel, Bd. 31, S. 110 u. ſ.

Tropiſch, ſ. unter **Tropus.**

Tropp. ſ. **Trupp.**

Troppo, Ital., in der Muſik, ſehr, zu ſehr; non
troppo, nicht zu ſehr; Allegro, non troppo, har-
tig, aber nicht zu ſehr.

Tropus, Trope, in der Rhetorik oder Rede-
kunſt, wenn man Worte in einer anderen Bedeutung gebraucht, als die ſie eigentlich haben,
gleichſam damit etwas bildlich vorſtellt; daher auch
tropiſch, figürlich oder bildlich, verblümt. —
Tropus, in der Mehrzahl **Tropi,** heißen bei
den Herrenhutern die äußeren angeerbten Kon-
feſſionen, bei welchen man bleiben kann, wenn man
ein Mitglied der Unität oder Vereinigung dieſer
Brüdergemeine wird. Dieſe ſchreibt keine neue
Konfeſſion oder gar Religion vor, ſondern dringt
nur auf gewiſſe, meiſt praktiſche Punkte, die ſie es
nennt, worin Alle harmoniren müſſen, und an

ihrer Seligkeit gelegen ist; denn Jeder, der ein
Mitglied der Unität werden will, wird bloß genau
in Absicht seiner Gesinnungen und des Zweckes,
der ihn zu diesem Schritte führt, geprüft, und dann
wird über ihn geloset, ob er aufgenommen werden
soll. Fällt nun das Loos wider ihn aus, so kann
er nicht in die Gemeine eintreten. Die Unität hat
drei tropos paedias: 1) die eigentlichen Mitglieder der alten Brüderkirche, die Alt-
mährischen, welche sie die älteste unter den protestantischen oder evangelischen Konfessionen nennen;
2) die Lutheraner, 3) die Reformirten.
Sie nehmen aber auch Mennoniten, Separa-
tisten ꝛc. auf. Die Herrenhuter nennen sich selbst
die evangelische Brüderunität Augsburgi-
scher Konfession. Einen Römisch=katholi-
schen Tropus haben sie nicht. Es werden jedesmal Brüder zur Administration des Lutherischen und
des Reformirten Tropus gewählt, und solches in
ihren Synoden. Ihr Titel ist: Praesides und Ad-
ministratores Troporum.

Troque, Troquiren, bei den Kaufleuten im
Waarenhandel, Tausch, Tauschen, Waaren
gegen Waaren umsetzen.

Trossen. im Bergwerke, sich unter der Schicht von
der Arbeit heimlich wegschleichen.

Troß. im Kriege, das schwere Gepäck einer Armee,
und die dazu gehörigen Personen und das Vieh, als
Stallleute, Packknechte, Viehtreiber, Wäscherinnen,
Marketender und Marketenderinnen, Pferde, Rind-
vieh, Hunde ꝛc. — Das Wort Troß bedeutet eigentlich in Hinsicht der Sprache, und hier nach
Adelung: eine Menge, einen Haufen mehrerer
Dinge, es seyn nun Sachen oder Personen; daher
war Drosse ehemals ein Haufen, im Schwedi-

schen noch jetzt Droße. Im Holländischen bedeutet Tross ein Bündel, ein Pack. In einigen Gegenden ist Trieste, ein Haufen Getreides, welches
an anderen Orten ein Feimen heißt. Im Hochdeutschen wird dieses Wort, wie schon oben angeführt worden, nur noch von dem schweren Gepäcke
der Armee und den dazu gehörigen Personen ıc.
gebraucht. Sich bei dem Trosse aufhalten;
dem Trosse folgen. Auch in dieser Bedeutung
kommt es im Deutschen nur noch selten vor, indem
man dafür die Wörter Bagage und Gepäck gebraucht, welche aber das Wort Troß nicht erschöpfen, indem sich jene Wörter nur auf die leblosen
Gegenstände beziehen, dieses aber mit auf die lebendigen oder belebten. Es ist zwar wahr, daß
man dem Worte Troß auch etwas Verächtliches
zugeschoben hat, indem sich bei dem Trosse einer
Armee oft auch die feigsten Personen eines Krie-
gesheeres aufhalten, und daher nimmt man es wohl
in diesem Verstande von einem Gefolge unnützer,
liederlicher Leute, Marodeurs, die sich bloß dem
Trosse beigesellen, um hinter der Armee zu plündern, die auf dem Schlachtfelde liegen gebliebenen
Soldaten zu berauben ıc.; allein in diesem Verstande genommen, bezieht sich das Wort nicht auf
das Allgemeine, sondern nur auf Einzelnheiten, die
im Trosse vorkommen, und deshalb, daß bei dem
Trosse einer Armee sich auch die genannten Individuen einfinden, kann man doch das Wort, welches
das Ganze umschließt, also das einer Armee Nothwendige und Nützliche, nicht verdammen. Genug
das Wort sagt mehr als Bagage und Gepäck, und
deshalb verdient es wohl bei der Armee erhalten
zu werden, weil es das Gute und Böse einschließt,
also beides dadurch ausgedrückt wird, was im Gefolge einer jeden Armee ist. In einigen Gegenden

iſt der Troßwagen, auch ein Bagagewagen, und
das Troßpferd, ein Packpferd; auch der Troß=
bube, der Packknecht, kommt vor. Opitz gebraucht
es individuell auch von einem verächtlichen feigen
Menſchen: Jetzt ſetzt ein kahler Troß, der
in dem Vortheil liegt, den beſten Helden
ab. In dieſem Verſtande iſt es im Hochdeutſchen
unbekannt. In einigen Deutſchen Provinzen hat
man auch das Zeitwort troſſen, packen, auf=
troſſen, aufſacken, Fr. trousser. Der Begriff
der Größe, der Menge, iſt der Stammbegriff. —
Da unter B, Bagage nicht abgehandelt worden,
und unter Gepäck, Th. 17, dieſelbe auf Pack
verwieſen worden, unter welchem Artikel, Th. 106,
die Bagage beim Militair auch weiter nicht berührt
worden, ſo wird hier noch Einiges darüber nöthig
zu ſagen ſeyn. Der Troß oder die Bagage iſt ein
nothwendiges Erforderniß der Armee, wenn ſie ins
Feld rückt; allein ein zu großer hindert die ſchnellen
Bewegungen der Armee, indem ſie dadurch um ſo
ſchwerfälliger wird, je mehr Wagen ꝛc. ſie hinter
ſich her führt. Dieſes hat die Erfahrung, der frü=
here Troß bei den Armeen, bewieſen, und beſon=
ders bei einigen, die damit übermäßig beladen wa=
ren, wie in dem ſiebenjährigen Kriege die Franzö=
ſiſche, die immer eine Menge von im Felde nutz=
loſem Troſſe bei ſich führte, z. B. Kammerdiener,
Lakeyen, Köche, Friſeure, Maitreſſen, Komödianten,
Papageyen, ganze Kiſten von wohlriechenden Waſ=
ſern und Pomaden, eine Menge Pudermäntel, Haar=
beutel, Schlafröcke, Sonnen= und Regenſchirme ꝛc.,
wie z. B. bei der Ueberrumpelung der Franzo=
ſen in Gotha und bei der Schlacht von Roßbach
dergleichen Troß den Preußen zahlreich in die
Hände fiel. So z. B. ſchickte der General Seyd=
litz bei der Erſtern den galanten Troß, ohne

Lösegeld den Franzosen zurück, überließ aber seinen Husaren die Toilettenbeute. Ein solcher Troß kann der Armee nur hinderlich seyn, und besonders nach einer verlorenen Schlacht, indem er die dadurch schon herrschende Verwirrung noch vergrößert, und das wieder Sammeln der Truppen hindert. Die Franzosen haben dieses auch in ihren späteren Feldzügen zur Zeit der Republik und des Kaiserreiches eingesehen, und den nutzlosen Troß ganz abgeschafft, so wie dieses auch bei allen anderen Armeen geschehen ist. So trägt jetzt bei der Infanterie fast in allen Armeen, vom Feldwebel abwärts, ein Jeder sein Gepäck in einem Tornister auf dem Rücken, der Kavallerist hat das Seinige in dem Mantelsacke hinter sich auf dem Pferde. Die Bagage der Officiere darf nur eine gewisse Anzahl von Pfunden betragen, und wird theils auf einigen Packpferden, theils auf einem Bagagewagen, der für das Bataillon bestimmt ist, fortgebracht. Auf dem Officier-Equipagenwagen eines Bataillons bei der Preußischen Armee, dürfen für jeden Officier, ohne Unterschied des Ranges, höchstens 60 Pfund Gepäck in Mantelsäcken fortgeschafft werden, eben so für jeden Feldwebel 20 Pfund an nöthigen Listen und Büchern, und dann das Handwerkszeug des Büchsenmachers. Auf dem Packpferde der Kompagnie werden die Mäntel und das Kochgeschirr derselben fortgeschafft, eben so die Kompagniegelder, wenn die Kompagnie detachirt ist. Der Montirungswagen des Bataillons führt pro Kompagnie 30 Paar Schuhe, 10 Montirungen, 10 Krankendecken und Flickmaterial, so wie das Handwerkszeug für die Schneider und Schuhmacher der Kompagnie. Keine Kompagnie darf über 200 Pfund Last auf den Wagen bringen. Die Bagagewagen sind theils eigends dazu erbauet, theils sind es auch gewöhn-

liche Leiterwagen, welche dazu aufgeboten werden;
häufig sind auch die Proviantwagen der Bagage
zugetheilt, die sonst, so wie die Munitionswagen,
vom Trosse getrennt werden, und eigene Parks aus=
machen. Wie die Bagage marschiren soll, wird
nach dem Hauptmann von Griesheim *) höhern
Orts befohlen. Diejenige eines Infanterie=Regi=
ments wird von einem Lieutenant geführt. Jedes
Bataillon kommandirt einen Unterofficier zu den
Wagen und einen Gefreiten zu den Packpferden,
welche monatlich abgelöset werden. Sie führen die
specielle Aufsicht über die Knechte, und haben auf
dem Marsche und im Quartiere für die Erhaltung
der Wagen und des Gepäckes zu sorgen. Zum
Pulverwagen wird zu gleichem Zwecke von jedem
Bataillon ein Gefreiter kommandirt. Außer den an=
geführten Kommandirten, darf von der Kompagnie
Niemand zur Bagage geschickt werden. Diese Kom=
mandirten haben darauf zu sehen, daß die Wagen
in der vorgeschriebenen Ordnung dicht auf einander
folgen, und kein willkürliches Stocken und Schnell=
fahren Statt hat. Sie dürfen ihr Gepäck und ihre
Waffen nicht auf den Wagen legen, noch weniger
dürfen sie sich darauf setzen. Beim Durchmarsch
durch Städte und Dörfer muß die Aufmerksamkeit
auf die Knechte verdoppelt und nicht gelitten wer=
den, daß sie anhalten-, absteigen oder in die Häu=
ser gehen. Bleibt ein Fahrzeug stecken, oder zer=
bricht, so muß es, wenn dieses nöthig ist, möglichst
schnell aus dem Wege geräumt, und dann unter
Aufsicht zurückgelassen werden. Kranke müssen,
wenn kein Krankenwagen vorhanden ist, auf dem
Bagagewagen bis zum nächsten Orte mit fortge=
schafft werden, wo Ersterer von dem Führer aufge=

*) Der Compagnie=Dienst (Berlin, 1836), S. 377 u. f.

boten wird. Diese Krankenwagen dürfen nach
dem Bedarfe, aber nur auf Atteste der Regiments-
oder Bataillonsärzte von den Truppen requirirt
werden, und zwar so, daß bis auf sechs bedeutende
Kranke ein vierspänniger Wagen gerechnet wird,
leichtere Kranke müssen deren mehrere auf einen
Wagen transportirt werden. Zur Fortschaffung
kranker Officiere ist nach Beschaffenheit der Umstände
besondere Anstalt zu treffen. — Wenn im Felde
der Fall vorkommt, daß die Armee auf mehrere
Tage Lebensmittel und Fourage mit sich führen muß,
so werden dazu die Wagen vom Lande aufgeboten.
"S. auch den Artikel Transport, Th. 187, S.
80 u. f. — Die sich dem Trosse anschließenden
Marketender, Krämer, Schlächter, Schneider, Bä-
ker ꝛc., da, wo diese Einrichtung noch bei den Armeen Statt hat, müssen mit den richtigen Beglaubigungen von dem kommandirenden Feldherrn der
Armee versehen seyn, um dadurch die erhaltene Erlaubniß ihres Aufenthaltes bei der Armee zu beweisen, wie den Ort, wo sie ihr Gewerbe zu treiben berechtiget sind, es sey bei den Regimentern, oder
an andern bestimmten Orten zum Zwecke der Armee. Es muß diesen Leuten des Trosses in Folge
ihrer Beglaubigungen aller Beistand geleistet werden, damit sie ihr Gewerbe ungehindert treiben können, auch müssen sie die nöthigen Rationen gegen
baare Bezahlung erhalten. Dabei müssen auch sie
ihr Gewerbe zum Vortheile der Armee verrichten.
Die Verkäufer gute Waaren und richtiges Maaß
und Gewicht liefern, und sich aller unbilligen und
unerlaubten Vortheile enthalten. Auch dürfen die
Gewerbetreibenden keine Unterschleife machen; sie
müssen ordentlich und regelmäßig leben, und dem
Feinde nicht als Kundschafter dienen. Begehen sie
Eines oder das Andere, so verlieren sie ihre Pässe,

werden von der Armee weggewiesen, und im letzteren
Falle hart bestraft. Damit sich von diesen im Trosse
befindlichen Leuten keiner zum Kundschafter des Fein=
des gebrauchen lasse, welches schon oftmals gesche=
hen ist, und oft lange verborgen blieb, weil sie die
beste Gelegenheit hierzu haben, durch den Verkehr mit
anderen Leuten, um das, was sie zu ihrem Gewerbe
nöthig haben, herbei zu holen, und auch schon wegen
des Umherziehens, so muß von Seiten der Armee ge=
nau darauf geachtet werden, und dieses muß von Seiten
der Unterofficiere, Feldwebel ꝛc. geschehen, die eher
Gelegenheit haben, diese Leute in ihrem Treiben zu
beobachten. Dergleichen Vergehen lassen sich ent=
decken, wenn man oft unbekannte Menschen bei den
Gewerbetreibenden sieht, diesen sowohl, als auch den
Gewerbetreibenden selbst, muß nachgespürt werden,
wenn nämlich diese Letzteren ihrem Geschäfte nachge=
hen. Hiezu kann man selbst verkleidete sichere Leute
aus der Mannschaft erwählen, die sich auf das Kund=
schaften legen, und den Verkehr dieser Leute beobach=
ten; denn dergleichen Spione, die sich bei der Armee
einschleichen, und die Gewerbetreibenden durch Geld=
bestechung zu verführen suchen, sind weit gefähr=
licher, als diejenigen, welche vom Feinde ausgesandt
werden, weil jene, durch ihren Verkehr und längeren
Aufenthalt bei der Armee, besser unterrichtet sind, mehr
sehen und hören, als diese, die vom Feinde zu diesem
Zwecke ausgeschickt werden, und sich erst Kanäle er=
öffnen müssen, um Stellungen der Armee, Anzahl der
Truppen, Aufbruch ꝛc. zu erforschen. Wenn daher
Gewerbetreibende bei einer Armee sehr nützlich sind,
so können sie aber auch sehr gefährlich werden, wenn
man sie nicht unter guter Aufsicht hält. Auch
ist es nöthig, daß man hierzu Landeskinder nimmt,
und nur im Nothfalle Ausländer, und am allerwenig=

sten Leute, mit deren Landsleuten wir im Kriege stehen.

Troßbube, Troßjunge, ein Bube, oder junger Mensch geringen Standes, der sich bei dem Trosse eines Kriegsheeres aufhält, z. B. als Packknecht, Reitknecht, Marketenderknecht ec., jedoch nur im verächtlichem Verstande, da sonst Packknecht üblicher ist.

Troßjunge, s. Troßbube.

Troßpferd, ein Packpferd, ein Pferd, welches das Gepäck der Officiere im Kriege trägt. S. auch oben, unter Troß.

Troßwagen, Packwagen, Bagagewagen, bei der Armee eigends dazu erbauete Wagen, welche mit Brettern rings herum umgeben sind, und einen ovalen oder gebogenen Deckel haben, um Militaireffekten darin aufzubewahren, und sie der Armee nachzufahren. Der Wagen kann durch eine Kramme und Öse verschlossen werden. Auch bedient man sich zu diesem Zwecke der Leiterwagen, die man auf den Dörfern von den Landleuten requirirt. In der Preußischen Armee sind die Packwagen mit braunrother Ölfarbe angestrichen. S. oben, unter Troß.

Troß, ein Wort, welches ursprünglich Stärke des Leibes und Gesundheit bedeutet, daher noch in den gemeinen Mundarten betroß, so viel wie gescheut, bei gesundem Verstande ist. Nach einer gewöhnlichen Figur bedeutet es daher auch Dreistigkeit, Kühnheit Zuversicht, welche Bedeutungen noch in der Deutschen Bibel vorkommen. Seinen Trost auf die Leute setzen, seine Hoffnung, seine Zuversicht, Obad. V. Seinen Trost auf Gott stellen, 2. Maccab. 14. Ferner Freude, Vergnügen überhaupt. Seinen Trost an etwas haben. In allen diesen Bedeutungen ist es im Hochdeutschen veraltet, wo man es nur noch in engerer Bedeutung von der angenommenen Empfindung eines gegenwärtigen oder künfti-

Guten im Leiden gebraucht. 1. Eigentlich, von dieser Empfindung selbst. Trost von etwas haben, empfinden. Trost aus etwas schöpfen. Jemanden Trost geben. — Noch mehr aber 2. von demjenigen, was diese Empfindung im Leiden gewährt. Es seyen nun Vorstellungen, oder Sachen, oder Personen. Daher Jemanden Trost zusprechen. Einem allen Trost benehmen. Es hilft kein Trost bei ihm. Er nimmt keinen Trost an. Das dienet ihm oder mir zum Troste. Das ist ein schlechter Trost für mich. Ich sage dir das zum Troste. Du bist mein Trost in meinem Leiden c. Nach Adelung sollte man dieses Wort bequem von Rast ableiten können, wenn die noch übliche Hochdeutsche Bedeutung die einzige und älteste wäre, besonders da man für trösten auch beruhigen sagt; da aber die Bedeutung der Zuversicht erweislich die älteste ist, so soll man es mit getrost, Zuversicht, Vertrauen, zu unserm dreist rechnen. Der Begriff der Zuversicht, der Kühnheit, ist wiederum eine Figur der Stärke, der Gesundheit, und diese wahrscheinlich eine Figur der Größe, so daß wir wieder auf Troß, Riese, und viele Andere dieses Geschlechtes zurückkommen. Da dieses Wort, selbst wenn es individuell gebraucht wird, keine Mehrzahl hat, so braucht man dafür, wenn diese ausgedrückt werden soll, oft die Mehrzahl von Tröstung.

Trostamt, ein nur in der Theologie übliches Wort, wo das Trostamt des heiligen Geistes dasjenige Geschäft desselben ist, nach welchem er die Menschen in Widerwärtigkeiten und Leiden aufrichtet.

Trostbrief, Trostschreiben, s. den Art. Trauerbrief, Kondolenzschreiben, Th. 187, S. 225 u. f.

Trösten, ein regelmäßiges Zeitwort, welches, wenn

man, nach Adelung, die jetzt veralteten Arten des Gebrauches zusammen nimmt, ehemals in doppelter Gestalt üblich war. I. Als Zeitwort der Mittelgattung oder Neutrum, mit dem Hülfsworte haben, sich erkühnen, sich unterstehen, erdreisten, ferner dürfen, eine längst veraltete Bedeutung. II. Als ein thätiges Zeitwort oder Activum, eigentlich heißt, kühn, muthig machen, sowohl überhaupt, als in verschiedenen engeren Bedeutungen. — 1. Durch Abwendung oder Verminderung der Gefahr, Muth, Zuversicht machen; eine veraltete Bedeutung, in welcher es unter andern auch für Sicherheit geben, sicher Geleit geben, ingleichen die Gewähr für etwas leisten, üblich war. Einen des Leibes trösten (Königshov), ihm sicher Geleit geben, die Gewähr für sein Leben übernehmen. — 2. Durch Hoffnung Muth und Zuversicht machen; eine gleichfalls veraltete Bedeutung, in welcher es auch als ein zurückwirkendes Zeitwort, oder Reciprocum, sich trösten, für hoffen, üblich war. Tröste dich ze Gotes Noth, hoffe auf Gott. In dieser Bedeutung des Hoffens ist noch getrösten üblich. — 3. Freude, Vergnügen gewähren. Auch diese Bedeutung ist veraltet, außer daß die große Menge, bei Erwähnung eines Verstorbenen, noch die Formel beizufügen pflegt: tröst ihn Gott! wofür Andere auch sagen: Gott hab ihn selig! Mein seliger Mann, tröst ihn Gott, war ein großer Schöps (Weiße). — 4. Durch überwiegende Vorstellung eines Guten die unangenehme Empfindung im Leiden überwinden; die einzige noch übliche Bedeutung. Einen Betrübten, Niedergeschlagenen, Traurigen ꝛc. trösten. Jemanden in seinen Leiden, in seinem Kummer, in seiner Traurigkeit trösten. Er will sich nicht trösten lassen. Einen Kranken trösten. Die Sache oder die

Vorstellung, womit man die unangenehme Empfin=
dung zu überwiegen sucht, bekommt das Vorwort mit.
Sich mit etwas trösten. Tröstet euch mit die=
sen Worten untereinander, 1. Theff. 4, 18.
Tröste dich mit deiner Unschuld. Im Oberdeut=
schen auch mit der zweiten Endung, welche aber im
Hochdeutschen wenig mehr gebraucht wird. Ich tröste
mich meines guten Gewissens. Weß soll ich
mich trösten? Pf. 39, 8. Er tröstet sich dieses
guten Lebens, Pf. 49, 19. Die verlorene Sache,
deren unangenehme Empfindung man durch eine an=
genehme überwiegen will, bekommt im gemeinen Leben
oft das Vorwort wegen. Jemanden wegen des
Todes seines Freundes trösten. In der edlern
Schreibart aber das Vorwort über. Jakob wollte
sich nicht trösten lassen über den Verlust Jo=
sephs, 1. Mof. 47, 35. — Alle übrigen Bei= und
Nebenwörter des Wortes Trost, wie Tröstbar,
Tröstlich, Trostlos, Trostreich 2c., können hier
weiter nicht erklärt werden. Man sehe darüber Ade=
lungs „Versuch eines vollständigen grammatisch-kri=
tischen Wörterbuches der Hochdeutschen Mundart,"
Th. 4, nach.

Tröster. der, die Trösterin, eine Person, welche trö=
stet oder Trost ertheilt, nur noch in der letzten Bedeu=
tung des Zeitwortes. Keinen Tröster haben,
Pred. 4, 1. Ihr seyd alle leidige Tröster, Hiob
16, 2. Deine Tröster verführen dich, Es. 3,
12. Wo bist du hin, du Tröster in Beschwerde,
mein goldner Schlaf? (Haged.). O Laura, du
bist eine leidige Trösterin! (Weiße). Ihr
Schönen, ihr solltet Trösterinnen der Män=
ner seyn! Nach Adelung soll die Benennung
Tröster, die man im gewöhnlichen Leben im Scherze,
auch wohl im verächtlichen Verstande, einem alten
Buche giebt, von einem alten Gebetbuche: dem Trö=

ſter der Andächteley, herrühren. Wie ſind Sie
zu dem alten Tröſter gekommen, wo haben
Sie ihn noch aufgetrieben, noch zum Kaufe vorge=
funden,

Troſtgrund, eine Vorſtellung, wodurch man eine un=
angenehme Empfindung, beſonders einen Kummer
oder Gram bei ſich und Andern zu überwiegen ſucht.

Troſtloſigkeit, der Zuſtand, da man troſtlos iſt, gleich=
ſam den Anker der Hoffnung verloren hat; der übelſte
Zuſtand bei Unglücksfällen und mancherlei Leiden, der
jede Regung des verwundeten Gefühls drückender
macht, gleichſam vernichtend auf Geiſt und Körper
wirkt.

Troſtquelle, die Quelle des Troſtes, das iſt, dasjenige,
woraus Troſt im Leben hergenommen werden kann.
Dieſes bezieht ſich hauptſächlich auf die vielen voran=
gegangenen Beiſpiele von Leiden, Entbehrungen, Un=
glücksfälle ꝛc., und den oft glücklichen Ausgang der=
ſelben, worin die Quellen des Troſtes in den Lei=
den ꝛc. der Gegenwart liegen, alſo in einer ſich für
den Leidenden erheiternden Zukunft.

Troſtſchreiben ſ. Troſtbrief.

Troſtſchrift, eine Schrift, worin man Jemanden trö=
ſtet; mit Troſtbrief ziemlich gleich bedeutend; wenn man
darunter nicht eine Schrift verſteht, die bloß in der
Abſicht verfaßt und gedruckt worden, um Jemanden,
der auf eine kränkende Weiſe öffentlich iſt angegriffen
worden, zu rechtfertigen, und ihn ſo wegen ſeines er=
littenen Unrechts zu tröſten; auch jede andere nicht ge=
druckte Zuſchrift, die der Gekränkte aber zu ſeiner
Rechtfertigung in irgend ein öffentliches Blatt einrük=
ken laſſen kann.

Tröſtung, von dem Zeitworte tröſten und dem Suf=
fixo ung. 1. Die Handlung, da man tröſtet, als das
Verbale dieſes Zeitwortes; eine ungewöhnliche Be=
deutung, wofür das Tröſten üblicher iſt. — 2. Der

Zuſtand, da man Troſt empfindet. Wer aber weiſ-
ſaget, der redet den Menſchen zur Beſſerung,
und zur Ermahnung und zur Tröſtung, 1. Cor.
14, 3. Eine ungewöhnliche Bedeutung, wofür Troſt
üblicher iſt. — 3. Dasjenige, was Troſt gewährt.
Auch hier iſt Troſt üblicher, außer wenn man die
Mehrzahl nöthig findet, welche dieſes Hauptwort nicht
leidet. o Sollten Gottes Tröſtungen ſo geringe vor dir gelten! Hiob 15, 11. Das Elend
des Andern durch Liebe und Tröſtung zu ver-
ſüßen, Gell. Der Engel der Liebe möge ſeine
lieblichſten Tröſtungen auf dich herabſchüt-
ten, Weiße.

Troſtwort, Troſtworte, eine tröſtliche, Troſt ge-
währende Rede, als ein Collektivum.

Trott, von dem Zeitworte trotten, traben. 1. Der
Trab, beſonders von dem Trabe der Pferde, von wel-
chem man ſowohl das Wort Trab als Trott braucht.
Das Pferd geht den Trott. Den Trott rei-
ten. S. Trab, Th. 186, S. 528 u. f. Italien.
Trotto, Engl. Trot, im mittlern Latein Troctus. —
2. In einigen Oberdeutſchen Gegenden wird der
Trieb oder die Triftgerechtigkeit, ſowohl der
Trott, als die Trat genannt.

Trottbaum, eine Benennung des Kelterbaumes an
einer Weinkelter in einigen Rheingegenden, wo die
Kelter Trotte heißt.

Trottbett, der vertiefte Platz in der Kelter, in welche
Vertiefung man die Trauben legt; das Bett, Kel-
terbett.

Trotte, in einigen Oberdeutſchen Gegenden eine Preſſe,
und beſonders eine Weinpreſſe oder Kelter zu bezeichnen. Daher wird eine Oelmühle daſelbſt auch eine
Oeltrotte genannt. S. Trotten 1.

Trottel, ſ. Trobbel.

Trotten, ein regelmäßiges Zeitwort, welches das In-
tenstvum von treten ist, und in doppelter Gestalt
vorkommt. — 1. Als ein thätiges Zeitwort, von treten, in sofern es ehemals auch stampfen, stoßen bedeutete, in welchem Verstande trotten noch in einigen Oberdeutschen Gegenden sowohl für pressen, als
stampfen üblich ist. Den Wein trotten, ihn keltern.
„Da nun dieses Pressen, sagt Adelung, auch häufig von Menschen mit den Füßen geschieht, so kann
man dieses trotten als ein Intensivum der gewöhnlichsten Bedeutung des Zeitwortes ansehen, wenn
nicht erweislich wäre, daß treten ehemals auch stampfen, stoßen bedeutet hätte. Daher trottet man den
Wein, es mag nun durch Troten oder Pressen geschehen. Im Oberdeutschen sagt man auch Oel trotten, für stampfen, und im Niederdeutschen ist treiten
und träten die Hanf- und Flachsstengel vor dem
Brechen entzwei stoßen, und Treite das gereiffelte
Brett, womit solches geschieht." — 2. Als ein Zeitwort der Mittelgattung, mit dem Hülfsworte haben, von der üblichsten Bedeutung des Zeitwortes
treten, mit schnellen und kurzen Schritten einherlau-
fen, wie traben, ob es gleich ein härteres Auftreten,
wie dieses, zu bezeichnen scheint. Das Pferd trottet hart. Daher getrottet kommen; auch von
dem menschlichen Gange, plump daher gelaufen kommen. Im Hochdeutschen ist indessen dafür traben,
bei Vielen aber auch trottieren üblich, welches wieder aus dem Italienischen trottare, und Französischen
trotter, traben, entlehnt ist, obgleich diese von dem
Deutschen trotten abstammen.

Trottknecht, im Weinbaue, sowohl diejenigen, welche
die Weintrauben vor dem Auspressen derselben mit
den Füßen zertraten, die Treter, als auch diejenigen
Arbeiter, welche nachher das Auspressen der Trauben
verrichten.

Trottmeister, derjenige, welcher die Aufsicht über die
Trottknechte hat, der Keltermeister.

Trottoir, in den großen Städten, wie London, Paris, Wien, Berlin ꝛc., der Weg für Fußgänger, der
in breiten Straßen zum Besten derselben angelegt
worden. In Berlin bestehen die Trottoire in den
Straßen auf dem Bürgersteige aus einer Art Gra-
nit- (Syenit-) Platten, welche in die Mitte des
Bürgersteiges gelegt worden, worauf zwei Personen
neben einander gehen können. Außer den Trottoiren
von Granit- und Syenitplatten oder Steinen, die
in den nördlichen Preußischen Provinzen, wie z. B.
in Brandenburg, Pommern, Posen ꝛc., aus Schlesien zu dem genannten Zwecke bezogen, und z. B. in
Berlin gegen baare Bezahlung den Quadratfuß zu
8 Sgr. 6 Pf. verkauft werden; hat man auch Trottoire in mehreren Städten von Sandsteinplat-
ten, marmorartigen Sandsteinfliesen, von
gut gebrannten Klinkern, von Cement und Estrich,
von neben einander gesetzten Holzklötzen, welche
aus Kien- oder auch aus Eichenholze viereckig gehauen
und bearbeitet werden, so daß sie das Ansehen von
viereckig behauenen Steinen erhalten, die man dann
beim Einsetzen dicht zusammen paßt, und die Lücken
oder Fugen, die sich hin und wieder zeigen, mit in
Leim getauchten Holzkeilen ausfüllt, so daß das Ganze
eine ebene und glatte Bahn, wie ein parquettirter Fußboden in einem Zimmer zum Gehen wird. Man hat
auch vorgeschlagen, gegossene Eisenplatten zum
Trottoire zu gebrauchen, die dann aneinander gelöthet
werden. Bis jetzt haben die Granit- und Syenitplatten zu Trottoiren den Vorzug erhalten, weil hier die
Festigkeit und Dauer dieser Steine ihre Anwendung
zu diesem Zwecke vorzüglich empfehlen; denn 1) läßt
die Härte dieser Steine so leicht kein merkliches Ab-
nutzen derselben in langer Zeit zu, und 2) lassen sie

sich leicht bei irgend einer Umwandlung des Bürgersteiges, z. B. bei einer Erhöhung desselben, oder beim
Legen von Röhren zur Gasbeleuchtung, oder beim
Graben eines Brunnens ꝛc., herausheben und auf die
Seite legen, bis man sie wieder einlegen kann, welches mit den andern genannten Platten, außer den eisernen, nicht angeht. Selbst die gegossenen eisernen
Platten haben den Nachtheil, daß sie leicht, wenn sie
beim Herausnehmen hingeworfen, oder beim Aufstellen umgeworfen werden, zerspringen. Auch die übrigen Platten und Fliesen werden beim Herausnehmen
leicht zerstört, und besonders ist dieses bei einem Ce-
menttrottoir der Fall, welches ganz neu gelegt werden
muß, und bei den Fliesen und Klinkern möchten wohl
viele beim Aufbrechen derselben zerstört werden, auch
werden sie, wie die Sandsteine, leicht aus- und abgelaufen, das heißt, sie werden durch eine starke Passage
leicht und bald abgenutzt, und bekommen Ungleichhei-
ten, Höhlungen, worin sich das Wasser beim Regen,
Schnee ꝛc. sammelt. Der Cement hat nach dem Granite und Eisen noch die größte Dauer, wenn er ungestört liegen bleiben kann, und das Trottoir gut gelegt
worden; wird er aber aufgerissen, so läßt er sich nicht
gut anders wieder herstellen, als ihn neu zu legen
oder zu gießen, da er flüssig aufgetragen, mit grobem
Mauersande überschüttet, und so der Cement heiß
ausgebreitet wird, so daß das Ganze eine Platte bildet. Ein Holztrottoir ist zwar nicht zu verwerfen,
nur ist es in den sehr belebten Straßen großer Städte
nicht von Dauer, da es so Manchem ausgesetzt ist,
z. B. dem scharfen Reiben mit den Nägeln unter den
Stiefeln, auch mit den Hufeisen der Absätze, wo solche
unter den Stiefeln getragen werden; dann auch mit
den Zwingen der Spazierstöcke, wenn mit solchen darauf gepocht oder gestoßen wird; auch wohl von den
Kindern, wenn sie beim Spielen auf dem Trottoire

mit scharfen Instrumenten darein schneiden, oder mit
Glas, Scherben von Porzellan 2c. darauf krißeln,
wodurch Fasern des Holzes in die Höhe gehoben wer=
den, die nicht allein das Trottoir sehr bald uneben
machen, sondern auch zum Fallen Veranlassung ge=
ben. So schön daher dergleichen Trottoire von Holz
auch sind, so sind sie doch in großen Städten auf den
Bürgersteigen der erwähnten Ursachen wegen nicht
anzurathen. Auch quabratförmig behauene Pflaster=
steine geben ein gutes Trottoir, wenn sie dicht neben=
einander, wie die Fliesen und Klinker, gelegt, und
die Fugen mit guter Erde und Kies ausgefüllt wer=
den; ein solches Trottoir kommt an Festigkeit dem
Granite gleich; auch könnte man dann das Trottoir
auf den Bürgersteigen breiter machen, als es jetzt z. B.
in Berlin von Syenitplatten ist, wo nur zwei Perso=
nen neben einander darauf gehen können, welches in
sehr frequenten Straßen noch viel fürs Publikum zu
wünschen übrig läßt, da das Trottoir von denjenigeu
Leuten am meisten betreten wird, die seiner vermöge
ihrer derben Fußsohlen, und eben so derben Fußbe=
kleidung am wenigsten bedürfen. Wenn nun gleich
die Trottoire, wie sie jetzt in Berlin von Syenitplat=
ten gelegt werden, schon einem längst gefühlten Be=
dürfnisse abhelfen, besonders bei der jetzigen Legung
der Pflastersteine, wo sie dem Fuße nicht mehr ihre
Flächen, sondern ihre Kanten und Spitzen bieten, so
ist doch ihre Breite in sehr besuchten Straßen nicht hin=
reichend, um die gehegten Erwartungen zu erfüllen,
welches man schon da gewahrt, wo Eigenthümer vor
ihren Häusern zwei Platten nebeneinander haben le=
gen lassen, und auch da, wo vor den Häusern der
Bürgersteig fast ganz aus Cement besteht; denn hier
hat jeder Fußgänger Antheil an der Wohlthat, die
seinen Füßen eine solche Bahn bietet; bei der Breite
von einer Platte kann sie nur Wenigen zu Theil wer=

den, die nämlich neben einander ſchnell fort wollen,
weil immer Einer dem Andern ausweichen, und doch
das gewöhnliche Pflaſter betreten muß, welches den
Frauen um ſo fühlbarer wird, da ihre Fußbekleidung
nur leicht iſt. Bei allen den genannten Trottoiren
kommt es bei der Legung der Platten, Steine, Flie=
ſen ꝛc. auf einen guten und feſten Boden an, daher
muß die Erde da, wo die Platten ꝛc. gelegt werden
ſollen, erſt mit Rammen feſtgeſchlagen, dann mit lok=
kerer Erde einen halben Fuß hoch beworfen, und ſel=
bige gehörig geebnet werden. Auf dieſe Erde werden
nun die Steinplatten dicht neben einander gelegt, und
mit Handrammen feſtgeſchlagen. Alle Lücken und Fu=
gen, die ſich noch zeigen ſollten, obgleich die Platten
auf allen Seiten ſehr egal und glatt behauen werden
müſſen, werden mit zerkleinertem Kieſe ausgefüllt, und
dieſer mit dazwiſchen geſtreuetem Sande feſtgeſtoßen,
ſo daß er genau die Lücken ausfüllt und feſtliegt. Man
kann auch die Fugen mit gutem Mörtel ausſtreichen,
oder mit Cement ausgießen, welches Loptere allem
Uebrigen vorzuziehen iſt, weil es ſich am beſten mit
den Steinen verbindet. Ein Mehreres hierüber, näm=
lich wie das Legen der Steine und das Pfla=
ſtern geſchieht, ſ. unter Pflaſter 2, Th. 111. Ueber
die Trottoire von Eſtrich, oder wie ſolcher im
Freien angewendet werden kann, ſ. unter Eſtrich,
Th. 11, S. 659 u. f.

Trottſpindel, an der Trotte oder Kelter, die große
ſenkrechte Schraube, vermittelſt welcher das Keltern
oder Preſſen geſchieht, die Kelterſpindel.

Trotz, in der Sprachkunſt, ein Wort, welches, nach
Adelung, die Begriffe der Zuverſicht, des Drohens,
des muthigen Widerſtandes, und der Herausforderung
in ſich vereiniget, und in einigen Fällen ein Intenſi=
vum ſowohl von Troſt in der veralteten Bedeutung
der Zuverſicht und Kühnheit, als auch von drohen

ift. Es bedeutet 1) Kühnheit, eine veraltete Bedeutung, in welcher noch das Beiwort trutzlich, für kühn,
verwegen, im Theuerdank vorkommt. — 2) Ein
hoher Grad des Vertrauens auf eigene Vorzüge oder
fremde Hülfe, verbunden mit der festen Entschließung,
allen Hindernissen muthig entgegen zu gehen, in welchem Verstande sich in dem Troße Zuversicht, Stolz
und Kühnheit vereinigen. Sie verlassen sich auf
ihren Harnisch und sind voll Troßes, 2. Macc.
8, 18. Ich will mit edlem Troß den Weg der
Tugend gehen (Weiße). Da es denn in der höhern Schreibart, auch wohl figürlich, den Gegenstand
der festen Zuversicht bezeichnet. Der Herr ist dein
Troß, Sprüchw. 3, 26. Der Weg des Herren
ist des Frommen Troß, Kap. 10, 29. Worauf verläßet er sich, wer ist sein Troß? Sir.
34, 18. — 3) In vielen Fällen ist der Troß, jedoch
mit einigen Abänderungen, eine herrschende Neigung
mit Beiseitesetzung aller glimpflichen Maaßregeln, sowohl einem Andern öffentlich Widerstand zu leisten,
als auch ihn zum Widerstande gegen unsere Beleidi-
gungen aufzufordern. Einem Troß beweisen,
eine veraltete Redensart, wofür man lieber sagt:
Troßig gegen ihn seyn; auch in manchen Fällen
ihm Troß bieten, sowohl durch offenbaren Widerstand, als auch durch dreiste Ausforderung zum Widerstande. Troß sey dir geboten! Er bietet aller menschlichen Gewalt Troß. Jemandes
Troß demüthigen. Jemanden etwas zum
Troße thun, mit offenbarem Widerstande gegen
dessen Willen, Meinung ꝛc. Der ganzen Welt
zum Troße, wenn gleich die ganze Welt anders
will oder denkt. — Oft wird es auch als eine Partikel zur Bezeichnung eines offenbaren Widerstandes
oder einer offenbaren Ausforderung gebraucht. Troß!
und mache sich Einer an Jakob! 2. Sam. 20,

11; das ist: Trotz sey dem geboten, der sich an Ja=
kob macht. Am üblichsten ist es in diesem Verstande
mit der dritten Endung der Person. Trotz dem,
der es besser macht! Trotz dem, der sich wi=
dersetzt! Er bleibt trotz allen Gründen bei
seiner Meinung, mit Verachtung aller Gründe,
oder ungeachtet aller Gründe. In dem Falle, daß
Trotz für ungeachtet steht, ist die zweite Endung noch
üblicher. Trotz aller Einwendungen, für Trotz
allen Einwendungen. Du wirst den Prozeß Trotz
deines vielen Geldes, für Trotz deinem vielen
Gelde, nicht gewinnen. Nach einer noch weitern
Figur bedeutet dieses in ein Zwischenwort umgeformte
Trotz weiter nichts, als: eben so gut, worin es jedoch
nur die dritte Endung leidet. Er läuft, Trotz einem
Läufer, so gut, als ein Läufer. Trotz einer El=
ster schwatzt Ursin (Haged.). In allen diesen Fäl=
len ist die Redensart elliptisch, und läßt sich durch:
Trotz sey dem geboten, auflösen, woraus zugleich
erhellt, daß die dritte Endung die richtigste ist, nur
wenn es als ein Vorwort für ungeachtet steht, aus=
genommen. Man schreibt daher dieses Trotz am rich=
tigsten mit einem großen T als ein wahres Haupt=
wort, wenn es gleich durch den elliptischen Gebrauch
die Gestalt einer Partikel annimmt. Die Hauptwör=
ter Glück, Heil, Dank rc. werden in ähnlichen El=
lipsen auch mit einem großen Buchstaben geschrieben:
Glück dem Könige! Heil dir! Er hat die Krank=
heit, Dank seinem guten Arzte, glücklich über=
standen. — 4) Der Trotz ist auch eine thätige Er=
weisung herrschender Widerspenstigkeit. Der Trotz
eines Kindes. Jemandes Trotz demüthigen.
— In einigen alten Mundarten kommt für Trotz
auch Trutz vor, daher auch im Hochdeutschen, jedoch
selten, Trutzbündniß im Gegensatze eines bloßen
Schutzbündnisses vorkommt.

Trotzen, ein regelmäßiges Zeitwort der Mittelgattung.
1) Einen hohen Grad der Kühnheit besitzen, und sol=
chen thätig erweisen, eine im Hochdeutschen veraltete
Bedeutung. — 2) Einen hohen Grad des Vertrauens
auf eine Sache hegen, und solchen mit Beiseitesetzung
alles Glimpfes thätig erweisen,· mit dem Vorworte
auf. Die sich verlassen auf ihr Gut und
trotzen auf ihren großen Reichthum, Pf. 49,
7. Sie trotzen auf den Gott Israel, Ef. 48,
2. Arpharad trotzete auf seine Macht, Jud.
1, 5. Trotze nicht auf dein Amt, Sir. 10, 31.
Ein Midas trotzt auf den Besitz der Schätze
(Hageb.). Auf etwas pochen, wird im ähnlichen
Verstande gebraucht. — 3) Oft verschwindet ein Theil
des Begriffes der Zuversicht, und da sticht die thätige
Erweisung am stärksten vor, und dann ist trotzen,
im hohen Vertrauen auf sich oder Andere, mit Bei=
seitesetzung alles Glimpfes, sowohl zum thätigen Wi=
berstande bereit seyn, als auch Andere dazu auffordern,
wie Trotz bieten, da es denn auch, wie diese Re=
densart, die dritte Endung der Person erfordert. Ei=
nem trotzen, allen Gefahren trotzen, Trotz
bieten. Viele, besonders Oberdeutsche Schriftsteller,
brauchen es in dieser Bedeutung mit der vierten En=
bung. Weswegen sie sich entschlossen — und
das sonst unerbittliche Recht der Gräber zu
trotzen, Grypfh. Den Herrn trotzen, Jer. 50,
24; 1. Cor. 10, 22. Wollt ihr mich trotzen?
Joel 3, 9. Man trotzt die Sterblichkeit
(Günth.). Sie trotzte gar die Schwachheits=
fünden (Hageb.). Nach Adelung ist diese im
Hochdeutschen fehlerhafte Wortfügung im Oberbeut=
schen einheimisch, und scheint aus Verwechselung mit
dem in einigen Provinzen gangbaren tratzen, zum
Zorn reizen, entstanden zu seyn, das aber allem An=
scheine nach nicht hierher gehört, sondern ein Intensi=

vum von reizen ist; auch hat es den Begriff des
dritten Ungestüms nicht, welcher mit trotzen verbun=
den ist. Da nun dieses im Hochdeutschen kein thäti=
ges Zeitwort, sondern ein Zeitwort der Mittelgattung
ist, und man daher nicht sagen kann: ich werde ge=
trotzt, so kann man auch nicht sagen: einen trotzen.
Die ähnlichen Redensarten: Einem pochen, Einem
drohen, Einem widerstehen 2c., deren Begriffe
sich in trotzen vereinigen, leiden gleichfalls nur die
dritte Endung. — 4. Seine herrschende Abneigung
vor der Versöhnung auf eine thätige Art an den Tag
legen, wo es absolute und höchstens mit dem Vor=
worte mit gebraucht wird. Ein Kind trotzt, wenn
es seinen Widerwillen gegen den eingebildeten Belei=
diger auf eine herrschende Art an den Tag legt. Mit
Jemanden trotzen, im glimpflichern Verstande,
mit ihm zürnen, in den niedrigen Sprecharten mit
ihm maulen. So auch das Trotzen. Nach Abe=
lungs Anmerkung zu diesem Worte in seinem „gro=
ßen grammatisch=kritischen Wörterbuche der Hochdeut=
schen Mundart,“ Th. 4, in einigen Oberdeutschen
Mundarten trutzen, bei dem Notker trotzen, im
Schwedischen trotsa, im Isländischen tratzast. Im
Niedersächsischen ist trotzeren, stolz und trotzig
thun, und in der Schweiz trätzeln, schimpfen, wel=
ches aber, wie das Bayerische tratzen, reizen, nicht
hierher, sondern zu reizen zu gehören scheint. Da
trotzen für trotsen steht, so geht daraus hervor,
daß es ein Intensivum von einem andern Zeitworte
ist, vielleicht von treten oder trotten, da es denn
vor Trotz auf die Erde stampfen bedeuten würde.
Noch wahrscheinlicher soll es ein Intensivum sowohl
von drohen, als auch von trauen und Trost seyn,
in der alten Bedeutung der Zuversicht, indem alle
diese Begriffe in diesem Worte zusammenfließen 2c.

Trotzig, Bei= und Nebenwort, Trotz an den Tag le=

gen, in dem Troße gegründet, aber nur in der dritten
Bedeutung dieses Hauptwortes. Ein trotziger
Mensch. Jemanden sehr trotzig begegnen.
Eine trotzige Antwort. Ein trotziges Betra=
gen. Im gemeinen Leben bezieht sich trotzig oft bloß
auf die Mienen. Trotzig aussehen, einen mürri=
schen Ernst durch seine Mienen verrathen. Luthers
trotziglich, für das Nebenwort trotzig, ist im Hoch=
deutschen veraltet.

Trotzkopf, die Bezeichnung eines Individuums, wel=
ches Trotz besitzt oder Trotz äußert, sich hartnäckig oder
widerspänstig gegen Andere zeigt, besonders gegen die
Befehle eines Obern oder eines ihm Vorgesetzten;
seinen vorgefaßten Meinungen, als geltend, Aner=
kennung zu erzwingen sucht; am häufigsten in der
vierten Bedeutung, sowohl des Hauptwortes Trotz,
als des Zeitwortes trotzen.

Trotzstein, im Hüttenwerke, eine Masse, die wegen
ihrer heißgrätigen und schwer zu schmelzenden Art die=
sen Namen führt. Es ist eine harte, kupfrige, mit Ei=
sen und Schwefel vermischte grauliche, in das Rothe
fallende Materie, die bei dem Kupferschmelzen ent=
steht. Sie liegt oben auf dem geschmolzenen Kupfer,
daher dieses Produkt auch an einigen Orten Aufer=
leg und an andern Scherstein genannt wird.

Troubadour, Troubadours, bei den Franzosen in
dem Mittelalter, von dem eilften Jahrhunderte an, die
Erfinder der Reime und Lieder, die von Andern her=
nach auf verschiedenen Instrumenten gespielt und ge=
sungen wurden. Man nannte diese Dichterzunft spä=
terhin auch die freie Genossenschaft der fröh=
lichen Kunst (gaye science). Die Troubadours sind
daher Dichter des Mittelalters in Frankreich, die nicht
bloß die Liebe, sondern auch Kriegesthaten und die
Sitten ihrer Zeit besangen, und wenn sie von der ei=
nen Seite die Liebe und Heldenthaten schwärmerisch

erhoben, fo. geiffelten fie auch. von der andern die Ge=
brechen ihrer Zeit mit verwundernder Satyre.   Man
theilt diese Dichter in zwei ganz verschiedene Stämme:
in Troubadours und Trouveurs. Die Ersteren
dichteten in der Romanisch = Provenzalischen,
und die Letzteren in der Romanisch = Französi=
schen Sprache; Erstere wurden Provenzalische
Dichter, und die Letzteren Fabliers genannt, weil
sich diese in einer Dichtungsart besonders auszeichne=
ten, welche sie Fabliaux nannten, und die von wei=
terem Umfange ist, als die gewöhnliche Fabel. Beide
Arten von Dichtern leiten aber ihren Namen von
trouver, finden, erfinden, her, welches nachher gleich=
bedeutend mit erdichten oder dichten genommen
wurde. Der Unterschied dieser Dichter besteht demnach
größtentheils in der Verschiedenheit der Sprache, sonst
kommen sie, was die Dichtungsarten anbetrifft, ziem=
lich überein; denn beide haben das Feld des Romans,
worein sie die Wirklichkeit kleiden, um sie anziehender
zu machen, zu ihrem Wirkungskreise genommen. In
welchem Ansehen die Troubadours standen, beweiset
ihre Standes = Mischung; denn sowohl Fürsten, als
andere Vornehme, Ritter, berühmte Frauen, Geistliche
und Mönche, Freidenker und Pietisten, Schwärmer in
der Liebe und im Aberglauben, Schmeichler und Sa=
tyriker, Moralisten und lustige Brüder, kurz Leute von
allen Ständen zählten sich zu ihnen, und nach dem
Charakter, den sie in der socialen Welt einnahmen,
erhielten auch ihre Gedichte oder Gesänge die Fär=
bung: erotisch, politisch, satyrisch, moralisch ꝛc., je
nachdem der Dichter sich für diesen oder jenen Gegen=
stand begeistert fühlte.   Die Troubadours findet man
zuerst in dem mittäglichen Frankreich, in der Provence,
weil die Provencalsprache ihnen Allen gemein war.
Man setzt ihre Entstehung in das eilfte Jahrhundert,
obgleich der erste bekannte Troubadour, Wilhelm

der Neunte, Graf von Poitou und Herzog von
Aquitanien, im zwölften Jahrhunderte gelebt hat;
denn die Anmuth und Gewandheit seiner Schreibart
setzt schon eine gebildete Kunst voraus, und also auch
Vorgänger darin, die sie schon bis zu dieser Ausbil=
dung brachten. Indessen ist er immer, schon vermöge
seines Standes, derjenige, der dieser Poesie ein gro=
ßes Ansehen und eine weite Verbreitung gab; denn
sie verbreitete sich seit dieser Zeit schnell, kam an die
Höfe, und wurde von einem großen Theile von Eu=
ropa bewundert. Selbst Kaiser Friedrich der Roth=
bart zog viele Provenzaldichter an seinen Hof, und
diese haben wahrscheinlich bei den Deutschen, beson=
ders unter den Hohenstauffen, die Minnesän=
ger geweckt; denn durch die an den Deutschen Kai=
serhof gezogenen Provenzaldichter wurde der Geschmack
in der Dichtkunst hier eben so ausgebreitet, wie in
Frankreich, und dieses durch die genannten Minne=
sänger. So wie die Troubadours ihre Musars,
Jongleurs und Comirs hatten, so hatten auch die
Minnesänger ihre Dichter, Bidelere, welches mit=
unter Adeliche waren, und ihre Sänger oder Sin=
ger. — Ueber das Verhältniß der Troubadours
und Jongleurs zu einander, sagt Friedrich Kuhn
in einem Aufsatze: die Troubadouren (Abendzei=
tung, 1817, Nr. 5): „Wer in der fröhlichen Pro=
vence auch nicht Kraft genug in sich fühlte, in die stol=
zen Reihen der Troubadouren zu treten, der lernte als
Jongleur die Lieder der neuen Sänger auswendig,
deklamirte sie in feierlicher Kleidung, und sang sie
in den Sälen der Ritter und Herren zum Klange der
Instrumente ab, und der Beifall der Hörer, und die
Einladung, die überall auch dem Jongleur entgegen
kam, war gleichsam nur ein Kranz, den der Jongleur
mit dem Troubadour theilte. In einem solchen Lande,
damals voll Leben, Kraft, Freiheit, Poesie und fast

ohne alle die Noth, welche das moderne Europa später darniedergedrückt hat, mußte denn auch bald darauf wohl selbst die Liebe, diese angeborene Poesie des
Menschen, eine neue romantische Gestalt annehmen.
Aus Poesie, Waffenspiel, Frauenliebe und Frauen-
achtung ging die Chevalerie hervor, mit ihren Liebes-
höfen und Sängerwettkämpfen. Wer als Troubadour nicht dichten, als Jongleur nicht singen und vor-
tragen konnte, fand auch dort noch Gelegenheit zur
Entfaltung eines heiteren Spiels, eines scharfsinnigen
Gedankens, einer zarten Empfindung. Wer müßte
auf diese eigenthümliche, fröhliche Zeit — denn in
derselben allein hieß ja auch die Poesie nur die fröhliche
Kunst — nicht immer mit Theilnahme, und vielleicht
manchmal mit einer wehmüthigen Sehnsucht hinblik-
ken." — Hier theile ich nun über die Troubadours
oder Provenzaldichter noch dasjenige in einem Auszuge mit, was der Abt Millot in einer Abhandlung
über diese Dichter, aus deren Schriften die Geschichte
und Sitten der mittleren Zeiten Erläuterung erhalten, gesagt hat, die als Einleitung zu der Histoire
litteraire des Troubadours (Paris, 1774, 3 Vol.)
dient, da sich darüber nichts Besseres sagen läßt*).

---

*) Millot benutzte das Werk des Herrn de la Curne
de Sainte Palaye; denn seine Histoire etc. ist nur
ein Auszug daraus. Der Herr de Sainte Palaye
wandte einen unglaublichen Fleiß auf die Geschichte und
Werke der Troubadours, sparte hierin keine Kosten, noch
Reisen, und hinterließ dreiundzwanzig geschriebene Bände
in Folio, worin er alles dahin Gehörige, größtentheils aus
Italienischen Handschriften, besonders in Rom, gesammelt
hatte. Man berichtet, daß sich die Sammlung auf 4000
Stück belaufen habe. Das Resultat seiner Untersuchungen
sind die Memoires sur l'ancienne Chevalerie, 1781, drei
Theile, welche der Dr. Klüber unter dem Titel: „Das
Ritterwesen des Mittelalters, nach seiner politischen und mi-

„Nach einer langen Reihe von Unglücksfällen, in welche der Irrthum auf der einen, und die Anarchie auf der andern Seite die Europäer versenkt hatten, machte die Unwissenheit des zehnten Jahrhunderts, begleitet von den Verheerungen einer ganzen Fluth von Räubern, ihr Elend vollkommen, und sie selbst viehisch und roh. In dem darauf folgenden Jahrhunderte fingen die Wissenschaften wieder an aufzukeimen, obgleich in elender Gestalt, und gewiß fruchtbar an Irrthümern, als die Unwissenheit selbst, indessen doch dazu dienlich, den Verstand aus seiner nachtheiligen Betäubung zu ziehen. Die Päbstliche Regierung Gregors des Siebenten, die dadurch veranlaß=ten Erschütterungen der Völker, das heftige Zusam=mentreffen der geistlichen und weltlichen Regierung, das unter seinen Nachfolgern fortdauerte, brachten eine allgemeine Bewegung hervor, und veranlaßten mäch=tige Interessen, welche die Gemüther aus dem Schlafe erweckten, während die Ritterschaft eine Laufbahn des Heldenmuths eröffnete, über welche einige gesellige Tugenden unter den kriegerischen Thaten ihren Glanz verbreiteten. Hierzu kamen nun noch die Kreuzzüge, die gegen das Ende des eilften Jahrhunderts ihren Anfang nahmen. Ein unerhörter Enthusiasmus zer=brach die Schranken, welche die Völker trennten, und verband sie zu Eroberungen, die durch einen frommen Vorwand geheiliget waren. Hierdurch kamen sie in das Land eines Phidias und Homer, athmeten sie die Luft des wohllüstigen Asiens ein, und wurden da=

---

litärischen Verfassung ꝛc.,“ in drei Bänden, Nürnberg, 1786 — 1791, deutsch herausgegeben hat, worin im ersten und zweiten Bande auch der Troubadours Erwähnung ge=schieht. Die Uebersetzung ins Teutsche, von Millots Ein=leitung zu seinem oben angeführten Werke, befindet sich im vierzehnten Jahrgange des Hannöverschen Magazins. (1776.) St. 15.

gleich einer Art von Gottheit zu dienen, einer Gott=
heit, die man nur mit Ehrfurcht liebt und mit Liebe
verehrt; dies war eine von den vornehmsten Pflichten
eines jeden Ritters, und eines Jeden, der es zu wer=
den wünschte. Die Einbildungskraft fand bei einem
solchen Systeme der Liebe ihre Rechnung; es bildete
zwar Helden, allein es gab auch Veranlassung zu al=
len romanhaften Thorheiten. — Wenn die Galanterie
in der bürgerlichen Gesellschaft herrschte, so trugen die
Troubadours nicht wenig zum Anwachs ihrer Herr=
schaft und zu der Ausbreitung ihrer Siege bei. Fast
Alle weiheten sich dem Dienste der Frauen; Einige
aus Gefühl, Andere aus Eitelkeit, Viele aus Eigen=
nutz; denn es war der Weg, sein Glück zu machen;
und die Frauen, eifersüchtig auf ein Lob, welches ihre
Reize zu verewigen schien, ermangelten nicht, dem an=
betenden Dichter Beweise ihrer Gunst zu geben. Lei=
denschaft und Schmeicheley waren beide dem Parnaß
der Provenzalen gleich beförderlich. Wie weit war
aber die Liebe in diesen Ritterzeiten von demjenigen
Ideale entfernt, welches sich die Tadler der neuern
Zeit davon zu machen pflegen. Wenn auch die Ge=
schichte von den damaligen Unordnungen und der Aus=
gelassenheit in den Sitten kein Zeugniß gäbe, so wür=
den schon die Werke der Troubadours eine Menge
augenscheinlicher Beweise davon an den Tag legen.
Unter Beispielen einer unschuldigen Galanterie, die
unter das Gebiet der Sittsamkeit und der Pflichten ge=
bracht worden, findet man in ihnen tausend Züge der
Ausgelassenheit und der Ausschweifung; man gewahrt in
ihnen die Sinne sich des Herzens bemeistern, die ehe=
liche Liebe auf die frechste Art verletzen, der Sitten zu=
weilen mit einer cynischen Unverschämtheit spotten;
kurz eben die Laster, die man auch in neuerer Zeit
wahrnimmt, nur nicht so sehr unter einem anständigen
Scheine versteckt. Daher die Satyren vieler von die=

sen Dichtern, welche die vergangene Zeit erheben, obgleich sie ihren Tadel noch mehr verdiente, und die Ausschweifungen ihrer Zeitgenossen abscheulich malen. So natürlich ist es, die Tugenden der ehemaligen Zeiten zu vergrößern, oder sie ihnen gar fälschlich anzudichten, um die gegenwärtigen Laster desto bitterer bestrafen zu können. — Ein großer Theil der Werke der Troubadours betrifft die Vorfälle ihrer Zeit, die eben so leicht poetische Begeisterung, als poetischen Unwillen erregen konnten. Es war die Zeit, in welcher die Päbste die Regeln und Beispiele der ersten Kirche ganz aus den Augen verloren hatten, im Namen Gottes und des heiligen Petrus Alles in Bewegung setzten; aus der Religion Gottes das Werkzeug einer intriguirenden Staatskunst machten, bald Belohnungen des Himmels austheilten, bald zu den Strafen der Hölle verdammten, die Völker unterjochten, die Reiche erschütterten, und sogar die Fürsten vom Throne stürzten. Die Kreuzzüge, die Gregor der Siebente zuerst ins Leben treten ließ, waren, wenn man sie aus einem politischen Gesichtspunkte betrachtet, ein Meisterstück des ehemaligen päbstlichen Despotismus. Durch sie konnte ein Pabst die Unterthanen aller Fürsten bewaffnen und seine eigene Soldaten daraus machen, sie Königreiche erobern lassen, die er sich zinsbar machte, von einem Ende Europas zum andern ungeheure Abgaben eintreiben, deren Anwendung in seiner Willkühr stand; die Staaten an Geld und Leuten erschöpfen, deren Schwäche seine Macht vermehren mußte, gewissermaßen übers Meer hin die Kaiser und Könige verweisen, deren Entfernung ihm vortheilhaft war, die kirchlichen Reichthümer, und folglich auch seine Einkünfte durch den Ertrag vieler Ländereyen zu vermehren, welche die Theilnehmer an den Kreuzzügen um einen geringen Preis losschlugen, damit sie im Stande seyn möchten, den Ablaß des heiligen Krie-

ges zu erhalten; er konnte sich endlich geradezu zum
Richter aller bürgerlichen und politischen Angelegen=
heiten aufwerfen, indem er dem Schutze des päbstli=
chen Stuhls die Güter und Personen eines Jeden
unterwarf, der einen Kreuzzug mit unternahm. Wenn
nun auch die Römische Politik nicht sogleich dieses
System in seinem ganzen Umfange zur Absicht hatte,
so scheint es doch, daß sie es in kurzer Zeit so weit
ausdehnte, obgleich allemal fromme und mystische
Vorstellungen ihre Entwürfe beschönigten, vielleicht
selbst in ihren eigenen Augen, wie in den Augen der
verblendeten Völker. Wir finden in den Gedichten·
der Troubadours wohl hundert Beispiele von den
Schwärmereyen der Kreuzzüge, und von den eitlen
Veranlassungen, welche sie unaufhörlich beförderten;
man findet aber auch darin zuweilen eine gewisse Kühn=
heit sie zu tadeln, die mit den Vorurtheilen des großen
Haufens einen sonderbaren Contrast macht. Nach so
vielen unglücklichen Feldzügen, von welchen sich Eu=
ropa einen glücklichen Ausgang versprochen hatte, gab
es auch einsichtsvolle Leute, die darüber nicht nur ihr
Urtheil fällten, sondern auch freimüthig genug waren,
ihre Meinung zu sagen; denn die Macht der Kirche,
an sich selbst ehrwürdig, wenn sie mit Klugheit ge=
handhabt wird, setzte sich selbst den gefährlichsten An=
griffen durch Mißbräuche aus, über welche die Völker
unwillig zu werden anfingen. Dies war eigentlich der
Ursprung der verschiedenen kirchlichen Sekten, die in
den mittäglichen Ländern Frankreichs unter den Na=
men: Manichäer, Waldenser, Albigenser ꝛc. bekannt
sind. Ihre Angriffe auf die Geistlichkeit beförderten
eben so sehr, als ihre Irrthümer, den heftigen Krieg,
welchen man ihnen, zum Verderben des Grafen von
Toulouse, ankündigte. Bisher hatten die Kreuzzüge
nur die Absicht, die Feinde der Christenheit auszurot=
ten; allein Christen, die man für Feinde der Kirche

hielt, schienen es noch mehr zu verdienen, ein Opfer
des Religionseifers zu werden, und wenn ihr Lan=
desherr es wagte, sie zu schützen, oder sie nur zu
dulden, so ging von Rom aus nicht nur der Bann=
strahl gegen sie, sondern es wurde auch zur Religions=
pflicht gemacht, die Waffen zu ergreifen, um ihn seiner
Staaten zu berauben. Man erinnere sich nur jenes
Kreuzzuges, der durch so viele Ungerechtigkeiten und
Grausamkeiten berühmt geworden ist, und der für
Raymund den Sechsten und Raymund den
Siebenten, Grafen von Toulouse, ungeachtet ihrer
demüthigen Unterwerfung, so verderblich geworden,
indem der Römische Hof dadurch ein Fürstenthum
mitten in Frankreich erhielt. Viele von den Trouba=
dours nahmen an diesen bürgerlichen Kriegen entwe=
der thätig oder auf der Seite der Unterdrückten Theil,
und haben merkwürdige Beschreibungen davon gelie=
fert. Die Geistlichkeit dieser unglücklichen Länder,
schwärmerisch und kriegerisch, machte sich der schreck=
lichsten Mißbräuche schuldig, so auch die Mönche. Die
entstandene Inquisition erschien voller Blutdurst; al=
lein durch das Verbrennen ihrer Opfer, wobei der
Unschuldige mehr als einmal mit dem Schuldigen ver=
mengt wurde, erregte sie das Gefühl patriotischer Dich=
ter, und so wurde die Literatur oft die Rächerin der
religiös=schwärmerischen Verfolgung und des Blut=
durstes, indem sie die Vorschriften der christlichen Liebe
den Vorurtheilen einer blutdurstigen Schwärmerey
entgegensetzte. Indessen fuhr die Hierarchie fort, ge=
gen die weltliche Herrschaft zu kämpfen, welches der
Kaiser Friedrich der Erste zu seinem Nachtheile er=
fahren hatte; denn die Empörung der sich verbunde=
nen Städte in der Lombardey, um sich von ihm los=
zureißen, war das Werk des Römischen Hofes. Ein
nur schwaches Vorspiel von den Ungewittern, welche
Innocenz der Dritte, Gregor der Neunte,

der Troubadours nehmen; denn sie verdienen meisten=
theils weniger Lob, als Tadel. — Die Gedichte der
Troubadours bestehen aus Liedern, aus den soge=
nannten Sirventes oder Jeux-partis, aus Pasto=
ralen, Novellen oder Erzählungen 2c.; man
kann sie in erotische, historische, satyrische und
didaktische Dichtungen eintheilen. Nachdem was
oben im Allgemeinen über die Ritterwelt angemerkt
worden, kann man schon annehmen, daß diejenigen
Gedichte, welche die Liebe zum Gegenstande haben,
auch die zahlreichsten sind. Diese Gedichte sind nicht
reich an sinnreichen Gedanken, an feinen durchdachten
Wendungen, an Witz, wohl aber herrscht in ihnen das
Feuer der Leidenschaft; denn die Liebe ist bald in ih=
nen mit einer gewissen Stärke, bald mit einer
naiven und rührenden Einfalt ausgedrückt. Oft zeigt
sie sich schüchtern und ehrerbietig, und betet gleichsam
voller Entzücken die Schönheit an; dann sucht sie
sich wieder durch heroische Anstrengungen an den Tag
zu legen. Kurz, die Galanterie der Ritterwelt herrscht
hier überall vor, und wenn die Gesänge der Trou=
badours besondere Begebenheiten betreffen, wie dieses
oft der Fall ist, so liest man sie mit desto größerem
Vergnügen; aber die faden Gemeinplätze der Galan=
terie, die häufige Wiederkehr der nämlichen Gedanken
und Ausdrücke, ihre Länge und Geschmacklosigkeit, würde
uns eine vollständige Sammlung ihrer Werke nicht
schätzenswerth machen, nur in einer Auswahl sind sie
zu genießen. Es gab unter den lecken Rittern und ga=
lanten Troubadours einige Erscheinungen von un=
schuldiger Liebe, von Sitten, die ohne allen Tadel sind;
allein wie viele Beispiele giebt es nicht auch vom Ge=
gentheile. Es war schon viel, daß die Schönen ge=
ringere Liebhaber verschmäheten, deren Namen nichts
Rühmliches hatten, daß weibische Weichlichkeit, und ein
schimpflicher Reichthum ihre Verachtung erregten, und

daß man nur durch Muth und Ehre die geheimen Be=
lohnungen einer Liebe erwerben konnte, die oft straf=
bar, oft den Gesetzen der bürgerlichen Gesellschaft
entgegen war. — Nächst den galanten Gedichten der
Troubadours eröffnet sich das Feld der historischen,
welche sich auf Begebenheiten und auf merkwürdige
Personen beziehen, und reichhaltigen Stoff zur Ge=
schichte enthalten. Dergleichen sind die meisten der
sogenannten Sirventen, einer Art von Reden in
Versen, worin die Lobsprüche, Vorwürfe, Klagen,
Drohungen, Ermahnungen, Rathschläge nach Gefallen ihres Verfassers angebracht sind. Wenn man sie
in Absicht auf die Geschichte betrachtet, so haben diese
Gedichte unstreitig ihren Werth zur Aufklärung und
Bestätigung mancher kleinen Umstände; sie scheinen
aber in anderer Absicht noch weit interessanter zu seyn;
denn rühren sie von berühmten Personen her, so sind
sie ein treffendes Gemälde ihrer Gesinnungen, ihrer
Leidenschaften, kurz ihrer ganzen Art zu handeln. Die
Sirventen des Königs Richard, die er in seinem
Gefängnisse in Deutschland verfertigte, und viele an=
dere von dieser Art verdienen die Aufmerksamkeit eines
Jeden, dem es um Kenntniß des menschlichen Geistes,
Herzens, und der alten Sitten zu thun ist. Am merk=
würdigsten ist die große Freiheit vieler Troubadours;
sie erlaubt Alles, selbst bei der größten Ungleich=
heit des Ranges und der Glücksumstände. Die Troubadours zeigen ihre Freimüthigkeit sowohl bei den
Streitigkeiten, die mit dem Degen ausgemacht worden, als auch im Umgange der Höfe, wo Kunstgriffe
und Schmeicheleyen die Feder führen; denn es gab
auch schon damals unter den Dichtern kriechende Höf=
linge, die nur durch Schmeicheleyen sich den Lohn ih=
rer feilen Federn erbettelten; indessen zeigen doch die
Meisten, wenn sie gleich nicht uneigennützig, ja so=
gar habsüchtig waren, ein rücksichtsloses Betragen; und

schonten Niemand, selbst nicht ihre Beschützer. Die
Freiheit im Reden ging damals über alle Grenzen
hinaus, und die Ehrliebe erstickte nur zu oft die Er-
kenntlichkeit gegen Wohlthaten. Hätten die Verfasser
dieser historischen Dichtungen nur so viel Genie und
Witz besessen, als Dreistigkeit, so würde man bei ihnen eine reiche Erndte treffender Verse machen können,
allein Viele von ihnen reimten gleichsam dem Apoll
und der Minerva zum Trotz; man muß daher auch
hier eine strenge Auswahl treffen. — Dann finden
sich in dem Nachlasse der Troubadours auch eine Menge
satyrischer Gedichte. Diese Gedichtgattung hat einen großen Beifall erhalten, und auch die schlechtesten
Schriftsteller haben durch die Satyre Aufsehen erregt,
indem sie dem Haß und dem Neide schmeichelt, die
fast allemal gegen das Verdienst im Harnisch sind.
Es giebt unter den Gedichten der Troubadours viele
persönliche und gröblich beleidigende Satyren, wie
z. B. diejenigen von Pierre d'Auvergne und von
dem Mönch de Montaubon gegen die schlechten
Reimer, die meistentheils jedoch so unbekannt sind, daß
keine Spur von ihren Werken mehr übrig ist. Beide
konnte man die Geißeln der Troubadours nennen,
wenn man sie aber liest, verachtet man die Geißel
selbst mehr, als jene Opfer, welche ihre Geißelhiebe
treffen. Dergleichen Satyriker haben nie ein anderes
Schicksal gehabt. Ganz anders ist es mit der Satyre
wider die Sitten der Zeit; sie dient, die Untugenden
zu bessern, wenn sie auch nicht immer ihren Zweck erreicht; sie ist nützlich für die Zeiten, worin sie geschrieben wird, und welche sie züchtiget; nützlich für die
Nachwelt, der sie die Kenntniß des ehemaligen Zeitgeistes überliefern kann. Die noch übrigen Stücke
aus dieser alten Zeit kann man als die schätzbarsten
ansehen; denn man findet in ihnen eine Wahrheit geschildert, die ungeachtet aller Deklamationen dagegen,

dennoch Glauben gewinnt: daß nämlich die Sitten der
guten alten Zeit, wie man sie höflich zu nennen pflegt,
unsere großen Lobsprüche nicht verdienen; so hassens=
werth auch unsere Laster sind. Jenes Rittergeschlecht,
dessen Redlichkeit, Freimüthigkeit und Großmuth so
sehr gepriesen werden, wie ist es in diesen Gedichten
geschildert? Unterdrückung der Unterthanen, Treu=
losigkeit gegen die Nachbaren, häufige Grausamkei=
ten und Betrug, beständige Plündereyen, unersättliche
Raubgier, Ausschweifungen, statt der Galanterie,
dieses sind die gewöhnlichen Züge. Man wird hier
wohl sagen, die Satyrenschreiber übertreiben Al=
les; allein übertreiben sie nicht noch heutiges Tages?
Wir bedauern den Verlust des vorigen Zeitgeistes,
und die Troubadours wünschten gleichfalls im zwölf=
ten und dreizehnten Jahrhunderte die vergangenen
Zeiten zurück, und doch weiß die Geschichte nichts Ab=
scheulicheres aufzuweisen, als die beiden Jahrhunderte,
die dieser Epoche vorhergingen. Sie greifen mit Hef=
tigkeit die Laster der Geistlichkeit und der Mönche an,
und der Geist der Härte und Tyrannei befleckte auch
damals die meisten Diener der Religion, auf Kosten
der Religion selbst. Der Kreuzzug gegen die Albi=
genser, die mörderische Inquisition, welche derselbe
einführte, waren allein schon hinreichend, die Gemü=
ther zu empören. Ein Originalstück von Jzarn, ei=
nem Dominikaner, der Missionair und Troubadour
war, worin er sich im Streite mit einem Ketzer vor=
stellt, und ihn mehr durch die Furcht der Strafen, als
durch die Stärke der Gründe bekehrt, kann uns über=
führen, daß vorurtheilsfreie Katholiken wohl Ursache
haben, mit den Sektirern, nicht in ihren Lehrmeinun=
gen, wohl aber in ihrer Verachtung und ihrem Ab=
scheu gegen verhaßte Mißbräuche übereinzustimmen.
Auch die heftigen Bestrafungen des Pierre Cardi=
nal, eines berühmten und tugendhaften Troubadours,

der ein Mitglied der Geistlichkeit gewesen war, anderer ähnlicher Satyren nicht zu gedenken, setzten die ehemaligen Vergehungen dieses Standes außer Zweifel, den der Strom der Leidenschaften fortriß, den die Unwissenheit herabgesetzt hatte, und der sich erst nachher wieder emporgeschwungen hat, da seine Kenntnisse und sein Betragen mit der Heiligkeit seines Amtes übereinstimmten. — Eine falsche Politik, die fast immer gebraucht, aber auch immer von traurigen Folgen gewesen ist, bewog die Geistlichen, die Dichter eben so, wie die Ketzer zu verfolgen; man glaubte sie durch die Furcht zu fesseln, und reizte sie dadurch noch mehr, ihre Feder in Galle zu tauchen, und wehe zu thun, ohne den Schein zu haben, als ob sie es thäten. — Der Lehrgedichte der Troubadours giebt es nur wenige; allein sie sind ihres Gegenstandes wegen merkwürdig. Einige enthalten allgemeine Sittensprüche; andere Lehren, welche verschiedene Stände der Gesellschaft betreffen, besonders die Bewerber um die Ritterschaft, Jungfrauen, Dichter und Liedersänger. Ihre Weitschweifigkeit und die Ausdehnung unbedeutender Nebendinge sind dabei oft widerlich; man muß sie daher abkürzen. Sonst kann man in Kleinigkeiten oft die Menschen besser kennen lernen, als durch große und erhebliche Dinge; jene schildern die Eigenschaften und Gewohnheiten derselben, und in diesen kann man nur ihre Anstrengung bewundern. Die Troubadours faßten zuweilen ihre Vorschriften in die Anmuth der Erdichtung oder Fabel. Sie ließen z. B. einen jungen Mann auftreten, der an den Hof eines berühmten Ritters gekommen, um ihn um Rath und Unterricht zu bitten, oder eine ehrwürdige Person, die in einer zufälligen Unterredung der Jugend Lehren ertheilt. Diese Einkleidungsart scheint kein Muster der Alten, sondern eigene Erfindung zu seyn; denn wären die Troubadours nur Nachahmer gewesen, so hätten

sie gewiß mehr Geschmack, und weniger Natur gehabt.
Indessen findet man auf diesem nur schlecht bebaueten
Felde einige gute Erzählungen, deren natürliche An=
muth anziehend genug ist, um uns darin Geschmack
und Witz vermissen zu lassen. Dieses ist auch der
Charakter der Schäfergedichte bei den Trouba=
dours; der galanten Idyllen, ohne Kunst und sehr
einförmig verfaßt, aber dabei voll wahrer Natur.
Diese Dichtungsart, gleich vortheilhaft für die Poe=
sie, wie für die Galanterie der Liebe, hätte bei ihnen
mehr im Gebrauche seyn müssen, daß sie es aber nicht
war, daran ist ihre Besuchung der Höfe Schuld; denn
nur das Landleben begeistert die Muse zum Schäfer=
gedicht, nicht die Höfe; denn hier verliert sie sich in
Galanterien, gewinnt an Geschmack und Witz, aber
nicht an Empfindung und Herzlichkeit. Die Trouba=
dours suchten sich auch durch die sogenannten Ten=
sons vorzüglich hervorzuthun. In diesen Gesprä=
chen, in abwechselnde Strophen vertheilt, pflegten sie
sich gegenseitig anzugreifen, einander zu antworten,
und ihre gegenseitigen Meinungen über verschiedene
Streitfragen vorzubringen, die fast alle die Liebe zum
Gegenstande haben. Die Höfe und die großen Ge=
sellschaften waren die Schauplätze des Streites. Man
nahm gewöhnlich die vornehmsten Personen zu Schieds=
richtern, und ihre Entscheidung hatte ein großes Ge=
wicht. Diese Spiele des Witzes oder der Laune wa=
ren nun besonders geeignet, das Talent zu beleben;
da aber mittelmäßige Talente selten über die Grenze
des Mittelmäßigen hinausgehen, so giebt es auch hier
unter einer großen Menge von Tensons nur wenige
von besonderem Werthe. Indessen haben sie doch
den Nutzen, uns mit den Sitten und der Denkungs=
art ihrer Verfasser und mit dem Geiste ihres Jahr=
hunderts bekannt zu machen. Man entdeckt in ih=
nen die Spitzfindigkeiten einer romanhaften Liebe,

die falschen Begriffe der Ehre und der Moral, die
mehr Eindruck machten, als alle anderen Pflichten.
Durch welche Eigenschaften macht sich ein Ritter seiner Dame würdiger? Eine Dame würdiger, Liebhaber zu haben? Wornach muß man in diesem oder
jenem Falle den Vorzug eines Ritters schätzen? 2c.
Mehrere Fragen dieser Art werden durch Urtheile
ausgemacht, die oft sehr treffend und wohlthuend für
die Moral, oft aber auch derselben sehr schädlich waren. Nichts war geschickter wahre Grundsätze einzu-
flößen, als eine Dichtungsart, wobei sich dieselben auf
tausend wichtige Fälle anwenden ließen; allein die
meisten Troubadours zogen gutes Glück guten Sitten vor; die Weisheit bedurfte anderer Werkzeuge,
und fand zum Unglück keine. Nach dem Nostradamus und einer Menge anderer Schriftsteller kannten und verbreiteten die Troubadours auch die dra-
matische Dichtkunst, und man sollte dieses auch glauben, da der Gebrauch des Dialogs, der unter ihnen
so gewöhnlich war, sie bald auf theatralische Vorstellungen führen mußte; allein dem war nicht so; denn
in ihren Werken findet man nichts hierher Gehöriges
angeführt. (Denn was Parfait, wie der Uebersetzer
des Millots bemerkt, gleich zu Anfange des ersten
Theils seiner Histoire du théâtre François von den
dramatischen Arbeiten der Provenzaldichter sagt, soll
nur dialogische Verse dieser Art betreffen, die er für
Schauspiele nahm.) Um von dem Mechanismus, dem
Sylbenmaaße und dem Wohlklange ihrer Verse gründlich zu urtheilen, müßte man ihre Mundart und Aussprache kennen, da dieses aber nicht gut möglich ist,
so würde jede darüber angestellte Untersuchung wohl
keinen Leser interessiren, mehr aber gewiß der Einfluß, den die Sprache und Dichtkunst der Provenzalen auf die Literatur der übrigen Völker gehabt haben. Die mittäglichen Länder von Europa hatten aus

dem Lateinischen die drei lebenden Sprachen: die Französische, die Italienische und die Spanische, gezogen,
und zur Vollkommenheit gebracht. Die Provenzalsprache, welche aus eben derselben Quelle hergeleitet
worden, hatte den Vorzug vor allen andern Sprachen; sey es nun, daß sie etwas von der Schönheit
der Griechischen Sprache an sich hatte, die lange Zeit
zu Marseille geredet wurde, oder weil sie früher von
solchen Männern bearbeitet worden, die zu ihrer
Verschönerung etwas beitragen konnten. Die Troubadours gaben derselben zu gleicher Zeit einen ganz
neuen Reiz und einen ausgebreiteten Ruhm. Da
sie sich nun an den Höfen, selbst jenseits der Pyre-
näen, der Alpen und des Meeres verbreiteten, so
brachten sie zugleich mit dem Geschmacke an ihren Dichtungen, auch den Geschmack an ihrer Sprache dahin,
und erwarben derselben fast eben den Ruhm, welchen
die besten Französischen Schriftsteller in den letztern
Zeiten der ihrigen erworben haben. Das Genie, gleichsam im Schooße der tiefsten Unwissenheit begraben,
schien damals durch die Töne der Leyer belebt zu werden; es erwachte nicht nur in Italien, Spanien und
dem übrigen Frankreich, sondern auch in England und Deutschland, um diesen Amphionen Gehör zu geben; es bewunderte ihre Gesänge, und
bemühete sich sie nachzuahmen. — Nach einigen
glücklichen Versuchen in ihrer Sprache bemühete man
sich, nach ihrem Beispiele, die Sprache seines Vaterlandes zu verfeinern und berühmt zu machen. So
gab der Parnaß der Provenzaldichter im südlichen
Frankreich den Musen in den andern Ländern ihr
Daseyn; so zogen sie Schätze aus demselben, woraus
sie ihren eigenen Reichthum sammelten. In keinem
Lande blüheten die Troubadours so ausnehmend, als
in Italien. Der Hof des Marchese von Montferrat,
Florenz, Venedig, Mantua, Genua und andere

Städte, machten sich eine Ehre daraus, einige dieser Dichter hervorgebracht oder an sich gezogen zu haben. — Man rechnet von berühmten Italienern darunter: Malaspina, Giorgi, Calvo, Elgala, Doria, Sordel u. A., deren Gedichte, überhaupt genommen, ein vorzügliches Talent verrathen, das größere Werke versprach. Die Provenzalen bahnten den Italienern den Weg, und gaben ihnen zugleich das Muster und Werkzeug der Nachahmung. Späterhin wurden diese Letztern selbst Muster auf der poetischen Laufbahn, nachdem sie es von Andern gelernt hatten, auf derselben die ersten Schritte zu thun. Auch ist nichts rühmlicher für die Troubadours, als daß sie Schüler gehabt haben, von denen sie bald übertroffen wurden. Von den Italienern waren es Dante, Petrarka und Boccaz, welche durch ihre Gedichte der Italienischen Sprache den glücklichsten Schwung gaben; sie übertraf von Dantes Zeiten an die Provenzalsprache sehr weit. Petrarka verdunkelte durch seine Gesänge die Troubadours dergestalt, daß ihr Name, ihre Sprache und ihre Gedichte sich in Europa fast ganz verloren. Frankreich hatte schon seine Dichter, die mit den Provenzalen, ihren Lehrern, wetteiferten, und Thibaut, Graf von Champagne, that sich unter denselben besonders hervor. Wenn sich nun bei den andern Völkern kein so reger Wetteifer zur Verbesserung ihrer Sprache und ihrer Dichtkunst fand, wie bei den Franzosen und Italienern, so lag dieses wohl mit darin, daß sie mehr die Sprache des alten Roms affectirten, als die ihrige zur Vollkommenheit zu führen; sie folgten nicht den guten Mustern Italiens, und brachten daher lange Zeit nur wilde Ausbrüche der Phantasie in einer schwerfälligen Sprache hervor. — Der Ursprung der neuern Literatur ist daher im südlichen Frankreich, in der Provence, zu suchen; denn von da geht ihre Verbreitung über das übrige Europa aus. Die Troubadours, die sie veranlaßten, und an allen Höfen des südlichen Europas im großen Ansehen standen, hörten im vierzehnten Jahrhunderte ganz auf; denn sie hatten sich durch ihre Unordnungen in einen so üblen Ruf gebracht, daß man sie mehr als einmal auf eine schimpfliche Art verjagte; auch die Höfe waren dieser habsüchtigen und verderblichen Leute überdrüssig, unter denen man fast gar kein wahres Talent mehr fand. Philipp August verbannte aus seinen Staaten die Histrionen, unter denen die Troubadours wohl mit begriffen waren, und die Stadt Bologna verbot im Jahre 1228 den Französischen Liedersängern auf öffentlichen Plätzen zu singen ꝛc.; kurz andere ernsthaftere, auch vielleicht angenehmere, Gegenstände machten, daß man ihre Personen und ihre Arbeiten aus dem Gesichte verlor."

Der Hr. Millot stellt hauptsächlich diejenige Seite der Troubadours der Oeffentlichkeit aus, worin sie die Sitten ihrer Zeit heftig angreifen; überhaupt die Gebrechen im Staate und in der Kirche der Oeffentlichkeit vorführen, wie dieses immer der Fall ist, weil das böse Prinzip stets die größte Aufmerksamkeit erregt, die hämischen Satyren die meisten Höfe und Leser finden; denn Fehler und Gebrechen des Staates und der bürgerlichen Gesellschaft, der Staatsbeamten und anderer Personen passiren immer die Hechel, finden immer ihre Ausposauner und Verbreiter, weil man weiß, daß das Publikum nach keiner Sache begieriger greift, als nach dieser, obgleich Niemand selbst gern angegriffen zu seyn wünscht. Indessen Dank sey es dem guten Prinzipe, daß es aus allen Gebrechen, welche die Troubadours mit grellen Farben schildern, noch so viel Gutes hervorgehen ließ, daß sich der Geschmack läuterte, und sich die Aufklärung verbreitete, welche das böse Prinzip nicht zur Herrschaft kommen ließ; denn durch alle Gebrechen des

damaligen Zeitgeistes, leuchten doch die verbesserten
Sitten hindurch; denn selbst in der angegriffenen Liebe
und in dem angegriffenen Heroismus blickt das Edle
hindurch, was sich in diesen Zeiten darin offenbarte,
wenn gleich die Platonische Liebe nicht immer die
Oberhand behielt, sondern oft in Unzüchtigkeit ausartete, so wie der Heldenmuth sich oft auf Irrwegen
oder Irrfahrten verlor. Schon der Gedanke an eine
bessere verschwundene Zeit, regt das Gemüth kräftig
auf, und stärkt es in der Gegenwart gegen alle Ca-
lamitäten oder Trübsale der Zeit oder des sich regen-
den Zeitgeistes. Wollen wir darum in der neuern
Zeit die Zeiten unter Friedrich dem Großen
tadeln, weil sie uns so manche Gebrechen aufstellen,
die mit der Französischen Sprache und den Französischen Sitten sich in Preußen, ja in Deutschland, verbreiteten und feststellten, ohne das viele Gute, welches
daraus hervorging, zu betrachten, indem selbst unsere
Sprache und Literatur durch die Anregung der Französischen, auf den höchsten Gipfel gebracht wurden,
und sich die Rohheit unserer Sitten verlor. Auch lag
in der kräftigen Regierung die Schutzwehr gegen jede
Ueberschreitung der gesteckten Grenze, gegen jede Störung der gesetzlichen Freiheit auf Rede, Schrift und
Gewissen, die sich aus der vorgeschrittenen Kultur entwickelte, jene Thatenkraft, die noch bei dem Aufrufe
zum Kampfe zur Befreiung des Deutschen Vaterlandes von der Fremdherrschaft, ihre Wirkung im Jahre
1813 zeigte. So erhebt sich überall das Gute auch
bei den Gebrechen der Zeit; es bricht durch, wie die
Strahlen der Sonne bei einem Gewitterschauer; denn
hierin liegt die Absicht der Gottheit, der Wille der
Vorsehung, das Gute durch das Böse zu kräftigen und
zur Wirkung zu bringen. — Daß die Troubadours
die Provenzalsprache und die Dichtkunst nicht weiter
zur Ausbildung fortführten, als bis zur Mitte des

dreizehnten Jahrhunderts, indem beide von da ab wie=
der herabsanken und bald ganz verschwanden, lag
theils in dem Aufhören der Beschützung und Aufmun=
terung derselben von Seiten der Großen, theils in
dem großen Zudrange zu dieser Beschäftigung, indem
man späterhin bei den Provenzalen nicht mehr die
Dichtkunst als eine Kunst, die durch Genie und Ta=
lent unterstützt, ausgeübt wird, betrachtete, sondern als
ein Gewerbe, ohne Berücksichtigung der Sprache und
deren Wohllaut. Man reimte nur noch um zu leben,
und sich das tägliche Brod zu verdienen, und daher
sank auch mit dieser Art der Erwerbsquelle die Frei=
müthigkeit oder das freie Wort; und die Abhängig=
keit, die sich in der Schmeicheley offenbarte, zeigte
zu deutlich, was man von diesen Dichtern und Sän=
gern für die Geschichte der Sitten ꝛc. des Mittelalters
zu erwarten habe. Daran waren aber die wahren
Troubadours, die man an den Höfen, wegen ihrer
Kunst, suchte, sie mit Ehren und Geschenken überhäufte,
und ihre Existenz auf jede für sie angenehme Weise
zu sichern suchte, nicht Schuld, sondern nur die Jong=
leurs, die zum Absingen der Dichtungen der Trouba=
dours bestimmt waren; denn diese, eifersüchtig auf die
Ehre und Gunstbezeugungen, welche die Troubadours
erhielten, versuchten sich gleichfalls in der Dichtkunst,
und da es den Meisten an poetischem Talente und
Genie fehlte, so wurden auch ihre Produkte ohne Bei=
fall aufgenommen, und so sanken sie zu Histrionen
herab, die nur dem Volke ihre Dichtungen absangen,
nur dieses durch allerhand Witzeleyen zu belustigen
suchten, und da sie mit der Dichtkunst ꝛc. hier nicht
ausreichten, so produzirten sie auch andere erlernte
Künste, z. B. mit Bällen, Messern, Würfeln ꝛc. zu
spielen, auf dem Seile zu tanzen, allerlei Sprünge
und Bewegungen des Körpers zu machen ꝛc.; kurz
sie wurden Volksbelustiger, und erwarben sich dadurch

ihren Unterhalt. Dieses Herabziehen der provenzalen Dichtkunst von ihrer Höhe, bewirkte nun auch von dieser Seite ihren Verfall, so wie von der andern das Verfolgen der Albigenser, seit dem Jahre 1209, und das Aussterben der Berengare, 1349, wodurch das Haus Anjou in der Herrschaft folgte, unter welchem viele Gewaltthätigkeiten geschahen, die dem Lande Freiheit und Wohlstand entzogen, und die Troubadours nach fremden Höfen jagten. Millot sagt hier: „Wenn in der Provence irgend ein großer Staat entstanden wäre, den sich die Musen und Künste zum Aufenthalte gewählt hätten, und wo das Genie durch Belohnungen unterstützt und durch Nacheiferung ermuntert worden wäre, so wäre auch die Provenzalsprache, als eine so schöne vocalreiche und biegsame Sprache, die feinste und reichste in ganz Europa geworden, so wurde sie von der Nordfranzösischen verdrängt." — Der älteste Troubadour, von dem man weiß, ist der schon erwähnte Wilhelm der Neunte, Graf von Poitou, von 1071 bis 1122; dann zeichneten sich noch unter diesen Dichtern aus: Rambaut de Vaquiras, Giraud de Bornell, Marcabrün, Pons de Capdeuil, Guillaume de Cabestaing, Arnauld Daniels, Pierre d'Auvergne, Anselme Faidit, Arnaud de Marville, Richard Löwenherz, Jauffred de Rudel, Bertrand du Born, Raoul de Couey und Renaud de Couey, Chastelain de Couey, und Andere. Renaud oder Raynault de Couey ist ein in alten Romanzen und Liedern vielfach besungener Held, welcher der schönen Gabriele de Vergy, Gemahlin Auberts de Faïel, innig ergeben war, und auch von ihr eben so innig geliebt wurde. Aus dieser glühenden Liebe entstanden die Gesänge oder Lieder dieses Dichters, und auch die Geliebte scheint durch die Liebe zur Dichterin geworden zu seyn, wie nachstehendes Original eines Trioletts beweiset:

Jaim bien loyaument
Et s'ay bel amy;
Pour qui di souvent,
Jaim bien loyaument,
Est mien ligement
Je lo s'ay de sy.
Jaim bien loyaument
Et s'ay bel amy*).

Nach dem Aufhören der Troubadours in der Provence erhielten sie sich noch am längsten in Catalonien. Der schon oben angeführte Kuhn theilt a. a. O. folgendes Sonnett des Jordi mit. Er sagt dabei: „Dieses Sonnett ist ein Laut des Menschenherzens, der schon zu Petrarkas Zeiten zu den Stimmen der Vorzeit gehörte, und den Petrarka, in mehr als einem Sinne, der letzte Troubadour, in zwei Sonnette innig eingewebt hat.‟

O Lust und Schmerz, im Herzen so verbunden,
    Daß ich jetzt will, was ich bald muß bereu'n,
Schmerz, dem ich leb', und Lust voll Todeswunden,
    Wenn Du nicht Liebe bist, was kannst Du seyn?

Bist Wonne Du — woher so schwere Stunden?
    Bist Schmerz Du, und kannst doch mich so erfreu'n,
O Lust und Schmerz und Schmerz mit Lust verbunden,
    Wenn Du nicht Liebe bist, was kannst Du seyn?

*) Nach Kretschmers Uebersetzung:
    Treulich liebe ich
    Meinen schönen Freund;
    Oefters sage ich,
    Treulich liebe ich,
    Weiß es sicherlich,
    Daß er mich nur meint.
    Treulich liebe ich
    Meinen schönen Freund.
(Raritäten und Curiositäten, ein Wochenblatt, 1822, St. 21.)

Befahrend nichts, warum in Sorg' und Pein!
Nicht Frieden und doch auch nicht Kampf und Streben,
Für And're Milde, Haß für Dich allein!
Von Allem los und doch das Wohlfall Dein,
Mußt Du hier wollend, doch zum Himmel schweben,
Wenn Du nicht Liebe bist, was kannst Du seyn?

     Jordis, der Troubadour.

Ueber die Handschriften von den Troubadours, welche
in der Provenzalsprache von gleichzeitigen Schriftstellern verfertiget worden sind, kennt man dem Namen
nach nur die von einem gewissen Hugues de St.
Cyr und von einem Michel de la Tour. Die meisten dieser Erzählungen rühren muthmaßlich von ihnen her. Die Lebensbeschreibungen des Joh. Nostradamus, welcher lange Zeit Prokurator im Parlamente von Provence war, die unter dem Titel: Les
Vies des anciens Poëtes Provençaux, dits Trou-
hadours, 1575, in 8. in Lyon erschienen, sollen in
Vergleichung mit jenen nichts weiter seyn, als eine
Sammlung von Fabeln, deren Grund eben so fehler-
haft ist, als ihre Form. Nach Millot ist das Werk
des Nostradamus nur sehr trocken und seicht, voll
von Fabeln und groben Irrthümern, in welchem die
meisten der Provenzaldichter nicht einmal genannt sind;
auch verrathe es wenig Kenntniß von dem Geschmacke,
noch von den Werken der genannten Dichter; man
finde darin nichts Befriedigendes für die Geschichte
und Kritik, obgleich dieses Werk von großem Werthe
sey. Andere erkennen zwar das Fabelhafte in dem
Werke des Nostradamus an, allein es werde dennoch
von den Französischen Schriftstellern, besonders bei
der Geschichte des Drama, als Auctorität gebraucht;
besonders aber erhalte dieses Werk in der Italienischen Uebersetzung durch die Verbesserungen und Zu-
sätze von Crescembeni einen höhern Werth. —

Daß die Troubadours .... der Minnesänger in Deutschland .... schon oben, S. .... waren .... Dichter, unter denen .... Fürsten, Herzöge, Markgrafen .... Mönche x. x. befanden, ... Jahrhunderte (s. .... 450 u. f.). Zu der .... welche im Jahre 175. .... lung von Minnesängern .... Quarto zu Zürich .... schen Lieder von .... ten, vom Ausgange des .... bis gegen 1330. Vor .... schrift ein Gemälde. .... steht vor der angeführt .... der Deutschen Poesie in .... Dr. Karl Rosenkranz .... die Trouveurs oder .... sich an den Höfen der .... Ritter aufhielten, jedoch .... zunft bildeten, und in .... teten, so fanden sich auch .... Geistliche. So glänzen .... Neunten als Dichter: .... bant, Peter von .... Raoul, Graf von .... Navarra, Heinrich .... Kreuzzuge Ludwigs .... fangen und nach .... hier sich noch mit der .... Andere. Einen Haupt .... den die sogenannten Rom .... sen, späterhin in Prosa .... auch den Art. Roman, ... Einer der wichtigsten Dichter, ...

sche Poesie nicht ohne Einwirkung geblieben, und in der letzten Hälfte des zwölften Jahrhunderts Christian von Troyes, welcher im Jahre 1191 starb, und von dem nicht alle Werke auf die Nachwelt gekommen sind. Die noch vorhandenen Werke sind Gesänge oder Lieder und sechs Romane. In den Rittorromanen, die mehr die Einkleidung der Erzählung führen, zeichnen sich besonders die Romane von Peceforest, dem Grafen von Blois, dann die Romane oder Erzählungen von Gautier Map, Hue de Billeneuve, Adenez ꝛc. aus; so wie unter allegorischen und satyrischen Sittengemälden die Erzählung von Reginald (Goupil dem Füchslein Reinhold, Renard) aus dem Karolingischen Zeitalter, dichterisch in 2000 Versen dargestellt von Perrot oder Peter de St. Clair 1283, und von Mehreren fortgesetzt und überarbeitet, und dann der berühmte Roman von der Rose in 22000 elfsylbigen Reimen, von Wilhelm von Lorris vor 1240 angefangen, und von Johann Clopinel de Mehun 1280 beendet. Auch gehören hierher die schon oben, S. 712, erwähnten Fabliaux, welche Erzählungen aus dem bürgerlichen Leben in das komische Gewand der Fabel hüllen, und so gleichsam mit Witz oder Spott die Gebrechen der Zeit geißeln, und von denen es eine große Menge giebt ꝛc. ꝛc.

Ende des Einhundert acht und achtzigsten Theils.

Druck der L. W. Krause'schen Offizin (Ernst Litfaß), in Berlin.

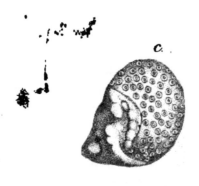

c.

Fig: 9256. S. 495.

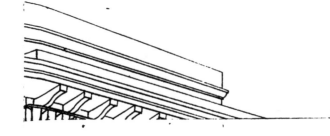

Tab I.

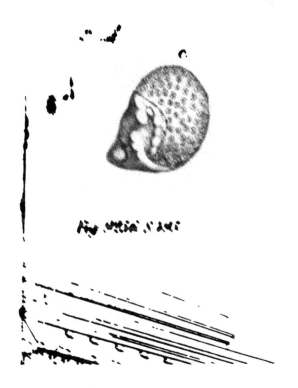

Befahrend nichts, warum in Sorg' und Pein?
    Nicht Frieden und doch auch nicht Kampf und Streben,
Für And're Milde, Haß für Dich allein!

Von Allem los und doch das Weltall Dein,
    Mußt Du hier weilend, doch zum Himmel schweben,
Wenn Du nicht Liebe bist, was kannst Du seyn?
                    Jordis, der Troubadour.

Ueber die Handschriften von den Troubadours, welche
in der Provenzalsprache von gleichzeitigen Schriftstellern verfertiget worden sind, kennt man dem Namen
nach nur die von einem gewissen Hugues de St.
Cyr und von einem Michel de la Tour. Die meisten dieser Erzählungen rühren muthmaßlich von ihnen her. Die Lebensbeschreibungen des Joh. Nostradamus, welcher lange Zeit Prokurator im Parlamente von Provence war, die unter dem Titel: Les
Vies des anciens Poëtes Provençaux, dits, Troubadours, 1575, in 8. in Lyon erschienen, sollen in
Vergleichung mit jenen nichts weiter seyn, als eine
Sammlung von Fabeln, deren Grund eben so fehler-
haft ist, als ihre Form. Nach Millot ist das Werk
des Nostradamus nur sehr trocken und seicht, voll
von Fabeln und groben Irrthümern, in welchem die
meisten der Provenzaldichter nichteinmal genannt sind;
auch verräthe es wenig Kenntniß von dem Geschmacke,
noch von den Werken der genannten Dichter; man
finde darin nichts Befriedigendes für die Geschichte
und Kritik, obgleich dieses Werk von großem Werthe
sey. Andere erkennen zwar das Fabelhafte in dem
Werke des Nostradamus an, allein es werde dennoch
von den Französischen Schriftstellern, besonders bei
der Geschichte des Drama, als Auctorität gebraucht;
besonders aber erhalte dieses Werk in der Italienischen Uebersetzung durch die Verbesserungen und Zu-
sätze von Crescembeni einen höhern Werth. —

Daß die Troubadours Veranlassung zur Entstehung
der Minnesänger in Deutschland gegeben haben, ist
schon oben, S. 713, erwähnt worden. Auch diese
Dichter, unter denen sich zur Zeit ihrer Blüte große
Fürsten, Herzöge, Markgrafen, Grafen, Prälaten,
Mönche ꝛc. ꝛc. befanden, verloren sich im vierzehnten
Jahrhunderte (s. unter Minnesänger, Th. 91, S.
450 u. f.). In der Manessischen Sammlung,
welche im Jahre 1758 unter dem Titel: Samm=
lung von Minnesingern, in zwei Bänden in
Quarto zu Zürich herausgekommen ist, sind die Deut=
schen Lieder von hundert und vierzig Dichtern enthal=
ten, vom Ausgange des zwölften Jahrhunderts an,
bis gegen 1330. Vor jedem Dichter steht in der Hand=
schrift ein Gemälde. Die Geschichte dieser Handschrift
steht vor der angeführten Sammlung (Geschichte
der Deutschen Poesie im Mittelalter, von
Dr. Karl Rosenkranz. Halle, 1830). — Was
die Trouveurs oder Trouvères anbetrifft, welche
sich an den Höfen der Normannischen Herzöge und
Ritter aufhielten, jedoch eine ungeschlossene Dichter=
zunft bildeten, und in Nordfranzösischer Sprache dich=
teten, so fanden sich auch darunter viele Große und
Geistliche. So glänzten an dem Hofe Ludwigs des
Neunten als Dichter: Heinrich, Herzog von Bra=
bant, Peter von Mauclert, Graf von Bretagne,
Raoul, Graf von Soissons, Thibaut, König von
Navarra, Heinrich von Soissons, der bei dem
Kreuzzuge Ludwigs in der Schlacht bei Soria ge=
fangen und nach Aegypten geschleppt wurde, aber auch
hier sich noch mit der Dichtkunst beschäftigte, und viele
Andere. Einen Hauptbestandtheil dieser Literatur bil=
den die sogenannten Romane, welche zuerst in Ver=
sen, späterhin in Prosa niedergeschrieben wurden (s.
auch den Art. Roman, Th. 126, S. 680 u. f.).
Einer der wichtigsten Dichter, der auch auf die Deut=

sche Poesie nicht ohne Einwirkung geblieben ist, war in der letzten Hälfte des zwölften Jahrhunderts Christian von Tropes, welcher im Jahre 1191 starb, und von dem nicht alle Werke auf die Nachwelt gekommen sind. Die noch vorhandenen Werke sind drei Gesänge oder Lieder und sechs Romane. In den Ritterromanen, die mehr die Einkleidung der Erzählung führen, zeichnen sich besonders die Romane von Percoforest, dem Grafen von Blois, dann die Romane oder Erzählungen von Gautier Map, Huon de Villeneuve, Adenez re. aus; so wie unter den allegorischen und satyrischen Sittengemälden die Erzählung von Reginald (Goupil dem Füchslein, Reinhold, Renard) aus dem Karolingischen Zeitalter, dichterisch in 2000 Versen dargestellt von Perros oder Peter de St. Clost 1283, und von Mehreren fortgesetzt und überarbeitet, und dann der berühmte Roman von der Rose in 22000 elfsylbigen Reimen, von Wilhelm von Lorris vor 1240 angefangen, und von Johann Clopinel de Mehun 1280 beendet. Auch gehören hierher die schon oben, S. 712, erwähnten Fabliaux, welche Erzählungen aus dem bürgerlichen Leben in das komische Gewand der Fabel hüllen, und so gleichsam mit Witz oder Spott die Gebrechen der Zeit geißeln, und von denen es eine große Menge giebt ec. ec.

Ende des Einhundert acht und achtzigsten Theils.

Lightning Source UK Ltd.
Milton Keynes UK
UKHW021041140119
335514UK00004B/301/P